매경TEST 4주 완성 학습 플래너

경영

	공부 완성 범위		학습 날짜	확인
1일 차	1장 기업경영과 조직	1. 경영과 기업 2. 조직관리 이론의 흐름 3. 조직구조의 형태	월 일	○
2일 차	2장 조직행동	1. 조직행동의 이해 2. 조직행동 - 개인 3. 조직행동 - 집단·조직	월 일	○
3일 차	3장 인적자원관리	1. 인적자원관리의 이해 2. 인적자원관리 제도	월 일	○
4일 차	4장 경영전략	1. 경영전략의 이해 2. 기업의 외부 환경분석 3. 기업의 내부 환경분석	월 일	○
5일 차		4. 사업부 수준의 전략 5. 기업 수준의 전략 6. 다국적 기업과 글로벌 경영	월 일	○
6일 차	5장 마케팅	1. 마케팅의 이해 2. 마케팅 구성요소 3. 소비자 행동	월 일	○
7일 차		4. STP전략 5. 마케팅믹스 4P	월 일	○
8일 차	6장 회계	1. 회계의 의의 2. 재무제표의 이해	월 일	○
9일 차		3. 원가 · 관리회계	월 일	○
10일 차	7장 기업 재무관리의 기초	1. 재무관리의 정의 2. 재무관리의 주요 원리 3. 투자론	월 일	○
11일 차		4. 기업재무 5. 파생상품	월 일	○
12일 차	8장 기업 재무분석의 이해	1. 재무비율 분석 2. 시장가치비율 분석	월 일	○

경제

공부 완성 범위			학습 날짜	확인
13일 차	1장 경제활동과 경제문제의 해결	1. 경제활동 2. 경제활동의 주체 3. 희소성 4. 경제적 비용과 매몰비용, 합리적 선택	월 일	○
14일 차	2장 국민경제	1. 국민소득의 측정	월 일	○
15일 차		2. 물가와 인플레이션 3. 실업	월 일	○
16일 차	3장 화폐와 은행	1. 화폐의 기능 2. 통화량의 측정 3. 신용창조 4. 화폐수량설 5. 피셔방정식 6. 화폐시장과 유동성선호이론	월 일	○
17일 차	4장 경기변동과 안정화정책	1. 경기변동의 특징 2. 총수요와 총공급 3. 경기변동의 원인 4. 경제안정화정책 5. 안정화정책의 장기적 효과와 한계점	월 일	○
18일 차	5장 금융시장과 거시경제	1. 금융시장 2. 단기금리와 장기금리 3. 간접금융과 금융중개기관 4. 금융위기와 비전통적 통화정책	월 일	○
19일 차	6장 시장의 수요와 공급	1. 개인수요와 시장수요 2. 개별 기업의 공급과 시장공급 3. 시장균형과 시장거래의 이익	월 일	○
20일 차		4. 시장에 대한 정부의 규제 5. 소비의 외부효과	월 일	○
21일 차	7장 불완전 경쟁과 독과점 문제	1. 완전경쟁시장 2. 독점적 경쟁시장	월 일	○
22일 차		3. 과점시장 4. 독점시장	월 일	○
23일 차	8장 시장실패와 소득분배	1. 공공재·공유자원의 문제 2. 외부효과와 시장실패 해법	월 일	○
24일 차		3. 조세와 소득분배 4. 비대칭정보	월 일	○
25일 차	9장 국제경제	1. 국제무역	월 일	○
26일 차		2. 외환시장과 환율	월 일	○
27일 차	기출문제 경영		월 일	○
28일 차	기출문제 경제		월 일	○

매경TEST 공식가이드

국가공인 경제·경영 이해력 인증시험 합격 대비

매경TEST 공식가이드

매일경제 경제경영연구소 지음

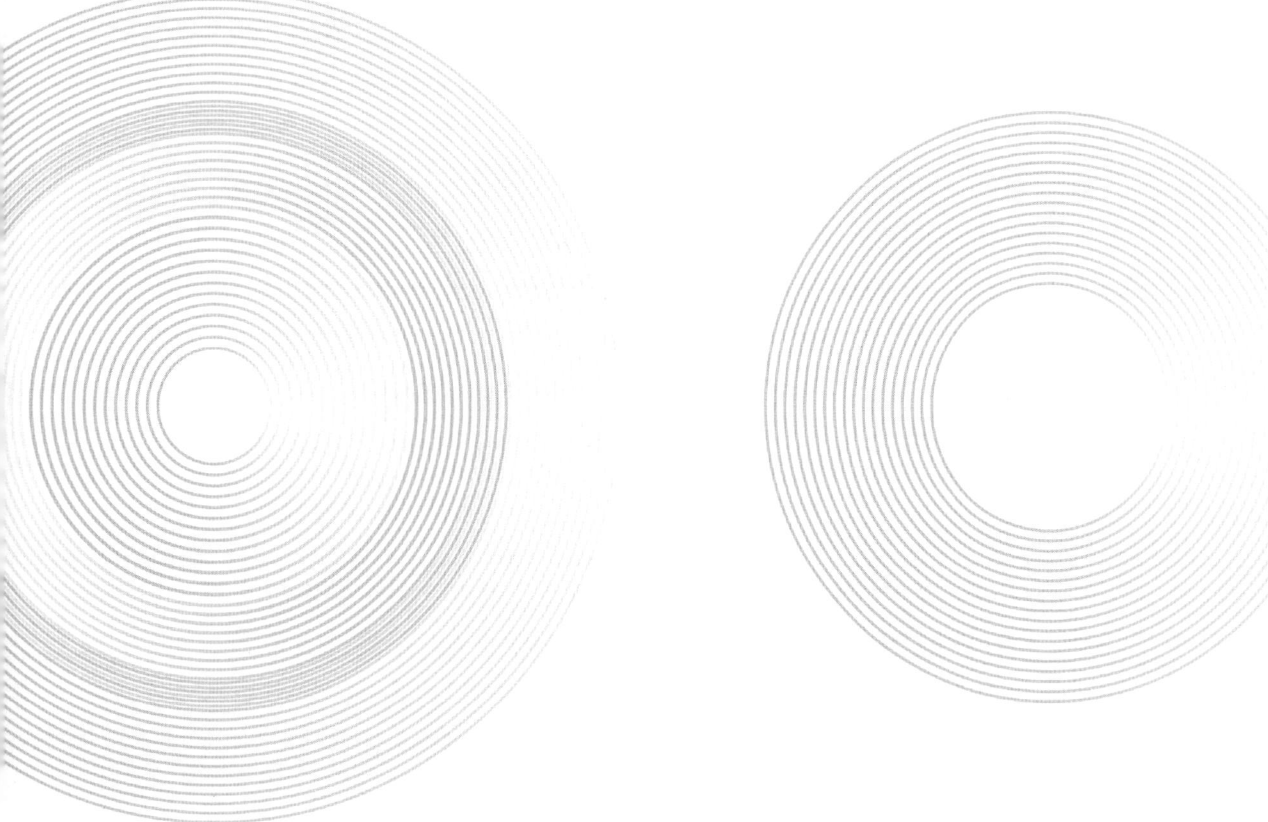

매일경제신문사

머리말

매일경제 경제경영연구소가 진행하는 '경제경영이해력 인증시험' 준비를 위한 《매경TEST 공식 가이드》가 3년여 만에 새로 나왔습니다. 이번 책은 일부 내용을 바꾸는 개정판 수준을 넘어 상당 부분을 새로 쓰고, 일부 항목을 추가하는 등 사실상 신규 책에 가깝습니다.

새 매경TEST 가이드를 출간한 이유는 많은 응시자들로부터 개정판을 내달라는 요청이 거듭됐고, 그동안 바뀐 경제경영 트렌드를 새롭게 반영해야 할 필요성이 있었기 때문입니다. 특히 국가공인을 받은 국내 유일의 경제경영 관련 시험으로서 국내외 경제 환경 변화에 대응한 콘텐츠들을 엄선해 실어야 한다는 사명감도 작용했습니다.

지난 2009년 8월 15일, 제1회 시험을 치른 매경TEST는 어느덧 100회 시행을 앞두고 있습니다. 2023년의 마지막 시험이 94회인 점을 감안하면 2024년 중에 100회를 넘게 됩니다.

매경TEST는 시험 횟수만 늘어난 것이 아니라 매 회차 시험을 치르는 응시자 인원수도 꾸준히 증가하고 있습니다. 이는 사회의 다양한 곳에서 경제경영 실력을 객관적으로 측정하는 것이 중요해지고 있기 때문입니다. 일반 기업과 금융사, 공기업 등에서는 매경TEST를 신입과 경력사원 채용과 승진 평가를 위해 도입하고 있습니다. 국내 주요 대학들도 졸업 이수 요건에 포함시켜 일정 점수 이상의 매경TEST 성적을 요구하고 있습니다. 학점은행제를 통한 일정 수준의 학점을 취득하기 위해 매경TEST를 준비하는 수험생들도 많습니다.

매경TEST는 취업 준비나 대학 졸업을 위한 기능적인 시험만이 아닙니다. 경제지식이 날로 중요해지는 가운데 경제적 소양을 얼마나 갖고 있는지 스스로 평가해볼 수 있는 방법이기도 합니다. 신문에 나오는 경제뉴스에 관심을 갖고서 경제경영 공부를 하게 됐다면 본인의 실력이 어느 정도인지를 측정하는 데 매경TEST만큼 신뢰성 있고 객관화된 방법도 없을 것입니다.

경제경영연구소가 이번에 내놓은 새 《매경TEST 공식 가이드》는 경제경영 공부를 처음 해본 사람이라도 이 책을 꾸준히 반복해서 학습하면 국가공인 '우수' 등급인 600점(1000점 만점) 이상을 받을 수 있도록 상세한 해설과 문제풀이를 제공하고 있습니다. 교재에 나오는 경제경영이론과 전문용어에 대해서는 가능한 한 쉽게 설명을 달았고, 신문 기사와 기업 사례 등을 넣어 흥미를 높이는 데도 신경을 썼습니다.

특히 책 곳곳에 매경TEST 관련 공식 유튜브인 '매테나Maethena'의 콘텐츠를 QR코드로 만들어 넣었습니다. 매테나에는 시험에 나올 만한 시사용어와 경제경영이론, 문제풀이 강의, 고득점자 인터뷰 등 다양한 콘텐츠들이 있는데 《매경TEST 공식 가이드》를 보면서 유튜브 동영상을 같이 활용한다면 좀 더 빨리 원하는 목표에 도달할 수 있을 것입니다. 또한 책에 '학습 플래너'도 추가해 본인의 학습 진도에 맞춰 효율적인 공부를 하는 데도 도움을 주고자 했습니다.

경제경영연구소는 시험문제 출제부터 시험 진행, 채점 결과 발표까지 전 과정을 주관하는 기관으로서 시중에 나와 있는 어떤 매경TEST 교재들보다도 신뢰성과 정확성, 문제 적합성 등에 있어 최고 수준임을 자부합니다. 이 책은 시험 대비에도 필수지만 경제경영 공부를 계속해서 해가려는 분들이 언제든 궁금할 때 펴볼 수 있는 좋은 동반자가 될 것이라고 확신합니다.

그동안 매경TEST가 국내 최고의 경제경영 관련 시험으로 자리매김하는 데 배려와 지원을 다해주신 장대환 매경미디어그룹 회장님과 장승준 매일경제신문 부회장님, 서양원 대표님, 이진우 편집국장님께 깊은 감사를 드립니다. 또 연구소의 다양한 일들을 하느라 바쁜 와중에도 오재현 차장과 최병일 팀장(책임연구원), 최봉제·임성택 선임연구원, 황빈·김부식 연구원은 개정판 작업에 매진해 주었습니다. 경제경영 분야의 최신 콘텐츠들을 담아 충실한 교재를 집필해준 데 대해 감사와 함께 고생했다는 인사를 전합니다.

끝으로 독자 여러분들이 다음 개정판이 나올 때까지 이 책을 가지고 소기의 목적을 달성하시기를 기원합니다.

2023년 7월, 매일경제 경제경영연구소장

김 병 호

C·O·N·T·E·N·T·S

경영

2부 경제

매경TEST는 어떤 시험인가요?

매경TEST MK Test of Economic & Strategic business Thinking는 〈매일경제신문〉이 경제·경영 지식은 물론, 응시자들의 상경 계열과 관련한 응용력과 전략적인 사고력을 입체적으로 측정하기 위해 개발한 국가공인 이해력 인증 시험입니다. 매경TEST는 응시자들의 경제 이해력 향상뿐만 아니라, 복잡하고 급변하는 비즈니스 환경에 적응하기 위해 필요한 창의력과 현실 감각을 배양하는 계기가 될 수 있도록 시험 전반을 기획하고 있습니다.

매경TEST의 문항은 국내·외 최고의 대학 교수진과 〈매일경제신문〉 박사급 연구원들이 출제하며 석학들로 구성된 감수위원들이 문제를 하나하나 철저히 검증합니다. 경제와 경영 두 영역에서 각각 40문항씩 출제되는 매경TEST는 경제·경영 분야의 통합적인 이해력을 측정할 수 있는 국내 유일의 국가공인 시험입니다.

매경TEST 문항은 주요 대학의 경제·경영학과 교수님들이 각 분야의 핵심적인 개념과

매경 TEST 흐름도

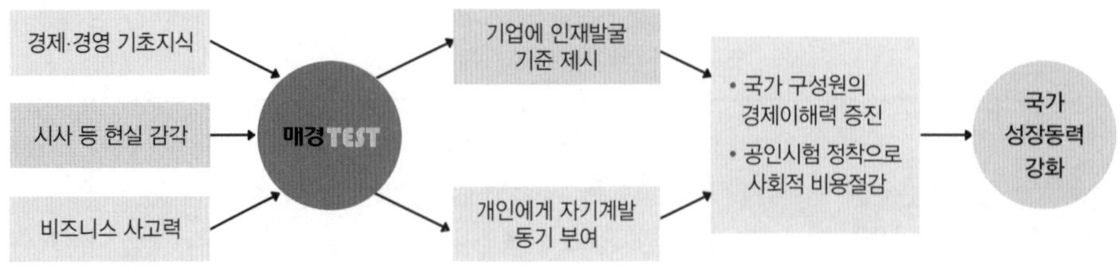

사고력 문제를 출제합니다. 학계에서 출제한 문항과 더불어 〈매일경제신문〉 경제경영 연구소의 박사급 연구원들이 최신 이슈를 분석해 응시자가 경제·경영 개념을 현실 문제에 얼마나 잘 접목하고 응용할 수 있는지 검증할 수 있는 문항을 개발하고 있습니다. 이뿐만 아니라 산업계 현장의 최신 흐름과 목소리를 콘텐츠에 적극적으로 반영하고 있습니다.

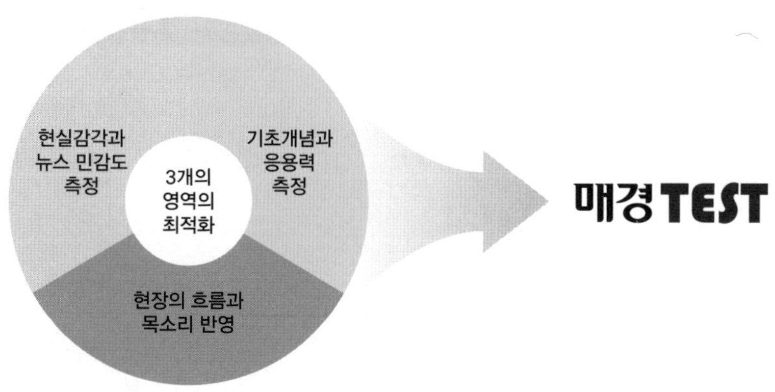

매경TEST는 어떻게 구성되나요?

매경TEST는 경제·경영 분야에서 40문항씩 총 80문항이 출제됩니다. 두 분야는 각각 지식, 사고력, 시사 세 가지의 큰 축으로 구성되어 응시자의 경제·경영 이해력과 비즈니스 사고력을 입체적으로 평가합니다. 종합 사고력 평가를 위해 경제·경영 분야와 시사의 융합 문제도 출제되고 있으며, 통합적인 사고력 검증 도구 개발을 위해 지속적으로 외부 기관과 협의하면서 수준 높은 문제 유형을 개발하고 있습니다.

구분	지식	사고력	시사
경제(40문항/500점)	15문항/150점	15문항/250점	10문항/100점
경영(40문항/500점)	15문항/150점	15문항/250점	10문항/100점
계(80문항/1000점)	30문항/300점	30문항/500점	20문항/200점

매경TEST가 응시자들에게 던지는 질문은 세 가지입니다. '필수 기본 경영·경제원리를 숙지하고 있으며 경제·경영 원리를 실사례에 적용할 수 있는가?', '경제·경영 자료를 해석하고 분석할 수 있는가?', '최신 시사 트렌드와 사회적 이슈를 이해하고 있는가?'입니다. 매경TEST 출제진들은 이와 같은 질문을 하기 위해 경제·경영 분야에서 다음과 같은 핵심적인 개념을 도출했고, 이를 중심으로 주요 문항들을 출제하고 있습니다.

영역	구분	분야	세부 내용
경제	경제 필수 개념의 이해	미시	기초 경제개념(기회비용 등), 합리적인 의사결정, 시장의 종류와 개념, 시장과 정부(시장실패) 등
	거시경제, 정책의 이해	거시	기초 거시변수(GDP, 물가, 금리), 고용과 실업, 화폐와 통화정책, 경기변동(경기안정화 정책 등)
	글로벌 경제감각 향상	국제	국제무역과 국제수지의 이해, 환율 변화와 효과
경영	기업과 조직의 이해	경영일반	기업에 대한 일반 지식과 인사조직의 필수 개념, 경영자료의 해석
	기업 경쟁우위의 이해	전략, 마케팅	경영전략, 국제경영, 마케팅의 개념과 원리에 대한 사례 응용
	재무제표와 재무 지식의 이해	회계, 재무	기본적인 재무제표 해석, 기초 재무지식, 금융· 환율 상식

매경TEST를 어떻게 활용할 수 있나요?

독학사제도(학점 취득)

2013년 3월부터 국가평생교육진흥원 '민간자격학점인정' 고시에 경제경영 이해력 인증시험으로는 국내 최초로 매경TEST가 포함되었습니다(국가평생교육진흥원 고시 제2016-2호 제19차 자격학점인정고시 참고). 학점은행제를 통한 학사 편입과 학위 취득, 대학원 진학에 매경TEST를 활용할 수 있습니다. 매경TEST에서 우수한 성과를 얻은 응시자들은 다음과 같은 학점을 취득할 수 있습니다.

대분류	중분류	직무번호	종목	인정학점	표준교육과정 해당 전공	
					전문학사	학사
경영·회계·사무	경영	01	매경TEST(최우수)	20	경영	경영학, 경제학
	경제		매경TEST(우수)	18		

비즈니스 현장

매경TEST는 경제·경영학 지식을 검증하는 시험에 국한하지 않고, 응시자들의 사고력과 문제해결 능력을 입체적으로 측정할 수 있는 시험입니다. 이뿐만 아니라 매경TEST 장점인 시사 문항은 응시자들의 비즈니스 감각과 실무 적응 능력을 평가할 수 있는 수단으로 산업계에서 꾸준히 인정받았습니다. 현장에서 시작된 긍정적인 반응들이 확산되면서 주요 기업이 매경TEST를 채용, 승진, 교육에 활용하는 사례가 증가하고 있습니다.

형태	기업명
채용과 승진	고려해운, 교보생명, 남양유업, 대명그룹, 동양메닉스, 매경미디어그룹, 세아그룹, 아세아시멘트, 아세아제지, 에이텍, 우신켐텍, 유니클로코리아, 아프로서비스그룹, 중소기업중앙회, 퍼시스, 한국남동발전, 한국후지제록스, 한일시멘트, 현대엔지니어링, 홈앤쇼핑, BNK저축은행, BNK캐피탈, JB우리캐피탈, ktis, KWE KOREA, MK전자, NH투자증권, SK해운 등
직장 교육	국민은행, 넥센타이어, 대신증권, 동서식품, 미래에셋대우, 신세계인터내셔날, 신한은행, 알리안츠생명, 우리은행, 자라리테일코리아, 크라운제과, 한국야쿠르트, 현대엘리베이터, BNK경남은행, BNK부산은행, CJ그룹, IBK기업은행, KEB하나은행, LG화학, LF, LS그룹, SK하이닉스, STX 등
승진과 가산점	대웅제약, 동부생명, 별정우체국연금관리단, 본아이에프, 블루버드, 생명보험협회, 아프로서비스그룹, 우체국금융개발원, 유안타증권, 이머니, 인천항만공사, 전국경제인연합회, 전기공사공제조합, 폴라리스쉬핑, 키움증권, 한국산업단지공단, 한국상장회사협의회, 한국IR협의회, BNK경남은행, BGF리테일, ktis 등

교육 현장(대학)

매경TEST가 대학생들의 학문적 지식 배양과 비즈니스 사고력을 확장할 수 있는 도구로 인정받자 이를 적극적으로 활용하는 대학들이 늘고 있습니다. 2012년 한국외대를 시작으로 주요 대학에 정규 강좌(매경경제경영콘서트)를 개설하고 있으며, 매경TEST로 졸업논문(시험)을 대체하는 대학 또한 확대되고 있습니다.

형태	대학명
졸업논문 대체	강원대(경제학), 건국대(경영학), 단국대(경영학), 대구가톨릭대(경영학), 대전대(경제학), 대진대(디지털경제학), 동국대(경제학), 방송대(경영학), 백석대(경상학부), 숭실대(경제통상대학, 금융학부), 창원대(경영학), 한국외국어대(경제학), 한남대(무역학), 홍익대(경제학) 등
정규 강좌 개설	가천대, 덕성여대, 서울시립대, 세종대, 전남대, 한국외대(서울, 글로벌) 등 ※ 매경TEST 기반의 커리큘럼. 중간(기말)고사를 매경TEST로 평가(2~3학점 정규 과목)
단체 응시	건국대(서울), 경남대, 경상대, 계명대, 단국대, 덕성여대, 동국대(서울), 동아대, 배화여대, 상지대, 서울대, 서울시립대, 세종대, 숙명여대, 숭실대, 연세대, 원광대, 조선대, 중앙대, 창원대, 청주대, 한국외대, 한양대(서울, ERICA) 등 ※ 해외대학: 중국 푸단대, 닝보대, 난징재경대 / 이스라엘 히브리대

1부

경영

국가공인
매경TEST

경영

1

기업경영과 조직

경영
—
1

경영과 기업

경영학의 관점

경영이란?

기업을 효율적으로 운영하기 위한 지식을 체계화한 학문이다. 실무적 관점에서 경영의 의미를 한 단어로 표현하자면 '의사결정'과 가장 가깝다고 볼 수 있다. 경영자는 기업의 의사결정을 주도하고 변화하는 환경에서 기업이 나아갈 방향과 경영활동을 결정한다. 경영학의 세부 분류에는 인사조직, 경영전략, 마케팅, 회계, 재무관리, 생산관리, 경영정보MIS-Management Information Systems 등의 분야가 포함된다.

경영학의 세부 분류

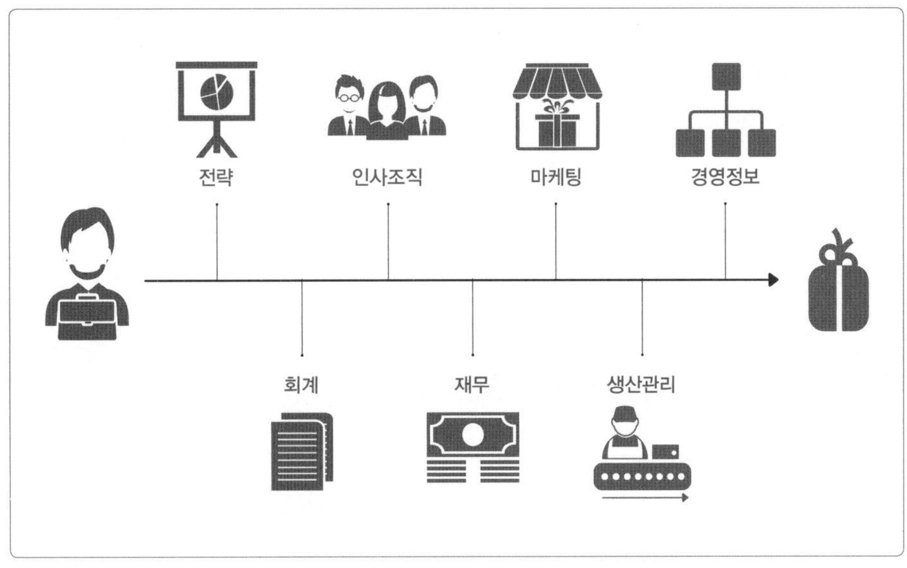

기업 경영의 목적

기업의 목적은 비용보다 수익이 더 큰 투자안에 투자해서 이익을 창출하는 것이다. 이 과정을 '가치창출Value Creation'이라고 한다. 기업은 가치창출 활동을 통해 성장할 수 있고 이는 기업의 주가상승으로 이어져 주주들은 시세차익과 배당을 통해 기업 이익을 공유할 수 있다. '주주 자본주의Stockholder Capitalism' 또는 '주주 우선주의Stockholder Primacy'는 단순한 이윤 극대화를 넘어 이윤이 주주에게 배당 등의 형식으로 전달되는 것이 극대화되어야 한다고 본다. 흔히 미국식 자본주의 관점이라고 표현하며 현대의 세계적 기업 경영 표준으로 자리 잡고 있다.

이해관계자 자본주의Stakeholder Capitalism는 주주뿐만 아니라 직원, 고객, 협력업체, 지역사회 등 기업이 영향을 주고받는 많은 이해관계자의 선호를 총체적으로 고려하고자 하는 관점이다. 기업이 주주 가치뿐만 아니라 모든 이해관계자의 가치, 그리고 사회 전반의 가치 극대화를 추구하는 것을 의미한다. 2019년 8월 미국 '비즈니스 라운드 테이블Business Roundtable'에서는 기업의 기본 경영방침을 '주주 중심'에서 '이해관계자 중심'으로 선회하는 것을 발표하였다. 이 발표문에는 주주에게 투자와 혁신을 통한 장기적 이익을 제공하는 내용과 함께 고객에게 기대를 뛰어넘는 가치, 종업원에게 공정한 보상과 교육훈련, 협력사에 공정하고 윤리적인 거래, 지역사회에는 공동체 가치와 환경 보호를 약속하고 있다.

기업의 사회적 책임과 ESG

기업의 사회적 책임에 대한 관심이 증가함에 따라 경영자에게 사회, 환경 등 비재무적 분야의 가치증진 활동도 중요하게 되었다. ESG는 'Environment(환경)' 'Social(사회)' 'Governance(지배구조)'의 머리글자를 딴 단어로 기업 활동에 친환경, 사회적 책임 경영, 지배구조 개선 등 투명 경영을 고려해야 지속 가능한 발전을 할 수 있다는 철학을 담고 있다. 개별기업의 ESG 등급 평가결과는 기업의 자금조달뿐만 아니라 주식투자 종목을 선정하는 투자 의사결정에도 영향을 주고 있다.

예제 1-1

환경(Environment), 사회(Social), 지배구조(Governance)를 의미하는 ESG가 기업의 중요한 이슈로 주목받고 있다. 다음 중 ESG 각 구성요소와 사례를 올바르게 짝지은 것으로 가장 거리가 먼 것은? [86회 매경TEST 기출]

① E(Environment), 반도체 사업장의 폐기물 매립 제로를 공인하는 A사
② E(Environment), 재생에너지로 전력을 조달하는 B사
③ S(Social), 기술특허 중소기업에 부품개발을 지원하는 C사
④ S(Social), 주주친화적 배당정책을 시행하는 D사
⑤ G(Governance), 사외이사의 독립성을 부여하는 E사

【해설】

정부가 2021년 발표한 한국형 ESG 가이드라인에 따르면 환경(E) 분야는 환경경영 목표 수립, 재생 원부자재 비율, 온실가스 배출량, 재생에너지 사용 비율 등 17개 문항으로 구성됐다. 사회(S) 분야는 결사의 자유 보장, 여성 구성원 비율, 산업재해율, 협력사 ESG 지원 등 22개 문항이다. 지배구조(G) 분야는 이사회 내 ESG 안건 상정, 사외이사 비율, 대표이사 이사회 의장 분리, 배당정책과 이행, 감사기구 전문성 등 17개 문항으로 구성됐다.

① |O| 폐기물 저감과 관련된 것은 E(Environment)에 해당된다.
② |O| 재생에너지 사용 비율은 E(Environment)에 해당된다.
③ |O| 중소기업 지원은 S(Social)에 해당된다.

④ |X| 주주친화적 배당정책은 G(Governance)에 해당된다.

⑤ |O| 사외이사의 독립성은 G(Governance)에 해당된다.

정답 ④

경영관리의 구성요소

경영관리는 조직관리를 제대로 하기 위해 관리자가 행해야 할 수행원칙을 말한다. 파욜Fayol은 1930년 경영관리의 구성요소로 계획Planning, 조직Organizing, 지휘Directing, 조정Coordinating, 통제Controlling를 제시하였다.

① **계획**Planning 미래를 예측하고 행동 계획과 전략을 구성해야 한다.

② **조직**Organizing 전략 실행을 위한 인적·물적 구조를 구축해야 한다.

③ **지휘**Directing 명령을 통해 조직원이 업무를 잘 수행하게끔 관리해야 한다.

④ **조정**Coordinating 조직의 성과 향상을 위해 전체 사업이 조화를 이루도록 하는 것으로 직능별로 자원이 적절한 비율로 배분돼야 한다.

⑤ **통제**Controlling 기업 조직 전체의 과정들이 규칙이나 명령에 따라 일어나고 있는지 관찰하며 원활한 운영을 위한 통제와 관리를 해야 한다.

KEYWORD

경영관리의 구성요소 5가지
계획, 조직, 지휘, 조정, 통제

기업의 형태

각종 기업 형태

기업의 형태는 대표적으로 '자본의 원천'에 따라 공공기관과 사기업으로 분류할 수 있다. 공공기관은 공적인 이익을 목적으로 하며 정부의 출연, 출자, 재정지원 등으로 설립, 운영되는 기업이다.

사기업은 개인기업과 공동기업으로 나뉘며 공동기업은 출자 형태와 구성원의 책임 범주에 따라 합명회사, 합자회사, 유한회사, 유한책임회사, 주식회사로 분류된다. 이 중에서도 현대 자본주의의 핵심적인 경제주체는 주식회사라고 볼 수 있다.

자본의 원천에 따른 분류: 공공기관(공기업, 준정부기관)과 사기업
규모에 따른 분류: 대기업, 중견기업, 소기업
출자 형태와 구성원의 책임 범주에 따른 분류: 합명회사, 합자회사, 유한회사, 유한책임회사, 주식회사

사기업의 종류별 특징

기업의 종류	특징
개인기업	한 명의 개인에 의해 출자, 소유, 경영되며 경영에 따른 손익과 책임을 모두 개인이 가지는 무한책임사원 제도
합명회사	2인 이상 출자자가 출자, 소유, 경영을 같이 하는 형태로 전원이 연대무한책임을 갖는 형태
합자회사	경영과 출자를 담당하는 무한책임사원과 더불어 더 많은 출자자 모집을 위해 경영과 분리된 유한책임사원을 포함하는 형태
유한회사	1인 이상의 사원으로 구성되며 사원은 출자한 금액의 한도에서 간접·유한의 책임을 가짐
유한책임회사	유한회사와 마찬가지로 1인 이상의 사원으로 구성되며 사원은 출자금액 한도로 간접·유한의 책임을 가짐. 외부적으로는 회사의 형태이나 내부적으로는 조합의 성격을 가지고 있음
주식회사	출자와 지분의 양도를 자유롭게 하여 시장에서 대규모 자본을 형성하고 운영할 수 있는 형태

주식회사

주식회사는 주주의 출자로 형성되는 기업으로 주주는 주식의 가액을 한도로 유한책임을 부담한다. 이러한 특성은 자본시장을 통한 대규모 자본조달을 용이하게 하여 대기업으로 성장하는 가능성을 높이고 자본주의 시장에서 다양한 경제학적 상호작용을 일으킨다.

주식회사는 다음과 같은 특징을 가진다.

1 유한책임 제도

주식회사는 주주의 출자를 기반으로 운영되는데 각 주주는 투자한 금액에 한해서만 책임진다. 이는 개인과 회사의 재산을 분리해 회사가 가지는 채무 등 영업 과정에서 발생하는 자본 위험 등에 대해서는 주주가 추가적인 책임을 지지 않음을 의미한다.

2 소유와 경영의 분리

주식회사는 자본을 출자하는 주주와 기업 운영 활동을 기본적으로 분리하고 있다. 이 과정에서 기업의 설립자 혹은 소유자에게 항상 경영에 필요한 지식이 충분하다고 할 수 없기 때문에 전문경영자라는 주체가 생겨난다. 소유자와 경영자 간에 서로 이익을 추구하는 방향성이 달라서 일어나는 마찰을 '대리인 문제' 혹은 '대리인 비용'이라고 한다.

3 자본의 증권화 제도

자본의 증권화는 주식회사의 핵심적인 특징 중 하나로 주식을 발행하여 자본을 분할하는 과정을 통해 개인들이 쉽게 투자할 수 있는 장치를 마련하는 것을 의미한다. 기업 관점에서 자금조달을 용이하게 하며, 주주의 입장에서는 투자금 운용을 용이하게 하여 시장 전체의 유동성을 상승시키는 기능을 한다.

주식회사의 구성요소

주식회사의 법적 정의와 더불어 주식회사가 어떻게 운영되는지 이해하기 위해서는 내부에 주주총회, 이사회, 감사를 포함하는 세 기구의 역할과 주주와 경영자 등 기업의 구성원에 대해 이해하는 것이 중요하다.

1 주주총회

회사의 주주들이 모여 의사결정을 하는 기관이다. 주주는 지분에 따라 한 주당 1개의 의결권을 가진다고 보며 다수결 원칙에 따른다. 결산기에 진행하는 정기총회와 의제에 따라 모이는 임시총회로 구성되고 이익 배당, 이사의 선임과 해임, 영업 양도, 기업 정관 변경 등의 의사결정을 한다.

2 이사회

주주총회에서 선임된 이사들이 모여 주주총회의 결정 요소들을 제외한 운영에 관한 주요 의사결정들을 실시하는 집단이다. 주주들의 이익 향상을 목적으로 하는 의사결정 집단이며 회사 업무 집행, 지배인 선임, 주식과 사채 발행 결정 등을 논의 대상으로 한다. 전문경영인이 주주의 이익과 배치되는 일을 하지 않도록 감시와 견제하는 역할도 수행한다.

3 감사

법인의 재산과 이사의 업무집행을 감독하는 역할을 수행한다. 회사의 업무가 적절하게 수행되고 있는지 검토하는 업무감사와 계산 서류의 적법성이나 영업과 재산 상태 표시를 검토하는 회계감사를 포함한다. 출자자인 주주가 자신이 출자한 자본이 제대로 운용되고 있는지 확인할 수 있게 하는 기관이다.

4 경영자

경영자는 주식회사의 기관은 아니지만 운영 측면에서 막대한 책임을 지며 주주, 이사회 등의 주체와 밀접하게 연결된 이해관계자다. 경영자에는 크게 기업을 만들고 직접 관리하는 소유경영자와 소유주에게 고용되어 경영 활동을 담당하는 전문경영자로 구분할 수 있다.

주식회사의 특징

① 유한책임 제도 ② 소유와 경영의 분리 ③ 자본의 증권화 제도

주식회사의 구성요소

① 주주총회 ② 이사회 ③ 감사 ④ 경영자

1-2

주식회사란 주주의 출자로 이뤄지며 모든 주주는 투자금액을 한도로 하는 유한 출자의무를 진다. 다음 중 주식회사의 주요 기관에 해당하지 않는 것은?

① 감사 ② 이사회 ③ 채권단 ④ 경영자 ⑤ 주주총회

【해설】

주식회사의 주요 기관은 감사, 이사회, 경영자, 주주총회이다.

정답 ③

경영
—
2

조직관리 이론의 흐름

산업혁명 이후 공업화가 되면서 사람들은 조직을 이뤄 일하기 시작했다. 초창기 조직이론의 변화 흐름을 파악하는 것은 오늘날 기업을 바라보는 관점을 이해하는 데에 도움이 된다.

베버의 관료제

관료제라는 표현은 18세기에 처음 사용되었지만 그 특성을 개인과 조직 관점에서 해석, 정립하여 근대의 '관료제'라는 조직을 제시한 인물은 베버Max Weber라고 할 수 있다. 관료제의 가장 핵심적 특징은 업무를 기록하여 문서화하는 '공식화Formalization'이다. 관료제는 조직 내 직무를 누가 맡더라도 공식화된 매뉴얼에 따라 운영하면 되므로 언제든지 조직원을 교체할 수 있다. 또 조직 구성원들이 서로의 행동을 예상하는 것이 어렵지 않기 때문에 불확실성을 줄일 수 있다.

공식화 외에도 베버의 관료제는 명확한 권한과 직무, 뚜렷한 상하 계층제, 엄격한 문서화와 의사결정 체계 등의 특징을 가진다. 이는 오늘날까지도 많은 피라미드형 조직에 적용되면서 비인격적이고 유연하지 못한 조직으로 치부되는 경향도 있지만 공정하고 객관적인 조직 운영에 대한 시사점을 제공한다.

KEYWORD

베버의 관료제 특징
공식화, 명확한 권한과 직무, 뚜렷한 상하 계층제, 엄격한 문서화, 집권화된 의사결정

테일러의 과학적 관리법

프레드릭 테일러Frederick W. Taylor는 비슷한 시기에 베버와 같은 맥락에서 과학적 관리법Scientific Management을 제시하였다. '테일러리즘Taylorism'이라고도 불리는 이 방식은 조직 내의 노동자들이 효율적으로 최대의 생산성을 보일 수 있는 작업 표준을 찾는 것이다. 이를 실현하기 위한 대표적인 방법인 시간·동작연구Time and Motion Study는 가장 빠른 시간 내에 생산성을 극대화하는 가장 효율적인 동작을 분석하는 것이다. 최적의 작업 표준을 따랐을 때 직원은 작업효율이 높아져 생산성 향상에 따른 성과급을 더 받을 수 있고 조직은 노무비 투입 대비 생산성을 올릴 수 있으므로 고임금·저노무비를 실현할 수 있다고 보았다. 이런 기계화된 노동 관점은 포디즘Fordism으로 이어져 미국 제조업을 부흥시킨 바탕이 되었다.

KEYWORD 

테일러의 과학적 관리법 특징
높은 효율성과 생산성 추구, 명확한 작업 표준, 시간과 동작 연구, 기계화된 노동, 고임금 저노무비, 포디즘

메이요의 인간관계론

'호손 실험Hawthorne experiment'은 회사의 조직 구성원을 하나의 물리적 부품이 아니라 인간으로 해석했다는 데에 의미를 가진다. 이 실험은 원래 과학적 관리법에 입각한 작업 표준을 발견하기 위한 목적으로 1920년대 미국의 호손 지역 공장을 대상으로 실시되었다.

직무에 따라 진행된 다양한 실험 중 대표적 사례는 조명 실험으로 조명의 밝기에 따라 생산량에 차이가 있을 것이라고 가설을 설정했다. 하지만 예상과 달리 조명의 밝기

와 상관없이 생산성이 계속 상승하는 것으로 분석되었다. 직원들이 스스로 실험에 의한 평가를 받는다는 것을 인지하면서 더 열심히 일하게 돼 성과가 높아진다는 사실을 발견한 것이다.

이 실험 이후로 기업들은 인간이 기계와는 다른 여러 심리, 태도, 행동을 가졌다는 것을 깨닫고 작업능률을 향상시키는 요인으로 조직 내 인간관계를 고려하기 시작했다.

KEYWORD 

메이요의 인간관계론 특징

호손 실험, 인간의 기계화 반대, 인간의 심리와 감정 고려

경영 – 3

조직구조의 형태

조직화의 원칙

조직화는 기업의 목표를 실현할 수 있도록 비즈니스 모델에 적합한 조직을 구성하고 각종 경영자원을 배분하며 조정하는 활동을 말한다. 경영자는 일정한 원칙에 의해 조직화를 해야 한다.

전문화

조직은 업무의 전문성과 구성원들의 전문적 기술, 지식에 적합하도록 기능적인 측면을 고려해 조직을 형성해야 한다. 업무의 전문화는 분야별, 제품별, 지역별, 공정별로 이루어지며 분업화의 원칙이라고도 한다. 전문화나 분업의 수준이 너무 높으면 오히려 업무 연계성이 떨어지고 생산성도 저하되는 부정적인 효과가 나타나기 때문이다.

부서화

부서화 혹은 부문화는 각각의 업무 프로세스들을 어떤 단위로 묶을 것인가에 대한 의사결정이다. 이와 같은 단위가 모이면 전체 조직도가 만들어지므로 부서화 단위는 조직 형태와도 관련이 있다. 예를 들면, 기능별 부서화는 업무의 그룹을 기능별로 구성한 것이며 이에 따라 생산부, 인사부, 홍보부 등의 기능들을 단위로 그룹을 형성하는 것이다. 각 조직 업무에 따라 효율적으로 업무 연계가 되어야 하는 단위를 신중하게 결정해야 한다.

권한

조직은 여러 사람이 모여 역할과 지위를 정하는 곳이므로 개인의 권한과 관련된 이슈는 중요하다. 특정인이 가지는 권한에는 책임이 수반되며 권한과 관련된 요소는 크게 3가지다.

1 분권화

분권화는 크게는 조직 내에 의사결정 권한이 얼마나 수직적으로 집중되어 있는지에 대한 정도를 나타낸다. 작게는 상사가 부하에게 직무에 대한 재량과 권한을 부여하는 행위의 단위로도 해석할 수 있다.

2 명령일원화 원칙

한 명의 조직구성원은 한 명의 상사에게만 보고체계가 연결되어 있어야 함을 뜻한다. 조직이 효율적으로 운영되기 위해서는 전사 범위의 의사결정을 내리는 최고경영자 집단부터 조직의 가장 하위 집단까지 신속한 명령과 보고체계가 구성되어야 한다. 이때 명령체계가 일원화되어 있지 않고 여러 명의 상사에게 동시에 보고를 해야 해서 책임 소재가 분명하지 않거나 여러 사람에게서 일치하지 않는 명령을 받았을 때 비효율이 크게 발생할 수 있다.

3 통제의 범위

통제의 범위는 상사, 부하 간 관계에 있어 한 명의 상사가 몇 명의 부하에게 업무를 지시하고, 보고를 받고, 책임을 지는 것이 가장 효율적인가를 의미한다. 관점에 따라 이 범위의 적정 숫자는 다르다. 통제의 범위가 너무 넓은 경우 효과적인 하급자 감독이나 의사소통이 어려워지고 너무 좁으면 중간관리층이 많아지면서 비효율이 발생할 수 있다. 따라서 적절한 통제의 범위가 중요한데 최근에는 IT 발달로 한 명의 상사가 많은 하급자들을 관리할 수 있는 여건이 형성되고 있다.

조직화의 원칙
전문화, 부서화, 권한(분권화, 명령일원화 원칙, 통제의 범위)

1-3

아래 A사의 사례와 가장 관련성이 높은 조직화의 원칙은?

> 최근 시대의 흐름에 맞춰 조직들이 변화하고 있다. 제조업 기반의 조직들은 대량생산 체제로 의사결정에 있어 많은 단계를 거쳐야 했다. 하지만 불확실한 글로벌 환경에 대응하기 위해 기업들은 서서히 조직구조를 유연화하기 시작했다. A사의 CEO는 전사적인 의사결정을 총괄하지만 부문에 대한 세세한 의사결정은 부문 대표에게 믿고 맡기는 것으로 유명하다. A사 측 관계자는 "회장님은 누구보다 일찍 출근해서 부지런히 회사 일을 챙기면서도 정작 대외적으로 공치사를 하는 일이 없다. 실무자에게 인정받고 직원들에게 동기부여가 될 수 있도록 하는 것이 A사의 기업문화"라고 밝혔다.

① 공식화 ② 분권화
③ 전문화 ④ 통제의 범위
⑤ 명령일원화 원칙

【해설】
해당 사례는 분권화에 대한 내용이다. 분권화는 상사가 부하에게 직무에 대한 재량과 권한을 부여하는 것을 말한다.

정답 ②

기계적 조직과 유기적 조직

조직을 분류하는 데 있어 수평 그리고 수직적 조직, 공식 그리고 비공식 조직 등 다양한 기준을 적용할 수 있다. 조직의 구조 측면에서 우선 기계적 조직과 유기적 조직의 형태를 이해하는 것이 좋다.

기계적 조직과 유기적 조직

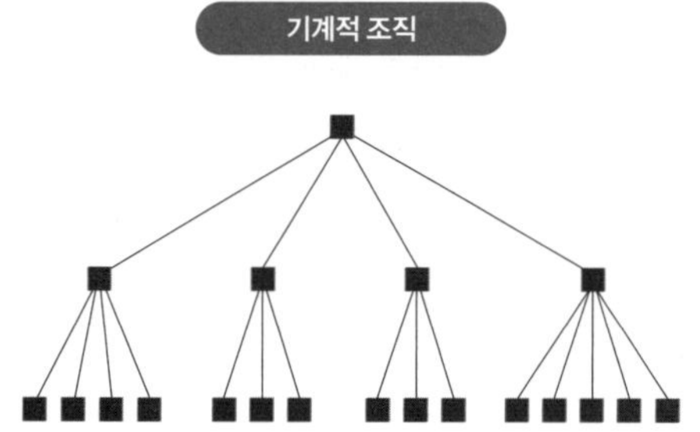

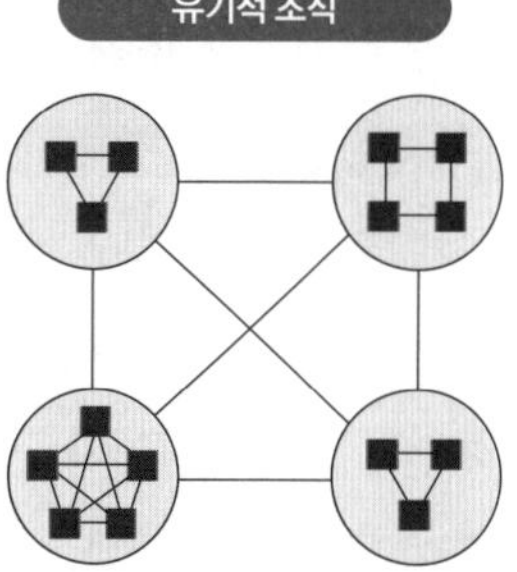

기계적 조직

조직 내 규율과 규칙으로 통제되며 기계처럼 표준화된 작업을 안정적으로 수행하기 위한 구조이다. 자신의 업무 범위가 정확하여 직무 전문화와 부문화 수준이 높고 통제의 범위가 좁은 것이 특징이다. 계층적 구조를 지니는 경우가 많아 조직도가 피라미드 형태이며 명령일원화 원칙 수행에 적합하다. 일반적으로 상사로부터의 일방향적 의사결정이 이루어지고 동시에 서면보고 체계를 지켜야 하므로 비효율이 발생할 수 있다.

유기적 조직

기계적 조직과 반대 성격을 가지며 기업 형태가 다양해지고 외부 환경이 복잡해지면서 현대에는 많은 조직이 유기적 형태를 지닌다. 직무에 대한 전문화나 부문화 수준이 낮고 계층 축소와 동시에 수평적인 팀의 구성을 많이 활용한다. 이에 따라 통제 범위가 넓고 의사결정이 분권화되면서 조직원 개인의 다양성이 존중되고 외부로부터 새로운 자극이나 변화에 빠르게 대응하는 유연성을 가질 수 있다.

KEYWORD

기계적 조직

규율과 규칙으로 통제, 표준화된 작업, 정확한 업무 범위, 높은 직무 전문화, 높은 부문화 수준, 좁은 통제 범위 , 수직적·계층적 구조, 명령일원화 원칙 수행 적합, 일방향적 의사결정

유기적 조직

낮은 직무 전문화, 낮은 부문화 수준, 넓은 통제 범위, 수평적 조직 구조, 의사결정의 분권화, 경영 환경에 유연하게 대응 가능

다양한 조직 형태

기능 조직

기능 조직은 기계적 조직 구조에 가장 가까우며 조직 내부에서 유사한 업무와 기능에 따라 묶어놓은 조직 형태다. 중앙집권식의 체계로 경영학적 의사결정 분류인 마케팅, 회계, 재무, 생산, 인사관리 등의 기능들이 각각 역할을 효율적으로 해내는 데에 중점을 둔다. 각 부서 전문성이 향상되어 안정적인 환경에서 규모의 경제 등이 가능해지기도 하지만 기업 초기를 지나 규모가 점점 커지면 전체를 중앙에서 관리하기 힘들어져 비효율이 발생할 수 있다.

사업부 조직

사업부 조직은 기능 조직의 단점을 보완한 형태로 각 사업을 담당하는 사업부에 권한을 분할하는 것이 핵심이다. 각 사업부는 그 내부에서 경영적 요소들에 대한 높은 재량권을 가지며 이에 따라 기능 조직보다 신속한 의사결정이 가능하다. 하지만 동시에 기능 조직이 가능했던 높은 전문화에 따른 표준화와 효율성 등의 특성이 저하됨에 따라 규모의 경제 등의 효과도 떨어진다. 기계적 조직과 유기적 조직의 긍정적 특성들이 결합된 형태이므로 국내 대기업들이 가장 많이 사용하고 있는 조직구조다.

사업부 조직구조

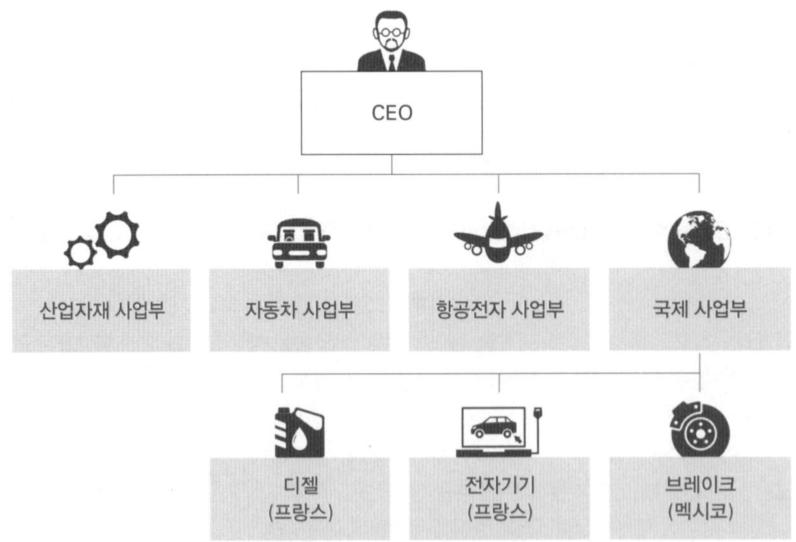

매트릭스 조직

매트릭스 조직은 기능 조직의 형태에 팀제 형식의 운영 방식이 결합된 형태다. 구성원들은 기능 조직과 같이 생산, 판매, 재무 등 기능별 분류에 속하고 동시에 각각의 프로젝트 단위에 투입된다. 이에 따른 매트릭스 조직의 가장 큰 특징은 명령과 보고 체계가 이원화된다는 점이다. 보고 체계 혼동으로 인한 어려움이 있지만 글로벌 단위의 지사들을 둔 경우나 여러 기능이 필요한 프로젝트성 업무가 많은 기업에서는 효과적인 조직구성 방법으로 사용된다.

매트릭스 조직구조

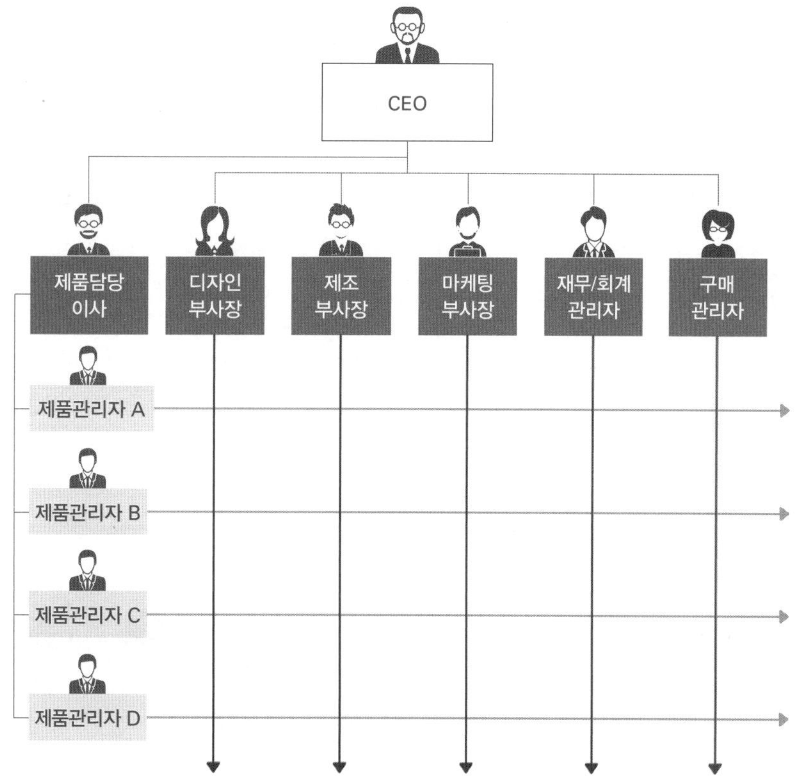

네트워크 조직

네트워크 조직은 아웃소싱 방식을 이용한 조직 형태다. 기업에서는 집중해야 하는 핵심역량만 보유하고 나머지 요소들은 아웃소싱을 통해 운영함으로써 기업 무게를 줄이고 시장 변화에 유연하게 대처할 수 있다. 예를 들어 나이키가 대표적인 네트워크 조직의 형태이다. 나이키는 본사에서 자사 강점인 디자인과 마케팅에만 집중하고 생산과 판매는 각 나라 공장과 판매점들을 활용하여 실시한다. 이에 따라 조직원들의 소속감 하락이나 기술 공유로 인한 정보 유출 우려 등 단점이 존재한다. 하지만 정보통신기술 등의 발달로 범세계적 조직 운영이 점차 원활해지면서 많은 기업이 네트워크형 조직을 구성하고 있다.

네트워크 조직구조

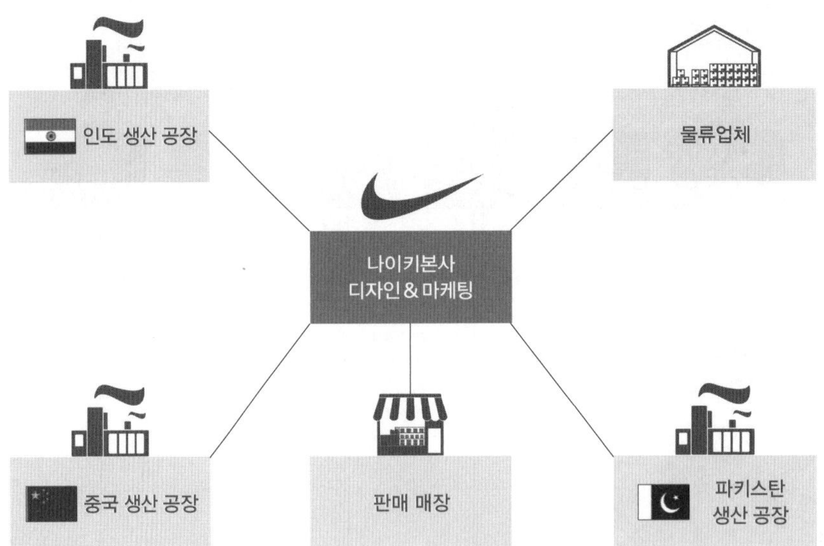

예제 1-4

다음 그림은 많은 기업에서 볼 수 있는 조직구조이다. 이 구조의 장점에 해당하는 것은?

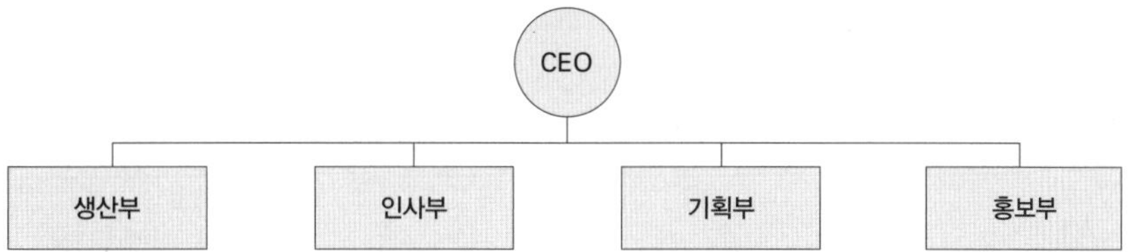

① 부서 간 원활한 의사소통 가능
② 시장과 제품에 대한 복합적인 모니터링
③ 의사결정 과정이 민주적이고 상호 보완적
④ 특정 사업 성과에 대한 합리적인 평가 가능
⑤ 세분화된 업무로 각 분야 인력들의 전문성 향상

【해설】

그림은 기능식 조직구조를 나타내고 있다. 기능식 조직을 효과적으로 운영할 경우 분업화와 조직 구성원들의 전문성을 제고시킬 수 있다. 하지만 조직 관리비의 증가, 사업성과에 대한 책임소재 불분명, 부서 이기주의 등은 기능식 조직의 단점이다. 복수의 기능에 대한 복합적인 모니터링은 매트릭스 조직구조에 해당하는 설명이다.

정답 ⑤

아래 조직 구조 (가), (나)에 대한 설명으로 가장 거리가 먼 것은?

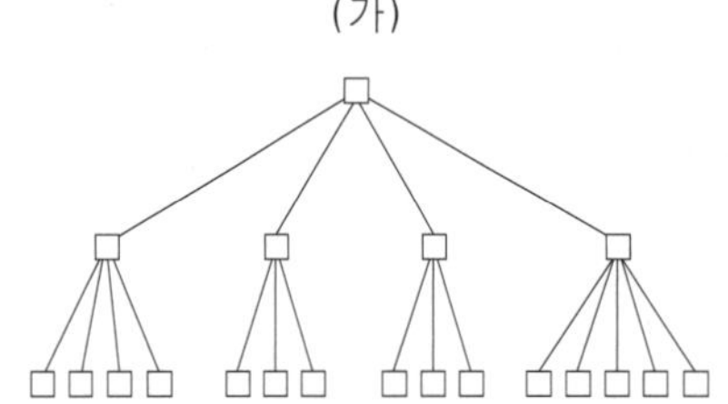

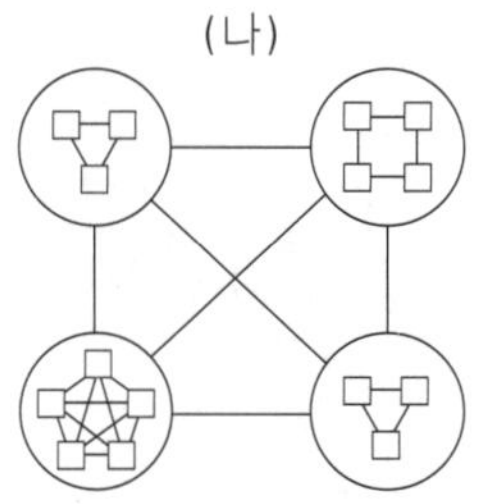

① (가)의 대표적인 예는 관료제다.
② (가)는 (나)보다 명령일원화 원칙 수행에 적합하다.
③ (가)보다 (나)가 외부 환경 변화에 대응하기 유리하다.
④ (가)보다 (나)가 업무 통제 범위를 명확하게 설정할 수 있다.
⑤ (가)보다 (나)의 조직원들이 더 높은 의사결정 권한을 가진다.

해설

(가)는 기계적 조직구조, (나)는 유기적 조직구조를 나타낸다. 기계적 조직구조는 작업을 표준화, 공식화하여 안정적인 작업을 수행하고자 하는 방식으로 관료제가 대표적인 형태다. 각 조직원의 통제범위가 명확하게 분리되고 직무 전문화, 일방향적 의사소통, 피라미드적 계층 구조 등의 특징을 지닌다. 반면 유기적 조직구조는 전문화 수준이 낮고 서로의 업무 범위를 수평적으로 공유하여 현대의 급변하는 외부 환경에 대응하기 유리한 형태라고 할 수 있다. 이 때문에 상대적으로 유기적 조직구조 내의 업무 통제 범위는 기계적 형태보다 넓고 명확하게 나누기 힘들다는 특징을 가진다.

정답 ④

아래는 주식회사의 주체들 간 상호작용을 나타낸다. 다음 중 A 관계에서 발생하는 문제에 대한 올바른 설명으로 가장 거리가 먼 것은?

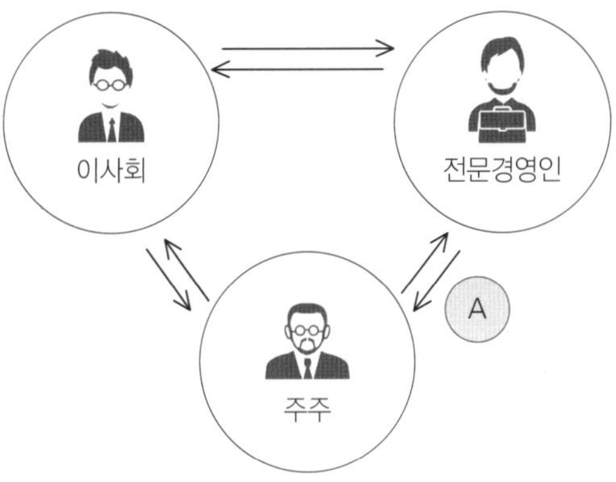

① 주주와 경영인 간의 정보 비대칭이 핵심 원인이다.
② 해결 방법으로 경영인에게 스톡옵션을 제공할 수 있다.
③ 영향력이 큰 대주주의 존재는 해결 방안으로 작용할 수 있다.
④ 전문경영인을 대표이사에 임명하는 방법으로 문제를 완화할 수 있다.
⑤ 경영인이 높은 급여를 유지하기 위해 회계부정을 한 것이 대표적 사례다.

해설

주주(주인)와 전문경영인(대리인) 사이의 대리인 문제를 설명한다. 소유와 경영의 분리로 인해 주주와 경영인 사이에 정보 비대칭이 발생하는데 이 과정에서 경영인과 주주의 선호가 다르기 때문에 발생하는 일련의 문제 상황을 뜻한다. 즉 문제는 전문경영인이 주주보다 주인의식이 떨어짐에 기인하므로 경영인에게 스톡옵션 제공, 대주주를 통한 경영 활동 감시 등의 해결 방안이 있다. 이사회 혹은 대표이사는 경영 활동을 감시하고 주주의 권리를 지켜줄 수 있는 역할을 수행하므로 전문경영인을 대표이사에 임명하면 권한의 증대로 정보 비대칭의 수준이 더 높아질 수 있다.

정답 ④

다음 중 주주 친화 경영을 추구하는 사례에 해당하지 않는 것은?

① 자사주 취득으로 주가 부양에 나선 A사
② 순환출자 강화로 계열사 확장에 나선 B사
③ 전자투표제 확대 도입으로 주주 편의성을 제고한 C사
④ 올해 첫 3개월 분기 배당을 실시해 주주 환원을 확대한 D사
⑤ 주주 추천 사외이사 공모제 시행으로 소통 강화에 나선 E사

해설

기업은 주주들이 투자한 자금을 기반으로 경영 활동을 영위해 기업 가치를 높이며, 기업에 투자한 주주들은 주식 보유에 따르는 이익을 획득하게 된다. 즉, 기업이 지속적으로 성장하기 위해서는 주주들의 신뢰를 확보하는 것이 중요하다. 이때 주주가치 제고와 주주 권익 보호 등을 최우선으로 하는 기업의 경영 방식을 주주 친화 경영이라고 한다. 배당 확대, 자사주 매입, 주주의 의결권 행사 기회 확대, 이사회와 주주 간 소통 강화 등이 대표적인 정책이다. 한편 기업집단이 계열사 간 고리를 연결하는 형태로 출자해 지배구조를 유지하는 방법을 순환출자라고 하며 순환출자 해소로 투명한 지배구조가 확립되면 주주가치를 제고할 수 있다.

정답 ②

아래 사례와 관련된 조직관리 이론의 특징에 해당하지 않는 것은?

> **호손 실험, 기업 경영에 획기적인 영향을 미치다.**
>
> 호손 실험은 1920년대 미국의 호손 웍스라는 공장에서 수행한 실험의 결과로 하버드대 교수인 메이요가 주도해 조명도와 생산능률 사이의 관계를 밝혀내고자 실시한 실험이다. 작업자를 방에 분리시켜 놓고 점차 조명도를 높여가면서 작업도를 측정했다. 바로 1차 실험인 조명 실험이다. 하지만 결국 조명도에 따른 생산성의 유의성은 밝혀내지 못했다. 따라서 단 하나의 변인만으로 생산효율을 알 수 없다고 생각해 근로환경(조명, 하루 휴식시간 횟수와 기간, 일일 그리고 주당 근무시간 등)을 바꿀 때 생산성에 어떤 변화가 일어나는지를 분석했다. 이 실험결과도 1차와 마찬가지로 작업환경이나 근로시간이 작업자의 생산성에 영향을 주는 주요 변수가 아닌 것을 밝혔다. 이후 작업자들의 면접 실험을 통해 생산능률에 미치는 요인을 발견했고 이를 반영한 경영 방식들이 대두되기 시작했다.

① 시간·동작 연구를 통해 작업방식을 결정함
② 물리적 조건의 개선보다 인간적인 요인이 중요함
③ 구성원의 행동이 경제적 유인보다 비공식적인 규범에 의해 이루어짐
④ 조직을 구성하는 구성원은 기계가 아니며 구성원 간 의사소통이 중요함
⑤ 물리학적 효율성보다 구성원의 소속감, 사기, 인정과 같은 심리적 조건의 변화에 따라 생산능률이 좌우됨

해설

해당 사례는 메이요 교수의 호손 실험에 대한 내용이다. 호손 실험은 기업의 생산성을 결정하는 조건으로 기존의 조직 관리법이었던 테일러의 과학적 관리법을 부정하고 인간관계의 중요성을 처음으로 부각시킨 계기가 됐다. 생산성은 노동시간, 급여, 휴식 기간 등과 같은 작업조건보다는 작업에 대한 자부심 등의 심리적인 변인이 더 크게 작용한다는 것이 밝혀졌다. ①은 테일러의 과학적 관리법의 특징이다. 정답 ①

국가공인
매경TEST

경영

2

조직행동

경영
—
1

조직행동의 이해

조직행동 개념

경영에 대한 관심이 높아지던 초기 조직이론에서는 베버와 테일러의 관점을 바탕으로 개인이 배제된 조직의 단위가 관심의 대상이었다. 하지만 메이요의 호손 실험을 계기로 조직을 이루는 구성원은 다양한 개인들로 구성되어 있으며 이러한 개인들의 특성과 행동을 고려하는 것이 궁극적으로 조직 전체의 성과를 올리는 데에 도움된다는 관점이 받아들여지면서 '조직행동Organizational Behavior'의 중요성이 인식되기 시작했다. 조직행동은 개인 단위의 태도, 동기, 행동 등의 요소를 고려하기 때문에 사회학, 심리학, 혹은 행동경제학 등과 밀접하게 연결되어 있으며 이를 통해 경영 과정에서 조직을 바라보는 관점이 크게 확장될 수 있었다.

조직행동론의 관심 대상은 개인의 지각, 태도, 동기, 행동 등의 단위로 다양하다. 성격 분류, 인지 과정 등의 심리학적 요소나 스트레스, 업무 태만, 가십gossip 등 부정적인 행동 양상도 포함한다. 최근에는 개인의 인권이나 복지 등에 대한 관심이 높아지면서 일과 가정의 양립Work-Life Balance 문제나 조직문화, 윤리적 행동 등의 이슈들도 주목받고 있다. 하지만 심리적 요소들을 정확하게 측정하여 검증하거나 특정 행동 혹은 결과가 조직행동 요소 때문에 발생한다고 증명하는 것이 어렵기 때문에 그 엄밀성에 대한 비판도 있다. 이처럼 조직행동론은 넓은 범주의 이슈를 포함하지만 이 책에서는 조직몰입과 직무만족, 조직행동의 관점에서 동기부여, 리더십의 요소들을 중심으로 살펴본다.

경영
—
2

조직행동 - 개인

조직행동 연구의 목표

조직몰입

조직몰입은 구성원이 조직에 대해 가지는 심리적 애착을 뜻하는데 조직몰입 수준이 높으면 구성원의 조직을 위한 자발적 헌신 정도가 강해진다. 따라서 조직 입장에서는 직원들의 조직몰입을 높이는 것이 매우 중요하다. 조직몰입을 분류하는 여러 기준 가운데 가장 보편적으로 사용되는 분류법은 메이어$_{\text{Meyer}}$와 앨런$_{\text{Allen}}$의 정서적$_{\text{Affective}}$, 지속적$_{\text{Continuance}}$, 규범적$_{\text{Normative}}$ 몰입 분석이다.

1 정서적 몰입

정서적 몰입은 개개인의 심리적 애착감에 기반한 조직몰입을 의미한다. 조직 내에서 긍정적인 경험으로부터 기쁨, 즐거움, 만족감 등을 느끼고 이를 통해 소속감과 충성심이 발현되어 조직에 기여하고자 하는 의지가 생겨나는 것을 뜻한다. 따라서 정서적 몰입은 개인 욕구와 밀접하게 연결되어 있으며 이러한 요소들을 고려하여 제도를 설계하면 이와 같은 긍정적인 경험과 정서적 몰입 정도를 늘릴 수 있다.

2 지속적 몰입

지속적 몰입 혹은 유지적 몰입은 개인이 조직을 떠나서 얻는 이득보다 잃는 손실이 더 크다고 판단할 때 생겨난다. 개인이 조직에서 이탈할 경우에는 임금 등의 금전적 기회비용이나 다른 직업을 구하는 과정에서의 불확실성, 조직 내에서 형성한 인적 네트워크의 단절 등 여러 부정적 요소를 고려함에도 불구하고 조직을 떠나는 것이 합리적 선택인가를 판단하게 된다. 이때 이득보다 손실이 많다고 판단되면 지속적 몰입이 발생한다. 조직은 시장 균형임금보다 높은 수준의 임금을 제시하는 효율임금Efficiency Wage 등의 방식을 이용하여 직원들이 지속적 몰입을 가지도록 유도한다.

③ 규범적 몰입

규범적 몰입은 조직에 대한 책임감 혹은 의무감 등을 바탕으로 조직 구성원 스스로가 구성원으로서 신념이나 가치관 등을 가지는 데에서 기인한 몰입 상태를 의미한다. 이는 조직 구성원이 조직의 규범을 내재화하거나 조직 내 사회화 과정을 거치며 형성된 조직에 대한 의무감과 사명감을 바탕으로 조직에 기여하는 상태를 의미한다. 따라서 이는 조직에 남고 싶은 애착(정서적 몰입)이나 조직의 잔류가 유리하다고 생각하여 남는 의지(지속적 몰입)와는 다른 형태라고 볼 수 있다.

직무만족

직무만족은 조직 구성원 자신에게 부여된 직무에 만족하는 정도를 의미한다. 일반적으로 직무만족이 높으면 직무성과가 높아진다. 이는 조직 전체의 성과 향상으로 이어진다고 보기 때문에 조직은 개인의 전반적 만족도, 그중에서도 직무만족도를 높이기 위해 노력한다. 이에 따라 직무만족도는 직원들의 업무 태만, 결근, 이직 등의 행위를 예측, 조절할 수 있는 전략으로 이어질 수 있다.

예제 2-1

다음 사례와 조직몰입의 유형을 올바르게 짝지은 것은?

> A: "난 삼성전자 직원이라 삼성 제품만 쓰잖아. 우리 회사 제품만큼 좋은 건 없어."
>
> B: "다른 경쟁업체보다 연봉은 적지만 내가 그동안 해온 프로젝트에 대한 책임감 때문에 회사를 오래 다니는 거야."
>
> C: "아 퇴사하고 싶은데 그래도 여기 있으면 따박따박 월급은 나오지, 시간 지나면 퇴직금 올라가지. 좀만 버텨서 퇴직금이나 많이 받아야지."

	A	B	C
①	규범적 몰입	정서적 몰입	지속적 몰입
②	규범적 몰입	지속적 몰입	정서적 몰입
③	정서적 몰입	규범적 몰입	지속적 몰입
④	지속적 몰입	규범적 몰입	정서적 몰입
⑤	지속적 몰입	정서적 몰입	규범적 몰입

【해설】

조직몰입은 정서적 몰입, 지속적 몰입, 규범적 몰입으로 규정된다. 정서적 몰입은 개개인의 조직에 대한 심리적 애착감에 기반하여 형성되며 지속적 몰입은 조직에 머무는 것이 떠나는 것보다 더 이익이라고 판단될 때 형성되는 몰입이다. 규범적 몰입은 조직에 대한 책임감 또는 의무감 등에 기반한 몰입이다. 따라서 A는 정서적 몰입, B는 규범적 몰입, C는 지속적 몰입을 보이고 있다고 평가할 수 있다.

정답 ③

동기부여이론

동기부여의 이해

동기부여는 어떠한 개인의 욕구를 자극하여 특정 목표를 달성하고자 하는 동기가 형성되도록 유도하는 것을 의미한다. 이는 조직 구성원을 조직이 원하는 목표와 방향성에 따라 행동하게 만드는 근본 원리로 직무만족 그리고 직무몰입과 긴밀하게 연결되어 있다. 심리학에 기반한 개념이지만 경영학 관점에서 조직 구성원들이 어떠한 요소에,

구분	내용	이론
동기부여 내용이론	어떠한 욕구가 동기를 자극하는가?	매슬로우의 욕구5단계이론
		맥그리거의 XY이론
		허츠버그의 2요인이론
동기부여 과정이론	동기가 어떤 메커니즘을 통해 행동으로 이어지는가?	브룸의 기대이론
		애덤스의 공정성이론

어떠한 과정으로 동기부여 되는지를 충분히 이해한다면 자발적인 조직의 기여나 생산성 향상 노력 등을 이끌어낼 수 있다. 이때 어떠한 욕구가 동기를 자극하는가에 관심을 갖는 것이 동기부여의 내용Content이론이며, 동기부여가 어떤 메커니즘을 통해 행동으로 이어지는가에 관심을 두는 것이 동기부여의 과정Process이론이다.

동기부여의 내용이론

동기부여의 내용이론은 개인이 동기부여하는 요인들이 무엇인지에 대해 설명하고자 한다. 따라서 사람들이 가지는 다양한 욕구의 구조를 설명하려 한다.

• 매슬로우의 욕구 5단계이론Maslow's Hierarchy of Needs

매슬로우Maslow는 동기를 생리적 욕구, 안전의 욕구, 애정과 공감의 욕구, 존경의 욕구, 자아실현의 욕구로 나누어 단계별로 욕구가 작용한다고 설명한다. 생리적 욕구부터 시작하는 하위욕구가 충족되어야 상위욕구가 나타나며 각각의 욕구가 충족되지 않음으로써 발생하는 긴장 때문에 행동에 대한 동기가 나타난다. 1943년 제시된 이 모델은 인간의 가장 보편적인 욕구와 동기의 구조를 보여줌으로써 많은 심리학과 사회학 연구의 토대를 제공했다.

하지만 욕구를 정적이고 순차적으로 해석하여 욕구의 동적인 발현이나 욕구 간 상호작용 등의 요소를 고려하지 못한다는 비판을 받기도 했다. 이에 앨더퍼Alderfer는 매슬로우의 욕구 계층을 3개의 범주로 축약시켜 ERG이론을 발표하였다. ERG란 생존Existence 욕구, 관계Relatedness욕구, 성장Growth욕구를 의미한다.

매슬로우의 욕구 5단계이론

자아실현의 욕구
존경의 욕구
애정과 공감의 욕구
안전의 욕구
생리적 욕구

① 생리적 욕구

인간의 생존에 있어 가장 기본적 요소 식욕, 수면욕 등을 뜻한다. 인간의 신체가 정상적으로 기능하기 위해 필수적인 요소들이므로 모든 욕구에 우선하여 발현한다.

② 안전의 욕구

생리적 욕구가 충족된 후에 인지되는 욕구로서 신체적, 정신적 안정감을 찾고자 하는 욕구이다. 사람들은 개인의 생활이나 조직 내에서의 활동에 있어 불확실성을 줄이고 안정적이며 익숙한 것을 선호하는 경향을 보이는데 이러한 안전에는 물리적인 안전뿐만 아니라 고용안정 등 경제적, 사회적 안전 상태도 포함한다.

③ 애정과 공감의 욕구

애정과 공감의 욕구는 대인적 상호작용에서 충족되는 욕구를 의미하며 기업 등 조직을 구성하는 데에 조직 구성원들이 필요로 하는 핵심적 욕구 단계이다. 근본적으로 개인은 다른 사람들 속에서 사회적 소속감을 얻기 원하며 그 안에서 소통, 공감, 사랑 등의 상호작용을 원하게 된다. 이 단계의 욕구가 결핍되었을 때 폭력성, 우울증 등의 증상이 발현되기도 한다.

④ 존경의 욕구

존경의 욕구는 대인관계에 있어 애정과 공감의 욕구보다 상위의 욕구로 스스로의 가치를 인정받고자 하는 욕구이다. 자아존중감Self-Esteem이 이 단계의 욕구를 통해 충족되며 타인을 통해 가치를 인정받는 외적존중감과 자신 스스로를 중요하다고 여기는 내적존중감 혹은 자기존중감으로 구성된다.

⑤ 자아실현의 욕구

자아실현의 욕구는 최상위 욕구 단계로 결핍된 부분을 채워야 하는 필수 욕구 단계가 아니라 스스로 더 나은 단계로 나아가고자 하는 생산적 욕구 단계이다. 자신의 잠재력을 찾고 역량을 개발하여 자신만의 방향성을 지향해야 하므로 앞선 욕구들이 충분히 충족된 상황에서 발현이 가능하다.

예제 2-2

아래는 A사가 제시한 사원들의 보상체계이다. 다음 중 매슬로우(Maslow)의 욕구 5단계이론에 따라 아래 사례와 관련된 욕구를 하위단계부터 상위단계 순으로 올바르게 나열한 것은?

(가) 회사 소속감 확립을 위한 사내 동호회 지원
(나) 자기계발을 위한 도서 구입비와 업무 관련 자격증 시험 지원
(다) 기계 설비의 안전성 점검과 근로자와 근로자 배우자의 건강검진 지원

① (가) – (나) – (다)
② (나) – (가) – (다)
③ (나) – (다) – (가)
④ (다) – (가) – (나)
⑤ (다) – (나) – (가)

【해설】

매슬로우의 욕구 5단계이론은 '생리적 욕구 – 안전 욕구 – 애정과 공감 욕구 – 존경 욕구 – 자아실현

욕구'의 순서대로 이뤄져 있다. (다) 기계 설비의 안전성 점검과 근로자의 건강검진 지원은 근로자들의 안전을 보호하기 위한 활동으로 '안전의 욕구'와 관련된다. (가) 사내 동호회 지원을 통해 소속감을 확립하는 보상체계는 근로자들에게 조직 속에서 소통, 공감, 소속감 등의 욕구와 관련하여 '애정과 공감의 욕구'를 충족시켜준다. (나) 자기계발 서적과 업무 관련 자격증 시험을 지원하는 활동은 조직의 구성원들이 '자아실현의 욕구'를 충족할 수 있도록 도움을 줄 수 있다. 따라서 하위단계부터 (다) – (가) – (나)의 순서대로 나열된다.

정답 ④

• 맥그리거의 XY이론McGregor's XY Theory

맥그리거는 XY이론을 통해 인간의 동기를 바라보는 2가지 관점을 제시한다.

X이론은 전통적인 관리 방법의 관점과 맥락을 같이하는데 인간은 본디 게으르고 일에 대한 책임감이나 욕망이 없으며 더 나은 방향성보다는 안정을 택하기 때문에 통제와 관리를 통해 다루어야 한다고 주장한다. 따라서 조직 내 규범과 규제를 명확하게 하고 관리의 효율성을 높이는 방안을 강구하고자 한다.

반면, Y이론은 인간들이 자신의 목표를 달성하기 위해 자발적으로 노력한다고 가정한다. 따라서 조직 관리자는 조직 목표가 개인 목표와 일치하도록 조직 구조를 설계하고 자율성과 창의성이 극대화될 수 있는 여건을 제공하는 데에 초점을 맞추어야 한다고 주장한다.

KEYWORD

X이론의 가정

- 인간은 게으르고 일에 대한 책임감이나 욕망이 없음
- 새로운 것보다 안정을 택하므로 통제와 관리를 통해 다뤄야 함
- 조직 내 규범과 규제를 명확하게 하고 관리의 효율성을 높이는 방안을 강구하고자 함

Y이론의 가정

- 인간은 자신의 목표를 달성하기 위해 자발적으로 노력
- 안정보다 혁신을 추구함
- 조직 관리자는 조직 목표가 개인 목표와 일치하도록 조직 구조를 설계하고, 이러한 자율성과 창의성이 극대화될 수 있는 여건을 제공하는 데에 초점을 맞추어야 한다고 주장

• 허츠버그의 2요인이론Herzberg's Two-Factor Theory

허츠버그는 자신의 직무에 만족한 사람과 그렇지 않은 사람을 분석하면서 직무에 만

허츠버그의 2요인이론

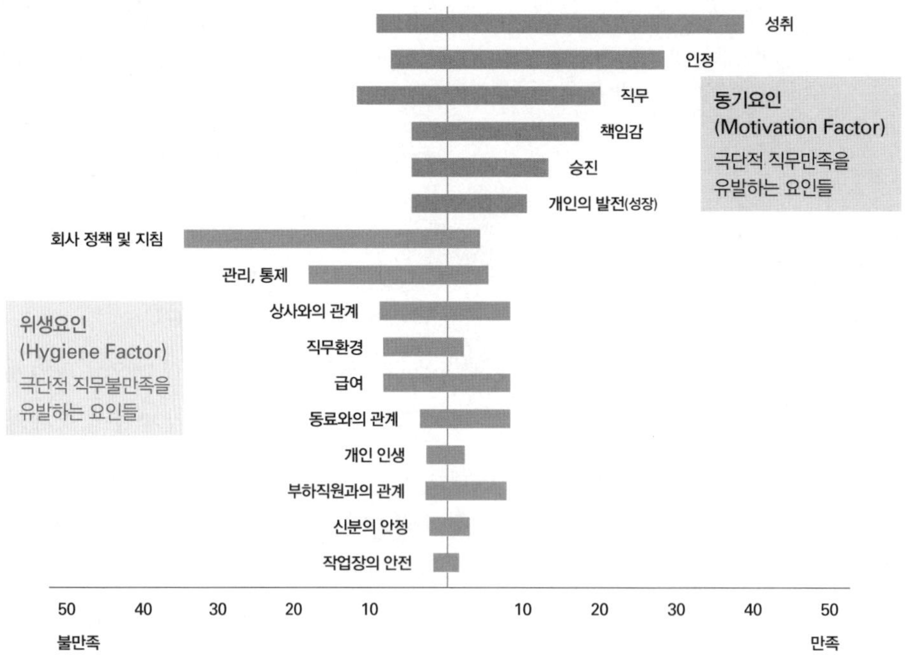

족하지 못한 사람이 꼭 불만족하다고 볼 수 없다는 것을 발견하였다. 즉 '직무에 만족하는가'라는 질문은 '직무에 불만족하는가'라는 질문과는 독립적이라는 것이다. 이에 따라 직무만족에 영향을 미치는 요인은 '동기요인Motivation Factor', 직무불만족에 영향을 미치는 요인은 '위생요인Hygiene Factor'으로 명명했다.

위생요인에는 직무 환경의 안전, 설비, 직원들과의 관계, 급여 수준, 회사 정책과 규율 등의 요소가 포함되며 이들이 충족되지 않는 경우 직무불만족 수준이 높아질 수 있다. 하지만 이들이 충족되더라도 직무만족에 미치는 영향은 미미하다.

동기요인에는 성취감, 책임감, 승진, 직무 내용 등의 요소가 포함되며 이들이 충족되면 직무만족 수준이 올라간다. 반대로 동기요인이 충족되지 않더라도 불만족에 영향을 거의 주지 않는다. 앞의 허츠버그 분류는 인간의 동기요소를 지나치게 단순화했다는 비판을 받기도 한다.

동기부여의 과정이론

동기부여의 과정이론은 어떠한 과정에 의해서 특정한 동기부여가 일어나는지에 집중한다. 따라서 동기로 이어지는 선행 요인이나 혹은 후에 이어지는 결과 행동 등을 연결하는 메커니즘에 관심을 가진다.

• 브룸의 기대이론Vroom's Expectancy Theory

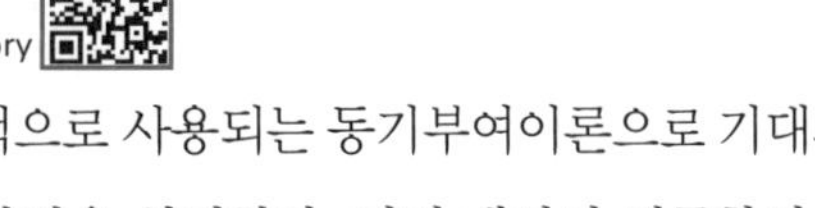

브룸Vroom의 기대이론은 가장 보편적으로 사용되는 동기부여이론으로 기대와 보상이라는 개념을 통해 개인의 동기부여 과정을 설명한다. 먼저 개인이 직무환경에서 경험하는 상황을 다음의 3단계로 구분한다.

① 자신에게 주어진 직무를 완수하기 위해 노력하는 단계
② 성과를 얻는 단계
③ 보상을 얻는 단계

이 상황에서 개인에게는 노력했을 때 성과를 얻을 수 있다는 '기대Expectancy', 성과를 내면 보상받을 수 있다는 '수단성Instrumentality', 주어지는 보상이 자기에게 의미가 있는지를 나타내는 '유의성Valence' 등의 3가지 기대가 발생한다.

기대이론이 흥미로운 점은 기대, 수단성, 유의성이 곱해지는 과정을 통해 동기부여가 형성된다는 것이다. 즉, '기대×수단성×유의성=동기부여'가 성립하므로 세 가지 기대 가운데 하나만 0이 되더라도 동기부여가 되지 않는다는 것을 의미한다. 예를 들면, 프로젝트를 열심히 하면 계약을 체결할 수 있다는 기대가 높고 계약을 성사시키면 개인 명의의 자동차를 싸게 살 수 있는 보상이 명확하더라도 스스로 운전면허를 따겠다는 의지나 자동차에 대한 필요가 전혀 없는 경우에는 기대나 수단성의 수준에 상관없이 동기부여가 전혀 되지 않을 수도 있다는 것이다.

브룸의 기대이론

예제 2-3

아래는 브룸(Vroom)의 기대이론 구성요소를 설명한 그림이다. 다음 중 A, B, C에 들어갈 용어를 올바르게 짝지은 것은?

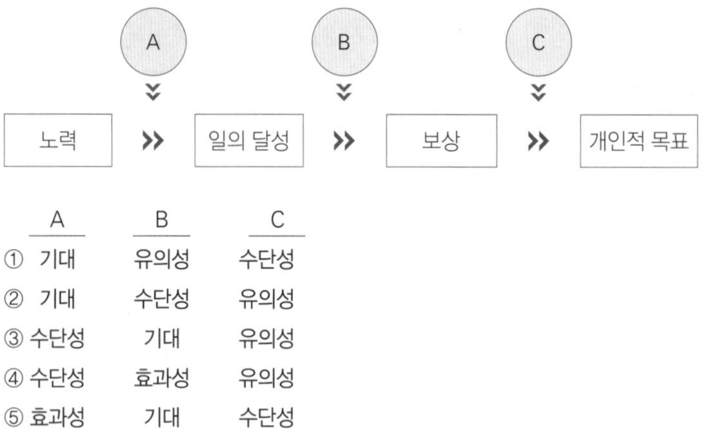

	A	B	C
①	기대	유의성	수단성
②	기대	수단성	유의성
③	수단성	기대	유의성
④	수단성	효과성	유의성
⑤	효과성	기대	수단성

【해설】

브룸의 기대이론은 '기대(Expectancy) × 수단성(Instrumentality) × 유의성(Valence) = 동기부여'의 공식을 제시한다. 기대는 노력을 하면 성과를 낼 수 있다는 믿음, 수단성은 성과를 내면 그에 따른 보상을 받을 것이라는 기대, 유의성은 이러한 보상이 스스로에게 의미가 있는지의 정도를 나타낸다.

정답 ②

• 애덤스의 공정성이론 Adams Equity Theory

애덤스Adams에 따르면 사람들은 자신의 투자(노력) 대비 수익(보상) 비율을 상대방과 비교하여 그 비율이 얼마나 비슷한가에 따라 공정성 정도를 인지한다. 나아가 이로부터 발생하는 긴장이 동기와 행동으로 이어진다고 설명한다. 예를 들어, 하루에 9시간 일하고 월급이 300만원인 사람은 8시간 일하고 300만원 받는 사람을 보고 불공정성을 느끼게 된다. 이는 그러한 불공정 혹은 격차를 해결해야 한다는 긴장으로 이어져 동기부여와 행동으로 전환된다. 공정성을 회복하기 위한 행동은 근무태만으로 자신의 노력Input을 줄이는 방법, 임금 인상 요구를 통해 보상Outcome을 늘리는 방법, 자신과 비율이 더 비슷한 사람으로 비교 대상을 바꾸는 방법, 다른 직장으로 옮기는 방법 등 다양한 양상으로 나타난다.

공정성을 회복하기 위한 행동

1. 근무태만
2. 자신의 노력(input) 줄이는 방법
3. 임금 인상 요구를 통해 보상(outcome)을 늘리는 방법
4. 비슷한 사람으로 비교 대상을 바꾸는 방법
5. 이직

애덤스의 공정성이론

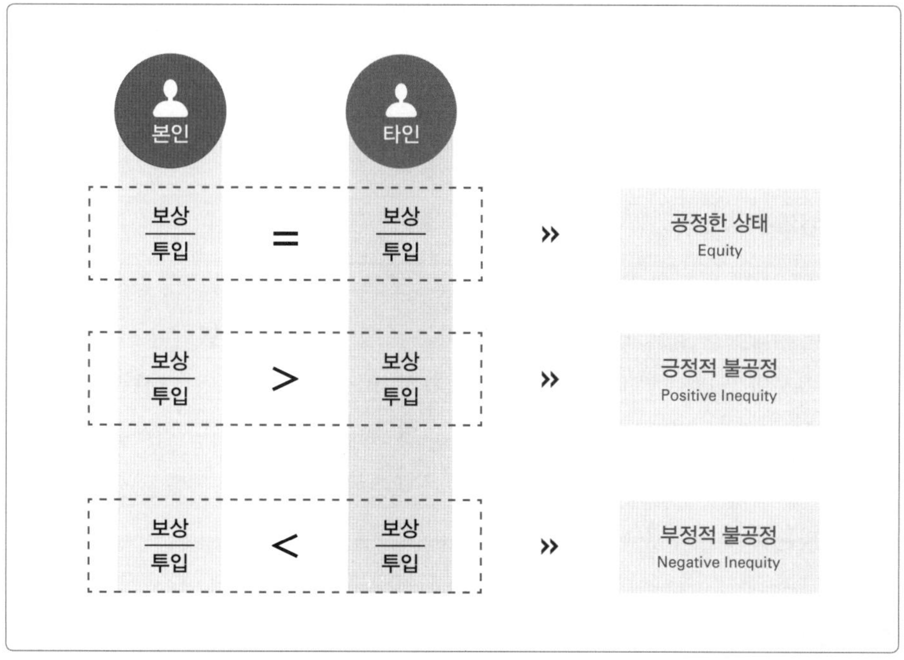

조직은 개인이 불공정성을 크게 느껴 팀내 불화를 일으키거나 이직 등을 선택하지 않도록 유지해야 한다. 하지만 동시에 지나치게 형평성만을 고려하면 고성과자들이 저성과자들과 같은 보상을 받는 것에 대한 불만 등이 생길 수 있기 때문에 성과평가나 면담 등을 통해 직원들의 투입–보상 비율을 엄밀하게 관리해야 한다.

경영
–
3

조직행동 - 집단·조직

리더십이론

리더십은 지도력 혹은 지도성으로 조직 리더가 조직원들을 하나로 통합시켜 일관된 방향성을 지향하게 함으로써 성과를 창출하는 종합적 능력을 의미한다. 조직 내에서 리더는 자신의 관리 범위 내에서 의사결정 과정이나 조직원들에 큰 영향력을 행사한다. 따라서 여러 명의 유능한 직원을 선발하는 것보다 한 명의 뛰어난 리더를 선별하는 것이 조직에 더 중요한 의사결정이 될 수 있기 때문에 리더십은 조직행동 분야에서 관심을 가지는 주요 이슈 중 하나이다.

리더십의 유형

특성이론

특성이론은 1940~50년대에 유행했던 리더십에 대한 가장 전통적 관점으로 리더 개개인의 특성과 역량에 집중해 위인이론이라고도 불린다. 특성이론에 따르면 가지고 있는 특질이 우수한 사람이 더 우수한 리더가 된다. 이러한 특질에는 신체나 성격적 특성, 교육 수준 등 사회적 요소, 판단력이나 설득력 등 인지적 요소, 과업수행과 인간관계 능력 등 다양한 요소들이 포함된다.

행동이론

행동이론에서는 조직 내에서 리더가 어떤 행동을 하는가가 가장 중요하다. 리더에 적합한 행동이 있기 때문에 이 요건들을 충족한다면 교육 등을 통해 리더를 배양할 수 있음을 의미한다. 이러한 관점을 가장 두드러지게 보여주는 사례는 블레이크Blake와 모우튼Mouton의 관리격자도Managerial Grid 모형을 들 수 있다.

• 블레이크와 모우튼의 관리격자도 모형Blake and Mouton's Managerial Grid Model

관리격자도 모형은 관리자의 유형을 파악하여 이상적인 방향으로 관리자를 육성할 목적으로 만들어졌다. 모형은 과업에 대한 관심과 인간에 대한 관심을 양축으로 하는 격자 형태로 구축되며 각 축은 1에서 9까지의 값을 가진다. 과업에 대한 관심이 높은 과업지향적 리더는 조직원의 생산성을 극대화하고 팀과 조직의 성과를 높이는 데에 집중한다. 반면, 인간에 대한 관심이 높은 관계지향적 리더는 조직 구성원의 만족도에 집중하며 팀원과 조직 구성원들과 원만한 관계를 유지하고자 한다. 조직이 원하는 이상적 리더는 이러한 두 차원이 모두 높은 리더이다.

리더십 관리격자도 모형

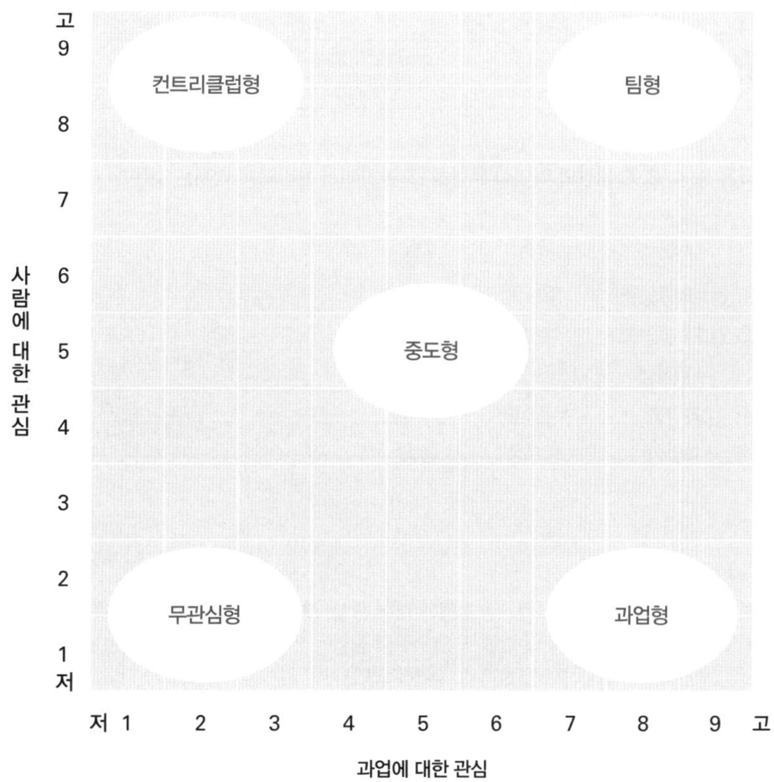

예제 2-4, 2-5

아래 [그림1]은 A, B, C팀의 팀원 만족도와 팀장의 프로젝트 강조 정도를 팀원들에게 조사한 결과이며, [그림2]는 리더십 관리격자도 모형을 나타낸다. 이를 바탕으로 아래 물음에 답하시오(2-4, 2-5).

[그림 1] 팀원 만족도와 팀장의 프로젝트 강조도

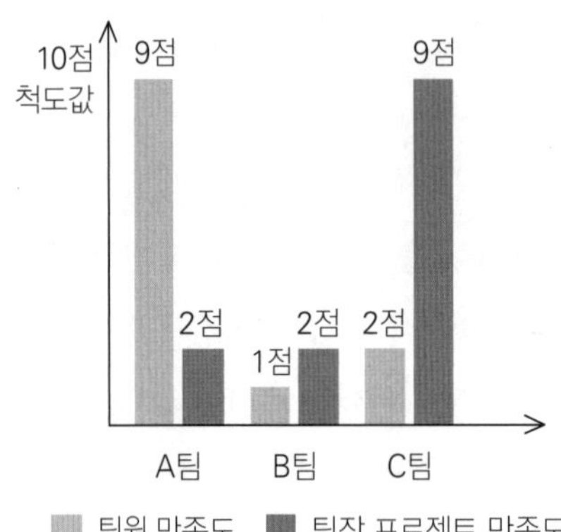

[그림 2] 리더십 관리격자도 모형

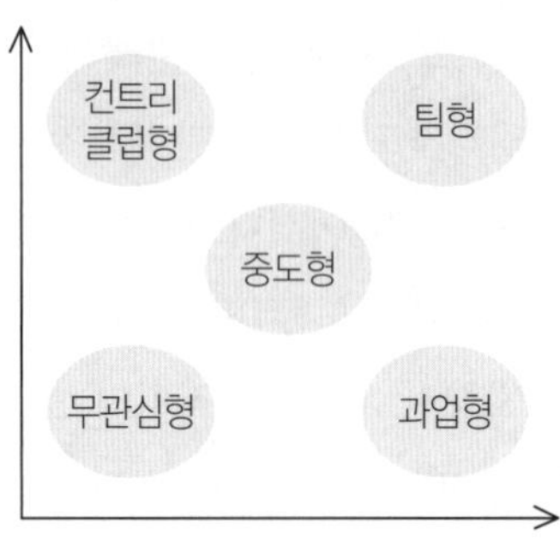

예제 2-4

다음 중 A, B, C 팀장의 리더십 유형을 [그림2]에서 올바르게 짝지은 것은?

	A팀	B팀	C팀
①	컨트리클럽형	중도형	팀형
②	컨트리클럽형	무관심형	과업형
③	무관심형	중도형	팀형
④	과업형	무관심형	중도형
⑤	과업형	중도형	팀형

【해설】

리더십 관리격자도 모형(그림2)은 과업에 대한 관심 x축과 인간에 대한 관심 y축을 기반으로 한 격자로 각 축은 1에서 9까지의 값을 가진다. A팀 팀장은 인간에 대한 관심이 높은 관계지향적 리더로 조직의 만족도에 집중하며 팀원과 조직원들과의 원만한 관계를 유지하고자 한다. 즉, A팀 팀장은 컨트리클럽형이다. B팀 팀장은 과업 강조도와 팀원 만족도도 낮은 무관심형, C팀 팀장은 인관관계보다 과업에 대한 관심이 높은 과업형 리더이다.

정답 ②

2-5

앞의 리더십 유형을 근거로 할 때 각 팀장의 관리행동을 가장 적절하게 추론한 것은?

① A팀 팀장은 업무 프로세스에 최적화된 책상 배치를 지시한다.
② A팀 팀장은 각 팀원의 업무 진행 정도를 파악하기 위해 수시로 보고를 받는다.
③ B팀 팀장은 팀원들의 역량에 따라 적절한 수준의 성과를 요구한다.
④ C팀 팀장은 과학적 관리법에 따라 팀 업무 규정을 설정한다.
⑤ C팀 팀장은 업무에 방해되지 않는 선에서 매달 생일인 팀원들을 위해 파티를 연다.

【해설】

A팀 팀장은 컨트리클럽형으로 팀원들의 사회심리적 욕구를 충족시키면서 인간 중심의 조직 분위기를 통해 과업목표를 달성하려는 행동을 보인다. B팀 팀장은 무관심형으로 업무 과정에 개입을 최소화하며 위임하고 맡기는 방임형 형태이다. 어려운 문제가 발생하더라도 해결을 위한 개입을 가능한 최소화하고 팀원들의 역량에 따라 적절한 수준의 성과를 요구하는 등의 개입을 하지 않고 방임한다. C팀 팀장은 과업형으로 과업에 대한 관심을 집중적으로 보이면서 인간적 관심은 표현하지 않는다. 또한 과업중심적으로 지시하는 리더십이다.

정답 ④

상황이론

상황이론은 최근 많은 관심을 받는 이론으로 리더가 가진 특성과 리더로서 바람직한 행동들이 상황과 환경에 따라 다르다고 주장한다. 즉, 모든 상황에 적합한 만능 리더가 있는 것이 아니라 리더가 보이는 특성과 행동이 주어진 상황이나 조직에 적합한지를 고려해야 한다는 것이다.

1 피들러의 상황 모형Fiedler's Contingency Theory

피들러Fiedler는 리더십을 상황이론적 관점으로 해석한 초기 학자로 리더십 유형과 상황을 동시에 고려하여 어떠한 상황에서 어떠한 리더십 유형이 가장 효과적인가를 분석했다. 관리격자도 모형처럼 과업지향적 리더와 관계지향적 리더로 구분하지만 관리자가 싫어하는 조직구성을 어떻게 생각하는가를 기준으로 한다는 것이다. 상황적 분류로는 관리자–조직 구성원 우호적 관계 정도, 업무 구조, 관리자 지위권의 3가지 요소에 따라 '관리자에 얼마나 유리한 상황인가'를 판단하는 기준으로 활용했다. 이 3가지 요소의 정도가 높은 경우 관리자에게 유리한 상황이 된다고 판단한다. 피들러는 연구를 통해 상황이 리더에게 많이 유리하거나 많이 불리한 경우 과업지향적 리더십이 효과적이고, 상황이 중간 수준인 경우 관계지향적 리더십이 효과적이라고 보았다.

2 허쉬–블랜차드 모델Hersey-Blanchard Situational Leadership Model

허쉬–블랜차드Hersey-Blanchard 모델은 부하직원 성숙도에 따라 구성원 능력과 일에 대한 의욕을 고려하여 4가지 유형의 리더십을 제시하였다. 즉, 부하직원 상태에 따라 다른 리더십을 활용해야 가장 효과적이라는 것이다. 다음 그래프에서 선이 지나가는 영역이 그래프 밑에 제시된 각 상황에서 가장 효과가 큰 리더십 유형이다.

허쉬 - 블랜차드 모델

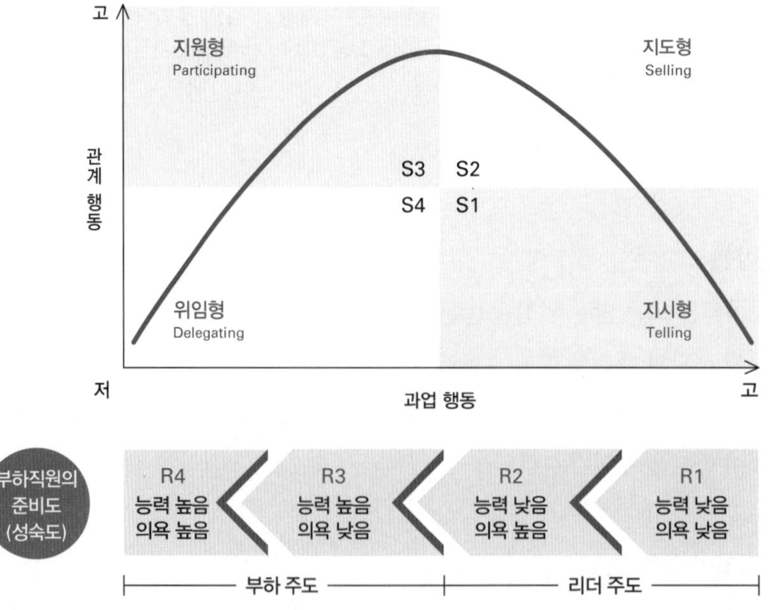

특성이론

· 리더십에 대한 가장 전통적 관점으로 리더 개개인의 특성과 역량에 집중

행동이론

· '리더가 어떤 행동을 하는가'가 중요한 이슈
· 블레이크-모우튼의 관리격자도 모형
· 과업에 대한 관심과 인간에 대한 관심을 양축으로 함
· 무관심형, 과업형, 중도형, 컨트리클럽형, 팀형

상황이론

· '조직원의 상황에 따라 리더십을 선택해야 한다'가 중요한 이슈
· 허쉬-블랜차드 모형
· 상황적 변수(부하직원의 성숙도-부하직원의 능력과 의욕)
· 위임형, 지원형, 지도형, 지시형

㉠ 위임형Delegating 능력과 의욕 모두 높은 경우

부하직원이 직무를 처리할 수 있는 능력이 충분하고 동시에 이를 해결하고자 하는 자발적 의지도 겸비한 경우 리더는 부하직원에게 권한을 많이 부여하여 관여를 줄이는 것이 가장 효과적이다.

㉡ 지원형Participating 능력은 높으나 의욕이 낮은 경우

부하직원의 업무 능력은 충분하지만 스스로 해결하고자 하는 의지가 부족한 경우 리더는 과업에 관련한 지시보다는 부하직원과 의사결정 권한을 공유하면서 동기를 유발할 수 있는 역할을 수행해야 한다.

㉢ 지도형Selling 능력은 낮으나 의욕이 높은 경우

부하직원이 의욕은 높으나 능력이 부족한 경우에는 리더의 요구나 방향성을 충분히 이해하고 받아들이지 못함을 의미하기 때문에 리더는 부하직원에게 원하는 요인들을 충분히 설명하고 이를 숙련할 수 있는 교육 기회 등을 제공해야 한다.

㉣ 지시형Telling 능력과 의욕 모두 낮은 경우

부하직원 능력이나 의욕이 모두 낮으면 자발적인 성과 달성을 기대하기 힘들기 때문에 리더가 과업 상황에 대해 명확하게 명시하고 이를 지속적으로 감독하는 행위가 필요하다.

맥그리거는 XY이론을 통해 인간의 동기를 바라보는 2가지 관점을 제시한다. 다음 중 Y이론에 대한 올바른 설명으로 가장 거리가 먼 것은?

① 관리와 통제에 기반한 안정성 추구
② 목표 달성에 있어 높은 책임감 수반
③ 자발적인 노력을 통해 자기계발 추구
④ 높은 잠재능력에 따른 업무 달성 능력 수반
⑤ 창조적인 아이디어를 통한 조직 문제 해결 추구

해설

X이론은 전통적인 관리방법으로 인간은 게으르고 일에 대한 책임감이나 욕망이 없으며 더 나은 방향성보다는 안정을 추구하기 때문에 통제와 관리를 통해 다루어야 한다고 주장한다. 따라서 조직 내 규범과 규제를 명확하게 하고 관리의 효율성을 높이는 방안을 강구하려고 한다. 반면 Y이론은 인간들이 자신의 목표를 달성하기 위해 자발적으로 노력한다고 가정한다. 따라서 조직 관리자는 조직 목표가 개인 목표와 일치되도록 조직 구조를 설계하고 이러한 자율성과 창의성을 극대화하는 여건을 제공하는 데에 초점을 맞춰야 한다고 주장한다.

정답 ①

다음 중 허츠버그의 2요인이론에 따라 아래 사례를 올바르게 연결한 것은?

> ㉠ 급여 수준
> ㉡ 업무 책임감
> ㉢ 프로젝트 성취감
> ㉣ 직무 환경의 안전

	위생요인	동기요인
①	㉠, ㉡	㉢, ㉣
②	㉠, ㉢	㉡, ㉣
③	㉠, ㉣	㉡, ㉢
④	㉡, ㉢	㉠, ㉣
⑤	㉢, ㉣	㉠, ㉡

해설

허츠버그 2요인이론에 따르면 직무만족에 영향을 미치는 요인을 '동기요인', 직무불만족에 영향을 미치는 요인을 '위생요인'이라고 한다. 위생요인으로는 직무 환경의 안전, 설비, 직원들과의 관계, 급여 수준, 회사 정책, 규율 등의 요소들이 포함된다. 동기요인으로는 성취감, 책임감, 승진 등이 포함된다. 위생요인은 충족되지 않으면 직무에 불만족을 느끼지만 위생요인이 충족되더라도 직무만족에는 영향이 미미하다. 하지만 동기요인은 충족되지 않더라도 불만족에 영향을 주지 않지만 동기요인이 충족되면 직무만족 수준이 올라간다.

정답 ③

다음 사례를 읽고 '허쉬-블랜차드'의 상황이론 모델에 따라 물음에 답하시오(3-4).

> 최근 A팀장은 팀원과의 갈등 심화로 골머리를 썩고 있다. B사원이 업무에 대한 능력은 충분하지만 스스로 해결하려는 의지가 부족하기 때문이다.

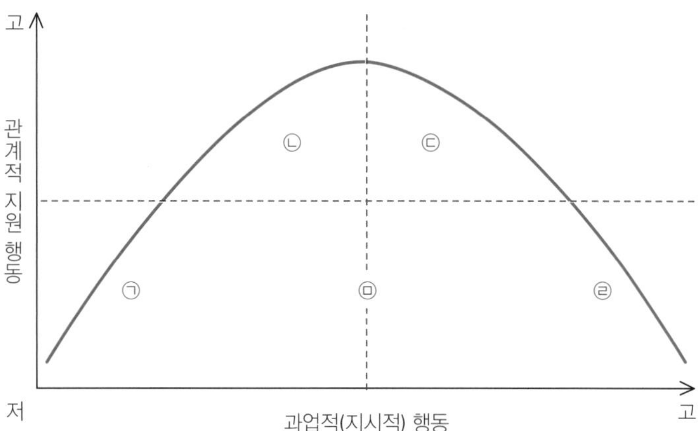

이 상황에서 리더 A팀장이 선택할 적합한 리더십 위치는?

① ㉠ ② ㉡
③ ㉢ ④ ㉣
⑤ ㉤

이 사례를 기반으로 A팀장이 B사원에게 실시해야 할 리더십 역할은?

① 직원에게 권한을 위임해 자율권을 부여한다.
② 과업 상황에 대해 명확하게 명시하고 지속적으로 감독한다.
③ 업무에 대한 의사결정 권한을 공유하면서 동기를 유발시킨다.
④ 업무 할당량을 정하고 목표 달성 여부에 따른 업무 지시를 실시한다.
⑤ 원하는 업무과제에 대해 충분히 설명해 능력을 높이는 교육기회를 제공한다.

해설 [NO.3]

허쉬-블랜차드 모델은 부하직원의 상황에 따라 리더십을 적용해야 한다고 주장한다. 해당 사례에서 B사원은 능력이 많지만 의지가 부족한 경우로 팀장은 지원형 리더십을 선택해야 한다. 즉, 과업에 관련한 지시보다는 B사원과 의사결정 권한을 공유하면서 동기를 유발시킬 수 있는 역할을 수행해야 한다. 정답 ②

해설 [NO.4]

㉠에서 ㉣로 갈수록 각각 '고능력/고의욕 – 고능력/저의욕 – 저능력/고의욕 – 저능력/저의욕'에 맞는 리더십 스타일을 제시한다. 순서대로 '위임형 – 지원형 – 지도형 – 지시형'의 방법을 활용하기를 제시한다. ①은 위임형, ②는 지시형, ③은 지원형, ④는 지시형, ⑤는 지도형에 해당한다. 정답 ③

다음은 A사원과 B사원의 근로계약서 일부이다. A사원이 B사원 근로계약 내용을 알게 됐다면 애덤스의 공정성이론에 따라 취할 행동으로 가장 거리가 먼 것은? (단, 이외 다른 근로계약서 내용과 조건은 모두 동일한 것으로 가정한다.)

A사원	B사원
근로시간: 주 40시간 급여: 연 2,500만원	근로시간: 주 40시간 급여: 연 3,000만원

① 근무 태만 행동을 보인다.
② 근로시간 단축을 요구한다.
③ 이직을 통해 다른 기업으로 옮긴다.
④ 연봉 협상을 통해 급여를 늘리고자 한다.
⑤ 자신보다 더 낮은 조건의 비교 상대를 찾는다.

해설

애덤스의 공정성이론은 투입 대비 보상 비율을 자신의 비교 대상과 동일하게 맞추려는 욕구가 존재한다. 이에 따라 비율이 다를 경우 공정성을 찾기 위한 다양한 행위를 한다고 주장한다. 해당 사례에서는 A사원이 B사원의 근로시간 대비 급여 수준에 맞도록 임금 인상이나 근로시간 단축을 요구할 수도 있고, 근무 태만이나 이직 등의 부정적 선택을 할 수도 있다. 또한 해당 비율을 동일하게 맞춰가는 것이 근본적인 동기요인이므로 자신보다 더 낮은 비교 대상이 아닌 자신과 비슷한 비교 대상을 찾고자 한다. 정답 ⑤

국가공인
매경TEST

경영

3

인적자원관리

경영
—
1

인적자원관리의 이해

인적자원의 개념

HR, HRM의 정의

인적자원관리Human Resource Management· HRM는 조직 내 인간에 대한 다양한 요소들을 고려하여 개인과 조직의 방향성을 긍정적으로 연결하고 성과를 향상하는 데에 목적을 둔다. 또한 그룹과 개인의 단위를 이해하기 위한 관점과 제도를 설명한다.

인적자원관리의 역할을 가장 간단하게 이해하기 위해서는 기업이 직무에 맞는 사람을 선발해 배치하고, 교육시키며, 평가해 그에 따른 보상을 하는 일련의 과정을 순차적으로 이해해야 한다.

인적자원관리 프로세스

역사적 흐름

사람들이 조직을 이루고 살아온 역사는 오래되었지만 조직 내에서 사람이 중요한 자원이라고 인식한 기간은 그리 오래되지 않았다. 19세기 초에 베버의 관료제와 테일러의 과학적 관리법은 관리자와 노동자를 분리하고 조직원을 일관성 있고 효율적으로 관리하기 위해 노력했다. 하지만 20세기 초 호손 실험에 메이요 교수가 참가하면서 조직 내에는 생각을 하고 다양한 특성을 가진 사람들이 있다는 인식이 빠르게 확산된다. 나아가 20세기 후반에는 조직이 가지는 다양한 자원들 중 인적자원과 그 제도가 가진 희소성과 영향력이 강조됐다. 이에 따라 인적자원과 그 관리가 기업의 핵심역량을 구성하는 가장 중요한 자원 중 하나라는 인식이 자리를 잡았다.

인적자원관리의 필요성

하멜Hamel 교수는 조직 경쟁우위의 원천으로 기업 외부 요소뿐만 아니라 기업 내부의 핵심역량을 이해해야 한다고 주장했다. 바니Barney는 조직 내부의 자원이 핵심역량으로 작용해 지속 가능한 경쟁우위에 기여할 수 있는가를 판단하는 기준으로 VRIO 모형을 제시한다. 이는 가치, 희소성, 모방 불가능성, 조직화의 요소들을 포함한다. 기업의 인적자원과 그 제도들은 VRIO 요소들과 긴밀하게 연관되어 있다.

가치Value

인적자원관리는 조직 운영에서 사람에 초점을 맞춘다. 기업과 잘 맞는 사람을 선발해 효과적으로 훈련과 평가를 병행한 후 적절하게 보상한다면 그 사람이 동기유발을 통해 발휘하는 생산성과 창의성, 자발적 노력 등이 더 큰 성과를 가져온다고 보기 때문이다. 따라서 효과적인 인적자원관리는 기업 전체가 원활하게 운영되는 데에 핵심적인 요소일 뿐만 아니라 궁극적으로 기업 성장에 중요한 가치로 작용한다.

희소성Rarity

조직에 적합하고 산업 내에서 핵심적인 역량을 수행할 수 있는 인원은 찾기 힘들지만 조직에 들어올 경우 그만큼 희소한 자원이 된다는 것을 의미한다. 예를 들어 디자인 감각이 뛰어난 인원이 참가하여 자사 제품을 디자인했을 때의 희소성 가치는 제품과 서비스에도 연결될 수 있다. 나아가 인적자원이 다양한 것처럼 제도적 측면에서도 우수한 인력에게 효과적으로 동기를 부여하고 유지할 수 있는 인적자원관리 구조는 조직 단위 희소성을 가져올 수 있다.

모방 가능성 정도Imitability

희소성의 특성과 같은 맥락으로 한 조직이 뛰어난 구성원을 영입하면 다른 조직이 똑같은 역량과 특색을 가진 인원을 노동시장에서 찾기란 거의 불가능에 가깝다. 또한 비슷한 인원을 선발하더라도 두 조직이 가진 형태, 특성, 구조 등이 모두 다르기 때문에 동일한 인적자원관리 제도를 적용해서 같은 효과를 내기란 힘들다고 볼 수 있다.

조직Organization

핵심역량이 되기 위해서는 주어진 자원이 조직 내에서 효과적으로 활용될 수 있도록 체계가 적합하게 구성돼야 함을 뜻한다. 인적자원관리를 통해 형성되는 인적자원은 사람과 관련한 유형 그리고 무형 자산들과 밀접하게 연관되므로 전략적 인적자원관리 관점에서 선발, 개발, 평가, 보상 등의 제도 사이에 긴밀성뿐만 아니라 조직의 다른 제도와 전사적 방향성과도 잘 연결되어야 한다.

KEYWORD

VRIO모형

조직 내부의 자원이 핵심역량이 되어
지속 가능한 경쟁우위에 기여할 수 있는가를 판단하는 기준

가치(Value), 희소성(Rarity), 모방 가능성 정도(Imitability), 조직(Organization)

전략적 인적자원관리

전략적 인적자원관리의 의의

전략적 인적자원관리의 관점은 인사제도 간에 서로 긴밀한 연결도 중요하지만 그러한 방향성이 전사적 단위에서의 전략적 방향성과 일치해야 함을 강조한다. 구글 사례와 같이 기업 전체의 비전이나 목표가 인사제도에 잘 녹아들어 구성원 개개인까지 연결될 수 있다면 개인과 조직의 성과에 가장 이상적인 시너지를 형성할 수 있기 때문이다. 따라서 기업 인사담당자라면 개별 인사제도 흐름이 긴밀하게 구성돼 있는지, 그 제도의 체계가 기업 방향성을 제대로 지원하고 있는지 지속적으로 검토해야 한다.

전략적 인적자원관리

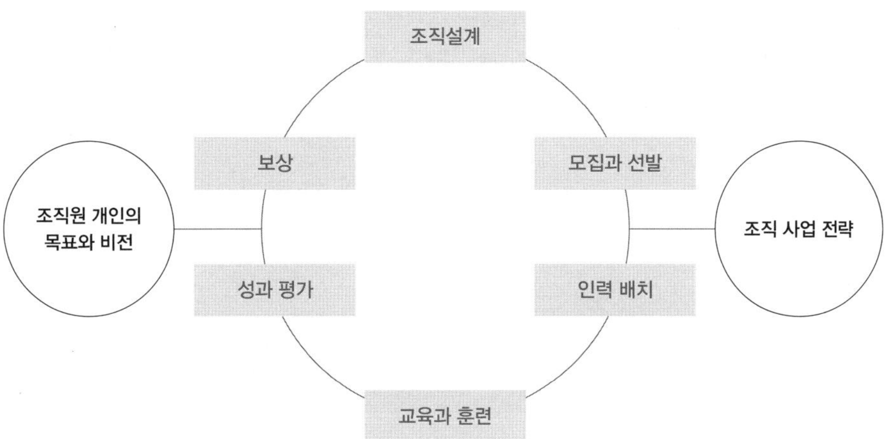

경영 — 2

인적자원관리 제도

직무분석

직무분석의 필요성

조직 내에서 종업원 개인이 수행하는 일의 범위를 직무라고 표현한다. 이를 자세히 연구하여 그 직무를 구성하는 업무 내용과 다른 직무와의 관계, 직무를 수행하기 위한 역량과 기준 등을 정립하는 과정을 '직무분석'이라 한다. 직무분석은 그 과정을 통해 모집과 채용에서부터 평가, 보상, 이직 관리까지 인사제도 전체를 설계하는 근거와 자료를 제공하기 때문에 탄탄한 조직을 만들기 위한 중요한 기초 작업이다.

직무분석 과정

직무분석을 위한 정보를 수집하는 방법은 관찰·면접·설문지·중요사건법 등의 다양한 방법이 있다.

1 관찰법

근로자의 직무 활동을 횡단적(여러 표본을 대상으로) 혹은 종단적(일정 기간 동안)으로 관찰하는 방법이다. 이는 직무행동뿐만 아니라 비공식적 행동, 조직 내 관계 등 넓은 범주의 정보를 얻을 수 있지만 관찰자 판단이 개입될 우려가 있다.

2 면접법

직무를 수행하는 근로자와 직접 대화를 통해 정보를 수집하는 방법으로 면접자가 필요한 정보를 선별적으로 수집하거나 중간에 발생하는 문제를 개선하기 좋은 방법이다. 다만 면접자의 편견이 개입될 위험성이 있고 피면접자의 익명 보장이 불가능하여 거부 반응이 존재할 수 있다.

3 설문지법

정해진 질문지를 배부하고 수집하는 방법이므로 시간과 비용을 절약할 수 있고 상대적으로 많은 양의 일관된 정보 형태를 기대할 수 있다. 하지만 응답자 개인차를 조절하기 힘들고 작성 과정에 발생하는 문제에 유연하게 대응하기 어렵다.

4 중요사건법

직무에 해당하는 대표적 행위가 아닌 직무 담당자의 효과적 혹은 비효과적 행위를 기록하는 방법이다. 직무성과에 영향을 미치는 중요 요소들을 파악할 수 있지만 상대적으로 정보 양이 적고 일반적 직무 행동을 간과하는 단점이 있다.

직무분석 결과 활용

다양한 직무분석의 도구들을 이용하여 기업 내에 필요한 직무들에 대한 정보를 모았다면 이를 HR 제도들을 설계하는 데에 반영하기 전에 표준화된 양식으로 정리하는 과정이 필요하다. 직무분석 결과 양식으로는 대표적으로 직무기술서와 직무명세서가 있다. 2가지 양식을 기반으로 각 직무가 가지는 상대적 가치를 평가하는 직무평가의 과정을 가지기도 한다.

1 직무기술서Job Description

직무기술서는 해당 직무 수행을 위해 필요한 작업자의 행위들을 자세하게 기술한 문서다. 즉 작업자가 언제, 어디서, 무엇을, 어떻게 해야 하는가에 대한 설명뿐만 아니라 직무의 명칭, 목적부터 필요한 장비 등까지 아우른다. 이를 바탕으로 기업은 직무가 정확히 어떤 일을 하는지 이해하고, 새로운 인원이 선발되었을 때 정확하게 설명할 수 있다. 또한 사원 교육의 내용 구성이나 성과평가를 위한 기준을 개발하기 위해서도 활용한다.

② 직무명세서Job Specification, Job Statement

직무명세서는 직무기술서에서 더 나아가 해당 직무를 수행하기 위해 필요한 직원의 능력과 역량에 대한 요건들을 기술한 문서다. 이는 기본적인 인구통계학적 요소부터 성공적인 직무 수행을 위한 지식, 스킬, 능력 등을 포함한다. 직무명세서는 객관적인 필요 요소를 포함하는 직무기술서보다 주관적이며 추상적인 인적자원에 대한 평가를 포함하므로 신뢰성과 타당도를 주의해야 한다. 이를 통해 새로운 인원의 모집과 선발 계획을 수립하거나 성과평가 기준을 설계할 수 있다.

③ 직무평가

직무평가는 위에서 분석한 직무기술서와 직무명세서를 바탕으로 직무 간의 상대적 가치를 평가한다. 이를 통해 중요도에 따른 직급 체계를 구성하거나 성과급 등의 임금 체계를 설계하여 조직원의 동기부여를 돕는다. 직무평가는 양적 혹은 질적으로 모두 평가할 수 있는데 양적 평가방법으로는 점수법이나 요소비교법, 질적 평가방법으로는 서열법과 분류법 등이 존재한다.

KEYWORD 

직무기술서, 직무명세서

직무기술서(Job Description): 해당 직무의 특징과 내용을 정리 기록한 문서
직무명세서(Job Specification): 직무에 필요한 직원의 능력, 역량을 기술한 문서
(직무 수행을 위한 지식, 스킬, 능력을 포함)

 3-1

기업은 인사 시스템을 설계하기에 앞서 직무분석을 통해 필요한 정보를 체계화한다. 다음 중 직무분석의 과정으로 얻을 수 있는 결과물이 아닌 것은?

① 직무기술서
② 직무명세서
③ 성과평가 척도
④ 선발도구 타당성
⑤ 기업 내 직무 분류

【해설】

직무분석은 직무를 수행하기 위한 역량과 기준 등을 정립하는 과정을 말한다. 직무분석을 통해 기업 내 직무를 분류해 기업 내에 필요한 직무들에 대한 정보를 모을 수 있다. 이를 표준화된 양식으로 정리하는데 이때 직무기술서, 직무명세서로 기록한다. 직무기술서는 해당 직무의 특징과 내용을 정리한 문서이며 직무명세서는 직무에 필요한 직원의 능력과 역량을 기술한 문서를 말한다. 또한 직무분석을 통해 성과평가를 측정하는 척도를 고려한다. 선발도구 타당성은 직무분석 이후 선발 모집 단계에서 분석한다.

정답 ④

외부 충원

외부 충원

조직에 필요한 인적자원을 충원하려 할 때 인력을 조직의 외부에서 구하는 방법과 내부에서 구하는 방법으로 나눌 수 있다. 외부 충원은 모집과 선발, 배치와 유지 등으로 구성되고 내부 충원은 전환배치와 승진 등의 방법을 사용한다.

외부 충원은 근본적으로 조직 외부에서 정보가 부족한 사람들을 필요에 따라 모으고 선별하는 과정이므로 많은 불확실성을 감수해야 한다. 따라서 면밀한 계획 과정을 구성해야 할 뿐 아니라 사용하는 도구의 신뢰성과 타당성을 지속적으로 점검하고 개선해야 한다. 일반적으로 역량이 부족한 인원을 뽑아서 훈련이나 교육을 시켜 고성과자로 만드는 것보다 초기에 우수한 인력을 뽑는 것이 비용이나 성과 측면에서 더 효과적이라고 여겨 기업은 적합한 인재를 찾기 위해 많은 노력을 기울인다.

모집

모집은 선발 과정에 앞서 노동시장에 분포하는 인력을 필요로 하는 대상에 적합하게 유인하는 과정을 의미한다. 모집 과정에서 핵심적으로 고려해야 할 절차들은 모집 계획, 모집원 고려, 모집 평가 등이 있다.

1 모집 계획

직무기술서와 직무명세서를 바탕으로 직무 정보를 필요한 인력의 수나 정보로 전환하는 과정이다. 그에 따라 고려해야 하는 기업의 이슈, 노동시장 성격, 예산 등의 계획도 포함한다.

2 모집원

모집 계획에 따라 어떤 방법과 플랫폼을 통해 잠재적 지원자들에게 접촉할 것인가를 결정하는 중요한 단계다. 직접 지원, 종업원 추천, 인터넷, 채용 박람회, 교육기관, 헤드헌터 등 다양한 모집 방법을 원하는 지원자 성격에 따라 활용해야 한다.

3 모집 평가

앞의 모집 계획과 실행이 잘 되었는가 검증하는 과정이다. 총 지원자 수, 실제 선발률, 지원자의 반응, 시간 혹은 금전적 비용 등을 검토하여 추후 모집 과정을 개선할 수 있다.

선발

모집 단계에서 효과적으로 지원자 풀을 만든 후에 지원자의 채용 여부를 결정하는 것이 선발 과정이다. 선발 과정에서 핵심적인 절차는 선발 프로세스에 따른 기법의 결정과 해당 도구에 대한 신뢰성, 타당성을 검증하는 단계 등이다. 최근 기업이 필요로 하는 요소를 평가하는 과정에서 판단자의 인지적 왜곡이 들어가지 않도록 블라인드 채용 등의 방법을 고려하기도 하다. 지원자 개인정보를 보호하기 위해 기업의 지나친 정보 수집을 금지하는 노력도 이뤄지고 있다.

1 선발 프로세스별 기법

㉠ 초기 선별

초기 선별은 초기 다수의 지원자 집단에서 다음 단계의 실질적 선발 기법을 적용할 대상을 식별하기 위해 기본적인 요소들을 평가하는 과정이다. 지원서나 이력서, 생애정보, 추천서 등 대부분 서면 형식을 가진다. 기업이 모집 단계에서 제시한 직무기술서와 직무명세서의 요소들에 자신이 적합하다는 것을 지원자가 기업에 알리는 단계다.

㉡ 실질적 선발

실질적 선발은 초기 선별에서 조직이 제시한 기준에 최소한의 자격을 가진 지원자들을 대상으로 조직과 직무에 대한 적합성을 자세하게 검증하는 과정을 거친다. 흔히 기업에서 인적성 검사라고 부르는 인성과 적성, 성격, 능력 등의 검사나 실무진, 인사부서원, 임원진 등과 대화를 통해 정보를 교환하는 면접 형태가 보편적으로 사용된다.

ⓒ 재량적 선발

재량적 선발은 신체검사나 약물 검사 등을 포함하며 능력이나 적합성을 검증한 후 최종 합격자를 발표하기 전 점검을 의미한다. 고용 전에 개인의 신체적, 정신적 상태에 대한 정보를 습득해 사고 방지 등 복지 체계를 설계하거나 직원과 기업 간 분쟁 발생 시 소견 근거로 활용하기도 한다.

2 선발 도구의 평가

㉠ 신뢰성 평가

신뢰성Reliability은 동일한 방법을 반복적으로 사용하였을 때 얼마나 일관성 있는 결과가 도출되는가를 의미한다. 따라서 시험을 다시 치르게 하여 결과를 비교하는 재시험 방법이나 표본을 나누어 동일한 시험을 치르게 하는 방법 등을 사용하여 선발 도구가 얼마나 일정한 결과를 내는지 검증한다. 시험 집단이나 시간에 따라 다른 결과가 나온다면 지원자마다 선발 도구 질문을 다르게 해석하는 문제 등이 존재할 수 있으므로 수정해야 한다.

㉡ 타당성 평가

타당성Validity은 초기 의도에 따라 얼마나 정확하게 측정하는가를 의미한다. 신뢰성이 높아 일관성 있게 인원이 선발되지만 정작 기업에서 원하는 인원이 아닌 경우는 타당성이 낮으므로 선발 도구를 수정해야 한다. 대표적으로 직무분석 결과를 기준으로 만든 선발 도구 점수인 예측치와 선발 후 성과를 평가한 기준 점수를 비교한 타당도 계수 등이 있다. 예를 들어 예측치 점수는 인적성 검사 점수, 기준 점수는 연말 인사고과 점수로 비교할 수 있다. 이 둘의 상관계수를 높여 타원을 1, 3사분면에 최대한 길게 분포시키는 것이 목적이다.

KEYWORD 

신뢰성

동일한 개념에 대해 측정을 반복했을 때 일관성 있는 동일한 결과를 얻을 수 있는지

타당성

측정 도구가 조사하고자 하는 개념을 얼마나 정확하게 측정할 수 있는지

타당도 계수 분석 도구

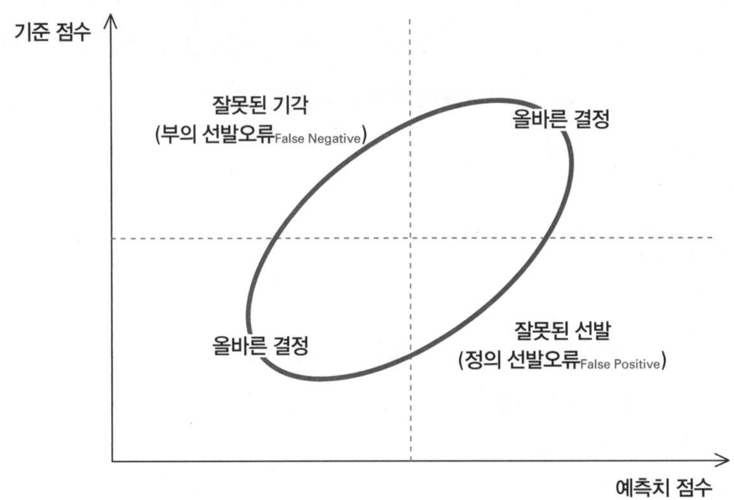

예제 3-2

아래 그림은 입사지원자들의 입사시험 점수와 직무수행 성과를 나타낸 것이다. 인사선발 도구의 타당성을 높이기 위해서 비중을 증가시켜야 하는 의사결정 영역은? [84회 매경TEST 기출]

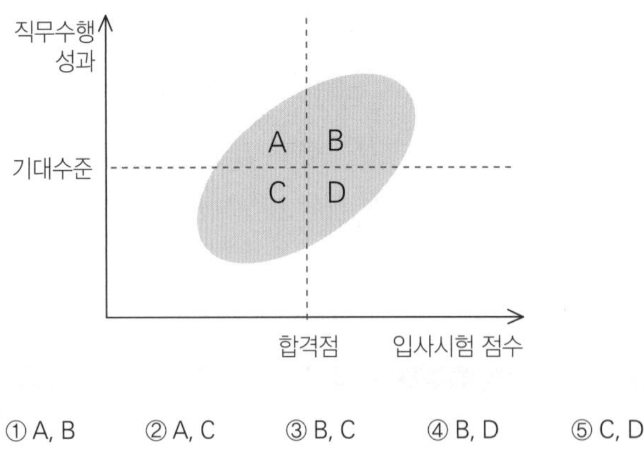

① A, B ② A, C ③ B, C ④ B, D ⑤ C, D

【해설】

인사선발 도구의 타당성(Validity)은 입사시험이 측정하고자 하는 내용을 정확히 검정하는가를 의미한다. 인사선발 과정의 오류는 '잘못된 기각(부의 선발오류)'와 '잘못된 선발(정의 선발오류)'이 있다. 잘못된 기각은 시험성적은 합격선에 미달했지만 만약 선발되었다면 만족스러운 직무성과를 나타낼 수 있었던 지원자를 탈락시키는 것에서 발생하는 오류를 말한다. 잘못된 선발은 시험성적은 합격선을 초과하여 합격은 했지만 채용 후 직무성과는 만족스럽지 못한 지원자를 선발하는 오류이다.

정답 ③

내부 인력 관리와 이직

내부 배분 과정

기업에서 인력이 필요한 경우 외부에서 충원하는 방법 말고도 내부에서 적합한 인원을 찾는 방법이 있다. 이러한 내부 충원 혹은 내부 배분 과정으로는 기존 직원을 다른 직무로 수평적 이동시키는 전환배치와 기존 직원을 더 높은 직급으로 올려서 공석을 메우는 승진 방법이 있다. 내부에 있던 인적자원을 활용하게 되면 외부에서 사람을 구할 때보다 해당 인원에 대한 정보가 많아 위험성이 적고 직원도 전체 조직에 대한 문화나 상황에 적응하기 편하다는 이점을 가진다. 하지만 내부 충원에만 의지하면 새로운 인원과 함께 유입될 수 있는 정보나 기술, 능력 등이 제한된다는 단점이 있다.

1 전환배치

직원을 한 직무에서 다른 직무로 옮겨 배치하는 것을 의미한다. 기업이 의도적으로 직원들의 다양한 직무 경험을 위해 순환근무제 등을 시행하는 경우도 있고 직원과 직무 사이에 적합성이 떨어진다고 판단하거나 특정 부서의 인원 부족 등으로 직무를 이동시킬 수도 있다.

2 승진

직원 지위를 기업 계층 안에서 더 높이는 의사결정을 뜻한다. 이에 따라 직원의 업무 권한과 보상 등이 증가하므로 승진은 기업이 제공하는 효과적인 인센티브 요소 중 하나라고 볼 수 있다. 승진에는 다양한 기준과 형태가 존재하는데 크게 근속기간에 따르는 연공 기준과 직무수행 능력에 따르는 능력 기준 등의 형태가 있다. 승진에는 동기부여 효과와 반대로 여러 리스크가 수반될 수 있는데 대표적으로 더 높은 보상에 비례하는 생산성이 나오지 않을 수 있다는 점이 있다. 또한 높은 직위는 점점 소수 직원들에게 주어지므로 동료 간 협력을 저해하거나 승진에 실패했을 때 조직 몰입도가 떨어질 가능성도 존재한다.

이직

이직은 직원이 기업과 고용관계를 끝내고 조직에서 나가는 것을 의미한다. 이직에는 자발적 이직과 비자발적 이직 두 종류가 있다. 자발적 이직으로는 사퇴가 있고 비자발적 이직에는 해고, 정리해고, 퇴직 등이 포함된다. 일반적으로 이직 행위나 이직 근거가 되는 행위들은 조직 성과를 떨어뜨리거나 새로운 인원 선발과 교육 등의 비용을 유발하므로 기업들은 직원 이직률을 낮추기 위해 다양한 노력을 한다.

1 자발적 이직

자발적 이직은 조직원 의사에 따른 사퇴 혹은 사직을 뜻하며 조직은 구성원의 이직 의사를 미리 알기 힘들기 때문에 비자발적 이직보다 일반적으로 더 많은 비용을 유발하게 된다. 이러한 비용은 조직 내부에서 공석 발생에 따른 인원 선발 비용이나 업무 프로세스 변화에 따른 적응 비용 등이 있다. 이직한 조직원이 경쟁사로 이직하면서 개인이 가지고 있던 역량과 정보를 잃거나 빼앗기는 상황에 따른 비용도 포함된다.

2 비자발적 이직

비자발적 이직으로는 해고, 정리해고, 퇴직 등이 있다. 해고는 일반적으로 개인적인 사유로서 규칙위반, 태업, 부정 등의 요소들을 원인으로 해서 발생한다. 정리해고는 조직 단위에서 사업부 매각이나 조직 구조 변경, 시장 외부 변수 등을 이유로 조직이 종업원 규모를 감축하는 과정에서 발생하게 된다. 마지막으로 퇴직은 일반적으로 경력의 마지막 단계에서 젊은 종업원으로의 교체를 목적으로 한다는 점에서 다른 비자발적 이직과 성격이 다르다. 종업원 의사가 반영되지 않는 강제퇴직 등의 형태도 존재한다. 비자발적 이직 또한 인적자원을 잃는 데에 따른 비용이 존재하지만 일반적으로 조직 자체나 성과에 부정적 영향을 미칠 수 있는 요소들을 배제하는 개념이므로 조직 단위에서는 필수적인 행위일 수 있다.

훈련과 개발

훈련과 개발의 대상

조직에서 인원을 새롭게 선발하거나 기존 구성원들이 새로운 시장 변화 등에 적응해야 할 경우 훈련, 개발, 교육 등의 방식을 통해 구성원들을 조직이 원하는 방향으로 발전하도록 유도할 수 있다. 이는 직무 관련 역량뿐만 아니라 조직 전체 단위에서 프로세스나 문화 또한 대상이 될 수 있다. 나아가 외부 시장에 대한 이해를 높이는 교육도 포함한다. 기업 내에서 인사관리 부서는 HRM(Human Resource Management)과 HRD(Human Resource Development)의 범주로 분류되는 경우가 많으며 훈련과 개발은 HRD 역할에 속한다.

훈련 기법

개인을 교육, 훈련시키는 방안으로는 다양한 형태가 존재하지만 대표적으로 직무상 훈련(OJT), 직무 외 훈련(Off-JT), 멘토링 등이 있다.

1 직무상 훈련(On-the-Job Training·OJT)

직무상 훈련은 조직 내에서 특정 직무에 대해 경험 있는 구성원이 경험이 없거나 부족한 인원을 훈련시키는 방법을 의미한다. 직무기술서에 따라 필요한 훈련 요소를 준비하고 선임자가 시범을 보인 후 학습자가 직무를 수행하고 그에 대한 피드백이 제공되는 과정으로 진행된다. 일반적으로 비공식적인 방식을 통해 선임자가 후임자에게 인수인계하는 형태다.

2 직무 외 훈련(Off-JT)

직무 외 훈련은 특정 직무에 대한 교육이 아니라 인사부서 교육팀이 주관하여 조직 단위에서 실시되는 훈련을 의미한다. 직무상 훈련보다 다양한 요소들을 대상으로 하며 집단적으로 이루어지는 경우가 많다. 산업 내 일반 지식이나 어학 등 보편적인 지식을 대상으로 하는 경우가 많다. 조직 외부에서 강사를 섭외하거나 조직 외부에서 진행되는 훈련도 있다. 이 경우 개인 지식이 늘어 노동시장에서 가치가 올라가기 때문에 개인에게는 긍정적, 조직에는 이직률 상승에 따른 부정적 결과를 가져오는 경우도 있다.

3 멘토링

비교적 최근 조직들에서는 멘토링이나 코칭 방식도 교육에 많이 활용하고 있다. 이는 조직 내외에서 선임자 혹은 전문가를 조직 구성원과 파트너처럼 연결해 직무나 능력에 대한 교육뿐만 아니라 조직 적응이나 고충 상담 등의 역할까지도 수행하는 경우를 의미한다. 실제로 신입사원 이직률은 조직 내 계층에 따른 소통 부재와 조직문화 적응을 이유로 하는 경우가 많은데 이런 측면에서 멘토링 혹은 코칭이 효과를 발휘할 수 있다.

3-3

아래는 A사 신입사원과 과장의 대화이다. 이를 바탕으로 (가)에 비해 (나)의 교육훈련방식이 가지는 특징에 대한 올바른 설명으로 가장 거리가 먼 것은?

> 신입사원: 안녕하세요. 이번에 영업관리 직무로 입사한 박정우라고 합니다.
>
> 과장: 안녕하세요, 반갑습니다. 연수원에서 일괄 진행하는 (가) Off-JT(Off the Job Training) 교육은 받으신 것으로 들었고 오후부터 저와 업무를 같이 진행하시면서 업무를 배워나가시는 (나) OJT(On the Job Training)방식으로 교육을 받으실 거예요.
>
> 신입사원: 네, 감사합니다. 잘 부탁드립니다.

① 교육에 대한 명시적 비용이 낮다.
② 별도의 교육장소가 필요하지 않다.
③ 직무수행과 교육이 동시에 이루어진다.
④ 실무와 적합도 높은 교육을 받을 수 있다.
⑤ 교육자의 성향이 달라도 내용이 표준화된 교육이 가능하다.

【해설】

OJT는 일반적으로 직무를 배치 받은 후 기존 실무자에게 업무를 수행하며 배우는 교육훈련 방식을 말한다. 회사에서 별도 교육자 배정과 세션을 진행하는 Off-JT에 비해 명시적 비용이 절감되고 실무자를 통해 원활한 질의응답 과정을 통해 실무 적합도가 높은 교육을 진행할 수 있다. 다만 비공식적 커뮤니케이션과 실무자별 특성, 직무성숙도에 따라 교육의 일관성이 낮아질 수 있는 특징을 가진다.

정답 ⑤

성과관리

성과평가의 필요성

성과평가는 흔히 국내에서 인사고과라고도 표현하며 직무분석을 통한 직무기술서와 직무명세서를 바탕으로 선발된 직원이 해당 직무를 잘 수행하고 있는지 검증하는 과정이다. 또한 향후 임금 등 보상을 지급하는 기준이 되므로 직원의 동기부여를 위해서 정확한 성과평가 과정이 중요하다.

평가 기법

성과평가를 시행하는 기법에는 다양한 종류가 있지만 대표적으로 강제할당법과 목표관리법, 다면평가제 방법을 살펴본다.

1 강제할당법Forced distribution method

국내 대기업에서 많이 쓰이고 있는 전통적 성과평가 기법 중 하나로 직원들의 성과가 정규분포임을 가정하고 직원을 평가한 후 일정 비율로 점수 분포 안에 분배시키는 방법이다. 상대평가를 통해 고성과자와 저성과자를 구분 지을 수 있기 때문에 평가자 주관에 따라 발생할 수 있는 관대화Leniency나 혹독화Severity, 혹은 중심화 경향 등의 오류를 방지할 수 있다. 하지만 반대로 팀원 모두가 좋은 성과를 내는 경우에도 누군가는 저성과자로 분류되어야 하므로 동기가 저하되거나 팀원 간 마찰이 생기는 문제도 발생한

강제할당법 예시

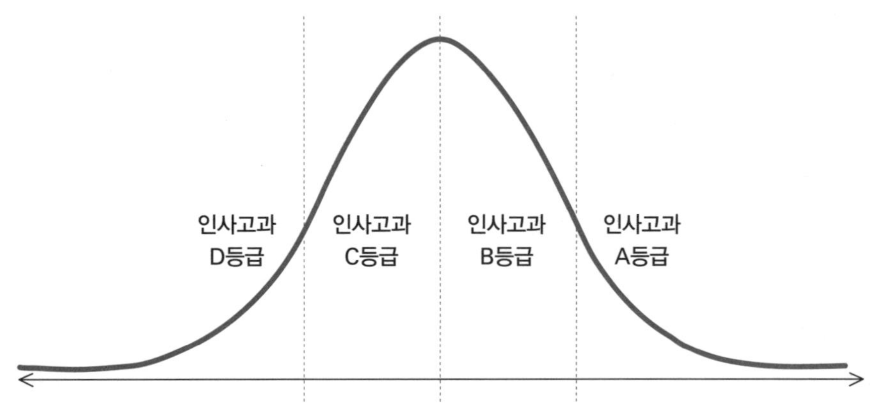

정규분포 안에 특정 비율로 나누어서 인사고과를 배분한다.

다. 또한 상대평가이므로 고성과자가 실제로 절대적인 고성과를 내었는지 검증 문제도 존재한다. 이 때문에 많은 기업에서 인사고과를 순차적으로 점수를 받아가는 유명무실한 절차로 여기는 문제점이 제기되며 특정 기업에서는 인사고과 과정을 없애고자 하는 시도도 존재한다.

2 목표관리법Management by Objective·MBO

목표관리법은 상사와 부하가 면담 등의 상호작용을 통해 성과의 목표와 기준을 설정하고 이에 따라 업무를 수행한 후 평가를 진행하는 방법을 의미한다. 목표관리법을 시행하는 가장 큰 목표는 하향적 업무 지시에 따른 소통 부재와 이에 따른 업무 비효율 방지다. 예를 들어 하향식 업무 수행 후 성과평가를 한다면 조직원의 업무 능력에 비해 너무 많거나 적은 업무량이 주어질 수 있다. 그에 따라 그 과정이 전혀 고려되지 않은 결과만을 위한 성과평가가 진행될 수 있다. 따라서 이러한 정보 비대칭에 따른 비효율을 줄이고 성과평가 목적에 대한 효과성을 높이기 위해 목표관리법을 활용할 수 있다. 최근에는 조직 단위뿐만 아니라 팀별로 MBO 방식을 독립적으로 수행하는 기업들 또한 나타나고 있다.

3 다면평가제Multisource Evaluation Method

다면평가제Multisource Evaluation는 특정 직원을 평가할 때 상사, 부하, 동료, 자신 등 여러 주체가 참여하는 방식을 뜻한다. 360도 다면평가360-degree Feedback, 복수평가자 피드백Multi-rater Feedback 등의 세분화된 방식으로도 불리며 상사가 평가하는 하향식 평가의 여러 평가 오류와 문제점을 개선하고자 도입된 방식이다. 각각의 주체들 간 시점이 다양하게 반영되면 평가 대상인 직원의 성과를 입체적으로 평가할 수 있고 다각적인 평가결과를 통해 조직 내 여러 이해관계자를 고려한 피드백을 전달할 수도 있다. 반면 한 연구결과에서 다양한 평가 주체들 간의 신뢰도와 평가 점수 상관관계가 낮다고 밝혀졌다. 이에 따라 한 사람에 대한 평가로 적절한지, 여러 주관적인 이해관계가 반영된 것은 아닌지 등의 문제점 또한 제기되고 있다.

4 대조리스트법Check-list Method

대조리스트법은 인사고과에 적당한 표준행동을 사전에 평가항목에 배열해놓고 해당 항목을 체크하여 책정하는 방법이다. 현혹효과가 적으며 타부서와 비교하고 계량화가 가능하다는 장점이 있지만 행동기준 선택이 어려우며 점수화 절차가 복잡하다는 단점이 있다.

5 행위기준고과법Behaviorally Anchored Rating Scales·BARS

기존의 전통적인 인사평가 방법들은 추상적인 인성적 특질을 중시한다는 비판이 있었다. 행위기준고과법은 피평가자의 실제 행동을 관찰하여 평가하는 방식이다. 다양한 직무에 적용이 가능하고 직무성과와 관련된 지표를 공개하여 조직 구성원의 업무개선 효과를 거둘 수 있다는 장점이 있다.

예제 3-4

아래에서 설명하는 성과평가 방법은? [81회 매경TEST 기출]

> 상급 관리자가 직원을 평가할 때 발생하는 문제점을 개선하기 위한 대안으로 상급 관리자, 동료, 하급자, 외부 이해관계자 등 다양한 관점을 반영하여 성과평가하는 방법이다.

① 강제할당법 ② 목표관리제 ③ 다면평가제 ④ 체크리스트법 ⑤ 행위기준고과법

【해설】

다면평가제에 대한 설명이다.

정답 ③

보상

보상의 의미와 종류

보상은 직원이 노동력을 투입하여 조직의 성과에 기여했을 경우 조직이 이에 상응하는 임금과 복지후생을 제공하는 행위를 의미한다. 보상은 조직원이 조직을 위해 일하는 가장 근본적인 이유가 되므로 인적자원관리 제도에서 보상은 지원자 유인부터 조직 구성원 유지, 동기부여, 성과 극대화 등에 직접적인 영향을 미치는 중요한 작업이다. 따

라서 조직구성과 직무에 따른 보상을 합리적이고 효과적으로 설계해야 조직이 필요로 하는 인재를 얻을 수 있을 뿐만 아니라 개인과 조직이 서로 윈윈Win-Win하는 결과를 가져올 수 있다.

보상은 큰 범위에서 경제적 보상과 비경제적 보상으로 나뉘며 경제적 보상은 직접임금과 간접임금으로 나뉜다. 이때 복지후생은 경제적 보상 중 간접임금에 해당한다고 볼 수 있다.

1 경제적 보상

직접임금 분류는 금전적 형태로 주어지는 보상이 포함된다. 고용관계에서 가장 먼저 협상 대상이 되는 기본급과 성과에 따른 인센티브 요소들이 포함된다. 간접임금으로는 서비스와 복지후생 등이 포함되며 연금이나 보험, 유급휴일 등과 주차장, 체력단련실 등의 부대시설도 이 범주에 포함된다.

2 비경제적 보상

비경제적 보상은 조직 내에서 직무를 수행하는 과정에서 형성되거나 필요로 여겨지는 심리적 요소들이 포함된다. 이는 동료 혹은 상사와의 관계, 리더십, 업무로부터의 성취감, 직무의 유연성, 자기계발을 위한 교육과 훈련 등의 요소들을 의미하며 경제적 보상과 상호작용하며 형성된다는 특징을 가진다.

경제적 보상

- 금전적 형태로 주어지는 보상
- 직접임금(기본금, 성과에 따른 인센티브)
- 간접임금(복지후생, 연금, 보험, 유급휴일, 주차장과 체력단련실 같은 부대시설)

비경제적 보상

- 조직 내에서 직무를 수행하는 과정에서 형성되거나 필요로 여겨지는 심리적 요소 포함
- 자기계발을 위한 교육과 훈련
- 업무의 성취감, 직무 유연성, 상사와 동료 간의 관계, 리더십

예제 3-5

아래 기사의 빈칸 (A)에 공통으로 들어갈 가장 적절한 용어는? [86회 매경TEST 기출]

> 삼성전자, SK하이닉스 등 반도체 업계를 중심으로 대기업 노조의 임금인상 압박이 거세지고 있다. 노조는 △성과급 재원을 기존 (A)에서 영업이익으로 전환 △기본급 정률인상에서 정액인상으로 전환 등 성과급 중심 현행 임금체계에서 기본급 비중을 높일 것을 요구했다. (A)은(는) 자본비용을 초과해 창출된 이익으로, 투하자원에 대한 기회비용을 의미한다.

① BPS ② EPS ③ EVA ④ PER ⑤ ROE

【해설】
EVA에 대한 설명이다. EVA(Economic Value Added)란 경제적 부가가치를 의미하는 것으로 투하자원에 대한 기회비용, 즉 자본비용을 초과해 창출된 이익을 말한다. EVA를 기준으로 임원보상의 기준치로 삼기도 한다. 임원보상제도에 EVA 개념을 사용하는 이유는 투하자본으로부터 기대수익을 초과하는 이익만이 기업의 본질가치를 창출하는 데에 공헌한다고 생각하기 때문이다.

정답 ③

임금구조와 체계

임금은 사용자가 근로자에게 계약에 따라 지불하는 노동의 대가이자 임금률의 평균을 의미한다. 흔히 조직에서 제공하는 기본급이 임금과 동의어처럼 사용되지만 위의 분류와 같이 임금에는 기본급뿐만 아니라 성과에 따른 여러 형태의 인센티브와 조직 특성에 따른 복지후생까지 포함되어 있다. 따라서 기업은 이러한 요소들이 적절한 균형을 이루도록 임금 구조를 설계해야 하며 근로자들은 기업에 지원할 때 이러한 보상 구성이 자신에게 적합한지 다각적으로 살펴볼 필요가 있다.

가치별 임금체계 분류

결정 기준	임금체계
종업원 가치	연공급, 스킬 위주의 임금, 역량 위주의 임금
직무 가치	직무급
결과 가치	개인별 인센티브, 팀별 인센티브, 조직 단위 보너스 계획

고용계약에 있어 가장 핵심적으로 작용하는 직접임금 혹은 기본임금은 종업원 가치, 직무 가치, 결과 가치 등의 기준으로 분류할 수 있다. 하지만 이러한 임금체계들은 기준에 관계없이 근로자의 노력과 성과에 따라 지급되어야 한다는 공통적 목표를 가진다.

1 종업원 가치 기준 임금체계

종업원 가치를 기준으로 한 임금체계로는 국내에서 가장 흔하게 사용되고 있는 연공급이 있다. 연공급은 직원의 연령, 근속연수, 학력 등 종업원 특성에 따라 임금 수준을 결정하는데 일반적으로 근속연수가 많이 사용된다. 이는 조직 내에서 근로자가 오래 일한 경우 조직 특수성을 가지는 자원을 많이 가지며 새로운 인원보다 조직에 많이 기여했을 것이라 판단하여 지급하는 개념이다. 또한 근로자가 가지고 있는 스킬이나 역량을 기준으로 종업원의 가치를 판단하여 임금을 책정하는 경우도 포함된다.

2 직무 가치 기준 임금체계

직무 가치를 기준으로 하는 경우는 직무급이 포함된다. 직무급은 직무분석과 평가에 따라 직무의 상대적 가치를 정하고 그에 상응하는 임금을 책정한다. 이는 직무기술서나 명세서에 기반한 노력이나 역량만큼 근로자가 조직에 기여하고 있다고 판단하는 임금체계다. 상대적으로 나이에 따른 상하관계가 약한 미국 등에서는 직무급이 많이 활용되며 최근 국내에서도 여러 기업이 도입하는 추세이다.

3 결과 가치 기준 임금체계

결과를 기준으로 하는 보상으로는 주로 인센티브 형식이 포함된다. 이는 성과가 도출되었을 때 기대 수준을 충족하거나 이를 넘어서는 경우 기본급에 더하여 지급되는 형태다. 대표적으로 실적급Merit-Pay과 보너스Bonus Pay가 있으며 실적급은 한 번 받게 되면 기본급에 추가되어 향후에도 계속 받을 수 있다. 보너스는 일회성으로 한 번만 지급된다는 차이점이 있다. 이러한 인센티브 제도는 개인, 팀, 조직 단위에 따라 동기부여 하고자 하는 범주를 조정할 수 있다.

아래는 기업 내 인적자원관리의 단계를 설명한다. 다음 중 A, B 단계에 대한 설명으로 올바르지 않은 것은?

직무분석	»	모집	»	A	»	배치와 훈련	»	B	»	보상

	단계	설명
①	A	개인과 조직의 정보 비대칭을 해결하는 것이 중요하다.
②	A	도구의 신뢰도가 높으면 낮은 타당도를 보완할 수 있다.
③	B	개인 단위뿐만 아니라 집단 단위에서도 시행한다.
④	B	상사, 동료, 부하의 여러 관점에서 실시할 수 있다.
⑤	B	형평성 높은 보상을 위한 근거를 마련하는 단계다.

해설

A단계는 '선발(Selection)', B단계는 '평가(Evaluation)' 단계를 나타낸다. 선발은 인적자원을 모집 후 실질적으로 조직 내로 영입하는 과정으로 개인의 요구사항과 조직의 필요 자원에 대한 정보를 충분히 공유해야 한다. 이 과정에서 다양한 선발 도구가 활용되는데 신뢰도가 높아도 타당도가 떨어지면 계속해서 조직에 불필요한 인적자원을 선발하는 실수를 반복할 수 있으므로 선발 도구의 타당도를 높이기 위해 노력해야 한다. 평가는 개인, 집단 단위에서 성과를 평가해 보상의 근거로 활용하며 상사, 동료, 부하 등의 평가를 종합적으로 판단하는 다면평가 등을 시행한다.

정답 ②

기업은 핵심역량을 판단해 경쟁사에 비해 경쟁우위를 구축한다. 다음 중 바니(Barney)의 관점에 따라 경쟁우위 가능성을 판단하는 기준으로 가장 거리가 먼 것은?

① 확보한 기업은 소수인가
② 외부 환경에 적용할 수 있는가
③ 모방하려는 기업에 비용상 부담이 되는가
④ 기업의 성과에 가치를 제공할 수 있는 역량인가
⑤ 활용하기 위한 조직적인 방침이나 방법이 마련되어 있는가

해설

바니의 VRIO 모형은 가치(Value), 희소성(Rarity), 모방 가능성(Imitability), 조직(Organization)으로 구성된다. '가치'는 해당 역량이 실제로 조직성과에 영향을 줄 수 있는 요소인가, '희소성'은 시장에서 얻기 힘든 자원인가, '모방 가능성'은 경쟁자들이 쉽게 모방할 수 없는 요소인가, '조직'은 해당 요소를 적절하게 활용할 수 있는 구조와 방안이 마련되어 있는가를 뜻한다. 핵심역량을 통한 경쟁우위의 개념은 마이클 포터의 외부 환경과 산업구조 분석 등을 비판하며 조직 내부의 자원에 대한 가능성과 차별성을 고려하는 관점이므로 외부 환경에의 적용 가능성을 고려하는 것은 적절하지 않다. 정답 ②

A사는 3명의 신입사원을 선발한 후 각기 다른 팀에 배치했다. 아래 도표는 각 직원의 입사 필기시험 점수와 각 인원이 속한 팀의 팀장이 성과평가 한 것을 10점 척도로 표시한 것이다. 다음 물음에 답하시오(3~4).

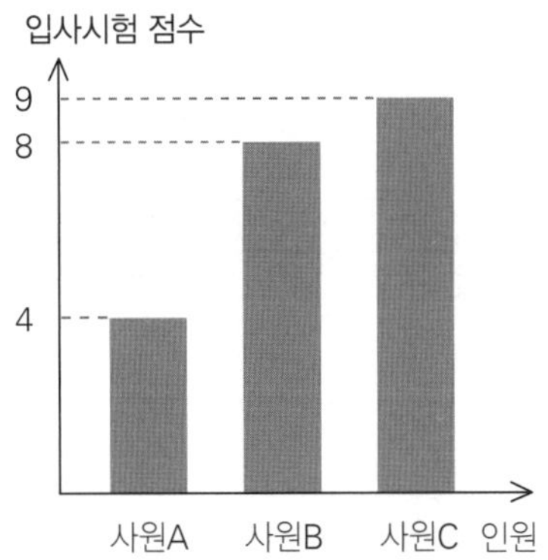

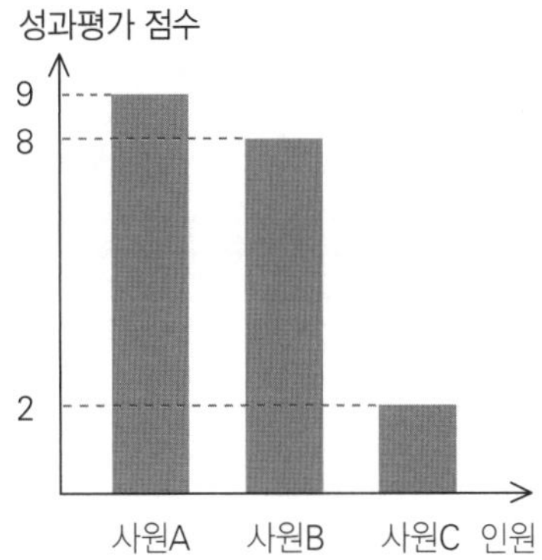

아래 그래프를 통해 선발 도구의 타당도를 측정할 때, 각 인원이 속하는 영역을 적절하게 짝지은 것은?

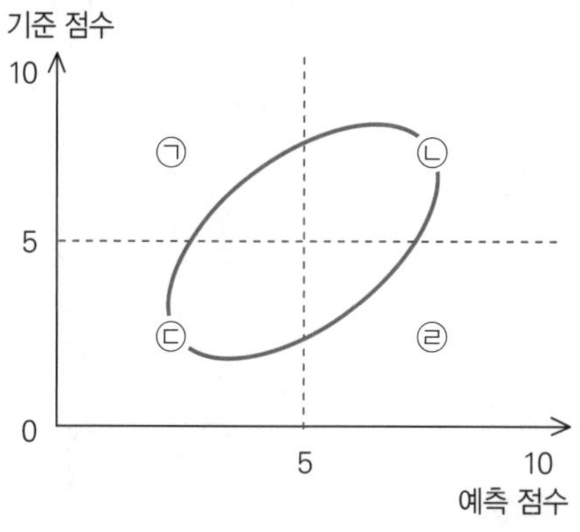

	사원A	사원B	사원C
①	㉠	㉣	㉡
②	㉠	㉡	㉣
③	㉡	㉣	㉢
④	㉣	㉡	㉠
⑤	㉣	㉠	㉢

해설

타당성은 초기 의도에 따라 얼마나 정확하게 측정하는가의 여부를 알아보는 것이다. 신입사원 입사시험 점수인 예측치와 선발 후 성과를 평가한 기준 점수를 비교해보면 사원A는 입사시험 점수(예측점수)가 4점에서 성과평가 점수(기준점수) 9로 ㉠영역, 사원B는 입사시험 점수 8점에서 성과평가 점수 8점으로 ㉡영역, 사원C는 입사시험 점수 9점에서 성과평가 점수 2점으로 ㉣영역에 해당된다.

정답 ②

만약 입사시험 선발 도구의 타당도가 높다면 평가 오류의 가능성을 올바르게 추론한 것으로 가장 거리가 먼 것은?

① 팀마다 성과 측정을 위한 정보량이 다를 것이다.
② 사원A의 결과는 관대화 오류로 인해 나타난 것이다.
③ 사원B의 결과는 중심화경향 오류로 인해 나타난 것이다.
④ 사원C는 후광효과의 영향을 받지 않았을 것이다.
⑤ 사원C의 결과는 혹독화 오류로 인해 나타난 것이다.

해설

예측점수와 기준점수를 비교해 같은 방향이라면 입사시험 선발 도구의 타당도가 높다고 판단할 수 있다. 성과평가 시 분포적 오류에 따라 관대화, 혹독화 등의 오류가 발생할 수 있다. 입사시험 선발 도구 타당도가 높으므로 입사시험 점수와 실제 성과는 비슷해야 한다. 우선 사원B의 경우는 타당도가 높은 상황에서 오류의 영향을 찾기 힘들다. 사원A의 경우 입사시험 점수에 비해 높은 성과평가 점수를 받은 이유는 평가자의 관대화 오류로 인해 나타났을 가능성이 높다. 사원C의 경우, 높은 입사점수 이후에 성과평가 결과가 매우 낮은 이유는 혹독화 오류로 인해 나타났을 가능성이 높다. 또한 사원C의 높은 입사시험이 성과평가에도 영향을 미치는 후광효과가 나타나지 않았음을 알 수 있다. 사원C는 목표관리법을 통해 원인 분석과 업무 효율 향상이 필요하다.

정답 ③

국가공인
매경TEST

4

경영전략

경영
—
1

경영전략의 이해

경영전략의 의의

경영학에서는 경영전략을 기업의 내·외부 환경을 고려하여 경쟁우위를 확보하고자 하는 의사결정이라고 정의한다. 경영전략은 경영적 의사결정에 있어 가장 넓은 관점을 대상으로 한다. 사업부, 기업, 시장, 정부 등의 거시적 상황 요소들을 이해하기 위한 관점이며 동시에 해당 조직의 방향성에 따른 일련의 프로세스를 뜻하는 의미도 가진다. 이에 따라 기업의 거시적이고 전사적인 방향성과 연계시킨 경영학적 의사결정 프로세스가 적용되어 전략적 인적자원관리, 마케팅 전략 등 다른 경영 분야와 합쳐져 광범위하게 사용되고 있다.

경영전략 프로세스

전략적 대상의 넓은 범주를 파악하기 위해서는 경영전략 프로세스를 살펴보는 것이 전체적인 구조를 이해하는 데에 도움이 된다.

경영전략 프로세스: 목표 설정 → 환경분석 → 전략 수립 → 실행과 평가

목표 설정

기업의 목표를 설정하는 단계는 미션Mission, 비전Vision, 가치Value로 구성된다.

1 미션Mission

미션은 'Why'에 대한 대답으로 '우리 조직이 왜, 어떤 목적으로 존재하는가'를 표현한다. 회사의 목적을 명확하게 밝힘으로써 향후 방향성의 토대와 여러 가지 의사결정과 행동 기준을 마련할 수 있다.

예: 코카콜라는 미션으로 'To refresh the world'를 명시하여 세상이 생기를 되찾게 만들겠다는 회사 목적을 표현.

2 비전Vision

비전은 'What'에 대한 대답이다. 기업이 '지속적으로 성장하기 위해서 무엇을 성취해야 하는가'를 표현한다.

예: 코카콜라는 비전으로 사람, 포트폴리오, 파트너, 생산성 등의 여러 요소를 나누어 제시한다. 지구적Planet 비전으로는 '지속 가능한 공동체 형성을 도우며 변화를 만들 수 있는 책임감 있는 시민이 되자'를 명시.

3 가치Value

가치는 'How'에 대한 대답이다. 미션과 비전을 고려했을 때 '조직 구성원들이 어떻게 행동해야 하는가'에 대한 명확한 가이드라인을 제시한다.

예: 코카콜라의 가치에는 리더십, 협동, 진실성, 열정, 다양성, 책임감 등이 있음.

환경분석

환경분석은 경영전략에 있어 가장 핵심적인 활동으로 전략 수립 단계의 토대가 된다. 기업을 기준으로 크게 외부 환경분석과 내부 환경분석으로 구분한다.

» **외부 환경분석** 넓게는 국가부터 관련 산업과 기업의 환경까지 대상으로 함.

» **내부 환경분석** 기업의 업무 형태에 따른 구조적 측면, 사업부 단위의 하위 레벨을 대상으로 함.

예: 'SWOT 분석'은 기업 내부의 강점Strength, 약점Weakness, 기업 외부의 기회Opportunity, 위협 요인Threat으로 나누어 조사하는 도구.

전략 수립

전략 수립은 환경분석을 통해 파악된 조직의 현재 상황에 적합한 방향성을 구성하고 선택하는 의사결정을 뜻한다. 이 단계의 의사결정이 명확하게 설계되어야 조직 내부 자원의 효율적, 효과적 배분과 외부 상황에 대한 적절한 대응이 가능하다.

» 기업 단위 전략(다각화, 통합, 제휴 등), 사업부 전략(집중화, 차별화, 원가우위 등), 기능 단위 전략(비용 절감, 운용 효율성 등을 고려)의 계층별 설계 형태를 보인다.

실행과 평가

환경분석을 통해 전략을 수립하고 그에 따른 실행이 이뤄지면 초기 목표단계에서 설정했던 미션, 비전, 가치와 비교하고 조직 성과를 측정할 수 있는 지표를 활용하여 전략 프로세스를 평가한다.

» 조직의 외부적 상황, 기업의 성장 단계 등에 따라 다양한 성과 측정 지표(시장점유율, 매출액, 투자자본수익률 등)를 활용하여 전략 프로세스를 평가.

» 전략적 계획은 조직 내 여러 계층에 영향을 주기 때문에 초기에 수립한 목적과 실행 후 도출된 결과를 비교하여 전략이 성공적으로 수행되었는지를 파악.

경영
—
2

기업의 외부 환경분석

기업의 외부 환경

현대 경영전략의 아버지로 불리는 하버드 경영대학원의 마이클 포터Michael E. Porter 교수는 시장에서 수많은 기업이 나타나고 사라지는 과정에서 '기업이 어떤 환경에 놓여 있는가'의 문제가 조직 의사결정 과정에서 주요한 고려대상이라고 보았다. 즉 기업이 외부 환경을 적절하게 분석하여 자신에게 적합한 환경에 진입하고 적응했을 때 기업 생존과 성장이 가능해진다고 본 것이다.

» **기업의 외부 환경** 일반적 거시 환경과 산업 환경으로 구분.
- **일반적 거시 환경분석** 정치, 사회, 문화, 법적 요소뿐만 아니라 인구통계학적 요인과 경제적 환경 등을 파악.
- **산업 환경분석** 일반적 거시 환경분석보다 기업과 더 밀접하게 관련한 환경을 파악.

산업구조분석 모형5 Forces Model

마이클 포터 교수가 제시한 산업구조분석 모형은 산업 환경분석의 대표적인 방법이다. 산업을 분석하는 데에 5가지 영향력을 고려하며 이 때문에 '5 Forces Model'로도 불린다. 이처럼 기업 운영에 영향을 줄 수 있는 산업구조 요소에는 기존 산업 내 경쟁, 공급자 교섭력, 수요자 교섭력, 대체재 위협, 잠재적 경쟁자 위협이 포함된다.

기존 산업 내 경쟁

» 기존 경쟁자들과의 관계를 말하며 산업 내에서 경쟁 정도가 높으면 기업은 점유율 등의 확보에 어려움을 겪을 수 있어 수익성을 높이기 어렵다.

» **기존 산업 내 경쟁에 영향을 주는 요소** 산업집중도, 경쟁 기업 간 동질성 정도, 제품차별화 정도, 시장성장률, 비용 구조 등.

공급자의 교섭력

» 공급자는 기업이 자사에서 다루고 있는 제품·서비스 단계보다 이전 단계에 있는 이해관계자(예: 자동차 제조 기업의 공급자는 타이어 생산 기업, 휴지 제조 기업의 공급자는 벌목 기업)를 뜻한다. 공급자가 얼마나 많이, 그리고 어떠한 형태로 존재하는가에 따라 기업이 유리한 상황인지 여부를 판단할 수 있다.

» **공급자의 교섭력에 영향을 주는 요소** 공급자의 수, 전환비용, 공급자의 전방 통합 능력, 공급자의 정보량, 기업의 원자재 비중 등.

구매자의 교섭력

» 구매자는 자사 제품을 공급받아서 제품·서비스 제작의 다음 단계를 수행하는 기업부터 최종 소비자군까지를 포함한다.

» **구매자의 교섭력에 영향을 주는 요소** 구매자의 규모, 구매자의 후방 통합 능력, 구매자 전환비용, 제품차별화 정도 등.

대체재의 위협

» 대체재는 시장에 기업이 제공할 수 있는 제품이나 서비스를 대체할 수 있는 요소가 존재하는지 여부를 뜻한다. 기업의 제품 특성, 구매자가 인식하는 대체 가능 여부에 따라 그 범위가 다양하게 정의된다.

» **대체재의 위협에 영향을 주는 요소** 대체재의 가격과 성능, 대체재에 대한 구매자 성향 등.

잠재적 경쟁자 위협

» 잠재적 경쟁자의 위협은 새로운 기업의 진입 가능성을 나타내며 산업 내 진입장벽의 정도와 관련이 깊다.

» **잠재적 경쟁자 위협에 영향을 주는 요소** 고정비용비율, 자본소요량, 정부와 법적 규제, 유통망, 제품차별화, 가격 전략 등.

산업구조분석 모형 5 Forces Model

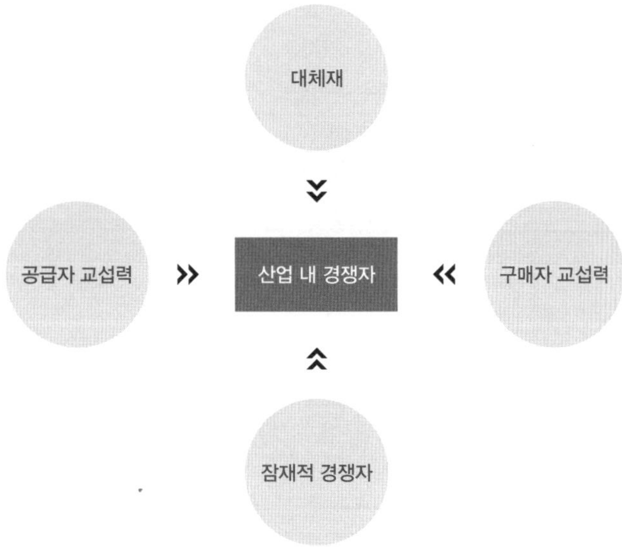

산업구조분석 모형의 한계점

산업구조분석 모형으로 기업의 정적인 상황은 분석할 수 있지만 동태적인 경쟁의 변화를 반영하지 못하는 한계가 있다. 또한 산업 단위로 파악한 시각이므로 소비자, 플랫폼 등을 기준으로 하는 실질적 경쟁자를 분류하기 쉽지 않은 단점도 있다.

예제 4-1

산업구조분석모형(5 Forces Model)으로 기업 환경을 분석할 때 공급자의 교섭력이 강한 상황과 가장 거리가 먼 것은?

① 공급자의 수가 적은 경우
② 구매자의 전환비용이 낮은 경우
③ 공급자의 전방통합 능력이 높은 경우
④ 공급하는 제품의 차별화 정도가 높은 경우
⑤ 구매자가 공급자의 비용구조에 대한 정보가 적은 경우

【해설】

공급자의 교섭력이 강한 경우 공급자는 구매자에게 제품 가격을 높게 요구함으로써 수익률을 증가시킬 수 있다. 구매자가 기존 기업에서 타 기업으로 공급자를 전환할 때 소요되는 전환비용이 낮은 경우는 구매자의 교섭력이 강하다. 구매자의 교섭력이 강할수록 공급자의 수익률이 하락하며 산업의 매력도가 감소한다.

정답 ②

경영
—
3

기업의 내부 환경분석

내부 자원과 핵심역량

마이클 포터가 경쟁전략Competitive Strategy에서 산업구조분석 모형을 제시한 이후 기업이 외부 환경분석을 통해 경쟁우위를 얻고자 하는 방식이 실무와 학계에서 보편화되었다. 하지만 동시에 산업구조분석 모형에 대한 비판적 시각도 등장했는데 가장 핵심적 질문은 '그렇다면 왜 동일한 환경에 있는 기업들 사이에서도 성공과 실패가 나뉘는가?' 하는 것이었다. 즉 산업 내 개별 기업들의 상황이 동일하다는 가정이 성립하지 않으면 외부 환경에 따라 기업의 경쟁우위를 판단하기는 힘들다는 것이다. 이에 따라 바니Barney를 주축으로 기업 내부 자원의 중요성을 강조하는 자원기반이론Resource Based Theory이 제시되었다. 자원기반이론은 기업 내부의 잠재적 핵심 자원을 찾아 경쟁우위로 연결하는 것에 집중한다. 이를 구별하기 위해서 게리 하멜Hamel 교수와 프라할라드Prahalad 교수가 이야기한 핵심역량Core Competence이라는 개념을 이해하는 것이 중요하다. 핵심역량이 경쟁우위로 이어지기 위해 필요한 요건들로 VRIO 모형이 제시되었다. 이는 가치Value, 희소성Rarity, 모방가능성Imitability, 조직Organization의 4가지 요소를 고려해야 함을 뜻한다.

예제 4-2

기업은 핵심역량을 판단해 경쟁우위를 구축한다. 다음 중 바니(Barney)의 관점에 따라 경쟁우위 가능성을 판단하는 기준으로 가장 거리가 먼 것은?

① 확보한 기업은 소수인가
② 외부 환경에 적용할 수 있는가
③ 모방하려는 기업에 비용상 부담이 되는가
④ 기업의 성과에 가치를 제공할 수 있는 역량인가
⑤ 활용하기 위한 조직적인 방침이 마련되어 있는가

【해설】

바니의 VRIO 모형은 가치, 희소성, 모방 가능성, 조직으로 구성된다. '가치'는 해당 역량이 실제로 조직성과에 영향을 줄 수 있는 요소인가, '희소성'은 시장에서 얻기 힘든 자원인가, '모방 가능성'은 경쟁자들이 쉽게 모방할 수 없는 요소인가, '조직'은 해당 요소를 적절하게 활용할 수 있는 구조와 방안이 마련되어 있는가를 뜻한다. 핵심역량을 통한 경쟁우위 개념은 마이클 포터의 외부 환경과 산업구조분석 등을 비판한다. 조직 내부의 자원에 대한 가능성과 차별성을 고려하는 관점이므로 외부 환경에의 적용 가능성을 고려하는 것은 적절하지 않다.

정답 ②

가치사슬 분석

기업의 내부 구성요소와 프로세스를 나누어 살펴볼 수 있는 도구로 가치사슬Value Chain 분석이 있다. 가치사슬 분석은 기업 단위의 활동을 주 활동Primary activity과 보조 활동Support activity으로 나뉜다. 기업 활동 가운데 부가가치를 창출하는 핵심 부문이 무엇인지 밝혀준다.

» **주 활동** 기업의 이윤과 직접적으로 관련된 상품·서비스를 관리하는 활동.

» **보조 활동** 상품·서비스를 통한 이윤 창출에 직접적 영향은 주지 않지만 이를 위해 필요한 활동.

가치사슬 분석

보조활동	기업 인프라					이윤
	인적자원관리					
	기술 관리					
	조달 활동					
주활동	원자재 투입	생산(운영)	출고와 물류	마케팅과 판매	서비스 활동	

SWOT 분석

SWOT 분석은 기업 내부의 강점·약점과 외부의 기회·위협을 고려하여 현 상황에 맞는 전략을 선택하는 방법이다. 기업의 내부 환경과 외부 환경을 동시에 고려하는 것이 특징이다. SWOT 분석을 통해 SO, WO, ST, WT 등 4가지 전략이 도출된다.
예: 디자인 역량이 뛰어난 자동차 회사가 시장 조사를 통해 고객들이 미적 요소를 중요하게 고려해 자동차를 선택한다는 결과를 확인한다면 SO 전략을 활용할 수 있다.

SWOT 분석

구분	기회(O)	위협(T)
강점(S)	SO전략 강점을 가지고 기회를 살리는 전략	ST전략 강점을 가지고 위협을 최소화하는 전략
약점(W)	WO전략 약점을 보완하며 기회를 살리는 전략	WT전략 약점을 보완하며 위협을 최소화하는 전략

경영 — 4

사업부 수준의 전략

본원적 전략

본원적 전략은 마이클 포터가 제시한 사업부 수준에서의 전략으로 경쟁우위의 원천과 경쟁영역의 범위에 따라 원가우위·차별화·집중화 전략이 있다.

1 원가우위 전략

원가를 낮추어 경쟁사보다 낮은 가격을 제안하는 전략이다. 원가우위 전략은 더 낮은 원가 창출 방안을 보유한 경쟁사의 등장이나 가격에만 집중하여 상품의 질이 떨어지는 등의 위험을 항상 고려해야 한다.

예: 저가 항공사가 기내식 등 부가 서비스를 줄이고 저렴한 가격으로 항공권을 판매하는 것.

2 차별화 전략

가격은 높을 수 있으나 경쟁사보다 새로운 가치를 제공하는 전략이다. 차별화 전략은 실제로 제공하는 차별화의 요소가 고객의 니즈를 충분히 반영하고 잘 전달되고 있는지를 고려해야 시장에서 성공적인 결과를 얻을 수 있다.

예: 애플이 자사 제품의 감성적인 디자인이나 소프트웨어 우수성 등을 고객에게 효과적으로 전달하여 높은 가격에도 불구하고 애플의 신제품을 사게 만드는 것.

③ 집중화 전략

기업이 특정 시장에 집중하는 전략으로 원가 집중전략과 차별화 집중전략이 있다.

본원적 전략

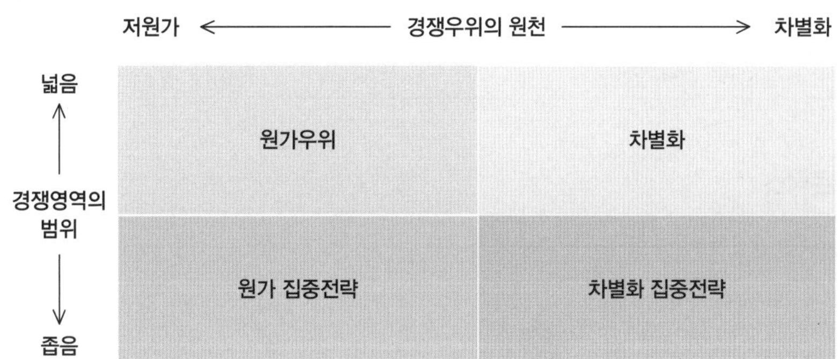

본원적 전략에 대한 의사결정을 다른 형태로 표현할 때 다음과 같은 그림을 제시하기도 한다. 이는 어떠한 사업을 진행하면서 원가우위·차별화·집중화 전략을 분명하게 선택하지 못해 어중간하게 처한 상황을 보여준다. 즉 어느 한쪽을 확실하게 선택하지 못한 경우 수익성이 가장 크게 하락하는 것을 확인할 수 있다.

본원적 전략에 따른 위험요소

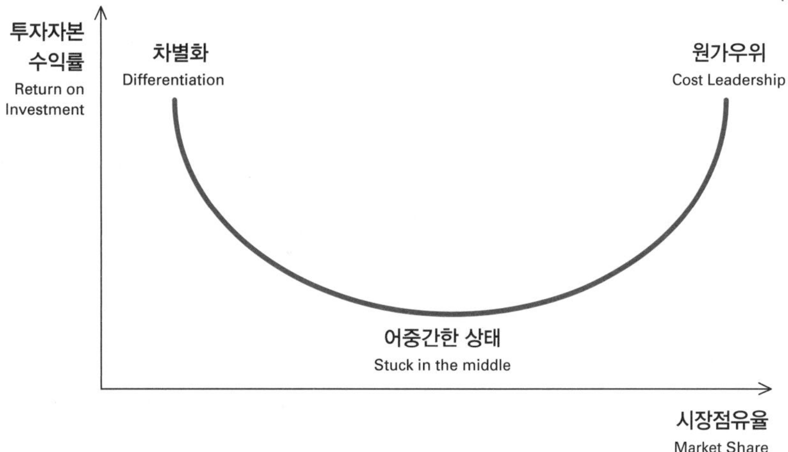

BCG 매트릭스

BCG 매트릭스는 세계적인 컨설팅 기업인 보스턴 컨설팅 그룹Boston Consulting Group에서 사업 상태를 분석해 기업의 한정된 자원을 여러 사업 중 어떤 사업에 투자·유지·철수할 것인지에 대한 의사결정에 도움을 주기 위해 고안했다. BCG 매트릭스는 상대적 시장점유율과 시장성장률을 두 축으로 활용하여 사업의 상황을 스타Star·물음표Question Mark·캐시카우Cash Cow·개Dog로 분류한다.

BCG 매트릭스

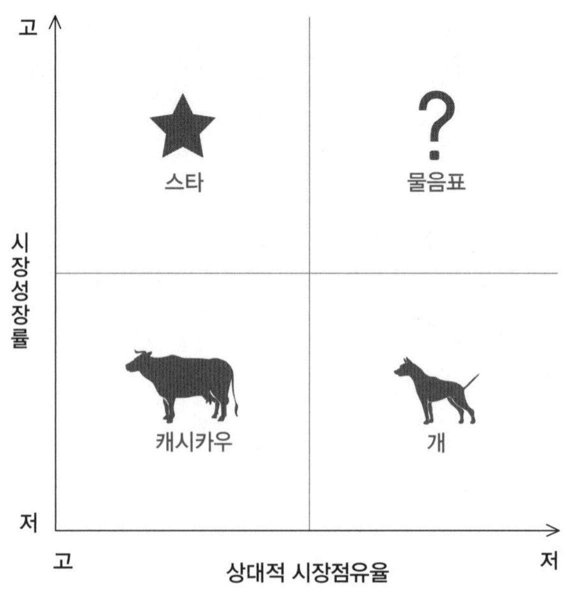

» **스타** 시장성장률이 높아 투자자금이 많이 소요되지만 상대적 시장점유율도 높아 수익이 많이 발생하는 사업 영역이다. 이 영역의 사업은 지속적으로 투자하고 육성하는 전략이 필요하다.

» **물음표** 시장성장률이 높아 투자자금이 많이 소요되지만 상대적 시장점유율이 낮아 수익이 적게 발생하는 사업 영역이다. 이 영역의 사업은 선별적인 투자가 요구되며 육성 또는 철수하는 전략이 필요하다.

» **캐시카우** 시장성장률이 낮아 투자자금은 적게 소요되지만 상대적 시장점유율이 높아 수익이 많이 발생하는 사업 영역으로 현금흐름도 높고 안정적이다. 이 영역의 사업은 현재 상태를 유지하거나 캐시카우에서 창출된 수익을 물음표나 스타로 재투자

하는 전략이 필요하다.

» **개** 시장성장률은 물론 상대적 시장점유율도 낮은 사업 영역이다. 이 영역의 사업은 수익이나 현금흐름을 기대하기 어려우므로 축소 또는 철수하는 전략이 필요하다.

BCG 매트릭스에서 이상적인 자금흐름은 캐시카우에서 창출된 현금을 물음표에 투자하여 스타로 육성하고 스타에서 시장성장률이 감소하면 캐시카우로 이동하는 것이다. BCG 매트릭스는 기업의 사업 포트폴리오에서 자금을 창출하고 투자하는 데에 균형을 이룬 포트폴리오를 유지하도록 다양한 사업 단위에 대한 전략이 설계돼야 함을 강조한다.

4-3

다음 중 BCG 매트릭스 분석을 실행하는 데에 필요한 두 가지 기준은?

① 고객만족도, 고객충성도
② 시장집중도, 산업경쟁도
③ 산업매력도, 사업의 강점
④ 전방 통합도, 후방 통합도
⑤ 시장성장률, 상대적 시장점유율

【해설】
BCG 매트릭스는 시장성장률과 상대적 시장점유율을 두 축으로 활용하여 사업의 상황을 스타·물음표·캐시카우·개로 분류한다. 시장성장률은 시장의 매력도를 나타낸다. 기업은 급격히 성장하는 시장에서 생산을 증가시켜 높은 이윤을 얻을 수 있다. 상대적 시장점유율은 해당 사업에서 1위 기업의 시장점유율 대비 자사가 차지하는 시장점유율을 말한다. 상대적 시장점유율은 해당 사업에서의 경쟁우위를 나타낸다. 상대적 시장점유율이 높은 사업에서는 규모의 경제 효과로 인해 다른 기업에 비해 수익이 많을 가능성이 높다.

정답 ⑤

경영
—
5

기업 수준의 전략

앤소프 매트릭스

기업 수준의 전략을 고려할 때 가장 보편적으로 활용하는 도구 중 하나가 앤소프Ansoff 매트릭스이다. 러시아 학자 앤소프의 이름을 딴 이 의사결정 프레임은 기업의 지속 가능한 발전 방향을 시장과 제품을 기준으로 나누어 분석하는 방법이다. 앤소프 매트릭

앤소프 매트릭스

스는 신시장 혹은 기존 시장에 신제품 혹은 기존 제품으로 진출하는가를 고려하여 전략을 분류한다.

1 시장침투 전략Market Penetration

기존 시장에서 기존 제품을 활용하는 전략이다. 기존 제품의 새로운 특성 전달, 품질 개선, 원가 절감 등을 통해 기존 시장에서 점유율을 높이려는 전략이다. 이 전략은 빠르게 변화하는 시장에서 지나치게 기존 제품과 기존 시장에만 몰두해 경쟁사에 뒤처지는 상황을 경계해야 한다.

2 시장개발 전략Market Development

기존 제품을 이용해 신시장을 공략하는 전략이다. 기존 시장이 포화상태에 이르거나 경쟁이 치열해지는 경우 외부 시장에서 수요를 찾아 고객층을 확대하려는 전략이다. 이 전략은 기존 제품이 경쟁력을 갖추고 있지만 시장 상황이 좋지 않으면 선택 가능한 방안이다.

3 제품개발 전략Product Development

기존 시장에 신제품을 출시하는 전략이다. 이 전략은 기업이 고객 니즈 등 기존 시장에 대한 정보를 확보하고 있으므로 기업이 성장해나가면서 가장 효과적으로 쓸 수 있는 전략 중 하나이다.

예: 전자업체가 휴대폰과 호환성이 높은 노트북, 태블릿 PC를 같이 개발하여 판매하거나 의류업체가 신발이나 액세서리 등의 제품을 추가로 출시해 함께 판매.

4 다각화Diversification

사실상 광의적 의미의 사업 다각화는 새로운 사업 영역에 진출하는 활동을 모두 포함하지만 앤소프 매트릭스에서 다각화는 신시장에 신제품을 활용해 진입하므로 가장 리스크가 높은 전략이다. 다각화에는 관련 다각화와 비관련 다각화가 있다. 관련 다각화의 예는 자동차 회사가 기존 부품의 활용성을 고려해 오토바이 산업으로 확장하는 경우이다. 책을 유통하던 회사가 식품 산업으로 진출하는 것은 비관련 다각화의 예로 볼 수 있다.

예제 4-4

앤소프(H. Ansoff) 매트릭스에서 기존 제품을 통해 신시장에 진출하는 전략은?

① 다각화 전략 ② 시장개발 전략
③ 시장침투 전략 ④ 원가우위 전략
⑤ 제품개발 전략

【해설】
앤소프 성장 전략은 기업이 지속 가능한 발전 방향을 시장과 제품을 기준으로 나누어 분석한다. 시장침투 전략은 기존 시장에서 기존 제품을 활용하는 것으로 가장 안정성이 높은 전략이다. 시장개발 전략은 기존 제품을 이용해 신시장을 공략하는 전략이다. 기존 시장에서 경쟁이 치열해 외부 시장에서 고객을 확대하려는 전략이다. 제품개발 전략은 기존 시장에 신제품을 출시하는 전략이다. 다각화 전략은 신제품으로 신시장에 진입하는 전략으로 리스크가 가장 크다. 원가우위 전략은 마이클 포터의 본원적 전략 중 하나이다. 즉 원가를 낮춰 경쟁사보다 낮은 가격을 제시할 수 있는 전략이다.

정답 ②

수직적 통합과 수평적 통합

기업은 성장해나가는 과정에서 통합의 방법을 활용한다. 통합은 수직적 통합과 수평적 통합으로 구분할 수 있다.

수직적 통합

제품·서비스를 생산하고 공급하는 절차에서 자사의 전·후 단계에 있는 관련 기업과 통합하는 것을 의미한다. 구체적으로 수직적 통합에는 수직적 전방 통합과 수직적 후방 통합 2가지 형태가 있다.

» **수직적 전방 통합** 자사의 단계 이후에 제조·물류를 담당하는 회사 등을 통합하는 과정.
예: 자동차 회사가 자동차를 실어 나르는 회사를 인수.

» **수직적 후방 통합** 원재료를 제공하거나 제품 제조 과정에서 부품을 납품하는 이전 단계 기업을 통합하는 과정.
예: 자동차 회사가 바퀴, 엔진을 만드는 부품회사를 인수.

수평적 통합

동일한 업종의 기업들이 합병·제휴 형태로 기술적·자원적 우위를 얻으려는 전략을 의미한다. 두 조직이 합쳐졌을 때 서로의 기술, 인프라 등을 보완함과 동시에 시장점유율과 시장 지배력을 확보할 수 있다면 수평적 통합을 많이 활용한다.

4-5

다음 중 후방통합 전략에 해당하는 사례는?

① A전자가 동종 산업의 B전자를 인수하는 전략
② C제조사가 제품 유통을 담당하는 D사를 인수합병하는 전략
③ 라면제조사인 E사가 밀가루 업체인 F사를 인수합병하는 전략
④ 보험사인 G사가 기존 사업과 관련 없는 전자장비 사업으로 진출하는 전략
⑤ 금속원재료 회사인 H사가 경쟁력 강화를 위해 금속 가공회사인 I사를 인수합병하는 전략

【해설】

수직적 통합은 전방통합과 후방통합으로 구분할 수 있다. 원료를 공급하는 회사가 생산회사를 통합하거나 제품을 생산하는 회사가 유통채널을 가진 회사를 통합하는 것을 전방통합이라 한다. 이는 기업의 시장지배력을 강화하기 위한 전략이다. 반면 유통회사가 생산회사를 통합하거나 생산회사가 원재료 공급회사를 통합하는 것을 후방통합이라 한다.

정답 ③

통합의 형태

전략적 제휴

기업이 다양한 전략적 방향성을 위해 수직 혹은 수평적 통합을 시행할 때 이용하는 방법 중 하나로 전략적 제휴가 있다.

» 기술 습득, 신규 시장 진출 목적, 기업 간 과도한 경쟁, 정보 비대칭 등으로 인한 위험 축소 목적으로 시행.

» 전략적 제휴는 기업 간 상호협력을 전제로 기업 규모나 시장 영향력 등을 기준으로 제휴사 간에도 주도권이 부여되는 경우가 있지만 기본적으로 신뢰를 바탕으로 한 대

등한 협력관계를 지향.

» 전략적 제휴는 초기에 단독으로 사업에 필요한 자원을 획득하기 어려운 벤처 기업이나 리스크를 최소화하면서 새로운 사업과 산업 진출을 노리는 대규모 기업의 활용도가 높음.

인수합병Mergers&Acquisitions·M&A

기업이 다른 기업의 주식이나 자산을 취득함에 따라 경영권을 획득하는 과정을 '인수'라고 하며 2개 이상의 기업이 하나로 합쳐지는 것을 '합병'이라고 한다.

» 인수합병은 시장에 진출할 때 리스크를 줄이거나 우수한 인력 혹은 자원을 확보하려고 이뤄지지만 자산가치가 높은 기업을 매입한 후 다시 매각해 차익을 취득하려는 목적으로 활용하는 경우도 존재.

» 인수합병 대상과 합의를 통해 진행되는 우호적 M&A도 있지만 인수합병 대상의 동의 없이 진행되는 적대적 M&A도 있음.

경영 — 6

다국적 기업과 글로벌 경영

해외 시장 진출 방식

전 세계적으로 글로벌화가 빠르게 진행되면서 기업들은 더 넓고 가능성 있는 시장을 찾아 과감하게 해외로 나서고 있다. 이에 따라 조직 단위의 경영전략을 구성할 때 해외 시장을 대상으로 하는 경우가 기하급수적으로 늘어났다. 이를 전문적으로 다루는 학문적 흐름을 국제경영이라고 한다. 하지만 최근에는 국제경영이라는 구분이 무의미해질 만큼 글로벌 기업이 많이 등장했다. 한국도 내수시장이 크지 않아 기업 성장에 따라 자연스럽게 글로벌시장으로 진출하면서 국제경영이 경영전략의 일환으로 해석되는 경우가 많아졌다. 이렇듯 경영전략이 글로벌시장으로 자연스럽게 확장되어 발전하므로 다른 국가에서 경영 활동을 위한 수출, 계약, 투자 등의 형태를 알아두면 좋다.

수출

» 수출은 기업 경영 활동 대부분을 국내에서 시행한 후 해외시장에 상품을 판매하는 형태를 의미.

» 해외 시장 진출 방식 중에 가장 리스크가 적은 방식.

» **직접 수출** 국내에서 국외로 연결되는 과정에서 제조업체가 국외에 있는 수출입업자 등과 직접 의사소통하며 직접 거래를 맺는 것.

» 직접 수출을 통하면 계약된 업체에 대한 통제 수준이 올라가면서 안정성이 높아지기

때문에 정보통신기술 등의 발전으로 직접 수출 형식을 취하는 회사가 증가.

» **간접 수출** 국내에서 국외로 연결되는 과정에서 국내에 있는 수출중개인 등의 대리인이 수출에 대한 공급을 해외시장과 연결.

» 간접 수출은 기업이 무역에 대한 전문 인력이 부족하거나 제조 등의 핵심역량에만 내부 자원을 집중하고자 할 때 사용.

계약 방식

» 계약 방식은 제품 단위를 해외에 제공하는 것이 아니라 해외의 기업과 계약을 통해 일정 경영적 자원과 단계를 공유하는 방식.

» 계약 방식은 수출에 비해 자사의 자원을 더욱 공개적으로 공유하는 형태이므로 위험이 증가.

» 기업이 부족한 부분을 빌려와 활용하면서 각자의 핵심역량에 집중할 수 있음.

» 수출보다 현지 업체의 운영에 대한 통제가 강화되므로 대리인 문제 등이 감소.

» 계약 방식에는 주로 전략적 제휴, 라이선싱, 프랜차이징 등 다양한 형태가 존재.

1 라이선싱Licensing

» 라이선싱은 기업이 가지고 있는 일정 수준의 유형·무형 자산(상표, 기술, 노하우, 특허 등)을 사용할 수 있는 권한을 해외 기업에 부여하고 해외 기업으로부터 수수료 등의 대가를 지급받는 형태.

» 계약상의 요소들을 활용하여 라이선스를 받은 회사가 이외의 운영과 관리를 진행.

예: 외국 스포츠팀의 로고에 대한 라이선싱 계약을 체결하여 로고가 들어간 의류나 신발 등을 제작해 파는 경우.

2 프랜차이징Franchising

» 특정 요소 사용에 대한 허가를 받는 라이선싱에 비해 프랜차이징은 조금 더 넓은 범주에서 사업 모델이나 운영 시스템을 공유하는 형태.

» 라이선싱이 특정 요소 사용에 대한 허가를 받는 데에 비해 프랜차이징은 조금 더 넓은 범주에서 사업 모델이나 운영 시스템을 공유하는 형태.

» 프랜차이징은 브랜드나 사업 형태와 활용 자재 등에 대한 재량권이 낮아 프랜차이지Franchisee가 시장 변화나 외부 영향에 적극적인 대응이 어려움.

해외 직접 투자

» 해외 직접 투자는 수출이나 계약 방식과 달리 기업이 해외에서의 경영에 직접 참가하기 위한 형태

» 해외에 직접 투자하는 기업은 경영권에 대한 강한 통제력을 갖지만 위험부담이 큼.

» 해외 투자를 받는 국가의 입장에서는 산업이 성장하고 고용을 창출하는 효과가 있음.

» **해외 직접 투자 형태** 단독 투자, 국제 합작 투자, 국제 인수합병 등.

국가경쟁우위 다이아몬드 모델

마이클 포터는 경쟁우위, 경쟁전략에 이어 국가경쟁우위 개념도 제안한다. 기업들이 글로벌 환경에 놓여 있을 때 국가 범주가 가진 특징들이 기업들의 성과에 영향을 미친다고 설명한다. 이러한 국가의 특징은 결국 국내 기업들의 형태나 발전 양상을 결정하게 되고 이에 따라 국가 단위의 경쟁우위가 된다고 판단할 수 있다.

국가경쟁우위 다이아몬드 모델은 주요한 4가지 조건들을 담고 있다. 수요 조건, 요소 조건, 관련 그리고 지원 산업, 기업의 전략 그리고 조직 구조와 경쟁자를 포함한다.

1 수요 조건Demand Conditions

» 국가의 시장이 가진 특성과 시장을 이루는 소비자들의 특징을 의미.

» 내수시장 성장성이 중요하며 수요의 양적 측면보다 소비자 니즈의 민감도 등 질적 측면이 기업 혁신을 촉진.

예: 한국 소비자들은 서비스업에서 서양보다 친절 등의 가치에 민감하다. 인천공항 등의 서비스 제공 플랫폼이 세계적인 명성을 얻을 만큼 성장.

2 요소 조건Factor Conditions

» 요소 조건은 국가가 보유한 자본과 노동력 등의 자원에 집중하며 질적인 가치를 더 중시.

» 천연자원, 낮은 인건비, 교육 수준 높은 전문 인력 양성, R&D를 통한 기술 확보 등이 국가경쟁력 확보에 더욱 도움이 됨.

예: 미국을 포함한 국가들이 박사 인력 등의 고학력 인재를 국내로 영입하기 위해 특별 비자를 제공하며 유인.

③ 관련 그리고 지원 산업Related and Supporting Industry

» 내수시장에 관련 산업 혹은 기업이 집약된 경우 경쟁과 시너지를 통해' 해당 산업이 다른 나라보다 발전할 가능성이 증가.

» 생산 프로세스 등을 고려했을 때 부품을 제공하는 회사가 많거나 동질적 기업이 많아 기술이나 시장에 대한 정보를 많이 습득할 수 있는 경우 등.

④ 기업의 전략 그리고 조직 구조와 경쟁자Firm Strategy, Structure, and Rivalry

» 국가 내에 형성되는 산업의 경쟁 정도와 그에 따른 전략들의 중요성을 강조.

» 국가 내 특정 산업에 연관된 경쟁자가 많아지면 기업들은 살아남기 위해 여러 가지 자원에 대한 투자와 혁신적 전략 시도를 감행하고 국가 특성과도 연결시키려 하며 경쟁이 적은 시장에 비해 관련 산업이 빠르고 효과적으로 발전 가능.

국가경쟁우위 다이아몬드 모델

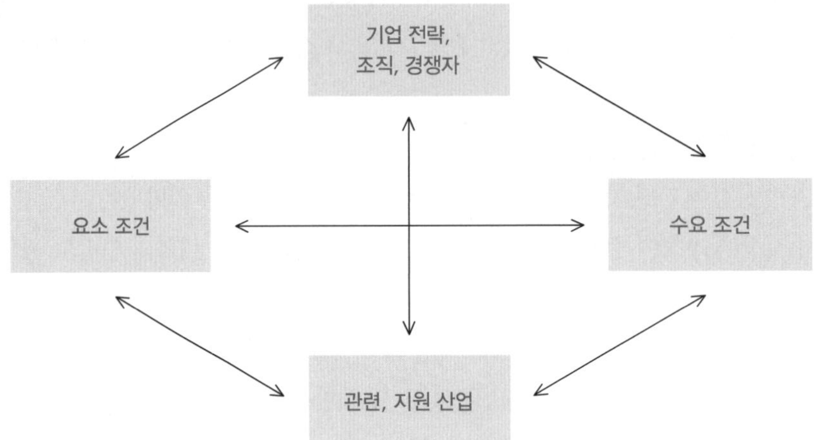

예제 4-6

마이클 포터의 국가경쟁우위 다이아몬드 모델의 내생변수에 해당하지 않는 것은?

① 요소 조건
② 수요 조건
③ 정부의 세제 혜택 조건
④ 관련 그리고 지원 산업 조건
⑤ 기업 전략구조 그리고 경쟁 조건

【해설】

마이클 포터의 국가경쟁우위 다이아몬드 모델에 따르면 국가의 경쟁력은 수요 조건, 요소 조건, 관련 그리고 지원 산업 조건, 기업 전략구조 그리고 경쟁 조건 등 4가지 요소에 의해 좌우된다. 위 4가지 조건은 내생변수에 해당하며 정부와 기회는 외생변수에 해당한다.

정답 ③

다음 기사를 읽고 K사의 (A)~(C) 사업과 관련된 전략을 |보기|에서 골라 가장 적절하게 연결한 것은?

NEWS

K사는 국내 스마트폰에만 편중됐던 사업구조에서 벗어나 사업 방향을 다각화하겠다고 밝혔다. 이를 위해 앞으로 (A)국내 스마트폰, (B)국외 조인트벤처, (C)사물인터넷(IoT) 등 사업에 집중하겠다는 구상이다. 국내 스마트폰은 충성 고객을 확보해 제한적 물량만으로 승부한다는 방침이다. 인도네시아 등 신흥시장에서 조인트벤처를 설립해 성공적으로 시장에 진입하고 성장동력을 확보할 계획이다. IoT 사업은 모듈 사업을 시작으로 통신·센서 결합 디바이스 확장 등 영역을 넓힐 예정이다. 웨어러블 디바이스 사업은 IoT 기기 완제품을 통해 시장을 확대할 계획이다.

| 보기 |

㉠ 원가 집중 전략

㉡ 차별화 집중 전략

㉢ 제휴를 통한 성장 전략

㉣ 관련 다각화 성장 전략

㉤ 현지 기업 인수·합병 전략

	(A)	(B)	(C)
①	㉠	㉢	㉣
②	㉡	㉢	㉣
③	㉡	㉤	㉢
④	㉢	㉤	㉣
⑤	㉢	㉣	㉤

해설

집중화 전략은 원가우위와 차별화 전략과 달리 특정 시장에만 집중하는 전략이다. 차별화 집중 전략은 작은 범위의 제품, 즉 스마트폰 제품에 집중하는 전략이다. 따라서 A사는 국내 스마트폰 사업에서 차별화 집중 전략을 취하고 있다. 국외 조인트벤처는 제휴를 통한 성장 전략, 사물인터넷 사업은 관련 다각화 성장 전략이다.

정답 ②

다음 기사를 읽고 A사가 실시한 전략에 대한 가장 올바르지 않은 설명을 고르면?

NEWS

A사는 타이어 공장을 인수한 데에 이어 이듬해 철강 제련 기업을 설립하며 철강 생산·제련과 자동차 제조를 일괄적으로 하는 수직계열화에 나섰다. 전체 공정에서 수직계열화 작업이 차지하는 비중이 증가하면서 철강 제련 부문 매출이 자연스럽게 늘었다. 또한 A사의 영업이익이 93억원으로 전년 동기 대비 흑자전환에 성공했다. 이는 원가율이 크게 개선된 것으로 지난 몇 년 동안 진행해 온 수직계열화와 공정자동화 노력이 실적으로 구체화하고 있음을 의미한다고 밝혔다.

① 가치사슬의 통합을 통해 사업의 유연성이 개선된다.
② 원부자재를 직접 관리함으로써 품질을 통제할 수 있다.
③ 원재료 조달이나 생산 작업계획에 있어 불확실성이 감소한다.
④ 철강 생산과 타이어 생산 영역에 따른 생산 원가를 절감할 수 있다.
⑤ 전방과 후방 산업의 기술을 내재화해 사업의 경쟁우위를 확보할 수 있다.

해설

수직계열화는 원재료 수급에 안정적인 확보를 가능하게 하고 거래를 내부화함으로써 거래 비용을 감소시킬 수 있다. 수직계열화를 통해 안정된 공급망을 확보하고 신속하게 내부통제를 할 수 있다. 부품 품질 관리가 용이하며 규모의 확대로 시장지배력을 높일 수 있다. 기업의 규모 확대로 환경 변화에 신속한 대응이 어렵다.

정답 ①

아래 그림은 주식회사 M과 사업자 K가 체결한 계약을 구조화한 것이다. 다음 중 주식회사 M과 사업자 K가 체결한 계약의 형태로 가장 적절한 것은?

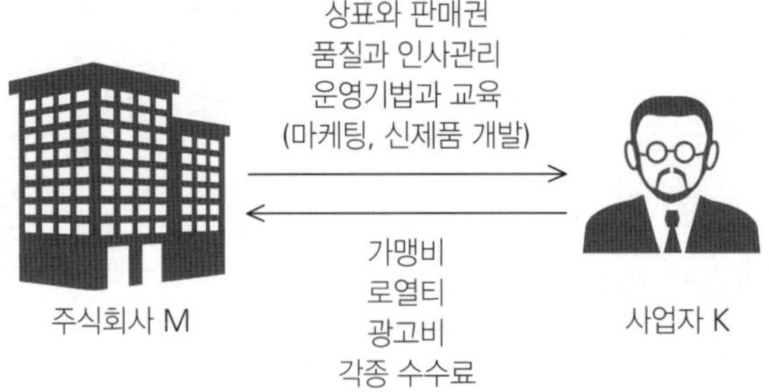

① 라이선싱
② 아웃소싱
③ 브라운필드
④ 프랜차이징
⑤ 전략적 제휴

해설

주식회사 M과 사업자 K는 프랜차이즈 계약을 체결했다. 주식회사 M은 가맹 본사이며 사업자 K는 가맹 사업자이다. 가맹 본사는 가맹 사업자에게 일정 기간 동안 일정한 지역에서 정해진 방법에 따라 사업을 할 수 있도록 권리를 부여한다. 가맹 사업자는 가맹 본사의 상표, 상호, 영업 방식 등을 사용하여 제품과 서비스를 판매하는 대가로 가맹 본사에 로열티나 가맹비 등을 지급한다. 가맹 본사는 가맹 사업자에게 권리를 부여하고 운영 기법이나 마케팅 교육 등을 지원한다. 반면 라이선싱은 라이선서가 보유한 특허나 저작권 등의 지식재산과 상업적 자산을 라이선시에게 제공하는 대가로 로열티를 받는 계약을 말한다.

정답 ④

다음 중 A침대가 추진한 사업부 수준의 전략으로 가장 적절한 것은?

NEWS

A침대가 창립 138주년을 맞이해 세계 최초로 전동침대에 최적화된 티타늄 스프링을 선보인다. 신제품 '플렉스 시리즈(FLEX Series)'는 최고급 소재를 사용한 세계 최초의 티타늄 스프링 매트리스로 전동침대 사용 시 굽어지는 부분에서도 탄성을 유지해 불편함 없이 호환할 수 있다. 메모리폼이나 라텍스 재질로 만들어지는 일반 전동침대는 각도 조절 시 스프링이 포개지면서 표면이 고르게 접히지 않는다. A침대는 가격대 250만~550만원 이상 제품들을 대상으로 하는 국내 프리미엄 매트리스 시장을 공략할 방침이다.

① 통합 전략
② 차별화 전략
③ 원가우위 전략
④ 원가 집중 전략
⑤ 차별화 집중 전략

해설

A침대는 프리미엄 매트리스 시장에서 세계 최초로 사용한 기술을 선보이고 있으므로 차별화 집중 전략에 해당한다. 마이클 포터는 본원적 전략을 통해 사업부 수준에서의 전략을 분류하고 있다. 경쟁우위의 원천이 원가인 경우 원가우위 전략으로 분류되며 경쟁우위 원천이 새로운 가치 제공인 경우 차별화 전략으로 분류된다. 이때 경쟁 범위를 좁혀 특정한 고객층이나 틈새시장을 공략하는 경우 집중화 전략으로 분류된다. 차별화 집중 전략은 특정 소비자 집단이나 지역 등 세분 시장을 대상으로 차별화하는 전략을 말한다.

정답 ⑤

다음 중 아래 나타난 BCG 매트릭스를 활용해 SK매직의 사업을 올바르게 분석한 것은?

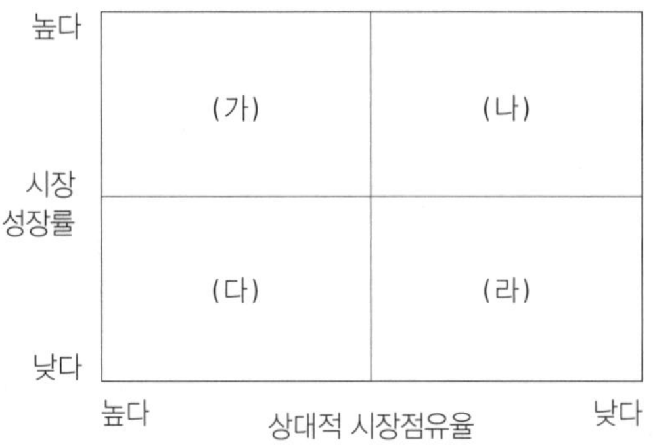

NEWS

SK매직에서 국내 최초로 '트리플케어 식기세척기'를 선보였다. 이 제품은 세척과 건조, 보관 기능을 결합한 혁신적인 제품으로 현재 식기세척기 1위의 시장지배력을 더욱 공고히 할 수 있는 야심작으로 꼽힌다. 국내 식기세척기 시장 규모는 10만여 대로 추정되는데 SK매직은 점유율 70%로 1위를 지키고 있다. 현재 국내 식기세척기 보급률은 15%에 불과해 향후 소비 트렌드에 따라 필수 가전 대열에 합류할 가능성이 크다.

① 인수합병을 통해 (가) 영역으로 이동하도록 유도해야 한다.
② 적극적인 투자로 시장점유율을 높여 (나) 영역으로 이동해야 한다.
③ 시장포화 상태에 이르면 시장점유율을 유지해 (다) 영역으로 이동해야 한다.
④ 지속적으로 자원을 확보하기 위해 (라) 영역에서의 현상 유지에 집중해야 한다.
⑤ 시장의 성장 가능성이 떨어지면 신속하게 시장에서 철수하는 전략을 추진해야 한다.

해설

BCG 매트릭스에서 (가)는 스타, (나)는 물음표, (다)는 캐시카우, (라)는 개에 해당한다. SK매직 식기세척기 사업은 현재 스타 영역이므로 향후 시장포화 시 시장점유율을 안정적으로 유지해 캐시카우로 이동해야 한다.

정답 ③

아래는 M항공사에 대한 SWOT 분석이다. 다음 중 향후 M항공사가 시행할 SO 전략으로 가장 적절한 것은?

Strength 운항노선 다수 확보 대형 화물기 보유	Weakness 소비자의 기업에 대한 부정적인 이미지
Opportunity 컨테이너해운의 대체재인 항공화물 수요 증가	Threat 유가 상승 국제선 이용 승객 감소

① 유가 상승에 대응하여 경제적 항로 개척
② 국제 항공화물 시장 집중 공략
③ 여행사와 협업하여 국내 여행지 승객 확보
④ 항공료 할인 프로모션을 통한 신규 고객 유치
⑤ 기업의 사회공헌 활동을 통한 소비자 브랜드 이미지 제고

해설

SWOT 분석은 기업 내부와 외부 환경을 고려해 기업 전략을 분석하는 방법이다. SO 전략은 외부 기회와 내부 강점을 고려한 전략으로 외부 환경의 기회를 살리기 위해 내부 강점을 활용한다. M사는 운항노선을 다수 확보하고 있으며 대형화물기를 보유하고 있는 강점을 활용하여 항공화물 시장을 공략할 수 있다.

정답 ②

아래는 마이클 포터의 산업구조분석 모형을 구조화한 것이다. 다음 중 (D)가 높은 상황으로 가장 적절한 것은?

(B) 신규 진입자의 위협

(D) → (A) 기존 기업 간 경쟁 ← (E) 구매자의 교섭력

(C) 대체재의 위협

① 공급자에 비해 구매자 규모가 크다.
② 구매자가 공급자를 변경할 때 전환비용은 거의 없다.
③ 공급자는 차별성이 높고 희귀한 제품을 독점적으로 공급한다.
④ 구매자가 제품의 비용에 대한 구체적인 정보를 획득할 수 있다.
⑤ 자본과 기술을 보유한 구매자가 제품을 자체적으로 생산할 수 있다.

해설

위에서 D는 산업구조분석 모형의 5요소 가운데 공급자의 교섭력에 해당한다. 구매자에 비해 공급자 규모가 상대적으로 작을 때, 구매자가 공급자를 교체하는 데 전환비용이 거의 발생하지 않을 때, 구매자가 제품의 비용이나 마진율 등에 대한 정보를 획득할 수 있을 때, 구매자가 직접 제품을 생산할 수 있는 능력을 보유하고 있을 때 공급자 교섭력이 낮아진다. 그러나 공급자 차별성이 높거나 희귀한 제품을 독점적으로 공급할 경우 공급자 교섭력이 강해진다.

정답 ③

아래 사례에서 설명하는 국가경쟁우위 다이아몬드 모델 구성요소로 가장 적절한 것은?

> 전통적인 내수산업으로 여겨지던 통신업이 5G 상용화를 계기로 수출 경쟁력을 키우고 있다. 5G는 4차 산업혁명의 기반 네트워크 기술인 만큼 향후 시장의 성장 가능성도 매우 높다고 평가되므로 더욱 기대를 모은다. 세계적인 흐름을 선도할 정도로 국내 통신업이 발전할 수 있었던 데는 한국 사회의 특성도 기여했다. 한국 내수시장은 중국이나 미국 등 인구 대국과 비교할 정도로 크지는 않지만 빠른 속도로 확장했을 뿐만 아니라 소비자들의 니즈가 까다롭고 요구 수준이 높기 때문에 기업은 이러한 시장 특성으로부터 영향을 받아 경쟁력 있는 제품을 개발할 수 있었다.

① 수요 조건
② 요소 조건
③ 법적 규제 조건
④ 관련 그리고 지원 산업 조건
⑤ 기업 전략구조 그리고 경쟁 조건

해설

마이클 포터의 국가경쟁우위 다이아몬드 모델에 따르면 국가의 경쟁력은 수요 조건, 요소 조건, 관련 그리고 지원 산업 조건, 기업 전략구조 그리고 경쟁 조건 등 4가지 요소에 의해 좌우된다. 이 모델은 국가는 물론 산업, 기업, 개인 등 다양한 분야에서 활용되고 있다. 따라서 기업도 위 4가지 경쟁요소가 충족되면 국제적인 경쟁력을 갖출 수 있다. 위 사례는 국내 통신업이 까다로운 내수시장으로부터 자극을 받아 경쟁력을 키울 수 있었음을 말하고 있으므로 4가지 경쟁요소 가운데 수요 조건에 해당한다. 내수시장 확장이나 성장 속도가 빠르고 소비자의 민감도가 높을수록 기업의 혁신이 더 많이 창출되기 때문에 기업의 경쟁력 제고에 도움이 된다.

정답 ①

아래 기사를 앤소프 매트릭스로 분석할 경우 노루페인트가 추진한 기업 수준의 전략으로 가장 적절한 것은?

NEWS

노루페인트가 상반기 매출액 3,254억원으로 전년 동기 대비 6.5% 증가한 수치를 기록했다. 주력 사업인 건축용, 중방식용, 바닥방수용, 공업용, 자동차 보수용 도료 부문에서 고르게 성장했을 뿐만 아니라 신규 사업으로 진행하고 있는 B2C 사업 부문인 컬러인테리어 시공서비스, 생활용품 상품 라인업 확대, 쇼핑 등 유통 채널 다변화 등이 맞물리면서 성장했다. 또한, 다양한 기능성 도료인 쿨루프, 쿨로드, 에어프레시, 난연바닥재 등 프리미엄 제품을 새롭게 선보여 매출액이 상승했다.

① 시장 개발 전략
② 시장 침투 전략
③ 제품 개발 전략
④ 관련 다각화 전략
⑤ 비관련 다각화 전략

해설

기사에서 노루페인트는 관련 다각화 전략을 사용해 사업 영역을 확장하고 있다. 앤소프 매트릭스는 기업 수준의 전략을 분석하는 도구로 신시장/기존시장, 신제품/기존제품 등을 기준으로 전략을 분류한다. 노루페인트는 기존의 주력 사업인 B2B 부문과 더불어 B2C 사업과 프리미엄 제품 부문에도 진출했을 뿐만 아니라 신제품을 개발해 시장에 선보이고 있다. 즉, 새로운 시장에 신제품을 활용해 진입하고 있으므로 다각화 전략에 해당한다. 이때 전통적인 도료 사업 노하우를 활용할 수 있는 사업 부문으로 확장하고 있으므로 관련 다각화 전략에 해당한다.

정답 ④

아래 가치사슬 분석에 대한 가장 올바른 설명은?

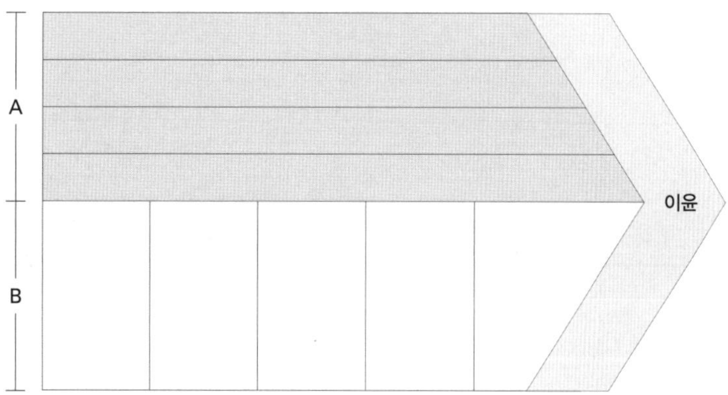

① 법률지원 부서는 B영역에 포함된다.
② 기업의 연구개발 활동은 B영역에 포함된 활동이다.
③ 상품 판매처로의 물류는 보조 활동에 포함된 활동이다.
④ 상품에 대한 사후서비스(A/S) 제공은 B영역 활동이다.
⑤ A는 기업의 주 활동 영역으로 기업의 이윤에 직접적인 영향을 준다.

해설

가치사슬 분석은 기업의 활동을 주 활동과 보조 활동으로 구분한다. 주 활동은 기업의 이윤과 직접적으로 관련된 제품이나 서비스를 관리하는 활동을 말한다. 보조 활동은 직접적으로 제품이나 서비스를 통한 이윤 창출에 영향을 주지는 않지만 주요 활동이 원활하게 이루어지도록 보완하기 위해 수행되는 활동을 말한다. 원자재 투입, 생산, 물류, 마케팅, 고객 서비스 등이 주 활동에 해당하며 인적자원관리, 기술개발, 기업 인프라 관리와 조달 등은 보조 활동에 해당한다.

정답 ④

국가공인
매경TEST

경영

5

마케팅

경영
—
1

마케팅의 이해

마케팅의 중요성

마케팅은 소비자의 니즈를 파악하거나, 소비자가 필요로 하는 것이 무엇인지 예측해 이를 반영한 제품이나 서비스라는 가치를 창출하고, 창출된 가치를 소비자에게 알리며 구매를 유도하는 전반적인 활동이다. 소비자와 기업은 마케팅을 통해 각자의 목적을 달성할 수 있다.

소비자는 자신의 니즈를 충족할 수 있고, 기업은 수익 창출을 통해 존속이나 성장이라는 목표를 실현할 수 있다.

마케팅의 의의

마케팅은 소비자, 사회, 기업 등 다양한 환경으로부터 영향을 받기 때문에 의의도 변화한다. 2013년 미국마케팅협회American Marketing Association는 마케팅을 고객·클라이언트·파트너 넓게는 사회 전반을 위해 가치 있는 제품이나 서비스를 만들어 의사소통하고, 전달하며 상호 간 교환이 이루어지도록 하는 활동이나 과정으로 정의했다. 2004년에는 고객과의 관계 관리가 중요함을 강조했지만, 2013년에는 대상을 사회 전반으로 확대하고 있으며 기업의 이윤보다는 사회 전반에 이바지할 수 있는 활동으로 마케팅을 정의한 것이 가장 큰 차이점이다.

마케팅관리 콘셉트

기업이 마케팅 활동을 펼치는 데 바탕이 되는 콘셉트는 기업의 입장에 근간을 두는 생산개념, 제품개념, 판매개념과 고객을 중심으로 한 마케팅개념, 마지막으로 사회 전반에 근간을 둔 사회적 개념으로 구분된다.

마케팅관리 콘셉트 요약

구분	생산개념	제품개념	판매개념	마케팅개념	사회적 개념
내용	저렴하고 쉽게 구매할 수 있도록 마케팅 활동	우수한 품질과 성능의 상품을 제공하는 마케팅 활동	소비자들의 구매를 장려하는 적극적인 마케팅 활동	소비자들의 필요와 욕구, 경쟁 기업의 가치를 고려하는 마케팅 활동	장기적으로 그리고 광범위하게 사회 전반을 고려하는 마케팅 활동
강조	대량생산으로 원가 절감과 광범위한 유통 확보	상품의 품질 향상과 신제품 개발	소비자들에게 적극적인 커뮤니케이션, 촉진 노력	소비자를 고려하여 경쟁 기업보다 더 좋은 가치를 제공	기업의 목표를 넘어 장기적으로 사회 전체의 이익을 추구

1 생산개념Production Concept

» 저렴하고 쉽게 구매할 수 있도록 제품을 제공하는 것을 강조.

» 생산의 효율성과 광범위한 유통의 확보를 중시.

» 소비자의 수요가 충분해 기업이 생산에 집중할 수 있는 경우, 기계를 통한 자동화나 학습을 통한 효율적인 생산으로 원가를 낮춰 저렴한 가격을 책정하면 판매가 급격히 증가하는 경우.

2 제품개념Product Concept

» 우수한 품질과 성능을 가진 제품 제공을 강조.

» 제품 또는 서비스의 품질 향상이나 품질 관리, 우수한 신제품을 개발하는 것을 중시.

» 소비자의 입장에서 더 나은 제품이 아닌 기업의 입장에서 더 우수한 품질의 제품을 추구하는 마케팅 활동.

3 판매개념Selling Concept

» 기업이 자신이 잘 만든 제품 혹은 서비스를 소비자에게 많이 판매하도록, 소비자가 많이 구매하도록 적극적으로 마케팅 활동을 하는 것을 강조.

» 소비자가 충분한 양의 제품을 구매하도록 유도하기 위해 적극적인 촉진 활동이 필요함을 강조.

4 마케팅개념Marketing Concept

» 기업의 성장과 경쟁에서의 생존이라는 목표를 실현하기 위해 소비자를 고려해야 함을 강조.

» 기업의 판단이 아닌 실제 소비자의 필요나 욕구를 고려해 마케팅 활동을 실시해야 하며, 이러한 마케팅 활동은 경쟁 기업보다 더 우수해야 한다.

5 사회적개념Societal Concept

» 소비자로 한정된 대상을 기업 내부의 조직 구성원, 공중 등으로 확대한 마케팅 활동을 강조.

» 기업의 이윤 추구를 통한 성장과 생존이라는 목표를 넘어 장기적인 사회의 이익을 위한 활동.

» 코즈Cause 마케팅(스타벅스의 공정무역 커피, 탐스의 1대1 기부).

생산·제품·판매개념을 근간으로 한 마케팅 활동은 기업 중심의 판단으로 소비자를 고려하지 못하는 마케팅 근시안Marketing Myopia을 낳을 수 있다. 마케팅 근시안은 기업이 현재 처한 상황만 고려하는 시각으로 인해 먼 미래나 장기적인 시각을 갖지 못하는 것을 말한다.

소비자가 무엇을 원하는지 등을 파악하지 못하면 미래를 예상할 수 없다는 한계를 느낀 기업들은 장기적인 관점에서 소비자를 근간으로 하는 마케팅 활동을 고려하게 된다. 이에 1950년대 이후부터 많은 기업이 소비자를 고려해 그에 따른 커뮤니케이션 활동을 해야 하는 마케팅개념과 마케팅을 통해 기업의 성장과 생존을 넘어서 사회 전반에 공헌할 수 있는 활동이 되어야 함을 강조하는 사회적 개념을 추구하고 있다.

경영
—
2

마케팅 구성요소

마케팅을 구성하는 요소에는 소비자 측면에서 소비자의 본원적 욕구인 니즈와 이를 충족할 수 있는 수단적 욕구인 원츠, 그리고 소비자의 구매 능력과 의지를 반영한 수요가 있다. 기업의 측면에서는 기업의 생존과 성장을 달성하기 위해 소비자에게 제공하는 가치인 시장 제공물, 기업과 소비자와의 거래인 교환, 교환이 이루어지는 장소인 시장을 포함한다.

마케팅 구성요소

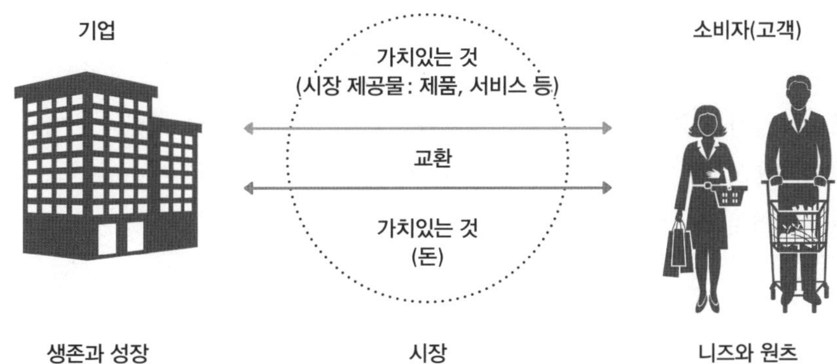

니즈Needs와 원츠Wants 그리고 수요Demands

» **니즈** 본원적 욕구로 만족에 대한 결핍 상태.

예: 배고픔은 포만감이라는 만족이 결핍된 상태.

» **원츠** 니즈를 해결할 수 있는 수단적 욕구 (구체적인 욕구).

예: 배고픔이라는 니즈를 가진 K는 김밥(3,000원), 라면(3,000원), 파스타(10,000원), 스테이크(50,000원)를 자신의 결핍을 해결할 수 있는 수단적 욕구로 가질 수 있다.

» **수요**: 소비자의 원츠 중에서 자신의 구매 의지와 구매 능력이 뒷받침되는 수단적 욕구.

예: 현재 K의 지갑에 20,000원이 있고, 구매하고자 하는 의지가 있는 제품이 파스타, 스테이크라면 자신이 구매할 수 있는 능력이 되는 파스타(10,000원)가 K의 수요가 된다.

생존과 성장

기업은 생존과 성장이라는 목표를 실현하기 위해 소비자의 니즈를 충족할 수 있는 상품(제품, 서비스)을 만드는데 이러한 상품을 시장 제공물이라고 한다. 기업은 소비자의 니즈를 만족시키며 경쟁 기업보다 더 나은 가치를 전달할 수 있는 상품을 만들어 이를 시장에서 소비자와 교환하고자 한다.

시장 제공물Market Offering

» **시장 제공물** 소비자의 니즈를 충족시키기 위해 시장에서 제공하는 모든 것.

예: 유형 제품 (자전거, 장난감)과 무형 제품 (금융, 통신 서비스).

교환Exchange과 시장Markets

» **교환** 공급자와 수요자가 그들에게 필요한 가치를 상호 제공하는 전반적인 행위.

» **교환의 주체** 소비재의 경우 기업이 공급자이고 일반 소비자가 수요자.

» **시장** 가치 교환이 이루어지는 곳.

경영
—
3

소비자 행동

기업은 소비자가 필요로 하거나 원하는 상품을 만들고, 소비자와 의사소통하며 상품에 대한 정보를 전달해 교환하는 활동인 마케팅을 수행하는데, 이를 위해서는 소비자가 어떻게 구매 행동을 하는지 전반적인 프로세스와 어떤 요인들이 소비자의 구매 결정에 영향을 미치는지에 대한 이해가 필요하다.

소비자의 구매 결정 과정

일반적으로 소비자는 다음과 같은 일련의 구매 결정 과정을 거친다.

소비자 구매 결정 과정

문제 인식

소비자는 현재 상태와 바람직한 상태(이상적인 상태) 사이에서 차이Gap를 인식하면 이 차이(문제)를 해결하려는 필요를 느낀다. 소비자가 문제를 해결하려는 인식인 욕구가 커지면 이를 해결하고자 하는 동기가 유발되고, 이는 소비자가 행동하도록 만드는 계기로 작용한다.

정보 탐색

문제를 해결하려는 동기를 가지면 이를 해결해 주거나 필요를 충족시킬 수 있는 대안 정보를 탐색한다. 먼저, 소비자는 자신의 기억 속에서 문제를 해결할 수 있는 정보를 찾는 내적 탐색을 한다. 내적 탐색에서 충분한 정보를 탐색할 수 없거나 추가적인 대안을 원하는 경우, 자신 이외에 다른 정보 원천을 통해 정보를 탐색하는 외적 탐색을 한다.

» **외적 탐색의 정보 원천**

① 고객 중심의 원천(친척, 친구, 다른 소비자들의 정보 등).

② 기업 중심의 원천(판매사원이 제공하는 정보, 광고, 기업의 웹사이트, 포장지에 포함된 정보, 무료 샘플, 점포 내 정보, 기업의 SNS 등).

③ 중립적 원천(한국소비자원, 시험기관, 정부기관, 협회, 신문기사 등이 제공하는 정보).

대안 평가

소비자는 정보 탐색을 통해 여러 대안을 갖게 되는데, 이러한 대안들 가운데 몇 개의 대안을 비교·평가해 구매하려는 최종 상품을 결정한다. 구체적으로 소비자는 최종 구매 전에 고려상표군Consideration Set을 중심으로 비교·평가를 실시한다.

» **고려상표군** 구매하고자 하는 여러 브랜드나 상품들 중에서 소비자가 최종 구매 전에 고려하는 브랜드나 상품들의 집합.

구매

소비자가 대안에 대한 비교·평가를 실시한 이후 최종적으로 결정한 상품을 실제 구매하는 단계로, 소비자는 다양한 유통 채널 중 하나를 선택해 구매할 수 있다. 특히 소비자는 대안 평가를 통해 결정한 상품을 구매하지 않고 다른 상품을 구매할 수도 있는데, 이러한 행동은 구매하기로 결정한 상품을 구할 수 없거나 다른 상품이 적극적으로 촉진 활동을 실시하는 경우에 나타난다.

구매 후 행동

구매 후 소비자는 자신의 구매에 대해 만족과 불만족의 반응을 보일 수 있다. 만족한 소비자는 재구매, 로열티 형성, 긍정적 구전 등의 행동을 보이지만, 만족하지 못한 소비자는 교환, 환불, 부정적 구전과 같은 행동을 하게 된다.

구매 후 소비자가 보이는 만족과 불만족 반응은 구매하기 전 가진 기대와 실제 구매 후 느끼는 성과(결과)에 따라 다르게 나타날 수 있다.

구매 후 성과 ≥ 소비자의 기대: 만족

구매 후 성과 < 소비자의 기대: 불만족

» **인지부조화** 소비자가 가지는 신념(기대)이 실제 결과와 불일치해 불편함을 느끼는 것.

» 인지부조화는 소비자가 상품이나 구매에 높은 관심을 갖거나 중요하게 여길 때, 고가일 때 나타남.

» **인지부조화의 해소** 소비자는 자신이 구매한 상품에 관한 긍정적인 뉴스, 사용 후기를 찾아보거나 구매하지 않은 대안에 관한 부정적인 정보를 통해 자신의 의사결정을 합리화함.

구매 결정에 영향을 주는 요인

사회문화적 요인

1 문화

문화는 소비자의 욕구와 행동을 유발하는 요인 중 하나로 소비자는 문화를 통해 가치, 인식, 욕구, 행동 양식을 습득한다. 특히 문화는 소비자의 식습관, 유행, 여가시간, 가치 등과 관련되므로 구매 결정에 영향을 미친다.

예: 동양권 소비자는 상호 의존적인Interdependent 성향을 지녀 소속감이나 책임감을 어필하는 정보가 효과적이고, 서양권 소비자는 상호 독립적인Independent 성향을 보여 개인의 성공이나 성취를 어필하는 정보를 제공하는 것이 효과적이다.

2 하위문화

» 문화를 더 세분화한 것(인종, 종교, 국적 등).

예: 종교 측면에서 힌두교는 소고기를 먹지 않고, 이슬람교는 돼지고기를 먹지 않는

것과 같이 하위문화에 따라 소비자의 구매 결정이나 행동이 달라질 수 있다.

3 준거집단

» 개인의 판단, 태도, 선호, 신념, 행동 등에 영향을 미치는 집단.

» 준거집단은 소비자가 속한 공식적·비공식적 집단인 내집단과 소비자가 속하지 않은 집단인 외집단(열망집단, 회피집단)으로 구분.

예: 고등학생의 내집단은 본인이 속한 학교, 외집단 중 열망집단은 서울대학교, 회피집단은 재수학원이 될 수 있다. 서울대학교에 입학한 사람의 공부법에 관한 책이 인기를 끄는 사례를 들 수 있다.

4 사회계층

» 사회에서 형성되는 것으로 유사한 가치를 지니며 비슷한 행동 양식을 가진 사람들의 집단.

» 직업, 소득, 교육 수준, 재산 등을 통해서 구분.

» 기업은 사회계층을 세분화하고 특정 사회계층의 관심, 행동 등을 고려해 집중 공략함.

예: 상위 1%를 위한 차, 전문직이 선호하는 상품.

5 가족

» 가족 구성원 내에서 개개인이 구매 결정에 서로 다른 영향력을 미칠 수 있다.

예: 청소년이 사용하는 제품은 부모의 영향력에 의해 구매가 결정되는 경향이 크다.

» 상품 유형에 따라서 가족 구성원의 영향력이 달라질 수 있다.

예: 50대 부모와 20대 자녀로 구성된 가족의 경우, 주택 구매 결정은 부모의 영향력이 크지만, 컴퓨터의 구매는 20대 자녀의 영향력이 더 클 수 있다.

개인적 요인

1 나이

» 소비자의 나이와 생애주기에 따라 상품에서 중요하게 여기는 속성이나 원하는 상품이 달라질 수 있다.

예: 20대는 조립과 이동이 쉬운 저렴한 가구를 많이 구매하지만, 50대는 오래 사용할 수 있는 무난한 디자인의 고가 가구를 구매.

2 직업

» 직업에 따라 구매하는 상품의 세부적인 유형이 달라질 수 있다.
  예: 회사원은 편안한 정장구두, 생산직 사원은 안전화, 운동선수는 운동화를 선호.

» 직업에 따라 구매 시 고려하는 속성도 달라질 수 있다.
  예: 변호사는 브랜드나 디자인을 고려, 영업사원은 편안한 밑창 소재를 중요하게 고려.

3 소득

» 소득에 따라 구매할 수 있는 대안의 폭이 달라진다. 소득이 많을수록 고가 상품 구매가 가능해 선택 대안의 폭이 넓어진다.

4 라이프스타일

» 삶의 방식을 의미하는 것으로 소비자의 행동, 관심, 의견Action, Interests, and Opinions·AIO에 따라서 구매가 달라질 수 있다.

» 소비자의 라이프스타일을 반영해 상품을 개발.
  예: 반려동물을 키우는 소비자를 위한 금융상품, 욜로YOLO족 전용 상품 등.

관여도

소비자가 대상에 대해 가지는 개인의 관련성이나 중요한 정도인 관여도는 상품, 구매, 소비자 개인, 상황 등에 따라서 달라질 수 있다. 그리고 관여도에 따라 문제를 해결하는 과정과 구매 결정 과정에 차이가 나타난다.

관여도의 의의

관여도는 특정 대상(상품, 구매 등)에 대한 개인의 중요성이나 관련성의 정도를 의미하는 것으로, 소비자가 대상에 대해 중요성이나 관련성을 높게 가질수록 의사결정이나 행동하는 데 더 많은 시간과 자원을 투입한다.

관여도의 유형

1 고관여도와 저관여도

» **고관여도 제품** 자동차나 고가의 가구와 같이 제품의 중요성이 클 경우, 가격이 비싼 경우, 구매 빈도가 낮은 경우, 오랜 기간 사용하는 경우.

» **저관여도 제품** 과자나 라면과 같이 제품의 중요성이 낮은 경우, 가격이 저렴한 경우, 자주 구매하는 경우, 사용 기간이 짧은 경우.

② 지속적 관여도Enduring Involvement

» 개인의 내부와 관련된 관여도.

» 개인이 대상에 대해 오랜 기간 지속적인 관심을 가지거나, 이전부터 대상에 대해 인지적·정서적 태도를 가지는 것을 의미한다.

» 일반적으로 대상이 자신에게 중요하거나, 자신을 나타내는 상품인 경우 지속적 관여도를 가진다.

③ 상황적 관여도Situational Involvement

» 상황에 따른 관여도, 개인의 외부와 관련된 관여도.

» 소비자가 대상에 대해 가지는 중요성이 개인보다 상황이나 환경에 따라 달라지는 것. 예: 평소에는 관심이 없지만, 11월 11일에는 빼빼로 과자의 인기가 높아진다.

제품과 상표(브랜드)의 관여도에 따른 소비자 유형

제품과 상표에 대한 관여도에 따라 소비자 유형을 상표 충성자, 일상적인 상표 구매자, 정보 탐색자, 상표 전환자로 구분할 수 있다.

제품과 브랜드 관여도에 따른 소비자 유형

구분		제품에 대한 관여도	
		고관여	저관여
상표에 대한 관여도	고관여	상표 충성자 • 제품과 상표에 모두 관심을 가짐 • 선호 상표가 명확함 • 제품에 관심과 중요도가 높음	일상적인 상표 구매자 • 상표에만 관심을 가짐 • 선호 상표가 명확함 • 제품에 무관심
	저관여	정보 탐색자 • 제품에만 관심을 가짐 • 상표에 의미부여하지 않음 • 상표 간의 차이를 느끼지 못함 • 상표 탐색과 다양한 상표 선택 가능	상표 전환자 • 제품과 상표 모두에 무관심 • 가격에 민감함 • 구매의 편리성 중요

관여도에 따른 문제해결 유형과 구매 결정 과정

소비자는 일반적으로 문제 인식, 정보 탐색, 대안 평가, 구매, 구매 후 행동이라는 일련의 구매 결정 과정을 거치지만, 이는 관여도에 따라 달라질 수 있다. 관여도에 따른 소비자의 구매 결정 과정은 소비자가 문제를 해결하는 유형인 일상적·제한적·포괄적 유형을 통해서 더 구체적으로 이해할 수 있다.

1 일상적 반응행동 Routinized Response Behavior

» 대상에 대해 저관여도를 가지는 소비자.
» 상대적으로 자주 구매하는 경우, 구매에 대한 소비자의 모험이 적고 구매를 잘못했을 때 따르는 위험이 적은 경우, 가격이 낮은 경우.
» 생각이 나서, 눈에 보여서 등과 같이 많은 정보나 노력을 투입하지 않고 구체적인 문제나 필요를 인식하지 않고 일상적으로 구매 결정 과정을 시작.
» 내적 정보를 활용해 정보를 탐색(과거에 구매한 경험, 광고를 접한 경험, 누군가로부터 들어본 경험이 있는 상품이나 브랜드).
» 구매 이후에는 상품이나 구매에 대해 구체적인 평가를 거의 하지 않으며, 구매 전에 상품에 대한 기대를 갖지 않으므로 구매 후 부조화(인지부조화)도 나타나지 않는다.

예: 음료수, 라면, 치약과 같은 상품을 구매하기 전에 사전적인 외부 정보 탐색은 이뤄지지 않으며, 구매 후에도 구체적으로 비교·평가하지 않는다. 기업은 상점의 계산대 옆에 껌, 사탕, 초콜릿과 같은 상품을 진열해 소비자가 일상적 반응 행동으로 자사의 상품을 구매하도록 유도한다.

2 포괄적 문제해결 Extended Problem Solving

» 대상에 대해 고관여도를 가지는 소비자.
» 상대적으로 구매 빈도가 낮은 경우, 구매에 모험이 따르고 구매를 잘못했을 때 수반되는 위험이 높은 경우, 가격이 높은 경우.
» 소비자는 구매 결정 과정에서 본원적 욕구를 통해 문제를 인식.
» 내적 탐색과 외적 탐색을 통해 적극적으로 정보를 탐색.
» 다수의 대안에 대해 여러 가지 속성을 기준으로 비교·평가하는 복잡한 의사결정.
» 구매 후에도 상대적으로 복잡하게 자신의 구매 결과를 평가하고, 구매 전 기대를 충족하지 못하면 구매 후 부조화(인지부조화)가 발생하므로 이를 줄이려 노력한다.

관여도에 따른 문제해결 유형과 구매 결정 과정

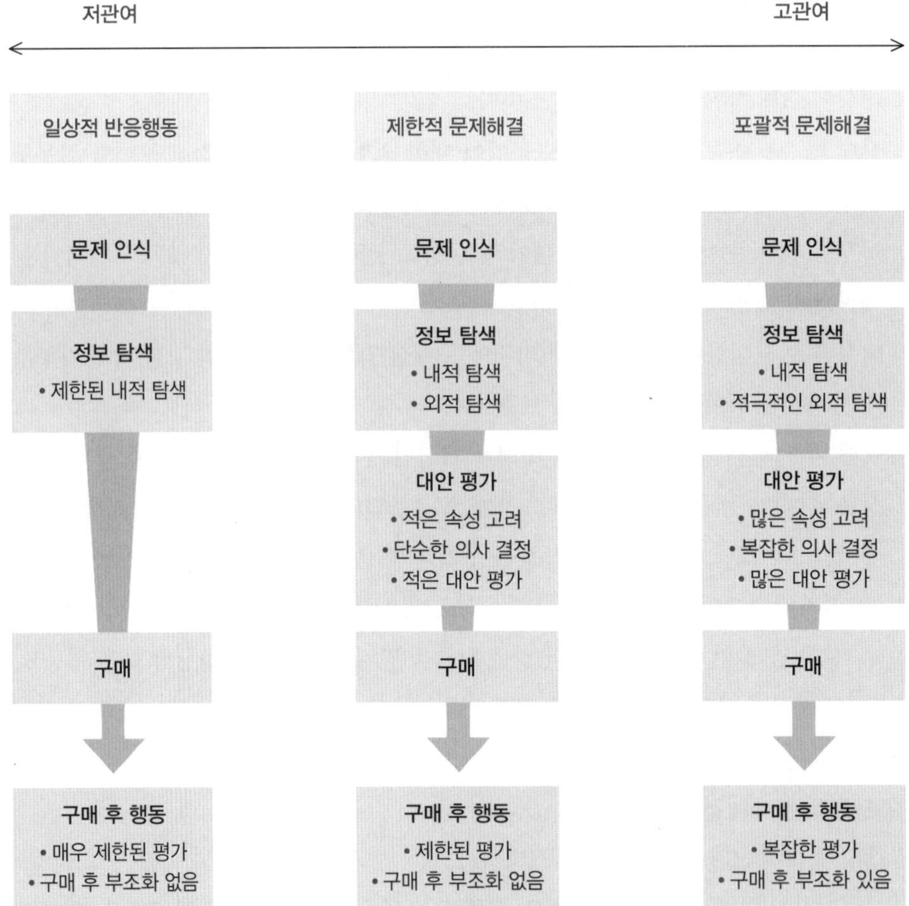

예: 노트북을 구매하는 경우 소비자는 CPU, 램, 디자인, 무게, 가격과 같은 정보를 종합적으로 비교·평가 후 구매하고, 구매 후에도 자신의 구매 결정에 대해 인지부조화를 줄이기 위해 구매한 상품의 장점이나 구매하지 않은 대안의 단점을 찾아보는 등의 합리화 과정을 거치는 경향이 있다.

3 제한적 문제해결Limited Problem Solving

» 일상적 반응행동과 포괄적 문제해결의 중간 수준.

» 필요에 의한 본원적 욕구를 통해 문제를 인식.

» 내적 정보와 외적 정보를 탐색하지만 외적 탐색을 많이 하지는 않는다.

» 상대적으로 적은 수의 대안에 대해 몇 개의 속성을 통해 비교·평가하는 단순한 의사결정.

» 구매 후에도 상대적으로 제한된 평가를 하며, 구매 후 부조화가 거의 나타나지 않는다.

예: 커피에 대해 개인적인 취향이나 선호가 어느 정도 있는 경우, 소비자는 카페인 부족이라는 문제를 해결하기 위해 자신이 아는 브랜드나 인근 지역의 브랜드 몇 개 중에서 커피의 맛, 가격과 같이 일부 속성을 고려해 구매한다.

5-1

다음과 같은 방식으로 구매 의사결정이 이루어지는 소비자의 문제해결 유형은?

의사결정 단계	행동 내용
문제 인식	본원적 문제 인식, 일반적 문제 인식
정보 탐색	내적 탐색, 외적 탐색, 다양한 정보원 활용
대안 평가	많은 속성 고려, 많은 대안 평가
구매	비교 구매, 합리적 구매처 선택
구매 후 행동	구매 후 부조화 발생, 복잡한 평가

① 인과적(Causal) 문제해결
② 제한적(Limited) 문제해결
③ 직관적(Intuitive) 문제해결
④ 포괄적(Extensive) 문제해결
⑤ 일상적(Routinized) 문제해결

【해설】

소비자가 대상에 대해 고관여도를 가지는 경우, 위와 같이 포괄적 문제해결을 한다. 일반적으로 소비자는 구매 시 '문제 인식-정보탐색-대안 평가-구매-구매 후 행동'의 과정을 거치는데, 대상에 대한 소비자의 관여도가 높을수록 의사결정이나 행동에 더 많은 시간과 자원이 소요된다. 관여도란 제품이나 구매 등 특정 대상에 대한 개인의 중요성이나 관련성의 정도를 의미하는 개념으로, 고관여도는 상대적으로 낮은 구매 빈도, 고가, 차별적 기능과 디자인, 높은 구매 위험 등을 특징으로 하는 제품에서 주로 발생한다.

정답 ④

로열티Loyalty

로열티의 의의

로열티는 경쟁 기업의 마케팅 활동과 같은 다양한 요인에도 불구하고 고객이 특정 제품이나 서비스를 지속적으로 재구매하거나 미래에도 지속적으로 구매하고자 하는 몰입 정도를 의미하는 것으로 충성도 또는 애호도라고 부른다.

로열티의 효과

» 로열티가 높은 고객은 지속적 구매로 기업의 이익을 증대시킨다.

» 기존의 고객을 유지하는 것이 새로운 고객을 유치하는 것보다 비용이 적게 들기 때문에 로열티를 활용하는 것이 기업에 효과적이다.

» 로열티가 높은 고객이 다른 소비자에게 구전하는 효과를 가질 수 있고 경쟁 기업이 펼치는 마케팅 활동에 저항할 수 있다.

로열티의 유형

로열티는 심리적으로 애착을 가지는 태도적 로열티와 반복적으로 구매하는 행동적 로열티로 구분할 수 있고, 이를 통해 다음과 같이 로열티 유형을 구분할 수 있다.

1 비로열티No Loyalty

» 애착과 반복 구매 정도가 낮은 유형으로, 실질적으로 로열티가 매우 낮은 유형.

» 이 유형에 속하는 고객은 기업의 노력(시간과 비용)과 효과(로열티 구축) 측면에서 비효율적이다.

태도적 로열티와 행동적 로열티에 따른 로열티 유형

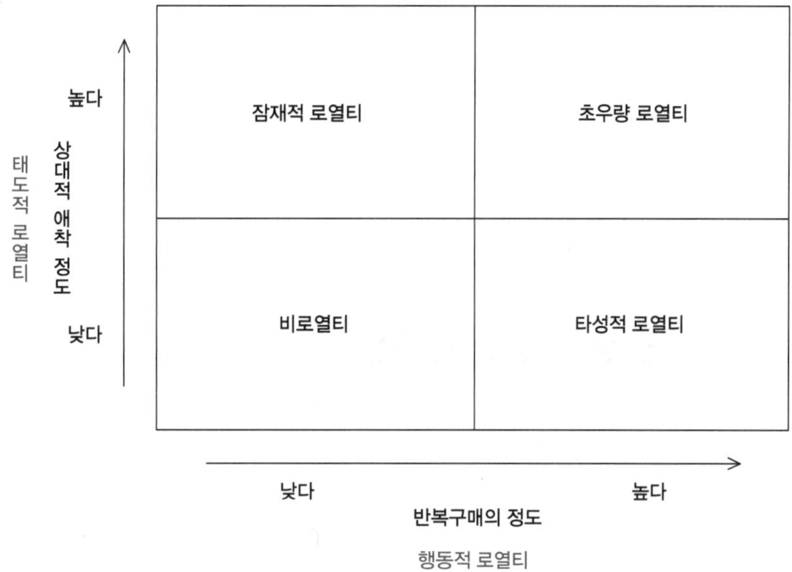

2 타성적 로열티Inertia Loyalty

» 심리적인 애착은 낮지만, 반복 구매는 많은 유형으로 이들은 타성에 젖어 습관적으로 반복 구매하는 고객.

» 이 유형에 속하는 고객은 다른 기업이 뺏기 쉬운 고객이기 때문에 기업은 고객이 자사나 제품(브랜드)에 애착을 갖도록 노력해야 한다.

3 잠재적 로열티Latent Loyalty

» 애착은 크지만, 반복적으로 구매하지 않는 유형.

» 제품의 가격이 높은 경우, 소비자가 제품을 중요하게 여기는 경우 특정 브랜드에 대해 심리적 애착을 가지나 자주 구매하지 않기 때문에 반복 구매의 정도가 낮을 수 있다.

» 잠재적 로열티는 물리적 거리와 같은 외부적인 요인으로도 나타날 수 있다.

4 초우량 로열티Premium Loyalty

» 기업이 가장 원하는 유형. 자사나 제품(브랜드 등)에 높은 심리적인 애착과 지속해서 반복 구매하는 고객.

» 기업은 이 유형에 속하는 고객이 다른 고객에게 자사의 상품을 구전하거나 긍정적인 이야기를 전달하는 역할을 하도록 유도해야 한다.

고객생애가치Customer Lifetime Value

고객생애가치의 의의

고객생애가치는 기업이 충성고객으로부터 얻는 이익 흐름의 현재가치로 한 명의 고객이 특정한 상품을 평생 구매해 기업에 제공하는 이익의 총합을 의미한다.

LTVLife Time Value를 통한 고객생애가치 추정

개별 고객의 1회 거래에서 기업의 수익성 × 거래 빈도(연 또는 월 기준) × 거래하는 기간

예: 5년 된 단골 김영희 고객은 A카페를 일주일에 한 번 방문하고 방문 시 2,500원인 아메리카노를 구매한다. 김영희 고객은 A카페에 65만원(2,500원×52주×5년)의 생애가치를 가진 고객이다. 만일 김영희 고객이 불만족으로 다른 카페를 이용하거나 이사를 가게 되면 이 고객으로부터 얻을 수 있는 A카페의 이익이 감소하게 된다.

고객생애가치 향상 방법

1 고객 획득

㉠ 경쟁자보다 더 큰 가치를 제공하거나 경쟁자와 같은 가치를 제공하지만, 상대적으로 낮은 가격을 통해 고객을 확보한다.

㉡ 기업이 자사에 더 높은 이익을 제공할 고객을 확보하기 위해 고객에게 더 노력한다.

2 고객 유지

㉠ 멤버십 프로그램을 통해 인센티브를 제공하는 것과 같이 제품 이외의 부수적인 것을 제공해 고객을 유지하고 충성도를 높인다.

㉡ 충성도 높은 기존 고객에게 상품 자체의 만족도를 높여서 더 높은 로열티를 갖게 한다.

㉢ 경쟁사로 이탈하지 못하도록 마일리지를 제공하거나 다른 서비스와의 연계 등을 통해 전환 장벽을 구축해 계속 이용하도록 한다.

3 판매 전략

㉠ 크로스 셀링Cross Selling 또는 교차판매

기업이 동일한 고객에게 관련된 상품을 추가적으로 판매하는 것으로, 기존 고객의 추가적인 구매를 유발해 생애가치를 높일 수 있다.

예: 예금한 고객에게 펀드, 대출, 적금 등의 다른 상품을 추천해 구매하도록 하는 것.

㉡ 업 셀링Up Selling

기업이 자사의 상품을 구매한 고객에게 수익성이 더 높은 자사의 다른 상품을 판매하는 것.

예: 100만원짜리 자전거를 구매한 고객에게 더 높은 사양의 200만원짜리 자전거를 판매하는 것.

㉢ 고객 맞춤 서비스를 통한 판매 전략

기업이 고객의 거래 데이터 등을 활용해 고객 개인이 관심을 갖는 상품이나 관심을 가질만한 상품들을 추천해 구매를 장려할 수 있다.

예: 온라인 쇼핑몰의 경우 소비자가 검색한 상품이나 자주 구매하는 브랜드의 상품을 소비자에게 추천하거나 정보를 제공해 추가로 구매가 이뤄지도록 노력하는 것.

4 적절한 비용 지출

고객생애가치나 고객 유지를 위해 너무 많은 비용(유지 비용)을 지출하거나 잠재력 있는 고객을 획득하기 위해 많은 비용(획득 비용)을 지출하는 경우, 이익의 총합이 감소하는 문제가 발생할 수 있으므로 적정 수준에서 비용을 지출해 고객생애가치를 높여야 한다.

조직 구매자(산업재)

B2CBusiness to Customer와 달리 B2BBusiness to Business는 기업 간의 교환이다. 구매자가 상품을 사용하기 위해 구매하는 것이 아니라 생산에 필요한 산업재를 구매하는 것으로, 구매자는 최종 소비자가 아니라 조직 구매자이다.

조직 구매자(산업재) 특징

1 구매자

조직 구매자는 개인 소비자(소비재)에 비해 적은 수의 구매자와 더 많은 양을 거래하는 구매자를 가진다.

2 시장 수요

산업재 시장의 수요는 소비재보다 비탄력적으로 가격에 영향을 크게 받지 않는다. 산업재가 원자재나 생산에 필요한 장비이므로 가격이 변해도 기업은 구매해야 하기 때문이다. 그래서 조직 구매자들은 수요의 가격탄력성이 비탄력적이다.

3 시장 수요의 변동 폭

소비재보다 산업재 시장의 수요 변동 폭이 더 크다. 소비재보다 산업재 구매자들이 대량의 수요를 갖기 때문이다.

4 구매 노력

조직 구매자가 더 전문적인 구매 노력을 한다. 조직 구매자의 구매 비용이 크기 때문에 기업의 구매팀이 정보를 전문적으로 탐색해 구매에 따르는 위험을 줄이기 위해 더 많은 노력을 기울이고 제안서나 구매 계약서를 활용한다.

5 의사결정

조직 구매자들이 더 복잡한 의사결정을 한다. 구매 절차는 기업 간 거래이기 때문에 문서화되고, 공식화되어 개인 소비자보다 더 복잡한 의사결정을 한다.

조직 구매자의 구매 과정

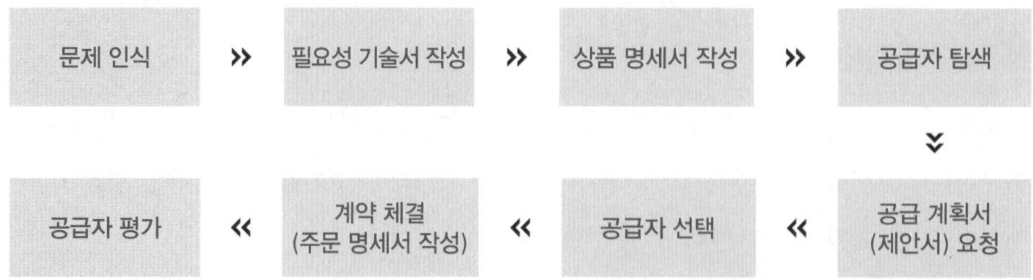

6 관계 구축

조직 구매자와 판매자(공급자)가 상호 의존적인 측면이 강해 서로 협력하며 장기적인 관계를 구축하고자 한다.

7 지리적 측면

조직 구매자들이 지리적으로 집중화된 경향이 있다. 조선소는 거제, 통영, 울산 등의 지역에 집중되어 있고 출판은 파주에 밀집한 것과 같이 조직 구매자들이 특정 지역에 집중된 경향이 있다.

구매 유형

1 신규 구매

처음 구매하는 것으로 여기에 속한 조직 구매자는 구매의 비용이나 위험이 커서 다양한 정보를 활용하고 의사결정에 많은 사람을 참여시킨다.

2 수정 재구매

조직 구매자가 기존과 달리 구매하고자 하는 것으로 제품의 규격, 가격, 거래 조건 등을 변경하려는 것이다. 기존 공급자(판매자)들은 위험이 될 수 있어 자사의 상품을 구매하도록 하기 위해 노력할 것이고, 새로운 공급자(판매자)들은 기회로 생각해 더 나은 거래를 제안하려고 할 것이다.

3 단순 재구매

변경 없이 이전에 구매한 공급자(판매자)로부터 다시 구매하는 것이다. 문제나 결함이 없으면 기존의 공급자(판매자)에 재주문해 조직 구매자들은 시간을 절약하고 새로운 판매자를 찾는 노력을 줄이려 한다. 그리고 공급자가 변경되면 상품의 질에 변동이 일어날 수 있기 때문에 기존 공급자로부터 다시 구매해 상품의 질을 유지하고자 한다.

조직 구매자(산업재)의 구매에 영향을 미치는 요인

환경적 요인	경제전망, 공급조건, 기술수준, 정치상황, 규제, 경쟁, 문화와 관습 등
조직적 요인	조직의 목적, 전략, 구조, 시스템, 절차 등
대인 관계적 요인	거래 관계에서 영향력, 전문지식, 권위 등
개인적 요인	조직 구매자의 연령, 교육수준, 동기, 개성, 위험에 대한 태도 등

예제 5-2

다음과 같이 A사가 생산하는 제품과 해당 시장에 대한 올바른 설명으로 가장 거리가 먼 것은?

> A사는 빌딩이나 쇼핑몰 등에 설치하는 기업 간 거래(B2B)용 에어컨, 공기청정기를 취급한다. B2B 시장에서 A사는 후발자에 해당한다. 후발자로서의 열위를 극복하기 위해 A사는 아래와 같은 두 가지 시장 공략 전략을 준비했다.
>
> B2B 시장 공략 전략
>
> 1. 우수한 품질 제공: 대형 공조 설비는 교체가 어려우므로 수십 년간 고장 없이 작동하도록 제작한다.
> 2. 고객 맞춤형 제품 제작: 설계가 끝난 건물에 설비를 납품하는 것이 아니라 건물 발주 단계부터 참여해 고객의 요구를 충분히 반영해 공조 설비를 제공한다.

① B2C 기업에 비해 고객 수가 적다.
② 상품의 표준화가 가능하므로 원가를 절감할 수 있다.
③ 소비재에 비해 수요에 대한 가격 변동이 비탄력적이다.
④ 고객과 지속적인 관계를 형성하는 것이 중요하다.
⑤ 구매의사 결정 과정이 복잡하므로 고객사 내부의 다양한 부서가 구매 과정에 참여한다.

【해설】

A사가 생산하는 B2B용 제품은 제조업자나 유통업자 등 조직 구매자를 대상으로 하는 산업재다. 산업재는 소비재 B2C 기업보다 고객 수가 현저히 적으며, 소수의 구매자가 거래액과 판매량 대부분을 차지하므로 고객사와 밀접하고 지속적인 관계를 형성해야 한다. 한편, 산업재는 표준화가 어려우므로 고객사의 개별적 니즈에 맞추는 솔루션적 성격을 띤다. 또한, 소비재에 비해 수요 변동 폭이 크고 비탄력적이며, 구매의사 결정 시 고객사 내부의 다양한 부서가 참여한다.

정답 ②

경영
—
4

STP전략

STP전략은 시장세분화Segmentation, 타기팅Targeting, 포지셔닝Positioning에 관한 전략으로 기업은 시장을 파악해 전체 시장을 특정 기준으로 세분화하고, 이에 대해 다양한 요소들을 고려해 평가한다. 그리고 기업은 선택한 타깃 시장에 맞는 마케팅믹스와 같은 활동을 통해 자사 제품을 소비자의 마음에 심어주는 과정인 포지셔닝을 수행한다.

STP전략

시장세분화 Segmentation		타기팅 Targeting		포지셔닝 Positioning
시장세분화 변수 • 지리적 변수 • 인구 통계적 변수 • 심리적 변수 • 행동적 변수	»	**타깃 시장 선정 전략** • 비차별화 마케팅 • 집중화 마케팅 • 차별화 마케팅	»	**포지셔닝 유형** • 속성 • 경쟁 제품 • 가격 • 제품 사용자 • 품질 • 재포지셔닝 • 사용 상황

시장세분화Segmentation

시장세분화의 의의

시장세분화는 이질적 욕구를 가진 다양한 소비자가 포함된 시장을 특정 상품에 대해 비슷한 욕구, 태도, 의견, 행동을 가지는 소비자 집단으로 묶어서 시장을 나누는 과정을 의미한다. 즉, 시장세분화는 세분 시장 내의 동질성 극대화와 세분 시장 간의 이질성 극대화를 통해 경쟁우위를 가지려는 활동이다.

» **기업이 시장세분화를 하는 이유** 기업이 새로운 시장 기회를 파악하거나 경쟁사와 다른 세분 시장을 타깃으로 해 경쟁을 줄이고자 하는 경우, 세분 시장을 통해 고객만족을 추구하거나 세분 시장에 맞게 효율적으로 마케팅 자원을 투입해 경쟁우위를 확보하고자 하는 경우, 소비자 측면에서 그들의 욕구를 이해하고 파악하거나 소비자의 다양성 추구 욕구를 충족시키고자 하는 경우.

시장세분화 시 고려해야 하는 요인

1 세분 시장에 대한 측정 가능성

세분 시장의 크기, 세분 시장의 소비자 구매력 등이 측정 가능해야 한다.

2 세분 시장에 대한 접근 가능성 또는 실행 가능성

세분 시장의 소비자가 원하는 상품을 만들 수 있는 능력, 상품이 소비자에게 도달할 수 있는 마케팅 경로, 커뮤니케이션(광고 등)을 할 수 있는 역량 등의 접근 가능성을 고려해야 한다.

3 충분한 세분 시장 규모

기업이 마케팅 활동을 할 수 있는 충분한 시장 규모(수익성)가 되는지 고려해야 한다.

4 기존 시장과 다른 차별적 반응

세분 시장은 기업의 마케팅 전략에 대해 기존의 시장이나 다른 시장과는 다른 차별적인 반응을 가져야 한다.

시장세분화 변수

지리적 변수	지역, 인구, 기후 등
인구 통계적 변수	연령, 가족 크기(구성), 성별, 소득, 직업, 교육수준, 사회 계층(노년층, 학생층, 중산층) 등
심리적 변수	소비자의 개성, 라이프스타일 등
행동적 변수	구매 상황, 이용 상황, 추구하는 혜택, 소비량, 충성도(상점, 기업, 상표 등에 대한 충성도), 가격민감도 등

타기팅Targeting

타기팅의 의의

타기팅은 시장을 세분화한 이후 기업이 가장 매력적인 세분 시장을 선택하는 과정이다. 기업은 마케팅 활동을 하는 대상인 타깃 시장을 선택하는 타기팅을 실시한 이후에 그들(타깃 시장)을 대상으로 자사의 포지션을 심어주는 포지셔닝을 수행한다.

타깃 시장 선정 시 고려하는 요인

1 시장의 규모

일반적으로 규모가 큰 시장을 매력적이라고 생각하지만, 시장의 규모가 큰 것이 항상 매력적인 것은 아니다. 시장의 규모가 커도 경쟁자가 많은 경우라면 높은 매출을 보장하기 어렵고 시장의 규모가 작더라도 경쟁자가 적은 경우라면 오히려 시장에서 지배적인 위치와 매출을 창출할 수 있기 때문에 매력적일 수도 있다. 그리고 기업의 여건이나 역량이 크지 않은 경우 큰 시장 규모를 감당하기 어려워 매력적이지 않을 수 있다. 따라서 기업이 세분 시장을 평가할 때 시장 규모 외에 경쟁 정도 등도 함께 고려해야 한다.

2 시장성장률

시장성장률은 장기적으로 증가할수록 매력적이지만 시장의 규모와 마찬가지로 시장성장률도 경쟁자의 수나 경쟁 강도, 자사의 역량을 고려해 매력적인지를 평가해야 한다. 특히, 시장이 지속적으로 증가할 것으로 전망되면 경쟁자들의 시장 진입 가능성이 커져 경쟁이 치열해질 수 있다.

3 산업구조의 매력도(마이클 포터의 산업구조 분석 모형)

산업구조에 대한 평가로, 현재 시장 내 경쟁 강도가 강한 경우, 대체품이 있거나 잠재적인 대체품이 많은 경우, 새로운 경쟁자가 시장에 진입하기 쉬운 경우, 공급자와 구매자의 교섭력이 높은 경우는 상대적으로 매력적이지 않은 시장이 된다.

4 기업 목표

세분 시장이 기업이 추구하는 방향, 목표와 부합하는지를 평가해야 한다. 예를 들어, 친환경을 추구하는 기업은 저렴한 화학 화장품 세분 시장이 매력적일지라도 추구하는 목표와 맞지 않으면 적절하지 않을 수 있다.

5 기업의 자원

기업이 세분 시장을 공략할 수 있는 자원과 역량이 있어야 한다. 역량보다 세분 시장의 규모나 성장률이 크면 기업에는 오히려 위험 요인이 돼 포기해야 한다.

6 기존 시장과 세분 시장의 조화

기존 시장과 세분 시장이 시너지 효과를 가질수록 기업에 이득이기 때문에 이들 간 조화를 고려할 수 있다. 구체적으로 기존 시장에서 기업의 마케팅믹스, 이미지 등을 고려할 수 있다.

타깃 시장을 선정하는 전략

1 비차별화 마케팅

» 전체 시장을 여러 개로 세분화하더라도 세분 시장들의 공통점에 초점을 두고 이들을 하나의 타깃 시장으로 간주해 마케팅믹스를 수행하는 전략.
» 세분 시장 간 동질성이 높은 경우에 효과적.
» 대량 생산으로 규모의 경제 효과를 얻을 수 있고, 원가 절감이 가능하다.
» 차별화 마케팅과 비교할 때 기업의 마케팅믹스 관련 비용이 절감되지만, 전체 세분 시장을 대상으로 하기 때문에 규모가 작거나 역량이 부족한 소규모 기업에는 효과적이지 않은 전략이다.

2 집중화 마케팅

» 세분 시장 가운데 가장 매력적인 한 곳을 선정해 자사의 마케팅믹스를 수행하는 전략.
» 마케팅믹스를 수행하는 비용을 절감할 수 있어 자원이나 역량이 적은 기업에 효과적.

타깃 시장 선정 전략

» 타기팅 시장의 고객 욕구가 변화하는 경우 타격을 크게 받을 수 있고, 더 많은 자원이나 더 큰 역량을 가진 기업이 경쟁자로 진입하면 경쟁에서 밀릴 수 있다.

» 니치Niche 또는 틈새 마케팅은 특정 고객을 타깃 시장으로 삼는 전략으로, 여러 시장 중에서 하나의 시장에 집중하는 집중화 마케팅과 동일하다.

3 차별화 마케팅

» 세분 시장 가운데 매력적인 몇 개를 선정해 각 세분 시장에 맞는 마케팅믹스를 수행하는 전략.

» 여러 개의 세분 시장에 서로 다른 마케팅믹스를 수행하기 위해서는 많은 자원과 역량이 필요하므로 규모가 큰 기업에 효과적.

» 기업은 차별화 마케팅을 통해 다양한 소비자의 욕구를 충족할 수 있고 위험을 분산시킬 수 있지만, 다수의 마케팅믹스로 인해 비용이 증가한다.

예제 5-3

두 개 혹은 그 이상의 세분 시장을 표적 시장으로 선정하고 각각의 세분 시장에 적합한 제품과 마케팅 프로그램을 개발해 공급하는 전략은?

① 텔레마케팅 ② 버즈 마케팅
③ 집중화 마케팅 ④ 차별화 마케팅
⑤ 비차별화 마케팅

【해설】
표적 시장 선정 전략에는 비차별화 마케팅, 집중화 마케팅, 차별화 마케팅이 있다. 비차별화 마케팅은 전체 시장을 여러 개로 세분화하더라도 하나의 표적 시장으로 간주해 마케팅을 실시하는 전략이다. 집중화 마케팅은 세분 시장 중 가장 매력적인 하나를 선정해 마케팅을 수행하는 전략이다. 차별화 마케팅은 세분 시장 가운데 매력적인 몇 개를 선정해 각 세분 시장에 맞는 마케팅을 실시하는 전략이다. 텔레마케팅(Telemarketing)은 전화로 소비자에게 상품에 관한 정보를 제공하며 상품 구매를 유도하는 마케팅이다. 버즈마케팅(Buzzmarketing)은 의견 선도자들이 상품을 홍보하게 해 입소문을 확산시키는 마케팅이다.

정답 ④

포지셔닝Positioning

포지셔닝의 의의

포지션Position은 소비자의 인식 속에 경쟁 제품(경쟁 브랜드)과 비교했을 때 자사 제품(자사 브랜드)이 차지하고 있는 상대적 위치를 의미한다. 소비자의 마음에 경쟁사보다 유리한 위치에 자리하게 하거나 차별적인 가치를 갖도록 하는 과정을 포지셔닝이라고 한다. 기업은 경쟁우위 달성을 목적으로 자사 제품을 경쟁 제품과는 다른, 고유하고 차별적인 가치나 위치를 설정하고 이를 마케팅믹스를 통해 소비자의 마음에 자리 잡게 한다.

포지셔닝의 유형

기업은 속성, 편익, 가격, 품질, 사용 상황, 사용자, 경쟁 제품 등을 통해 포지셔닝을 할 수 있다.

유형	사례
속성	자작나무로 만든 껌, 카페인이 없는 음료, 가장 큰 쇼핑몰, 가장 오랜 전통의 초콜릿
편익	입 냄새를 제거하는 껌, 편리하게 김치를 보관하는 김치 냉장고
가격	저렴한 가격의 다이소
품질	고품질의 아이폰, 신선한 아라비카 원두로 추출한 커피
사용 상황	졸릴 때 씹는 껌, 운동 후 마시는 게토레이, 밤에 마실 수 있는 디카페인 커피
경쟁 제품	1위 기업이나 우수한 경쟁 제품 대비 자사의 차별성 또는 유사성 강조
제품 사용자	아기들을 위한 보디로션, 그래픽 디자이너가 사용하는 맥북
재(리)포지셔닝	박카스는 어른들의 자양강장제로 인식되었지만 젊은 세대들의 피로회복제라는 광고 등을 통해 남녀노소가 이용하는 피로회복제로 재포지셔닝

포지셔닝 맵(지각도)

포지셔닝 맵은 일반적으로 2개의 축을 중심으로 나타내는데 자사와 경쟁사에 대해 소비자들이 지각하는 상대적인 위치를 표현한다. 각 축은 소비자가 중요하게 생각하는 요인을 기준으로 하는데 주로 가격, 품질, 브랜드 인지도, 맛, 세부 속성 등이 활용된다. 다음 사례의 커피 유제품에 대한 포지셔닝 맵(지각도)은 당류 함유량과 100㎖당 가격을 기준으로 4개 상품의 위치를 나타낸 것이다. 이때, 이해를 돕기 위해 가격과 당류 등

파악하기 용이한 속성을 2개의 축으로 하였다.

포지셔닝(포지셔닝 맵)의 이점

» 현재 자사(제품)의 위치, 강점·약점과 경쟁 제품의 위치, 시장의 경쟁 강도, 경쟁 기업·제품과의 유사 정도를 파악할 수 있다.

» 새로운 기회, 시장의 발견 그리고 차별화할 수 있는 포인트나 경쟁우위를 가질 수 있는 위치를 파악할 수 있다.

» 기업 마케팅믹스의 효과를 파악할 수 있다.

포지셔닝 전략의 수행 과정과 내용

» 고객 분석 → 포지셔닝 맵 작성 → 자사 포지션 개발 → 마케팅믹스 기획·실행 → 포지셔닝 파악.

» **고객 분석** 타깃 시장 내 소비자들이 상품에 대해 추구하는 혜택을 이해하고 기존 상품에 대한 불만족이나 충족되지 않은 요인을 파악한다.

» **포지셔닝 맵 작성** 포지셔닝 맵을 작성해 실제 소비자들의 마음에 경쟁 상품이 어디에 속해 있는지(포지션)와 그들이 무엇을 추구했는지를 파악한다.

» **자사 포지션 개발** 경쟁 제품의 포지션과 소비자들의 욕구를 기반으로 자사의 독특한, 차별적 위치인 포지션을 개발한다.

» **마케팅믹스 기획·실행** 소비자들의 마음에 기업이 개발한 포지션을 구축할 수 있는 마케팅믹스를 기획하고 실행한다.

» **포지셔닝 파악** 실제 소비자들의 마음에 기업이 바라던 포지션이 잘 구축되었는지, 포지셔닝이 잘 수행되었는지를 파악한 다음 원하던 바대로 구축되지 않았다면 마케팅믹스 활동을 수정한다. 또한 기업은 자사의 의도에 맞게 소비자들에게 포지셔닝되더라도 고객의 변화와 시장의 변화에 따라서 포지션이 부적절해질 수 있다. 그래서 포지셔닝 맵을 통해 고객과 시장의 변화를 파악하고 이에 맞게 재(리)포지셔닝을 한다.

경영

5

마케팅믹스 4P

마케팅믹스 이해

마케팅믹스는 기업이 목표를 달성하기 위해 수행하는 활동으로 제품, 가격, 유통(마케팅 경로), 촉진에 관한 전략을 의미한다. 마케팅믹스는 타깃 시장에 맞게 기획, 실행해야 한다.

마케팅믹스 구성요소 4P

구성요소	내용
제품 Product	제품[상품의 품질, 스타일, 디자인, 패키지, 브랜드(브랜드명·로고·심벌·슬로건 등), 보증, 보장, 사후서비스(A/S)]과 제품의 유형, 신제품 수용, 제품수명주기 등에 관한 의사결정을 하는 마케팅 활동이다.
가격 Price	다양한 요인들을 고려하여 상품의 가격을 책정, 가격 조정(인하·인상), 목표나 상황에 따라서 다른 가격 전략을 수행하는 등의 의사결정을 하는 마케팅 활동이다.
유통 (마케팅 경로) Place	상품이 생산되고 소비자들에게 전달되기까지의 마케팅 경로 과정을 중심으로 마케팅 경로 구조, 중간상(소매점·도매점) 결정과 관련된 마케팅 경로 전략, 중간상의 세부 유형 결정 등의 의사결정을 하는 마케팅 활동이다.
촉진 Promotion	소비자, 일반 대중, 중간상을 대상으로 기업이 상품이나 기업에 대하여 정보를 제공, 설득하는 전반적인 커뮤니케이션 활동으로 광고, PR, 판매촉진, 인적 판매, 다이렉트 마케팅을 도구로 활용한다.

제품

제품의 유형

① 소비자가 제품에 대해 추구하는 효익을 기준으로 기능적 제품과 상징적 제품, 경험적 제품으로 구분된다.

㉠ 기능적 제품　기능적 욕구를 충족시켜주는 제품(탁상용 알람시계).

㉡ 상징적 제품　상징적 욕구를 충족시켜주는 제품(고가의 롤렉스 손목시계).

㉢ 경험적 제품　사용하는 과정에서 즐거움과 만족을 제공하는 제품(게임기, 놀이공원).

② 제품의 사용 기간에 따라 내구재와 비내구재로 구분된다.

㉠ 내구재　오랜 기간 반복해서 사용 가능한 제품(장비, 설비, 가전제품).

㉡ 비내구재　1회 사용이나 소비로 없어지는 생필품이나 소모품(생수, 라면).

③ 품질 평가의 시기에 따라 탐색재, 경험재, 신뢰재로 구분된다.

㉠ 탐색재　구매 이전에 품질을 평가할 수 있는 제품 또는 직접 사용하기 전에 평가할 수 있는 제품(CPU, 메모리와 같은 정보를 통해 평가 가능한 컴퓨터, 스마트폰).

㉡ 경험재　소비자가 경험하거나 직접 사용해보기 전에 제품 품질을 평가하기 어려운 제품(음식, 디지털 콘텐츠).

㉢ 신뢰재　제품을 사용해도 품질을 정확하게 평가하기 어려운 제품(의료·법률 서비스).

④ 소비자의 구매 목적에 따라 소비재와 산업재로 구분된다.

㉠ 소비재　최종 소비자가 본인이 사용하기 위한 목적으로 구매하는 제품. 소비자의 구매에 대한 행동적 특징을 바탕으로 편의품, 선매품, 전문품으로 구분한다.

㉡ 산업재　기업이 생산과 관리에 활용하기 위해 구매하는 제품. 원자재, 부품, 자본재, 소모품 등을 포함한다.

⑤ 물질적 형태의 유무에 따라 유형재와 무형재로 구분된다.

㉠ 유형재　제품의 물리적 형태가 존재하는 경우(냉장고, 컴퓨터).

㉡ 무형재 제품의 물리적 형태가 존재하지 않는 경우(통신·금융 서비스).

서비스 특징

물리적인 형태가 존재하지 않는 무형 제품인 서비스는 유형재와는 다른 특징을 가진다.

• **서비스(무형 제품)의 특징**

» **무형성** 서비스는 물리적 형태가 없어서 소비자가 구매하기 전에 서비스를 직접적으로 파악할 수 없다.

» **변동성(비표준화성)** 서비스 제공자, 시간, 장소, 제공 방법 등에 따라서 품질이 달라질 수 있다. 서비스가 주로 사람에 의존하는 특징이 있어서 일관되고 표준화된 서비스를 제공하는 것이 어렵다.

» **소멸성** 유형 제품과 달리 상품을 저장해 나중에 판매하거나 소비자가 나중에 사용할 수 없다. 서비스가 제공되는 시점에 이를 소비하지 않으면 사라진다.

» **동시성** 생산과 소비가 동시에 발생하는 것으로 유형 제품과 달리 소비가 발생될 때 서비스 제공자와 소비자가 함께 있어야 한다.

제품믹스Product Mix와 제품라인Product Line

여러 사업을 하는 기업이 하나의 사업 단위에서 생산하거나 판매하는 모든 제품인 제품믹스와 제품믹스 안에서 특정 기준을 통해 세부적으로 분류해 묶은 제품들인 제품라인 또는 제품계열에 관한 의사결정을 해야 한다. 다음 사례는 크라운제과의 제품믹스와 제품라인을 나타낸 것이다.

1 제품믹스: 기업 내 하나의 사업 단위에서 생산·판매하는 모든 상품

크라운제과 사례에서 제품믹스는 비스킷, 케이크, 스낵, 캔디·초콜릿을 모두 포함한다. 제품믹스의 구조는 제품믹스의 폭과 길이, 깊이로 분석할 수 있다. 크라운제과의 경우 제품믹스의 폭은 4로 비스킷, 케이크, 스낵, 캔디·초콜릿으로 구성되어 있다. 비스킷 계열은 하임, 참크래커, 산도 등을 포함해 11개의 제품으로 구성돼 비스킷 계열의 제품믹스 길이는 11이고, 비스킷 계열 내 산도는 딸기산도, 초코산도, 크림산도로 구성돼 제품믹스의 깊이는 3이다.

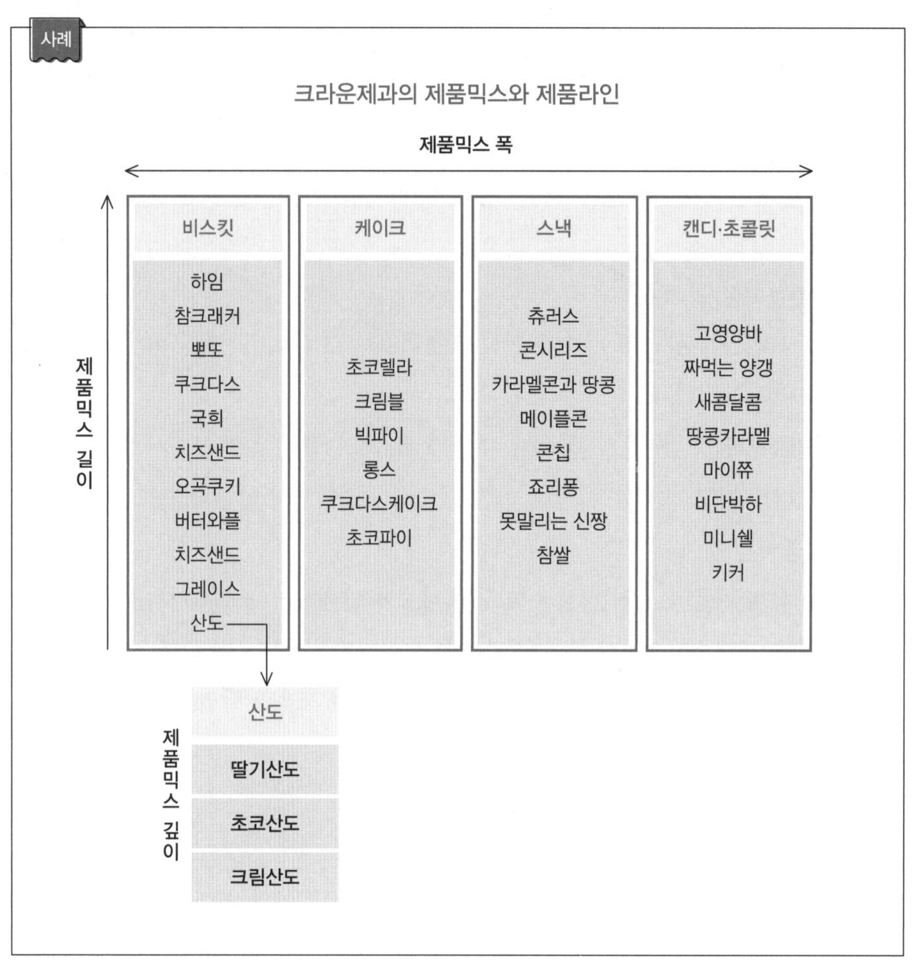

제품믹스와 제품라인 의사결정

제품믹스 폭	제품라인의 수를 몇 개로 구성할 것인지를 의사결정 한다.
제품믹스 길이	제품라인에서 제품의 수를 몇 개로 구성할 것인지 의사결정 한다.
제품믹스 깊이	제품의 세부적인 품목으로 기본에서 여러 버전을 어떻게 구성할 것인지 의사결정 한다.

2 제품라인(제품계열) : 제품믹스 안에서 특정 기준으로 세부 분류해 묶은 제품들

크라운제과 사례에서 첫 번째 제품라인은 비스킷으로 하임, 참크래커, 산도 등을 포함하고 두 번째 제품라인은 케이크로 초코렐라, 크림블, 초코파이 등을 포함한다.

신제품 수용

에버렛 로저스Everett Rogers는 성향에 따라 혁신을 수용하는 소비자를 혁신자, 조기수용자, 조기다수자, 후기다수자, 최후수용자 등 5가지 유형으로 구분했다.

신제품 수용자 유형

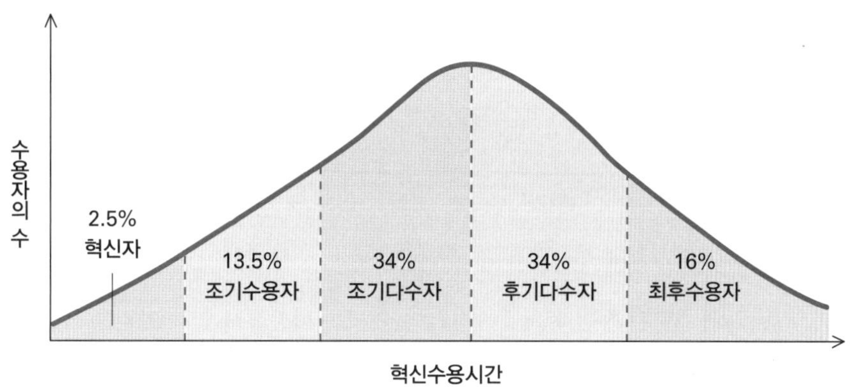

혁신자	위험을 감수하고 신제품(아이디어)을 수용하는 사람들로 모험을 추구
조기수용자	커뮤니티에서 여론 주도자이고 신제품(아이디어)을 수용하지만, 구매 때 신중하게 선택
조기다수자	여론 주도자나 리더가 아니지만 상대적으로 빨리 신제품을 수용하고 신중하게 선택
후기다수자	의심이 많으며 대다수의 소비자가 사용한 이후에 신제품을 수용
최후수용자	전통에 묶여있어 변화를 의심하며, 혁신이 일반적·전통적이 되어야 수용

제품수명주기

제품수명주기란 제품이 개발된 후 도입기, 성장기, 성숙기, 쇠퇴기 등을 거쳐 시장에서 사라지는 과정을 말한다.

1 도입기

» 신제품이 시장에 처음 진출한 시기나 시장이 형성된 지 얼마 되지 않은 시기.

» 신제품에 대한 소비자의 인지도가 낮고, 이전 제품으로부터 형성된 소비 습관 등이 신제품에 대한 소비자의 수용을 저항하게 하는 역할을 할 수 있다.

2 성장기

» 제품이 시장에 자리 잡게 되면서 매출이 급격히 증가하는 시기.
» 도입기에 새로운 기술을 적용한 제품이 소비자에게 받아들여지지 못해 대중화에 실패함에 따라 수요가 정체되거나 줄어드는 현상인 캐즘Chasm을 넘어서게 되면 성장기에 접어든다.
» 경쟁자들의 시장 진입이 증가한다.
» 도입기에 제품을 구매한 혁신자들의 구전이 조기수용자들의 구매에 영향을 미칠 수 있다.

3 성숙기

» 급격하게 증가하던 판매성장률이 둔화하는 시기.
» 시장 전체의 판매량은 정점에 도달하지만, 늘어나는 비용으로 인해 이익은 감소한다.
» 판매성장률의 감소와 기업의 과잉 생산능력으로 인해 경쟁이 치열해진다.

4 쇠퇴기

» 판매량이 적고 매출이 감소하는 시기.
» 쇠퇴기는 고객의 욕구 변화, 기술의 발달로 새로운 제품의 출현, 사회의 가치 변화, 시장 수요의 포화가 원인이 되어 나타난다.

제품수명주기

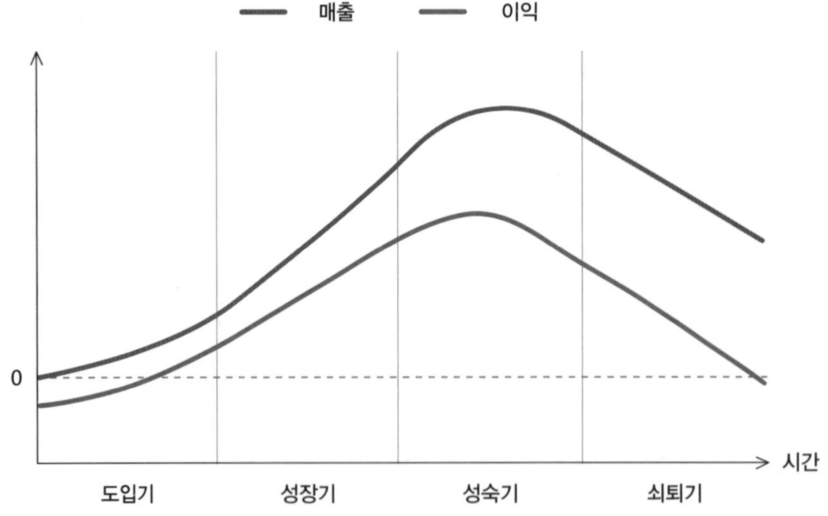

제품수명주기에 따른 가격 전략은 기업의 상황에 따라 도입기, 성장기, 성숙기, 쇠퇴기에 맞춰 서로 다른 전략을 수행하게 된다.

» **도입기 시장에 진출하는 기업** 원가가산법을 통한 가격 책정, 높은 기술이나 차별성을 가진 경우에는 스키밍 가격 전략.

» **성장기 시장에 진출하는 기업** 경쟁 제품과 차별성이 없는 경우 상대적으로 낮은 가격을 책정하는 시장 침투 가격 전략.

» **성숙기 시장에 진출하는 기업** 경쟁자들에 맞게 대응할 수 있는 가격을 책정.

» **쇠퇴기 시장에 남아있는 기업** 가격을 인하하거나 유지하는 전략. 만약 경쟁자가 시장에서 철수한 경우에는 가격을 인상하는 전략.

제품수명주기에 따른 특징과 전략

특징	도입기	성장기	성숙기	쇠퇴기
판매량	낮음	급격한 성장	정점	감소
이익	손실	증가	높음	감소
구매자	혁신자	조기수용자	조기다수자, 후기다수자	최후수용자
경쟁자	적음	증가	많음	감소
마케팅목표	인지, 사용 증대	시장점유율 확대	시장점유율 방어, 이윤극대화	비용절감
시장세분화	무차별	시장세분화 시작	시장세분화 극대화	역세분화
제품	본원적 기능의 제품	부가 서비스나 보증을 추가, 제품의 용량이나 크기 다양화	브랜드 다양화, 기능과 성능에 따른 다양화	일부 제품 유지
광고	인지를 높이기 위한 많은 광고	차별점을 광고	광고 감소	상기시키기 위한 최소 수준의 광고
판매촉진	사용을 강조하는 적극적인 판촉	판촉 감소	브랜드 전환을 위한 적극적인 판촉	판촉 거의 하지 않음
마케팅 경로	선택적 유통	집약적 유통	집약적 유통	선택적 유통

예제 5-4

제품수명주기를 나타낸 그림이다. 해당 제품이 제품수명주기상 (A)영역에 진입했을 때 나타날 수 있는 특징으로 가장 거리가 먼 것은?

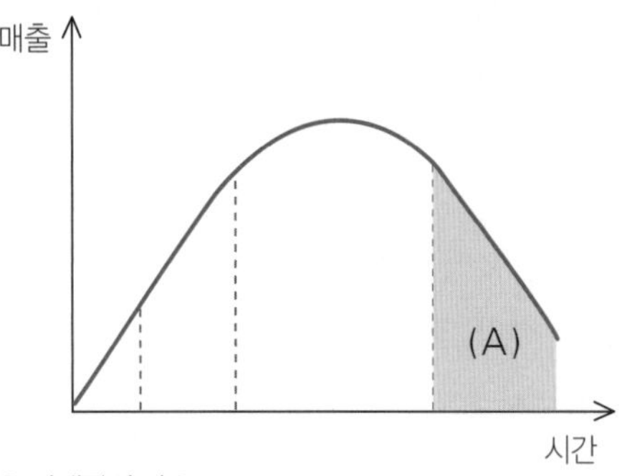

① 판매량의 감소

② 제품 유통망의 확대

③ 신규 고객의 진입 감소

④ 고객당 촉진비용의 감소

⑤ 시장에서 제품을 철수하려는 기업 증가

【해설】

제품수명주기는 제품이 개발된 후 도입기, 성장기, 성숙기, 쇠퇴기를 거쳐 시장에서 사라지는 과정을 말한다. (A)는 쇠퇴기로, 판매량이 적고 매출과 이익이 감소하는 시기이다. 신규 고객의 진입이 감소하며 시장에서 제품을 철수하려는 기업이 증가한다. 고객당 촉진비용은 감소한다. 제품유통망의 확대는 성장기의 특징이다.

정답 ②

브랜드

브랜드의 의의

미국마케팅학회는 브랜드를 특정 판매자(기업)가 자신의 제품 또는 서비스를 다른 경쟁자의 제품 또는 서비스와 구별해서 나타내기 위해 사용하는 이름(네임)이나 용어, 심벌, 디자인, 혹은 이들의 결합체로 정의했다. 이처럼 브랜드는 기업이나 기업의 상품을 소비자가 식별할 수 있게 활용하는 브랜드명, 심벌, 용어(슬로건) 등을 아우르는 포괄적인 개념이다.

브랜드의 중요성

기업에 제공하는 이점	소비자에게 제공하는 이점
• 제품 자체의 차별화가 어려운 경우 브랜드로 차별화 가능 • 강력한 브랜드는 위험에 직면했을 때 생존 가능성이 높음 • 강력한 브랜드는 경쟁자의 시장 진입을 어렵게 함 • 강력한 브랜드에 대해 소비자들은 상대적으로 낮은 가격 민감도를 가짐 • 강력한 브랜드는 프리미엄 가격(더 높은 가격)으로 이익을 창출할 수 있음 • 강력한 브랜드는 이해관계자들(공급업자, 유통업자 등)을 설득하기에 용이함	• 생산자, 판매자를 식별하기에 용이함 • 식별이 쉬워서 탐색비용이나 노력을 줄일 수 있음 • 강력한 브랜드는 브랜드 자체가 품질을 알려줘서 구매의 효율성을 높일 수 있음 • 제품 생산자, 판매자와의 약속이나 보증을 보여주는 간접적인 역할을 함 • 브랜드를 통해 상징적인 가치를 지각하거나 다른 사람들에게 나타낼 수 있음 • 제품군, 특징, 품질 등의 파악이 용이함 • 제품 선택의 위험을 감소시킴

브랜드 구성요소

1 브랜드 구성요소

» 브랜드는 브랜드명, 로고, 심벌, 캐릭터, 슬로건 등을 포함한다.

브랜드 구성요소

	브랜드명	로고	심벌	캐릭터	슬로건
사례	나이키NIKE, 애플Apple	LOTTE SAMSUNG			I·SEOUL·U 너와 나의 서울 JUST DO IT.
설명	말로 표현되는 것	말로 표현되는 브랜드명을 시각적으로 나타낸 것	도형이나 문양을 시각적으로 나타낸 것	인간, 동식물과 같은 사물로 의인화해 나타내는 것	브랜드를 설명, 설득하는 정보를 전달하는 짧은 문구

2 브랜드 구성요소에 관한 5가지 평가요소

» 브랜드 구성요소는 기억 용이성, 의미 전달력, 전환 가능성, 적용 가능성, 법적보호 가능성 등으로 평가할 수 있다.

기억 용이성	소비자들의 주의를 끌거나 구매 상황에서 쉽게 회상, 기억될 수 있는지를 고려해야 한다.
의미 전달력	기업이 소비자들에게 브랜드를 통해 전달하고자 하는 아이덴티티를 느낄 수 있도록 브랜드를 구성해야 한다.
전환 가능성	브랜드 구성요소가 지리적 범위를 확대할 수 있는 가능성과 다른 제품으로의 확장 가능성을 평가해야 한다. 다른 문화권에 같은 의미를 전달할 수 있는지와 기업의 다른 제품라인, 다른 제품믹스로 확장 가능한지 고려해야 한다.
적용 가능성	로고, 캐릭터 등의 브랜드 구성요소들이 시장 환경이나 고객의 변화에 맞게 변경될 수 있어야 기업에 효과적이다.
법적보호 가능성	경쟁사들의 침해로부터 법적 보호를 받을 수 있는 것이 중요하기 때문에 상표등록을 통해 침해받지 않도록 하는 게 중요하다. 코스트코는 '티파니 다이아몬드 약혼반지'로 판매해 티파니앤코의 상표권 침해로 2,000만달러를 배상했다.

브랜드 유형

1 무 브랜드Generic Brand

» 특정 상품에 부여하는 구체적인 브랜드명이 아니라 상품 자체를 나타내는 명칭과 같은 브랜드 (오리온 초코파이, 롯데 초코파이).

» 노 브랜드no brand 전략: 특정 상표 없이 상품 자체를 나타내는 일반 명칭(브랜드)을 활용하는 전략으로, 광고를 하지 않고 포장을 간소화해 원가를 절감함으로써 낮은 가격으로 좋은 상품을 판매하는 전략이다.

2 제조업자 브랜드Manufacturer's Brand

» 브랜드명의 소유가 제조업자에 있는 브랜드 (새우깡, 포카칩).

3 중간상(유통업자) 브랜드Private Brand

» 중간상이 브랜드명 소유권을 갖는 브랜드 (GS리테일의 YOUUS, 이마트의 피코크).

» 과거 PB 브랜드는 중간상이 하청업자에 생산하게 해 자사의 브랜드만 붙여서 판매했지만, 최근에는 중간상이 직접 생산과 제품 개발에 참여하며 적극적으로 중간상 브랜드를 활성화하고 있다.

브랜드 계층 구조

브랜드 계층 구조는 기업이 활용할 수 있는 여러 브랜드명 간의 서열을 구조적으로 나타낸 것으로 크게 기업 브랜드, 공동 브랜드, 개별 브랜드, 브랜드 수식어로 구분된다. 다음의 표는 아모레퍼시픽의 마몽드, 플로랄 하이드로 상품을 통해 브랜드 계층 구조를 설명한 것이다.

브랜드 계층 구조

브랜드 계층 구조	사례
기업 브랜드(Corporate Brand)	아모레퍼시픽
패밀리(통일) 브랜드(Family Brand)	마몽드, 설화수, 에뛰드하우스
개별 브랜드(Individual Brand)	플로랄 하이드로
브랜드 수식어(Brand Modifier)	미스트, 에멀전, 앰플토너

1 기업 브랜드

기업을 나타내는 브랜드로, 법적인 이유로 제품이나 포장에 명시해야 할 때 사용하거나 기업의 가치나 철학을 소비자에게 전달할 때 활용한다.

2 패밀리(통일) 브랜드

기업 브랜드가 아니면서 여러 상품이 함께 사용하는 브랜드로, P&G는 비누의 Ivory 브랜드를 샴푸, 린스에 사용하고 있다.

기존 제품군이나 다른 제품군으로 브랜드를 확장해 함께 사용하는 패밀리 브랜드는 신제품을 출시할 때 소비자가 효과적으로 수용할 수 있게 하며, 새로운 브랜드를 개발하는 데 드는 비용도 줄일 수 있다. 기존 제품이나 제품군과 관련성이 낮은 경우 소비자에게 혼란을 줄 수 있고, 기존 브랜드 이미지가 희석될 수 있다. 그래서 신제품이 실패하면 패밀리 브랜드를 사용하는 제품에 영향을 미칠 수 있다.

3 개별 브랜드

하나의 상품에 하나의 브랜드명을 활용하는 것으로 농심의 신라면과 안성탕면, 도요타의 캠리, 아발론, 프리우스 등이 개별 브랜드를 활용한 대표적인 사례이다. 개별 브랜드를 통해 기업은 상품이나 브랜드 이미지에 맞춰 특정 소비자 집단의 욕구에 맞게 브랜드를 전달할 수 있고, 브랜드가 실패하거나 부정적인 사건이 발생했을 때 다른 브랜드에 영향을 미치는 정도가 덜하다. 기업이 많은 개별 브랜드를 가지면 유통업자에 대한 설득이 용이해 매장 진열 공간을 확보하기 쉽고, 고객이 브랜드를 전환할 때 자사의 브랜드를 선택할 가능성이 높다. 반면, 개별 브랜드는 마케팅 비용이 많이 들고, 개별 브랜드마다 자산을 구축하는 비용이 크며, 자기잠식 효과가 나타날 수 있다.

4 브랜드 수식어

상위 브랜드를 보조하는 수단으로 특정 품목이나 모델 타입, 제품 버전, 외관 등을 명시하는 경우가 많다. 진라면(개별 브랜드)에 순한맛과 매운맛을 표시하는 것이 브랜드 수식어의 사례이다.

브랜드 확장전략

브랜드 확장전략은 기존 브랜드를 기존 제품군이 아닌 다른 제품군으로 확장해 사용하는 범주 확장전략과 기존 브랜드를 기존 제품군 내 제품에 활용하는 라인 확장전략을 포함한다.

브랜드 확장전략의 이점과 약점

이점	약점
• 신제품에 대한 소비자들의 지각된 위험을 감소시킬 수 있음 • 유통 경로의 확보를 용이하게 해줌 • 촉진비용의 효율성을 증가시킴 • 새로운 브랜드를 개발하는 데 드는 비용을 피할 수 있음 • 포장이나 패키지에서 규모의 경제효과와 전시효과를 가질 수 있음 • 다양성을 추구하는 소비자들의 욕구를 충족시킬 수 있음 • 경쟁 브랜드로의 전환을 막아 브랜드 충성도와 시장 점유율 유지에 도움이 됨 • 관련된 제품으로의 확장은 모 브랜드의 의미를 명확하게 해줄 수 있음 • 모 브랜드의 활성화와 후속 브랜드 확장의 기회를 가질 수 있음	• 지나친 확장, 관련 없는 제품군으로의 확장은 소비자에게 혼동을 야기할 수 있음 • 기존 제품군 확장 시 기존 제품과의 큰 차이가 없으면 유통업자의 저항이 있을 수 있음 • 확장 제품이 실패하거나 부정적인 경우가 발생하면 모 브랜드에 영향을 미침 • 관련된 제품군에서의 브랜드 확장은 모 브랜드의 자기잠식이 일어날 수 있음 • 무리한 확장이나 관련성이 적은 다른 제품군으로의 브랜드 확장이 성공해도 모 브랜드의 이미지나 특정 제품군(범주)에서의 대표성이 희석될 수 있음 • 브랜드 확장을 고집하면 새로운 브랜드를 이용해 그 제품만의 독특한 이미지와 브랜드 자산을 만들 수 있는 기회를 놓칠 수 있음

1 범주 확장전략

기존 브랜드(모 브랜드)가 대상으로 하는 제품군과는 다른 제품군에서 새로운 제품을 출시할 때 모 브랜드를 활용하는 전략이다. 만년필을 판매하던 몽블랑이 지갑, 시계에도 몽블랑 브랜드를 활용하는 것은 기존 브랜드를 다른 제품군으로 확장한 범주 확장전략 사례이다.

2 라인 확장전략

기존 브랜드(모 브랜드)가 포함된 제품군에서 새로운 제품에 모 브랜드를 활용하는 전략이다. 삼성전자가 모 브랜드인 갤럭시를 통해 저가, 고가, 크기 등의 세분 시장에 따라 갤럭시 S, A, 노트로 확장한 것이 라인 확장전략 사례이다.

5-5

브랜드 확장의 특징에 대한 올바른 설명으로 가장 거리가 먼 것은?

① 모(母) 브랜드의 후광효과를 누릴 수 있다.
② 신제품에 투입되는 마케팅 비용이 상승할 수 있다.
③ 모(母) 브랜드 제품에 대한 자기잠식효과가 나타날 수 있다.
④ 브랜드 확장이 실패하면 모(母) 브랜드의 이미지를 해칠 수 있다.
⑤ 모(母) 브랜드에 친숙한 소비자들이 신제품을 쉽게 인지할 수 있다.

【해설】
브랜드 확장은 신규 브랜드를 개발하고 홍보하는 것에 비해 마케팅 비용을 절감할 수 있고 모(母) 브랜드의 인지도를 활용하여 신제품의 인지도 구축이 용이하다. 다만 지나친 브랜드 확장은 모(母) 브랜드 제품에 대한 자기잠식효과가 나타날 수 있고 브랜드 확장이 실패하면 모(母) 브랜드의 이미지를 해칠 수 있다.

정답 ②

가격

가격은 제품이나 서비스에 대한 가치를 나타내는 것으로 소비자가 상품을 구매·소유하기 위해 지불하는 가치이다. 즉, 가격은 거래에서 상품에 대한 교환가치를 나타내는 것으로 수요, 제품, 시장 상황에 따라서 민감도가 달라진다.

가격 결정에서 고려할 수 있는 요인

1 상품에 대한 소비자의 가치 지각

소비자가 상품에 대해 가치를 얼마나 부여하고 있는지를 고려하는 것으로 구매자인 소비자의 상품에 대한 가치가 가격 책정에 중요한 요인이 된다.

2 기업의 가격 목표

기업이 이윤 극대화를 목표로 하는 경우 높은 가격을 책정하고, 기업이 시장점유율을 확대하고자 하는 경우 낮은 가격을 책정하게 될 것이다.

3 상품의 원가

기업은 생산, 유통, 촉진비용 등을 포함한 원가를 가격 책정에 고려해야 한다.

4 시장의 환경

소비자가 기존 상품에서 새로운 상품으로 전환하는 데 심리적·경제적 비용 등을 높게 지각한다면 이를 상쇄시킬 수 있는 낮은 가격을 책정하는 것이 효과적일 것이다. 그뿐만 아니라 시장 내에서 대체 상품이 많은 경우, 시장 상황이 독점적인 경우와 같이 대체재와 경쟁사의 수를 고려할 수 있다.

5 경쟁사 대비 품질

경쟁 상품의 품질이 자사와 비슷하면 그들과 비슷한 가격을 책정할 것이고, 시장점유율 확보를 목표로 한다면 더 낮은 가격을 책정할 수 있다.

6 상품의 유형에 따른 가격

상징적인 가치를 소비자에게 전달하는 명품, 고가의 시계와 같은 상품은 가격이 곧 품질 또는 가치를 전달하기 때문에 높은 가격을 책정할 수 있다.

7 외부 환경적 요인

소비자의 경제적 여건, 정부의 가격 규제 등 외부 환경적 요인들도 고려할 수 있다.

가격산정 방식

1 원가가산법

» 기업이 상품의 원가에 일정 이익(마진)을 추가해 가격을 결정하는 방법.

» 원가는 상품의 생산과 운영에 드는 모든 비용(고정비와 변동비)을 포함한다.

2 목표수익률법

» 기업이 상품을 통해 얻고자 하는 목표수익률과 예상 판매량을 정한 후 가격을 결정하는 방법.

» 기업이 예상한 판매량만큼 제품을 판매하지 못하면 손실이 발생할 수 있다.

3 경쟁자의 가격에 초점에 두고 가격 산정

» 기업이 자사 제품 생산에 드는 비용을 측정하기 어렵거나 후발주자일 때, 시장 구조가 과점 성격을 띠는 경우, 시장에서 특별한 지위를 확보하지 못한 중소기업의 경우 시장 선도자나 경쟁사의 가격을 고려해 결정.

4 소비자 기대 기준 가격산정법

» 소비자가 예상하는 가격대에 맞춰 가격을 책정하는 방법.

» 소비자가 기대 가격을 생각할 때는 품질과 가치 이외에 브랜드, 이미지 등 다른 요인들을 함께 고려하기 때문에 기대 가격이 객관적인 가격과 항상 일치하지 않을 수 있다.

신제품 가격전략

1 초기 고가전략(스키밍 가격전략)

기업이 신제품을 출시하는 데 있어서 높은 가격을 책정해 판매량(시장점유율)보다 이익 극대화를 목적으로 하는 전략.

2 초기 저가전략(시장 침투 가격전략)

기업이 신제품을 출시하는 데 있어서 낮은 가격을 책정해 이익 극대화보다는 다수의 소비자에게 많이 판매해 시장점유율을 확대하려는 전략.

초기 고가전략과 초기 저가전략 특징

초기 고가전략이 효과적인 경우	초기 저가전략이 효과적인 경우
• 규모의 경제효과를 갖기 어려운 경우 • 빠른 시간 안에 투자자금을 회수하고자 하는 경우 • 가격 탄력성이 낮은 고객을 대상으로 하는 경우 • 품질이 매우 우수한 경우 • 경쟁자의 시장 진입이 어려운 경우 • 가격-품질 연상효과가 높은 경우 • 특허 등을 통해 독점지위를 유지할 수 있는 경우 • 생산량이 한정된 경우(한정판) • 경험 곡선의 효과를 갖기 어려울 때 • 브랜드 인지도가 높은 경우 • 신제품에 대한 소비자들의 수용이 느릴 것으로 예측되는 경우	• 규모의 경제를 통해 이익을 확보할 수 있는 경우 • 가격 탄력성이 높은 고객을 대상으로 하는 경우 • 경쟁이 심한 시장에서 인지도가 낮은 기업이 시장에 진입하고자 하는 경우 • 시장성장률이 높아 시장점유율을 확대하고자 하는 경우 • 시장의 수요를 자극하고자 할 때나 짧은 시간에 시장점유율 확대를 하고자 하는 경우 • 브랜드 전환을 유도하고자 하는 경우 • 후발 기업들의 시장 진입을 어렵게 하고자 하는 경우 • 신제품에 대한 소비자들의 수용이 빠를 것으로 예측되는 경우

가격전략 

1 단일 가격

» 기업이 시장에서 자사 제품에 동일한 가격을 책정해 판매하는 것.

» 모든 소비자가 동일한 가격으로 제품을 구매(예: 담배).

2 변동 가격

» 상품의 가격이 변화하는 것.

» 농수산물의 경우 수요나 생산되는 양에 따라 가격이 변동한다. '가격=시가'로 표현되는 경우가 변동 가격의 대표적 사례이다.

» 제조업자가 유통업자와의 협상을 통해 상품 가격을 조정해 동일한 상품임에도 불구하고 소비자가 구매하는 가격이 달라질 수 있다.

3 준거 가격

» 소비자가 상품의 가격을 판단하는 기준이 되는 가격.

» 소비자는 상품 가격이 준거 가격보다 낮으면 저렴하다고 느끼고, 높으면 비싸다고 생각한다.

» 개별 소비자마다 준거 가격이 다를 수 있다.

» 냉장고 가격이 180만원일 때, 준거 가격이 200만원인 소비자와 준거 가격이 170만원

인 소비자의 가격 판단이 달라진다.

4 유보 가격(최대 수용 가격)

» 소비자가 상품을 구매할 때 지불할 수 있는 최대 가격.

» 유보 가격을 넘어선 가격 책정은 소비자의 구매가 발생하지 않을 수 있다.

5 최저 수용 가격

» 소비자가 상품을 구매할 때 지불할 수 있는 최저 가격.

» 너무 낮은 가격은 소비자에게 품질에 대한 의심을 일으킬 수 있다.

6 관습 가격

» 시장에서 제품 가격이 오랜 기간 고정돼 있어 소비자가 일반적이라고 느끼는 가격(예: 껌 500원, 라면 800원, 과자 1,500원).

» 생필품의 경우 가격 책정 시 관습 가격을 따르는 경향이 많다.

» 관습 가격이 기업의 책정 가격보다 낮으면 매출이 감소할 수 있고, 관습 가격이 기업의 책정 가격보다 높으면 매출의 변화가 거의 나타나지 않는다. 그러나 관습 가격이 깨지면 기업은 높은 이익을 창출할 수 있다.

» 관습 가격이 가격을 판단하는 준거 가격의 역할을 할 가능성이 높다.

7 단수 가격

» 990원, 9,900원과 같이 가격의 단위를 홀수(단수)로 책정하는 전략.

» 10원, 100원 단위씩 저렴하게 책정한 가격에 대해 소비자는 실제 금액보다 더 크게 저렴하다고 지각한다. 10원, 100원 등은 금액의 차이는 크지 않지만 소비자가 저렴하다고 느끼는 데 영향을 끼치므로 기업들이 많이 활용하고 있다.

8 명성 가격

» 소비자가 지불할 수 있는 가장 높은 가격이나 시장에서 가장 높게 제품 가격을 책정하는 전략.

» 명성 가격은 가격을 통해 소비자에게 우수한 품질, 상징적 가치 등을 부여하고 전달하기 위해 활용한다.

» 명품이나 고가의 제품군에서 주로 활용한다.

9 묶음 가격

» 낱개 상품보다 묶음 상품의 가격을 낮게 책정하는 전략.

» **순수 묶음 가격전략** 동일한 상품을 여러 개 묶어서 판매(예: 참치통조림을 3개씩 묶어서 더 저렴하게 판매).

» **혼합 묶음 가격전략** 서로 다른 종류의 상품을 묶어서 판매(예: 이동통신 서비스와 인터넷 서비스를 묶어서 낮은 가격을 책정).

10 유인 가격Loss Leader

» 특정 상품의 가격을 낮게 책정해 소비자가 저렴하다고 느끼게 만들어 다른 상품들도 추가 구매하도록 이끄는 전략.

» 유인 가격을 적용한 상품을 특가상품, 미끼상품이라고 부른다.

» 기업은 유인 가격을 통해 소비자가 유통업체를 방문하고 다른 상품들도 추가 구매하기를 바란다.

11 캡티브 프로덕트Captive Product 가격

» 메인 제품의 가격을 낮게 책정하는 대신 부수적이거나 옵션이 되는 제품을 통해 이익을 창출하는 전략(예: 프린터를 할인해 판매하면서 토너, 잉크 등을 통해서 수익을 창출하고 게임기 본체는 저렴하게 판매하면서 게임팩을 통해서 이익을 창출).

12 가격 차별화전략

» 수요, 고객 집단 등에 따라서 다른 가격을 제시하는 전략(예: 고객 집단(어린이, 청소년, 노인, 여성, 직장인 등)에 따른 가격 차별화, 수요(조조/심야, 평일/주말)에 따른 가격 차별화).

 5-6

다음 중 기업의 가격전략에 대한 사례들 가운데 유인 가격전략의 사례는?

① 국내 의류회사가 고가 신상 의류 100벌을 한정으로 판매하는 전략.
② 1만원보다는 9,990원으로 가격 끝자리를 조정해 심리적 가격 차이를 높이는 전략.
③ 인터넷·TV·휴대폰을 결합한 서비스 상품을 이용할 경우 통신요금을 할인해 주는 전략.
④ 과일, 화장지 등 생필품 일부를 낮은 가격으로 판매해 소비자들의 점포 방문을 늘리는 전략.
⑤ 저가와 고가 사이 중간 가격을 제시해 소비자에게 품질 우려와 가격 부담을 줄여주는 전략.

【해설】
유인 가격전략은 원가에 가까운 낮은 가격을 책정해 고객의 관심을 자극하고 구매 동기를 상승시킨 후 고객을 유인하는 전략이다. 자주 구매하는 상품이나 잘 알려진 상품이어야 하며, 특별 세일이나 손실유도품(loss leader) 전략이 사용된다. 손실유도품이란 원가 이하로 가격이 설정되어 판매할수록 손실이 발생하는 상품으로 고객을 유인하는 주도적 역할을 하는 상품을 말한다.

정답 ④

가격 조정

기업은 설정한 가격을 기존의 가격보다 인하하거나 인상하는 방식으로 조정할 수 있다.

» **가격 인상** 원자재 가격 상승, 임금 상승, 세금 상승 등으로 인해 발생.
» **가격 인하** 원자재 가격 하락, 기업의 생산 효율성을 비롯한 원가 절감 등으로 인해 발생.
» 소비자의 구매를 촉진하기 위한 판매 수단으로 가격 인하를 많이 활용하며 결제 방식, 구매량, 수요, 기존 고객 보상 등의 수단을 활용한다.

가격 조정 유형과 사례

구분	사례
결제 방식	현금 결제 시 100만원 할인과 같이 결제 방식에 따른 가격 조정
구매량	많이 구매할수록 할인해주는 가격 조정으로 4인 이상 구매 시 10% 할인과 같은 수량 할인
수요	계절, 요일과 같이 수요의 차이가 심한 경우에 가격을 할인하는 것으로 에어컨 1월 판매와 모피 8월 판매 등 계절에 따라 할인하는 경우
기존 고객	신제품을 구매할 때 기존에 사용한 상품을 반납하게 해 낮은 가격으로 구매할 수 있도록 하는 보상 판매

마케팅 유통 경로

마케팅 유통 경로는 제품이나 서비스가 최종 소비자에게 전달될 수 있도록 하는 과정과 이와 관련된 상호 의존적인 조직이나 개인들의 집합을 의미한다. 기업은 중간상의 활용 유무, 중간상의 유형, 중간상의 수, 세부적인 중간상 유형(소매점의 경우에는 할인마트, 백화점, 드러그 스토어 등) 등에 관한 의사결정을 한다.

마케팅 유통 경로에 관한 특징

유통업자의 기능	소비자가 갖는 효용	제조업자가 갖는 이점
거래 기능	시간효용	총 거래 수 최소의 원리
거래촉진 기능	장소효용	분업의 원리
정보교환 기능	소유효용	핵심역량 집중 원리

마케팅 유통 경로 구조의 유형

1 직접 마케팅 경로

㉠ 1유형 제조업자가 최종 구매자인 소비자에게 직접 상품을 판매하는 것으로, 중간상이 존재하지 않는 유통 경로 구조(예: 변호사가 소비자에게 직접 서비스를 제공하는 경우, 영업사원을 통해 소비자에게 직접 제품이나 서비스를 판매하는 경우, 항공기나 선박과 같이 제조업자와 소비자(조직 구매자)가 직접 거래하는 경우).

2 간접 마케팅 경로

㉡ 2유형 제조업자가 소매상을 통해 최종 소비자에게 제품을 전달하는 간접 유통 경로로, 백화점과 같은 큰 규모의 소매상이 상품을 매입해 판매하는 유형(예: LG전자가 하이마트와 같은 가전제품 전문점을 통해 소비자에게 세탁기를 판매하는 경우).

㉢ 3유형 제조업자가 도매상을 통해 소매상들에게 상품을 전달해 최종 소비자가 상품을 구매하게 하는 간접 유통 경로(예: 맥주 제조업자가 도매상을 통해 소매상(호프집, 식당 등)에 전달해 판매하는 경우).

» 소매상의 수가 많거나, 규모가 작은 소매상이 많은 경우에는 제조업자가 도매상을 통해 소매상을 관리하고 상품을 전달한다.

㉣ 4유형 제조업자가 도매상과 소매상 사이에 중도매상(중간도매상)을 추가한 간접

마케팅 경로(유통 경로) 구조의 유형

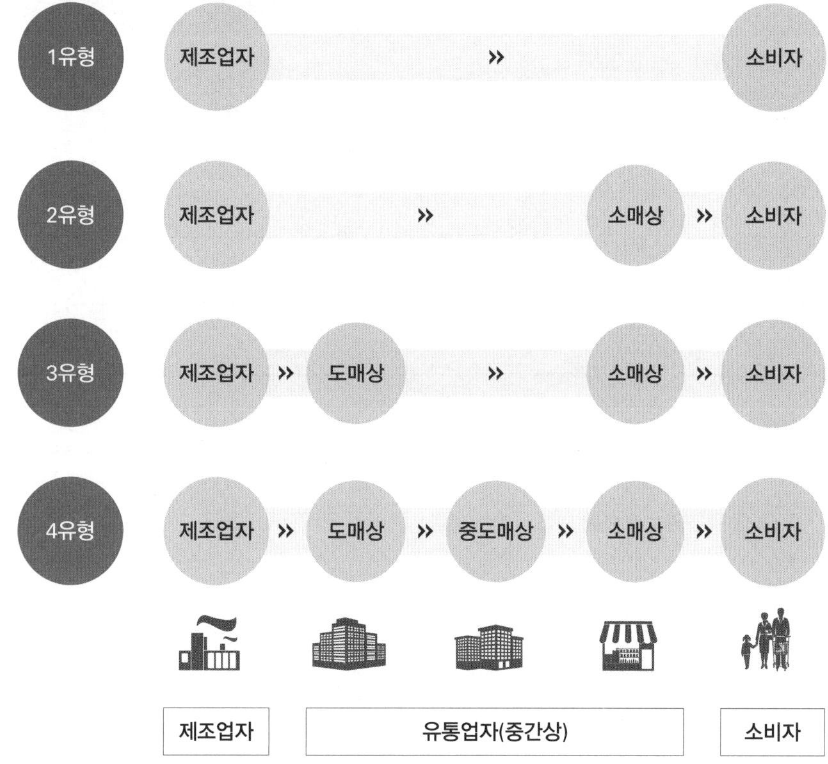

유통 경로.

» 도매상이 식료품과 같이 많은 수의 소매상에 상품을 전달하거나 판매하기 어려울 때 중간에 중도매상을 추가해 신속하게 거래하는 경우.

유통 범위에 따른 마케팅 경로(유통 경로) 전략

중간상을 활용할 것인지, 어떤 중간상을 활용할 것인지를 결정한 이후 기업은 마케팅 경로에서 중간상(소매점)의 수를 어느 수준으로 할 것인지에 관한 의사결정 등 유통 범위에 따른 마케팅 경로 전략을 세운다.

기업은 유통 범위에 따른 마케팅 경로 전략으로 다음과 같은 3가지 유형을 고려할 수 있다.

유통 범위에 따른 마케팅 유통 경로 전략

집약적(집중적) 유통 경로	선택적 유통 경로	전속적 유통 경로
• 일정 지역 내 최대한 많은 중간상을 확보해 높은 유통 커버리지를 획득 • 생활필수품과 편의품의 경우 수요가 많은 성장기·성숙기일 때 효과적 • 소비자들의 구매를 쉽고 편리하게 해 판매를 증대시킬 수 있음	• 전속적 유통 경로와 집약적 유통 경로의 중간 수준으로 일정 지역 내 일정 수의 중간상 확보 • 선매품인 가구, 의류, 가전제품 등에 많이 활용되며 수요가 적고 비용의 부담을 줄이기 위한 도입기나 쇠퇴기에 효과적	• 일정 상권 내에서 한 개 또는 소수(몇 개)의 중간상에게 자사 제품만을 취급하는 독점권을 부여 • 전문품, 고가의 상품, 명품 의류 등의 상품일 때 효과적 • 중간상(소매점)에 대한 통제가 용이하고 이미지를 제고할 수 있음

5-7

다음 중 유통 경로 전략에 대한 올바른 설명으로 가장 거리가 먼 것은?

① 선택적 유통 경로는 전속적 유통과 집약적 유통의 중간 형태이다.
② 전속적 유통 경로는 소비자가 제품 정보 탐색에 적극적인 경우에 적합하다.
③ 전속적 유통 경로는 고급 자동차, 명품 등 고가 제품의 경우에 효과적이다.
④ 집약적 유통 경로는 생산자의 중간상에 대한 통제력이 가장 높은 전략이다.
⑤ 집약적 유통 경로는 최대한 많은 중간상들이 자사 제품을 취급하게 하는 전략이다.

【해설】
전속적 유통 경로는 일정 상권 내에 하나 또는 소수의 중간상에게 자사 제품만을 취급하는 독점권을 부여한다. 전속적 유통은 소비자가 제품 정보 탐색에 적극적이어서 그 제품을 취급하는 점포까지 방문할 의사가 있는 경우에 적합하다. 주로 고가 상품의 경우에 해당한다. 집약적 유통 경로는 일정 지역 내 최대한 많은 중간상을 확보하는 전략이다. 생활필수품과 편의품에 적합하다. 집약적 유통은 생산자의 중간상에 대한 통제력이 가장 낮다. 선택적 유통 경로는 전속적 유통 경로와 집약적 유통 경로의 중간 수준으로 일정 지역 내에 일정 수준의 중간상을 확보한다.

정답 ④

IT의 발전으로 소비자는 스마트폰을 통해 정보 검색이나 상품을 구매하기 쉬워졌다. 그로 인해 기업이 옴니채널을 적극적으로 활용하고 있으며 소비자는 쇼루밍, 역쇼루밍과 같은 다양한 쇼핑 행동을 보인다.

소비자의 쇼핑 행동

옴니채널	쇼루밍	역쇼루밍
오프라인, 온라인, 모바일 등 다양한 채널을 결합하여 소비자가 상품을 편리하게 구매할 수 있도록 한 채널로, 온라인과 오프라인에 구애받지 않고 상품의 정보를 탐색할 수 있으며, 구매할 수 있는 일관된 경험을 제공받는 쇼핑 체계이다.	백화점, 마트와 같은 오프라인 매장에서 상품에 대해 파악한 후, 구매를 결정한 상품을 온라인에서 구매하는 쇼핑 행동으로, 검색을 통해 더 저렴한 곳에서 구매할 수 있다.	쇼루밍과 반대되는 행동으로, 온라인에서 상품을 탐색하고 정보를 수집하여 구매를 결정하고, 해당 상품을 오프라인 매장에 방문하여 구매하는 행동을 의미한다.

촉진

촉진은 소비자가 상품을 구매하도록 유도하기 위해 기업이 상품 정보를 제공하거나 설득하는 활동과 공중에게 호의적인 이미지를 형성하기 위한 노력을 포함하는 기업의 커뮤니케이션을 의미한다. 촉진 수단에는 광고, PR, 판매 촉진, 인적 판매, 다이렉트 마케팅 등이 있다.

촉진 수단

1 광고

» 기업, 조직 등이 타깃 소비자에게 정보를 제공 혹은 설득하는 유료 커뮤니케이션이다.

» 광고 매체는 TV, 라디오, 신문, 잡지, 온라인, 모바일, 옥외광고 등 다양하다.

2 PR

» 공중과의 관계, 공중의 이익, 이해관계자들과의 호의적인 관계를 위한 활동으로 비영리적인 형태의 커뮤니케이션 활동이다.

» 광고는 직접적으로 상품에 대한 정보를 제공해 구매를 이끄는 영리적 목적이 강하지만, PR는 퍼블리시티(언론 보도), 스폰서십, 스포츠 마케팅, 이벤트, 기업광고 등을 통해 공중과 우호적인 관계를 형성하고자 한다.

» 퍼블리시티를 제외한 나머지 PR 수단들은 기업이 비용을 지출하지만, 직접적으로 상품에 대한 정보를 제공하지 않기 때문에 PR의 수단으로 간주한다.

3 인적 판매

» 기업이 훈련된 영업사원을 통해 판매를 촉진하는 것으로, 영업사원과 목표 소비자와

의 직접 대면을 통해 자사 상품을 구매하도록 설득하는 커뮤니케이션이다.

4 판매 촉진

» 기업이 최종 구매자인 소비자와 중간상인 유통업자에게 자사의 상품을 구매하도록 촉진하는 활동이다.

» 소비자에게 쿠폰, 가격 할인, 리펀드와 같은 가격 판매 촉진 수단과 보너스 팩(프리미엄), 샘플링, 단골 보상과 같은 비가격 판매 촉진 수단을 활용할 수 있다.

» 중간상에게 진열 수당, 촉진 지원금과 같은 가격 판매 촉진 수단과 교육, 콘테스트, 기념품과 같은 비가격 판매 촉진 수단을 활용할 수 있다.

5 다이렉트 마케팅

» 중간상 없이 기업이 소비자와 직접적으로 커뮤니케이션하는 활동으로, 매체를 사용해 정보 제공과 판매를 장려한다.

» 유통과 밀접하게 관련되어 있으며, 기업의 다이렉트 마케팅은 다이렉트 메일, 카탈로그 마케팅, 텔레마케팅, 텔레비전 마케팅, 온라인 마케팅, 방문판매 등 다양한 방식으로 이루어진다.

다이렉트 마케팅 유형

다이렉트 메일 (Direct Mail·우편 판매)	우편으로 보내진 편지, 소책자, 광고 팸플릿을 통해 소비자들에게 판매하고자 하는 상품 또는 서비스 관련 정보를 제공하고 소비자들은 통신수단(전화, 편지, 팩스)을 통해 주문을 하는 경우이다.
카탈로그 마케팅 (Catalog Marketing)	인쇄물의 카탈로그나 디지털 카탈로그를 소비자들에게 제공하여 구매할 수 있도록 하는 활동이다.
텔레마케팅 (Telemarketing)	전화로 타깃 소비자에게 상품에 관한 정보를 제공하며 상품에 대한 구매를 유도하는 발신텔레마케팅과 수신자부담 전화번호를 이용하여 소비자가 전화로 주문하게 하는 수신텔레마케팅이 있다.
텔레비전 마케팅 (Television Marketing)	TV 광고를 통해 상품에 대한 소비자들의 구매를 유도하는 방식으로 직접 반응 광고와 홈쇼핑 채널을 이용한 주문방식이 있다.
온라인 마케팅 (Online Marketing)	웹을 이용하는 것으로 이메일 등을 통해 소비자에게 자세하고 다양한 상품 관련 정보를 제공하는 경우와 소비자가 기업과 온라인으로 직접적인 상담(커뮤니케이션)을 통해 상호관계를 유지하고 정보를 제공받는 경우가 있다.
방문판매	영업사원이 직접 소비자를 만나서 상품을 판매하는 것으로 보험 상품, 화장품 등이 대표적인 방문판매 사례이며, 높은 인건비가 특징이다.

촉진 수단을 결정할 때 고려하는 요인들

광고, PR, 인적 판매, 판매 촉진, 다이렉트 마케팅과 같은 촉진 수단을 사용하기 위한 의사결정 과정에서는 다양한 요인들을 고려해야 한다.

1 예산

» **예산이 많은 경우** 모든 촉진 수단을 활용할 수 있다.

» **예산이 많지 않은 경우** 중간상을 대상으로 하는 판매 촉진, 저렴한 라디오 광고나 지방 신문의 광고가 효과적일 수 있다.

2 상품의 유형

» **산업재이거나 기술이 복잡한 상품** 구매자에게 많은 정보를 제공하기 위해 인적 판매, 전문 잡지 등의 인쇄 매체를 통한 광고를 활용하는 것이 효과적일 수 있다.

» **소비재이거나 기술이나 정보가 많이 필요하지 않은 상품, 높은 브랜드 인지도를 갖고자 하는 상품** TV와 같은 대중매체를 활용한 광고가 효과적일 수 있다.

3 가격

» **고가의 상품** 소비자는 고가격의 상품에 대해 많은 관심과 노력을 기울이며 구매에 위험을 많이 느끼기 때문에 구체적이고 전문적인 정보를 제공할 수 있는 인적 판매가 효과적일 수 있다.

» **저가의 상품** 저가격의 상품에 대해서는 많은 노력이나 관심을 기울이지 않아 구매 후 부조화 발생 가능성이 낮으므로 광고를 통해 친숙하게, 인지할 수 있게, 기억할 수 있게 하거나 판매 촉진을 활용하는 것이 효과적일 수 있다.

4 시장의 크기, 구매자의 수, 지역적 분포

» **시장의 규모가 크거나 구매자가 많은 경우, 구매자의 지역적인 분포가 넓은 경우** 다른 촉진 수단보다 광고가 효과적이다.

» **시장의 규모가 작거나 구매자가 적은 경우, 지역적인 분포가 좁은 경우** 인적 판매가 더 효과적일 수 있다.

푸시전략과 풀전략

1 푸시Push전략

» 제조업자가 유통 경로상의 유통업자에게 상품을 밀어내는 것으로, 제조업자가 판매 촉진이나 인적 판매 등을 이용해 중간상에게 자사의 상품을 구비·취급하도록 해 중간상이 소비자에게 적극적으로 판매하도록 유도하는 전략.

예: 제약회사가 소매점인 약국에 마케팅 활동을 적극적으로 해 자사의 상품을 취급하게 하고 소매점은 이를 소비자에게 적극적으로 판매한다.

» 제조업자가 유통업자에게 그리고 유통업자가 최종 구매자인 소비자에게 수요를 자극하는 푸시전략은 상품이나 브랜드 충성도가 낮은 경우, 상품 선택이 구매 현장에서 결정되는 상황, 판매 시점의 구매 유도가 중요한 상품, 충동구매가 자주 나타나는 상품일 때 효과적이다.

푸시전략

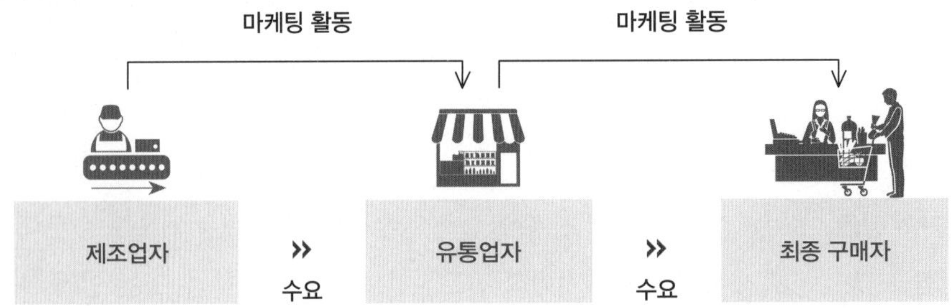

2 풀Pull전략

» 제조업자가 유통 경로상의 최종 소비자에게 상품을 구매하도록 끌어당기는 것으로, 제조업자가 광고나 판매 촉진 등을 활용해 최종 소비자에게 직접 브랜드나 상품을 알려 수요를 만들고 구매하도록 하는 전략.

예: 일부 IT 제품은 신제품 출시를 알리는 광고만으로도 출시일에 맞춰 매장 앞에 대기 행렬이 이어지며 구매가 활발하게 이루어진다. 최종 구매자의 수요로 인해 유통업자들은 제조업자로부터 상품을 구매하게 된다.

» 풀전략은 소비자의 상품이나 브랜드에 대한 충성도가 높은 경우, 상품 선택이 구매 현장 이전에 결정되는 상황, 구매나 상품에 대한 관여도가 높은 경우에 효과적이다.

풀전략

마케팅 활동

제조업자 « 수요 유통업자 « 수요 최종 구매자

다음과 같은 제품수명주기에서 C단계의 특징으로 가장 적절한 것은?

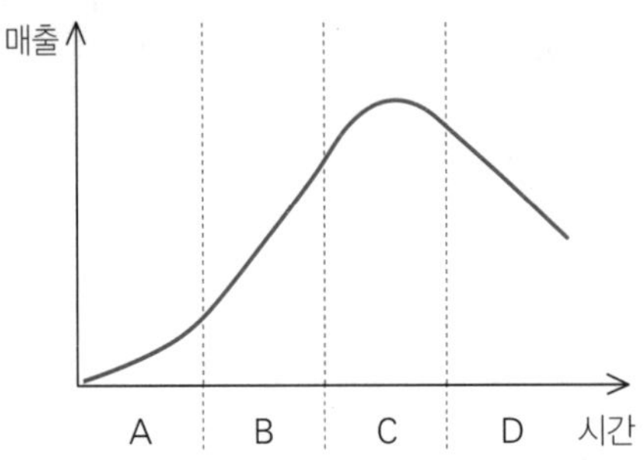

① 경쟁자가 급격히 증가하므로 시장점유율 확대에 주력해야 한다.
② 선택적 유통 경로를 활용해 가장 강력한 시장에만 집중해야 한다.
③ 브랜드와 부가서비스 다양화로 대체 구매 수요를 확보해야 한다.
④ 판매 감소에 따른 이익의 감소를 막기 위해 비용을 최소화해야 한다.
⑤ 적극적인 마케팅 활동으로 제품에 대한 소비자의 인지를 높여야 한다.

해설

제품수명주기란 제품이 시장에 진출한 시기부터 폐기되기까지의 과정을 말한다. 제품수명주기는 도입기, 성장기, 성숙기, 쇠퇴기의 단계로 구분되며, 기업은 단계별 특성에 따라 전략을 수립한다. 위 그림에서 A는 도입기, B는 성장기, C는 성숙기, D는 쇠퇴기를 나타낸다. 새로운 제품의 유통이 시작되는 도입기를 지나 시장이 확대되고 급격히 성장하는 성장기를 거치면, 성숙기에 접어든다. 이때, 시장은 포화상태에 이르러 많은 수의 경쟁자가 존재하며, 대부분의 소비자는 이미 제품을 인지하고 있다. 이 단계에서는 제품의 기능적 차별화를 달성하기 어려워지므로 가격 경쟁이나, 부가서비스 제공, 브랜드 다양화를 통한 대체 구매 수요를 확보하는 전략을 취해야 한다.

정답 ③

다음은 한화생명이 진행한 판매촉진 사례를 나타낸 것이다. 다음 중 (가)와 (나)에 대한 올바른 설명은?

(가) (나)

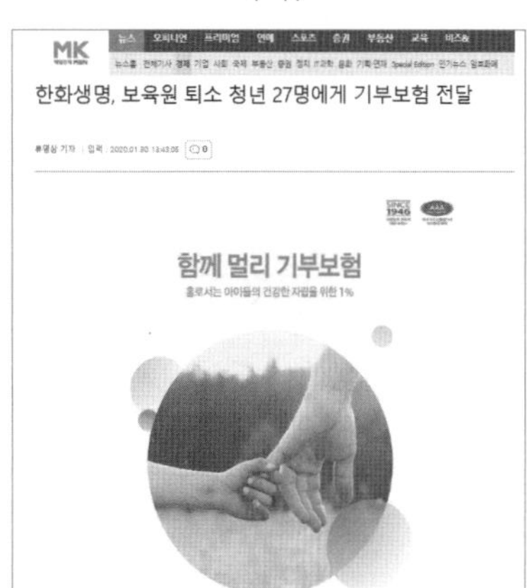

① (가)는 대중의 반응에 즉각적인 대응이 가능한 방식이다.
② (나)는 즉각적인 판매 증진 효과를 유발할 수 있는 방식이다.
③ (가)는 지역적으로 소비자들이 밀집된 경우 전달력이 높은 방식이다.
④ (나)는 기업이 아닌 매체 스스로 기업이나 제품 정보를 전달하는 방식이다.
⑤ (가)와 (나)는 메시지를 개인화함으로써 정확한 촉진효과 측정이 가능한 방식이다.

해설

마케팅믹스 중 프로모션(촉진)은 광고, PR, 판매촉진, 인적 판매, 직접 마케팅을 포함한다. (가)는 신문, 잡지, 온라인 등을 이용해 소비자에게 정보를 제공하는 광고 사례이고, (나)는 사회공헌적 이벤트를 통해 소비자와 우호적인 관계를 형성하는 PR 사례이다. 광고는 대표적인 유료 커뮤니케이션 활동으로, 소비자에게 정보를 제공하고 구매를 설득하는 등 영리적인 목적성이 강한 수단이다. TV, 신문, 온라인, 모바일 등의 매체를 통해 전파할 수 있으므로 지역적으로 소비자가 분산된 경우 전달력이 높다. 그러나 많은 비용이 소요되고, 일방적인 의사 전달로 소비자의 주의를 끄는 데 실패할 가능성이 있다. PR은 비영리적인 형태의 커뮤니케이션 활동으로, 기업이 직접 상품에 대한 정보를 제공하지 않는다. 대중 혹은 이해관계자들과 호의적인 관계를 형성하는 데 도움이 되는 우호적인 정보가 뉴스나 블로그 등에 노출되는 방식으로, 광고나 판매촉진 등과 결합하면 효율성을 극대화할 수도 있다. 기업이 즉각적인 판매 증진 효과를 의도했다면, 중간상이나 소비자를 대상으로 가격 할인, 묶음 할인, 사은품 증정 등의 판매촉진, 직접 마케팅 등을 하는 것이 적합하다.

정답 ④

기사를 읽고 CGV의 가격전략에 대한 적절하지 않은 설명을 고르면?

NEWS

CGV는 좌석·시간대별로 관람료를 세분화한 제도를 실시하고 있다. 좌석 위치는 이코노미존, 스탠더드존, 프라임존 세 단계로 나눠지며, 스탠더드존 기준으로 이코노미존은 1,000원 낮게, 프라임존은 1,000원 높게 책정했다. 앞쪽 좌석이 스크린에 가까워 관객 선호도가 낮음에도 동일한 관람료를 지불하던 기존 제도를 개선한 조치다.

① 유보 가격이 높은 고객 집단에는 낮은 가격의 좌석을 판매한다.
② CGV는 세분화 가격전략으로 더 많은 고객을 끌어 모을 수 있다.
③ 효과적인 전략 실행을 위해서는 가격별 물리적인 공간 분리가 필요하다.
④ 가격 민감도가 높은 고객 집단에 낮은 가격의 좌석을 판매하는 전략이다.
⑤ 스탠더드존 가격을 지불할 용의가 있는 고객층은 이 전략의 주요 타깃이 아니다.

해설

위 사례는 CGV가 고객을 세분화해 가격전략을 시행한 내용이다. 가격 민감도가 높은 고객 집단에는 낮은 가격인 이코노미존 좌석을 판매하고 유보가격이 높은 고객 집단에는 높은 가격의 좌석을 판매한다. 효과적인 전략 실행을 위해서는 가격별 물리적인 공간 분리를 통해 해당 좌석을 선택한 고객의 지불가격 대비 만족도를 높일 수 있다.

정답 ①

제품 A, B에 대한 올바른 분석으로 가장 거리가 먼 것은?

(A) (B)

① A제품은 전속적 유통 경로 전략을 추진하는 것이 판매에 효과적이다.
② 소비자들은 A제품의 가격이 관습 가격보다 비싸면 구매할 가능성이 낮다.
③ A제품은 계산대 옆과 같은 곳에 진열하는 것이 판매에 영향을 미칠 수 있다.
④ B제품은 푸시(push)전략보다 풀(pull)전략이 판매에 효과적이다.
⑤ 소비자들은 B제품을 구매할 때 포괄적 문제해결 행동을 할 것이다.

해설

전속적 유통 경로는 일정 상권 내에서 한 개 또는 소수의 중간상에게 자사 제품만을 취급하는 독점권을 부여하는 것으로 전문품, 고가의 상품 등에 효과적이다. 관습 가격은 시장에서 제품 가격이 오랜 기간 고정돼 있어 소비자가 일반적이라고 느끼는 가격이다. 기업의 책정 가격이 관습 가격보다 높으면 매출이 감소할 수 있다. 푸시 전략은 소비자의 상품에 대한 충성도가 낮은 경우, 상품 선택이 구매 현장에서 결정되는 경우, 충동구매가 자주 나타나는 상품일 때 효과적이다. 일반적으로 A제품은 저가 제품으로 저관여, B제품은 고가 제품으로 고관여 제품에 해당한다. 소비자는 저관여 제품에 대해 일상적 반응행동을 보이며, 고관여 제품에 대해 포괄적 문제해결을 한다.

정답 ①

A사는 인스턴트 라면 시장에 진출하기 위해 시장 조사를 실시하여 아래의 (다)를 표적시장으로 선정했다. 다음 중 A사가 수행한 전략에 대한 올바른 설명은?

(가) 기름에 튀긴 유탕면을 사용한 고칼로리 라면	(다) 반만 익힌 숙면을 사용한 저칼로리 라면
(나) 익혀 말린 호화건면을 사용한 고칼로리 라면	(라) 반죽을 말린 건면을 사용한 저칼로리 라면

① 규모의 경제 효과 극대화로 비용 효율성을 높일 수 있다.
② 마케팅 비용을 절감할 수 있어 규모가 작은 중소기업에 효과적이다.
③ 표적시장에 맞는 차별화 마케팅을 통해 다양한 소비자들의 욕구 충족에 효과적이다.
④ 시장을 제품 속성과 편익을 기준으로 세분화해 환경 변화의 영향을 최소화할 수 있다.
⑤ 표적시장 선정 시 경쟁자가 많더라도 시장 규모가 큰 시장을 선택해야 성공 가능성이 크다.

해설

시장 세분화는 특정 제품에 대해 이질적 욕구를 가진 소비자가 포함된 전체 시장을 욕구, 태도, 의견, 행동 등에서 동질성을 가지는 소비자로 묶어 시장을 나누는 과정을 말한다. 위 사례에서 A사는 전체 라면시장을 제품 속성(면 상태)과 편익(칼로리)을 기준으로 세분화했다. (가)~(라)의 세분시장 가운데 (다)를 표적시장으로 선정했으므로, 해당 시장에만 집중하는 집중화 마케팅 전략을 수행할 것이다. 이러한 전략은 표적시장에 맞는 단일한 마케팅믹스를 수행하기 때문에 비용 효율성이 높아 자원이나 역량이 적은 중소기업에 효과적이다. 한편, 표적시장을 선정할 때 접근 가능성, 규모, 측정 가능성, 차별적 반응 등을 고려해야 성공 가능성을 높일 수 있다. 시장 규모가 크더라도 경쟁자가 많다면 매출을 창출하기 어렵다. 또한, 전체 시장을 타깃으로 하지 않기 때문에 규모의 경제 효과를 높이기는 어렵다.

정답 ②

K리그 축구팀 A구단의 홈페이지 화면이다. 다음 중 A구단의 멤버십 정책에 대한 올바른 설명으로 가장 거리가 먼 것은?

A구단

알림

K리그 개막을 맞이해 멤버십 회원을 모집합니다. 멤버십 회원은 홈경기 관람을 비롯해 다양한 추가 혜택을 누릴 수 있습니다. 다만, 기존 단일 등급제에서 연회비와 혜택에 따라 세분화한 멤버십 등급제를 시행하오니 참고 바랍니다. 개편된 멤버십 등급에 대한 내용은 아래와 같습니다.

멤버십 등급제 개편 안내

등급	연회비
엔젤 등급	5만원
실버 등급	10만원
골드 등급	25만원
플래티넘 등급	40만원

① 소비자들의 유보 가격이 높을수록 효과적이다.
② 소비자들의 등급별 수요가 동일할수록 효과적이다.
③ 소비자들의 가격 민감도가 서로 다를 때 효과적이다.
④ 등급별 혜택의 내용과 규모에 차이가 존재할 때 효과적이다.
⑤ 기존 회원들이 지난해 지불했던 연회비가 많을수록 효과적이다.

해설

A구단은 멤버십 등급제를 시행해 연회비를 차별화함으로써 이익을 증대시키려는 전략을 실시하고 있다. 이러한 가격 차별전략은 소비자가 지불할 수 있는 최대 금액인 유보가격이 높을수록 효과적이다. 유보가격이 높아야 기존 연회비 10만원보다 높은 금액을 지불해야 하는 골드나 플래티넘 등급의 멤버십에 가입할 것이기 때문이다. 이때, 멤버십 등급별로 제공되는 추가 혜택의 내용과 규모가 서로 달라야 효과적이다. 또한, 소비자가 멤버십 등급에 따라 차별적인 수요를 가질 때 가격 차별전략이 효과적으로 작용한다. 한편, 기존 멤버십 회원들은 자신들이 지난 시즌 지불했던 연회비를 준거 가격으로 새로운 등급제를 판단하게 된다. 이때, 준거 가격이 높을수록 가격에 대한 소비자의 민감도가 낮아진다. 따라서 지난 연회비가 높은 경우 가격이 많이 상승해도 회원들의 저항이 크지 않게 된다. 정답 ②

다음 중 브랜드 제휴의 장점에 해당하지 않는 것은?

① 제품의 브랜드 인지도를 높일 수 있다.
② 공동 마케팅을 통한 마케팅 비용을 절감할 수 있다.
③ 기업 규모의 확대에 따른 규모의 경제를 달성할 수 있다.
④ 긍정적 이미지를 보유한 브랜드와 제휴 시 긍정적 브랜드 연상을 소비자에게 전달할 수 있다.
⑤ 시장에 신규로 진입할 때, 기존 시장의 브랜드 로열티가 높은 기업과의 제휴 시 신제품에 대한 위험을 낮출 수 있다.

해설

브랜드 제휴를 통해 제품에 대한 브랜드 인지도를 높일 수 있으며, 공동 마케팅을 통한 시너지 효과와 더불어 마케팅 비용도 절감할 수 있다. 또한 소비자로 하여금 긍정적 브랜드 연상을 전달할 수 있으며, 새로운 시장 진입 시 상품에 대한 긍정적 인지도를 통해 진입 리스크를 낮출 수 있다. 정답 ③

다음 중 제조업자나 최종 소비자들이 중간상 또는 유통망을 통해서 거래할 경우 가질 수 있는 이점으로 가장 적절하지 않은 것은?

① 제조업자는 내부 역량을 핵심 업무에 더 집중할 수 있다.
② 제조업자는 최종 소비자들과 거래하는 총 수를 줄일 수 있다.
③ 제조업자는 최종 소비자들이나 경쟁자들에 대한 정보를 획득할 수 있다.
④ 최종 소비자들은 구매 과정에서 시간이나 장소, 소유의 효용을 얻을 수 있다.
⑤ 제조업자는 최종 소비자들에게 일관된 정보와 커뮤니케이션을 제공할 수 있다.

해설

중간상은 제조업자와 최종 소비자 사이에서 거래 기능과 소비자의 거래를 촉진하는 기능, 그리고 소비자와 경쟁 상품에 관한 정보를 제조업자에게 전달하거나 소비자에게 정보를 제공하는 기능을 한다. 제조업자가 직접 최종 소비자에게 판매하지 않고 중간상을 활용함으로써 제조업자의 총 거래 수가 줄어들고, 자사의 업무를 분업할 수 있다. 그뿐만 아니라, 자사의 역량을 핵심 업무에 더 집중할 수 있는 이점이 있다. 소비자의 경우 중간상을 통해 거래함으로써 시간, 장소, 소유에 있어서 효용을 갖게 된다. 그러나 기업이 직접 최종 소비자에게 상품을 전달하거나 커뮤니케이션을 할 수 없기 때문에 중간상의 성격이나 역할에 따라서 최종 소비자에게 전달되는 내용이나 커뮤니케이션이 달라질 수 있다는 한계가 있다. 즉, 일관된 정보와 커뮤니케이션을 제공하기 어렵다.

정답 ⑤

다음 기사에서 동국제약이 추진한 마케팅전략의 근거가 되는 소비자 행동적 특징으로 가장 적절한 것은?

NEWS

인사돌, 마데카솔 등으로 유명한 동국제약은 소비자 만족도 조사에서 대상을 수상하는 등 소비자로부터 우수한 평가를 받고 있다. 지난 2월 동국제약은 약국 전용 구강케어 브랜드를 론칭하고, 잇몸관리 전문 치약인 인사덴트닥터를 출시했다. 이는 잇몸약 인사돌 브랜드에 구강제품을 묶은 번들 마케팅(Bundle Marketing)전략으로 향후 다양한 구강제품을 순차적으로 선보일 계획이다. 인지도가 높고 평판이 좋은 기존 브랜드와의 매칭은 동국제약의 매출 증대에 기여할 것으로 보인다.

① 후광(Halo)효과
② 최근(Recency)효과
③ 바넘(Barnum)효과
④ 투사(Projection)효과
⑤ 빈발(Frequency)효과

해설

후광효과는 사물이나 사람을 평가할 때 나타나는 오류를 일컫는 심리학 용어로, 어떤 사물이나 사람에 대한 일반적인 견해가 그 대상의 구체적인 특성을 평가하는 데 영향을 미치는 현상을 말한다. 마케팅에서는 주로 제품이나 브랜드 등에 대한 소비자의 태도 그리고 평가와 관련해 나타난다. 위 기사에서 동국제약은 잇몸약 전문 브랜드로서 인사돌이 갖는 평판을 이용해 구강제품으로 시장을 확장하고 있으므로 소비자의 후광효과를 근거로 전략을 시행한 사례에 해당한다.

정답 ①

다음 기사를 읽고 해당 제품의 특징과 미쉐린코리아가 실시하고 있는 전략을 올바르게 추론한 내용과 가장 거리가 먼 것은?

NEWS

미쉐린코리아는 제품 구매 후 불만족 시 100% 환불해주는 '고객만족 프로그램'을 실시한다고 밝혔다.

… (중략) …

제품을 구매한 고객이 사용 후 만족하지 못하면 50일 이내에 100% 환불해주는 프로그램이다. 미쉐린코리아 측은 "지난해 큰 관심을 모았던 고객만족 프로그램의 30일 체험 기간을 올해는 50일로 확장했다"고 설명했다.

① 구매 후 인지부조화를 줄일 수 있는 전략이다.
② 소비자의 구매 후 행동에 영향을 미치는 전략이다.
③ 촉진전략에서 인적 판매의 중요성이 부각되는 제품이다.
④ 다양성을 추구하는 소비자 구매 행동에 효과적인 전략이다.
⑤ 구매 의사결정을 내리는 데 많은 시간과 노력이 투자되는 제품에 효과적인 전략이다.

해설

제품 구매 후 불만족(구매 후 인지부조화)을 감소시키기 위한 전략으로 고객만족 프로그램을 실시하고 있다. 구매 후 인지부조화가 나타나는 제품은 고관여 제품으로, 구매 의사결정이 복잡하며 포괄적인 문제해결 프로세스를 가진다. 고관여 제품에 대해서는 직원이 직접 기능과 특성을 상세히 알려주며 즉각적인 피드백이 가능한 인적 판매가 중요시된다. 구매하는 제품에 대해 관심도가 낮을 때, 즉 관여도가 낮을 때 습관적 구매 행동이나 여러 브랜드 제품을 구매해 사용하는 다양성 추구의 구매행동을 한다. 정답 ④

국가공인
매경TEST

경영

6

회계

경영
—
1

회계의 의의

회계의 정의

회계란 한 경제 주체가 그동안의 성과가 좋았는지, 지금 현재 재무 상태는 어떤지를 보여주는 일련의 과정이다. 즉 회계는 기업 재무 흐름의 과정이자 경영의 언어로 기업의 거래 활동을 측정해 내외부 정보 이용자에게 유용한 정보를 제공한다.

회계의 분류

회계정보는 보고 목적과 정보이용자 특성에 따라 재무회계, 원가·관리회계, 세무회계로 나뉜다. 회계정보의 이용자가 주주나 채권자 등 주로 외부 정보이용자일 경우 재무회계, 경영자나 임직원 등 내부 정보이용자일 경우 원가·관리회계, 세무 당국일 경우 세무회계로 구분한다.

회계의 분류

구분	재무회계	원가·관리회계	세무회계
목적	외부 정보이용자의 경제적 의사결정에 유용한 정보 제공	내부 정보이용자의 경제적 의사결정에 유용한 정보 제공	기업회계기준에 따라 측정된 이익을 세법 규정에 따라 과세소득 측정
보고 대상	외부 정보이용자 (주주, 채권자, 소비자, 정부 등)	내부 정보이용자 (최고경영자, 부문경영자)	세무 당국
준거 기준	IFRS or GAAP	일반 기준 ×	세법
보고 수단	재무제표	일정한 형식 없음	법인세 소득세 등 세무조정계산서
특징	과거 정보의 집계와 보고	미래와 관련된 정보 위주	과거와 현재 정보

1 재무회계Financial Accounting

주주나 채권자, 정부와 같은 외부 정보이용자의 의사결정에 유용한 회계정보를 제공하기 위한 목적으로 하는 회계를 말한다.

2 원가·관리회계Cost & Management Accounting

기업의 내부 이해관계자인 경영자가 기업의 전략 수립 등과 같은 의사결정에 유용한 정보를 제공하는 것을 목적으로 하는 회계를 말한다. 원가관리, 예산관리, 투자 의사결정, 성과평가 등과 같은 기업 내부의 의사결정과 관련돼 있다.

3 세무회계Tax Accounting

기업은 사업연도마다 과세소득을 신고해 법인세를 납부해야 하며 재화와 용역(서비스)을 사고팔 때 부가가치세를 내야 한다. 세무신고를 적절히 수행하고 세법에 따라 기업의 과세소득을 계산하는 회계다. 기업회계기준과 세법에 근거한 각 과세소득의 차이에 대해 세무조정을 한다.

국제회계기준

국제회계기준International Financial Reporting Standard·IFRS은 국제적으로 통일된 회계기준으로 이 기준을 적용하면 국가 간 회계정보를 비교하기가 유용하다. 국가마다 상이한 회계정보의 보고에 대한 규제가 표준화될 수 있어 기업의 교차상장Cross border Listing 부담이 감소돼 자본시장의 국제화 수준을 더 높일 수 있다.

재무회계 개념 체계 구조

» **재무제표의 목적** 유용한 정보 제공.

① 재무제표 작성에 필요한 기본 가정: 계속기업, 발생주의.

② 유용한 재무제표가 되기 위한 질적 특성.

㉠ 근본적 질적 특성: 목적적합성, 표현충실성.

㉡ 보강적 질적 특성: 비교가능성, 검증가능성, 적시성, 이해가능성.

③ 재무제표 요소의 정의, 인식, 측정.

㉠ 재무제표 요소: 자산, 부채, 자본, 수익, 비용.

㉡ 인식과 측정: 인식은 장부에 기록하는 것, 측정은 화폐금액을 부여하는 것.

④ 정보이용자에게 재무제표 제공.

재무제표 작성에 필요한 기본 가정

계속기업Going Concern(↔청산기업)

재무제표는 기업이 영업을 계속할 것이라는 가정 아래 작성해야 한다. 계속기업이 가정되지 않으면 재무제표 자체가 의미가 없고 외부감사인도 감사의견을 낼 필요가 없어진다. 또한 유형자산을 감가상각할 필요도 없게 된다. 이렇게 되면 유형자산의 가치는 청산할 때 매각하거나 고물상에 팔아서 받을 수 있는 금액으로 바꿔야 할 것이다. 또한 기업이 청산할 것을 가정하면 자산과 부채를 유동항목과 비유동항목으로 구분하는 것도 의미가 없어진다.

이런 이유로 감사보고서에도 해당 기업에 무언가 중대한 문제가 있다는 것을 '계속기업 가정이 의심된다'라고 표현한다.

발생주의

발생주의 회계Accrual-basis Accounting는 현금의 유입·유출과 관계없이 당해 거래나 사건이 발생한 시점, 즉 수익과 비용이 발생한 시점에서 인식한다. 현금주의와 달리 현금 유출·유입을 동시에 수반하지 않는 거래나 사건을 인식함으로써 기업의 자산과 부채의 변동에 보다 정확한 정보를 제공하게 된다.

발생주의와 현금주의

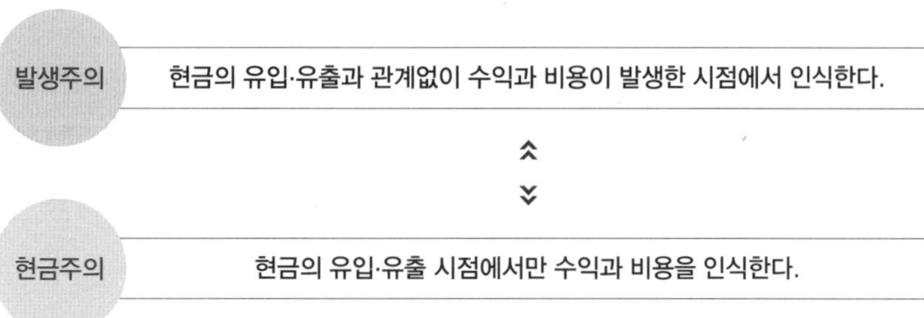

발생주의
현금의 유입·유출과 관계없이 수익과 비용이 발생한 시점에서 인식한다.
현금주의
현금의 유입·유출 시점에서만 수익과 비용을 인식한다.

유용한 재무제표가 되기 위한 질적 특성

질적 특성이란 재무제표를 통해 제공되는 정보가 이용자에게 유용하기 위해 갖추어야 할 속성을 말한다. 근본적으로 유용한 회계정보가 되기 위해서는 목적적합성과 표현충실성이 있어야 한다. 또한 재무제표 정보가 이용자에게 정보를 쉽게 이해할 수 있도록 이해가능성이 있고 기업의 기간별 또는 기업 간 정보를 비교할 수 있도록 비교가능성이 요구된다. 동시에 적시성과 검증가능성이 있으면 재무제표 유용성이 보강된다.

6-1

다음 중 회계정보가 유용하기 위해 갖춰야 할 질적 특성에 해당하지 않는 것은?

① 공시성 ② 표현충실성
③ 목적적합성 ④ 비교가능성
⑤ 이해가능성

【해설】
재무제표의 질적 특성은 재무제표의 정보가 정보이용자의 의사결정에 유용한 정보가 되기 위해 갖춰야 할 속성을 말한다. 재무정보는 목적에 부합(목적적합성)해야 하고 현상을 충실히 표현하는 표현충실성이 있어야 한다. 또한, 목적적합성과 표현충실성을 갖춘 정보가 기업 간 또는 기간별 비교가 가능해야 하고 적당한 수준의 지식으로도 이해할 수 있어야 한다.

정답 ①

재무제표 요소의 정의, 인식 그리고 측정

재무제표 요소의 정의

재무제표는 거래에 따른 재무적 영향을 특성에 따라 분류해 나타내는데 그 분류를 재무제표의 요소라고 한다. 재무상태표의 요소는 자산·부채·자본이며 포괄손익계산서의 요소는 수익과 비용이다. 자본변동표나 현금흐름표는 일반적으로 재무상태표나 포괄손익계산서 요소를 반영하므로 별도로 식별하지 않는다.

재무상태표 요소(자산·부채·자본)

1 자산Asset

과거 사건의 결과로 기업이 통제하고 있고 미래 경제적 효익이 기업에 유입될 것으로 기대되는 자원이다.

예: 현금, 매출채권, 재고자산, 유형자산, 무형자산 등.

2 부채Liabilities

과거 사건에 의해 발생했으며 경제적 효익이 내재된 자원이 기업으로부터 유출됨으로써 이행될 것으로 기대되는 현재 의무다.

예: 매입채무, 미지급금, 차입금, 사채 등.

3 자본Equity

기업의 자산에서 부채를 차감한 잔여지분으로 순자산 또는 자기자본이라고도 한다. 소유주에게 귀속되어야 할 몫을 나타내기 때문에 소유주 지분이라고도 부른다.

손익계산서 요소

1 수익Profit, Revenue, Sales

기업의 경영활동과 관련된 재화의 판매 또는 용역(서비스) 제공 등에 대한 대가로 발생하는 자산 유입 또는 부채 감소를 말한다. 지분참여자에 의한 출연(자본금)과 관련된 자본거래는 제외한다.

예: 매출액, 용역이익, 임대수익, 이자수익 등.

[2] 비용Expense

기업이 특정 기간의 수익을 창출하기 위해 소비한 경제적 자원의 금액을 말하며 재화와 용역(서비스)의 제공을 위해 기업이 소비한 금액이 가장 전형적인 형태의 비용이다.

예: 매출원가, 판매비, 급여 등.

[3] 이익Earnings, Income

수익에서 비용을 차감한 최종적인 이윤을 의미한다.

인식과 측정

인식Recognition은 기업의 여러 활동 중에서 회계 기록의 대상이 되는 거래 활동을 식별하는 것이다. 측정Measurement은 회계거래 활동에 대해 구체적인 화폐금액을 부여하는 것을 말한다. 회계의 측정 대상은 기업의 경영활동이다. 기업의 모든 경영활동이 객관적으로 측정돼 화폐금액으로 기록되는 것은 아니다. 어떤 경영활동은 기업에 매우 중요하고 큰 영향을 줄 수 있지만 객관적으로 측정하고 기록하기 어려워 회계 기록의 대상이 되지 않는다.

회계정보의 신뢰성 제고 수단

회계감사

기업의 재무제표가 회계기준에 따라 작성됐다고 하더라도 제3자인 외부감사인이 객관적으로 기준에 따라 제대로 작성됐는지 검증해야 한다. 이들은 전문가적인 자격을

감사보고서를 볼 때 알아둬야 할 것

- **적정의견**: 기업의 재무제표가 회계기준에 위배되지 않고 적정하게 작성되었을 때의 감사의견
- **한정의견**: 회계기준에 위배된 사항이 있긴 하나 재무제표 전반에 미치는 영향이 중대하지 않으며 위배 사항을 제외한 나머지는 적정하게 작성되었을 때의 감사의견
- **부적정의견**: 회계기준에 위배된 사항이 재무제표에 미치는 영향이 중요하여 전체적으로 봤을 때 재무제표가 잘못 작성되었을 때의 감사의견
- **의견거절**: 외부감사인이 감사를 할 때 충분한 합리적 증거를 얻지 못하여 재무제표 전체에 대한 의견 표명이 불가능한 경우 또는 감사를 수행함에 있어 독립성이 결여됐을 때의 감사의견

감사보고서 제대로 활용하기(금감원 금융꿀팁)

- **금감원 전자공시시스템(DART)에서 확인 가능**: 감사보고서란 회사의 재무제표가 공정하게 작성되었는지 감사인의 의견을 담은 보고서로 전자공시시스템(http://dart.fss.or.kr)에서 확인할 수 있음.
- **감사인의 '적정의견'과 기업 재무건전성은 별개**: 감사인의 적정의견은 기업 재무제표가 회계기준에 따라 적정하게 표시된 것을 의미할 뿐, 그 기업의 재무상황이 탄탄한 기업이라고 한 것은 아님.
- **감사보고서의 '강조사항' 기재 내용 확인은 필수**: 계속기업 가정, 소송 내용 등 중대한 불확실성이 있는지, 특수관계자와의 중요한 거래, 영업환경의 변경 등의 내용을 살펴봐야 함.
- **계속기업 불확실성 언급 회사 특히 유의**: 계속기업 불확실성이 감사보고서에 언급되었다면 상장폐지 가능성이 크니 주의해야 함.
- **수주산업 영위회사 '핵심 감사사항(KAM)' 확인**: 조선업, 건설업은 핵심감사제를 실시함. 재무제표에서 특별한 주의가 요구되는 분야(진행 기준 수익인식, 미청구공사 변동액)를 핵심 감사사항으로 감사보고서 강조사항에 기재. 수주산업은 긴 기간에 걸쳐 손익을 인식해 '추정'요소가 많으므로 주의해야 함.
- **재무제표 '주석'은 숨은 진주**: 우발부채(제3자에 지급보증한 내역, 법정 다툼에서 패소했을 때 예상손실금액 등), 특수관계자 거래(특수관계자와의 거래, 채권·채무 잔액 등)와 같이 회사의 재무 상태에 영향을 미칠 수 있는 사항들이므로 주석을 꼼꼼하게 살펴볼 필요 있음.

갖추고 독립성을 유지하며 정당한 주의Due Professional Care를 다해 감사 의견을 제시할 의무가 있다. 외부감사법에 따르면 외부감사인의 독립성 유지를 위해 외부감사인이 기업의 재무제표를 작성하거나 재무제표 작성에 자문을 줄 수 없다.

경영
—
2

재무제표의 이해

재무제표Financial Statement는 기업의 재무정보를 함께 모아놓은 표다. 재무제표 종류로는 재무상태표, 포괄손익계산서, 자본변동표, 현금흐름표, 주석이 있다. 주석은 회사 경영 전반에 대한 추가 정보와 재무 수치 산출에 대한 내용을 담고 있어 정보이용자들은 주석을 꼼꼼히 살펴볼 필요가 있다.

한국 채택 국제회계기준(K-IFRS)에서의 재무제표 5가지

① 재무상태표 ② 포괄손익계산서 ③ 자본변동표 ④ 현금흐름표 ⑤ 주석

예제 6-2

다음 중 한국 채택 국제회계기준(K-IFRS)의 주 재무제표에 해당하지 않는 것은?

① 재무상태표 ② 자본변동표
③ 현금흐름표 ④ 포괄손익계산서
⑤ 이익잉여금 처분계산서

【해설】

재무제표는 재무보고의 수단으로 한국 채택 국제회계기준의 주 재무제표는 재무상태표, 자본변동표, 현금흐름표, 포괄손익계산서, 주석이다.

정답 ⑤

재무상태표

재무상태표Statement of financial position는 기업이 일정 시점에 보유하고 있는 경제적 자원인 자산과 자산을 얻기 위해 채권자(부채)와 주주(자본)로부터 받은 자금조달의 구성 상태를 나타내기 위해 작성하는 재무보고서이다.

재무상태표는 자산·부채·자본으로 구성되어 있다. 재무상태표에는 기업이 보유하고 있는 자산의 현황을 왼쪽에 표시하고 자산에 대한 자금조달 원천인 부채와 자본을 오른쪽에 나타낸다. 부채는 채권자 지분Creditor's Equity, 자본을 소유주 지분Owner's Equity이라고 한다. 재무상태표에서 자산은 부채와 자본의 합계액과 항상 일치한다. 기업이 보유하고 있는 자산은 주주나 채권자로부터 조달되기 때문에 항상 일치할 수밖에 없다. 이러한 관계를 나타낸 것을 회계등식 또는 재무상태표 등식이라고도 한다.

자산 (기업이 보유하고 있는 자원)	=	부채 (채권자 지분)	+	자본 (소유주 지분)

재무상태표의 구성 항목

회계에서는 미리 현금을 지불했지만 거래 기업으로부터 물건을 인도받지 못할 경우 향후 받을 권리로 보고 자산으로 기재한다. 대표적으로 매출채권이나 선급금이 자산에 해당한다. 미리 상대 기업으로부터 받은 돈은 향후 재화나 대가를 지불해야 하므로 부채로 분류하며 대표적으로 매입채무나 미지급금, 선수금이 이에 해당한다.

1 자산Asset

자산이란 과거 사건의 결과로 기업이 통제하고 있고 미래 경제적 효익이 기업에 유입될 것으로 기대되는 자원이다. 자산은 1년 내에 현금화가 가능한지 여부(유동성)에 따라 유동자산과 비유동자산으로 구분해 표시한다.

재무상태표 (12월 31일 말 기준)

ABC㈜ 20X1년 12월 31일 현재 (단위: 백만원)

자산		부채	
유동자산	5,880	유동부채	2,500
현금과 현금성자산	5,000	매입채무	1,000
매출채권	300	미지급금	300
단기유가증권	100	단기차입금	500
미수금	50	선수금	500
선급금	30	예수금	100
재고자산	400	유동성장기부채	100
비유동자산	3,500	비유동부채	1,000
투자자산	1,850	장기차입금	200
-유가증권	600	사채	300
-투자부동산	1,000	퇴직급여충당부채	500
-장기대여금	250	**부채 총계**	**3,500**
유형자산	1,250	자본	
-건물	1,000	자본금	1,000
-건설 중인 자산	40	자본잉여금	500
-기계	210	자본조정	280
무형자산	400	기타포괄손익누계액	100
-영업권	100	이익잉여금	4,000
-산업재산권	300	자본 총계	5,880
자산 총계	9,380	부채와 자본 총계	9,380

1 유동자산Current Assets

유동자산은 현금 또는 1년 이내의 기간에 현금화되거나 사용되어 소모될 자산들을 말한다. 1년 이내에 실현되지 않더라도 재고자산이나 매출채권과 같이 정상영업주기(1년)의 일부로서 판매 또는 실현되는 자산은 유동자산으로 보고한다. K-IFRS에서는 유동성이 높은 순서대로 배열하도록 하고 있다. 유동자산의 종류로는 다음과 같이 다섯 가지가 있다.

» **현금과 현금성 자산** 현금성 자산이란 현금으로 전환이 용이하고 이자율의 변동에 따

매출채권과 대손충당금

매출채권은 말 그대로 물건을 외상으로 팔았지만 아직 받지 못한 돈으로 나중에 받을 돈이다. 매출채권이 많으면 무조건 좋을까? 그렇지 않다. 매출채권은 받을 돈이지 아직 통장에 입금된 돈이 아니다. 매출채권을 빨리 회수해서 회사의 통장으로 현금이 들어와야 좋다. 매출이 줄었는데 매출채권은 오히려 늘었다면 매출채권 회수에 문제가 생겼다는 것이다. 매출채권과 불가피한 계정과목이 있다. 바로 대손충당금이다. 대손은 못 받을 돈이다. 못 받을 돈을 대비해 쌓아놓는 적립금이다. 예를 들어, 거래한 회사에서 받을 매출채권 1,000만원이 있을 때 경험상 30만원을 받지 못했다면, 매출채권의 3%를 대손충당금으로 설정하는 것이다. 그러나 해당 회사가 파산한다면 매출채권 1,000만원은 받을 수 없으므로 미리 쌓아놓은 30만원을 제외한 970만원을 대손충당금에 쌓아서 대손충당금(자산 차감 계정) 1,000만원과 대손상각비(비용 계정) 1,000만원을 상계 처리한다. 즉, 매출채권을 회수하지 못하면 회사에는 비용이 발생한다.

른 가치변동 위험이 크지 않은 금융상품으로서, 취득 당시 만기 3개월 이내인 자산을 말한다.

» **매출채권**　기업이 고객에게 제품을 외상으로 판매할 때 발생하는 채권을 말한다. 신용의 형태에 따라 외상매출금과 받을 어음으로 구성된다. 외상매출금은 고객에게 외상으로 상품을 판매하거나 용역을 제공해 발생하는 채권으로 회수기간이 짧으며 서류로 채권을 확보하지 않는다. 반면 받을 어음은 외상거래를 통해서도 발생할 수 있지만 제3자에게 돈을 빌려주고 이에 대한 증명서로서 어음을 받기도 한다. 실무에서는 외상매출금과 받을 어음을 구분하지만 재무상태표에 공시할 때는 두 계정을 통합해 매출채권계정으로 표시한다.

» **유가증권**　주식이나 채권과 같이 유가증권 형태를 갖고 있는 금융상품이다. 주식과 같은 금융상품을 지분형 금융상품 또는 주식형 금융상품이라 부르고 채권을 채무형 금융상품 또는 채권형 금융상품이라 부른다. 자금을 조달하는 기업 입장에서 지분형 금융상품은 자본으로, 채무형 금융상품은 부채로 기록된다. 반면 이러한 금융상품을 취득한 기업은 자산으로 기록한다.

» **선급금**　거래의 이행을 확실히 하기 위해 상품 인도가 이뤄지기 전 대금 일부를 계약

금 명목으로 선 지급한 금액을 말한다.

» **재고자산** 기업이 정상적인 영업활동 과정에서 생산 또는 판매를 목적으로 보유하고 있는 자산을 말한다. 재고자산은 기업이 어떤 사업을 하는지에 따라 다르다. 제조회사는 완성품인 제품, 생산 중인 재공품, 생산을 위한 원재료 등의 재고자산을 보유한다. 한편, 백화점이나 대형 마트처럼 도소매업을 하는 회사는 재판매를 위해서 상품을 재고자산으로 보유한다.

2 비유동자산Non Current Assets

비유동자산은 투자자산, 유형자산, 무형자산이 있다.

» **투자자산** 장기적인 투자수익을 목적으로 보유하는 채권·주식 등의 금융자산, 영업활동에 사용되지 않는 투자부동산, 다른 기업에 대한 중대한 영향력 행사나 지배를 목적으로 장기간 보유하는 주식(관계기업 투자주식)이 포함된다. 투자자산은 기업의 고유한 영업 목적에 사용되지 않는다는 점에서 유형자산과 구분되며 장기적으로 보유하고 있다는 점에서 단기투자 목적의 유동자산과도 구분된다.

» **유형자산** 기업이 영업활동에 사용할 목적으로 장기간에 걸쳐 보유하는 물리적 실체가 있는 자산이다. 토지, 건물, 구축물, 기계장치, 건설 중인 자산 등이 있다. 유형자산은 장기간에 걸쳐 사용하거나 기간의 경과로 그 가치가 감소하므로 감가상각이라는 절차에 따라 비용화해야 한다. 단, 토지는 사용으로 가치가 감소하지 않으므로 감가상각하지 않는다.

» **무형자산** 영업활동에 사용하기 위해 기업이 보유하고 있는 것으로 물리적 실체는 없지만 식별 가능하고 기업이 통제하고 있으며 미래 경제적 효익이 있는 자산이다. 특허권, 저작권, 영업권, 개발비 등이 있다. 자가 창출한 영업권은 무형자산으로 인정하지 않고 합병이나 영업양수와 같은 사업결합의 경우 유상으로 취득한 부분만을 무형자산으로 인정한다. 또한 K-IFRS 이후 영업권은 내용 연수를 결정하기 어려운 자산으로 상각은 하지 않되 손상 여부를 검토해 인식한다.

연구비와 개발비는 연구단계와 개발단계로 나누어서 생각해볼 수 있다. 연구단계에

유형자산과 감가상각비

빵을 만들어 판매하는 A사는 공장을 증축하고자 한다. 이때 건물 공사비가 40억원이라고 할 때 이 공사비를 어떻게 회계처리할까?

공사비를 지출한 시점에 모두 비용으로 처리할 경우 건물이 완공되자마자 40억원에 달하는 손실을 떠안고 시작해야 한다. 물론 제품 판매 등으로 수익이 발생하더라도 여러 해에 걸쳐 회수되므로 40억원의 공사비를 다 상환할 때까지 이 회사는 엄청난 적자에서 헤어나기 어렵다. 누적된 적자로 인해 자금조달이 어려워지면 파산할 수도 있다. 이런 문제를 해결하기 위해 사용하는 개념이 바로 '감가상각비'이다. 감가상각이란 유형자산의 가치가 시간의 경과에 따라 감소하는 것을 고려해 유형자산의 취득가액을 자산으로 회계처리한 후, 사용가능한 기간(내용 연수)에 따라 비용을 배분해 인식하는 회계처리를 말한다. 즉 건물을 취득한 데에 들어간 비용 40억원을 일단 '건물'이라는 유형자산으로 회계처리한 후 약 20년에 걸쳐 매년 일정한 금액을 감가상각비라는 계정과목으로 비용 처리한다. 매년 인식한 감가상각비는 '감가상각누계액'이라는 자산의 차감항목에 반영한다. 만약 건물을 20년간 나누어 정액법으로 감가상각할 경우에 매년 2억원(=40억원÷20년)의 가치감소분을 감가상각으로 반영하면 된다.

감가상각누계액 표시

구분	금액
건물 취득원가	40억원
감가상각누계액	(2억원)
회계연도말 장부가액	38억원

서는 미래 경제적 효익을 창출할 무형자산이 존재한다는 것을 제시할 수 없으므로 연구단계에서 발생한 지출은 발생 시점에서 비용으로 인식한다. 연구단계보다 더 진전된 개발단계에서는 기업이 기술적 실현 가능성의 입증을 포함한 여섯 가지 조건을 모두 충족하면 개발비라는 무형자산으로 인식한다. 여섯 가지 조건은 ① 사용 또는 판매하기 위해 무형자산을 완성시킬 수 있는 기술적 실현 가능성이 있음 ② 무형자산을 완성하여 사용 또는 판매하려는 기업의 의도를 제시할 수 있음 ③ 무형자산을 사용 또는 판매할 수 있는 능력이 있음 ④ 무형자산이 미래 경제적 효익을 창출하는 방법을 제시할 수 있음 ⑤ 무형자산의 개발을 완료하고 사용 또는 판매하는 데 필요한 기술적, 재정적 자원 등의 확보가능성을 제시할 수 있음 ⑥ 개발과정에서 발생한 무형자산 관련 지출을 신뢰성 있게 측정할 수 있음으로 되어 있다. 개발비와 연구비는 선택사항이 아니며 조건이 모두 충족되어야만 개발비라는 무형자산으로 인식한다.

예제 6-3

다음 중 기업을 인수·합병하는 과정에서 드러나는 영업 노하우, 인지도와 같은 무형자산을 설명하는 회계 계정과목은?

① 개발비　　② 영업권
③ 자본조정　　④ 산업재산권
⑤ 이익잉여금

【해설】
무형자산은 형태가 있는 유형자산과 달리 물리적 실체는 없지만 미래에 경영상 효익을 기대할 수 있는 자산을 말한다. 무형자산은 개발비, 영업권, 산업재산권 등이 있다. 영업권은 기업이 인수·합병하는 과정에서 그 회사의 경영권을 취득할 때 인수대상 기업의 순자산 이상의 이익을 낼 수 있을 거라 판단해 지급하는 무형자산이다. 자본조정과 이익잉여금은 재무상태표상 자본 항목에 있는 계정과목이다.

정답 ②

2 부채Liabilities

부채란 과거 사건에 의해 발생하였으며 경제적 효익이 내재된 자원이 기업으로부터 유출돼 이행할 것으로 예상되는 현재 의무다. 쉽게 말하면 부채는 남의 돈으로 언젠가 갚아야 할 돈이다. 부채는 상환기일을 기준으로 유동부채와 비유동부채로 분류할 수 있다.

1 유동부채Current Liabilities

유동부채는 1년 이내에 상환일이 도래하는 부채로 매입채무, 단기차입금 등이 있다.

» **매입채무**　상품이나 원재료를 외상으로 매입한 경우 나중에 지급해야 하는 의무로 일반적인 상거래에서 발생하는 채무다.

» **단기차입금**　상환기한이 1년 이내인 차입금을 말한다. 기업이 금융기관에서 1년 이내의 단기간 자금을 차입해 사용하는 경우 단기차입금으로 분류된다.

» **미지급금** 기업의 영업활동과 직접적으로 관련이 없는 거래에서 발생하는 단기 채무를 말한다. 미지급 유형자산 구입대금 등이 해당한다.

» **선수금** 상품을 인도하기 전에 계약금 명목으로 결제대금 일부를 미리 받은 금액을 말한다. 선수금을 현금으로 미리 수령했더라도 상품이 판매할 기업에 인도되지 않았으므로 매출 아닌 부채로 기록한다.

» **예수금** 일반적인 상거래 이외에서 발생하는 현금 수령액 중에서 일시적으로 보관했다가 제3자에게 다시 지급해야 하는 금액을 말한다. 예를 들면 기업이 종업원에게 급여를 지급하면서 소득세나 건강보험료 등을 공제해서 보유(예수)하고 있다가 세무서(소득세)와 국민건강보험공단(건강보험료)에 납부하는 항목이다.

» **미지급비용** 당기에 발생한 비용 중에서 아직 현금으로 지급하지 않은 채무를 말한다. 미지급 급여, 미지급 이자 등 여러 경비성 미지급 금액이 포함된다.

» **유동성장기부채** 비유동부채인 사채나 장기차입금 등으로 분류된 항목 중에서 1년 이내에 상환기일이 도래하는 금액을 유동부채로 재분류한 차입금이다. 예를 들면, 5년물 사채는 비유동부채로 분류하지만 4년째 되는 해부터는 만기일이 1년 이내에 도래하므로 유동부채로 재분류된다.

2 비유동부채Non Current Liabilities

» **사채** 다수의 일반투자자로부터 거액의 장기자금을 조달하기 위해 채권이라는 유가증권을 발행해 부담하는 채무를 말한다.

» **장기차입금** 금융기관 등에서 차입한 자금으로 상환기간이 1년 이상인 채무를 말한다.

» **충당부채** 당기 수익에 대응하는 비용으로 장래에 지출될 것이 확실하나 금액이나 지출 시기 혹은 지출 대상이 확정되어 있지 않은 부채다. 대표적인 사례로 제품보증충당부채가 있다. 예를 들어 자동차회사가 구매자에게 일정 기간 제품을 보증하면 자동차를 이미 판매했지만 미래에 제품 수리 등 A/S 비용이 발생하게 될 것이다. 현

재로서는 앞으로 언제, 얼마의 A/S 비용이 발생할 것인지 확정할 수 없다. 하지만 제품보증에 관한 A/S의 경우에는 일정 부분 발생할 것이 확실하므로 일반적으로 과거 경험에 따라 비율과 금액을 신뢰성 있게 추정하는 방법으로 충당부채를 기록한다.

» **퇴직급여부채** 종업원이 당기와 그 이전 기간의 근무 대가로 퇴직 이후 받기로 약정돼 있는 미래 지급 의무액이다.

3 자본Owner's Equity*

자본은 기업 자산에서 부채를 차감한 것으로 순자산Net Worth이라고도 한다. 자본을 소유주의 잔여지분이라고도 한다. 자본이 자산에 대한 채권자 지분을 차감한 후에 남는 잔여 금액이기 때문이다. 자본은 자본거래와 손익거래로 구분할 수 있다. 자본거래는 회사의 현재 주주 또는 잠재적 주주와의 거래를 말하며 자본금, 자본잉여금, 자본조정이 있다. 손익거래는 회사의 자본 변동분 중 자본거래를 제외한 나머지 거래를 말하며 기타포괄손익누계액, 이익잉여금이 있다.

» **자본금** 주주가 회사에 현금이나 현물자산으로 출자한 금액 중 주식의 액면금액에 해당하는 금액이다.

» **자본잉여금** 자본거래인 증자 활동이나 감자 활동 등의 거래에서 발생하는 잉여금이다. 예: 주식발행초과금(액면금액을 초과해 납입된 투자금).

» **자본조정** 자본거래를 통해 자본을 변동시키는 항목이지만 자본금, 자본잉여금, 이익잉여금 중 어느 계정에도 속하지 않는 항목이다. 자본에 가산 또는 차감되어야 할 임시 계정 항목이다.
예: 자기주식의 매입과 소각.

* 한국 채택 국제회계기준(K-IFRS)을 적용할 때 재무상태표의 자본 표시는 기업마다 상이할 수 있다. 편의상 기업회계기준에 따라 자본을 세밀하게 분류해 설명하도록 한다.

» **기타포괄손익누계액** 손익거래를 통해 기업의 순자산 변화를 가져오기는 하지만 당기순손익에는 반영하지 않는 항목이다.

예: 자산재평가이익, 파생금융상품평가손익, 해외사업장의 외화재무제표환산손익의 누적액.

» **이익잉여금** 영업활동으로부터 벌어들인 순이익에서 주주에게 배당한 금액을 차감한 잔액이다.

6-4

재무제표 중 재무상태표에 대한 올바른 설명으로 가장 거리가 먼 것은?

① 현금기준에 따라 작성한다.
② 계속기업을 가정하여 작성한다.
③ 자산의 합계는 부채와 자본의 합계와 일치한다.
④ 자산과 부채는 유동과 비유동을 구분해서 표시한다.
⑤ 부채는 채권자지분, 자본은 소유주지분이라고도 한다.

【해설】

재무상태표는 특정 시점에 기업이 보유하는 자산과 부채, 자본의 구성 내역을 나타낸다. 차변의 자산 금액의 합계는 대변의 부채와 자본 금액의 합계와 같다. 재무상태표는 계속기업을 가정하여 작성하며 발생기준에 따라 작성한다. 발생기준은 거래를 현금 유출입 시점이 아닌 수익이나 비용이 발생한 기간에 인식한다.

정답 ①

포괄손익계산서

손익계산서Income Statement는 일정 기간 기업의 성과, 수익과 비용에 관한 정보를 제공하는 재무보고서다. 경영활동의 결과로 발생한 이익은 궁극적으로 자본에 가산된다. 전통적으로 손익계산서에는 당기순손익이 마지막에 보고되는데 최근에는 당기순손익의 하단에 기타포괄손익 항목을 추가하여 표시하는 포괄손익계산서를 작성해 보고하고 있다.

손익계산서의 기본 요소

1 수익 Profit, Revenue, Sales

수익은 특정 회계기간 동안 발생한 경제적 효익의 증가를 말한다. 즉 쉽게 말하면 회사가 번 돈이다. 크게 매출액(영업수익)과 기타수익(영업외수익)으로 구분한다. 매출액은 기업의 정상 영업활동에서 발생한 제품, 상품, 용역 등을 제공하고 벌어들인 수익으로 총매출액에서 매출할인, 매출 에누리와 환입을 차감한 순매출액으로 기록된다. 기타수익은 정상 영업활동 이외의 활동, 즉 재무 그리고 투자활동과 관련해 발생하는 수익을 말한다.

2 비용 Expense

비용은 특정 회계기간 동안 발생한 경제적 효익의 감소를 말한다. 즉 쉽게 말하면 회사가 쓴 돈이다. 비용은 매출원가, 판매비와 관리비, 금융비용, 법인세비용 등이 있다.

3 이익 Earnings, Income

이익은 매출액에서 매출원가를 차감한 후의 매출총이익과 판매비와 관리비라는 영업비용을 차감한 영업이익, 영업외비용과 수익을 고려한 법인세 차감 전 이익과 법인세 비용을 차감한 당기순이익이 있다.

포괄손익계산서 (1.1~12.31)

ABC㈜ 20X1년 1월 1일~20X1년 12월 31일 (단위: 백만원)

과목	당기(20x1년)
매출액(영업수익)	6,000
매출원가	4,800
매출총이익	1,200
판매비와 관리비	900
-급여	450
-임차료	230
-광고비	150
-감가상각비	70
영업이익	300
영업외수익	150
-이자수익	100
-유가증권매각이익	50
영업외비용	140
-이자비용	120
-유형자산처분손실	20
법인세차감전이익	310
법인세비용	80
당기순이익	230
기타포괄손익	20
총포괄이익	250

포괄손익계산서의 구성 항목

1 매출액Sales, Revenue

포괄손익계산서에 계상되는 매출액은 순매출액이다. 순매출액은 기업의 정상영업 활동에서 발생한 총 매출액에서 매출환입, 매출에누리와 매출할인을 차감한 것을 말한다. 여기서 매출환입Sales Returns이란 제품의 결함으로 매입자로부터 반품을 받은 것을 뜻한다. 매출에누리Sales Allowances는 제품 결함이나 불량 등으로 매입자에게 가격을 깎아주는 것을 의미한다. 매출할인Sales Discount은 외상으로 판매한 매출채권을 조기에 결제하는 경우 대금 일부를 면제해 주는 것을 말한다.

2 매출원가Cost of Sales

당기에 판매된 제품이나 상품 등의 매출액에 대응되는 제조원가 또는 매입원가를 말한다. 쉽게 말하면 매출에서 발생한 원가를 말한다. 당기에 '생산한' 제품에 들어간 원가가 아니라 당기에 '판매된' 제품에 들어간 원가다. 예를 들어, 하루에 과자 3개를 만들면서 제조원가는 3,000원(개당 1,000원×3)이 발생했다. 당일 판매한 과자는 2개로 그때 매출원가는 2,000원(1,000원×2)이 된다.

과자는 만들면 팔리기 전까지 재고자산이 된다. 당일 재고자산(과자) 3개를 만들었으니 제조에 투입된 원가 3,000원은 당연히 재고자산 3,000원으로 기록된다.

3 매출총이익Gross Margin

매출총이익은 매출액에서 매출원가를 차감한 이익을 말한다.

4 판매비와 관리비Selling and Administrative Expenses

판매비는 제품, 상품과 용역의 판매활동과 물류원가를 말한다. 관리비는 기업의 일반관리활동에서 발생하는 비용으로 매출원가에 속하지 않는 정상 영업활동 비용을 포함한다.

예: 광고비, 복리후생비.

5 영업이익Operating Income

영업이익은 매출총이익에서 판매비와 관리비를 차감한 이익으로 영업활동을 통해 벌어들인 이익이다.

6 영업외손익Non-operating Profit and Loss

기업 본래 영업활동 이외의 원천으로부터 발생한 손익을 말한다.

예: 이자수익, 배당수익, 유가증권 매각이익, 유가증권 평가손실.

7 당기순이익Net income

당기순이익은 매출액에서 매출원가, 판매비와 관리비, 영업외손익, 법인세비용을 고려해 산출한 이익이다.

8 기타포괄손익Other comprehensive income

자본의 증감을 초래하며 수익이나 비용의 정의에 해당되지만 당기순손익을 결정하는 데에 반영하지 않는 수익과 비용 항목이다.

예: 유형자산의 재평가이익, 해외사업장 외화환산손익.

9 총포괄이익

포괄손익계산서에서 산출되는 최종 성과치이다.

예제 6-5

다음 중 포괄손익계산서에 나타나지 않는 계정 과목은?

① 판매비 ② 매출원가
③ 당기순이익 ④ 이익잉여금
⑤ 법인세비용

【해설】
포괄손익계산서는 일정기간 동안 경영성과를 나타내는 재무제표로, 기업의 수익인 매출액, 비용항목인 매출원가, 판매비, 법인세비용과 이익항목인 영업이익, 당기순이익 등이 있다. 이익잉여금은 재무상태표의 자본항목이다.

정답 ④

자본변동표

일정 기간 발생한 자본의 변동 내용을 상세히 보여주는 재무보고서다. 회사가 최초로 설립되어 주식을 발행하면 주주들이 발행금액에 해당하는 현금을 납입한다. 설립 이후에 추가로 자금이 필요해 유상증자를 하는 경우에도 주주들로부터 현금을 납입받아 자본이 변하게 된다. 한편 회사가 영업활동을 하면 수익과 비용이 발생하는데 이때 나타나는 순이익은 재무상태표상 자본 항목 중 이익잉여금을 증가시킨다. 또한 주주들에게 배당금을 지급하면 이익잉여금이 감소하게 된다.

현금흐름표 

현금흐름표Statement of Cash Flow의 의의

일정 기간 동안 기업의 현금흐름 변동 내용을 표시하는 재무보고서다. 재무제표 이용자는 기업의 이익 창출 활동뿐만 아니라 단기지급능력이 어떤지 알고 싶어 한다. 현금은 기업으로서 생명을 유지하기 위한 혈액과도 같다. 영업활동을 수행하고 채무를 상환하며 자금 제공자에게 투자수익으로 배당금이나 이자를 지급하기 위해 필요하기 때문이다. 현금흐름표에서 현금에 영향을 미치는 활동을 영업활동, 투자활동, 재무활동으로 구분한다.

현금흐름 정보의 유용성

1 손익계산서에서 나타나지 않는 영업성과 파악

손익계산서는 발생 기준에 입각해 작성되기 때문에 기업의 재무성과를 보여줄 뿐 현금의 유입·유출과 관련되는 수많은 거래가 어떻게 기업 현금흐름에 영향을 미쳤는지를 보여주지 않는다. 기업이 제품을 판매할 때 현금거래가 아닌 모두 외상으로 이뤄졌다면 현금 증가가 없을 수 있다. 원재료를 매입할 때 모두 외상으로 매입했다면 현금 감소가 없을 수도 있다. 이러한 손익 정보만으로 기업의 현금 변화를 파악할 수 없지만 현금흐름표는 영업·투자·재무활동과 관련한 현금 유입·유출에 대한 정보를 제공한다.

2 이익의 질을 평가

이익의 질Earning's Quality이란 이익이 기업의 실제 수익력을 얼마나 잘 반영하고 있고 지속적이고 예측 가능한지를 의미한다. 기업이 창출하는 이익의 질을 평가하는 것은 미래 이익을 예측하고 기업 가치를 평가하는 데에 중요한 의미를 가진다. 이익의 질이 높을수록 경영성과의 지속성과 예측 가능성이 높아지기 때문이다. 발생주의에 따라 당기순이익을 계산할 때 가정과 추정을 수반하기에 실제로 기업에 돈이 얼마나 들어오고 나갔는지를 계산하기가 쉽지 않을 수 있다. 그러나 현금흐름표에 의한 현금흐름을 비교함으로써 이익의 질을 보다 명확하게 평가할 수 있다.

3 채무상환능력과 미래현금흐름에 대한 유용한 정보를 제공

채무상환능력이란 부채 만기일이 다가왔을 때 부채를 상환할 수 있는 기업의 재무적 능력을 의미한다. 재무상태표에서 전기 대비 매출채권이나 재고자산 금액이 증가하면 유동비율이 높아지므로 유동성이 양호해진 것으로 평가할 수 있다. 하지만 매출채권 중 대손이 크거나 진부화된 재고자산이 많이 포함되어 있으면 유동성 문제가 생긴다. 현금흐름표는 영업활동에서 조달된 현금을 포함한 기업의 현금흐름 정보를 통해 기업의 지급능력, 유동성을 평가할 수 있다. 물론 재무상태표보다 채무상환능력에 대해 유용한 정보를 제공한다.

현금흐름표의 구성 항목

1 영업활동으로 인한 현금흐름

재화의 판매 또는 용역(서비스)의 제공으로부터 유입되는 현금과 이러한 재화나 용역을 제공하거나 판매하기 위해 지출되는 현금을 표시한다.

현금흐름표

영업활동 현금흐름
± 투자활동 현금흐름
± 재무활동 현금흐름
= 현금의 증감
+ 기초 현금
= 기말 현금

2 투자활동으로 인한 현금흐름

재무제표의 자산 중 영업활동과 관련된 자산을 제외한 모든 자산 항목의 변동거래는 투자활동으로 분류된다. 투자활동으로 인한 현금 유입은 대여금 회수와 투자자산, 유형자산, 무형자산의 처분 등이 포함된다. 그리고 투자활동으로 인한 현금 유출은 현금의 대여와 미수금, 투자자산, 유형자산, 무형자산 등의 취득이 포함된다.

3 재무활동으로 인한 현금흐름

재무활동이란 기업의 납입자본과 차입금의 구성 내용에 변동을 가져오는 활동, 즉 자금의 조달과 상환활동, 배당금의 지급 등과 같은 활동을 말한다. 재무활동으로 인한 현금의 유입에는 현금 차입과 사채 발행, 유상증자 등이 포함된다. 재무활동으로 인한 현금의 유출에는 차입금 상환, 배당금 지급 등이 포함된다.

각 활동에 따른 현금흐름 구분

활동 구분	현금 유입	현금 유출
영업활동으로 인한 현금흐름	제품이나 상품의 판매, 매출채권 회수, 이자수입, 배당금 수입	제품이나 상품의 매입, 매입채무 지급, 이자지급 등
투자활동으로 인한 현금흐름	유형자산(기계, 건물 등)의 처분, 유가증권의 처분, 대여금 회수	유형자산(기계, 건물 등)의 취득, 유가증권의 취득, 현금 대여
재무활동으로 인한 현금흐름	은행으로부터 차입금 조달, 사채 발행, 유상증자, 자기주식 처분	차입금 상환, 사채 상환, 유상감자, 자기주식 취득, 배당금 지급

4 활동 구분에 주의해야 할 항목: 이자와 배당금

이자와 배당금의 수취와 지급에 따른 현금흐름은 각각 별도로 공시한다. 각 현금흐름은 매 기간 일관성 있게 영업활동·투자활동·재무활동으로 분류해야 한다. 이자지급, 이자수입, 배당금수입은 당기순손익의 결정에 영향을 미치므로 영업활동 현금흐름으로 분류할 수 있다. 대체적인 방법으로 이자지급, 이자수입, 배당금수입은 재무자원을 획득하는 원가나 투자자산에 대한 수익으로 보아 각각 재무활동 현금흐름이나 투자활동 현금흐름으로 분류할 수도 있다. 배당금 지급은 재무자원을 획득하는 비용이므로 재무활동 현금흐름으로 분류할 수 있다.

현금흐름과 기업의 유형

영업활동 현금흐름	투자활동 현금흐름	재무활동 현금흐름	설명
+	+	+	유동성이 풍부하다. 영업활동으로 현금이 유입되고 있으며, 자산을 팔거나 대출 또는 증자로 현금을 조달하고 있다.
+	−	−	영업활동으로 유입된 현금으로 투자활동을 하고 있다. 또한 회사의 현금으로 대출을 갚고 있으며 배당금을 지급하고 있다. 우량기업이다.
−	+	+	영업활동에서 생긴 현금이 없어 자산을 팔고 대출을 받거나 증자를 통해 겨우 회사를 운영하고 있다.
−	+	−	영업활동에서 현금이 없고 자산을 팔아서 생긴 현금으로 대출을 갚고 있다.

 6-6

다음 중 현금흐름표의 '투자활동 현금흐름'에 영향을 미치는 경영 활동은?

① 사채 상환　② 제품 판매
③ 주식 발행　④ 유형자산 취득
⑤ 매입채무 결제

【해설】
투자활동 현금흐름은 현금성자산이 아닌 금융자산, 유형자산, 무형자산, 기타 장기성 자산의 취득과 처분에 따른 현금 유출과 현금 유입을 말한다. 유형자산 취득 활동은 투자활동 현금흐름에 해당한다. 제품 판매, 매입채무 결제는 영업활동 현금흐름이고 사채 상환, 주식 발행은 재무활동 현금흐름에 해당한다.

정답 ④

주석

주석Footnotes은 재무제표의 본문에 표시하기 어려우나 이용자의 정보 획득에 필요한 정보를 추가적으로 제공하는 역할을 한다.

사례

20x1년 초: 자본금 3,000억원
이익잉여금이 1,000억원
: 자기자본(순자산)이 4,000억원
20x1년 중: 유상증자(액면가 발행)를 통해 주주로부터 1,000억원의 추가 출자가 있었음
수익 1조원, 비용 9,500억원으로 당기순이익 500억원이 발생함

따라서,
기초 재무상태표: 기초 순자산: 4,000억원
기말 재무상태표:
기초 순자산(4,000억원) + 기중 추가 출자(1,000억원) + 당기순이익(500억원) = 5,500억원(단, 기중 부채 변동사항은 없다).

자본변동표는 20x1년 동안 자기자본(순자산)의 변동 내역을 모두 보여준다.

① 기말 자본금 = 기초(3,000억원) + 주주에 의한 추가 출자(1,000억원) = 4,000억원
→ 기말 자본금으로 20x1년 말 재무상태표에 계상됨
② 기말 이익잉여금 = 기초(1,000억원) +당기순이익(500억원) =1,500억원
→ 기말 이익잉여금으로 20x1년 말 재무상태표에 계상됨

재무상태표

20X1년 1월 1일 (단위: 억원)

자산 10,000	부채	6,000
	자본	
	자본금	3,000 + 추가 출자 1,000 →
	이익잉여금 1,000	+ 당기순이익 500 →

재무상태표

20X1년 12월 31일 (단위: 억원)

자산 11,500	부채	6,000
	자본	
	자본금	4,000
	이익잉여금 1,500	

손익계산서

20X1년 1월 1일 ~12월 31일 (단위: 억원)

수익	10,000
– 비용	9,500
=당기순이익 500	

자본변동표

20X1년 1월 1일 ~12월 31일 (단위: 억원)

구분	자본금	이익잉여금	총계
기초	3,000	1,000	4,000
유상증자	1,000	-	1,000
당기순이익	-	500	500
기말	4,000	1,500	5,500

경영
—
3

원가 · 관리회계

원가 · 관리회계의 의의

원가회계는 원가 종류를 측정하고 배분한 후 원가 계산을 다루며 관리회계는 계산된 원가를 의사결정에 사용하는 분야로 조직 내부 부서의 성과평가 문제를 다룬다.

원가란?

원가Cost는 '특정 자원을 얻기 위해 포기된 자원의 가치'를 말한다. 원가는 '제품을 사온 경우'와 '제품을 직접 제조한 경우'를 나눠서 볼 수 있다.

제품을 사온 경우의 원가는 제조업체나 도매상에서 사올 때 지불한 가격으로 취득원가 또는 상품원가에 해당한다. 각종 부대비용(운송료, 부가세 등)은 취득원가에 포함된다. 반면 제품을 직접 제조한 경우의 원가는 물건을 만들 때 들어간 돈으로 '제조원가'라고 한다. 이 제조원가에는 물건을 만든 직원 급여도 포함된다. 한 기업이 공장을 50억원에 샀다면 이 공장이라는 자원을 얻기 위해 포기한 50억원이 공장의 취득원가다. 정확히 공장을 매입하는 데 들어간 원가를 계산하려면 취득세, 등록세 등과 같은 부대비용도 포함해야 한다.

원가와 비용은 같은 뜻으로 사용되기도 하지만 엄밀하게 구별해야 하는 경우가 있다. 원가Cost는 자산을 취득하는 시점에, 비용Expense은 자원의 사용 시점에 발생한다. 제조 공장을 구입할 때 취득원가가 발생하고 이 공장에서 제품을 생산해 기업의 수익 창

원가와 비용의 차이

원가는 '원래의 가격'으로 상품을 매입해 판매하는 기업에서 지불한 가격을 취득원가라고 한다. 원가는 자원을 매입하는 과정, 비용은 자원을 사용하는 과정에서 발생한다. 제품을 제조하는 과정에서 발생하는 원가는 제조원가로, 재고자산에 포함돼 있다가 제품이 판매되면 '매출원가'라는 비용이 된다. 판매관리활동을 위한 원가는 발생 즉시 '판매비와 관리비'라는 비용항목으로 처리된다.

출에 기여하면서 이용될 때 감가상각비라는 비용으로 보고된다. 소매업체가 도매업체에서 판매할 상품을 구입할 때 취득원가가 발생하고 이 상품이 판매돼 매출을 창출할 때 매출원가가 발생한다.

제조원가와 판매비와 관리비 구분

물건을 직접 제조해 판매하는 기업을 제조 기업이라 한다. 제조 기업의 원가는 제조활동을 위한 제조원가와 제품의 판매관리활동을 위한 판매비와 관리비로 나눈다. 제조원가Manufacturing Cost는 제조활동을 위한 원가다. 예를 들어 분식점에서 떡볶이를 만들려면 밀가루, 고춧가루, 물엿 등의 재료가 필요하므로 재료원가가 첫 번째 제조원가다. 사람이 떡과 양념장을 버무리고 조리를 해야 하므로 노무원가가 두 번째 제조원가다. 떡볶이를 만드는 데 사용한 조리설비에 들어간 수도광열비, 전기세 등의 제조경비가 마지막 제조원가다.

원가의 구성

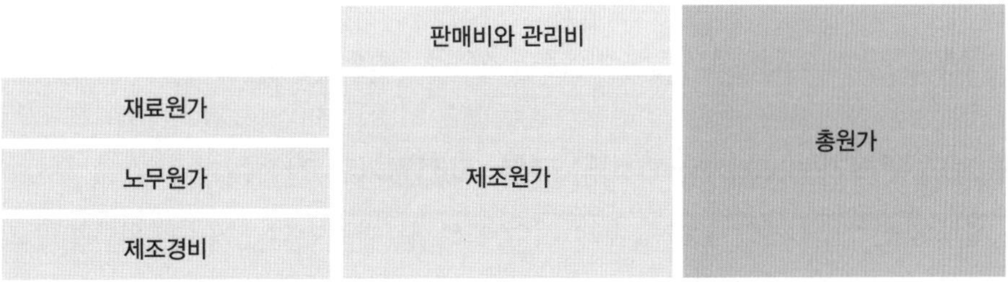

	판매비와 관리비	
재료원가	제조원가	총원가
노무원가		
제조경비		

떡볶이를 만든 후 판매해야 돈을 벌 수 있으므로 판매활동이 있고 사업을 전체적으로 관리하는 관리활동이 있다. 분식점 매장에서 떡볶이를 판매하는 직원이 필요하고 손님이 앉을 의자와 탁자도 필요하다. 현금 출납과 세금 신고, 사업계획 등의 관리업무

제조원가의 흐름

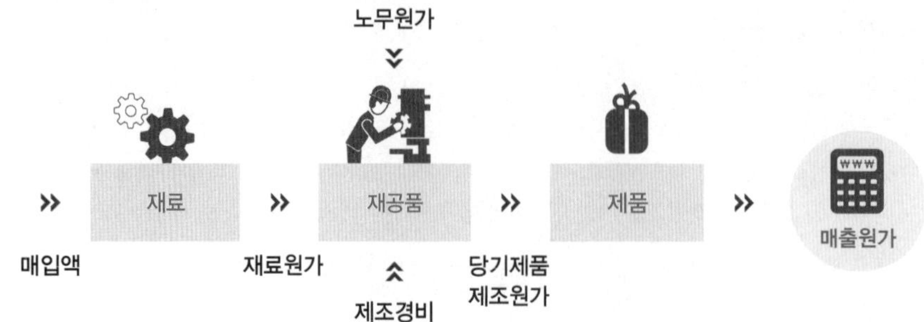

는 주인이 직접 하거나 매장 관리자를 고용한다. 이러한 판매관리활동을 위해 사용되는 돈이 판매비와 관리비 또는 비제조원가라고 한다.

제품의 가격을 결정하거나 제품별 수익성을 계산할 때 제조원가만 고려하고 판매비와 관리비를 생각하지 않는다면 원가를 과소평가해 가격을 낮게 설정할 수 있다. 그렇게 되면 제품의 수익성을 과대평가할 수 있는 문제점이 생긴다. 이러한 경우 제조원가에 판매관리비를 합한 총 제조원가Full Cost를 사용해야 한다.

» **당기총제조원가** 그 기간에 투입된 모든 생산요소 투입물input의 원가.
당기총제조원가 = 재료원가 + 노무원가 + 제조경비.

» **당기제품제조원가** 그 기간에 완성된 제품, 즉 산출물output의 원가.
당기제품제조원가 = 기초재공품* 재고액 + 당기총제조원가 – 기말재공품재고액.
* 재공품(Work In Process)은 생산 공정 중에 있는 공정품이다.

» 매출원가 = 기초제품재고액 + 당기제품제조원가 - 기말제품재고액.

원가의 분리가능(추적가능)에 따른 구분: 직접원가와 간접원가

발생한 원가를 집계할 때 제품, 부서, 사업, 프로젝트별로 분리가 가능한 원가가 있고 분리할 수 없는 원가가 있다. 원가 대상별로 분리 또는 추적이 가능한 원가를 직접원가Direct Cost 또는 개별원가Separable Cost라고 하며 불가능한 원가를 간접원가Indirect Cost 또는 공통원가Common Cost라고 한다. 직접원가(개별원가)는 단순히 측정해 집계하면 되지만 원가 대상에 간접적 또는 공통적으로 발생하는 간접원가(공통원가)는 전체 금액을 측정한 후 필요하면 원가 대상에 배분한다. 예를 들면 병원에 내과와 외과가 같이 있다면 각 진료과 의사와 간호사 급여는 진료과별로 분리할 수 있지만 내과와 외과가 공통적으로 사용하는 의무기록실 인원과 설비에 대한 원가는 분리할 수 없다.

원가 발생 행태에 따른 구분: 변동원가와 고정원가

변동원가Variable Cost는 생산량에 따라 변동하는 원가이며 고정원가Fixed Cost는 생산량과 무관하게 일정하게 발생하는 원가다. 예를 들어 빵을 만들 때 밀가루, 우유 등의 직접재료 원가 등은 생산량에 비례하여 발생하는 변동원가다. 이에 비해 경영자 등 임원의 급여는 생산량과 무관하게 발생하는 고정원가다. 또한 기업이 현재 설비를 완전 가동해 빵을 연간 400만개 생산한다고 할 때 생산량이 400만개 이하로 감소해도 이 설비의 감가상각비는 줄지 않는 고정원가다.

변동원가가 반드시 생산량에 정확히 비례해 증가하지 않을 수도 있다. 생산량이 증가할수록 숙련도와 효율성이 높아져 재료가 절감되고 작업시간이 줄어드는 경우가 있을 수 있다. 생산량에 정확히 비례하는 변동원가를 순수변동원가라고 부르나 전기료나 수도광열비 등은 총 금액이 월 기본료 고정원가와 사용량에 따른 변동원가 두 요소가

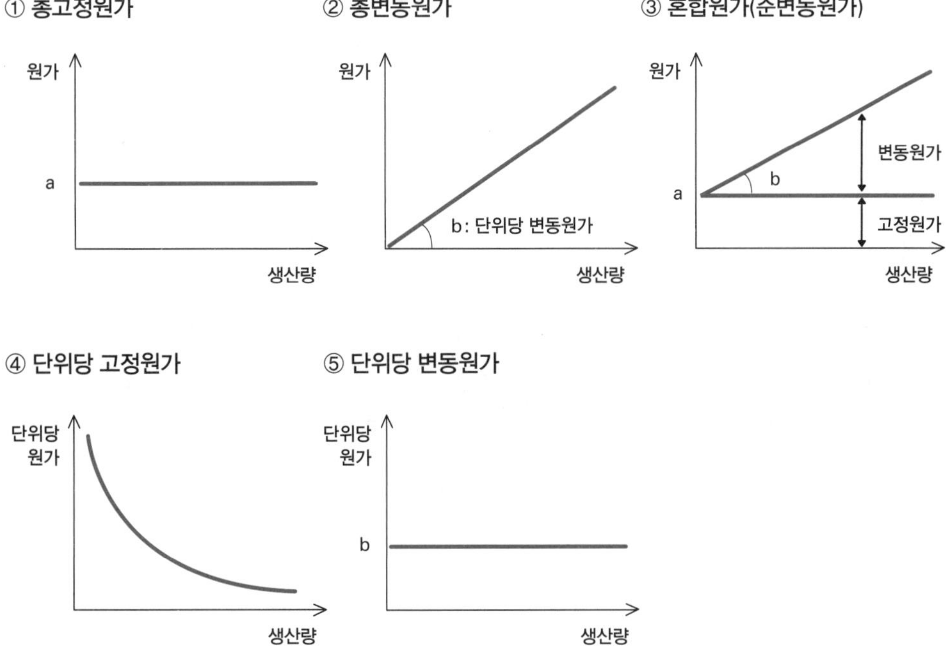

합쳐져 있다. 이렇듯 변동원가와 고정원가가 더해진 행태를 혼합원가Mixed Cost 또는 준변동원가Semi-variable Cost라고 한다.

원가 – 조업도 – 이익 분석

원가 – 조업도 – 이익 분석은 회사가 설정한 이익 목표를 달성하기 위해 제품을 얼마나 생산하고 판매해야 하는지를 판단하게 한다.

(가정)
단위당 판매가격이 일정해야 한다.
원가는 변동원가와 고정원가만 있다고 가정한다(준고정원가는 고려하지 않는다).
판매량과 생산량은 항상 일치한다(재고는 불변이다).
판매량은 단일 제품의 판매량만을 사용한다.

생산량과 판매량이 같다고 가정하면서 제조원가와 판매관리비의 구분 없이 변동원가와 고정원가로 나누어 총원가를 표시하면 다음과 같다.

총원가 = 총변동원가 + 총고정원가
= 단위당 변동원가 × 판매량(생산량) + 총고정원가

매출액 - 원가 - 이익 간의 관계

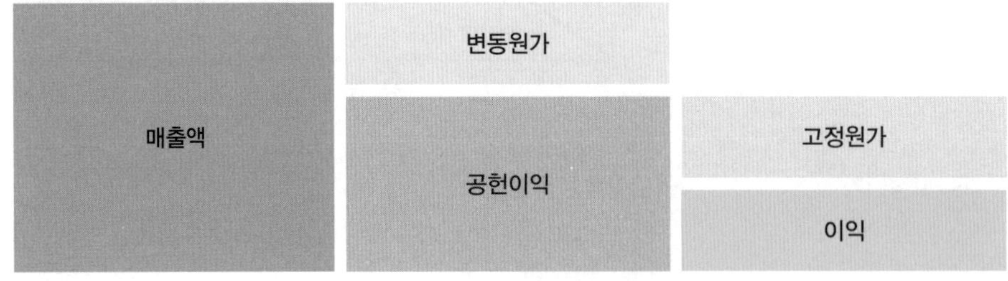

㈜빙글의 원가-조업도-이익 분석

빙과류를 취급하는 기업 ㈜빙글은 이익 목표 4억원을 달성하기 위해 아이스크림을 얼마나 생산하고 판매해야 하는지 알아보려고 한다. 이를 위해 생산판매량, 원가, 이익의 관계를 이용한 원가-조업도-이익 분석을 사용하고자 한다. 아이스크림 개당 변동원가가 500원으로 예상되고, 총고정원가가 5억원으로 예상되면 아이스크림을 제조하는 총예상원가는 다음과 같이 구할 수 있다.

총원가 = (500원/개 × 판매량) + 5억원

매출액은 판매량(생산량)과 판매가격의 곱으로 구할 수 있다.

총매출액 = 단위당 판매가 × 판매량

아이스크림을 개당 1,000원에 판매하면 총매출액은 다음과 같다.

총매출액 = 1,000원/개당 × 판매량

이익은 총매출액과 총원가(총비용)의 차이로 이익은 다음과 같이 구할 수 있다(원가와 비용은 엄밀히 다른 개념이다. 그러나 원가-조업도-이익 기본 모형에서는 제조원가를 결정하는 생산량과 매출원가를 결정하는 판매량이 같다고 가정하므로 이 구분이 필요 없다).

이익 = 총매출액 – 총원가
= (1,000원/개 – 500원/개) × 판매량 – 5억원

손익분기점 분석

손익분기점의 의미

손익분기점BEP·Break-Even Point이란 이익이 0인 판매량을 나타내는 수준이다. 이 수준 이하로 판매되면 손실이 발생하고 이상으로 판매되면 이익이 발생한다. 즉, 이 수준을 기점으로 손실과 이익이 나뉜다.

공헌이익

공헌이익Contribution Margin이란 매출액에서 변동원가를 차감하고 고정원가를 충당할 수 있는 이익이다. 고정원가는 조업도와 상관없이 발생하며 고정원가를 다 회수하고 나면 이익을 창출한다. 더 많은 이익을 내기 위해서 또는 손실에서 이익으로 전환하기 위

해 무턱대고 원가를 절감하기보다는 공헌이익을 통해 어떤 원가를 절감해야 할지 봐야 한다.

㈜빙글이 아이스크림을 1개 더 생산할 때마다 단위당 판매가인 1,000원의 추가 매출과 단위당 변동원가인 500원의 추가 원가가 발생하므로 그 차이인 500원의 이익이 창출된다. 단위당 판매가와 단위당 변동원가의 차이를 단위당 공헌이익이라 한다. 단위당 공헌이익을 단위당 판매가격으로 나누면 공헌이익률이 나온다.

단위당 공헌이익 = 단위당 판매가 – 단위당 변동원가

$$\text{공헌이익률} = \frac{\text{공헌이익}}{\text{매출액}} = \frac{\text{단위당 공헌이익} \times \text{판매량}}{\text{단위당 판매가} \times \text{판매량}}$$

㈜빙글이 생산하는 아이스크림의 공헌이익률은 다음과 같다.

$$\text{공헌이익률} = \frac{\text{단위당 공헌이익 500원} \times \text{판매량}}{\text{단위당 판매가 1,000원} \times \text{판매량}} \times 100 = 50\%$$

아이스크림의 공헌이익률은 50%이며 이를 해석하면 매출의 50%가 공헌이익이고 나머지 50%는 변동원가다. 단위당 공헌이익에 판매량을 곱하면 총공헌이익이다. 공헌이익은 고정원가를 고려하기 전의 이익으로 영업이익은 공헌이익에서 고정원가를 차감해 계산한다.

손익분기점 분석

㈜빙글의 공헌이익이 고정원가와 같은 5억원이 되는 판매량 수준이 손익분기점인데 단위당 공헌이익이 500원이니 5억원의 공헌이익을 얻기 위해 100만개를 판매해야 한다.

손익분기점을 구하는 공식은 다음과 같다.

이익이 0 되는 수준 : 총공헌이익 – 고정원가 = 0

$$\text{총공헌이익} = \text{고정원가}$$

$$\text{손익분기점 판매량} = \frac{\text{고정원가}}{\text{단위당 공헌이익}} = \frac{\text{5억원}}{\text{500원}} = \text{100만개}$$

$$\text{손익분기점 매출액} = \frac{\text{고정원가}}{\text{공헌이익률}} = \frac{\text{고정원가}}{(1-\text{변동비율})} = \frac{\text{5억원}}{0.5} = \text{10억원}$$

$$\text{or} \quad = \text{손익분기점 판매량} \times \text{판매가격} = \text{100만개} \times \text{1,000원} = \text{10억원}$$

손익분기점 매출액은 손익분기점 판매량(100만개)에 판매가(1,000원)를 곱하거나 고정원가를 공헌이익률(=1 – 변동비율)로 나누어 계산할 수 있다. 이 식을 보면 고정원가나 단위당 변동원가가 커지면 손익분기점이 높아지는 것을 알 수 있다. 공헌이익 계산서를 살펴보면 다음과 같다.

공헌이익 손익계산서*

매출액(Sales)
– 변동비(VC)
= 공헌이익(CM)
– 고정비(FC)
= 이자비용, 법인세차감전이익(EBIT) (= 영업이익)
– 이자비용(I)
= 세전이익(EBT)
– 법인세비용(T)
= 당기순이익(NI)

예제 6-7

아래를 읽고 A사의 손익분기점을 구하면?

A사는 공기청정기 제조업체이다. A사의 총고정비(공장 임차료, 기계 감가상각비 등)는 2억 4,000만원이고 공기청정기 한 개를 만드는 데 소요되는 변동비(직접재료비, 직접노무비 등)는 10만원이다. 공기청정기 한 개당 판매가격은 20만원이다.

* 공헌이익계산서는 EBIT까지로 나타낼 수 있으나, 재무비율 분석에서 EBIT와 EBT개념의 이해를 돕기 위해 위의 양식으로 표현한다.

① 1,500개　　② 1,700개
③ 2,400개　　④ 4,800개
⑤ 7,200개

【해설】

손익분기점은 당해 매출액과 비용이 일치하는 지점을 말한다. 손익분기점을 구하려면 우선 고정비와 변동비를 구분할 수 있어야 한다. 앞의 사례에서 A사의 총고정비는 2억 4,000만원이고 제품 한 단위당 변동비 10만원이다. 손익분기점을 구하면 '손익분기점(BEP)=FC(고정비용)/{P(가격) – VC(단위당 변동비)}=BEP=2억 4,000만원/10만원(=20만원 – 10만원)'으로 2,400개이다.

정답 ③

목표 이익을 달성하기 위한 판매량 분석

㈜빙글이 과자 100만개를 판매하면 손익분기점이 된다는 것을 알았다. 이익 목표가 15억원이라고 할 때 몇 개를 더 팔아야 목표 이익을 달성할 수 있을까? 목표 이익을 달성하기 위한 판매량은 다음과 같이 구할 수 있다.

$$\text{이익} = \text{단위당 공헌이익} \times \text{판매량} - \text{고정원가}$$

$$\text{이익} + \text{고정원가} = \text{단위당 공헌이익} \times \text{판매량}$$

$$\text{판매량} = \frac{(\text{이익} + \text{고정원가})}{\text{단위당 공헌이익}} = \frac{(15\text{억원} + 5\text{억원})}{500\text{원}} = 400\text{만개}$$

즉, 목표 이익 15억원을 달성하기 위해서는 100만개의 손익분기점을 달성하고 추가적으로 300만개를 판매해야 한다. 이는 손익분기점을 지난 후 1개를 추가로 판매할 때마다 단위당 공헌이익 500원이 이익에 추가되기 때문이다.

아래 〈표〉는 A사의 20x1년 손익계산서와 관련된 정보이다. A사의 영업이익과 당기순이익을 각각 구하면?

〈표〉 A사의 손익계산서 (단위: 만원)

항목	금액
매출액	500
매출원가	300
판매비와 관리비	90
영업외수익	50
영업외비용	70
법인세비용	20

	영업이익	당기순이익
①	90만원	70만원
②	110만원	70만원
③	110만원	90만원
④	200만원	70만원
⑤	200만원	90만원

해설

매출액에서 매출원가를 차감하면 매출총이익이며, 매출총이익에서 판매비와 관리비를 차감하면 영업이익이다. 영업이익에서 영업외수익을 가산하고 영업외비용을 차감하면 법인세차감전이익이며, 법인세차감전이익에서 법인세비용을 차감하면 당기순이익이다. 위 〈표〉에서 영업이익은 110만원(=500만원-300만원-90만원)이고, 당기순이익은 70만원(=500만원-300만원-90만원+50만원-70만원-20만원)이다.

정답 ②

아래를 읽고 빈칸 (가)~(다)를 가장 올바르게 짝지은 것은?

이익을 냈는데 손에 쥔 현금은 0

당기순이익과 당기에 창출한 실제 현금이 일치하지 않는 이유는 무엇일까? A씨는 20x1년 6월 1일 양말 1,000개를 양말 공장에서 매입해 수요자에게 판매했다. 매입가격은 개당 1,000원이고 전액 외상으로 매입했으며 수요자 B씨에게 개당 1,500원으로 전량 외상판매했다. 매출채권 금액 (가)와 매입채무 금액 (나)만 있을 뿐이다. 손익계산서의 이익은 현금과 일치하지 않는다. 이때 A씨의 20×1년 순이익은 50만원이다. 손익계산서의 이익은 현금과 일치하지 않는다. 매출채권 금액 (가)와 매입채무 금액 (나)만 있을 뿐이다. 회계는 현금 유입과는 상관없이 거래가 생긴 시점에 수익을 인식하는 '(다)기준'으로 처리하기 때문이다.

	(가)	(나)	(다)
①	100만원	150만원	공정가치
②	100만원	150만원	발생주의
③	150만원	100만원	공정가치
④	150만원	100만원	발생주의
⑤	250만원	100만원	역사적원가주의

해설

매출액은 1,500,000원(=1,500원×1,000개)으로 매출채권금액은 150만원이다. 매입채무는 1,000,000원(=1,000원×1,000개)이다. 발생주의는 현금의 유입·유출에 관계없이 수익과 비용이 발생한 시점에 수익과 비용을 인식한다. 반면, 현금주의는 현금의 유입·유출 시점에 수익과 비용을 인식한다. 역사적 원가는 특정 시점에 교환이 이루어진 가격이고 공정가치는 시장참여자 관점에서 측정일에 시장가치로 인식되는 가격이다.

정답 ④

다음 중 아래의 빈칸 (A)에 들어갈 재무제표는?

(A)은(는) 기업의 회계정책과 재무제표 작성 근거, 본문에 표시되지 않는 질적 정보 등 재무제표 이해에 필요한 보충 정보들을 담고 있다. 기업의 개요, 주주 구성이나 회계정책, 지급보증 등 재무제표 본문에 표시되지 않은 항목에 대한 다양한 정보도 포함한다. 숫자로 표현된 정보 가운데 주의해야 할 사항을 담고 있는 경우도 많아 투자자들 사이에서 절대 놓쳐서는 안 될 중요 정보로 꼽힌다. 예를 들어 우발손실의 발생 가능성과 시기, 규모 등에 대한 내용 또한 (A)을(를) 통해 알 수 있다.

① 주석
② 자본변동표
③ 재무상태표
④ 현금흐름표
⑤ 포괄손익계산서

해설

주석에 대한 설명이다. 자본변동표는 일정 기간 자본의 변동에 대한 정보를 알려준다. 현금흐름표는 일정 기간 현금 변동을 영업활동, 투자활동, 재무활동별로 보여준다. 재무상태표는 특정 시점에 기업 재무상태를 나타내고 포괄손익계산서는 일정 기간 기업 재무성과를 의미한다. 정답 ①

다음 중 회사채를 발행해 자금을 조달할 때 해당 기업에 미치는 영향 중 올바르지 않은 것은? (단, 회사채는 일반 채권만 해당한다.)

① 자기자본부채비율이 상승함
② 재무활동에 따른 현금 유입이 증가함
③ 과세소득의 증가로 법인세 상승 효과가 있음
④ 자기자본 조달과 달리 이자비용이 발생해 손익 변화가 있음
⑤ 과도한 자금 조달 시 향후 신용평가에 부정적인 평가를 받을 수 있음

해설

회사채로 자금을 조달하면 기업 입장에서는 현금이 유입돼 자산이 증가하지만 부채도 증가해 자기자본부채비율(=부채/자기자본)이 상승한다. 여기서 자기자본은 자본을 의미하며 부채는 타인자본이라고도 부른다. 또 은행 차입으로 인한 현금 유입, 회사채나 주식 발행으로 인한 현금 유입은 현금흐름표상 '재무활동에 따른 현금흐름'을 변동시킨다. 또 주식 발행으로 자금을 조달하는 유상증자와 달리 회사채 발행은 이자비용이 발생해 손익 변화가 있다. 부채 조달은 이자비용 증가로 과세소득이 감소해 법인세가 절감되는 효과가 있다. 하지만 과도한 부채 조달은 향후 기업의 신용평가에 부정적인 평가를 불러올 수 있다.

정답 ③

A사는 신생기업으로 초기 비용은 많이 지출됐고 매출액은 저조하다. 브랜드를 알리기 위해 마케팅비용을 집행하고 있으며 설비투자를 위해 회사채 발행을 통해 자금을 조달하고 있다. 이때 A사의 현금흐름을 가장 올바르게 나타낸 것은?

	영업활동으로 인한 현금흐름	투자활동으로 인한 현금흐름	재무활동으로 인한 현금흐름
①	+	-	-
②	+	+	-
③	-	-	+
④	-	+	-
⑤	-	-	-

해설

신생기업이므로 수익은 저조하고 초기비용은 지출된 상황이다. 따라서 영업활동으로 인한 현금흐름의 현금 유출(–)이 나타나며 설비투자를 하고 있으므로 투자활동으로 인한 현금흐름의 현금 유출(–)이 나타난다. 또한 은행으로부터 타인자본 자금조달(회사채 발행)은 재무활동으로 인한 현금흐름의 현금 유입(+)이 나타난다.

정답 ③

아래 기사를 읽고 원화 가치가 상승할 때 우리나라 기업에 미치는 올바른 영향을 고르면?

NEWS

미-중 무역협상 1단계 타결 뒤 중국 위안화가 강세를 이어가고 있다. 연초 부각된 이란과 미국 간 무력충돌 우려가 해소되면서 흐름에 더 속도가 붙고 있다. 위안화 가치 변동에 영향을 많이 받는 우리나라 원화도 강세가 이어지고 있다.

① 수출 비중이 높은 기업의 매출 증가
② 외화 금융부채가 있는 기업의 상환 부담 증가
③ 외화표시 자산이 많은 기업의 외화 평가이익 증가
④ 해외에서 원재료를 조달받는 기업의 원가 부담 감소
⑤ 해외 직원에게 외화표시 급여를 지급하는 기업의 인건비 부담 증가

해설

원화 가치가 상승하면 일반적으로 우리나라 상품의 수출 가격은 상승하고, 수입 상품 가격은 하락한다. 따라서 수출 비중이 높은 기업은 가격 경쟁력 약화로 인해 매출이 하락할 수 있다. 또 원화 강세는 외환의 상대 가격이 하락하는 것을 의미한다. 이는 외화금융 부채와 외화표시 자산의 실질 가치를 감소시켜 상환 부담과 외화 평가이익을 감소시킨다. 반면 해외에서 원재료를 조달하는 기업은 원화의 구매력이 커져 원재료 구매에 대한 원가 부담이 줄어든다. 해외 파견 직원 등에게 외화로 월급을 지급하는 기업도 마찬가지로 원화 가치 강세로 인건비 부담이 줄어든다.

정답 ④

다음은 A사의 20x1년도 현금흐름표를 나타낸 것이다. 각 활동별 부호(양 또는 음)를 이용한 현금흐름 분석으로 가장 올바른 것은? (단, 괄호는 음(-)의 값을 의미한다.)

A사의 현금흐름표 (단위: 백만원)

구분	20x1년
Ⅰ. 영업활동 현금흐름	(1,200)
Ⅱ. 투자활동 현금흐름	2,500
Ⅲ. 재무활동 현금흐름	(1,700)
Ⅳ. 현금의 증가(감소)(Ⅰ+Ⅱ+Ⅲ)	(400)
Ⅴ. 기초의 현금	420
Ⅵ. 기말의 현금	20

① 영업활동에서 창출된 현금과 대출을 통한 현금으로 자산을 취득하였다.
② 영업활동을 통해 창출된 현금이 없고, 보유하고 있던 자산을 처분해서 생긴 현금으로 대출을 갚고 있다.
③ 영업활동에서 창출된 현금으로 자산을 취득하였다. 또한, 대출을 갚고 있으며 배당금을 지급하고 있다.
④ 영업활동을 통해 창출되는 현금이 없어서 대출 또는 증자로 조달된 현금을 사용하여 자산을 취득하였다.
⑤ 영업활동을 통해 창출되는 현금이 없어서 보유하고 있던 자산을 처분하고, 대출이나 증자를 통해 회사를 운영하고 있다.

해설

위 현금흐름표에서 투자활동 현금흐름은 양(+)의 부호를 보이고, 영업활동 현금흐름과 재무활동 현금흐름은 음(-)의 부호를 보인다. 영업활동 현금흐름은 음(-)의 부호를 보이므로 영업활동에서는 현금이 창출되지 않는다. 유 · 무형자산을 처분하면 투자활동 현금흐름은 양(+)의 부호를 보인다. 그리고 부채를 상환하거나 배당금을 지급하면 재무활동 현금흐름은 음(-)의 부호를 보인다. A사는 영업활동을 통해 창출된 현금이 없고, 보유하고 있던 자산을 처분해서 생긴 현금으로 대출을 갚고 있을 가능성이 높다. 정답 ②

A사는 20x1년 초에 설립되었으며 20x1년도 제조원가, 재고자산과 관련된 자료는 다음과 같다. 20x1년 매출원가를 계산하면?

(단위: 만원)

직접재료원가	900
직접노무원가	800
제조간접원가	1,000
기초재공품	400
기말재공품	500
기초제품	300
기말제품	100

① 1,800만원　② 2,200만원
③ 2,600만원　④ 2,800만원
⑤ 3,600만원

해설

당기총제조원가(=직접재료원가+직접노무원가+제조간접원가)는 2,700만원이다. 당기제품제조원가(=기초재공품+당기총제조원가-기말재공품)는 2,600만원이다. 매출원가(=기초제품+당기제품제조원가-기말제품)는 2,800만원이다.

정답 ④

영화제작사인 A사는 영화 B의 손익분기점 관객 수를 분석하고자 한다. 다음의 영화의 현재 관객 수와 비용을 보고 손익분기점 관객 수를 구하면? (단, 이외의 다른 수익과 비용 항목은 없으며, 스태프와 영화배우의 인건비는 고정계약으로 진행됐다.)

〈표1〉 영화 B의 예상비용

관객 수(명)	400,000명
영화티켓 단가(원)	10,000원
비용 내역	
인건비(억원)	20억원
영화판권	10억원
총변동비	10억원

① 30만명
② 35만명
③ 40만명
④ 45만명
⑤ 45만 5,000명

해설

손익분기점은 일정 기간의 수익과 비용이 일치해서 손실도 이익도 발생하지 않는 상태를 뜻한다. 수익이 손익분기점을 초과하면 이익이 발생하고 미달하면 손실이 발생한다. 손익분기점을 구하려면 우선 고정비와 변동비를 구분할 수 있어야 한다. 인건비와 영화판권은 고정비로 30억원이며 변동비는 10억원이다. 매출액은 40억원(=관객 수×티켓 단가)이며 해당 영화의 공헌이익은 매출액-변동비인 30억원이다. 변동비율은 0.25이며 공헌이익률은 0.75이다. 따라서 손익분기점 매출액은 40억원(=30억원/0.75)이며 손익분기점 관객 수는 40만명(=40억원/1만원)이다.

정답 ③

아래는 단일 제품을 제조, 판매하는 A사의 원가자료이다. A사 고정원가는 400만원이며 현재 1,000단위를 판매하고 있다. A사가 변동원가 1,200원을 증가시키는 부품을 제품에 추가하면 현재보다 450단위의 판매량 증가가 있을 것이다. 이때 영업이익은 1,000단위 판매 때보다 얼마나 증가하는가? (단, 판매가격과 고정원가는 변동이 없으며, 기초재고와 기말재고는 동일하다.)

	단위당 가격	매출액 비율
판매가격	8,000원	100%
변동원가	2,400원	30%
공헌이익	5,600원	70%

① 24만원
② 56만원
③ 78만원
④ 160만원
⑤ 238만원

해설

영업이익(OI)은 단위당 판매가격(p), 단위당 변동원가(vc), 판매량(Q), 고정원가(FC) 관계식을 통해 구할 수 있다. (p-vc) × Q – FC = OI 에 대입해 보면, (8,000-2,400) × 1,000 – 4,000,000 = OI로, 부품을 추가하기 전 영업이익(OI)은 160만원이다. 변동원가 1,200원을 증가시키는 부품을 추가한 이후의 영업이익을 계산하면 (8,000-3,600) × 1,450 – 4,000,000 = 238만원이다. 영업이익은 부품 추가 이후에 78만원(=238만원 – 160만원) 증가했다.

정답 ③

경영

7

기업 재무관리의 기초

경영
—
1

재무관리의 정의

기업이 기업가치Firm Value를 높이기 위해 경영활동에 필요한 자금을 어떻게 합리적으로 조달하고, 조달한 자금을 효과적으로 운용할 것인지 결정하는 활동을 '재무활동'이라고 한다. 재무관리Financial Management는 기업의 자금 조달과 운용, 계획과 통제를 다루는 분야이다.

재무관리는 크게 투자론Investments과 기업재무Corporate Finance로 구분된다. 투자론은 투자자Investor 관점에서 투자 의사결정을 할 때 가장 중요하게 고려하는 위험과 수익률 간의 교환관계Risk-Return Tradeoff와 금융자산의 가격이 어떻게 결정되는지를 다룬다. 기업재무는 경영자Manager 입장에서 기업의 투자 의사결정Investment Decision, 자본조달 의사결정Financing Decision, 배당정책Dividend Policy이 어떻게 결정되는지에 대해 다루는 분야이다.

경영
—
2

재무관리의 주요 원리

화폐의 시간가치

1 미래가치 계산

화폐가 시간가치Time Value를 갖는다고 말할 때 '오늘의 만원은 내일의 만원보다 더 가치가 있다'고 한다. 오늘의 100만원과 연말의 100만원 가운데 선택해야 한다면 당연히 오늘의 100만원을 선택해 이자를 얻으려고 할 것이다. 현재 은행에 100만원을 예금하고 있고, 은행은 예금에 연 5%의 이자를 지급하고 있다고 가정하자. 첫해에 5만원(=100만원×0.05)의 이자를 벌게 되므로 투자가치는 연말에 105만원이 된다.

1년 후 투자가치 = 100만원 × (1+r) = 100만원 × 1.05 =105만원

이 자금을 두 번째 해에도 은행에 예금해 두면, 5만 2,500원(=105만원× 0.05)의 이자를 벌게 되므로 투자가치는 110만 2,500원으로 커진다.

2년 후 투자가치 = 105만원 × 1.05 = 100만원 × 1.05^2 =110만 2,500원

오늘 → 2년 후

100만원 × 1.05^2 = 110만 2,500원

카페라테 효과(Caffe Latte Effect)

커피에 빗대어 '습관적으로 소비하는 소액의 지출을 장기적으로 꾸준하게 투자하면, 목돈처럼 큰 효과를 가져온다'는 것을 의미하는 용어이다. 미국의 경제전문가 데이비드 바흐(David Bach)가 《라테 팩터(The Latte Factor)》라는 책에서 커피 한 잔 값을 절약했을 때 얻을 수 있는 효과를 설명하기 위해 제시한 개념이다. 예를 들면, 하루에 1잔 5,000원의 커피값을 아낀다면 일주일이면 3만 5,000원(=5,000원×7), 한 달이면 15만원(=5,000원×30), 30년이면 5,400만원(=15만원×12×30)을 모을 수 있다. 만약 커피값을 아껴서 모은 돈을 매달 적립식 펀드에 투자하면 연 5%의 수익을 얻을 수 있다고 가정해보자. '원금에 대한 이자'뿐만 아니라 '이자에 대한 이자'가 붙는 '복리효과'를 적용할 경우, 30년 후에 약 1억 2,500만원'이 된다. 적은 금액이지만 장기적으로 투자하면 목돈이 되는 것이다.

두 번째 해에는 초기 투자액(100만원)과 전년도의 이자(5만원)에 대한 이자를 얻는 것을 알 수 있다. 만약, 100만원을 t년 동안 투자한다면 그 액수는 5% 복리로 증가해 100만원×$(1.05)^t$가 될 것이다. 원금에 대해서만 이자를 계산하는 '단리Simple Interest 방식'과 달리, '복리Compound Interest 방식'은 '원금에 대한 이자'뿐만 아니라 '이자에 대한 이자interest-on-interest'도 함께 계산한다.

미래가치Future Value·FV는 현재의 일정 금액을 미래 특정 시점의 화폐가치로 환산한 개념으로, 현재의 일정 금액과 동일한 가치를 갖는 미래의 금액을 말한다. 이자율이 r일 때, 100만원에 대한 미래가치는 다음과 같다.

$$100만원의\ 미래가치(FV) = 100만원 \times (1+r)^t$$

2 현재가치 계산

100만원을 2년 동안 5%로 투자하면 미래가치는 110만 2,500원(=100만원×(1.05^2))이 된다. 그러면 2년 후 110만 2,500원을 만들려면 지금 얼마를 투자해야 하는가? 이 질문에 답하기 위해서는 현재가치Present Value·PV 개념을 알아야 한다. '현재가치'란 미래의 현금흐름을 일정한 할인율Discount Rate로 할인해 계산한 현재 시점의 가치를 말하며, 다음과 같이 구할 수 있다.

$$현재가치(PV) = \frac{110만\ 2,500원}{(1.05)^2} = 100만원$$

오늘	←	2년 후
100만원	=	110만 2,500원 ÷ 1.05^2

 7-1

투자자 K는 목돈 1,000만원이 생겨 2년 만기 정기예금 상품에 가입하려고 한다. 〈표〉는 투자자 K가 가입할 수 있는 두 정기예금의 이자 지급 방식을 나타낸다. 다음 중 이에 대한 올바른 설명은? (단, 이자는 연 1회 지급된다.)

〈표〉 2년 만기 정기예금 이자액

구분	이자 계산 방법과 연 이자율
A상품	단리(2%)
B상품	복리(2%)

① A상품의 경우 이자가 발생하지 않는다.
② A상품의 1년 후 이자와 B상품의 1년 후 이자 금액은 동일하다.
③ A상품의 2년 후 이자 금액은 원리금에 대해 이자가 붙는다.
④ A상품의 2년 후 이자 금액은 B상품의 2년 후 이자 금액보다 더 크다.
⑤ B상품의 1년 후 이자 금액은 20만 4,000원이다.

【해설】
① |X| 정기예금 상품이므로 이자가 발생한다.
② |O| 1년에 1번 이자가 지급되므로, 단리와 복리의 1년 후 이자 금액은 동일하다.
③ |X| 원리금에 이자가 붙는 방식은 복리 계산법이다.
④ |X| 2년 후 이자 금액은 단리상품보다 복리상품이 더 많다.
⑤ |X| 1년 후 이자 금액은 20만 원(=1,000만원×1.02 – 1,000만원)이다.

정답 ②

경영 — 3

투자론

금융자산의 가격 결정

1 채권의 가격 결정

채권은 한자로 '빚 채債', '문서 권券'으로 '빚을 졌다는 문서'를 의미한다. 즉, 채권은 채권 보유자에게 일정한 계약 기간 동안 빚을 지는 것으로, 발행자가 보유자에게 정해진 일자에 정해진 금액을 지급할 것을 약속한 증권을 말한다. 정부, 지자체, 특수법인, 금융회사 등은 채권 발행을 통해 자금을 투자자로부터 빌린다.

금융자산의 가격은 투자자가 투자 시 받을 수 있는 모든 미래현금흐름을 현재가치로 합산해서 계산할 수 있다.

0 (Value) — r% — 1 (CF_1) — 2 (CF_2) — … — n (CF_n)

$$Value = \frac{CF_1}{(1+r)^1} + \frac{CF_2}{(1+r)^2} + \cdots + \frac{CF_n}{(1+r)^n}$$

Value = 금융자산의 가격　　CF(Cash Flow) = 현금흐름
r = 할인율　　n = 시점

채권 가격은 투자자가 채권에 투자했을 때 만기 시까지 받을 수 있는 미래현금흐름의 현재가치를 모두 합해 산출할 수 있다. 채권은 발행자가 만기일 이전에는 정해진 시기마다 채권 보유자에게 이자를 지급하고, 만기일에 원금과 이자를 합한 원리금을 상환하는 방식이다. 이때의 이자를 이표利票 또는 쿠폰이라고 한다. 이표는 액면가Face Value에 쿠폰이자율coupon interest rate을 곱해서 계산한다.

$$V_B = \frac{\text{Coupon}}{(1+r_d)^1} + \cdots + \frac{\text{Coupon}}{(1+r_d)^N} + \frac{\text{Face Value}}{(1+r_d)^N}$$

V_B = 채권 가격
Coupon = 이표(利票)
Face Value = 액면가
r_d = 채권할인율
N = 만기

채권 가격 계산을 위해서 쿠폰과 원금을 현재가치로 할인할 때 사용되는 할인율(r_d)은 무위험이자율(r_f), 디폴트 위험프리미엄Default Risk Premium·DRP, 만기 위험프리미엄Maturity Risk Premium·MRP 등을 합한 값이다.

$$r_d = r_f + DRP + MRP$$

r_f = 무위험이자율
DRP(Default Risk Premium) = 디폴트 위험프리미엄
MRP(Maturity Risk Premium) = 만기 위험프리미엄

무위험이자율은 실질무위험이자율Real Risk-free Rate과 인플레이션 위험프리미엄Inflation Risk Premium으로 구성된다. 실질무위험이자율은 이론적으로 인플레이션에 대한 기대가 없을 경우를 가정했을 때의 무위험이자율을 의미한다. 만약 인플레이션이 높아지면, 투자자들은 인플레이션에 대한 보상을 요구해 인플레이션 위험프리미엄이 증가하고, 이에 따라 분모인 할인율(r_d)이 커져서 채권 가격이 하락하게 되는 메커니즘이다.

두 번째로, 디폴트 위험프리미엄Default Risk Premium은 기업의 신용도와 관련이 있다. 회사채 신용등급은 기업의 원리금 지급 능력의 정도에 따라 AAA부터 D까지 10개 등급

으로 분류된다. 신용등급 중 AAA부터 BBB까지는 원리금 상환 능력이 인정되는 '투자등급'이며, BB에서 C까지는 환경 변화에 따라 크게 영향을 받는 '투기등급'으로 분류된다. 만약 기업의 신용등급이 낮을 경우 원리금을 돌려받지 못할 위험이 커져 기업은 부도 위험에 대한 보상으로 '디폴트 위험프리미엄'이 높아지게 된다.

마지막으로 만기 위험프리미엄Maturity Risk Premium은 채권의 만기가 길 경우 발생할 수 있는 위험과 관련된 것이다. 예를 들어 동일한 기업에서 동일한 조건으로 발행했지만 만기가 다른 채권이 있다고 가정해보자. 만약 1년 뒤에 원리금을 돌려받는 채권과, 30년 뒤에 원리금을 돌려받는 채권 중 어떤 것이 더 위험할까?

정답은 30년 뒤에 원리금을 돌려받는 채권이다. 만기가 길어지면 채권 투자자가 돈을 돌려받지 못할 위험도 커진다. 채권의 만기가 길어질수록 일정 폭의 채권수익률 변동에 대한 채권 가격의 변동 폭도 커진다. 따라서 만기가 길어질수록 '만기 위험 프리미엄'이 증가하는 것이다.

채권의 종류

일반 회사채

무보증 사채	가장 일반적인 회사채로서 2개 이상 신용평가기관의 신용평가를 바탕으로 BBB 이상 우량 대기업 위주로 발행.
보증사채	신용등급이 낮은 기업(주로 중소기업)이 은행, 전문 신용보증기관, 신용등급이 우수한 모회사의 보증을 활용해 발행.
담보부사채	회사 재산의 담보신탁 후 담보 여력 내에서 발행하나 절차상 문제와 실효성이 낮아 현실적인 자금조달 역할은 미흡.

하이브리드 채권Hybrid Bond

하이브리드hybrid는 '2종류 이상의 요소를 조합했음'을 나타내는 용어이다. 하이브리드 자동차라고 하면 가솔린 엔진과 전기모터를 동시에 가지고 있다는 것을 의미하듯이 하이브리드 채권은 '채권'과 '주식'의 특성을 동시에 가지고 있는 것을 말한다. 채권으로 발행되지만, 투자자가 전환권을 행사하면 주식으로 전환할 수 있는 권리를 가지기 때문이다. 하이브리드 채권은 '메자닌 채권Mezzanine Bond'이라고도 부른다. 이탈리아어로 1층과 2층 사이 라운지 공간을 의미하는 '메자닌Mezzanine'은 주식과 채권 사이에 있는 투자 상품을 지칭하는 용어로 사용된다.

1 기업어음Commercial Paper·CP

기업이 자금 조달을 목적으로 발행하는 '어음' 형식의 단기채권이다. 기업과 투자자 사이의 자금 수요와 공급 관계, 신용도 등에 따라 금리를 자율적으로 결정한다. CP와 회사채는 둘 다 채권이라는 점에서 같지만, 발행과 유통 과정이 다르다. CP는 단기자금 조달을 목적으로 하기 때문에 만기 1년 이내로 발행한다. 자본시장통합법의 적용 대상인 주식이나 채권과 달리 어음법에 따르기 때문에 발행 절차가 간소하며 증권신고서를 제출할 필요가 없다는 점에서 신용도가 낮은 기업들이 선호한다.

2 전환사채Convertible Bond·CB

전환사채는 일반 사채에 '주식전환권'이 포함된 사채이다. 즉, 사채에 표시된 전환 기간 내 일정한 조건에 의해 미리 정한 전환가격에 따라 사채를 발행한 회사의 주식으로 전환할 것을 청구할 수 있는 권리가 부여된 사채이다. 전환 전에는 채권자로서 사채에 따른 이자를 받을 수 있고, 전환 후에는 주주로서 주식에 따른 이익을 얻을 수 있다.

기업의 기존 주주는 전환사채 발행을 달가워하지 않는다. 전환사채의 전환권 행사로 발행주식 수가 늘어나면서 기존 주주의 지분가치가 희석되기 때문이다. 하지만 전환사채의 이자가 일반 사채에 비해 낮은 편이기 때문에 기업은 이자비용을 줄이면서 자금을 조달할 수 있다. 한편, 투자자는 전환권 행사 전에는 채권의 이자수익을 얻을 수 있고, 전환권 행사 후에는 주식에 따른 이익을 누릴 수 있다는 장점이 있다.

전환사채

3 신주인수권부사채Bond with Warrant·BW

신주인수권부사채는 사채에 신주를 배정받을 수 있는 권리가 부가된 사채이다. 채권 발행 후 일정 기간이 지나면 채권자의 선택에 따라 일정한 가격(행사가격)으로 발행회사의 신주를 배정받을 수 있는 권리가 부여된 조건부 사채이다. 회사는 저금리로 사채를 발행해 자금을 조달하면서 투자자가 신주인수권을 행사하면 추가 자금이 납입되므로 자금 조달에 용이하다. 한편, 투자자는 신주인수권을 행사해도 이자소득과 주식 관련 이익을 얻을 수 있다는 장점이 있다.

신주인수권부사채

4 교환사채Exchangeable Bond·EB

일정 기간 경과 후 발행사가 보유하고 있는 다른 회사 주식 또는 자사가 발행한 주식(자기주식)으로 교환할 수 있는 권리가 부여된 사채를 말한다. 전환사채는 자사의 주식으로 전환할 수 있지만, 교환사채는 자사의 주식뿐만 아니라 자사가 보유 중인 다른 회사 주식으로도 교환해 줄 수 있다는 점에서 차이가 있다.

교환사채

구분	전환사채(CB)	신주인수권부사채(BW)	교환사채(EB)
주식취득 권리	주식전환권	신주인수권	교환권
주주 효력	전환 청구 시	대금 납입 시	교환 청구 시
권리 대상	발행회사 신주	발행회사 신주	발행회사 보유 주식 (보유 중인 자기주식 포함)
권리 행사 시 발행사 현금 유입	신규 자금 유입 없음	신규 자금 유입 있음 (대용납입 시 없음)	신규 자금 유입 없음
권리 행사 시 사채권 존속	사채권 소멸	사채권 존속 (대용납입 시 소멸)	사채권 소멸
발행회사 재무 변동	사채 상환으로 부채 감소, 신주 발행에 의한 자본 증가	현금 유입으로 인한 자산 증가, 신주 발행에 의한 자본 증가	(발행회사 보유 주식이 교환 대상인 경우) 사채 상환으로 부채 감소, 보유 주식 이전으로 자산 감소 (자기주식이 교환 대상인 경우) 부채 감소, 자본 증가

영구채Perpetual Bond

영구채는 회계 기준에 의하면 부채로 분류되는 채권과 자본으로 분류되는 주식의 성격이 결합돼 있어 하이브리드 채권으로 분류된다. 형식상 채권이지만 만기를 연장할 수 있는 권리를 발행회사가 보유하고 있어 사실상 만기가 없고, 상환 우선순위도 채권

보다 뒤처진다는 점에서 국제회계기준상 자본으로 인정된다. 영구채는 만기가 없다고 하지만 조기상환이 가능하다. 만약 발행회사가 조기상환권Call Option을 행사하지 않은 경우, 가산금리step-up interest를 투자자에게 지급하는 조항을 발행 조건에 명시하는 경우가 있다.

7-2

〈표〉는 투자자가 각 채권에 부여된 권리를 행사했을 때 채권 발행회사의 자본금과 부채의 변화를 나타낸 것이다. A~C에 들어갈 내용을 올바르게 짝지은 것은? (단, 교환사채는 발행회사 보유 주식을 대상으로 한다.)

〈표〉 채권 권리 행사 시 발행회사에 미치는 효과

구분	자본금	부채
전환사채	A	감소
신주인수권부사채	증가	B
교환사채	C	감소

	A	B	C
①	감소	감소	증가
②	감소	감소	감소
③	증가	증가	변동없음
④	증가	변동없음	증가
⑤	증가	변동없음	변동없음

【해설】

전환사채는 일반적인 사채에 주식전환권이 포함된 사채이다. 투자자가 권리를 행사하면 발행회사 입장에서는 자본금이 증가하며 부채도 감소한다. 신주인수권부사채는 사채에 신주를 배정받을 수 있는 권리가 부가된 사채이다. 발행회사 입장에서는 사채로 자금을 조달하면서 투자자가 신주인수권을 행사하면 주식을 발행해 추가 자금이 납입되는 효과가 있다. 전환사채와 신주인수권부사채의 차이점은 투자자의 권리 행사 이후 부채가 소멸되는지 여부이다. 신주인수권부사채 투자자가 신주인수권을 행사할 경우 발행회사의 자본금은 증가하며 부채는 소멸하지 않으므로 변동이 없다. 교환사채는 투자자가 권리를 행사하면 발행회사가 보유하는 다른 회사 주식으로 교환해주기 때문에 부채는 소멸되며, 발행회사의 자본금은 변동이 없다.

정답 ⑤

2 주식 가격 결정

개별 기업의 주가를 계산하는 대표적인 방법은 '고든 성장모형Gordon Growth Model'이다. 이때 계산된 값을 주식의 내재가치intrinsic value 또는 공정가격fair value이라고 한다. 금융자산의 가격은 '금융자산을 보유했을 때 기대되는 미래의 모든 현금흐름을 현재가치로 할인한 것을 모두 합산'해 구할 수 있다. 고든 성장모형에서는 '배당금'을 주식 보유 때 기대되는 미래의 현금흐름으로 보고 '배당금이 일정한 비율(g)로 성장한다'고 가정한다. 따라서 1년 뒤에 받을 배당(D_1)은 현재 이미 받은 배당(D_0)에 성장률(g)만큼을 곱한 값이다. 고든 성장모형에서 할인율(r_s)은 CAPM으로 계산한 요구수익률이 사용된다.

예를 들어 고든 성장모형으로 추정한 개별 주식의 내재가치가 10만원이라고 한다면, 투자자들이 미래에 받게 될 모든 배당금을 현재가치로 환산했을 때 그 가치를 10만원으로 기대한다는 뜻이다.

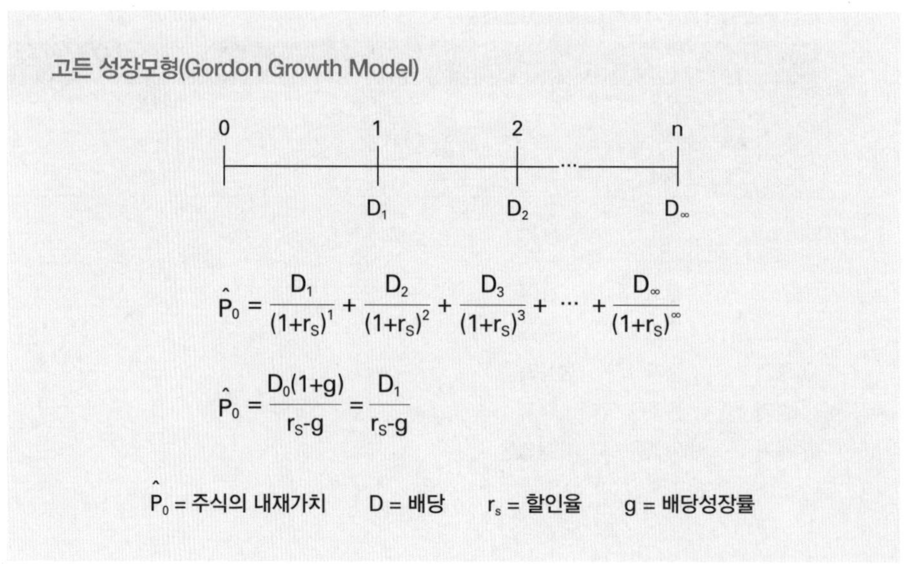

고든 성장모형(Gordon Growth Model)
0 1 2 n
D_1 D_2 D_∞
$\hat{P}_0 = \frac{D_1}{(1+r_S)^1} + \frac{D_2}{(1+r_S)^2} + \frac{D_3}{(1+r_S)^3} + \cdots + \frac{D_\infty}{(1+r_S)^\infty}$
$\hat{P}_0 = \frac{D_0(1+g)}{r_S - g} = \frac{D_1}{r_S - g}$
$\hat{P}_0$ = 주식의 내재가치 D = 배당 r_s = 할인율 g = 배당성장률

만약 고든 성장모형으로 추정한 내재가치가 10만원인데 현재 주식시장에서 9만원에 거래되고 있다면, 이 주식은 '저평가Undervalued' 상태라고 말할 수 있다. 반대로 고든 성장모형으로 추정한 내재가치가 10만원인데 현재 주식시장에서 11만원에 거래되고 있다면, 이 주식은 '고평가Overvalued' 됐다고 한다.

 7-3

표는 A사 주식 관련 자료를 나타낸 것이다. 고든(Gordon)의 배당성장모형(Dividend Growth Model)을 이용해서 A사 주식의 주당 가치를 계산하면?

다음 기 현금배당 총액	3,000만원
총발행 주식 수	2만주
배당금 성장률	연 5%
요구수익률	연 11%

① 15,000원 ② 20,000원 ③ 25,000원 ④ 30,000원 ⑤ 35,000원

【해설】
고든 배당성장모형 공식에 대입하면 $P_0 = D_1/(k-g) = (3{,}000/2)/(0.11-0.05) = 1{,}500/0.06 = 25{,}000$.

정답 ③

포트폴리오 이론

1 위험과 기대수익률

재무관리에서 '위험'이란 미래수익률이 기대수익률에 미달하거나 투자 손실로 나타날 수 있는 가능성, 즉 자산가치의 '변동 가능성'을 의미한다. 위험에는 예상보다 낮은 수익률을 얻을 나쁜 결과뿐만 아니라 예상보다 높은 수익률을 얻을 좋은 결과도 포함된다. 미국 뉴욕대 애스워스 다모다란Aswath Damodran 교수는 금융에서 'risk'의 참뜻을 가장 잘 포착한 용어는 '위험'이 아니라 '위기'라고 했다. '위危'는 위태로움을 뜻하고 '기機'는 기회를 의미하므로, 'risk'는 곧 위태로움과 기회가 섞여 있는 것을 말한다. 위태로움은 '위험risk'이 되고, 기회는 '기대수익Expected Return'이 된다. 위험은 부정적인 개념이지만, 위기는 부정적인 개념과 긍정적인 개념을 모두 내포하고 있다. 결국 위기의 관점에서 'risk'를 해석하면 투자자와 기업은 투자안을 선택할 때 '위태로움'과 그에 대한 '보상' 사이에서 각자의 위험 성향에 맞는 균형을 찾아야 한다는 의미이다.

투자자들은 위험을 감당하는 조건으로 더 높은 보상을 요구하게 된다. 따라서 위험이 증가하면 투자자들의 기대수익도 커진다. 이와 같은 관계를 '위험과 수익의 비례원칙Risk-Return Tradeoff'이라고 한다. 예를 들어, A투자안의 위험은 높은데 기대할 수 있는 수

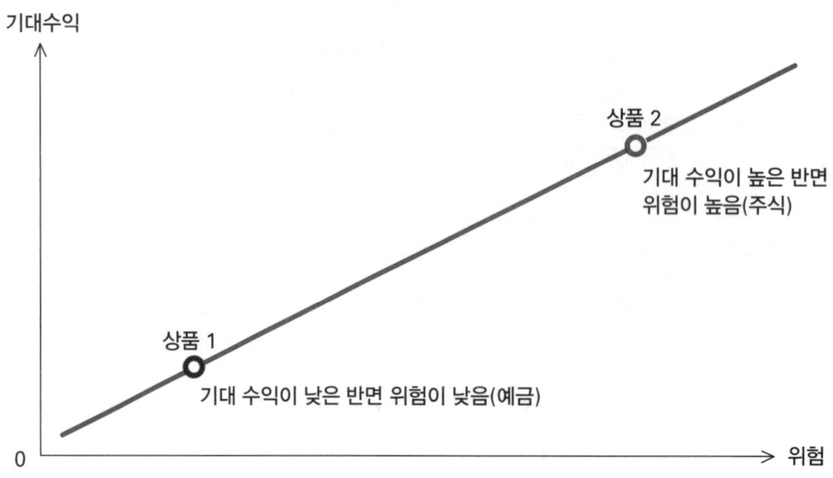

익이 충분하지 않다면, A투자안은 투자자들로부터 외면받게 된다.

다음과 같이 표는 날씨에 따른 개별 자산 수익률의 확률 분포를 나타낸다.

개별 자산 수익률의 확률 분포

날씨 상태	확률	맥주회사	소주회사
따뜻한 날씨	0.2	40%	-20%
보통 날씨	0.7	10%	20%
추운 날씨	0.1	-30%	60%

일반적으로 보유한 개별 자산의 위험은 표준편차로 측정한다. 개별 자산의 위험이 커질수록 보다 작은 가치를 갖는 것으로 평가하는 '위험회피형 투자자'는 '기대수익률이 클수록, 위험(표준편차)이 작을수록, 투자안이 더 가치 있다'고 평가한다. 개별 자산에만 투자했을 때의 기대수익률과 위험은 다음과 같이 계산할 수 있다.

맥주회사

- 기대수익률 = $0.2\times0.4 + 0.7\times0.1 + 0.1\times(-0.3) = 0.12 = 12\%$
- 분산 = $0.2\times(0.4-0.12)^2 + 0.7\times(0.1-0.12)^2 + 0.1\times(-0.3-0.12)^2 = 0.0336$
- 표준편차 = $\sqrt{0.0336} = 0.1833 = 18.33\%$

소주회사

- 기대수익률 = $0.2\times(-0.2) + 0.7\times0.2 + 0.1\times0.6 = 0.16 = 16\%$
- 분산 = $0.2\times(-0.2-0.16)^2 + 0.7\times(0.2-0.16)^2 + 0.1\times(0.6-0.16)^2 = 0.0464$
- 표준편차 = $\sqrt{0.0464} = 0.2154 = 21.54\%$

기대수익률은 소주회사 16%, 맥주회사 12%로 소주회사가 높고, 위험은 소주회사 21.54%, 맥주회사 18.33%로 소주회사가 크다. 이때 기업이나 개인은 하나의 자산을 보유하는 것이 아니라 여러 종류의 자산을 동시에 보유해 위험을 줄일 수 있다. 위에서 맥주회사와 소주회사의 주식에 각각 투자 금액의 50%씩 균등 투자하는 경우 포트폴리오의 기대수익률과 위험을 구하면 다음과 같다.

맥주회사와 소주회사

- 공분산 = $0.2\times(0.4-0.12)\times(-0.2-0.16) + 0.7\times(0.1-0.12)\times(0.2-0.16) + 0.1\times(-0.3-0.12)\times(0.6-0.16) = -0.0392$
- 상관계수 = $-0.0392/(0.1833\times0.2154) = -0.9928$

포트폴리오(맥주회사 50%, 소주회사 50% 투자)

- 기대수익률 = $0.5\times0.12 + 0.5\times0.16 = 0.14 = 14\%$
- 분산 = $0.5^2\times0.0336 + 0.5^2\times0.0464 + 2\times0.5\times0.5\times(-0.0392) = 0.0004$
- 표준편차 = $\sqrt{0.0004} = 0.02 = 2\%$

이처럼 맥주회사와 소주회사에 각각 50%씩 분산투자하면 표준편차를 2%까지 줄이면서 14%의 수익을 기대할 수 있다. 투자자에게 기업 고유의 위험은 특정 기업의 주식을 보유하는 데 수반되는 불확실성이므로 여러 기업의 주식을 동시에 보유함으로써 완화될 수 있다. 이를 포트폴리오 투자라고 한다.

» 포트폴리오를 구성하는 자산 간 상관계수가 +1이면 두 자산의 수익률이 '같은 방향'으로 정비례해 움직이는 것을 의미.
» 포트폴리오를 구성하는 자산 간 상관계수가 –1이면 두 자산의 수익률이 '반대 방향'으로 정비례해 움직이는 것을 의미.

따라서 포트폴리오를 구성하는 자산 간 상관계수가 낮을수록 분산투자의 효과가 커진다.

예제 7-4

다음의 A~D주식에 대한 기대수익률과 표준편차 정보를 바탕으로 위험회피형 투자자가 선택할 것으로 예상되는 주식을 고르면?

구분	A주식	B주식	C주식	D주식
기대수익률(%)	20	25	25	30
표준편차(%)	20	10	15	20

① A ② B ③ D ④ A, D ⑤ B, C

【해설】

주식 투자자는 투자안의 가치를 기준으로 투자 결정을 내린다. 투자안의 가치는 불확실한 미래에 대한 투자안의 기대수익률과 위험에 따라 결정된다. 위험에 대한 투자자의 주관적 태도에 따라서 투자안에 대한 평가도 달라질 수밖에 없다. 위험은 불확실성을 고려한 미래 수익의 변동 정도를 의미하는데, 주로 표준편차로 측정한다. 투자안의 표준편차가 크면 클수록 투자안의 위험이 크다는 것을 의미한다. 이때 투자안의 위험이 커질수록 투자안의 가치가 더 작다고 평가하는 투자자를 '위험회피형'이라고 한다. 따라서 위험회피형 투자자는 표준편차가 가장 작은 B주식을 선택할 가능성이 높다. 한편 위험이 커질수록 투자안의 가치가 더 크다고 평가하는 투자자를 '위험선호형'이라고 부른다. 또한 위험의 크기와 상관없이 기대수익률만을 기준으로 투자안의 가치를 평가하는 투자자를 '위험중립형'이라고 한다.

정답 ②

2 포트폴리오와 위험

'포트폴리오Portfolio'란 투자자들이 투자금을 여러 종류의 자산에 분산투자할 때 소유하는 여러 자산의 집합을 말한다. 투자자들이 포트폴리오를 구성하는 이유는 분산투자로 투자위험을 감소시키는 데 있다. 그러나 아무리 포트폴리오를 잘 구성하더라도 위험을 제로(0)로 만드는 것은 불가능하다. 그 이유는 무엇일까?

포트폴리오를 구성하는 자산의 수가 증가할수록 위험은 체감적으로 감소하지만 어느 한계 이하로는 내려가지 않기 때문이다.

1 비체계적 위험(분산가능 위험)

포트폴리오 구성을 통해 제거할 수 있는 위험은 개별 자산 또는 개별 기업에 영향을 미치는 요인으로, '비체계적 위험' 또는 '분산가능 위험' '기업 고유 위험'이라고 한다. 비체계적 위험의 대표적인 예로는 특정 기업 제품의 리콜이나 경영진의 배임·횡령 등이 있다.

체계적 위험과 비체계적 위험

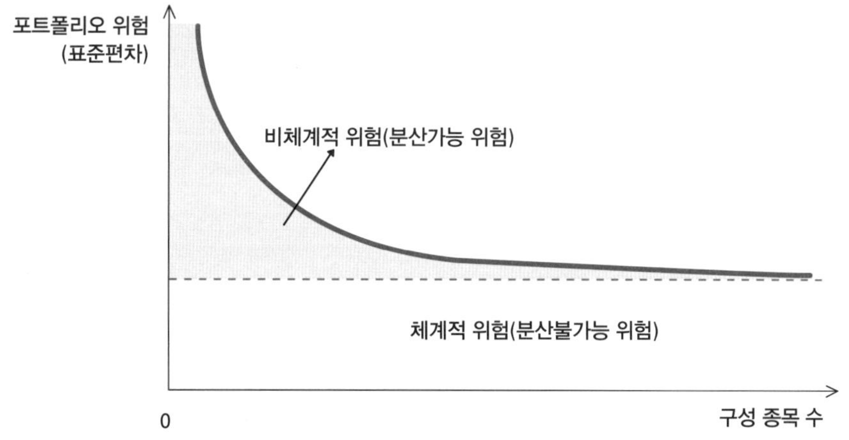

2 체계적 위험(분산불가능 위험)

분산투자를 하더라도 제거할 수 없는 위험은 시장 전체에 공통적으로 영향을 미치는 요인으로, '체계적 위험' 또는 '분산불가능 위험' '시장 위험'이라고 한다. 체계적 위험의 대표적인 예로는 금리나 환율 변동, 전쟁 등이 있다.

체계적 위험은 베타(β)로 측정하며, 베타는 시장 움직임에 대해 개별 증권이 얼마나 민감한지를 나타내는 민감도를 의미한다. 자산의 위험에 따라 기대수익률이 어떻게 결

총위험 Total Risk	분산가능한 위험 (Diversifiable Risk)	기업 고유 위험(Firm-specific Risk) = 비체계적 위험(Idiosyncratic Risk) 예) 개별 기업의 소송, 경영진 횡령·배임
	분산불가능한 위험 (Non-diversifiable Risk)	시장위험(Market Risk) = 체계적 위험(Systematic Risk) 예) 인플레이션, 경기 변동

정되는지를 보여주는 이론이 자본자산가격결정모형Capital Asset Pricing Model·CAPM이다.

체계적 위험은 베타로 측정할 수 있다. 베타는 주식시장 전체의 가격 변동이 개별 주식의 수익률에 미치는 영향을 수치화한 것이다. 예를 들면, 2022년 5월 24일 기준으로 삼성전자의 베타는 0.88이다. '베타가 0.88'이라는 것은 코스피 지수가 10% 상승(하락)할 때, 삼성전자 주가가 8.8% 상승(하락)하는 특성이 있다는 것을 의미한다.

삼성전자 사례에서 베타 앞에 '52주'라는 단어가 붙어있다. 1년을 주 단위로 계산하면 52주이기 때문에, 52주는 1년을 의미한다. '52주 베타'는 2022년 5월 24일 기준으로

삼성전자 005930 SamsungElec KOSPI : 전기전자 WICS : 반도체와반도체장비

EPS **5,777** BPS **43,611** PER **11.75** 업종PER **10.46** PBR **1.56** 현금배당수익률 **2.13%** 12월 결산

* PER : 전일자 보통주 수정주가 / 최근결산 EPS * 현금배당수익률 : 최근 결산 수정DPS(현금) / 전일자 보통주 수정주가
* PBR : 전일자 보통주 수정주가 / 최근결산 BPS * WICS : WISE Industry Classification Standard, modified by FnGuide
* PER, PBR값이 (-)일 경우, N/A로 표기됩니다.

시세 및 주주현황

종가(원)/전일대비/수익률	67,900 / -100 / -0.15%
52주 최고/최저(원)	83,300 / 64,500
액면가(원)	100
거래량/거래대금(억원)	13,684,100 / 9,313
시가총액(억원)	4,053,482
52주베타	0.88
발행주식수(주)/유동비율(%)	5,969,782,550 / 75.22
외국인지분율(%)	50.74
수익률(1M/3M/6M/1Y,%)	+1.34 / -6.99 / -9.83 / -15.23

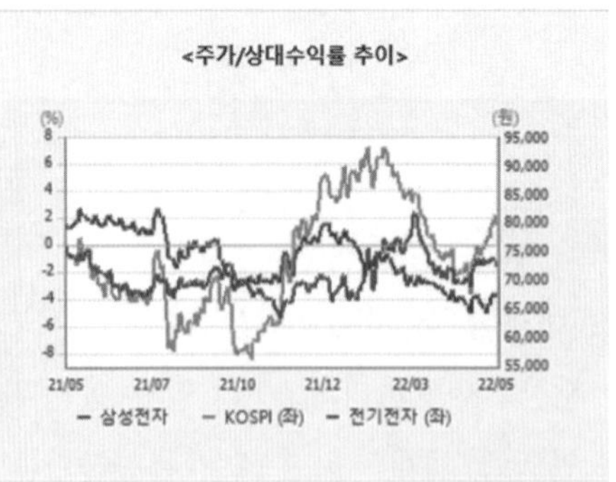

* 보통주 기준

출처:Daum 금융

베타와 주식가치 평가

시장 전반의 수익률 변화에 대한 민감도를 나타내는 베타값이 1보다 클수록 이 주식의 수익률 변동성이 시장 평균보다 크다는 의미이므로, 경기 변동에 민감한 경기민감주에 속한다. 베타값이 1보다 작을수록 이 주식의 수익률 변동성이 시장 평균보다 작다는 의미이므로, 경기 변동에 영향을 덜 받는 경기방어주로 분류될 수 있다. 예를 들어 A주식의 베타가 0.5라면, 시장 포트폴리오의 수익률이 1% 증감할 때 평균적으로 개별 자산 포트폴리오 수익률이 0.5% 변동한다는 의미이다. B주식의 베타가 1.8이라면, 시장 포트폴리오의 수익률이 1% 증감할 때 평균적으로 개별 자산 포트폴리오 수익률이 1.8% 변동한다는 의미이다. A주식과 B주식을 비교하면, B주식이 A주식에 비해 더 민감하게 변동한다는 것을 알 수 있다.

과거 1년의 삼성전자 주가 수익률 데이터와 코스피 지수(주식시장 전체를 나타내는 대용변수)의 수익률 데이터를 회귀분석Regression Analysis을 통해 계산할 수 있다. 일반투자자들은 직접 베타를 계산하지 않아도 '다음Daum 금융', '구글 파이낸스Google Finance'와 같은 주식 정보를 제공하는 웹사이트를 통해 투자하는 종목의 베타값을 확인할 수 있다. 자신이 투자하는 주식이 시장 변동에 얼마나 민감하게 반응하는지를 알 수 있는 것이다.

베타가 '음수(-)값'을 가질 수도 있다. '베타가 음수(-)'라는 것은 주식시장 전체의 가격 변동과 '반대로' 개별 주식의 수익률이 움직이는 것을 의미한다. 예를 들면, 종합주가지수는 하락하는데, 개별 주식의 수익률은 상승하는 것이다. 하지만 현실에서 베타가 음수값을 가지는 경우는 매우 보기 드물다.

다음은 미국 S&P500에서 '베타가 음수(-)인 주식Negative Beta Stock'을 나타낸 것이다.

Company	Current Price	Beta	PE Ratio	Market Cap
CMPI Checkmate Pharmaceuticals	$10.49 +0.3%	-4.84	-3.59	$231.18 million
ISPO Inspirato	$5.16 -2.3%	-4.62	0.00	$111.27 million
SGBX SG Blocks	$1.94 +8.4%	-4.20	-1.70	$23.29 million

출처:Marketbeat

3 자본자산가격결정모형(CAPM) 

CAPM(Capital Asset Pricing Model)은 개별 주식의 위험과 기대수익률의 관계를 설명하는 모형이다. CAPM의 기본 원리는 투자자들의 주식에 대한 기대수익률은 '시간가치(Time Value)'와 '위험(Risk)'에 대한 마땅한 보상을 반영해야 한다는 것이다. 따라서 다음과 같은 식으로 풀어서 쓸 수 있다.

개별 주식의 기대수익률 = 시간가치 + 위험프리미엄
= 무위험이자율 + 베타 × 시장위험프리미엄
= 무위험이자율 + 베타(시장수익률 – 무위험이자율)

투자금의 시간가치에 대한 보상은 무위험이자율로 나타낼 수 있다. 투자자가 현재 가지고 있는 100만원과 1년 뒤에 받을 100만원의 가치는 다르기 때문에, 현재 가지고 있는 100만원을 투자한다면 적어도 무위험이자율만큼의 시간가치를 보상받아야 한다는 것이다.

위험은 개별 주식의 시장 위험에 대한 민감도를 나타내는 '베타(Beta)'와 '위험프리미엄(Risk Premium)'의 곱으로 표현할 수 있다. 이때 위험프리미엄은 시장기대수익률(Expected Market Return)에서 무위험이자율을 차감한 것으로, 안전자산에 투자했을 때보다 위험한 자산에 투자를 했을 때 얼마만큼 더 추가적으로 수익을 기대할 수 있는지를 반영한다. 이때 위험프리미엄은 '시장위험', 즉 체계적 위험에 대한 보상을 의미한다. 따라서 '개별 주식의 체계적 위험(베타)'이 높다면, 기대수익률도 높아지는 것이다.

예를 들어 투자자가 대표적 안전자산인 국채에 투자하지 않고 상장기업 주식에 투자한다고 가정하자. 투자자는 채권으로부터 기대되는 확실한 이자 수익과 원금 회수를

CAPM(Capital Asset Pricing Model, 자본자산가격결정 모형)

$$r_i = r_f + \beta(r_m - r_f)$$

r_i = 자산(기업) i의 수익률	r_f = 무위험수익률
β = 시장위험(베타)	r_m = 시장수익률
$r_m - r_f$ = (주식)시장위험프리미엄*	$\beta(r_m - r_f)$ = 위험프리미엄

고든 성장모형과 CAPM의 한계

고든 성장모형은 직관적이어서 이해하기가 쉽고 계산에 사용되는 변수를 쉽게 구할 수 있다는 장점이 있지만, 투자자가 고든 성장모형만으로 내 주식이 고평가되어 있는지를 판단하는 데에는 어려움이 있다. 고든 성장모형은 배당금을 지급하는 회사만 기업가치를 평가할 수 있고, 배당금이 일정 비율로 영원히 증가한다는 가정은 비현실적이기 때문이다. 또한 고든 성장모형에서 할인율은 CAPM으로 계산한 요구수익률을 사용하고 있는데, 우리에게 미래를 내다보는 수정구슬이 존재하지 않는 한 정확한 값을 계산하기 어렵다. 또한 CAPM은 시장위험(Market Risk)만을 고려하고 있으므로 개별 기업의 주가수익률을 설명할 수 있는 다른 위험은 반영하지 못한다는 한계가 있다.

선택하는 대신, 주식에 투자해 배당과 주가 상승을 통한 시세 차익을 기대할 것이다. 그러나 배당수익률이 낮거나 주가 하락으로 투자 원금을 잃을 위험도 존재한다. 따라서 주식에 투자한 주주는 당연히 채권수익률보다는 높은 수익률을 기대한다. 채권수익률보다 높은 주주의 요구수익률을 '위험프리미엄'이라고 부른다. 위험프리미엄risk premium은 베타와 시장위험프리미엄의 곱으로 나타낼 수 있다.

만일 무위험수익률을 국채수익률로, 종합주가지수 수익률은 시장수익률의 대용치로 사용한다면 '시장위험프리미엄 = 종합주가지수 수익률–국채수익률'로 나타낼 수 있다. 어느 회사의 주가수익률 움직임이 종합주가지수 수익률 변동성에 비해 40% 높다면, 이 회사 주식에 투자한 주주는 '시장위험프리미엄×1.40'만큼의 위험프리미엄을 요구할 것이다.

* 시장위험프리미엄이란 무위험수익률(r_f)을 초과하여 얻을 것이라고 기대하는 시장수익률(r_m)로 간단히 $r_m - r_f$로 표현한다.

예제 7-5

A사와 B사의 주식과 관련된 정보를 나타낸 표이다. 자본자산가격결정모형(CAPM)이 성립할 때, A사와 B사의 요구수익률 차이를 계산하면? [86회 매경TEST 기출]

A사 주식 베타	1.2
B사 주식 베타	0.8
시장포트폴리오의 기대수익률	10%
무위험이자율	6%

① 1.2% ② 1.6% ③ 1.8%
④ 2.0% ⑤ 2.2%

【해설】
A사 요구수익률 = 6% + 1.2×(10%-6%) = 10.8%
B사 요구수익률 = 6% + 0.8×(10%-6%) = 9.2%
두 기업의 요구수익률 차이 = 10.8% - 9.2% = 1.6%

정답 ②

증권시장선 (최우수를 위한 심화학습)

증권시장선Security Market Line·SML은 개별 주식의 기대수익률(r_i)과 베타의 관계를 그래프로 나타낸 것이다. 자신이 보유한 주식의 현재 주가가 내재가치와 같은 경우 그 가격은 적정가격fair price이 되고, 이때에는 정확히 SML상에 위치하게 된다. 이것은 개별 주식의 기대수익률expected rate of return과 요구수익률required rate of return이 일치하는 것을 의미한다.

만약 자신이 보유한 주식이 SML보다 위에 위치해 있다면, 실제 얻을 것으로 기대되는 수익률이 CAPM으로 계산한 적정수익률보다 크다는 것이다. 이것은 자신이 보유한 주식이 저평가undervalued되어 있다는 것을 의미한다. 이와 같이 실제 얻을 것으로 기대되는 수익률과 CAPM에 의해 계산한 적정수익률과 차이를 개별 주식의 알파값Alpha Value이라고 한다.

$$P_0 < \widehat{P}_0 \leftrightarrow r_s < \widehat{r}_s \quad \text{저평가}_{\text{undervalued}} \rightarrow \text{매수}$$

$$P_0 = \widehat{P}_0 \leftrightarrow r_s = \widehat{r}_s \quad \text{시장균형}_{\text{market equilibrium}} \text{ 상태}$$

$$P_0 > \widehat{P}_0 \leftrightarrow r_s > \widehat{r}_s \quad \text{고평가}_{\text{overvalued}} \rightarrow \text{매도}$$

P_0 = 주식의 현재 시장가격 $\widehat{P}_0$ = 주식의 내재가치 r_s = 요구수익률 $\widehat{r}_s$ = 기대수익률

알파는 해당 위험 수준에서 요구되는 적정수익률 이상의 투자 성과를 내게 한 수익률이라는 의미에서 '위험초과수익률'이라고도 부른다. 펀드 수익률을 평가할 때 자주 사용되는 '젠센의 알파$_{\text{Jensen's Alpha}}$'는 포트폴리오의 베타와 시장평균수익률이 주어졌을 때, CAPM에서 추정되는 수익률을 초과하는 포트폴리오의 수익률을 측정하는 지표이다.

개별 주식의 기대수익률 – 무위험이자율 = 알파 + 베타(시장수익률 – 무위험이자율)

예를 들어 시장수익률은 10%, K주식의 베타는 1.5, 무위험이자율은 3%라고 한다면 CAPM에 따라 K주식의 적정 기대수익률은 13.5%(=3% +1.5(10%-3%))가 된다. 만약 K주식의 실제 기대수익률이 15%로 예상되는 경우, 이 주식의 알파값은 1.5%가 된다.

증권시장선 예시

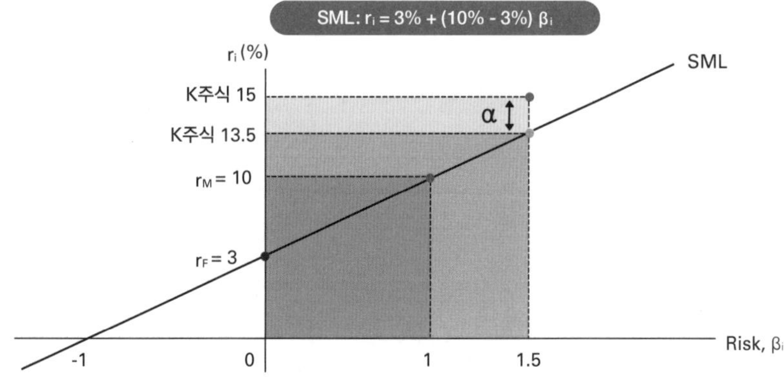

'액티브 투자(Active Investing)' 전략은 개별 종목을 적극적으로 선택해 '시장수익률보다 높은 수익률', 즉 알파를 얻는 것을 목표로 하는 것을 말한다. 펀드매니저는 양(+)의 알파값을 가진 주식의 비중을 늘리고, 음(-)의 알파값을 가진 주식의 비중을 줄이는 투자 전략을 구사할 수 있다. 반대로 패시브 투자(Passive Investing)는 주가지수 등 '잘 분산된 포트폴리오(well diversified portfolio)'에 투자하는 것을 말한다.

경영
—
4

기업재무

투자 의사결정Investment Decision

기업의 경영자는 기업가치를 극대화하기 위해 어떤 자산에 얼마만큼의 투자를 해야 할지 결정해야 한다. 즉, 기업의 장기 투자와 관련된 투자안의 수익성을 평가하고 이를 바탕으로 투자안을 선택해야 한다. 기업의 잠재적인 투자안의 가치를 측정해 필요한 자본을 배분하는 과정을 자본예산Capital Budgeting 또는 투자 의사결정이라고 한다.

1 자본비용

기업에 좋은 투자안이 있는데 투자금이 모자랄 경우, 기업은 외부로부터 자금을 조달하게 된다. 가장 대표적인 자금 조달 수단은 주식과 채권이다.

기업이 발행한 주식을 매수한 사람을 주주, 채권을 매수한 사람을 채권자라고 한다. 기업은 채권을 발행할 때 이자 지급 시기와 만기를 정한다. 만약, 채권자에게 약속한 날짜에 기업이 이자를 지급하지 않으면 디폴트(채무불이행) 상태에 빠지게 된다. 이자 지급은 기업의 의무이기 때문이다. 따라서 기업이 은행을 통해 빌리거나, 채권을 발행해서 조달한 자금은 '반드시 갚아야 되는 남의 돈'이라는 의미에서 '타인자본Borrowed Capital'이라고 한다.

주주는 투자한 주식 수만큼 배당받을 권리를 가진다. 이때 '권리'라고 하는 것은 기업 입장에선 배당을 지급하는 것이 '의무사항이 아니다'는 것을 의미한다. 기업이 발행한 주식을 매수하는 것은 주주가 기업에 자본을 출자한 것으로, 기업 입장에서는 원금을 상환하지 않아도 되는 돈이다. 따라서 주주자본으로 조달한 돈은 기업 입장에서는 '돌려주지 않아도 되는 내 돈'이라는 의미에서 '자기자본Equity Capital'이라고 한다.

자기자본비용은 자기자본을 제공하는 자에게 지불하는 대가로, 주주들이 기업에 자금을 제공하면서 기대하는 수익률이다. 채권의 이자처럼 명시적인 비용이 아니라 기대수익률을 자기자본비용으로 사용하는 이유는 주주들이 자금을 기업에 투자함으로써 다른 투자 상품에 투자할 기회를 잃게 된 기회비용을 반영하기 때문이다. 기업 입장에서는 조달한 자기자본의 가치를 유지하기 위해 최소한 벌어들어야 하는 수익률을 의미한다. 자기자본에 대한 기대수익률은 자본자산가격결정모형CAPM으로 계산할 수 있다.

WACCWeighted Average Cost of Capital는 타인자본과 자기자본의 구성 비율로 가중평균해서 계산한 자본비용을 말한다.

$$\text{WACC} = \frac{\text{타인자본}}{\text{총자본}} \times \text{타인자본비용} \times (1\text{-법인세율}) + \left(\frac{\text{자기자본}}{\text{총자본}}\right) \times \text{자기자본비용}$$

기업이 법인세를 지불할 때에는 EBTEarnings Before Tax·법인세차감전이익를 기준으로 한다. EBT는 EBITEarnings Before Interest and Taxes·이자비용·법인세차감전이익에서 이자비용을 뺀 것이다.

$$\begin{aligned} \text{법인세} &= \text{EBT} \times \text{법인세율} \\ &= (\text{EBIT} - \text{이자비용}) \times \text{법인세율} \end{aligned}$$

따라서 이자비용이 클수록 EBT는 줄어들고, 기업이 내는 법인세도 감소하게 된다. 이를 타인자본조달로 인한 '이자비용의 감세효과Tax Shield Effect'라고 한다. 여기서 'shield'는 방패를 의미한다. 기업이 타인자본으로 자금을 조달하면 법인세를 계산하기 위한 이익의 크기를 줄여서 일종의 방패 역할을 하는 것이다.

여기서 한 가지 주의할 점은 타인자본비용은 '세전before-tax'을 말한다. 왜냐하면 이자비용은 법인세를 계산하기 위한 이익에서 차감되기 때문에, 절세효과를 고려할 경우 타인자본은 명목상으로 지급되는 비용보다 작아지게 된다. WACC는 기업이 자본을 조달할 때 '실제로' 부담하는 비용을 말한다. 따라서 타인자본 이용 시 명목상의 이자비용보다 기업이 실제 부담하는 이자비용이 줄어드는 '이자비용의 감세효과'를 계산식에서 반영해 주어야 한다. 예를 들면 기업이 채권으로 자본을 조달했을 때 12%의 이자비용이 들고, 법인세율은 20%라고 가정해보자. 기업이 부담하는 이자비용은 12%를 100% 다 부담하는 것이 아니라, 이자비용의 감세효과를 고려하면 실제로는 12%에서 '80%(=1-20%)'인 9.6%(=12% × (1-20%))만 부담한다. 따라서 세후타인자본비용은 9.6%로 계산된다.

예제 7-6

다음의 이메일 내용을 바탕으로 총자산 대비 부채비율을 계산하면? [86회 매경TEST 기출]

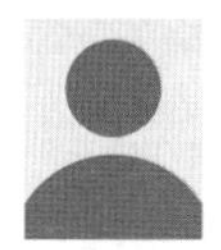

A재무팀장

202x-11-08 10:27

안녕하세요, K사원님.

이번에 우리 회사가 부채비율을 감소시켜서 자본비용을 줄이려고 합니다. 자본비용과 관련된 정보는 아래와 같습니다. 가중평균자본비용(WACC·Weighted Average Cost of Capital)이 8.8%일 때, 총자산 대비 부채비율을 계산해서 이번 주 금요일까지 알려주세요.

자기자본비용	16%
타인자본비용	8%
법인세율	20%

① 45%　② 55%　③ 65%　④ 75%　⑤ 85%

【해설】

WACC 공식에 대입하면, x×0.08×(1-0.2) + (1-x)×0.16 = 0.088 이다. 이 식을 정리하면 x는 75%이다.

정답 ④

2 투자안의 성격에 따른 분류

1 독립적 투자안

여러 투자안 중 하나의 투자안을 채택 또는 기각했을 때 다른 투자안의 의사결정에 영향을 미치지 않는 투자안을 말한다.

2 상호배타적 투자안

여러 투자안이 존재할 때 하나의 투자안 선택 또는 기각이 다른 투자안의 의사결정에 영향을 미치는 투자안을 말한다. 투자 규모가 현저히 차이가 나거나, 투자 수명이 달라 투자안으로부터 예상되는 미래 현금흐름의 양상이 크게 다를 때 서로 다른 평가 결과가 나타날 수 있다. 즉, 독립적 투자안과 달리 상호배타적 투자안에 대해 순현가법Net Present Value·NPV과 내부수익률법Internal Rate of Return·IRR의 평가 결과가 상충될 수 있다.

독립적 투자안과 상호배타적 투자안의 비교

투자안	개념	특징
독립적 투자안	투자안 채택 시 서로 영향을 주지 않는 투자안	A,B 두 투자안이 있을 때 투자안 A의 선택 여부는 투자안 B의 선택 여부와 관계없다.
상호배타적 투자안	한 투자안이 선택되면 다른 투자안은 당연히 기각되는 투자안	투자안 A가 선택되면 B는 무조건 폐기된다.

3 투자안의 경제성 평가 방법

기업에서 사용하고 있는 대표적인 투자 의사결정 방법으로 순현재가치NPV 방법과 내부수익률IRR 방법이 있다.

1 순현가법(NPV법) 

'순현재가치'라고 부르는 NPV는 투자에서 발생하는 모든 현금유입과 현금유출을 현재가치로 변환한 것을 모두 합산한 값이다. 이때 현금유출은 투자안을 실행하는 동안 발생하는 비용을 말한다. 예를 들면, 기업이 신제품을 생산하는 투자를 위해 K라는 기계를 사야 할 경우, 기계를 사는 데 드는 비용은 이 투자안의 현금유출이 된다. 현금유입은 투자로 인해 기업이 벌어들일 수 있을 것으로 기대되는 돈을 의미한다.

순현가(NPV) = 미래 '현금유입의 현재가치' – '현금유출의 현재가치(현재 투자금액)'

NPV 기법은 투자로 인해 기대되는 미래 '현금유입의 현재가치'에서 '현금유출의 현재가치'를 차감한 순현재가치에 근거해 투자 의사를 결정하는 방법이다. '현금유입의 현재가치'가 '현금유출의 현재가치'보다 크면, NPV가 0보다 크게 된다. NPV가 0보다 크다는 것은 기업이 투자를 실행해도 '벌어들일 돈'이 '나갈 돈'보다 많다는 의미이므로 이 투자안은 기업가치를 높일 수 있는 좋은 투자안이라고 판단할 수 있다. 반대로 NPV가 0보다 작으면, 기업이 투자로 벌어들일 돈보다 투자에 들어가는 비용이 더 든다는 의미이므로 기업은 투자를 하지 않아야 한다. 투자를 해도 기업가치가 감소하기 때문이다.

투자안의 평가기준

독립적인 투자안	상호배타적인 투자안
NPV > 0일 때 투자안 채택	NPV > 0인 투자안 중 NPV가 가장 높은 투자안 선택
NPV < 0일 때 투자안 기각	

NPV를 수식으로 나타내면 다음과 같다. 여기서 제일 중요한 것은 분모에 있는 'r' 즉 할인율이다.

$$\text{NPV} = CF_0 + \frac{CF_1}{(1+r)} + \frac{CF_1}{(1+r)^2} \cdots + \frac{CF_N}{(1+r)^N} = \sum_{t=0}^{N} \frac{CF_t}{(1+r)^t}$$

*t=0에서 t는 현금흐름이 발생하는 시점, 0은 현재를 의미함.
N은 투자안으로 발생하는 현금흐름이 끝나는 시점을 의미함.
CF는 Cash Flow, 즉 현금흐름을 의미하고 CF가 마이너스 값을 가지면 현금유출,
플러스 값은 현금유입을 의미함.

할인율은 이 투자를 실행할 때 들어가는 비용에 대한 대가, 즉 자본의 기회비용을 반영해야 한다. 예를 들면 기업이 A라는 프로젝트에 투자하면 100만원이 소요되는데 은행에 100만원을 예치할 경우 5% 이자율로 5만원의 이자를 받을 수 있다면, 기업은 적어도 A프로젝트에서 5% 이상의 수익을 얻을 수 있어야 투자안을 채택하는 당위성이 있을 것이다.

기업들이 실제로 NPV를 계산할 때에는 할인율로 시장이자율보다 WACC를 사용한다. 왜냐하면 기업마다 자기자본과 타인자본을 조달하는 비중과 자본비용이 다르기

때문이다. 만약 이 100만원이 자기자본과 타인자본으로 조달한 돈이라면, 이 자본들을 가중평균한 비용 이상으로 수익을 얻어야 자본에 대한 기회비용을 충분히 반영하게 된다. 만약 이 투자안의 성과가 자본비용보다 낮다면, 기업은 이 투자안에 투자하지 않고 자본비용보다 높은 투자안에 투자하는 것이 바람직하다. 따라서 WACC는 기업이 조달한 자본의 가치를 유지하기 위해 최소한 벌어들여야 하는 수익률을 의미한다.

예를 들어 A사가 단독주택을 짓는 데 현재 1억 8,000만원의 비용이 소요되고 1년 뒤에 2억 1,000만원에 다른 사람에게 팔 수 있다면, 이 투자안은 좋은 투자안일까? 단, A사의 가중평균자본비용(WACC)은 5%로 가정한다.

이를 표로 나타내면, 0기, 즉 현재에 건물을 짓는 비용으로 현금유출이 발생하고, 1년 뒤에 현금유입이 기대되는 투자안이다. 1년 뒤의 현금흐름을 시장이자율을 적용해 현재가치로 할인하면 2억원이 된다. 투자안으로 인해 발생하는 모든 현금흐름을 합하면 2,000만원으로 0보다 큰 값이기 때문에 좋은 투자안으로 판단돼 A기업은 이 투자안을 실행하면 된다.

연도	현금흐름(CF·Cash Flow)	현금흐름의 현재가치
0	-1억 8,000만원	-1억 8,000만원
1	+2억 1,000만원	$\frac{2억\ 1,000만원}{1+0.05}$ = 2억원

$$NPV = -1억\ 8,000만원 + \frac{2억\ 1,000만원}{1+0.05} = -1억\ 8,000만원 + 2억원 = 2,000만원 > 0$$

예제 7-7

건설업자 A씨는 건물을 지어 분양하려고 한다. 이 건물을 짓는 데 7,500만원이 소요되지만 2년 후에 9,680만원의 현금을 받고 매각할 수 있다. 이 투자안의 순현재가치(NPV·Net Present Value)와 A의 투자의사 결정을 올바르게 짝지은 것은? (단, 현재 시장이자율이 연 10%라고 가정한다.)

	NPV	투자의사 결정
①	-500만원	투자하지 않음
②	-100만원	투자하지 않음
③	100만원	투자함

④ 300만원 투자함

⑤ 500만원 투자함

【해설】

NPV = -7500 + $\left(\frac{9680}{1.1^2}\right)$ = -7500 + $\left(\frac{9680}{1.21}\right)$ = -7500+8000 = 500(만원)

NPV가 0보다 크므로 이 투자안은 채택할 수 있다.

정답 ⑤

2 내부수익률법(IRR법)

IRR Internal Rate Of Return는 기대되는 현금유입의 현재가치와 현금유출의 현재가치를 같게 하는 할인율, 즉 투자안의 순현재가치를 0으로 만드는 할인율을 말한다. 따라서 다음 공식에서 NPV 자리를 0으로 바꾼 뒤에 산출한 r이 IRR를 의미한다.

$$NPV = CF_0 + \frac{CF_1}{(1+r)} + \frac{CF_2}{(1+r)^2} \cdots + \frac{CF_N}{(1+r)^N} = \sum_{t=0}^{N} \frac{CF_t}{(1+r)^t}$$

$$0 = CF_0 + \frac{CF_1}{(1+r)} + \frac{CF_2}{(1+r)^2} \cdots + \frac{CF_N}{(1+r)^N} = \sum_{t=0}^{N} \frac{CF_t}{(1+r)^t}$$

$$= CF_0 + \frac{CF_1}{(1+IRR)} + \frac{CF_2}{(1+IRR)^2} \cdots + \frac{CF_N}{(1+IRR)^N} = \sum_{t=0}^{N} \frac{CF_t}{(1+IRR)^t}$$

특정 투자안의 내부수익률Internal Rate Of Return이 동일한 투자안의 할인율보다 크면 투자안을 채택하고, 작으면 기각한다. 내부수익률은 기대되는 현금유입의 현재가치와 현금유출의 현재가치를 같게 하는 할인율, 즉 투자안의 순현재가치NPV를 0으로 만드는 할인율을 말한다.

앞서 설명한 사례를 조금 변형하면 B사가 단독주택을 짓는 데 현재 2억원의 비용이

투자안의 평가기준

독립적인 투자안	상호배타적인 투자안
IRR >r (NPV >0)일 때 투자안 채택	IRR >r 인 투자안 중 IRR가 가장 높은 투자안 선택
IRR <r (NPV < 0)일 때 투자안 기각	

소요되고 1년 뒤 2억 5,000만원에 다른 사람에게 팔 수 있다면, 이 투자안은 좋은 투자안일까? 단, A사의 가중평균자본비용$_{WACC}$은 5%로 가정한다. 이 경우 NPV 공식에서 NPV를 0으로 설정하고, 할인율을 IRR로 바꾸면 된다. 수식을 풀이하면 IRR는 25%로 계산된다. 내부수익률이 25%로 가중평균자본비용 5%보다 높으므로 이 투자안은 채택$_{Accept}$된다.

$$NPV = -2억원 + \frac{2억5,000만원}{1+r}$$

$$0 = 2억원 + \frac{2억5,000만원}{1+IRR}$$

$$2억원 = \frac{2억5,000만원}{1+IRR}$$

$$1+IRR = \frac{2억5,000만원}{2억}$$

$$1+IRR = 1.25$$

$$IRR = 0.25 = 25\%$$

예제 7-8

기업은 특정 프로젝트 시행 전 해당 프로젝트에서 기대되는 현금흐름과 사용될 자본의 비용을 고려해 이해타산을 평가한다. 투자안 평가에서 많이 사용되는 방법 중 하나가 NPV(순현재가치)법이다. [그림]은 이 기업의 'M프로젝트'에서 NPV와 자본비용의 관계를 보여준다. 만약 국공채 이자율이 3%라고 했을 때 올바른 설명을 |보기|에서 모두 고르면?

[그림] M프로젝트에서 NPV와 자본비용의 관계

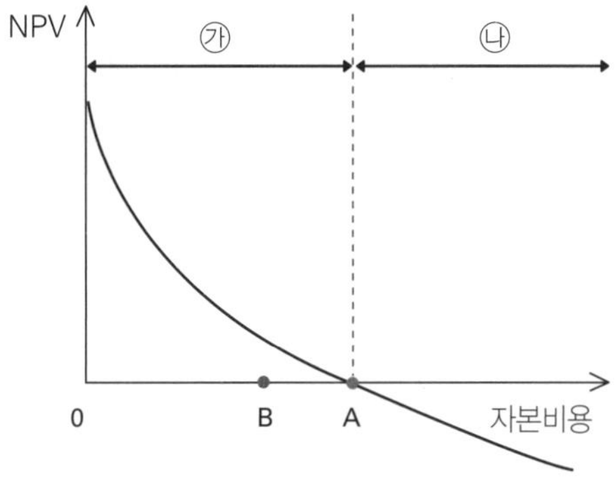

| 보기 |

㉠ A는 이 투자안의 현금흐름 현재가치 총합이 극대화되는 지점이다.

㉡ 손익 분기를 넘어섰기 때문에 ㉯영역의 투자안이 채택되어야 한다.

㉢ A는 NPV값이 0이 되는 할인율로서 투자안의 최소 목표수익률이다.

㉣ 투자안 내부수익률(IRR)이 10%이고 자본비용이 B값으로 8%라면 이 투자안은 기각하는 게 낫다.

① ㉠, ㉡ ② ㉠, ㉢ ③ ㉡, ㉢ ④ ㉡, ㉣ ⑤ ㉢, ㉣

【해설】

A점은 NPV가 0이 되는 할인율로 IRR에 해당된다.

㉠ |X| 투자안의 현금흐름 현재가치는 자본비용이 적을수록 극대화값에 가까워진다.

㉡ |X| ㉯영역의 투자안은 NPV값이 0보다 작고 IRR값이 자본비용보다 작으므로 기각되어야 한다.

㉢ |O| A는 NPV값이 0이 되는 할인율로서 투자안의 내부수익률(IRR)이므로 투자안에서 얻고자 하는 최소한의 목표수익률이라고 할 수 있다.

㉣ |O| 투자안의 내부수익률이 10%이고 자본비용이 B값으로 8%라면 내부수익률과 자본비용의 차이가 2%이므로, 국공채 이자율 3%보다 작다. 따라서 이 투자안보다 국공채에 투자하는 것이 더 바람직하다.

정답 ⑤

자본 조달 의사결정Financing Decision

기업이 사업활동을 하고 미래 사업안에 투자하기 위해서는 필요한 시기에 자금을 안정적으로 확보하고 운용하는 것이 중요하다. 기업은 내부 자금만으로 필요한 자금을 충당하기 어렵기 때문에 외부로부터 자금을 조달하기도 한다. 경영자는 자기자본과 타인자본의 구성을 최적화하는 의사결정을 해야 한다.

1 자본 조달 방법

경영진은 영업과 투자 의사결정을 통해 기업 가치를 높이는 데 책임이 있다. 영업활동과 핵심 사업에 투자하기 위해서는 효율적인 자본 조달이 필요하다. 주요 자금 조달의 원천에는 내부유보금, 타인자본, 주주로부터의 자본 조달 등이 있다. 이러한 3가지 자금 조달 원천 가운데 경영진은 자본비용이 낮은 자금을 조달해 사용하고자 한다.

2 정태적 상충이론Trade-off Theory (최우수를 위한 심화학습)

프랑코 모딜리아니Franco Modigliani와 머튼 밀러Merton Miller는 1958년 기업의 자본구조에 대한 MM이론Modigliani-Miller Theorem을 발표했다. MM이론에 따르면, 세금이 없는 완전자본시장이 존재할 경우 기업의 자본구조는 기업가치에 아무런 영향을 미치지 않는다. 투자자 개인이 부채를 사용할 때 그 규모와 이자율 등의 차입 조건을 기업과 동일하게 적용받을 수 있다면, 기업이 자본구조를 변화시킴으로 인한 효과를 모두 정확하게 상

자기자본비용이 타인자본비용보다 비싼가?

주주의 경우에는 채권자와 상황이 다르다. 주주가 투자한 자본을 회수하기 위해서는 기업으로부터 배당을 받거나 다시 기업에 주식을 되팔거나 주식시장에서 주식을 다른 투자자에게 처분하는 방법을 사용할 수 있다. 주주가 투자 후 기대하는 것은 '배당 + 시세차익'이다. 하지만 채권자와 달리 주주가 기대하는 배당과 시세차익에는 불확실성이 수반된다. 불확실한 경영 환경 속에서 주주는 미래 수익에 대한 불확실성으로 채권자보다 더 높은 기대수익률을 요구한다. 주주가 요구하는 수익률이 높다는 것은 기업 입장에서는 자본비용이 높아진다는 것을 의미한다. 자기자본비용은 기업에 현금배당금을 지급해야 하는 명시적 부담과 주가를 올려야 하는 부담인 암묵적 비용의 합으로 본다. 명시적 부담인 현금배당을 지급하면 기업의 부가 주주에게 환원(기업의 자산 감소)된다. 기업이 배당을 지급하지 않는다고 해서 자기자본비용이 타인자본비용보다 적거나 없다고 판단하면 안 된다. 합리적인 주주라면 본인의 투자금 회수에 대한 높은 불확실성을 고려해 그에 상응하는 높은 수준의 기대수익률을 요구할 것이기 때문이다.

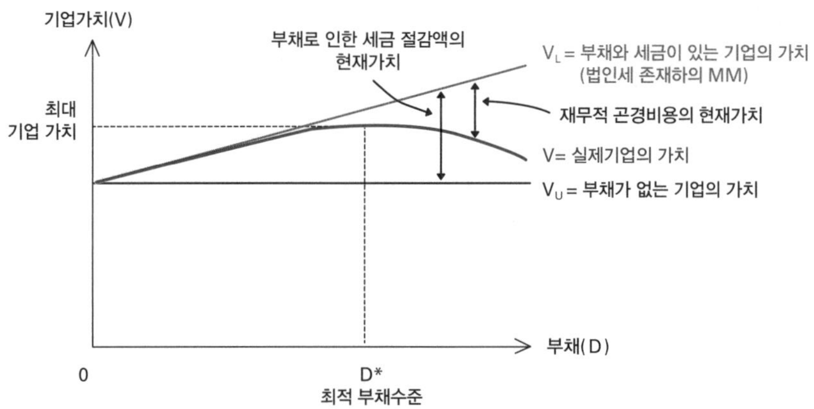

쇄할 수 있다. '기업이 동일한 영업 위험을 부담하고 기대영업이익이 같다면, 기업의 부채비율은 기업가치에 영향을 미치지 않는다'는 것이다.

하지만 현실에서는 법인세가 존재하기 때문에 MM이론의 가정이 비현실적이라는 비판이 있었다. 모딜리아니와 밀러는 MM이론을 수정해 법인세가 존재할 때 부채 사용 시 발생하는 이자비용의 절세효과를 고려하는 MM수정이론(1963)을 발표했다. 이 이론에 따르면 부채비율이 증가하면 이자비용의 절세효과도 커지기 때문에 기업가치도 증가한다. 따라서 이론적으로 모든 기업은 100% 부채 조달을 지향하게 된다.

앨런 크라우스Alan Kraus와 로버트 리첸버거Robert Litzenberger는 부채로 자본을 조달할 때 파산비용도 고려해야 한다고 주장했다. 그들은 기업은 '이자비용으로 인한 법인세 절감효과'라는 편익이 있지만 파산 위험과 같은 '부채의 과다 사용으로 재무적 곤경비용Financial Distress Cost'이 균형추 역할을 하므로, 상충되는 두 힘의 균형이 형성되는 최적자본구조Optimal Capital Structure가 존재할 것이라고 주장했다. 이를 '정태적 상충이론Trade-off Theory'이라고 한다. 이 이론에 따르면, 기업은 기업가치를 극대화하는 목표부채비율을 추정하고, 현재 부채비율을 목표부채비율에 맞게 조정해 기업가치를 극대화할 수 있다. 만약 기업의 현재 부채비율이 목표부채비율보다 낮을 경우 채권 발행을 통해 자본을 조달하고, 반대의 경우 주식 발행을 통해 조달한 자금으로 부채를 상환해 기업이 설정한 목표부채비율 수준에 도달할 수 있다. 존 그레이엄John Graham과 캠벨 하비Campbell Harvey의 2001년 연구에 따르면, 설문조사 결과 미국 기업들의 81%가 목표부채비율의 값이나 범위를 가지고 있다고 답해 실제로 이 이론이 성립할 가능성이 높은 것으로 나타났다.

배당정책Payout Policy

기업은 영업과 투자활동에 필요한 자금을 채권자로부터 부채의 형태로 조달하거나 주주로부터 자본의 형태로 조달한다. 기업 입장에서는 자금을 조달하고 사용한 대가를 지불해야 한다. 부채에 대한 대가는 이자비용으로 지불하고 이는 당기순이익을 줄인다.

자본에 대한 대가는 배당으로 나타나는데, 부채 사용의 대가로 강제적으로 지급해야 하는 이자비용과 달리 배당은 '의무사항'이 아니기 때문에 기업의 재량에 따라 결정된다. 기업은 투자자에게 배당금을 지급할지를 '선택'할 수 있다. 예를 들어, 투자자가 매수한 A사 주식에 대해 A사가 배당금을 지급하지 않기로 결정했다면, 투자자의 A사 주식에 대한 배당이익은 '0'인 것이다. 배당이익이 '0'이라고 해서 투자자가 A사 주식으로부터 기대할 수 있는 총수익이 '0'이라는 것은 아니다. 배당이익이 '0'이라고 하더라도 A사의 주가가 상승해 투자자가 매수한 가격보다 높아지면, 투자자는 시세차익을 얻을 수 있기 때문이다.

총수익(Total Return) = 배당이익(Dividend Yield·DY) + 시세차익(Capital Gain Yield·CGY)

배당금 지급은 자금 조달의 내부 원천을 줄이는 것으로, 배당금은 기업에 좋은 투자안을 포기하거나 외부 자금 조달에 의존하게 만들 수 있다. 따라서 기업이 좋은 투자안을 가지고 있다면, 배당 가능한 재원을 투자자에게 지급하지 않고 기업 내부에 유보해 재투자Reinvestment할 수 있다.

일례로, 스티브 잡스Steve Jobs는 애플 CEO로 재임한 17년간 무배당 정책을 고수해 투자자들에게 배당금을 지급하지 않았다. 잡스가 복귀할 때인 1996년 애플은 기업 내부에 투자를 할 만한 현금이 매우 적었다. 이를 경험한 잡스는 애플에서 발생한 이익을 투자자에게 배당하는 것보다 내부유보를 통해 현금을 확보하는 것이 미래 투자를 위해 더 중요하다고 생각했다. 대신 잡스는 투자자들에게 투자안이 '성공'하면 기업가치가 상승할 것이고, 이를 통해 투자자들은 시세차익을 얻을 수 있을 것이라고 설득했다. 주주들은 애플의 성장잠재력Growth Potential을 믿고 향후 시세차익을 기대할 수 있었기 때문에 배당금 미지급을 감내할 수 있었다. 실제로 애플은 혁신 제품을 시장에 선보였고, 잡스가 CEO로 재임한 기간인 1996년부터 2011년까지 애플의 주가는 약 50배 상승했다.

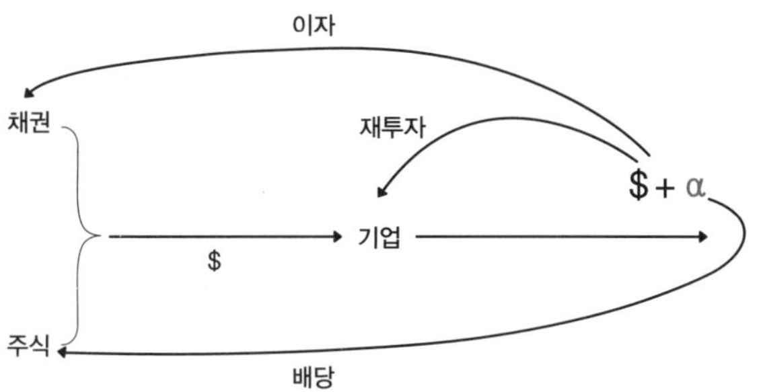

배당 결정 요인

기업의 배당은 주주총회 의결 사항으로, 경영자는 배당정책이 기업 가치에 미치는 영향을 분석해 기업가치를 극대화할 수 있는 '최적배당정책'을 찾는 것이 관건이다. 경영자는 회사의 자금 사정, 주주가치의 증대 그리고 향후 배당 압박 등을 고려해 회사와 주주가 모두 만족할 만한 배당 규모를 모색해야 한다.

1 당기순이익 규모

일반적으로 당기순이익이 커지면 배당 수준도 증가하는 경향이 있다. 당기순이익이 증가하면 미래에도 기업의 경영 성과가 좋을 것이라는 기대를 품게 되어 배당금이 늘어날 수 있다.

2 당기순이익 변동성

순이익의 규모뿐만 아니라 변동성도 중요하다. 순이익의 변동성이 크다는 것은 경영 불확실성이 크다는 것을 의미한다. 불확실성이 커지면 기업은 현금을 비축하고 현금배당을 줄일 수밖에 없다.

3 영업 현금흐름의 규모와 변동성

기업은 주 영업활동에 따른 현금흐름 규모가 작거나 변동성이 큰 경우 현금배당을 줄이고자 한다.

4 투자 기회

향후 수익성이 높은 투자 기회가 많다면 당연히 현금배당은 줄어든다. 주주가 현금배당에서 나오는 수익보다 기업이 사업에 투자해 얻은 수익으로부터 발생할 미래 수익이 더 클 것이라고 믿는다면, 기업은 현금배당에 사용할 자원을 투자활동에 사용할 것이다.

배당성향

배당이익은 기업이 좋은 투자안에 투자해서 만들어낸 배당 가능한 이익을 재원으로 한다. 배당성향은 당기순이익 중 현금 배당의 총액이 얼마나 되는지를 나타낸다. 배당성향이 높다는 것은 기업의 당기순이익에서 배당금이 차지하는 비중이 높다는 것을 의미한다. 기업이 배당금 지급을 결정하면, 다음 해에도 '일정하게' 배당금을 지급하는 성향을 가진다. 만약 기업이 배당금 지급 규모를 줄이면, 투자자들에게 부정적인 시그널Signal을 줘서 주가가 하락할 수 있기 때문이다. 또한, 배당금의 지급 규모는 '계단식'으로 증가하는 성향을 가진다. 경영자가 당해 발생한 이익의 증가가 영구적인지 평가할 시간이 필요하기 때문에 배당금 변화는 이익의 변화 이후 여러 기간이 지난 후에 나타나는 경향이 있다.

배당의 종류

배당의 종류로는 현금배당과 주식배당이 있다. 기업의 잉여금에 대해 주주들에게 현금으로 배당을 지급할 때 현금배당이라고 한다.

대부분의 상장사는 현금배당을 실시하나 주식배당을 하기도 한다. 주식배당은 주식을 추가로 발행해 기존 주주에게 무상으로 교부한다. 주식배당은 ①현금배당으로 인한 자금 유출 방지로 유동성 확보와 ②기존 주주의 지분율에는 변동이 없으면서 주식배당액만큼 자본금을 증가시키기 위해 실시한다.

'자사주 매입 후 소각'도 주주들이 보유한 주식의 가치를 높이는 주주환원정책이다. 기업이 이익잉여금으로 자사주를 매입해 소각하면, 주식시장에서 유통되는 주식의 물량이 줄어들어 1주당 가치가 높아지고, 주가도 상승하게 된다.

경영
—
5

파생상품

파생상품은 기초자산이 실물상품이든 금융상품이든 상관없이 기초자산의 가격 변화에 따라 변하는 금융상품이다. 파생상품시장은 미래의 일정 시점 또는 일정 요건이 충족되면 행사할 수 있는 '권리'를 매매하는 시장을 말한다. 파생상품시장은 주가, 환율, 곡물 등의 가격 변동 리스크를 관리할 수 있는 수단을 제공함으로써 실물 경제를 지원하고 금융시장의 발전을 가져오는 데 그 취지가 있다. 대표적인 파생상품으로는 선물과 옵션, 스왑이 있다.

선도와 선물

선도Forward거래

선도거래는 두 당사자가 가격 변동의 위험에서 벗어나기 위해 체결하는 계약이다. 예를 들어 쌀 수확을 앞두고 있는 농부는 향후 여러 가지 이유로 인해 쌀 가격이 하락한다면 큰 손실을 볼 수 있다. 반면에 쌀 막걸리를 만드는 양조업자는 쌀농사가 흉년이 들어 쌀 가격이 상승하면 막걸리의 생산 단가가 인상될 것을 염려한다. 이러한 위험에 대비해 농부와 양조업자는 수확하기 전에 매매계약을 체결할 수 있으며, 이와 같이 두 당사자 간 신용도를 바탕으로 이뤄지는 계약을 선도거래라고 한다.

선도거래와 선물거래의 비교

선도거래	선물거래
• 당사자 간 직접 거래 • 당사자 간 계약조건 합의 • 만기일 결제 • 장외 거래	• 거래소를 통한 거래 • 표준화된 계약조건 • 거래소에서 일일 정산 • 선물거래소에서 거래

선물Futures거래

선물거래는 미래의 정해진 날짜에, 정해진 기초자산을, 정해진 가격에, 사거나 팔기로 한 양자 간의 계약을 말한다. 이때 지정된 거래소에서 표준화한 조건을 바탕으로 거래하게 함으로써 선도거래에서 발생할 수 있는 문제점(예를 들어 계약 불이행 등)을 개선했다. 선물거래의 주요 특징은 일일정산Mark to Market제도와 증거금Margin제도이다.

1 일일정산제도와 증거금제도

선물시장에서는 매일 거래가 이루어지고 이에 따라 가격이 형성된다. 매일 형성되는 가격에 따라 선물거래자에게 손익이 발생하는데, 이러한 손익을 실현해 기록하는 과정을 일일정산이라 부른다. 일일정산제도로 인해 선물거래자들은 결제일 이전에 언제라도 반대매매를 통해 손쉽게 거래를 청산할 수 있다. 일일정산제도는 계약 불이행 위험을 없애고, 선물시장의 유동성을 높이는 데 크게 기여한다.

선물거래자가 의무를 이행할 수 있도록 보장하는 현금 또는 이에 준하는 증권으로 구성된 안전계좌를 증거금이라고 한다. 최초 거래 시점에 계약과 동시에 납부해야 하는 예치금을 개시증거금이라고 한다. 또한 선물 포지션을 계속 보유하려면 증거금을 일정 수준으로 유지해야 하는데, 이를 유지증거금이라고 한다. 한편 일일정산을 통해 미결제약정을 매일 재평가하는 과정에서 선물가격 변동에 따른 손익이 증거금에 반영된다. 이 과정에서 손실이 발생해 유지증거금이 특정 수준 아래로 떨어지면 개시증거금 수준까지 증거금을 추가로 적립할 것을 요구하는 '마진콜Margin Call'이 발동하는데, 이때 납부하는 증거금을 추가증거금이라고 한다. 반면, 일일정산 과정에서 손익 산출 후 투자자 계좌의 예탁평가액이 '개시증거금' 수준보다 큰 경우 그 초과분만큼 투자자가 인출해 이익을 실현할 수 있다.

2 선물거래의 기능

㉠ 위험관리 수단의 제공 가격 변동 위험을 효율적으로 관리할 수 있는 수단 제공.

㉡ 가격예시 기능 선물가격은 미래가격에 대한 시장의 합의이므로 미래가격에 대한 예측 가능.

㉢ 새로운 투자 기회 제공 기관투자자뿐만 아니라 개인투자자에게도 새로운 거래 기회 제공.

옵션Option

옵션이란 어떤 상품이나 유가증권 등을 미리 정한 가격으로 일정 시점에 사거나 팔 수 있는 권리를 말한다. 여기에는 사지 않거나, 팔지 않을 권리도 포함된다. 그렇기에 옵션(선택권)인 것이다. 반면, 옵션 매도자는 옵션 매수자가 권리 이행을 요구할 경우 반드시 의무를 이행해야 한다.

미래에 정해진 가격으로 살 수 있는 권리를 '콜옵션Call Option', 팔 수 있는 권리를 '풋옵션Put Option'이라고 한다. 이때 옵션을 사는 사람은 파는 사람에게 대가를 지불해야 하는데, 이 대가를 '옵션 프리미엄Option Premium'이라고 한다. 옵션 프리미엄은 옵션을 산 사람이 이익을 얻을 가능성이 클수록 높아지고, 이익을 얻을 가능성이 작을수록 낮아진다.

옵션의 형태

옵션의 행사가격(K)이란 기초자산이 매수되거나 매도될 수 있는 가격을 말하며, 옵션은 기초자산의 시장가격(S)과 옵션의 행사가격 간 차이에서 손익이 결정된다. 현재 시점에서 옵션이 행사될 경우 양(+)의 현금흐름이 발생하는 상태를 내가격(In the Money·ITM), 음(-)의 현금흐름이 발생하는 상태를 외가격(Out of the Money·OTM), 0의 현금흐름이 발생하는 상태를 등가격(At the Money·ATM)이라고 한다. 콜옵션의 경우 S가 K보다 높을 때 이익이 발생하므로 내가격 옵션이고, S가 K보다 낮을 때 이익이 발생하지 않으므로 외가격 옵션이다. 반면, 풋옵션의 경우 S가 K보다 낮은 상태를 내가격 옵션, S가 K보다 높은 상태를 외가격 옵션이라고 한다.

옵션의 형태 (단위: 억원)

구분	콜옵션	풋옵션
내가격	S > K	S < K
등가격	S = K	S = K
외가격	S < K	S > K

선물과 옵션의 비교

구분	선물계약	옵션계약
거래대상	기초자산 자체	기초자산을 매매할 수 있는 권리
증거금	매수자, 매도자 모두 납부	매도자만 납부
계약 시 대금수수	없음	매수자는 매도자에게 대가(프리미엄) 지급
계약의 성격	최종 결제 시 매수자, 매도자 반드시 계약이행(포기 불가)	매수자는 기초자산을 매매할 수 있는 권리를 행사하거나, 권리를 포기할 수 있음 반면, 매도자는 매수자가 권리 이행을 요구할 경우 반드시 의무 이행(포기 불가)

현대적 의미의 옵션거래가 시작된 것은 네덜란드의 튤립 투기 열풍이 일었던 17세기경이다. 1630년대 네덜란드에서는 튤립 재배가 유행해 많은 사람이 튤립 투자에 뛰어들었고 튤립 작황에 따라 가격 변동 폭이 커지자 재배업자와 중개업자는 안정적 가격으로 거래할 수 있는 방법을 찾기 시작했다. 튤립을 매입하는 중개업자들은 콜옵션을 사서 수확기에 정해진 가격으로 튤립을 사들일 수 있게 되었고, 튤립 재배업자는 풋옵션을 사서 일정한 가격에 튤립을 팔 수 있게 되었다.

증거금 납부의 차이

선물거래를 위해서는 매도자와 매수자 모두 결제 이행을 담보하기 위해 증거금을 납부해야 하지만, 옵션거래는 매수자의 경우 프리미엄 전액을 지불하고 권리만 가지기 때문에 증거금 납부가 없다. 옵션의 의무를 부담하는 매도자만 증거금을 납부한다.

예제 7-9

K는 배추 유통업을 하고 있다. 수확 시점(11월)에 가격이 크게 변동할 것을 우려해 배추 생산 농가와 다음과 같은 두 계약을 오늘(9월 22일) 체결했다. 만약 수확 시점에 실제 배추 가격이 1,000평에 700만원으로 폭락했다면 K의 손실 또는 이익액은?

- A계약: 수확 시점에 배추를 1,000평에 1,000만원 받고 팔 수 있는 권리를 100만원에 구입했다. 만약 수확 시점에 배추 가격이 1,000평에 1,000만원 이상 한다면, 이 권리를 포기할 것이다.
- B계약: 수확 시점에 배추를 1,000평에 1,000만원 받고 살 수 있는 권리를 80만원에 구입했다. 만약 수확 시점에 배추 가격이 1,000평에 1,000만원 이하라면, 이 권리를 포기할 것이다.

① 180만원 손실　② 80만원 손실
③ 20만원 이익　④ 120만원 이익
⑤ 200만원 이익

【해설】

옵션이란 특정 상품을 일정 기간 안에 일정한 가격(행사가격)으로 매매하는 권리를 돈(프리미엄)을 주고 사고파는 것을 뜻한다. A계약은 행사가격이 1,000만원인 풋옵션을 100만원의 프리미엄을 주고 매입했다는 의미이고 B계약은 행사가격이 1,000만원인 콜옵션을 80만원의 프리미엄을 주고 매입했다는 의미다. 따라서 만약 수확 시기에 실제 배추 가격이 1,000평에 700만원으로 폭락했다면, A계약으로부터 200만원의 이익을, B계약으로부터 80만원의 손실을 얻기 때문에 총 120만원의 이익을 보게 된다. 즉 A계약을 통해서는 수확 시점에 시장에서 배추를 700만원에 구입해서 1,000만원에 판매할 수 있으므로 300만원의 이익을 보고, 여기서 권리매입 가격을 차감하면 200만원의 이익을 본다. 또한 B계약을 통해서는 시장에서 700만원에 구입할 수 있으므로 1,000만원에 살 이유가 없어져 권리를 포기함으로써 권리매입 가격인 80만원만 손해 보게 되는 것이다.

정답 ④

아래는 KOSPI에 상장된 A~E주식의 베타(Beta)를 나타낸다. 다음 중 주식 A~E를 올바르게 분석한 것은?

구분	A주식	B주식	C주식	D주식	E주식
베타	1	1.5	-0.4	0	0.8

① C주식은 KOSPI 지수의 등락 여부와 상관없이 변동한다.
② D주식은 KOSPI 지수 변화에 대해 가장 민감하게 반응한다.
③ B주식은 KOSPI 지수 변화에 대해 둔감하게 반응하는 경기둔감주이다.
④ KOSPI 상승장에서 E주식의 상승률은 시장지표 상승률에 미치지 못할 가능성이 크다.
⑤ 향후 KOSPI 지수가 하락할 것으로 예상되면 A주에 투자하는 것이 수익률을 높이는 데 가장 유리하다.

해설

주식의 베타란 개별 주식의 수익률이 시장수익률 변동에 대해 어느 정도 민감하게 반응하는지를 측정하는 지표로, 체계적 위험에 대한 수익률의 반응을 나타낸다. 베타값이 클수록 개별 주식이 시장수익률의 변동에 민감하게 반응한다는 의미이다. 만약, 베타값이 마이너스를 나타내면 개별 주식이 시장수익률과 반대로 움직이는 것을 뜻하며, 베타값이 0이면 시장과 개별 주식의 상관계수가 0인 경우를 의미한다. 따라서 시장수익률에 가장 민감하게 반응하는 주식은 베타값이 가장 큰 주식 B이다. 포트폴리오를 구성하는 경우 베타계수는 투자 재원의 조달 비중에 따라 가중평균하여 산출한다. 정답 ④

현재 KOSPI 기대수익률은 20%이고, 국고채 수익률은 10%이다. KOSPI 상장사인 A사와 B사 주식의 수익률은 모두 25%일 것으로 기대되며, A사 주식의 베타는 2.5, B사 주식의 베타는 1.2이다. 다음 중 자본자산가격결정모형(CAPM)을 바탕으로 시장균형포트폴리오와 비교한 A사와 B사 주식의 상태를 올바르게 평가한 것은?

	A기업 주식	B기업 주식
①	고평가	저평가
②	저평가	고평가
③	고평가	적정평가
④	저평가	적정평가
⑤	적정평가	저평가

해설

CAPM에 따르면, $E(R_i)=R_f+\beta_i\times[E(R_m)-R_f]$이므로, 시장이 균형 상태라면 A사 주식의 적정 기대수익률은 $E(R_a)=0.1+2.5\times(0.2-0.1)=35\%$가 되어야 하며, B사 주식의 적정 기대수익률은 $E(R_b)=0.1+1.2\times(0.2-0.1)=22\%$가 되어야 한다. 그런데 A사와 B사 주식의 기대수익률은 모두 25%이므로 A사 주식은 가격 면에서는 과대평가된 상태이고, B사 주식은 가격면에서 과소평가된 상태이다. 즉, A사 주식은 고평가되어 있으며, B사 주식은 저평가되어 있다. 가격과 수익률은 역의 관계에 있기 때문에, 균형 대비 수익률이 낮다는 것은 가격이 비싸다는 것을 의미한다. 따라서 현재 A사 주식은 높은 가격에 사야 하므로 향후 기대수익률이 낮으며, B사 주식은 낮은 가격에 살 수 있으므로 향후 기대수익률이 높다. 즉, A사 주식은 고평가(과대평가)되어 있는 것이다. 따라서 투자를 고려하고 있는 투자자 입장에서는 당연히 저평가된 주식을 선호한다.

정답 ①

포트폴리오 투자는 투자 대상을 여러 가지 자산으로 구성해 위험을 분산하는 것을 말한다. 아래 그림은 포트폴리오를 구성하는 종목의 수와 포트폴리오 위험 간 관계를 나타낸다. 다음 중 A에 해당하는 투자 위험으로 가장 거리가 먼 사례는?

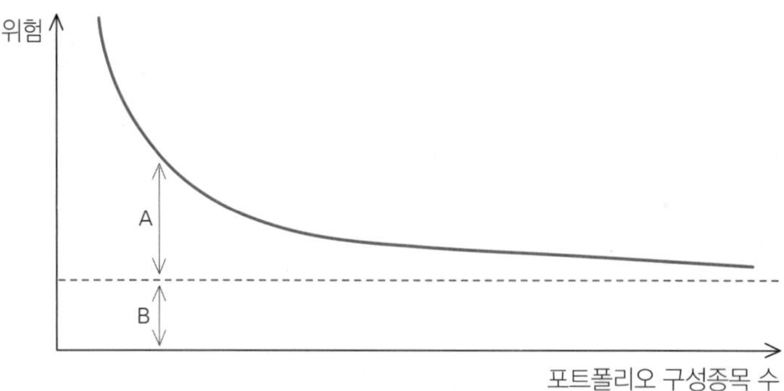

① 임금협상 결렬로 인한 노사분규 사태
② 제품 결함으로 인한 대규모 리콜 조치
③ 중국 경쟁사 공세에 의한 매출액 하락
④ 신종 인체감염 바이러스 공포에 환율 급등
⑤ 전 경영진 수백억원 배임·횡령 혐의로 고발

해설

투자자가 금융상품에 투자할 때 여러 종목으로 구성된 포트폴리오 투자를 하게 되면 분산효과를 통해 투자 위험을 줄일 수 있다. 이때, 분산투자를 통해 감소하는 투자 위험을 비체계적 위험이라고 하며, 분산투자로는 제거할 수 없는 투자 위험을 체계적 위험이라고 한다. 따라서 A는 비체계적 위험, B는 체계적 위험이다. 비체계적 위험은 기업 특유의 위험으로, 제품 리콜, 노사분규, 경영진 배임·횡령, 법적 소송, 매출 감소 등이 해당한다. 체계적 위험은 시장 위험으로 환율 변동, 인플레이션, 경기침체, 이자율 변동 등이 해당한다.

정답 ④

표는 현재 A기업의 재무 상태를 나타낸다. 다음 중 A기업 전체가 부담하는 자본비용은 얼마인가? (단, 세금은 고려하지 않는다.)

A기업 재무 상태

항목	비용
순자산부채비율	300%
타인자본비용	15%
자기자본비용	18%

① 6.75%
② 9.75%
③ 15.75%
④ 16.50%
⑤ 17.25%

해설

자본비용은 기업이 조달·운용하는 자본에 부담하는 비용으로 자기자본비용과 타인자본비용으로 분류된다. 타인자본비용은 차입금이나 사채 이자 등을 말하며, 자기자본비용은 주주의 요구수익률에서 확인할 수 있다. 자본비용은 기업이 외부투자가나 채권자에게 지급하는 비용 외에 자본을 보다 유리하게 운영했을 경우에 기대되는 이익으로도 본다. A기업의 재무 상태를 보면, 부채비율(타인자본/자기자본)이 300%이므로, 부채와 자본의 비중이 각각 75%, 25%임을 알 수 있다. 따라서 기업 전체의 자본비용은 (75%×15%)+(25%×18%)=15.75%이다.

정답 ③

〈표〉는 A사의 손익계산서를 요약한 것이다. A사의 유보율이 70%이고 총 발행주식 수가 10백만주라고 할 때, 주당 배당금을 계산하면? [77회 매경TEST 기출]

〈표1〉 A사 202x년 손익계산서 (단위: 백만원)

항목	금액
매출액	150,000
매출원가	75,000
감가상각비	5,000
이자와 법인세 차감 전 이익	70,000
이자비용	10,000
세전이익	60,000
세금	20,000
순이익	40,000

① 1,200원
② 2,000원
③ 2,800원
④ 12,000원
⑤ 28,000원

해설

배당성향은 당기순이익 중 현금으로 지급된 배당금 총액의 비율을 말한다. 배당성향은 1 – 유보율로 계산된다. A사의 배당성향률은 30%(=1-70%)이다. 총 배당금액은 순이익x배당성향률로 계산하여 12,000백만원으로 산정된다. 따라서 A사의 주당 배당금은 12,000(백만 원)/10(백만 주) = 1,200원이다.

정답 ①

다음 표는 선물과 옵션의 특징을 비교한 것이다. 다음 중 선물에 비해 옵션이 가지는 특징으로 적절하지 않은 항목을 골라 올바르게 수정한 것은?

선물	항목	옵션
기초자산	거래 대상	기초자산 매매 권리
매입자와 매도자	위험 부담 주체	매도자
반대매매와 실물인수·인도	포지션 청산	반대매매와 권리 행사/포기
매입자와 매도자	증거금 납입 주체	매입자와 매도자
존재	일일정산	부재

	항목	특징
①	거래 대상	기초자산
②	위험 부담 주체	매입자
③	포지션 청산	권리 행사와 포기
④	증거금 납입 주체	매도자
⑤	일일정산	존재

해설

선물은 미래의 일정 시점에 수량, 규격, 품질 등이 표준화된 대상물을 계약 체결 시 정한 가격으로 인수와 인도하기로 약속하는 거래로, 기초자산 자체가 거래의 대상이다. 이때, 매입자와 매도자 모두 위험을 부담하며, 계약의 이행을 보증하기 위한 증거금도 매입자와 매도자 모두 납입해야 한다. 또한, 일일정산을 통해 매일매일 손익을 정산하게 된다. 반면, 옵션은 장래의 일정 시점과 기간 내에 특정 기초자산을 미리 정한 가격에 팔거나 살 수 있는 권리를 말한다. 옵션은 거래해야 하는 의무를 말하는 것이 아니라 거래할 수 있는 권리가 부여된 증권으로, 매수자는 언제든 그 권리를 포기할 수 있다. 이때, 매도자는 의무 이행의 주체로, 증거금을 납입해야 한다. 만약, 매수자가 권리를 포기할 경우에는 매도자의 의무가 소멸한다. 포지션의 청산은 반대매매나 권리 행사 혹은 포기를 통해 이뤄진다.

정답 ④

국가공인
매경TEST

경영

8

기업 재무분석의 이해

경영
—
1

재무비율 분석

자본시장에서 주식·회사채 투자자, 금융회사, 재무분석가, 신용평가기관 등은 기업의 주식가치 평가, 신용 평가를 위해 재무제표를 분석한다. 재무제표 분석의 결과는 미래를 예측하는 근거가 된다. 재무비율 분석은 일괄적인 기준을 적용해 분석하기도 하지만, 산업평균 대비, 전년 대비로 분석을 실시해야 한다.

재무비율 종류

비율 분류	비율	의미	예시
안정성 분석	유동성 비율	기업의 단기적 지급능력을 평가하는 비율	유동비율, 당좌비율
	레버리지 비율	타인자본 의존에 따른 장기적 지급능력을 평가하는 비율	부채비율, 이자보상비율
성장성 분석	성장성 비율	기업 규모의 증가, 이익의 증가 등을 측정하는 비율	매출액증가율, 총자산증가율, 자기자본증가율, 순이익증가율
효율성 분석	효율성 비율	영업활동에 투입된 자산의 활용 정도를 측정하는 비율	총자산회전율, 매출채권회전율, 재고자산회전율
수익성 분석	수익성 비율	기업의 경영성과를 나타내는 비율	자기자본이익률, 총자산이익률, 매출총이익률, 매출액영업이익률, 매출액순이익률
시장가치 분석	시장가치 비율	기업의 주가와 재무제표 항목과 관련된 비율	주가이익비율, 주가순자산비율

안정성 분석

기업이 지급불능 상태에 빠지지 않고 경영자가 영업활동을 안정적으로 수행하려면 유동성이 높은 자산을 충분히 보유하고 있어야 한다. 유동성이란 기업의 자산을 현금으로 얼마나 쉽게 전환할 수 있는지의 정도를 말한다. 기업이 부채를 많이 사용하고 있으면 영업 성과가 부진할 때 이자와 부채를 갚지 못할 가능성(위험)이 높아지고 순이익도 크게 감소한다. 이자는 고정비 성격의 비용이기 때문에 부채가 많은 기업의 경우 영업 성과가 부진할 때 지급불능 위험이 커진다. 단기적 지급능력을 나타내는 유동성비율, 타인자본 의존에 따른 장기적 지급능력을 평가하는 부채비율과 이자보상비율로 구성된다.

유동성비율Liquidity Ratio

유동성비율은 기업의 단기적 지급능력을 평가하는 데 사용되는 지표이다. 기업이 단기부채를 갚으려면 현금을 충분히 보유하고 있거나 또는 단기간 내에 현금화되는 자산을 충분히 보유하고 있어야 한다. 따라서 유동성비율은 주로 단기간 내에 현금화되는 자산과 단기부채를 비교해 산정한다.

1 유동비율Current Ratio

유동자산은 주로 1년 이내에 현금화되는 자산이고 유동부채는 주로 1년 이내에 갚아야 할 부채이다. 따라서 유동자산이 유동부채보다 충분히 많으면 단기 지급능력이 양호한 것으로 평가할 수 있다.

$$\text{유동비율} = \frac{\text{유동자산}}{\text{유동부채}} \times 100$$

2 당좌비율Quick Ratio

현금과 현금화되는 속도가 빠른 유동자산의 합계를 유동부채로 나눈 지표이다. 유동자산 중에서 재고자산은 판매를 거쳐야만 현금화되고, 판매는 경기 상황에 영향을 받는다. 또한, 재고자산 중에는 진부화되어 판매하기 어려운 자산이 포함될 수 있다. 따라서 기업의 단기 지급능력을 엄격히 평가하기 위해 재고자산을 제외한 유동자산이 유동부채보다 많은지 평가한다.

$$당좌비율 = \frac{(유동자산 - 재고자산)}{유동부채} \times 100$$

레버리지비율Leverage Ratio

기업의 타인자본 의존도와 부채의 원리금 지급능력을 평가하는 데 사용되는 지표이다. 기업이 타인자본인 부채를 사용하면 고정비 성격의 이자비용이 발생한다. 기업은 영업 성과가 부진하더라도 이와 상관없이 부채의 원리금을 상환해야 하기 때문에 부채가 많은 기업은 지급불능 위험이 높아진다.

1 부채비율Liabilities-to-equity Ratio

부채 총계를 자기자본으로 나눈 비율이다. 부채가 많은 기업은 미래에 많은 돈을 지급해야 하므로 부채가 적은 기업에 비해 부채 상환의 불확실성이 상대적으로 높아진다.

$$부채비율 = \frac{총부채}{자기자본} \times 100$$

1997년 IMF 외환위기 때 기업의 부채비율 기준을 200%로 맞춰 구조조정을 실시했으나, 일반적으로 부채비율의 기준은 산업별 특성에 따라 다르다. 예를 들면, 건설업이나 조선업과 같은 수주산업의 부채비율은 다른 업종에 비해 높아 일괄적인 기준을 적용하면 문제가 생길 수 있다.

2 이자보상배율Interest Coverage Ratio

기업이 타인자본을 사용하면 자본 사용 대가로서 정기적으로 이자를 지급해야 한다. 따라서 해당 기업의 회사채 투자자, 돈을 빌려준 금융회사 등이 기업에 대한 자금 대여

결정을 하려면 기업의 이자지급능력이 어느 정도인지를 분석하는 것도 중요하다. 이자보상배율이란 기업이 한 해 동안 벌어들인 영업이익으로 이자비용을 지급할 수 있는지를 평가하는 지표이다.

$$이자보상배율 = \frac{영업이익}{이자비용}$$

영업활동으로 벌어들인 이익으로 이자비용 내기에도 빠듯한 기업은 재무 위험이 높을 수밖에 없다. 이자보상배율이 3년 연속 1 미만이면 한계기업(좀비기업)이라고 볼 수 있다.

성장성 분석

성장성비율Growth Ratio은 일정 기간 동안에 기업의 규모나 이익이 얼마나 증가했는지를 측정하는 지표이다. 기업 규모의 측정치로는 총자산, 매출액, 자기자본 등이 사용된다.

총자산증가율

총자산증가율은 기업의 총자산 규모가 전기말에 비해 얼마나 증가했는지를 나타내는 비율이다.

$$총자산증가율 = \frac{(당기말\ 총자산 - 전기말\ 총자산)}{전기말\ 총자산} \times 100$$

매출액증가율

매출액증가율은 기업 매출액이 전기 대비 얼마나 증가했는지를 나타내는 비율이다.

$$매출액증가율 = \frac{(당기\ 매출액 - 전기\ 매출액)}{전기\ 매출액} \times 100$$

자기자본증가율

자기자본증가율은 기업 소유주(주주)의 투입 자본이 전기말에 비해 얼마나 증가했는지를 나타내는 비율이다. 자기자본 규모는 유상증자를 통해 증가할 뿐만 아니라 이익잉여금에 의해서도 증가한다.

$$\text{자기자본증가율} = \frac{(\text{당기말 자기자본} - \text{전기말 자기자본})}{\text{전기말 자기자본}} \times 100$$

이익증가율

이익증가율은 어떤 이익 측정치에 초점을 두는지에 따라 매출총이익증가율, 영업이익증가율, 순이익증가율, 주당순이익증가율 등의 다양한 비율이 산정될 수 있다.

$$\text{매출총이익증가율} = \frac{(\text{당기 매출총이익} - \text{전기 매출총이익})}{\text{전기 매출총이익}} \times 100$$

$$\text{영업이익증가율} = \frac{(\text{당기 영업이익} - \text{전기 영업이익})}{\text{전기 영업이익}} \times 100$$

$$\text{순이익증가율} = \frac{(\text{당기 순이익} - \text{전기 순이익})}{\text{전기 순이익}} \times 100$$

$$\text{주당순이익증가율} = \frac{(\text{당기 주당순이익} - \text{전기 주당순이익})}{\text{전기 주당순이익}} \times 100$$

효율성(활동성) 분석

효율성비율Efficiency Ratio은 기업의 영업활동에 투입된 자산이 얼마나 효율적으로 사용되고 있는지를 나타내는 비율로 활동성비율Activity Ratio이라고도 부른다. 효율성비율은 주로 매출액과 자산에 대비해 산정한다. 효율성비율을 산정할 때 자산과 부채에 대해서는 연중 평균적으로 사용된 금액을 매출액 등에 대비시킨다는 취지에서 '기초·기말의 평균치'가 사용된다.

총자산회전율

기업 전체적으로 자산의 활용도를 파악하기 위한 비율이다.

$$\text{총자산회전율} = \frac{\text{매출액}}{\text{평균 총자산}}$$

총자산회전율이 높으면 기업의 유동자산과 비유동자산이 효율적으로 이용돼 매출액이 많이 창출되고 있다는 것을 의미한다. 반면에 총자산회전율이 낮으면 기업의 자산 투자가 과다했거나 자산이 비효율적으로 이용되고 있다는 것을 의미한다.

영업운전자본 구성 요소에 관한 회전율

기업은 영업활동을 수행하기 위해 일정 수준의 운전자본Working Capital을 투입해야 한다. 영업활동을 하기 위해 어느 정도의 현금을 보유하고 있어야 하고 매출에 대비해 재고자산도 보유하고 있어야 한다. 영업운전자본의 주요 구성 요소는 매출채권, 재고자산 등이 있다.

1 매출채권회전율Account Receivable Turnover*

매출채권회전율은 매출액을 매출채권으로 나눈 비율로, 매출채권이 현금화되는 속도를 나타내는 지표이다. 이 비율이 높으면 매출채권이 현금화되는 속도가 빠르다는 것을 의미한다. 엄밀히 말하면, 해당 비율을 산정할 때 현금매출액이 제외된 '신용매출액'이 분자로 사용되어야 하나, 재무제표에 신용매출액 자료가 공시되지 않으므로 일반적으로 매출 총액이 분자로 사용된다.

$$\text{매출채권회전율} = \frac{\text{매출액}}{\text{평균 매출채권}}$$

매출채권회전율은 기간 형태로 표현할 수도 있다. 매출채권 평균 회수기간은 매출채

* 소비자를 직접 상대하는 소매업이 아닌 경우에는 기업 간 매출·매입 거래가 일반적으로 신용거래이므로 손익계산서의 매출 총액을 분자로 사용해도 문제가 없다.

권을 일평균 매출액으로 나누어 계산하며, 매출채권회전율의 역수에 365를 곱하여 계산해도 마찬가지이다. 매출채권 평균회전기간은 매출채권이 발생한 후 현금으로 회수되기까지 소요되는 평균 일수를 의미한다.

$$\text{매출채권 평균 회수기간} = \frac{\text{평균 매출채권}}{\text{일평균 매출액}} = \frac{\text{평균 매출채권}}{(\text{매출채권} \div 365)} = \frac{365}{\text{매출채권회전율}}$$

2 재고자산회전율 Inventory Turnover

재고자산회전율은 매출원가를 재고자산으로 나눈 비율이며 재고자산 관리의 효율성을 의미한다. 이 비율이 높다는 것은 재고자산이 창고에 오래 머무르지 않고 신속히 판매되고 있음을 의미한다. 재고자산회전율을 계산할 때 분자에 매출액 대신 매출원가를 사용하는 이유는 재고자산은 취득원가로 기록하므로 매출액보다는 매출원가로 계산하는 것이 보수적이면서 합리적이기 때문이다. 또한, 재고자산이 판매되면 매출원가를 구성하며 동시에 현금, 즉 당좌자산으로 바뀌게 된다.

$$\text{재고자산회전율} = \frac{\text{매출원가}}{\text{평균 재고자산}}$$

재고자산회전율도 기간 형태로 표현할 수 있으며, 재고자산회전율의 역수에 365를 곱하면 재고자산 평균 보유기간이 산정된다. 재고자산 평균 회전기간은 재고자산이 판매되기까지 평균적으로 얼마나 시간이 소요되고 있는가를 나타낸다.

$$\text{재고자산 평균 보유기간} = \frac{\text{평균 재고자산}}{(\text{매출원가} \div 365)} = \frac{365}{\text{재고자산회전율}}$$

수익성 분석

자기자본순이익률Return on Equity·ROE

한 기간의 기업 경영 성과는 당해 기간에 얻은 순이익의 크기를 이익 창출을 위해 투입한 자본 규모와 비교함으로써 파악할 수 있다. ROE는 기업의 자기자본 투자액이 얼마나 잘 운용되었는가를 나타내기 때문에 기업의 성과를 총괄적으로 나타내는 지표로 활용된다.

$$\text{자기자본순이익률(ROE)} = \frac{\text{순이익}}{\text{평균 자기자본}} \times 100$$

분모에 자기자본 평균치를 사용하는 이유는 측정 기간 중 자기자본 투자액의 변동이 있을 수 있으므로, 그로 인한 이익 변동을 고려하기 위해서이다. 그러나 자기자본 투자액의 변동이 없을 경우 보통 자기자본총액은 측정 기간의 자기자본 기초 금액을 사용한다. 자기자본총액의 변화(유상증자와 감자 등)가 있을 경우 기초와 기말의 평균 금액을 사용하기도 한다.

총자산이익률Return on Asset·ROA

ROA는 ROE와 함께 널리 사용되는 지표로 이익을 총자산으로 나눠 구한다. 이때, 분자는 어떤 이익을 사용하는지에 따라 달라지며, 분모의 자산총액은 측정하는 기간의 기초 금액을 사용한다. 자산총액의 변화가 있을 경우 기초와 기말의 평균 금액을 사용하기도 한다.

$$\text{총자산순이익률} = \frac{\text{순이익}}{\text{평균 총자산}} \times 100$$

$$\text{총자산영업이익률} = \frac{\text{영업이익}}{\text{평균 총자산}} \times 100$$

앞서 살펴본 ROA 측정치들은 각각 다음과 같이 두 비율의 곱으로 나타낼 수 있다.

$$총자산순이익률 = \underbrace{\frac{순이익}{매출액}}_{매출액순이익률} \times \underbrace{\frac{매출액}{총자산}}_{총자산회전율}$$

$$총자산영업이익률 = \underbrace{\frac{영업이익}{매출액}}_{매출액영업이익률} \times \underbrace{\frac{매출액}{총자산}}_{총자산회전율}$$

매출액이익률

매출액이익률은 매출활동의 수익성, 즉 매출 마진을 의미하는 비율로 매출 1원당 얼마만큼의 이익을 달성하고 있는지를 나타낸다.

$$매출액총이익률 = \frac{매출총이익}{매출액} \times 100$$

$$매출액영업이익률 = \frac{영업이익}{매출액} \times 100$$

$$매출액순이익률 = \frac{순이익}{매출액} \times 100$$

재무비율 분석의 한계점

전통적으로 기업의 재무제표 분석에는 비율 분석 방법이 널리 사용되어 왔다. 비율 분석은 간편하고 이용하기 쉽지만 한계점도 가지고 있다.

비율 분석은 기업이 발표한 재무제표 자료를 이용해 수행되는데, 재무제표 자체가 분식결산으로 왜곡되어 있다면 신뢰성이 저하될 수 있다. 또한, 회계기준 자체의 한계점 때문에 기업의 중요한 경제적 측면이 재무제표에 반영되지 않는 한계도 있다. 예를 들어 경영자의 능력, 연구개발 능력 등은 재무제표에 반영되지 않는다. 따라서 기업을 분석할 때 재무제표 비율 분석뿐만 아니라 기업의 사업 내용 등 질적 분석도 같이 수행해야 한다.

A사의 20x1년, 20x2년 재무제표의 일부이다. 물음에 답하시오(8-1, 8-2).

〈표〉 A사 20x1년, 20x2년 재무자료 (단위: 억원)

구분		20x1년	20x2년
재무상태표	유동자산	520	750
	비유동자산	2,400	3,500
	유동부채	450	820
	비유동부채	720	800
	자산총계	2,920	4,250
	부채총계	1,170	1,620
손익계산서	매출액	1,200	1,000
	매출총이익	780	610
	영업이익	440	160
	이자비용	280	200
	순이익	102	75

8-1

〈표〉에서 A기업의 20x2년 유동비율과 순자산부채비율을 올바르게 짝지은 것은? (단, 소수점 넷째 자리에서 반올림해서 세 번째 자리까지 표시한다.)

	유동비율	순자산부채비율
①	68.4%	55.2%
②	75.2%	58.5%
③	91.5%	61.6%
④	115.6%	66.9%
⑤	120.1%	68.0%

【해설】

유동비율은 기업의 현금 유동성을 파악하는 지표로 유동자산을 유동부채로 나눈 91.5%(= 750 ÷820×100)이다. 순자산부채비율은 자기자본에서 총부채(타인자본)가 차지하는 비율 (부채비율 = 총부채÷자기자본×100)로 기업의 안정성을 평가하는 지표다. 위 표에서 20x2년 자기자본(= 순자산)은 자산총계에서 부채총계를 차감한 금액인 2,630억원이다. 따라서 이 기업의 부채비율은 1,620÷2,630×100 = 61.6%이다.

정답 ③

예제 8-2

〈표〉를 보고 20x2년 A사의 올바른 재무 분석은?

① 자본총계는 전년 대비 감소했다.

② 이자보상배율은 전년 대비 상승했다.

③ 유동비율이 상승해 유동성이 개선됐다.

④ 매출 원가의 상승으로 원가 절감 노력이 필요하다.

⑤ 자기자본순이익률(ROE)이 전년 대비 하락해 수익성이 악화됐다.

【해설】

재무상태표 등식에 따르면 '자산=부채+자본'이므로 자본총계는 자산총계에서 부채총계를 빼면 된다. 따라서 자본총계는 20x1년 1,750억원에서 20x2년 2,630억원으로 증가했다. 대표적인 기업의 안전성 지표로 이자보상비율과 유동비율이 있다. A사의 이자보상비율(영업이익÷이자비용)은 전년 대비 하락(1.57배→0.8배)했으며, 20x2년 이자보상비율은 1보다 작아 기업이 영업활동으로 번 이익으로 금융비용을 감당할 수 없는 상태인 것을 알 수 있다. 유동비율(유동자산÷유동부채)은 기업의 단기부채 상환 능력을 측정하는 지표로 전년 대비 하락해 유동성이 악화됐다. 수익성 지표인 자기자본순이익률(=순이익÷자기자본)은 전년 대비 하락해 수익성이 악화됐다. 손익계산서상 '매출액-매출원가=매출총이익'이므로 매출원가는 20x1년 420억원에서 20x2년 390억원으로 줄었다.

정답 ⑤

경영
—
2

시장가치비율 분석

시장가치비율Market Value Ratio은 주식시장에서 형성된 '주가'와 기업가치 창출 요인을 반영하는 '재무제표 항목'을 고려해 산출되는 비율이다. 주가는 주식시장 참여자인 투자자들이 기업가치를 평가한 결과로 주주 지분의 시장가치라고 볼 수 있다.

주가이익비율과 주가순자산비율

주가이익비율Price Earnings Ratio·PER

주가이익비율은 현재의 주가를 주당이익Earnings per Share·EPS으로 나눈 지표로, 현재 주가가 주당이익의 몇 배로 형성되어 있는지를 나타낸다.

$$\text{주가이익비율(PER)} = \frac{\text{주가}}{\text{주당이익(EPS)}}$$

$$\text{주당순이익(EPS)} = \frac{(\text{당기순이익} - \text{우선주 배당금})}{\text{보통주식 수}}$$

PER는 일반적으로 보통주에 대해 산정된다. 즉, 보통주의 시장 가격에 보통주 주당이익을 대비해 PER를 계산한다. 주가에는 미래의 수익성과 위험에 대한 시장의 평가가 반영되어 있으므로 시장에서 당해 기업의 미래 이익이 증가할 것으로 전망하면

PER가 높게 형성된다.

주가순자산비율Price to Book Ratio·PBR

주가순자산비율 또는 주가장부가치비율은 현재의 주가를 주당순자산에 대비시킨 것으로, 현재 주가가 순자산(자기자본) 장부가치의 몇 배로 형성되어 있는지를 나타내는 지표이다.

$$주가순자산비율(PBR) = \frac{주가}{주당순자산(BPS)}$$

$$주당순자산(BPS) = \frac{보통주\ 자기자본}{보통주식\ 수}$$

PBR도 PER처럼 보통주에 의해 산정된다. 'PBR = 1'인 기업은 주가와 주당순자산이 같으며 이 기업은 시장에서 장부상의 순자산 가치만큼 주가가 형성된 상황이다. PBR가 1 이상이면 장부상 가치보다 더 높게 주가가 형성됐음을 의미하고, 1 이하이면 기업은 시장에서 장부가치에도 미치지 못하는 가격으로 거래되고 있음을 의미한다.

EV/EBITDA

EV/EBITDA는 증권사 애널리스트의 재무보고서에 항상 등장하는 지표이다. EV를 EBITDA로 나눈 값으로, EV는 기업가치Enterprise Value를 의미한다.

EV = 시가총액 + 순부채
EV = 시가총액 + (부채 – 현금성 자산)

주로 EV는 해당 기업을 인수할 때 얼마가 필요한지를 보여주는 데 사용된다. 순부채를 더해주는 이유는 그 기업을 인수할 때 부채 또한 주주로서의 의무가 되기 때문이다. 이는 마치 담보가 잡혀 있는 부동산을 특정 가격에 인수한다면 담보도 같이 계승돼 실제 부동산 소유자로서의 부담은 '부동산+담보'가 되는 것과 동일한 개념이다. 순부채는 현재 기업이 가지고 있는 모든 현금으로 부채를 상환했을 때 남는 부채를 말한다. 반면, EBITDA는 '이자, 세금, 감가상각비, 무형자산상각비 차감 전 이익Earnings Before Interest, Tax,

주가이익률(PER)과의 관련성

주가이익률은 주가를 주당순이익(EPS)으로 나눈 것으로, 주식 1주를 샀을 때 몇 년 만에 투자 원금을 회수할 수 있는지로 해석할 수 있다. A기업의 현재 1주 주식가격이 50만원이라고 할 때 2016년 기준 PER가 15라면, 50만원으로 A기업 주식 1주를 샀을 때 50만원을 A기업의 순이익으로 돌려받기까지 15년이 걸린다는 의미다.

다만, PER는 당기순손실이 발생하면 계산이 불가능하지만 EV/EBITDA는 계산이 가능하며 감가상각방법과 법인세, 이자비용 등의 영향을 받지 않는다는 장점이 있다.

물론 EV/EBITDA는 기업가치를 평가하는 완벽한 지표는 아니다. 기업의 재무 건전성을 평가하기 위해서는 실제로 기업이 부담해야 할 이자, 세금, 투자 등을 고려해야 하지만 EV/EBITDA는 이런 요소를 무시하고 있다는 단점이 있다.

Depreciation and Amortization'의 약자다. 일반적으로 영업이익Operating Income을 EBIT라고도 하는데, 여기에 감가상각비(D)를 더하면 EBITDA가 된다. 감가상각은 순이익을 계산할 때 차감되는 항목이다. 비용으로 처리되긴 하지만 그 금액이 크다는 것은 그만큼 회사가 가지고 있는 유·무형 자산이 많다는 것을 의미한다. 즉, 기업이 영업활동을 통해 벌어들이는 현금의 창출 능력을 판단하기 위해 감가상각비를 더해준다.

EBITDA = 영업이익(EBIT) + 감가상각비(D)

그럼, EV를 EBITDA로 나눈 비율의 의미는 무엇일까? 기업을 인수했을 때 해당 기업이 영업활동으로 만들어낸 현금으로 기업 인수에 들어간 투자 원금을 회수할 수 있는 기간을 나타낸다. 예를 들어, A기업의 20x1년 기준 EV/EBITDA가 6배라면, 이는 A기업을 인수할 경우 6년 만에 투자한 자금을 모두 회수할 수 있다는 의미이다. 지난해의 EV/EBITDA에 비해 올해 예상 EV/EBITDA가 4년이라면, 이는 A기업이 지난해에 비해 올해 실적이 많이 늘어나면서 그만큼 투자 원금 회수 기간이 짧아졌다는 것을 나타낸다. 즉, 동종산업의 다른 기업들과 비교했을 때 EV/EBITDA가 낮다는 것은 상대적으로 투자 자금의 회수 기간이 짧다는 것을 의미한다. 이런 기업은 현금창출 능력에 비해 주가가 낮은 상태라고 볼 수 있으므로 기업이 '저평가'되어 있다고 판단할 수 있다.

예제 8-3

다음은 단일 제품을 제조하는 A사의 재무자료다. A사의 주가이익비율(PER)과 이를 고려한 적정 주가를 올바르게 짝지은 것은? (단, 이 기업은 보통주만 발행하고 있다.)

매출액	2억 5,000만원
당기순이익	2억원
자본총계	5,000만원
발행주식 수	20만주
현재 A사의 주가	20,000원
동종 산업 평균 주가이익비율	10배

	PER	적정 주가
①	20	1만원
②	20	2만원
③	25	1만원
④	35	2만원
⑤	35	2만원

【해설】

PER(주가이익비율)는 특정 주식의 주당 시가를 주당이익(EPS)으로 나눈 수치로, 주가가 1주당 수익의 몇 배가 되는지를 나타낸다. 따라서 A기업의 EPS는 2억원/20만주=1,000원, A기업의 PER는 20,000원/1,000원=20배, A기업의 적정 주가는 1,000원×10배=10,000원으로 A사의 주식은 동종산업 평균 대비 고평가돼 있다.

정답 ①

A사의 재무 정보를 나타낸 표이다. A사의 재무상태에 대한 올바르지 않은 분석은?
(단, 자본 구성 항목의 변동은 없다고 가정한다.)

〈표1〉 A사의 재무정보 (단위: 백만원)

항목	금액
유동자산	20,000
현금	10,000
매출채권	5,000
재고자산	5,000
유동부채	10,000
매출액	60,000
매출원가	30,000

〈표2〉 동종산업의 산업평균 재무정보 (단위: 백만원)

항목	값
순운전자본	13,000
유동비율	230%
당좌비율	110%
재고자산회전율	3회
매출채권회전율	7회

① A사의 당좌비율은 산업평균보다 높다.
② A사의 유동비율은 산업평균에 비해 낮다.
③ A사의 순운전자본은 산업평균 대비 낮은 수준이다.
④ 재고자산회전율이 산업평균보다 낮아 재고자산의 매각이 느리다.
⑤ 매출채권회전율이 산업평균보다 높아 매출채권의 회수가 신속하게 이뤄지고 있다.

해설

A사의 당좌비율은 150%(=(20,000 – 5,000)/10,000)이므로 산업평균인 110%보다 높다. A사의 유동비율은 200%(=20,000/10,000)로 산업평균인 230%에 비해 낮다. A사의 순운전자본은 유동자산에서 유동부채를 차감한 값으로 10,000(=20,000-10,000) (백만원)이다. 따라서 산업평균인 13,000(백만원)에 비해 낮다. A사의 재고자산회전율은 6회(=30,000/5,000)로 산업평균보다 높다. 매출채권회전율은 12회(=60,000/5,000)로 산업평균보다 높다.

정답 ④

다음과 같이 〈표〉에 나타난 재무정보를 바탕으로 A사의 주당순자산비율(PBR)을 구하면? [84회 매경TEST 기출]

〈표〉 A사 재무정보

매출액	100억원
당기순이익	36억원
주가이익비율(PER)	8배
주당순자산(BPS)	4만원
총발행주식 수	60만주

① 1.2배　② 2.0배　③ 2.2배　④ 4.0배　⑤ 4.2배

해설

PER는 주당가격을 주당순이익(EPS)으로 나눈 값이다. 주당가격을 x로 하고 계산하면 x/(36억원/60만주) = 8이므로, 주당가격은 48,000원이다. 이를 주당순자산비율의 계산 공식인 주당가격/주당순자산에 대입하면 주당순자산비율은 1.2배(=48,000/40,000) 이다.

정답 ①

다음에서 설명하는 재무비율은?

기업의 안정성을 분석하는 비율로, 1년 이내에 현금화되는 자산이 갚아야 할 부채보다 많으면 단기지급능력이 양호하다고 판단한다. 단, 매출채권 회수와 재고자산 판매가 부진하면 이 비율이 높아도 유동성에 문제가 생길 수 있다.

① 부채비율
② 유동비율
③ 이자보상비율
④ 총자산회전율
⑤ 총자산이익률

해설

유동비율은 유동부채 대비 유동자산의 비율(=유동자산÷유동부채)로 기업의 단기부채에 대한 지급능력을 평가하는 대표적인 안정성 지표이다. 유동자산은 1년 이내에 현금화되는 자산으로 매출채권과 재고자산이 포함되며 유동부채는 1년 이내에 갚아야 할 부채이다. 이 비율이 100% 미만인 기업은 유동성 위험을 보일 수 있다.

정답 ②

다음 자료에 대한 올바른 분석을 |보기|에서 모두 고르면?

재무상태표 (단위: 백만원)

과목	20x1년	20x2년	20x3년
자산총계	1,500	2,000	3,000
부채총계	300	500	1,200
자본총계	1,200	1,500	1,800

손익계산서 (단위: 백만원)

과목	20x1년	20x2년	20x3년
매출액	2,000	2,500	3,000
이자비용	30	50	20
순이익	600	600	800

|보기|

㉠ 기업의 매출 수준이 지속적으로 증가했다.

㉡ 20x3년 기업의 총자산 대비 부채비율이 전년 대비 감소하여 지급불능 위험이 낮아졌다.

㉢ 20x1년에 자기자본이익률(ROE)이 가장 높은 것을 알 수 있다.

㉣ 매출액 대비 순이익률의 경우 20x2년도에 가장 높다.

① ㉠, ㉡ ② ㉠, ㉢ ③ ㉡, ㉢ ④ ㉢, ㉣ ⑤ ㉡, ㉣

해설

기업의 매출액은 꾸준히 증가하였다. 총자산 대비 부채비율은 20x2년 25%(=500/2,000)에서 20x3년 40%(=1,200/3,000)으로 증가하였다. 자기자본이익률은 20x1년에 50%(=600/1,200)로 20x2년 40%, 20x3년 약 44%에 비해 가장 높다. 매출액 대비 순이익률은 20x1년에 30%(=600/2,000)로 20x2년 24%, 20x3년 약 27%에 비해 가장 높다. 정답 ②

다음 중 기업가치를 계산할 때 개별 기업의 시가총액에 순부채를 합하여 산출되는 개념은? [88회 매경TEST 기출]

① EV ② BPS
③ DPS ④ EPS
⑤ EVA

해설

EV(Enterprise Value)는 부채가 없는 상태로 기업을 완전히 인수할 경우 필요한 자금으로, 시가총액에서 순부채를 더해서 계산되는 개념이다. 정답 ①

2부

경제

국가공인
매경TEST

경제

1

경제활동과 경제문제의 해결

통상 경제Economy의 작동 원리를 이해하는 것은 추상적이고 난해해 일상을 살아가는 평범한 사람과는 거리가 먼 것으로 여겨지곤 한다. 하지만 실상 우리는 매일 버스나 지하철을 타면서 요금을 결제하고, 식당에서 메뉴판의 가격과 식단을 보며 끼니를 해결하고, 주유소에서 기름을 넣으며 휘발유 가격을 확인하는 등 매 순간 경제적 선택에 직면하면서 이를 해결해가는 일상을 살아가고 있다. 직장에서 급여를 받고, 세금을 내고, 연말정산을 하고, 카페를 열기 위해 커피 기계와 탁자를 구매하고, 좋은 입지를 물색하는 것도 모두 이러한 일상의 연장선에 있다.

음식과 커피 기계처럼 유용한 물리적 실체로서 경제 주체의 거래 대상이 되는 것을 상품Commodity 또는 재화Goods라고 하며 대중교통 운전, 음식 서빙과 같은 것을 용역 또는 서비스Service라고 한다. '경제활동'이란 이와 같이 재화와 서비스를 생산하고 교환·소비하는 일체의 활동을 뜻한다.

경제 주체는 크게 '소비' 주체인 가계, '생산' 주체인 기업, 그리고 재분배를 비롯한 경제 정책의 주체인 '정부' 그리고 '외국'으로 구분하며, 소비와 생산 그리고 분배를 경제활동이라고 한다. 한편, 경제활동의 대상인 재화와 용역을 경제 객체라고 한다. 또한, 재화와 용역을 아울러 생산물 또는 산출물이라고 하며 이를 생산하기 위해 투입되는 요소를 생산요소라고 한다. 노동과 자본 그리고 토지는 생산요소의 사례이다.

경제
—
1

경제활동

현실에 유용한 재화나 서비스를 '생산'하고, 소득을 '분배'하고, 재화를 '소비'하는 일련의 행위를 경제활동이라고 하며 크게 '생산'과 '분배' 그리고 '소비'로 구분한다.

생산

» 유용한 재화나 서비스를 새롭게 만들거나 이미 만들어진 것의 가치를 높이는 행위.

» 휴대전화, 자동차와 같은 재화를 만들거나 이미 만들어진 재화를 가공·포장·운반·저장·판매하는 등의 서비스 또는 교육·의료·금융·법률 서비스.

분배

» 기업은 생산요소(토지, 노동, 자본)를 투입해 산출물(재화, 서비스)을 생산하고 판매함으로써 부가가치를 창출하는데 분배란 이렇게 만들어진 부가가치를 생산요소를 공급한 사람에게 대가로 지급하는 행위.

» 노동→임금, 자본→이자·배당, 토지→지대.

소비

» 일정한 대가를 지급하고 필요한 재화나 서비스를 구입·사용하는 행위.

경제
—
2

경제활동의 주체

» 가계, 기업, 정부, 외국으로 구분.

» 가계는 소비, 기업은 생산의 주체이며, 정부는 사회간접자본과 각종 공공재 생산과 재정활동(과세와 예산집행)을 수행.

» 한편, 외국은 국내에서 생산된 재화와 서비스를 구매하는 해외 소비자임.

가계Household

» 요소시장에 토지, 노동, 자본 등 생산요소를 공급하고 그 반대급부로 요소소득(지대, 임금, 이자)을 획득.

» 이렇게 얻은 요소소득으로 가계는 재화시장에서 재화와 서비스를 구매.

» 가계는 생산요소 공급을 통해 생산에 기여하는 동시에 재화와 서비스를 구매하는 소비활동을 영위.

» 소비의 목적은 효용 극대화(주어진 예산 하에서 만족감을 극대화하는 행동).

기업Firm

» 기업의 목적은 이윤 극대화이며 이를 위해 요소시장에서 비용(지대, 임금, 이자)을 지불하고 생산요소를 고용해 재화시장에 재화와 서비스를 공급.

» 기업은 이윤 극대화를 위해 '어느 정도 양을 생산할 것인가? (최적 생산량)' '제품을

어느 정도 가격으로 판매할 것인가? (적정 가격)' '노동과 자본을 어느 정도 고용할 것인가? (생산요소의 최적 고용량)'라는 선택 문제에 직면.

정부Government

» 정부는 가계와 기업으로부터 거둔 세금으로 예산을 확보하고 이를 바탕으로 필수 공공재 공급, 경제안정화와 소득재분배 등 각종 경제정책을 시행.

» 경기부양이나 소득재분배를 위한 재정지출(정부구매·이전지출·세율조정)을 수행.

» 민간 부문의 경제활동을 조정하고 규제하는 역할을 광범위하게 수행.

〈그림 1-1〉 경제의 순환: 2부문 모형

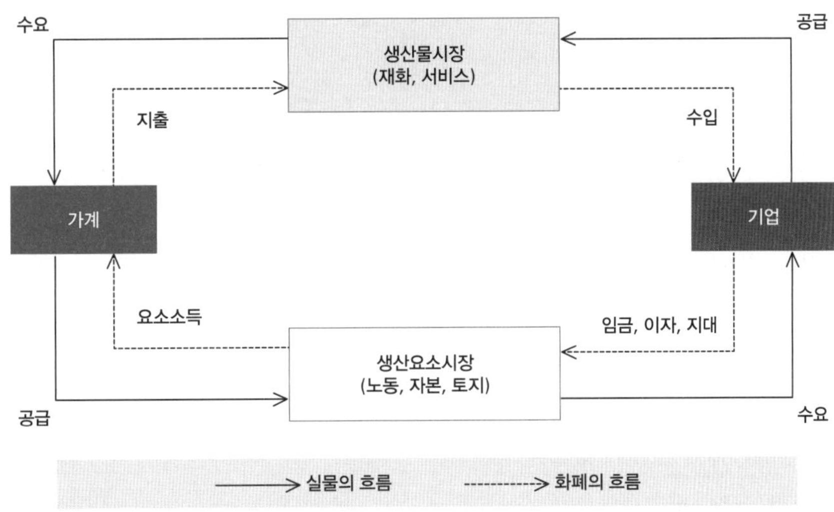

경제 — 3

희소성

희소성의 원칙

» '희소성'은 '경제적 선택' 문제의 원인으로 욕망에 비해 유용한 재화나 서비스가 부족하기 때문에 발생.

» 재화나 서비스의 희소성은 시간이나 장소에 따라 변하는 상대적 개념(가령 바나나와 같은 열대과일은 적도 부근 국가에서는 흔하지만 러시아와 같이 위도가 높은 국가에서는 귀한 과일이다. 또한, 1970년대까지만 해도 자가용은 부유층만 가지고 있었으나 지금은 대부분의 가정이 한 대 이상 소유하고 있다).

자유재와 경제재

(1) 자유재Free Good

» 생산을 하지 않아도 이미 경제에 충분히 존재하기 때문에 대가를 지불하지 않고 소비할 수 있는 재화로 희소성이 없기 때문에 시장 거래가 발생하지 않음.

» 시장 거래가 없다는 것은 내재적 가치가 없다는 의미가 아니라 무한한 양으로 인해 가격이 0이라는 의미(가령 공기는 생존에 필수지만 공짜, 즉 가격이 0이므로 시장 거래 없이 무한정 쓸 수 있는 자유재이다).

(2) 경제재Economic Good

» 공급이 제한적(희소성)이기 때문에 대가를 지불해야만 쓸 수 있는 재화.

» 우리가 알고 있는 대부분의 재화가 이 범주에 포함.

경제 — 4

경제적 비용과 매몰비용, 합리적 선택

경제적 비용Economic Cost

» 어떤 선택의 결과 발생하는 명시적 비용Explicit Cost 또는 회계적 비용Accounting Cost(어떤 선택으로 발생하는 실제 금전적 지출)과 암묵적 비용Implicit Cost(어떤 선택으로 인해 포기되는 대안의 가치)의 합으로 경제학에서 비용은 경제적 비용을 의미.

경제적 비용 = 명시적 비용 + 암묵적 비용

사 례

대학생 K는 어느 주말 오후에 일당 8만원짜리 편의점 아르바이트를 하러 나갈 예정이었다. 이때 한 친구가 K에게 영화 관람을 제안했고, 또 다른 친구는 세차장 아르바이트를 대신 가줄 수 있는지를 물어왔다. 영화 관람료는 8,000원, 세차장 아르바이트의 일당은 7만원이다.

» 이와 같은 〈사례〉에서 K가 영화 관람 제안을 받아들였다면, 편의점 아르바이트를 할 때 받을 수 있는 8만원(암묵적 비용·묵시적 비용)을 포기해야 하며, 영화 관람료로 8,000원(명시적 비용·회계적 비용)을 지출해야 하므로 8만 8,000원의 경제적 비용이 발생.

» 경제학에서의 이윤은 경제적 비용을 고려한 경제적 이윤을 의미.

경제적 이윤 = 수입 - 경제적 비용 = 가격 × 판매량 - (명시적 비용 + 암묵적 비용)

매몰비용Sunk Cost

» 이미 지출돼 현시점에서 회수 불가능한 비용(더 이상 회수할 수 없는 투자 금액이나 계약 금액).

합리적 선택Rational Choice

» (다른 조건이 같을 때) 경제적 비용이 최소화되고, 매몰비용의 영향을 받지 않는 선택.

예제 1-1

다음 중 경제적 이윤에 대한 올바른 설명은?

① 회계적 이윤은 경제적 이윤보다 클 수 없다.
② 경제적 이윤에서 고려하는 비용은 매몰비용이다.
③ 경제적 이윤은 수입에서 명시적 비용과 암묵적 비용을 차감한 값과 같다.
④ 경제적 이윤이 0이라는 뜻은 기업이 아무런 이익을 얻을 수 없다는 뜻이다.
⑤ 어떤 사업의 경제적 이윤이 0이라는 것은 그 사업에 투자할 가치가 없다는 뜻이다.

【해설】

① |X| '회계적 이윤 = 수입 - 회계적 비용'이므로 경제적 이윤보다 작지 않다.
② |X| 경제적 이윤에서 고려하는 비용은 명시적 비용(회계적 비용)과 암묵적 비용이다.
③ |O| '경제적 이윤 = 수입 - (명시적 비용 + 암묵적 비용)'이다.
④ |X| 경제적 이윤이 0이더라도 회계적 이윤은 양(+)의 값을 가질 수 있으므로 기업은 이익을 얻을 수 있다.
⑤ |X| 경제적 이윤이 0이라는 것은 수입에서 임금, 이자, 지대 등의 비용을 모두 차감하고 남는 초과이윤이 없다는 뜻이다. 경제적 이윤이 0이라도 자본을 공급한 대가(배당금, 이자)를 얻을 수 있으므로 투자가치가 없다고 할 수 없다.

정답 ③

 1-2

다음과 같이 밑줄 친 시점에 A가 카페를 창업할 때 기대되는 매월의 경제적 이윤을 구하면?

직장인 A는 오랜 꿈이던 카페 창업을 위해 매월 400만원을 급여로 받던 회사에서 퇴사를 고심 중이다. 하지만 평소 A를 눈여겨보던 경쟁사에서 이를 알고 월 급여 500만원 조건의 임금 계약과 함께 이직을 제안했다. 이에 A는 처음 결심이 흔들려 이러지도 저러지도 못하고 있다. A는 생각을 정리하기 위해 카페 창업 시 발생하는 수익·지출 구조를 냉정하게 따져 보기로 했다. 그 결과 수입은 매월 1,700만원이며 전기세 70만원, 원두와 종이컵 구매비 250만원, 임대료와 카드 수수료 450만원, 종업원 인건비 330만원의 지출이 발생함을 알 수 있었다.

① -100만원 ② 0원 ③ 100만원 ④ 200만원 ⑤ 300만원

【해설】

경제적 이윤은 수입에서 경제적 비용을 차감한 값이며, 경제적 비용은 암묵적 비용과 명시적 비용의 합으로 정의된다. 위의 밑줄 친 시점에서 A는 아직 카페를 창업하기 전이며 월 급여 500만원을 새로이 제시받은 상태이다. 따라서 만약 A가 카페 창업을 한다면 매월 500만원의 암묵적 비용이 발생한다. 한편, 카페를 창업하면 매월 1,100만원(=70만원+250만원+450만원+330만원)의 명시적 비용이 발생한다. 따라서 경제적 비용은 1,600만원(=500만원+1,100만원)이며, 경제적 이윤은 100만원(=1,700만원-1,600만원)이다.

정답 ③

매몰비용의 오류Sunk Cost Fallacy

» 현실에서는 매몰비용이 현재의 선택에 영향을 끼치는 사례가 자주 관찰됨.

사례

메이저리그의 자유계약선수와 그의 에이전트는 구단과 계약 시 계약총액 규모를 조금이라도 더 늘리기 위해 벼랑 끝 전술도 서슴지 않는다. 이는 단지 연봉을 더 받기 위해서만은 아니다. 계약총액이 클수록 선수는 자신의 경기력이 하락하거나 편차가 있더라도 출전 기회를 우선 제공받는다는 사실을 경험적으로 알고 있기 때문이다. 실제로 고액 연봉 선수일수록 경기력 저하가 오더라도 한동안 계속 기용되며 출전 기회를 우선 제공받는 경우를 쉽게 관찰할 수 있다. 이는 구단 입장에서 고액 연봉자가 (가) 과거에 잘해왔기 때문에 언젠가 그 기량을 회복할 것이라는 믿음만으로 충분히 설명되지 않는다. 구단 입장에서는 (나) 해당 선수에게 지급하기로 한 거액의 연봉이 아까워 울며 겨자 먹기 식으로 기용하는 측면도 있는 것이다.

» 이와 같은 〈사례〉에서 밑줄 친 (가)는 평균회귀의 법칙을 따르는 것으로 비합리적이라고 볼 수 없는 데 반해 (나)는 전형적인 매몰비용의 오류에 해당.

다음은 고교생 K의 선택에 따른 비용에 관한 설명이다. 다음 중 K가 대학 진학을 선택할 때 수반되는 비용에 대한 올바른 설명은?

> 지방 도시의 한 고등학교에서 금융을 전공한 고교생 K는 현재 한 상업은행의 신입 사원 채용 절차에 최종 합격한 상태이며, 서울 소재의 한 4년제 대학에도 최종 합격을 통보받았다. 만약 K가 신입 행원으로 입사하면 향후 4년간 연평균 연봉 4,000만원을 받을 수 있다. 만약 K가 대학에 진학하게 되면 4년간 입학금과 등록금 2,800만원, 4년간 집세와 각종 생활비 3,000만원 지출이 예상된다. 한편, K는 대학 진학 시 1,000만원의 장학금을 일시금으로 받을 수 있다.

① 매몰비용은 2,800만원이다.
② 명시적 비용은 5,800만원이다.
③ 암묵적 비용은 1억 2,000만원이다.
④ 경제적 비용은 2억 1,800만원이다.
⑤ 경제적 비용은 2억 800만원이다.

해설

특정 대안을 선택할 때 수반되는 경제적 비용은 명시적 비용(회계적 비용)과 암묵적 비용(묵시적 비용)의 합으로 계산된다. 명시적 비용은 특정 대안의 선택 시 명시적으로 지출되는 금액을 뜻하며, 암묵적 비용은 특정 대안의 선택으로 인해 포기되는 대안의 가치를 뜻한다. 이 문제의 경우 A의 대학 진학으로 인한 명시적 비용은 '2,800만원+3,000만원-1,000만원=4,800만원'이다. 한편 암묵적 비용은 '4,000만원×4=1억 6,000만원'이다. 따라서 A의 대학 진학 시 경제적 비용은 '4,800만원+1억 6,000만원=2억 800만원'이다. 매몰비용은 이미 지출돼서 돌이킬 수 없는 비용이다.

정답 ⑤

회사에서 매월 급여 400만원을 받는 직장인 A는 최근 퇴사 후 푸드 트럭 사업을 시작했다. 푸드 트럭 사업으로 A는 매월 800만원의 수입을 벌어들이고 있으며, 주유비 100만원, 식자재 구매비 300만원을 매월 지출하고 있다. 다음 중 A가 푸드 트럭 사업을 시작함으로써 얻고 있는 매월 경제적 이윤을 올바르게 계산한 것은?

① 0원 ② 50만원 ③ 100만원 ④ 250만원 ⑤ 400만원

해설

경제적 이윤은 수입에서 경제적 비용을 차감한 값으로 계산된다. 푸드 트럭 사업의 명시적 비용(회계적 비용)은 주유비와 식자재 구매비를 더한 400만원이며, 암묵적 비용(묵시적 비용)은 이전 직장에서 받던 월 급여 400만원이다. 따라서 경제적 비용(=명시적 비용+암묵적 비용)은 800만원이다. 한편, 푸드 트럭 사업의 수입은 월 800만원이므로 경제적 이윤은 0원이다. 정답 ①

K는 한 인기 아이돌 그룹의 팬으로, 최근 미니콘서트 티켓을 50,000원에 구매했다. 다음 중 이에 대한 올바른 설명을 |보기|에서 모두 고르면? (단, K는 티켓 구매를 위해 최대 70,000원까지 지출할 용의가 있다.)

| 보기 |

㉠ K가 콘서트 관람에서 얻는 편익은 70,000원 이하이다.

㉡ 티켓 가격이 80,000원으로 책정됐더라도 K는 티켓을 구매했을 것이다.

㉢ 티켓 매진 후 다른 사람이 K의 티켓을 65,000원에 구매하겠다고 제안하면 K는 이에 응할 것이다.

㉣ 입장 이전에 K가 티켓을 분실했더라도 같은 가격에 티켓을 재구매할 수 있다면 K는 콘서트 관람을 할 것이다.

① ㉠, ㉡ ② ㉠, ㉢ ③ ㉠, ㉣ ④ ㉡, ㉣ ⑤ ㉢, ㉣

해설

㉠ |O| K의 지불용의가격(지불할 용의가 있는 최대 가격)이 70,000원이므로 콘서트 관람에서 얻는 편익이 70,000원을 넘지 않음을 알 수 있다.

㉡ |X| K의 지불용의가격이 70,000원이므로 티켓 가격이 80,000원이라면 티켓을 구매하지 않았을 것이다.

㉢ |X| 만약 65,000원에 다른 사람에게 판다면 15,000원(=65,000원-50,000원)의 순편익을 얻는 데 반해 이것을 그대로 가지고 콘서트 관람을 간다면 20,000원(=70,000원-50,000원)의 순편익을 얻는다. 따라서 이와 같은 제안에 응하지 않을 것이다.

㉣ |O| K가 티켓을 분실했다면 이미 지출한 티켓 구매비용 50,000원은 매몰비용이 되므로 현재 선택 시 고려해선 안 된다. 이때 여전히 티켓을 구매해 콘서트 관람을 간다면 20,000원(=70,000원-50,000원)의 순편익을 얻을 수 있으므로 티켓을 재구매하는 것이 합리적이다. 정답 ③

2

국민경제

경제학에서는 국민 전체의 생활 수준 유지와 향상에 관심을 갖는다. 개인의 생활 수준은 고용 상태와 소득에 좌우되는데, 경제 상황에 따라 일자리가 감소할 경우 많은 국민이 경제적으로 고통받는다. 실직자 발생을 어떻게 줄일 수 있을까? 국민 삶의 질은 어떻게 개선할 수 있을까? 이러한 문제를 해결하기 위해 거시경제학이라는 분야가 탄생했다.

거시경제학에서는 국가 전체의 경제활동에 관심을 두며, 집계화된 변수를 이용한다. 거시경제이론 학습에 필요한 대표적 거시경제 변수를 살펴보자.

경제 — 1

국민소득의 측정

국내총생산Gross Domestic Product·GDP

GDP는 한 국가 내에서 일정 기간 동안 생산된 최종 재화·서비스의 시장가치 총합을 말한다. 어구별 의미를 살펴보자.

〈표2-1〉 GDP의 정의

GDP 정의	GDP에 포함되는 것	GDP에 포함되지 않는 것
한 국가 내에서	국가 안에서 생산이 이루어진 것 (예) 외국인이 국내에서 취업해 수행한 생산활동	국가의 외부에서 생산된 것 (예) 내국인이 해외에서 취업해 수행한 생산활동, 국내 회사의 해외 공장에서 생산된 상품
일정 기간 동안 생산된	측정 대상 기간 동안 생산된 것 (예) 2022년 1월 1일~12월 31일 사이에 생산된 상품은 2022년 GDP에 포함	측정 기간 이전에 생산된 것 (예) 지난 기간에 생산된 재고품, 중고품, 과거에 건설된 건축물의 거래액
최종	소비자가 실제로 소비하는 재화 (예) 빵, 가구, 자동차 등	다른 재화 생산에 재료로 사용되는 것 (예) 밀가루, 목재, 철강 등
재화·서비스의	유형의 상품뿐만 아니라 무형의 서비스도 포함 (예) 운송, 교육, 금융 등	생산된 재화나 서비스가 아닌 것 (예) 주식·채권 발행 금액, 이전지출(실업수당, 생계보조금 등)
시장가치의 총합	시장에서 거래된 가격을 기준으로 측정 (예) 시장에서 거래되는 대부분의 재화와 서비스	시장에서 거래되지 않는 가사노동이나 지하경제에서 이루어지는 경제 행위는 집계하지 않음 (예) 전업주부의 가사노동, 마약, 불법도박 등

⚠ 주의

» 자기 소유의 주택에 거주할 경우 암묵적으로 귀속임대료Imputed Rent를 스스로에게 지불한다고 해석해 GDP에 포함.
» 자신이 소비할 용도로 재배한 농산물도 마찬가지로 GDP에 포함.
» 주식과 부동산 거래는 소유자의 변경일 뿐이므로 GDP에 미포함. 그러나 주식 배당 소득이나 회사채의 이자는 생산활동에 사용되는 자본의 제공에 대한 대가로 GDP에 포함됨 (단, 국채 이자는 미포함).
» 이전지출Transfer Payment이란 생산활동과 관련 없이 지급하는 돈으로, 정부가 극빈층이나 실업자에게 지급한 생계비 등을 말하며 GDP에 미포함.
» **GNP(국민총생산)** GDP와 유사한 개념으로, 국경이 아닌 국적을 기준으로 산출한 총생산. 따라서 내국인의 해외 생산활동이 포함되고 외국인의 국내 생산활동은 제외됨. 최근에는 GNP 대신 GNI(국민총소득) 개념으로 측정.

예제 2-1

다음 중 올해 GDP에 포함되는 항목을 |보기|에서 모두 고르면?

| 보기 |

㉠ 국내에서 근로한 외국인 노동자의 급여소득
㉡ 작년에 생산되었으나 올해에 판매된 재고상품
㉢ 지진으로 무너져 다시 건설한 주택
㉣ 2만원에서 5만원으로 가격이 상승한 주식

① ㉠, ㉡ ② ㉠, ㉢ ③ ㉡, ㉢ ④ ㉡, ㉣ ⑤ ㉢, ㉣

【해설】
㉠ |O| GDP는 생산요소의 국적이 아닌 생산활동이 이루어진 장소를 기준으로 판단한다.
㉡ |X| 재고상품은 생산된 기간(작년)의 GDP에 포함된다.
㉢ |O| 천재지변 등 재난으로 인한 피해 복구도 GDP에 포함된다.
㉣ |X| 주식의 시세차익은 생산활동이 아니므로 포함되지 않는다.

정답 ②

국민소득 순환모형

국가 경제는 다양한 상품이 생산되고 소비되는 복잡한 구조를 가지고 있다. 이런 과정을 이해하기 용이하도록 단순화한 것이 (1장에서 소개했던) '국민경제 순환모형'이다. 이 모형은 경제 내 수많은 참여자를 '가계'와 '기업'으로 분류한다.

» **가계** 경제 내에서 상품 소비를 담당하는 집단.

» **기업** 경제 내에서 상품을 생산해 내는 조직.

〈표2-2〉 산출물(재화·서비스)시장과 요소시장에서 가계와 기업의 역할

구분	가계	기업
재화·서비스시장	수요자(상품 구매)	공급자(상품 판매)
생산요소(노동·자본)시장	공급자(생산요소 제공)	수요자(생산요소 구입)

재화·서비스시장에서 가계의 소비지출은 기업의 판매수입이 된 후, 생산요소시장에서 다시 가계의 소득으로 분배된다. 즉, [가계의 지출액] = [기업의 판매액] = [가계의 소득액]의 관계가 성립한다. 따라서 생산물의 가치를 합산해 계산한 '생산 측면의 GDP'는 소비지출액 총합으로 계산한 '지출 측면의 GDP'와 소득의 총합으로 계산한 '분배 측면의 GDP'와 같아지는데, 이를 '국민소득 삼면등가의 법칙'이라고 부른다.

〈그림2-1〉 국민경제의 순환: 2부문(가계·기업) 모형

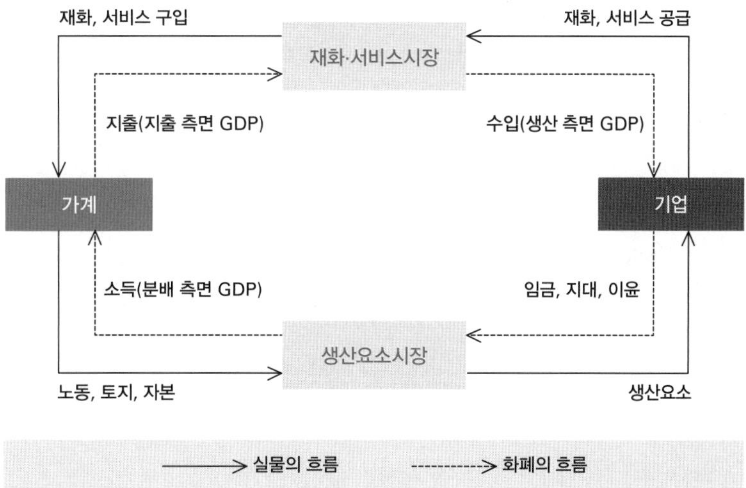

GDP의 계산: 2개 산업의 경우

나무꾼과 목공소만 존재하는 가상의 경제에서 GDP의 발생 과정을 살펴보자.

» **나무꾼** 중간재 없이 목재 생산 → 목공소에 판매하고 100만원의 수익 얻음 → 나무꾼 임금 100만원 얻음.

» **목공소** 목재를 중간재로 사용하고 가구 생산 → 최종 소비자에게 300만원에 판매하고 200만원의 수익 얻음 → 목공소 근로자 임금 110만원, 목공소(자본) 소유주 이윤 90만원 얻음.

생산 측면의 GDP이자 지출 측면의 GDP는 가구 300만원이 되며, 소득(분배) 측면의 GDP는 나무꾼과 목공소 근로자와 목공소 소유주 이윤을 합한 300만원으로 세 가지가 일치함을 확인할 수 있다. 이러한 과정을 표로 정리하면 다음과 같다.

〈표2-3〉 국민소득 삼면등가의 법칙: 생산·지출·분배 측면의 GDP

		나무꾼	목공소	GDP의 측정	구분
중간재		-	목재 100	-	-
생산물		목재 100	가구 300	최종 생산물의 가치: 300	생산(지출) 측면 GDP
요소소득	노동자 임금	100	110	요소소득의 합계: 300	분배 측면 GDP
	자본 이윤	0	90		

한편 생산 측면의 GDP는 부가가치의 총합으로도 측정할 수 있다. 부가가치Value Added란 각 재화의 생산 과정에서 중간재의 가치에 추가로 더해진 가치를 말한다.

» **나무꾼의 부가가치** 100만원

» **목공소의 부가가치** 200만원 (= 가구 300만원 – 목재 100만원)

국민소득 항등식

'총생산(생산 측면 GDP)과 총지출(지출 측면 GDP)이 동일하다'는 관계를 좀 더 자세히 살펴보자. 생산물이 지출 측면에서 어떤 목적으로 사용되었는지에 따라 소비Consumption, 투자Investment, 정부 구매Government Purchase로 분류할 수 있다(해외와 교역하는 개방경제의 경우 순수출Net Export까지 포함한다. 순수출은 수출에서 수입을 차감한 것으로, 수입이 더 많을 경우 음수(-)가 될 수도 있다).

〈표2-4〉 **지출 측면 GDP**

항목		주체	내용	사례
소비 C		가계	생계와 만족을 목적으로 재화 사용	음식료품, 주거비, 교육비 등
투자 I		기업	생산능력 확장을 위한 자본재 구입	기계, 설비, 영업용 차량 등
정부 구매 G		정부	공공서비스 제공을 위한 지출	관공서와 공립학교 운영비, 공무원 급여, 국방비, 공공사업비 등
순수출 NX	수출(+)		외국인의 국내산 재화 사용	외국에서 판매된 국산 자동차와 반도체, 외국인의 국내 관광
	수입(-)		내국인의 외국산 재화 사용	원유, 외국산 전자제품 수입, 내국인의 해외 관광

거시경제학에서 말하는 투자는 개인들의 주식 투자, 부동산 투자와 같은 재테크를 의미하지 않는다는 것을 유의하자.

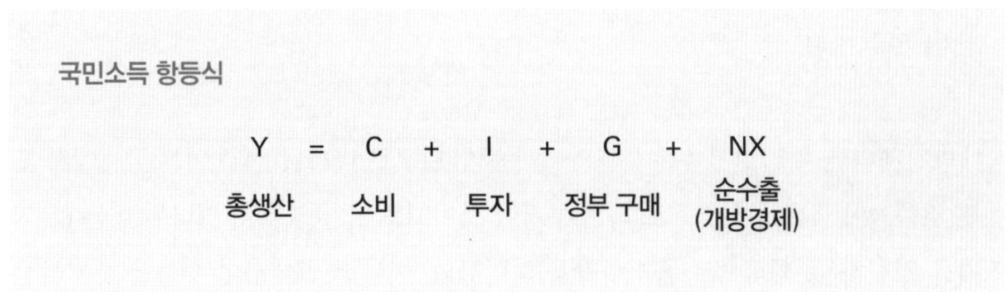

〈그림2-2〉 **국민소득 삼면등가의 법칙**

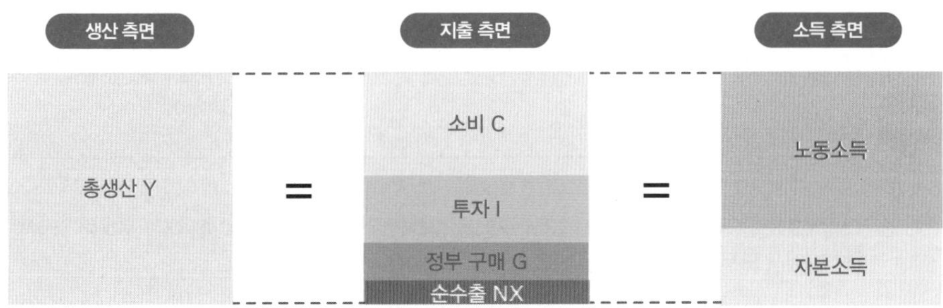

한편 국민소득 항등식에서 소비와 정부 구매를 양변에서 빼주면 아래와 같이 변형 가능하다.

$$Y - C - G = I + NX$$

총생산(Y)은 총소득과 같으므로 좌변의 Y – C – G는 소득(Y)에서 국민들이 지출(C+G)하고도 남아 저축하는 부분에 해당하기 때문에 국민저축National Saving을 의미한다. 폐쇄경제이거나 순수출이 0일 경우, 투자는 저축과 같아진다. 기업들의 생산능력 확충을 위한 투자의 재원은 국민들의 저축액으로 조성됨을 의미한다.

국민저축 식에서 세금(T)을 아래처럼 반영하면 민간저축과 정부저축으로 구분할 수 있다(우변에서 –T와 +T는 서로 상쇄되기 때문에 좌변과 일치한다).

$$Y - C - G = [Y - T - C] + [T - G]$$

국민저축 = 민간저축 + 정부저축

» **민간저축** 처분가능소득(Y-T)에서 소비 지출하고 남은 것.

» **정부저축** 조세 수입(T) 중 정부가 지출하고 남은 것. 수입보다 지출이 클 경우(재정적자) 음수가 됨.

개방경제의 경우 국민저축은 투자와 순수출의 합으로 나타나는데, 이는 국내에서 조성된 저축액이 국내에서 필요로 하는 투자에 쓰이고도 남는 부분이 있다면 이는 (무역적자를 경험하는) 외국으로 흘러나감을 의미한다. 이런 측면에서 순수출을 순자본유출Net Capital Outflow이라고도 한다.

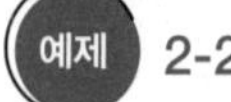

예제 2-2

다음 〈표〉는 K국의 지출 측면 GDP의 구성을 나타낸 것이다. 다음 중 이에 대한 올바른 해석을 |보기|에서 모두 고르면? [매경TEST 87회 기출 응용]

〈표〉 K국의 지출 측면 GDP (단위: 조원)

소비	투자	정부 구매	수출	수입
60	15	20	5	5

| 보기 |

㉠ 총저축은 15조원이다.

㉡ 순자본유출은 5조원이다.

㉢ 국내총생산은 95조원이다.

㉣ 국내 민간지출 규모는 80조원이다.

① ㉠, ㉡　② ㉠, ㉢　③ ㉡, ㉢　④ ㉡, ㉣　⑤ ㉢, ㉣

【해설】

㉠ |O| K국의 총저축은 '투자 + 순수출'과 같기 때문에 15조원이다.

㉡ |X| K국의 순자본유출은 '순수출(수출-수입)'과 같으며 0원이다.

㉢ |O| K국의 GDP는 95조원(=60+15+20+5–5)이다.

㉣ |X| K국의 국내 민간지출은 소비와 투자의 합으로 75조원이다.

정답 ②

명목GDP와 실질GDP

GDP는 시장에서 거래되는 가격을 기반으로 계산하므로, 실제 생산량이 증가하지 않더라도 단지 가격의 상승으로 인해 총생산이 증가한 것처럼 보일 수 있다. 이러한 가격 상승효과를 제외하고 총생산을 측정한 것이 실질GDP다.

〈표2-5〉 자전거와 케이크를 생산하는 K국의 GDP 계산 과정 예시

구분	2022년 (기준 연도)		2023년	
	생산량	가격	생산량	가격
자전거	10대	60만원	11대	70만원
케이크	100개	5만원	110개	6만원
명목GDP	10대×60만원+100개×5만원=1,100만원		11대×70만원+110개×6만원=1,430만원	
실질GDP	10대×60만원+100개×5만원=1,100만원		11대×60만원+110개×5만원=1,210만원	
명목GDP증가율	(1,430만원-1,100만원) / 1,100만원 = 0.3 = 30%			
실질GDP증가율	(1,210만원-1,100만원) / 1,100만원 = 0.1 = 10%			
GDP디플레이터	1,100만원/1,100만원×100 = 100		1,430만원/1,210만원×100≒118	

» **명목GDP** 각 생산 시점의 가격을 적용해 생산물의 가치를 합산. 물가 상승효과를 포함.

» **실질GDP** 기준연도 가격을 일괄 적용해 물가 상승효과가 제외된 순수 생산 수준을 측정.

» 실질GDP증가율은 경제의 실물 생산 증가율을 대변하므로 경제성장률이라고도 함.

» GDP디플레이터GDP Deflator는 실질GDP에 대한 명목GDP의 백분비로 물가지표로 활용 가능.

예제 2-3

핸드폰과 오토바이를 생산하는 K국의 연도별 생산량과 가격은 표와 같다. 다음 중 2023년의 GDP디플레이터 증가율을 구하면? (단, 기준 연도는 2022년이다.)

구분	2022년		2023년	
	수량	가격	수량	가격
핸드폰	80	4	100	5
오토바이	10	10	10	15

① 0% ② 10% ③ 20% ④ 30% ⑤ 50%

【해설】

주어진 자료로 연도별 명목GDP와 실질GDP를 구하면 다음 표와 같다.

구분	2022년	2023년
명목GDP	80×4 + 10×10 = 420	100×5 + 10×15 = 650
실질GDP	80×4 + 10×10 = 420	100×4 + 10×10 = 500
GDP디플레이터	420/420×100 = 100	650/500×100 = 130

명목GDP를 실질GDP로 나누어 디플레이터를 산출하면, 기준 연도는 100이고 2023년은 130이므로 GDP디플레이터는 30%가 증가했다.

정답 ④

경제

—

2

물가와 인플레이션

물가와 물가지표

물가Price Level는 경제 내 모든 상품의 가격 수준을 종합한 것으로, 물가가 급격하게 높아지면 동일한 상품을 구매할 때 더 많은 돈을 지불해야 하기 때문에 국민들이 경제적으로 고통을 느끼게 된다. 물가 수준을 측정하기 위해서 여러 상품들의 가격을 가중평균해 물가지수Price Index를 작성하는데, 소비자물가지수Consumer Price Index·CPI와 생산자물가지수Producer Price Index·PPI가 대표적이다.

» **소비자물가지수** 가계에서 주로 구매하는 상품일수록 가중치를 크게 적용해 계산. 노사 간 임금협상 시 근거 자료로 사용.

» **생산자물가지수** 국내 생산자가 국내 시장에 공급하는 상품을 중요도 기준으로 가중평균해 계산. CPI 보다 선행하여 변화하는 경향이 있음.

» **근원물가지수** CPI에서 가격 변동성이 큰 농산물, 석유류를 빼고 계산한 물가지수.

» **수출입물가지수** 수출입 상품에 대한 가격을 조사해 작성한 물가지수로 수출 채산성 변동이나 수입 원가 부담을 파악하고 대외 교역조건을 측정하는 목적으로 사용.

» **GDP디플레이터** 품목별 가중치가 실제 생산량에 비례하여 매년 조정된다는 점에서 CPI의 한계를 보완. 하지만 GDP가 국내에서 생산된 재화만을 측정하므로 수입품 가격 변화가 반영되지 않는다는 한계가 있음.

예제 2-4

K국의 가계에서 평균적으로 소비하는 상품의 양과 연도별 가격이 다음과 같았다. 이를 기반으로 소비자물가지수를 측정할 때, Y1년의 물가상승률은? (단, 기준 연도는 Y0년이다.)

품목	소비량	Y0년	Y1년
빵	100개	5원	6원
주택 임대	1채	300원	300원
옷	10벌	20원	22원

① -5%　② 0%　③ 10%　④ 12%　⑤ 20%

【해설】

소비자물가지수는 대표적 가계에서 소비하는 상품들을 구매하는 데 소요되는 비용을 지수화한 것이다. 각 연도의 구매비용을 계산하면 아래와 같다.

구분	Y0년 (기준 연도)	Y1년
구매비용	빵 500원 + 주택 임대 300원 + 옷 200원=1,000원	빵 600원 + 주택 임대 300원 + 옷 220원=1,120원
CPI 지수화	1,000/1,000×100 = 100	1,120/1,000×100 = 112
물가상승률	(전년도 가격지수가 없으므로 계산 못 함)	(112 - 100)/100 = 0.12

정답 ④

인플레이션Inflation

물가는 일반적으로 시간이 흐를수록 점차 상승하는데 이를 인플레이션이라고 한다. 물가지수의 변화율(물가상승률)을 인플레이션율이라고도 부른다.

$$\text{물가상승률(인플레이션율)} = \frac{\text{올해물가지수} - \text{작년물가지수}}{\text{작년물가지수}}$$

» **디플레이션**Deflation　물가의 하락 현상. 이때 인플레이션율은 음수로 나타남.

» **디스인플레이션**Disinflation　물가는 상승하고 있으나 그 상승률이 감소하는 상황.

〈그림2-3〉 물가 수준과 물가상승률 예시

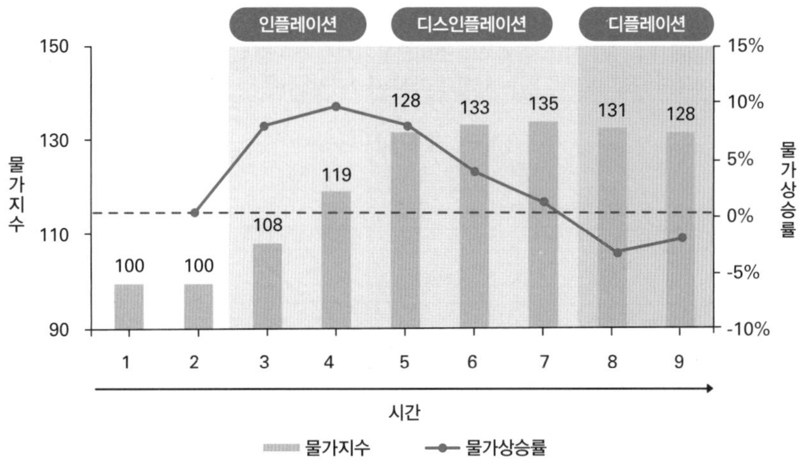

인플레이션의 효과

물가상승률이 (기대보다) 높아지면 재산을 화폐나 금융상품으로 보유하고 있는 사람은 손실을 입게 된다. 동일한 양의 화폐로 살 수 있는 상품의 양이 시간이 흐를수록 감소하기 때문이다. 대신 부채를 가진 사람은 상환해야 할 돈의 가치가 점점 낮아지므로 유리하다. 즉, 부가 대출자에서 차입자로 이전되는 것이다. 반대로 물가가 하락할 경우 채권자가 실질적으로 더 유리해진다.

인플레이션으로 인한 비용

» **메뉴비용**Menu Cost 기업들이 가격 표시를 변경하고 이를 소비자에게 알리는 과정에서 발생하는 비용. 이것이 클수록 제품 가격과 적정 가격 수준 사이의 괴리가 심해져 경제적 비효율성이 증가.

» **구두창비용**Shoe Leather Cost 개인들이 화폐가치 하락을 피하기 위해 금융자산(현금·예금 등)을 생필품으로 바꾸는 과정에서 발생하는 사회적 비용(은행을 자주 방문하는 과정에서 발생하는 교통비와 시간을 생산적인 곳에 사용하지 못해 발생하는 기회비용).

예제 2-5

다음 그림은 T1~T7 기간 중 A국의 소비자물가지수 추이를 나타낸 것이다. 다음 중 T5~T7년 시기에 실질적으로 손실을 입는 사례로 가장 거리가 먼 것은?

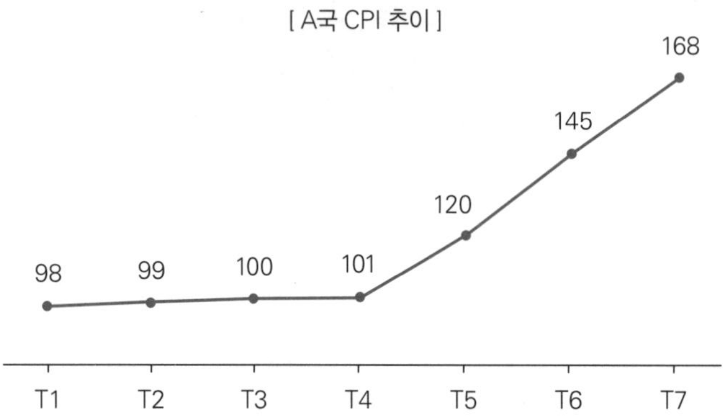

① 고정금리로 돈을 빌린 사업가
② 장기 임금계약을 맺은 근로자
③ 고정된 연금을 받는 은퇴자
④ 현금을 금고에 보관한 자영업자
⑤ 외상으로 제품을 판매한 유통업자

【해설】

① |O| 화폐가치 하락으로 실질적인 상환 부담 감소.
②, ③ |X| 물가가 상승한 반면 수입이 계약에 의해 고정적이기 때문에 실질소득 감소.
④ |X| 화폐가치 하락으로 현금자산의 실질가치 하락.
⑤ |X| 외상 매출을 회수한 시점의 화폐가치가 하락.

정답 ①

경제 — 3

실업

실업의 측정

실업은 근로를 희망하지만 직업을 갖지 못한 상태를 말한다. 실업자의 증가는 소득과 소비 여력이 부족한 사람의 증가를 의미하므로 사회적인 문제가 되며, 국가 내에서 생산요소(노동력)가 생산 과정에서 온전히 사용되지 못하는 비효율적인 상태임을 뜻한다.

〈그림2-4〉 경제활동 측면에서의 인구 구분

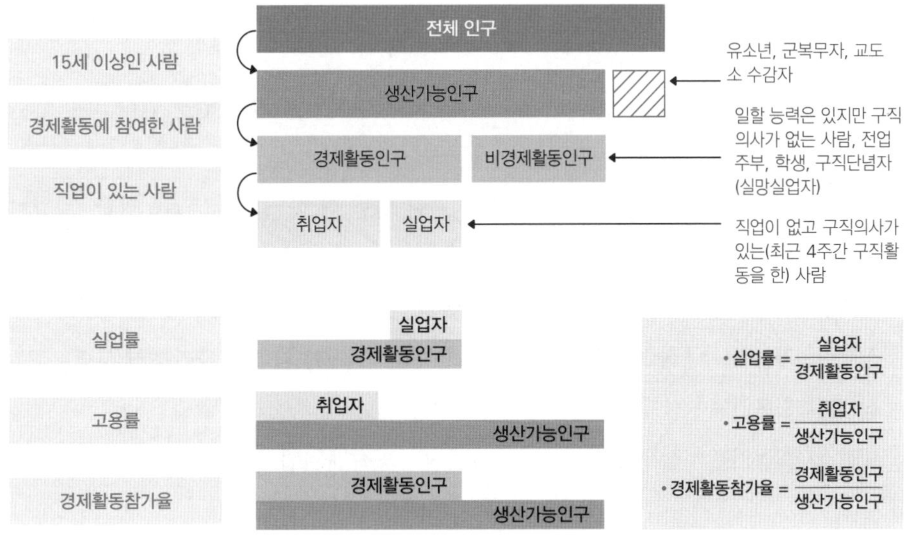

노동시장의 상황을 나타내는 대표 지표로 실업률과 고용률, 경제활동참가율을 들 수 있다.

» **구직단념자(실망노동자)**Discouraged Worker 취업 의사와 가능성이 있지만 자신에게 적당한 일거리가 없어 최근 구직활동을 하지 않은 사람. 지난 1년 내에 구직 경험이 있으나 직전 4주간 구직활동을 하지 않을 경우 이것으로 분류되며 실업자가 아닌 비경제활동인구에 포함됨.

고용보조지표 (최우수를 위한 심화학습)

공무원 시험 준비자, 구직단념자 등은 비경제활동인구로 분류돼 실업자에 포함되지 않으므로 통계상 실업률과 체감실업률 간 괴리의 원인이 된다. 이러한 체감실업률을 반영하기 위해 고용보조지표가 만들어졌다.

〈표2-6〉 고용보조지표

지표명	분자	분모	의의
고용보조지표 1	실업자 + 시간 관련 추가 취업 가능자	경제활동인구	취업자 중에서 원하는 만큼 근로하지 못해 추가 일거리를 찾는 인구를 반영
고용보조지표 2	실업자 + 잠재경제활동인구	확장경제활동인구	고시생이나 직업훈련 중인 인구를 반영
고용보조지표 3 (확장실업률)	실업자 + 시간 관련 추가 취업 가능자 + 잠재경제활동인구	확장경제활동인구	위의 두 가지 인구를 모두 반영

» **시간 관련 추가 취업 가능자** 단시간Part-time 근로자이지만 추가 취업을 원하고 추가 취업이 가능한 사람.

» **추가 취업** 근로시간을 늘리거나, 추가로 다른 일을 더 하거나, 더 많이 일할 수 있는 직장으로 바꾸는 것.

» **잠재구직자** 최근 구직활동을 안 했으나 취업 의사가 있고 취업이 가능한 사람.

» **잠재취업가능자** 구직 노력을 했으나 (육아 등의 이유로) 취업이 불가능한 사람.

» **잠재경제활동인구** 잠재구직자 + 잠재취업가능자.

» **확장경제활동인구** 경제활동인구 + 잠재구직자 + 잠재취업가능자.

〈그림2-5〉 고용보조지표 계산식

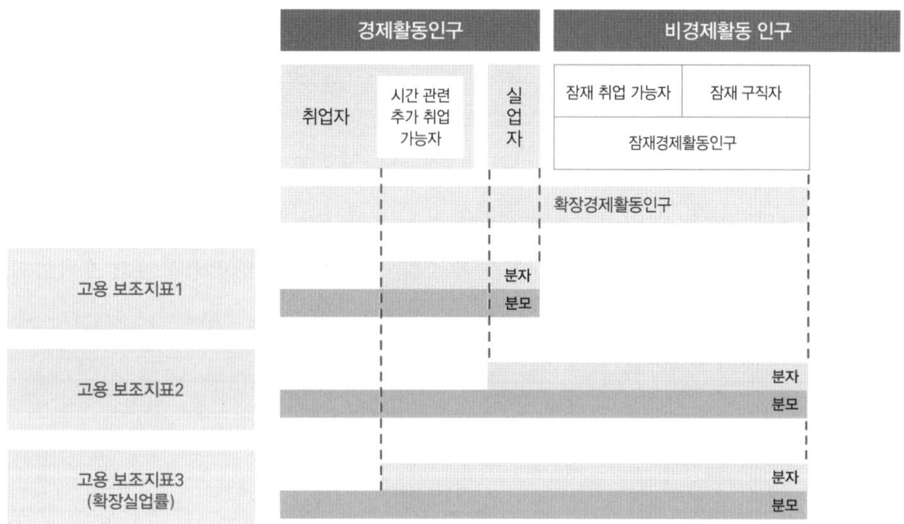

실업의 종류

실업은 발생 요인에 따라 〈표2-7〉과 같이 크게 4가지로 구분할 수 있다.

〈표2-7〉 실업의 유형

실업 유형	자발성	원인
경기적 실업	비자발적	경기침체로 인한 노동수요 감소
계절적 실업		해마다 순환적으로 발생하는 노동수요 감소
구조적 실업		기술 변화 등으로 사양화되는 산업에서의 노동수요 감소
마찰적 실업	자발적	더 적합한 업무와 직장을 찾기 위한 퇴직

» **계절적 실업** 계절 변화 같은 자연적 요인이나 제도적 요인으로 인해 해마다 주기적으로 발생하는 실업. 가령 겨울철 농촌이나 건설 현장에서의 구인 감소나 학생들의 졸업 시기(2~3월) 구직 인구 증가로 발생하는 실업.

» **구조적 실업** 어떤 산업이 기술 변화 등으로 사양화되고 일자리가 감소하면서 발생하는 실업. 이때 해고된 노동자들은 그들이 보유한 기술이 다른 산업에 쓰이지 않기 때문에 이직이 어렵고 실업이 장기화됨. 이 경우 직업 전환훈련을 통해 신성장산업 취업을 정책적으로 장려하는 것이 해결책이 될 수 있음.

» **마찰적 실업** 노동자가 자신에게 좀 더 적합한 직장이나 업무를 얻기 위해 직장을 탐

색하는 과정에서 발생하는 실업. 경기 상황과 무관하게 항상 존재하는 실업 유형. 이 경우 구직자와 기업이 더 잘 매치될 수 있도록 구인·구직 직업정보센터 운영을 확대하는 것이 해결책이 될 수 있음.

실업에 대한 사회안전망

» **실업보험제도** 재직 중 일정액을 보험금으로 납부하다가 실직했을 때 실업급여를 지급받는 제도. 지급을 장기간 해줄 경우 구직활동의 유인이 적어져 실업이 장기화된다는 부작용이 존재.

2-6

다음 〈표〉는 K국의 주요 고용지표를 나타낸 것이다. 다음 중 K국의 실업률과 경제활동참가율을 올바르게 짝지은 것은?

〈표〉 K국 고용지표 (단위: 만명)

전체 인구	4,400
생산가능인구	2,000
경제활동인구	1,100
취업자	1,089

	실업률	경제활동참가율
①	1%	25%
②	1%	55%
③	10%	25%
④	10%	55%
⑤	12%	55%

【해설】

실업자 = 경제활동인구(1,100만명) - 취업자(1,089만명) = 11만명

실업률 = 실업자(11만명) / 경제활동인구(1,100만명) = 1%

경제활동참가율 = 경제활동인구(1,100만명) / 생산가능인구(2,000만명) = 55%

정답 ②

(가), (나) 사례에서 각각 나타나고 있는 인플레이션에 따른 비용을 올바르게 짝지은 것은?

> (가) 물가가 매달 2배씩 증가하고 있는 K국에서 월급날이 되면 사람들은 현금을 물건으로 바꾸려고 은행과 상점을 사이를 바쁘게 돌아다니느라 시간과 노력을 낭비하고 있다.
>
> (나) 기업들은 가격을 조정할 필요가 있더라도 가격을 빈번하게 바꾸지 않는다. 상품 가격을 변경하고 이를 소비자들에게 알리는 데에도 비용이 발생하기 때문이다.

	(가)	(나)
①	구두창비용	매몰비용
②	구두창비용	메뉴비용
③	매몰비용	구두창비용
④	매몰비용	메뉴비용
⑤	메뉴비용	구두창비용

해설

(가)는 화폐를 실물로 교환해 가치를 보전하려는 과정에서 사람들의 시간이 비생산적으로 낭비됨에 따라 발생하는 비용을 통칭하는 '구두창비용'에 대한 내용으로, 하이퍼인플레이션을 겪는 나라에서 주로 나타난다. (나)는 기업들이 가격을 수정하면서 발생하는 비용인 '메뉴비용'에 대한 내용이다. 정답 ②

다음의 '삶의 질에 대한 척도로 활용하기에 GDP가 가지는 한계점' 중 아래의 설명과 가장 관련 깊은 것은? [매경TEST 86회 기출 응용]

> 통계청의 2019년 조사에 따르면 가정주부의 가사노동 가치가 시간당 1만 4,000원 수준인 것으로 추정했다. 가계 내에서 급여 없이 수행되는 가사노동의 경제적 가치는 490조원 수준으로, GDP의 25%에 달하는 것으로 나타났다.

① 시장에서 거래되는 경제행위만을 포함한다.
② 소득분배의 불평등 정도를 반영하지 못한다.
③ 재화의 기능 향상을 적절히 반영하지 못한다.
④ 생산 과정에서 환경 파괴가 발생하더라도 고려하지 않는다.
⑤ 치안 수준이나 공원 등 삶의 질에 영향 주는 요인들을 포함하지 않는다.

해설

GDP는 생산된 최종 생산물의 양을 측정함으로써 국민의 물질적 재화 향유 능력을 통해 복지 수준을 가늠하는 데 이용되지만, 국민의 삶의 질(복지) 그 자체를 측정하지는 못한다는 한계가 있다. ①~⑤는 그에 대한 대표적 사례들이다. 설명문에서 지적하는 가사노동은 그것을 가사도우미 고용을 통해 해결하려 할 경우 부가가치가 창출될 것이지만 실제로는 가족 구성원 내에서 금전거래 없이 해결하기 때문에 GDP에 포함되지 않는다.

정답 ①

다음과 같이 사례 (가), (나)가 동시에 발생할 때 초래되는 고용지표의 변화로 올바른 것을 모두 고르면? (단, 다른 조건은 일정하다.) [매경TEST 72회 기출 응용]

(가) 반복되는 탈락으로 인해 최근 4주간 구직활동을 중단한 취업준비생 A씨
(나) 식당을 운영하다 폐업하고 직장을 찾고 있는 B씨

| 보기 |
㉠ 실업률은 하락한다.
㉡ 고용률은 하락한다.
㉢ 실업자 수는 일정하다.
㉣ 경제활동참가율은 일정하다.

① ㉠, ㉡ ② ㉠, ㉢ ③ ㉡, ㉢ ④ ㉡, ㉣ ⑤ ㉢, ㉣

해설

(가)는 실업자가 구직단념자(비경제활동인구)로, (나)는 취업자가 실업자로 변화된 사례이기 때문에 최종적으로 취업자와 경제활동인구가 1명 감소, 비경제활동인구가 1명 증가했다.
㉠ |X| 실업자 수는 일정하고 경제활동인구는 감소했으므로 실업률은 상승.
㉡ |O| 취업자가 감소하고 단서 조건에 따라 생산가능인구는 일정하므로 고용률은 하락.
㉢ |O| 실업자 수는 일정.
㉣ |X| 경제활동인구가 감소하고 단서 조건에 따라 생산가능인구는 일정하므로 경제활동참가율은 하락.

정답 ③

다음은 농산물과 요리만을 생산하는 K국의 생산활동을 나타낸 것이다. 다음 중 K국의 명목GDP 규모로 가장 올바른 것은?

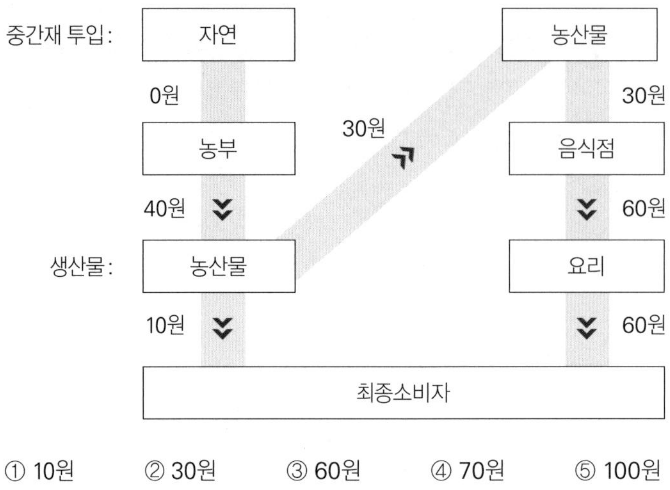

① 10원 ② 30원 ③ 60원 ④ 70원 ⑤ 100원

해설

농부는 중간재 없이 농산물을 40원만큼 생산해 최종 소비재로 10원만큼을 판매했다. 음식점은 30원만큼의 농산물을 가공해 최종 소비재로 요리를 60원에 판매했다. 최종 재화의 가치를 합해 구한 GDP는 70원이며, 부가가치의 합(농부 40원, 음식점 30원)으로 계산해도 동일하다. 정답 ④

경제

3

화폐와 은행

경제
—
1

화폐의 기능

화폐Money, 혹은 통화Currency는 우리가 물건을 사고팔 때 사용하는 돈을 말한다. 화폐의 기능은 다음과 같은 세 가지 측면에서 살펴볼 수 있다.

〈표3-1〉 화폐의 3대 기능

교환의 매개체	• 화폐가 없을 경우: '내가 필요한 상품'을 제공해줄 사람이 '내가 제공하는 상품'을 원해야만 거래가 가능. 서로를 만족시키는 상대방을 찾는 데에 많은 시간과 노력 필요 • 각자가 화폐를 매개로 상품을 교환할 경우 시간과 노력의 낭비를 막을 수 있음
가치의 척도	• 재화의 가치를 한 가지 척도(화폐와의 교환비율, 즉 가격)로 나타내 비교를 가능하도록 함 (예) 옷 1벌 = 10만원, 쌀 1포대 = 5만원 ↔ 옷 1벌 = 쌀 2포대
가치저장의 수단	• 시간흐름에 따라 부패하거나 손상되는 상품들과 달리 장기간에 걸쳐 보관 가능

경제 — 2

통화량의 측정

개인이 은행에 돈을 맡기는 방법은 실제로는 보통예금부터 적금까지 다양하며 어느 수준까지를 통화로 볼 것인지에 따라 여러 가지 통화량 지표가 있다. 은행에 예금된 돈은 현금처럼 거래에 곧바로 사용될 순 없지만 현금인출기로 현금화하거나 계좌이체 등을 통해 결제에 사용할 수 있다. 교환에 사용하기 용이한 정도를 '유동성liquidity'이라고 한다. 현금이 가장 유동성이 높고 적금이나 채권처럼 만기가 길어 현금화하기 어려운 금융상품은 유동성이 낮다고 표현한다. 금융당국은 어떤 금융상품까지 포함하는지에 따라 M1, M2와 같은 통화량 지표를 정의하고 그 양을 측정해 현재 국내에 통화가 어느 정도 풀려있는지 가늠한다.

〈표3-1〉 주요 통화량 지표

유동성 높음	협의의 통화(M1)	현금 + 결제성 예금		
↕	광의의 통화(M2)	M1	+ 기타 예금 (만기 2년 이내)	
유동성 낮음	금융기관 유동성(Lf)	M2		+ 장기 금융상품 (만기 2년 이상)

경제
—
3

신용창조

중앙은행은 국민들이 지급결제 수단으로 사용할 통화의 공급을 담당한다. 실제로 공급된 현금(지폐와 동전)의 양은 신용창조(통화창출) 과정을 통해 훨씬 크게 늘어나 통화량을 형성하게 된다.

» **본원통화**Monetary Base 중앙은행이 시중에 직접 공급하는 화폐. 전체 통화량 중에서 시중 현금과 지급준비금의 합과 같음.

» **지급준비금(지준)**: 예금 인출에 대비해 은행이 예금의 일부분을 대출하지 않고 보관 중인 금액.

» **(법정)지급준비율** 은행들이 준수해야 하는 예금 대비 지급준비금 비율(2023년 현재 정기예금/적금은 2%, 기타예금은 7%).

» **초과지급준비금** 법정지급준비금 이상으로 보유하는 지급준비금. 불경기에 대출의 부도 위험이 높아질 때 은행은 초과지급준비금을 늘리는 행태를 보이기도 한다.

» **신용창조**Credit Creation 은행은 예금으로 조달한 금액을 대출 → 대출받은 개인은 자금 일부를 현금으로 보유하고 나머지를 다시 예금 → 은행은 다시 대출 → (반복) 이러한 과정을 통해 시중 통화량(현금통화+지급준비금+예금통화)이 본원통화량보다 더 커지는 현상.

» **통화승수**Money Multiplier 본원통화량에 대한 시중 통화량의 비율, 즉 시중 통화량/본원통화량.

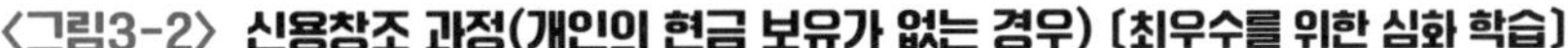

〈그림3-2〉 신용창조 과정(개인의 현금 보유가 없는 경우) [최우수를 위한 심화 학습]

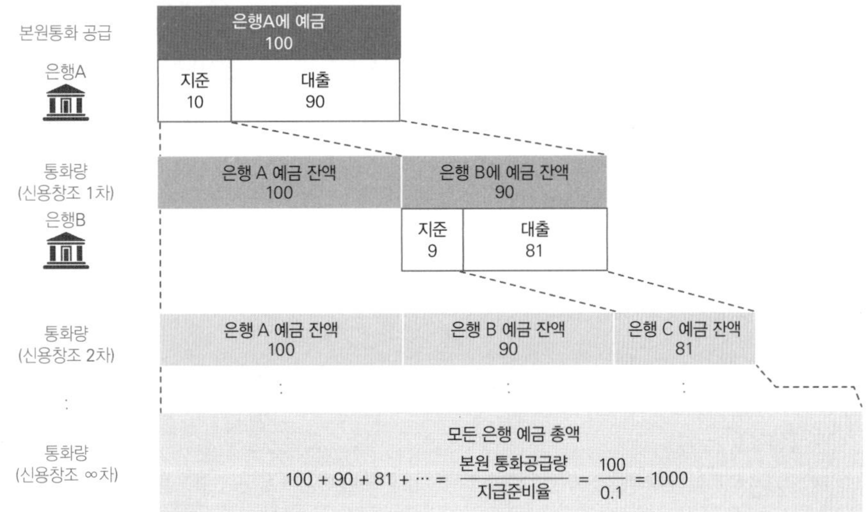

중앙은행이 본원통화 100을 경제에 공급한 상황을 생각해 보자. 만약 은행 예금이 불가능하다면 전액 현금으로 개인들이 보유하며 통화량은 100이 된다. 그러나 은행이 존재하고 개인들이 전액 예금한다면 은행은 지급준비율(10%로 가정하자)을 준수하고 남은 90을 대출할 것이다.

신용창조 과정은 본원통화가 전부 지급준비금으로 변환돼 더 이상 대출이 시행될 수 없을 때까지 진행될 것이다. 즉, 지급준비율 = (본원통화량)/(예금총액)이 된다. 개인의 현금 보유가 없다고 가정했으므로 여기서 예금총액은 곧 통화량이 된다. 앞의 식을 예금 총액에 대해 나타내면 최초 공급된 통화가 지급준비율의 역수만큼 늘어남을 볼 수 있다(예시에서의 통화승수는 1/0.1 = 10배). 이러한 경우 본원통화의 1억원 증가는 시중 통화량을 10억원만큼 증가시키게 된다. 중앙은행의 본원통화 공급량이 일정할 때 다음과 같은 사례는 통화량 증가요인이 된다.

» 은행의 초과지급준비금 감소
» 은행의 가계·기업 대출 증대
» (지급결제수단 발전 혹은 예금금리 상승으로 인한) 개인의 현금보유 성향 감소 등

예제 3-1

다음 중 M2 통화량을 증가시키는 요인으로 가장 올바른 것은? [매경TEST 78회 기출 응용]

① 시중 이자율의 하락
② 가계 대출 규제의 강화
③ 예금에 대한 법정지급준비율 인상
④ 지급결제수단 발달에 따른 화폐보유 성향 감소
⑤ 시중은행이 법정지급준비율 이상으로 지급준비금 보유

【해설】
① |X| 이자율의 하락은 통화량에 영향 미치지 않음(혹은 예금할 유인이 줄어 통화량 감소)
② |X| 규제를 통해 대출이 억제될 경우 예금과 통화량 감소
③ |X| 예금으로 조달된 자금의 신규 대출 가능 금액이 줄어 통화량 감소
④ |O| 금융자산을 더욱 많이 예금하면서 통화량 증가
⑤ |X| 시중은행이 대출량을 자체적으로 감소시키면서 통화량 감소

정답 ④

경제
—
4

화폐수량설

경제 내에서 생산된 산출물은 필요한 사람들에게 전달되는 과정에서 거래가 발생한다. 그러한 거래는 시중에 풀려있는 통화에 의해 결제가 이뤄진다. 전체 생산물(Y)에 각각의 가격(P)을 곱해 총합한 총 거래액(P×Y)만큼의 거래를 시중 통화량(M)이 매개하므로 다음과 같은 '화폐수량방정식(교환방정식)'이 성립해야 한다.

$$M \times V = P \times Y$$

» V　화폐의 유통속도Velocity of money. 통화가 평균적으로 거래에 사용되는 횟수.

» P　물가지수.

» Y　총생산(실질 GDP). 따라서 P×Y는 명목GDP로 볼 수 있다.

유통속도는 장기적으로 일정한 값을 보이는데 이는 시중 통화량이 증가하면 그만큼 물가수준 상승으로 이어진다는 시사점을 준다. 화폐수량방정식의 각 변수를 증가율 관계로 변형하면 이러한 관계가 더욱 명확해진다.

통화량 증가율 + 유통속도 변화율 = 물가상승률 + 실질총생산증가율

실질총생산(Y)은 노동자와 자본재의 양과 생산기술 수준 등 실물 요인에 의해 결정되므로 장기적으로는 통화량(M)에 영향을 받지 않는다. 유통속도가 일정할 경우(=유통속도 변화율이 0) 만약 통화량이 3%씩 증가한다면 물가 역시 3%씩 상승할 것이라고 유추할 수 있다.

3-2

다음 중 아래 밑줄 친 (가)에 대한 올바른 해석은? [매경TEST 74회 응용]

> 짐바브웨는 아프리카 국가로 독립운동가인 무가베(Robert Mugabe)에 의해 1980년대부터 통치돼 왔다. 1990년대 말 경제위기와 흔들리는 지지율, 서방세계의 원조 중단으로 인해 무가베 정부는 정치적 돌파구로 백인 농장주의 재산 몰수를 단행했다. 농업 지식이 부족한 국민들에게 재분배된 토지는 생산성 하락으로 농업 붕괴를 초래했으며 제조업 생산량 또한 폭락하고 실업률은 80%로 치솟았다. (가) 짐바브웨 경제를 파탄에 이르게 한 또 다른 원인은 (A)였다. 총생산 감소로 조세 수입이 급감하면서 부족해진 정부재정을 통화발행으로 해결한 결과 물가 상승률은 2001년부터 연간 100%를 넘어섰으며 2008년 말에는 한 달에 796억%로 정점에 달했다. 이에 따라 '100억 짐바브웨 달러' 지폐가 발행되는 등 화폐가치가 폭락하고 주민들은 자국 통화 대신 미국 달러나 물물교환으로 거래했다. 농촌지역에서는 학교 수업료를 닭으로 지불하는 사례도 나타났다.

| 보기 |

㉠ (A)는 스태그플레이션에 해당한다.

㉡ 짐바브웨 달러의 '교환의 매개체' 기능이 크게 약화되었다.

㉢ 채무자에게서 채권자로 부가 이전되는 현상이 발생했을 것이다.

㉣ 화폐수량설에 따르면 짐바브웨의 통화량은 물가에 버금가는 수준으로 증가했을 것이다.

① ㉠, ㉡　　② ㉠, ㉢

③ ㉡, ㉢　　④ ㉡, ㉣

⑤ ㉢, ㉣

【해설】

㉠ |X| 연간 물가상승률이 수백%에 달하는 현상은 하이퍼인플레이션(Hyperinflation)이다.

㉡ |O| 달러 결제나 물물교환이 이루어지는 등 짐바브웨 달러가 매개체 기능을 수행 못하고 있다.

㉢ |X| 화폐가치 급감으로 인해 부가 채권자로부터 채무자로 이전되었을 것이다.

㉣ |O| 화폐수량설에 따르면 명목변수인 물가가 천문학적으로 상승한 것은 마찬가지 수준의 통화공급 증가로 설명된다.

정답 ④

경제
—
5

피셔방정식

돈을 타인에게 빌려주거나 은행에 예금하면 그 자금을 이용할 수 있는 자유를 만기일까지 포기한 셈이다. 이에 따라 만기에 원금뿐만 아니라 이자를 추가로 받는다. 이자율이란 원금 대비 이자의 비율로써 금전계약 시점에 고정적으로 결정된다.

우리가 생활에서 접하는 이자율은 물가의 변화가 고려된 명목이자율이다. 물가가 상승하는 경우 채권자(돈을 빌려준 사람)가 채무를 상환받을 때 명목상 금액은 계약대로 받았더라도 화폐의 가치가 예상보다 낮아진 상태이기 때문에 (예상되는)물가 상승에 따른 손해까지 감안해 이자율을 책정하게 된다. 즉, 물가상승률이 높은 시기에는 이자율도 높아지는 경향이 있다. 계약상 적용되는 이자율(명목이자율)과 차입자가 실질적으로 부담하는 이자율(실질이자율)의 관계를 피셔방정식이라 한다.

$$i = r + \pi$$

명목이자율 = 실질이자율 + (기대)물가상승률

물가가 얼마나 상승할지는 대출이 발생하는 시점에서는 알기 어렵기 때문에 좀 더 엄밀하게는 '예상(기대)되는 물가상승률'을 적용한다. 만약 명목이자율이 5%일 때 기대물가상승률이 2%라면 실질이자율은 3%다. 반면 기대물가상승률이 -1%일 경우 기업들의 실질적 자금조달 부담은 6%로 오히려 명목이자율보다 높아진다.

경제 — 6

화폐시장과 유동성선호이론

유동성선호이론은 개인들이 유동성(화폐)을 얼마나 보유하려고 하는지를 통해 (명목)이자율이 결정되는 과정을 설명한다. 화폐수요는 크게 두 가지로 구분할 수 있다.

» **거래적 수요** 명목 소득(P×Y)이 클수록 소비활동의 편리를 위해 화폐를 많이 보유.

» **투기적 수요** 이자율(i)이 높을수록 이자수익을 얻기 위해 (예금이나 채권 보유를 늘리고) 화폐를 적게 보유.

이자율과 개인들의 화폐에 대한 수요량의 관계는 화폐수요곡선으로 나타낼 수 있다. 여기에 중앙은행의 본원통화 공급과 신용창조를 통해 결정되는 화폐(통화)공급량을 함께 나타내면 화폐시장 균형을 도출할 수 있다. 화폐공급은 중앙은행에 의해 결정되

〈그림3-3〉 화폐시장과 균형이자율

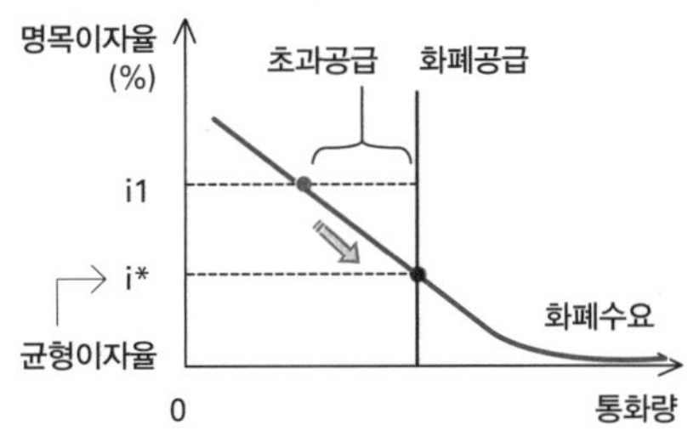

〈그림3-4〉 소득증가와 균형이자율 변화

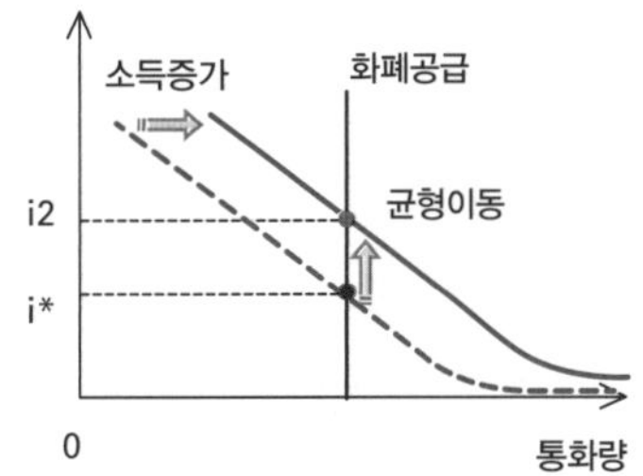

는 정책 변수이기 때문에 이자율과 무관하며 수직선 형태로 나타난다.

만약 현재 이자율이 i1 수준이라면 개인들은 초과로 보유한 화폐를 예금이나 채권에 투자하고 이자율은 하락하게 된다. 따라서 화폐시장에서 이자율은 화폐공급과 수요가 일치하는 수준(i*)에서 균형이 형성된다. 실질소득이나 물가가 상승할 경우 화폐수요가 증가해 수요곡선이 우측으로 이동하게 되며 이자율은 상승하게 된다. 반면 통화량이 증가할 경우 균형이자율은 하락하게 된다.

예제 3-3

다음 중 아래의 경제이론에 대한 올바른 설명은?

> 경제학자 케인스는 화폐 시장에서 수요와 공급에 의해 이자율이 결정된다는 (A)를 주장했다. 이에 따르면 개인의 화폐수요는 거래적 동기, 예비적 동기, 투기적 동기로 구성되는데, (가) 명목이자율이 0에 가깝게 낮을 경우 투기적 수요가 늘어나 화폐공급이 증가하더라도 더 이상 금리를 낮출 수 없는 상황이 발생한다.

| 보기 |

㉠ (A)는 '대부자금설'에 해당한다.

㉡ 밑줄 친 (가)는 '유동성 함정'에 해당한다.

㉢ 물가수준의 상승은 이자율을 상승시킨다.

㉣ 소득수준의 감소는 이자율을 상승시킨다.

① ㉠, ㉡
② ㉠, ㉢
③ ㉡, ㉢
④ ㉡, ㉣
⑤ ㉢, ㉣

【해설】

㉠ |X| 화폐에 대한 수요와 공급에 의해 이자율 결정 과정을 설명한 것은 '유동성 선호이론'이다.

㉡ |O| 명목이자율이 0에 가까울 경우 화폐 보유에 대한 기회비용(채권 투자에 대한 이자수익)이 없는 반면 채권 보유 시 향후 이자율이 상승 기조로 반등할 때 손실을 입을 수 있기 때문에 화폐 보유를 늘리려 한다. 따라서 화폐공급을 증가시키더라도 화폐수요로 흡수되어 이자율이 더 이상 하락하지 않는 '유동성 함정(Liquidity Trap)' 상황에 처하게 된다.

㉢ |O| 물가 상승은 재화 구매에 필요한 화폐의 양을 늘리기 때문에 명목 화폐수요도 증가하게 된다.

㉣ |X| 소득의 감소는 재화 구매 거래의 감소로 이어져 화폐의 수요를 감소시킨다.

정답 ③

아래는 A국의 주요 거시경제지표의 변화를 나타낸 것이다. 다음 중 이에 대한 올바른 분석은? [매경TEST 72회 기출 응용]

구분	Y0년	Y1년
본원통화	50조원	60조원
현금통화	20조원	18조원
지급준비금	30조원	42조원
통화량(M2)	1,000조원	1,200조원
명목 GDP	1,200조원	1,320조원

| 보기 |

㉠ M2 통화승수는 증가했다.

㉡ M2 화폐유통속도는 감소했다.

㉢ 경제주체들의 현금통화비율은 감소했다.

㉣ M2 기준 통화량 증가율은 명목GDP 증가율보다 낮다.

① ㉠, ㉡　　② ㉠, ㉢

③ ㉡, ㉢　　④ ㉡, ㉣

⑤ ㉢, ㉣

해설

자료로부터 다음과 같이 통화승수 등의 지표를 산출할 수 있다.

구분	계산 공식	Y0년	Y1년	풀이
M2통화승수	M2 / 본원통화	20	20	㉠ : [X] 일정함
M2유통속도	명목GDP / M2	1.2	1.1	㉡ : [O] 감소
현금통화비율	현금통화 / M2	0.02	0.015	㉢ : [O] 감소
통화량 증가율	M2 변화량 / M2(Y0년)	-	0.2	㉣ : [X] 통화량 증가율이 더 높음
명목 GDP증가율	명목GDP 변화량 / 명목 GDP (Y0년)	-	0.1	

정답 ③

다음 중 아래의 설명과 가장 관련이 깊은 경제개념은? [매경TEST 70회 기출 응용]

> 18세기 철학자인 데이비드 흄은 '하룻밤 사이에 국가 내의 돈이 1/5로 줄어든다면 어떻게 될까? 모든 상품이 1/5의 가격으로 거래되어야만 하지 않을까?'라며 물가 수준이 화폐 공급량에 의해 결정된다고 주장했다.

① 밀어내기 효과
② 그레셤의 법칙
③ 유동성 함정
④ 화폐수량설
⑤ 합리적 기대 가설

해설

① |X| 정부구매 증가로 시중이자율이 상승해 민간의 투자가 감소하는 현상을 말한다.
② |X| 악화(귀금속 함유량이 낮은 주화)가 양화(귀금속이 정량 함유된 주화)와 함께 유통될 경우 결국 시중엔 악화만 통용되고 양화는 보관되어 시중에서 사라지게 된다는 개념이다.
③ |X| 시중금리가 0에 가까울 때 통화공급을 증가시켜도 경기부양 효과가 나타나지 않는 현상을 말한다.
⑤ |X| 경제 주체들이 사용 가능한 모든 정보를 이용하여 기대를 형성한다는 개념이다. 정답 ④

아래는 K국의 주요 금융지표의 추이를 나타낸 것이다. 다음 중 기업들의 실질적인 자금조달비용이 가장 높은 시점은? (단, 다른 조건은 일정하다.)

금융 변수	시점				
	Y1	Y2	Y3	Y4	Y5
기대인플레이션	2%	4%	-2%	0%	1%
명목이자율	4%	5%	1%	0%	0%
본원통화 증가율	2%	3%	6%	7%	5%

① Y1　② Y2　③ Y3　④ Y4　⑤ Y5

해설

기업의 실질 자금조달비용에 해당하는 것은 실질이자율이다. 명목이자율에서 기대인플레이션을 차감하면 아래와 같이 실질이자율을 구할 수 있다.

시점	Y1	Y2	Y3	Y4	Y5
실질이자율	2%	1%	3%	0%	-1%

정답 ③

다음 중 아래의 빈칸 (A)에 대한 올바른 설명으로 가장 거리가 먼 것은? (단, 다른 조건은 일정하다.) [매경TEST 70회 기출 응용]

> 일상생활에서 '돈'은 주화나 지폐 같은 현금통화를 말한다. 그러나 경제지표로서 '통화량'에는 은행 예금도 포함된다. 현금이나 마찬가지의 높은 유동성을 가지기 때문이다. 그런데 은행이 예금된 돈을 이용해 대출을 시행하면 그중 일부는 또 다른 은행에 다시 예금되어 전체 예금 총액을 증가시킨다. 따라서 시중 통화량은 중앙은행이 직접 공급한 통화량보다 훨씬 더 커지는 (A)가 발생한다.

① 본원통화가 증가할수록 통화량은 증가한다.
② 의무지급준비율이 높을수록 통화량은 감소한다.
③ 은행의 초과지준이 감소할수록 통화량은 증가한다.
④ 대출규제를 강화할수록 통화량은 증가한다.
⑤ 민간의 현금보유 성향이 높을수록 통화량은 감소한다.

해설

빈칸 (A)는 신용창조에 해당한다.

① |O| 본원통화 공급에 대해 신용창조 과정을 통해 더 큰 규모의 시중 통화량을 형성하므로 올바른 설명이다.
②, ③ |O| 은행의 지급준비율이 상승하면 동일한 예금액에 대해 허용되는 대출금이 감소한다.
④ |X| 대출규제 강화는 은행의 대출을 위축시키고 신용창조 과정을 약화시킨다.
⑤ |O| 민간이 대출금을 현금 형태로 보유하고 신규 예금액을 줄인다면 통화량은 감소한다. 정답 ④

아래와 같은 상황에 대한 가장 올바른 해석은? [매경TEST 77회 기출 응용]

> 명목이자율이 0에 근접한 초저금리 상황이 지속되면 사람들이 가까운 미래에 채권가격이 하락할 것으로 예상해 채권을 사지 않고 현금보유량을 늘리게 된다. 이 경우 화폐수요의 이자율탄력성은 대단히 큰 값을 가지게 된다.

| 보기 |

㉠ 통화승수가 대단히 커진다.

㉡ 비용상승 인플레이션이 동반된다.

㉢ 화폐 보유에 대한 기회비용이 0에 가까운 상황이다.

㉣ 중앙은행이 본원통화 공급을 늘려도 대부분 화폐수요로 흡수돼 기업의 자금조달 여건을 개선시키지 못한다.

① ㉠, ㉡
② ㉠, ㉢
③ ㉡, ㉢
④ ㉡, ㉣
⑤ ㉢, ㉣

해설

지문은 유동성함정 상황에 대한 내용이다.

㉠ |X| 정부가 본원통화 공급을 증가시켜도 대부분 현금 보유 증가로 이어져 시중 통화량은 크게 늘어나지 않는 상황이므로 통화승수는 감소한다.

㉡ |X| 비용상승인플레이션(Cost-Push Inflation)은 원자재 가격 상승 등 생산 측면에서 부정적 충격요인으로 인해 물가가 상승하는 현상을 말한다.

㉢ |O| 화폐 보유에 대한 기회비용은 예금했을 때 얻는 이자이다.

㉣ |O| 유동성함정 상황에서는 통화공급을 확대하더라도 이자율을 더 낮추지 못해 기업들의 자금조달비용을 낮추지 못하며 따라서 투자 지출도 촉진하지 못한다.

정답 ⑤

아래는 비트코인이 화폐로서 주요 기능을 결여하고 있음을 설명한 것이다. 다음 중 밑줄 친 (가)가 시사하는 내용으로 가장 올바른 것은?

> 비트코인은 국가에 의해 운영되는 통화시스템에 대해 비판하면서 대안으로 제시된 암호화폐이다. 블록체인 기술을 이용해 중앙 관리자가 없이도 위변조나 이중지급 문제를 해결했다는 점에서 새로운 화폐로 기대를 받았다. 그러나 최초의 의도와 다르게 비트코인은 화폐로서 기능하기보단 투기대상으로 이용되면서 그 가격이 천정부지로 오르다가도 급락하는 일이 반복되었고, 하루 만에 시장가치가 20% 가까이 폭락하는 일도 심심치 않게 발생했다. <u>(가) 일론 머스크는 한때 테슬라 자동차를 비트코인으로 결제할 수 있도록 선언했지만, 그럼에도 4만달러짜리 차량 1대를 구매하는 데에 필요한 '비트코인 정가'를 확정하지 못하고 시가로 설정했었다.</u>

① 비트코인 그 자체의 내재 가치가 없다.
② 화폐로서의 사용 편의성이 부족하다.
③ 지급결제에 사용되기 위한 법적 강제력이 없다.
④ 교환의 매개체로서 범용성을 갖추지 못하고 있다.
⑤ 가격변동성이 높아 가치척도의 기능이 미흡하다.

해설

(가)는 비트코인의 가치 변동이 심해 다른 재화의 가치를 나타내는 척도로서 안정적으로 기능하지 못하는 상황임을 설명하고 있다.

정답 ⑤

국가공인
매경TEST

4

경기변동과 안정화정책

경제
—
1

경기변동의 특징

경기변동의 특징

〈그림4-1〉 경기변동주기와 주요 거시경제 지표의 변화

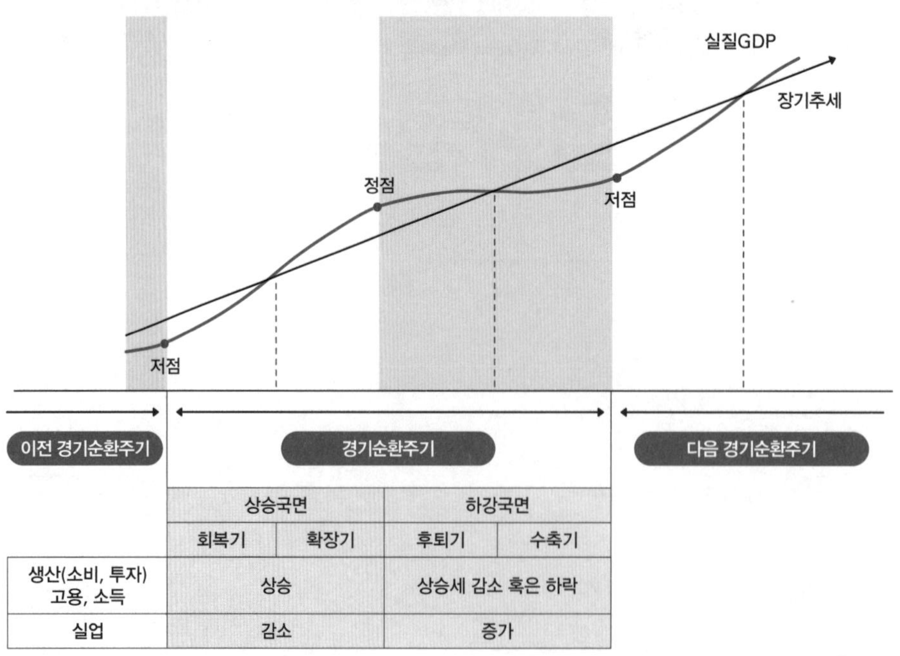

	상승국면		하강국면	
	회복기	확장기	후퇴기	수축기
생산(소비, 투자) 고용, 소득	상승		상승세 감소 혹은 하락	
실업	감소		증가	

총생산 규모는 장기간에 걸쳐 증가하는 추세이지만 단기에는 일시적으로 축소되기도 한다. 이런 경기변동business cycle 현상은 그 정도나 빈도가 심하면 국민들이 경제적으로 고통받게 된다.

총생산(실질 GDP)은 장기적(잠재적)인 성장 추세 근방에서 상승과 하락이라는 주기적 움직임을 보인다. 그러나 변동 주기의 시간적 길이는 일정하지 않으며 언제 돌연 경기가 침체될지 예측하기 어렵다. 보통 상승국면이 완만하고 길게 나타나는 반면 하강국면은 급격하고 짧게 진행되는 경향이 있다. 총생산과 관련된 여러 경제지표들이 경기변동주기에 맞춰 함께 변화하며 현재 경기상황을 가늠하는 데에 이들 지표 추이를 참고한다.

경제
—
2

총수요와 총공급

경기변동을 촉발하는 요인은 총수요Aggregate Demand 측면과 총공급Aggregate Supply 측면으로 나누어볼 수 있다.

총수요곡선

총수요(총지출)는 가계의 소비(C), 기업의 투자(I), 정부구매(G), 그리고 순수출(NX)을 모두 합한 개념이다. 총수요의 구성 항목 중 투자는 이자율이 높을수록 감소하는 관계이다. 기업 입장에서 신규 투자를 통해 얻어지는 수익률보다 투자를 위한 자금조달 비용(이자율)이 높을 경우 투자 계획을 철회할 것이기 때문이다. 그러므로 물가의 상승은 화폐시장에서 명목이자율을 상승시키므로 (투자 감소로 인해) 총수요는 감소한다. 이러한 우하향하는 관계를 그래프로 나타낸 것이 총수요곡선이다.

〈그림4-2〉 총수요곡선: 물가와 총생산물 수요량의 반비례관계

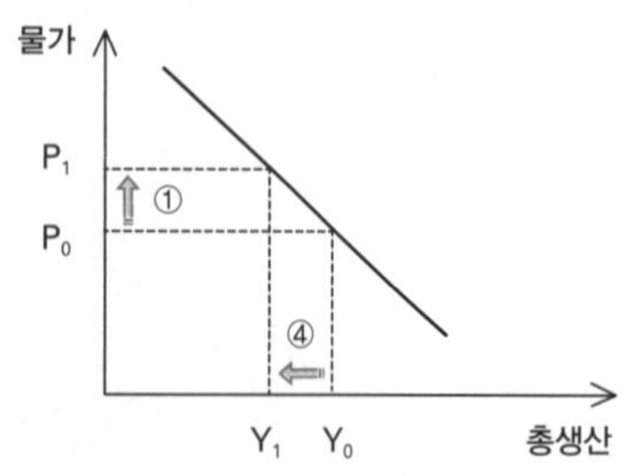

① 물가상승 ($P_0 \rightarrow P_1$)
② (화폐시장에서) 화폐수요 증가, 이자율 상승
③ 투자 감소
④ 총수요 감소 ($Y_0 \rightarrow Y_1$)

〈그림4-3〉 총수요곡선을 확장시키는 요인 (긍정적 수요충격)

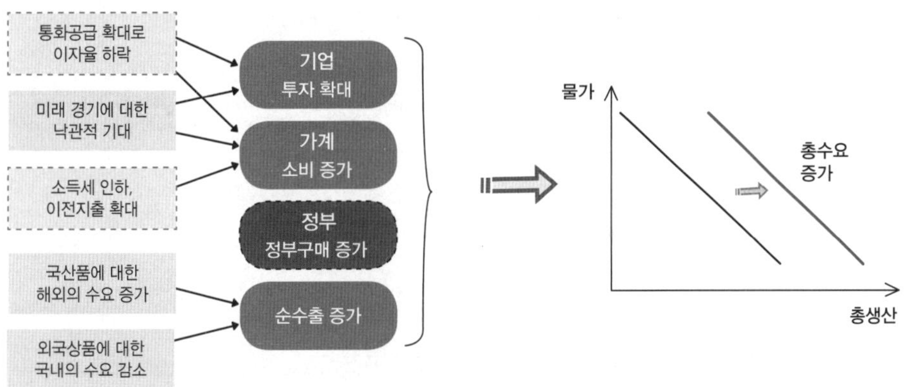

다른 조건이 일정할 때 〈그림4-3〉처럼 사건 발생은 기존 총수요곡선을 우측으로 이동시키는 요인이 된다(점선으로 처리된 사항은 정부정책 요인을 의미한다). 요인이 반대로 작용할 경우(미래 경기에 대한 부정적 기대, 정부구매 감소 등) 총수요곡선은 좌측으로 이동한다.

총공급곡선

한편 총공급곡선은 물가와 기업이 판매하고자 하는 재화의 양 사이의 플러스(+) 관계를 나타낸다. 비교적 짧은 시간(단기, short term)에 기업은 물가가 상승할수록 재화의 공급량을 늘리고자 한다. 총공급곡선이 우상향하는 대표적 이유는 다음과 같다.

» **명목임금의 경직성** 고용자와 기업이 장기 임금계약을 맺는 등의 이유로 임금이 단기간에 변화하지 않는 경우 재화 가격이 상승할 때 기업은 인건비보다 판매수익이 더 커지기 때문에 생산량을 늘리고자 함.

» **가격경직성** 판매상품의 가격을 고치는 데 '메뉴비용'이 큰 기업의 경우 물가가 상승하더라도 단기에는 가격을 그대로 유지하는 경향이 있음. 이러한 기업의 판매상품은 상대적으로 저렴해져 판매량이 늘어나고 생산 또한 증가함.

<그림4-4> 총공급곡선: 물가와 총생산물 공급량의 비례관계

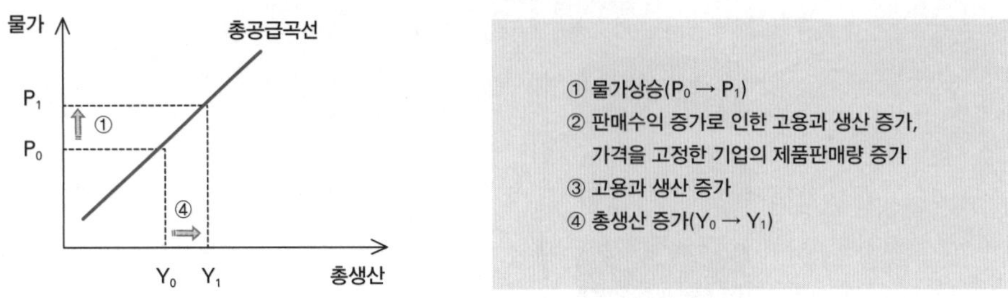

물가
총공급곡선
P_1
P_0
①
④
Y_0 Y_1
총생산
① 물가상승($P_0 \rightarrow P_1$)
② 판매수익 증가로 인한 고용과 생산 증가,
가격을 고정한 기업의 제품판매량 증가
③ 고용과 생산 증가
④ 총생산 증가($Y_0 \rightarrow Y_1$)

다른 조건이 일정하면 아래와 같은 요인은 총공급곡선을 우측(혹은 하방)으로 이동시키는 요인이 된다(점선 화살표는 장기간에 걸쳐 서서히 영향을 미치는 요인을 의미한다).

<그림4-5> 총공급곡선을 확장시키는 요인 (긍정적 공급충격)

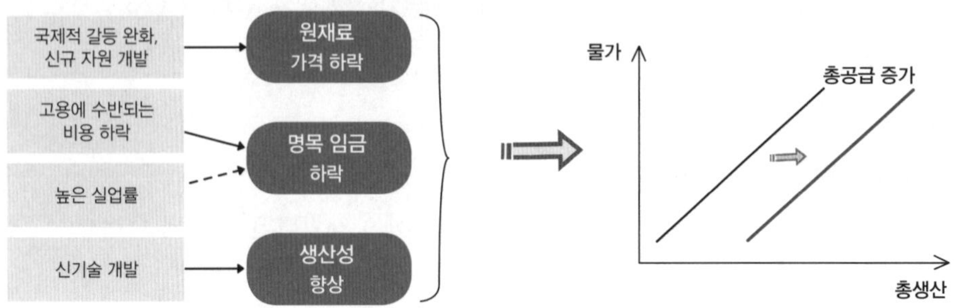

 4-1

다음 중 균형 총생산을 확대시키는 요인은?

① 홍수로 인한 산업단지 침수
② 자산가격 폭락으로 인한 소비침체
③ 국제 주요 원자재가격 상승
④ 인구절벽 현상과 생산가능인구 감소
⑤ 신사업모델 등장으로 인한 기업들의 투자 증가

【해설】
①, ③, ④ |X| 부정적 공급충격에 해당한다.
② |X| 부정적 수요충격에 해당한다.

정답 ⑤

경제
—
3

경기변동의 원인

총수요-총공급 모형

총수요곡선과 (단기)총공급곡선을 동시에 나타내면 경기변동 요인에 따른 경제적 효과를 살펴볼 수 있다. 총수요와 총공급이 교차하는 E점에서 거시경제 균형이 형성되어 물가 수준은 P, 총생산은 Y가 된다.

〈그림4-6〉 총수요 총공급 모형

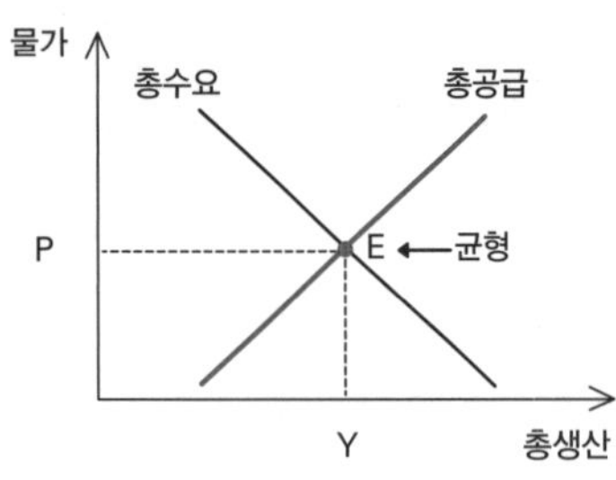

총수요곡선이나 총공급곡선이 좌측으로 이동하는 요인이 발생하면 경기침체가 나타나며 총생산은 기존 균형 수준보다 감소해 실업은 증가한다. 그러나 수요 측면과 달리 공급 측면의 부정적 충격요인 발생은 물가상승이 함께 발생하는 스태그플레이션Stagflation을 유발하며 중앙은행은 물가상승과 경기침체를 동시에 해결할 수 없는 난관에 봉착한다.

경제고통지수

경제고통지수란 물가상승률과 실업률의 합으로 계산하는 지표로 국민들이 거시경제적으로 얼마나 고통받는지를 나타낸다. 높은 물가상승률은 임금의 실질구매력과 금융자산의 가치 하락을 가져오며 높은 실업률은 가처분소득 감소와 소비여력 감소, 고용안정성 저하 측면에서 생활에 부정적인 영향을 준다. 특히 스태그플레이션이 발생하면 고통지수가 크게 상승한다.

〈그림4-7〉 경기변동의 원인과 효과

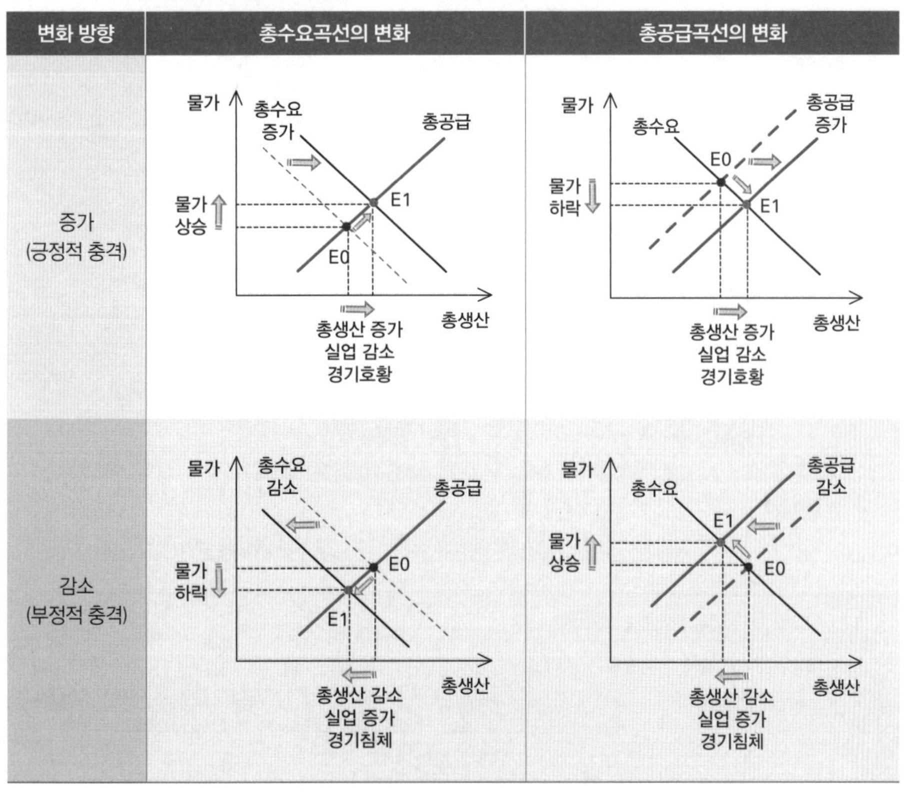

예제 4-2

다음은 Y1~Y6 기간 중 우리나라의 주요 거시경제지표 추이를 나타낸 것이다. 다음 중 Y3~Y4 기간 지표변화의 원인을 추론한 것으로 가장 올바른 것은? [매경TEST 75회 기출 응용]

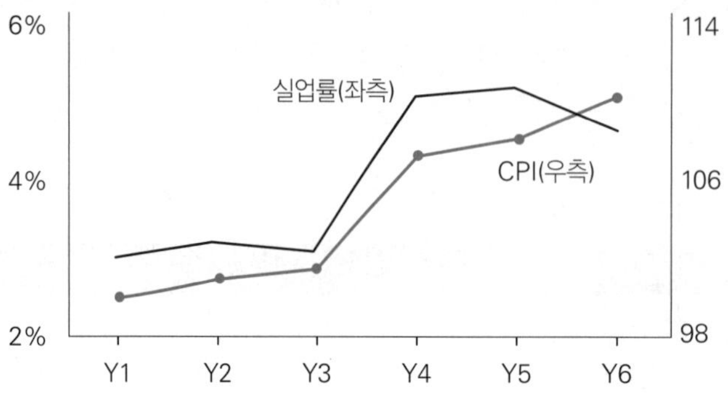

① 국제유가 상승
② 자산시장 버블 붕괴
③ 신용카드 발급조건 강화
④ 가계의 소비심리 향상
⑤ 국산 제품에 대한 해외 수요 증가

【해설】

Y3~Y4 기간에 실업률과 물가가 동시에 상승한 것을 볼 때, 부정적 공급충격이 원인이 될 것이다.

① |O| 부정적 공급충격
②, ③ |X| 부정적 수요충격
④, ⑤ |X| 긍정적 수요충격

정답 ①

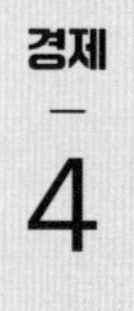

경제안정화정책

부정적 충격요인으로 경기가 침체 상태일 때 정부는 국민들의 경제적 고통을 완화하기 위해 총생산을 기존 균형수준으로 빠르게 복귀하도록 경제안정화정책을 사용할 수 있다.

〈표4-1〉 재정정책과 통화정책 비교

구분	재정정책	통화정책
주체	정부	중앙은행
내용	정부구매 증대, 세금 인하	통화공급 확대
장점	유동성함정 상황에서도 유효	비교적 빠른 정책 시행과 세밀한 조절 가능
단점	정책 시행까지 긴 시간이 필요 재정적자, 정부부채 심화	유동성함정 시 효과가 제한됨

〈그림4-8〉 부정적 수요 충격에 대한 경기안정화

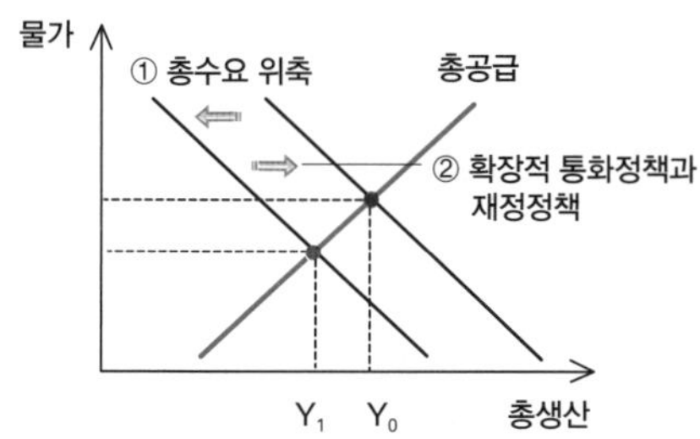

재정정책

정부는 직접 재화 구매를 확대하거나 가계의 처분가능소득을 늘림으로써 간접적으로 총수요(Y)를 증가시킬 수 있다.

확장적 재정정책	구체적 사례
정부구매 증가	사회간접자본(Social Overhead Capital) 건설
조세 감면	소득세 인하, 법인세 인하
이전지출 확대	지원금 지급, 실업급여 증액 혹은 지급 기간 증가

〈그림4-9〉확장적 재정정책의 파급효과

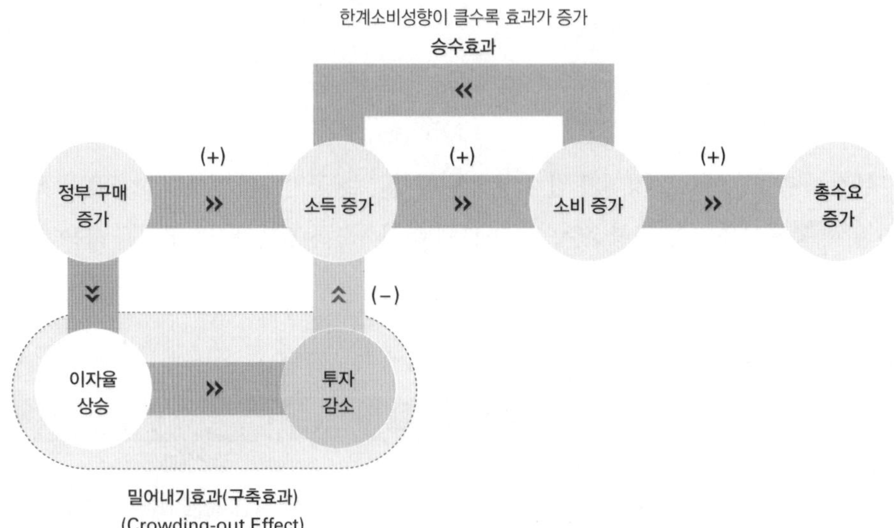

» **승수효과** 정부구매 증가로 소득이 증가하면서 가계의 소비를 2차적으로 증가시키고 또 증가된 소비가 다시 소득을 재차 증가시키면서 최종적으로 총수요가 정부구매 증가보다 더 크게 늘어나는 현상.

» **밀어내기효과(구축효과)** 정부구매 증가가 이자율을 상승시켜 기업의 투자를 위축시키는 현상. 총수요가 증가하는 정도를 일부분 상쇄한다.

예제 4-3

아래는 재정정책 효과의 파급경로를 그래프로 나타낸 것이다. 정부가 정부부채 감축을 위해 긴축재정정책을 시행한다고 할 때 다음 중 빈칸 (가)~(다)에 적절한 것을 올바르게 짝지은 것은?

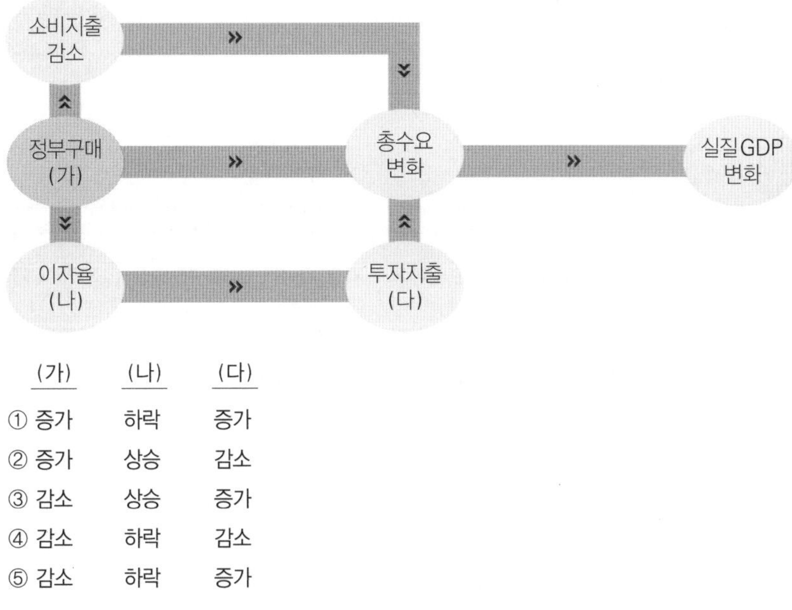

	(가)	(나)	(다)
①	증가	하락	증가
②	증가	상승	감소
③	감소	상승	증가
④	감소	하락	감소
⑤	감소	하락	증가

【해설】

긴축재정정책으로 정부구매를 감소시키면 이자율이 하락하고 투자지출은 증가한다. 즉, 밀어내기효과가 반대로 작용하게 되는 상황으로 볼 수 있다.

정답 ⑤

중앙은행의 통화정책 수단

중앙은행이 통화량을 조절하는 수단은 공개시장운영open market operation이 대표적이다. 채권시장에서 중앙은행이 국공채(환매조건부채권(RP)이나 통화안정증권(통안채))를 매입(매각)함으로써 시중 통화량과 이자율을 조절한다. 그 외에 재할인율(중앙은행이 시중은행에 자금을 빌려줄 때 적용되는 이자율)이나 지급준비율 정책도 사용된다.

정책 수단	이자율 인하(인상) 과정
공개시장운영	채권시장에서 국·공채를 매입(매각) → 매입(매각) 대금이 은행에 예금(인출)되면서 시중 통화량 증가(감소)
재할인율	재할인율 인하(인상) → 은행의 자금조달 부담 완화(증대) → 대출 확대, 시중통화량 증가(감소)
지급준비율	지급준비율 인하(인상) → 대출 확대, 시중통화량 증가(감소)

4-4

다음 중 시중통화량에 대한 올바른 설명으로 가장 거리가 먼 것은? [매경TEST 73회 기출 응용]

① 민간의 현금보유비율 상승은 시중통화량을 감소시킨다.
② 시중통화량은 중앙은행에서 공급하는 본원통화의 양과 같다.
③ 법정지급준비율 또는 재할인율을 인하하면 시중통화량이 증가한다.
④ 중앙은행이 시중은행에 국공채나 외화자산을 매각하면 시중통화량이 감소한다.
⑤ 오픈뱅킹과 모바일뱅킹 보편화와 같은 지급결제수단의 발달은 시중통화량을 늘린다.

【해설】
① |O| 현금보유비율이 늘어날수록 대출금 중 일부만이 다시 예금되므로 시중통화량은 감소한다.
② |X| '본원통화량 × 통화승수 = 시중통화량'의 관계에 있다.
③ |O| 법정지급준비율의 인하는 은행이 대출을 더 확대할 수 있도록 허용하며, 재할인율 인하도 마찬가지 효과를 보인다.
④ |O| 외화자산을 매각하면서 현금이 중앙은행에 회수되므로 시중통화량은 감소한다.
⑤ |O| 지급결제수단의 발달은 개인의 현금보유비율을 감소시킨다.

정답 ②

중앙은행의 통화정책 목표

중앙은행의 최우선 목표는 화폐가치(물가) 안정에 있다. 따라서 경기가 과열되고 물가상승률이 바람직한 수준(CPI증가율 2% 수준)을 넘어서면 목표금리 수준을 인상하여 총수요를 억제하는 정책을 사용한다. 반대로 경기가 침체되고 물가상승률이 낮은 상황에서는 금리를 인하하여 경기 안정을 도모한다.

구분	중앙은행	목표금리	비고
미국	연방준비제도(FOMC)	연방기금금리 (Federal fund rate)	연방기금시장 균형금리인 연방기금금리가 목표범위 내에 위치하도록 통화량 조절
한국	한국은행금융통화위원회	한국은행 기준금리	콜시장(은행 간 1일 만기 대출시장) 균형금리인 콜금리가 기준금리와 같아지도록 통화량 조절

한국의 중앙은행인 한국은행은 연 8회 열리는 '금융통화위원회 본회의'를 통해 목표금리 수준을 결정한다.

4-5

최근 K국에서는 소비위축으로 인해 다음과 같이 총수요가 감소하였다. 경기부양을 위해 K국에서 취할 수 있는 올바른 정책은? [매경TEST 79회 기출 응용]

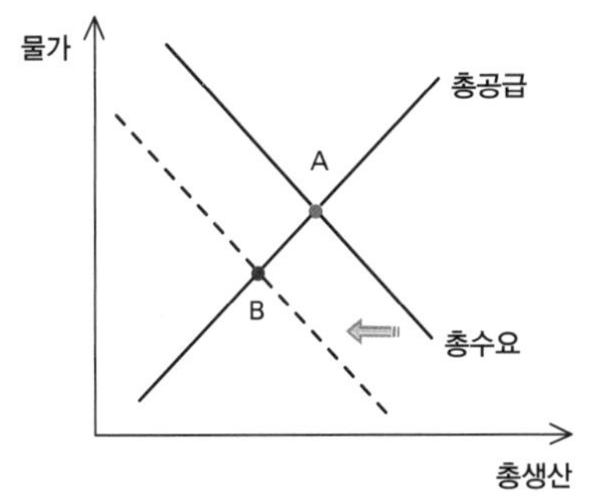

① 소득세율 인상
② 기준금리 인상
③ 법정지급준비율 인상
④ 사회간접자본 투자 확대
⑤ 실업급여 지급액 하향조정

【해설】

① |X| 긴축적 재정정책.
②, ③ |X| 긴축적 통화정책
⑤ |X| 실업인구의 처분가능소득이 감소하므로 소득세 인상과 유사한 효과가 발생한다.

정답 ④

경제
—
5

안정화정책의 장기적 효과와 한계점

장기 총공급곡선 (최우수를 위한 심화학습)

〈그림4-10〉 단기 총공급곡선과 장기 총공급곡선

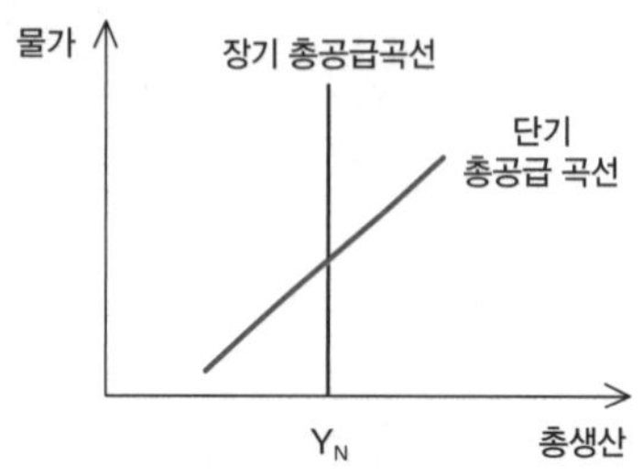

〈그림4-11〉 단기와 장기에 걸친 거시경제 균형 이동

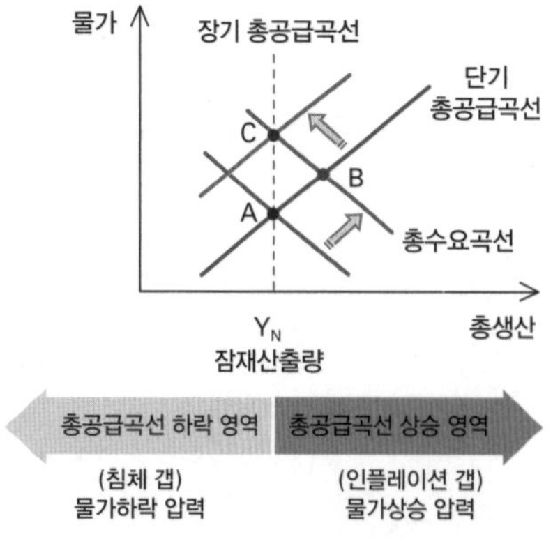

장기적으로 볼 때는 명목임금이나 제품 가격이 신축적으로 변하기 때문에 물가가 상승해도 생산비용이 함께 상승하므로 기업은 생산 확대로 이윤을 획득할 수 없고 따라서 총공급을 늘리지 않는다. 이에 따라 장기 총공급곡선은 수직선 형태로 나타나며 이때의 총생산량(Y_N)을 잠재산출량potential output(잠재GDP)이라고 부른다.

그래프를 통해 총수요 확대 정책의 단기·장기 균형이동 과정을 살펴보자.

(1) 최초 균형상태(A점)에서 총수요가 확장되어 B점에서 단기 균형 형성.

(2) 단기균형에서 총생산이 잠재GDP보다 큰 인플레이션 갭이 형성되며 실업률이 자연실업률보다 낮은 상태가 지속.
(3) 시간이 흐를수록 경직적이었던 명목임금은 상승하고 단기 총공급곡선의 점진적인 좌측(혹은 상방) 이동(B점 → C점).
(4) 최종적으로 총생산이 장기 총생산에 수렴(C점)하면서 단기 총공급곡선 이동이 종료되고 그 과정에서 물가의 지속적 상승을 경험.

» **총생산 갭**Output gap 균형총생산과 잠재총생산의 차이($Y - Y_N$), 혹은 잠재총생산 대비 ($Y - Y_N$)의 백분율. [$Y > Y_N$]인 경기과열 상태를 인플레이션 갭, [$Y < Y_N$]인 경기침체 상태를 침체 갭이라 한다.

즉, 정부가 지나치게 낮은 실업률을 목표로 하면 단기적으로는 달성 가능할 수 있지만 장기적으로 총생산 수준을 잠재산출량 이상으로 확장할 수는 없으며 궁극적으로는 물가만 상승하는 것으로 귀결된다.

» **임금-물가 악순환**wage-price spiral 인플레이션에 대한 기대치가 상승하면 임금근로자들이 명목임금의 상승을 요구하게 되고 기업은 인건비 인상을 제품 가격에 전가하면서 다시 전반적 물가 수준이 상승하는 과정이 되풀이되는 현상.

잠재산출량은 물가 수준에 상관없이 경제 전체의 실물 생산능력에 따라 결정되며 이것은 기술 수준(총요소생산성)과 생산요소(노동과 자본)의 크기에 의해 영향을 받는다. 잠재생산량은 경제성장에 따라 서서히 증가하지만 공황recession(극심한 경기침체)이나 전쟁, 천재지변이나 인구, 경제 전반의 생산성 감소, 자연실업률 증가 등으로 인해 감소할 수 있다.

인플레이션과 실업의 관계: 필립스곡선

» **필립스곡선**Phillips Curve 인플레이션율(물가상승률)과 실업률 간의 단기적 상충관계. 필립스곡선의 형태가 안정적이라면 정부는 경기침체기에 높은 인플레이션을 감수하면 실업 문제를 완화할 수 있음.

〈그림4-12〉 인플레이션갭이 발생했을 때의 필립스곡선과 총수요-총공급 모형

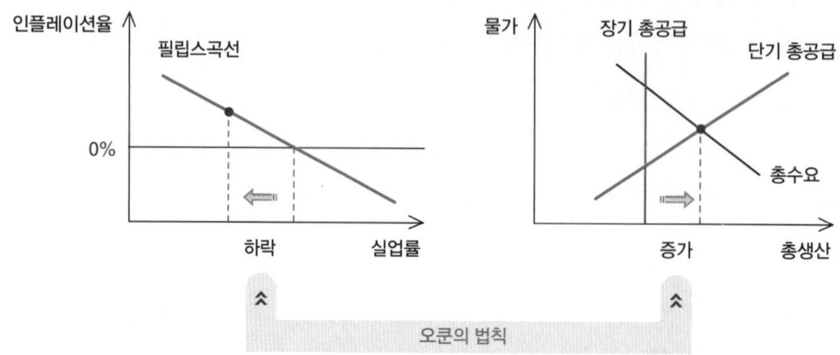

필립스곡선은 총공급곡선과 밀접한 관련이 있다. 총수요가 증가할 경우 '총생산과 실업률의 반비례 관계(오쿤의 법칙)'에 따라 총생산의 증가 과정에서 실업률 하락이 동반된다. 단기균형이 총공급곡선을 따라 올라가면서 물가는 상승하는데 필립스곡선에서는 인플레이션율 상승으로 나타나게 된다. 이처럼 필립스곡선은 총공급곡선 유사한 관계를 나타내고 있으며 부정적 공급충격에는 단기 총공급곡선과 마찬가지로 상승하는 모습을 보인다.

한편 가계가 인플레이션을 경험하면 기대인플레이션이 높게 형성되는데 이러한 기대 그 자체가 실제 인플레이션의 상승을 초래할 수 있다.

노동시장에서 실업률이 자연실업률(U_N)보다 낮게 유지되면 인플레이션율이 상승(필립스곡선상의 이동)할 뿐만 아니라 인플레이션을 경험한 가계가 물가상승률에 대한 예상치(기대인플레이션율)를 높게 조정하면서 필립스곡선이 상승한다. 이러한 과정이 누적되면 실업률이 자연실업률로 복귀하더라도 높은 물가상승률이 유지된다.

〈그림4-13〉 필립스곡선의 이동과 장기필립스곡선

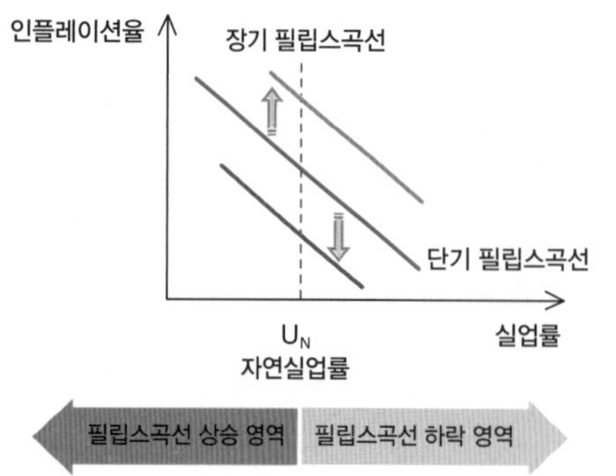

» **자연실업률**Natural rate of unemployment 필립스곡선의 이동을 발생시키지 않는 수준의 실업률, 혹은 '물가상승률을 가속하지 않는 실업률Non-Accelerating Inflation Rate of Unemployment·NAIRU'이라고도

필립스곡선에 대한 논쟁

높아진 인플레이션율을 낮추기 위해서는 자연실업률보다 높은 실업률(낮은 GDP증가율)을 여러 해에 걸쳐 감수함으로써 노동자들의 물가상승률에 대한 예상을 낮춰야 한다. 이때 인플레이션율 1%를 낮추기 위해 감수해야 하는 GDP감소율을 '희생비율'이라고 하며 약 1~4로 알려져 있다.

한편 경제학자 루카스는 노동자들이 '합리적 기대'를 가지면 희생 없이도 인플레이션을 낮출 수 있다고 보았다. 노동자들이 미래 물가상승률을 예상할 때 정부가 긴축정책을 시행할 것이라는 발표를 접하고 합리적으로 예상을 수정한다면 실업률 상승과 물가상승률 하락을 경험하지 않고도 임금상승률을 크게 낮출 것이다. 정부가 노동자들이 신뢰할 만큼 확고한 정책적 의지를 보인다면 장기간의 긴축 없이도 물가를 잡을 수 있다는 것이다.

부른다. 이 실업률이 달성될 때의 총생산량이 바로 잠재산출량에 해당하며 자연산출량natural rate of output이라고도 지칭한다.

4-6

다음은 K국의 장단기 필립스곡선이다. K국이 단기에 거시경제 균형을 A에서 B로 이동시키기 위해 시행해야 할 올바른 경제정책으로 가장 거리가 먼 것은? [매경TEST 64회 기출 응용]

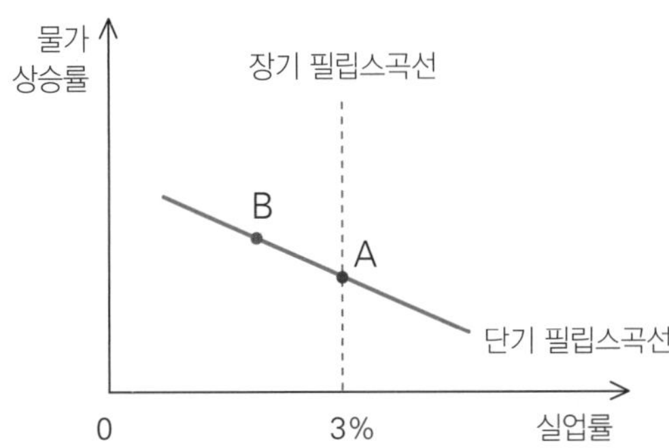

① 대출규제 완화

② 추경예산 편성

③ 중앙은행의 기준금리 인상
④ 법인세 감면과 건강보험료 인하
⑤ 스타트업 사업자에 대한 지원 확대

【해설】

균형이 B로 이동하는 것은 실업률은 자연실업률(장기 필립스곡선에 해당하는 3%)보다 낮아지고 물가상승률은 높아지는 것을 의미하므로 총수요를 증가시키는 정책이 필요하다.

① |O| 확장적 통화정책

②, ④, ⑤ |O| 확장적 재정정책

③ |X| 긴축적 통화정책

정답 ③

재정정책의 한계점

정부 총수요 조절은 경기변동을 완벽히 안정화할 수 있는 것처럼 생각되지만 실제 경기조절 능력은 제한적이다. 특히 시차문제로 인해 정부의 재량적 안정화정책은 경기변동을 오히려 확대한다는 비판이 제기된다. 국내의 경우 정부가 예산을 확대하기 위해서는 의회에서 추가경정예산(추경)을 승인받아야 한다.

» **시차문제** 정부가 경기침체를 인식하는 과정, 그리고 실제 재정정책이 집행되기까지 필요한 추가경정예산(추경) 편성 과정에서 소요되는 시간으로 인해 정책이 적절한 시점에 집행되지 못하는 한계점.

» **자동안정화장치** 시차문제를 완화해주는 제도로 누진소득세 제도(경기침체로 소득이 감소하면 자동적으로 낮은 세율이 적용됨), 실업보험제도(경기침체로 실업이 발생할 때 생활비를 지급하여 가계의 가처분소득 감소를 완화시켜 줌) 등이 해당.

한편 정부가 조세수입 이상으로 정부구매를 집행할 경우 재정적자가 발생하고 정부부채가 증가한다. 늘어난 정부부채는 미래에 상환해야 할 부담이기 때문에 거시경제 건전성에 위험요인으로 작용한다.

» **리카도 등가정리(공채 중립성 정리)** 정부구매가 증가하더라도 가계가 미래에 발생할 조세 인상을 예상하고 소비지출을 줄일 것이기 때문에 현재 재정정책의 효과가

〈그림4-14〉 래퍼곡선

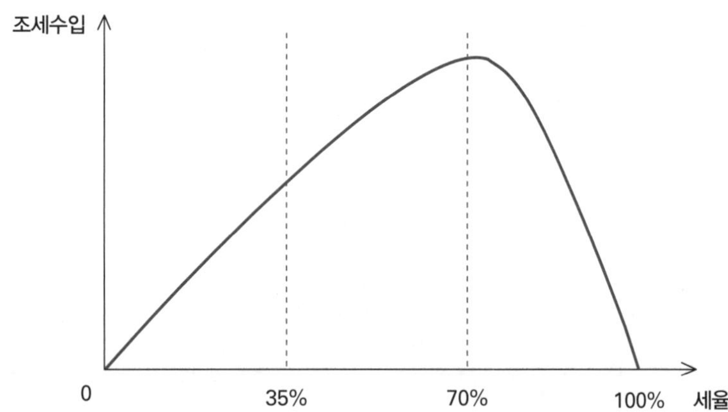

사라진다는 이론.

» **부채의 화폐화**Monetization 재정적자를 채권시장에서 조달하기 힘들 때 정부가 중앙은행에 국채를 매입하도록 하는 것. 그만큼 본원통화가 증가하므로 화폐가치가 하락하면서 재정을 유지하기 위해 점점 더 많은 규모의 채권이 중앙은행에 인수되고 종국에는 하이퍼인플레이션으로 이어질 수 있다.

» **래퍼곡선**Laffer Curve 세율과 조세수입 간의 역U자 관계를 나타낸 그래프. 정부는 재정수지 악화를 해결하기 위해 조세수입을 증가시키고자 하는데 세율인상은 근로의욕을 감소시키기 때문에 과도한 수준의 세율은 생산활동을 위축시켜 오히려 조세수입을 감소시킨다.

다음 기사에 대한 올바른 설명을 |보기|에서 모두 고르면? [매경TEST 78회 기출 응용]

NEWS

디젤차의 경우 오염물질 배출 저감을 위해 연료 외에도 요소수를 주입해야 한다. 요소수는 석탄에서 추출된 암모니아를 원료로 하며 주로 중국에서 생산되는데 중국의 호주산 석탄수입 중단 사태로 인해 요소수 생산이 급감하고 수입이 한 달 가까이 중단되면서 국내에서도 품귀현상이 발생하고 있는 것이다. (가) 일각에서는 화물차 운행이 제한되거나 운송요금 인상이 발생하는 등 위드코로나와 경기회복 기조에 악영향을 줄 것을 우려하고 있다.

㉠ 밑줄 친 (가)는 요소수 부족이 부정적 공급충격임을 시사한다.
㉡ 요소수와 경유는 대체재 관계에 있다.
㉢ 해당 현상이 심화될 경우 스태그플레이션이 나타날 수 있다.
㉣ 요소수시장에서의 수요 증가가 현 상황의 주요 원인일 것이다.

① ㉠, ㉡
② ㉠, ㉢
③ ㉡, ㉢
④ ㉡, ㉣
⑤ ㉢, ㉣

해설

㉠ |O| 요소수는 운송업의 원료로 볼 수 있다.
㉡ |X| 경유 자동차에 요소수가 필요한 관계이므로 보완재 관계에 있다.
㉢ |O| 부정적 공급충격으로 인해 물가상승과 경기침체가 동시에 발생할 수 있다.
㉣ |X| 요소수의 수입(공급)이 제한되면서 발생한 문제이다.

정답 ②

다음 중 아래의 사건 (A), (B)가 동시에 발생할 때 K국의 거시경제 균형 e가 이동할 영역으로 가장 올바른 것은? (단, 다른 조건은 일정하다.)

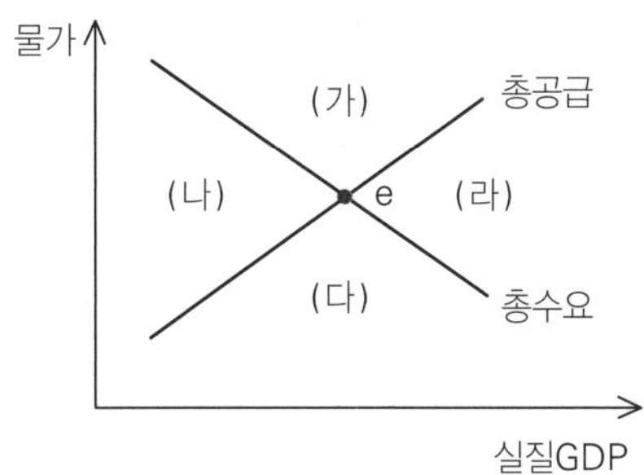

(A) 국제 주요 원재료 가격 상승
(B) 낙관적 경기회복 전망에 따른 소비심리 확대 확대

① (가) ② (나)
③ (다) ④ (라)
⑤ 변화 없음

해설

(A)는 비용상승 요인이므로 부정적 공급충격, (B)는 소비지출 증가로 긍정적 수요충격에 해당한다. 총공급은 좌측(상향)으로 이동하고 총수요는 우측(상향)으로 이동해 균형은 (가) 영역으로 이동할 것이다.

정답 ①

아래는 중앙은행의 총수요 확대를 위한 공개시장운영정책의 파급경로를 나타낸 것이다. 다음 중 빈칸 (A)~(C)에 들어갈 것을 올바르게 짝지은 것은?

	(A)	(B)	(C)
①	매입	증가	하락
②	매입	증가	상승
③	매입	감소	하락
④	매각	증가	하락
⑤	매각	감소	상승

해설

중앙은행이 국공채를 시중은행으로부터 매입하면 대금을 지급받은 은행은 대출을 확대하고 그 결과 시중 통화공급량은 증가한다. 화폐시장의 균형이자율은 하락하고 기업들은 자금조달비용이 낮아져 투자를 증가시키면서 총수요가 증가한다.

정답 ①

다음 기사에 대한 올바른 해석을 |보기|에서 모두 고르면? [매경TEST 84회 기출 응용]

NEWS

전 세계가 인플레이션으로 몸살을 앓는 가운데 최근 한국을 포함한 주요국 정부 당국자들이 물가안정을 위해 임금인상을 자제할 것을 당부하고 있다. 하지만 많은 전문가는 현재 인플레이션은 에너지와 식량 가격 상승에 의한 것이지 임금상승으로 인한 것은 아니라고 보고 있다.

…(중략)…

유럽경제 분석가는 3일 "최근 인플레이션이 러시아-우크라이나 전쟁과 가스 공급부족 등으로 인한 것임에도 초과수요를 비난하는 쪽으로 옮겨가고 있다"면서 "프랑스, 이탈리아, 북유럽 국가 등 단체 교섭력이 강한 나라들의 물가상승률이 오히려 낮은 편"이라고 덧붙였다. 최저임금이 물가에 미치는 영향을 분석한 국내의 한 연구에 따르면 생산자물가 상승분 중 0.82~3.01% 정도만 최저임금 인상에 따른 것으로 나타났다. 결국, (가) 인플레이션 방어를 위한 최저임금 인상 요구가 다시 물가를 자극해 연쇄적인 물가상승으로 이어진다는 식의 보도는 사실을 오도한다는 것이다.

| 보기 |

㉠ (가)는 임금-물가 악순환을 의미한다.

㉡ 기대물가상승이 명목임금에 아직 반영되지 못하고 있다.

㉢ 경기회복에 따른 총수요 증가로 인플레이션이 발생하고 있다.

㉣ 최저임금 인상이 물가 상승의 주된 요인으로 작용하고 있다.

① ㉠, ㉡　　② ㉠, ㉣
③ ㉡, ㉢　　④ ㉡, ㉣
⑤ ㉢, ㉣

해설

㉢ |X| 에너지와 식량가격 상승으로 인한 인플레이션은 부정적 공급충격에 해당한다.
㉣ |X| 생산자물가지수 증가율 중 최저임금으로 인한 효과가 3% 이하로 나타나므로 물가상승의 주요 요인으로 보기 어렵다.

정답 ①

다음 사례에서 A국 경제 상황에 대한 올바른 설명으로 가장 거리가 먼 것은?

A국의 주요 거시경제지표는 아래와 같았다. 한편, A국의 잠재성장률은 3%, 자연실업률은 2%로 알려져 있고 직전 연도 물가상승률은 4%였다.

명목 GDP증가율	물가상승률	실업률
1%	2%	7%

① 경제고통지수는 9%이다.
② 실질총생산 규모는 감소했다.
③ 스태그플레이션이 발생하고 있다.
④ 인플레이션율의 하락압력이 작용하고 있다.
⑤ 경기안정화 측면에서 재정지출 확대가 도움 될 수 있다.

해설

실질경제성장률은 -1%(= 1% - 2%)로 잠재성장률보다 낮으며, 물가상승률도 하락해 디스인플레이션이 발생하는 상황이다. 따라서 부정적 수요충격에 의한 경기침체 상황으로 볼 수 있다.
① |O| 경제고통지수는 실업률과 물가상승률의 합으로 계산한다.
② |O| 명목GDP증가율에서 물가상승에 의한 효과(2%)를 제외하면 실질총생산은 약 1% 감소했다.
③ |X| 디스인플레이션과 경기침체가 나타난 것으로 볼 때 부정적 수요충격이 발생한 것으로 보인다.
④ |O| 실업률이 자연실업률보다 높으므로 인플레이션율 하락 압력이 작용하고 있을 것이다.
⑤ |O| 경기회복을 위한 확정적 재정정책이나 통화정책이 요구된다. 정답 ③

다음 기사의 통화정책 기조에 대한 올바른 설명을 |보기|에서 모두 고르면? [매경 TEST 81회 기출 응용]

NEWS

한국은행의 기준금리 인상은 주택담보대출과 신용대출 기준이 되는 은행채 금리 상승으로 이어지고 이는 결국 대출금리 인상으로 이어질 가능성이 높다. 금융시장 전문가들은 올해 두 차례 기준금리 인상은 이미 시장에 반영된 만큼 대출금리는 미국 테이퍼링 속도와 인플레이션에 달려 있다고 전망했다. 미국 금리 인상이 가시화되면 한국에서도 한은의 기준금리 추가 인상 가능성이 커지고 이 경우 시장금리와 대출금리가 오르는 현상이 뚜렷해질 것이라는 지적이다. 현재 연 5%대인 주택담보대출 금리가 6% 선까지 오를 가능성도 제기된다.

| 보기 |

㉠ 인플레이션을 심화시키는 요인이 된다.

㉡ 통화 공급량 감소를 통해 이뤄질 수 있다.

㉢ 경기침체를 회복시킬 목적으로 시행된다.

㉣ 주식, 부동산 등 자산 가격 상승을 억제하는 효과가 있다.

① ㉠, ㉡
② ㉠, ㉢
③ ㉡, ㉢
④ ㉡, ㉣
⑤ ㉢, ㉣

해설

기사는 한국은행의 긴축적 통화정책 기조에 대한 설명이다.

㉠ |X| 긴축적 통화정책으로 물가상승을 억제한다.

㉢ |X| 인플레이션을 억제하기 위함이다.

㉣ |O| 금리인상으로 레버리지투자의 비용이 증가하여 자산시장의 수요가 감소한다.

정답 ④

국가공인
매경TEST

경제

5

금융시장과 거시경제

경제
—
1

금융시장

금융Finance은 여유자금을 보유한 사람(대부자)이 자금이 필요한 사람(차입자, 주로 기업)에게 빌려주고 나중에 상환받는 것을 말한다. 높은 수익률의 투자 기회를 가진 사람이 자금이 부족해 그것을 실현하지 못하는 불일치 문제를 해소함으로써 경제 효율성과 성장을 증진시키는 역할을 한다. 또한 기업이 아닌 개인 입장에서도 소득이 부족한 시기에 소비나 주택 구매가 가능해지므로 더 높은 효용 수준을 누릴 수 있다. 그러나 차입자의 상환능력을 대부자가 알기 어렵기 때문에 금융시장에는 정보비대칭성이 중요한 특징으로 작용한다. 금융시장이 제대로 기능하지 못하면 투자나 경제성장이 제한되고 국민생활에 부정적 영향을 미친다.

〈그림5-1〉 금융시장의 자금 흐름

금융시장은 대부자와 차입자 사이의 자금거래가 직접적으로 이뤄지는지에 따라 직접금융시장과 간접금융시장으로 구분할 수 있다.

» **직접금융** 대부자가 차입자에게 직접 자금을 공급.
» **간접금융** 금융중개기관이 대부자로부터 자금을 예금으로 조달하고 이를 차입자에게 대출.

직접금융은 차입자가 발행한 채권 혹은 주식을 대부자가 매입하는 방식으로 이루어진다.
» **발행시장** 새롭게 발행된 증권이 거래되는 시장.
» **유통시장** 이미 발행된 증권의 소유권이 투자자들 사이에서 거래되는 시장.

일반적으로 주식이나 채권 거래는 유통시장에서 거래되는 것을 말한다. 그러나 유통시장에서 형성된 가격은 기업이 신규 증권을 발행할 때의 가격에 영향을 주기 때문에 유통시장에서의 가격상승은 기업의 자금조달을 유리하게 한다.

〈표5-1〉 주식과 채권의 특징

구분	주식	채권
발행자	주식회사	정부, 지방자치단체, 특수법인, 주식회사
증권 소유자의 지위	주주	채권자
조달 자금의 성격	회사의 자본이 됨(자기 자본)	회사의 부채가 됨(타인 자본)
자본의 조달 형태	금융투자	대부(돈을 빌려줌)
증권의 존속 기간	영구증권	기한부 증권(영구채권 제외)
이익 분배	회사의 이익과 배당 정책에 따라 주주총회의 승인 아래 임의로 지급	영업 실적과 관계없이 약정된 이자 지급
원금 상환	원금 상환 안 됨	원금 상환됨
경영 참여 여부	의결권이 있는 주식의 경우 그에 비례하여 경영에 참여 가능	경영권과 무관
안정성	주가와 직접적인 관계를 맺고 있어 상황에 따라 이익뿐만 아니라 손실까지도 가능	원리금이 확정되어 있으므로 회사가 파산만 하지 않으면 일정 수익이 안정적으로 보장

경제
—
2

단기금리와 장기금리 (최우수를 위한 심화학습)

거래된 자금의 상환기간(만기) 길이로 금융시장을 구분해보면 다음과 같다.

〈표5-2〉 만기에 따른 금융시장 구분

구분	단기 금융시장(Money market)	자본시장(Capital market)
만기	1년 이내 채권	1년 이상 채권 혹은 주식
용도	금융기관, 기업, 개인 등의 일시적 자금 수급 불균형 해소	기업의 자본재 투자 자금 조달

채권시장에서 형성되는 이자율은 기업의 자금조달 여건에 영향을 주고 투자와 고용, 총수요 등에도 영향을 주기 때문에 중요한 역할을 한다.

» **만기수익률**Yield to Maturity·YTM 채권에 투자해서 만기까지 보유할 때의 수익률. 시장이자율이라고도 부르며 연간수익률 단위로 표시한다.

실제 채권의 만기는 1일물Overnight부터 3개월, 1년, 2년, 3년, 5년, 10년, 30년 이상까지 다양하게 존재한다. 만기별 채권금리(시장이자율)를 그래프로 나타낸 것이 수익률 곡선Yield-curve이다(이때 채권 신용도에 따른 이자율 차이는 고려하지 않기 위해 발행주체(주로 정부 국채)가 동일한 채권 수익률만 이용한다).

〈그림5-2〉 수익률 곡선

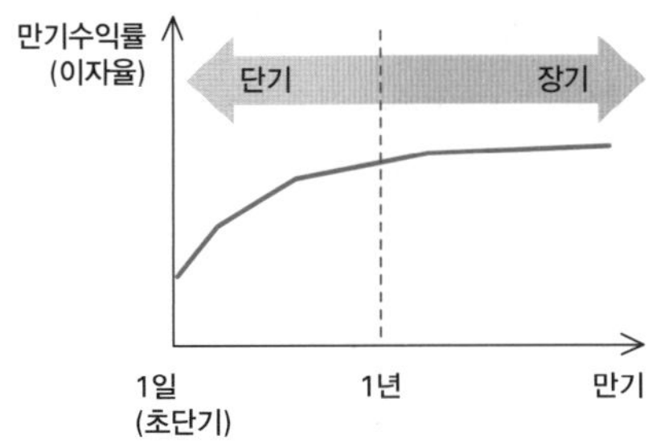

〈그림5-3〉 대부자금시장과 이자율의 결정

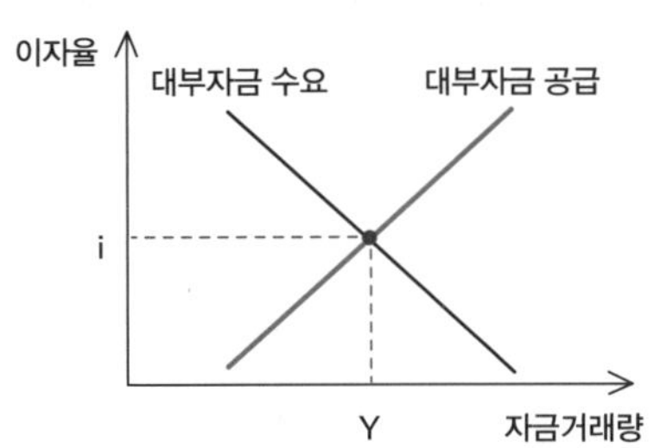

만기별 금리가 어떻게 결정되는지에 대해서는 여러 가지 이론이 있다. 간단하게 생각하면 만기별로 해당 기간만큼 자금을 거래하고자 하는 대부자금 공급자와 수요자에 의해서 이자율이 결정된다고 해석할 수 있다.

한편 '기대이론'에 따르면 장기금리는 예상되는 미래의 금리(선도금리)에 의해서 결정된다. 예를 들어 2년 만기 채권을 구매하여 2년 동안 투자한 수익률 ($(1+i_{2년})^2$)은 현재에 1년 만기 채권을 투자하여 얻은 원리금 ($1+i_{1년}$)을 만기 시점에 다시 1년 만기 채권에 투자했을 때의 수익률과 같아야 할 것이다. 이러한 관계는 아래 수식으로 표현할 수 있다.

$$(1+i_{2년})^2 = (1+i_{1년})(1+i^e_{1년})$$

$i^e_{1년}$은 '1년 뒤 시점의 1년 만기 채권 수익률'을 의미하며 현재 시점으로서는 확정된 것이 아닌 예상치이다. 2년 만기 채권수익률은 아래와 같이 더 간단하게 나타낼 수 있다.

$$i_{2년} = \frac{i_{1년} + i^e_{1년}}{2}$$

이와 같은 공식을 일반화하면 10년 만기의 장기 채권 수익률은 현재 그리고 1년, 2년, … , 9년 뒤의 예상 1년 만기 채권 수익률의 평균으로 해석할 수 있다. 즉, 장기이자율은 현재와 미래의 예상단기이자율의 평균과 같아야 한다. 그리고 초단기금리는 중앙

〈그림5-4〉 장단기 금리 역전 현상

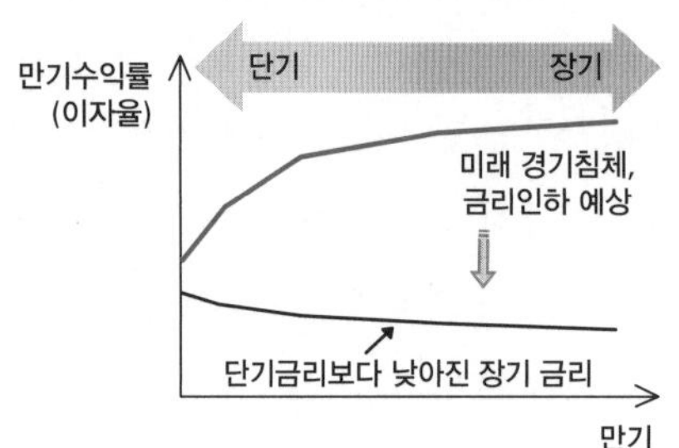

은행의 정책금리 수준에 의해 좌우되므로(한국의 경우 1일물 콜금리Call Rate가 기준금리와 같아지도록 통화 공급량을 조절한다) 중앙은행은 수익률 곡선의 전반적인 높이(금리 수준)에 영향을 미칠 수 있다.

만약 채권시장에서 미래에 이자율이 하락할 것이라는 예상이 지배적이면 장기금리는 현재의 단기금리보다 낮아질 수 있다(장단기 금리 역전 현상). 일반적으로는 장기 채권은 유동성이 낮기 때문에 수익률이 더 높아 수익률곡선은 우상향하지만 미래에 경기침체가 예상될 경우 미래 예상 단기이자율이 하락하기 때문에 우하향하는 형태가 될 수도 있다. 이러한 경우 가까운 미래에 경기침체가 발생할 신호로 해석되곤 한다.

한편 채권 금리는 동일한 만기라도 발행주체에 따라 다르게 나타난다. 일반적으로 기업이 발행한 회사채는 국채보다 부도위험이 높으며 회사채 사이에서도 우량 회사채에 비해 신용등급이 낮을수록 높게 나타난다.

» **신용스프레드**Credit Spread 회사채 금리와 국채(무위험채권) 금리의 차이. 금융시장에서 회사채의 신용위험(상환불능 위험Default Risk)을 어느 정도로 평가하는지 가늠하는 지표로 사용. 위험 프리미엄Risk Premium이라고도 부른다.

〈표5-3〉 채권 신용등급과 위험프리미엄

신용등급	구분	채무상환능력	위험프리미엄
AAA	우량	최상	낮음
AA		매우 높음	⇧
A	비우량	높으나 경기와 시장 환경변화에 영향 받기 쉬움	
BBB		충분하나 경기와 시장 환경변화에 영향 받기 쉬움	
BB	정크본드(투기등급)	근시일 내에 채무불이행 가능성은 낮으나 상황이 악화되면 가능성이 충분히 고려됨	
B		현재는 채무상환능력 있으나 상황이 악화되면 가능성이 높음	⇩
CC		채무불이행 가능성 상당히 높음	
C ~ D		파산신청 중이나 채무불이행 중	높음

 5-1

다음 중 채권과 채권시장에 대한 올바른 설명으로 가장 거리가 먼 것은?

① 채권가격이 하락하면 이자율(수익률)도 함께 하락한다.

② 수익률곡선이 우하향하는 '역전된' 형태는 미래에 단기이자율이 급격히 하락할 것이라는 전망을 담고 있다.

③ 채권은 지급받을 원리금이 확정되어 있으나 발행주체가 파산할 경우 전액 수령을 못할 수 있다.

④ 신용스프레드의 감소는 금융시장에서 기업의 파산 가능성이 낮아졌다고 판단하고 있음을 뜻한다.

⑤ 장기 채권은 단기 채권보다 유동성이 낮아 투자 위험성이 커 수익률이 높은 경향이 있다.

【해설】

① |X| 채권가격이 하락하면 더 적은 투자금으로 동일한 원리금을 얻을 수 있으므로 만기수익률은 상승한다.

정답 ①

경제
—
3

간접금융과 금융중개기관

가계와 기업의 자금거래를 매개해주는 은행은 금융중개기관의 대표적인 형태이다. 대기업이나 상장사를 제외한 대부분의 사업자들은 직접금융시장을 통해 자금을 조달하기 어렵기 때문에 은행에 대한 의존도가 높으며, 대기업도 그 편리성 때문에 은행 대출을 이용한다. 따라서 간접금융시장은 그 규모에 비해 거시경제에 미치는 영향이 큰 편이다.

〈은행의 주요 기능〉

» **만기변환** 만기가 없거나 짧은 예금으로 자금을 조달하여 장기로 대출함으로써 채권의 특성(만기)을 변환해준다.

» **정보생산 기능** 은행은 차입자(기업)와 거래한 경험이 많기 때문에 기업의 상환능력에 대해 개인보다 더 정확히 파악할 수 있는 등 정보비대칭성을 완화할 수 있다.

» **거래비용 절감** 은행은 대량의 금융거래를 수행하면서 각종 절차에 전문화돼 있어 개인보다 더 낮은 비용으로 업무처리가 가능하다.

» **위험분산**Risk Sharing 은행은 개인보다 훨씬 큰 규모로 자금을 확보해 다양한 사업에 분산해서 대출할 수 있고 손실액 변동성을 낮출 수 있다.

은행 부실화와 신용경색

은행은 자기자본과 예금을 통해 자금을 조달하고 이를 기업에 대출하거나 금융상품에 투자한다. 은행의 재무상태표(대차대조표)는 아래와 같이 구성된다.

〈표5-4〉 민간 은행의 재무상태표(예시)

차변			대변		
자산	지급준비금	5	부채	예금	50
	대출채권	50		차입금	40
	기타 투자자산	45	자본	자본금	10

민간 은행은 더 높은 수익을 얻기 위해 자기자본비율을 줄이고 위험도가 높은 기업이나 금융자산에 투자할 유인이 있다. 그러나 대출이나 투자자산에서 손실이 발생할 경우 (부채에 대한 상환의무는 변함이 없으므로) 자본의 감소(자본잠식)를 초래하게 된다. 자본금이 0이 되는 '완전자본잠식' 상태가 되면 예금을 상환할 수 없게 되고 부도가 발생한다.

» **뱅크런**Bank Run**(예금인출 사태)** 은행 부도와 예금 지급불능이 예상될 때 예금자들이 예금을 인출하기 위해 은행으로 쇄도하는 현상. 뱅크런이 발생하면 아직 손실을 입지 않은 다른 은행도 상환능력을 의심받을 수 있으며 이는 금융시장 전체의 유동성 위기로 확산될 수 있다.

» **유동성 위기** 은행이 현금을 확보하는 데에 어려움을 겪는 상황. 특히 자산을 급매Fire Sale하면서 원래 가치 이하로 처분하면 손실이 발생해 건전했던 은행도 부실화될 수 있다.

» **신용경색**Credit Crunch 은행들이 자금 부족이나 기업 부도위험 증가로 인해 대출을 줄이면서 기업들의 자금조달에 장애를 겪는 상황.

» **예금보험제도** 유동성 위기로 인한 금융시스템 붕괴를 막기 위해 정부가 은행 부도 때에도 예금의 지급을 보증하는 제도.

은행의 부실화를 방지하기 위해 국제적으로도 '바젤협약'을 맺고 '최저자기자본비율' 규제와 금융당국의 감독 체계를 확립하는 등의 노력을 기울이고 있다.

예제 5-2

다음의 빈칸 (A)에 대한 설명으로 가장 올바른 것은?

> 핀테크 업체들이 후불결제 서비스를 선보이는 등 금융업 영역에 도전하고 있다. 상품 결제 대금을 후불로 지급하는 것은 신용카드의 대표적 서비스다. 카드사는 신용카드 발급 기준을 엄격하게 적용하기 때문에 학생이나 주부 등 소득원이 없는 (A)들은 이러한 금융서비스를 이용하기 어려웠다. 핀테크 업체들은 개인의 SNS나 카드사용 내역 등을 활용하여 이들의 신용평가가 가능하다고 설명한다.

① (A)는 무임승차자(Free-Rider)에 해당한다.

② (A)에 대해 전통적 금융기관은 정보비대칭 상황에 있다.

③ (A)는 금융시장에서 자금의 중개자 역할을 담당한다.

④ (A)는 대출과 예금 양 방향에서 금융서비스를 이용하지 못하고 있다.

⑤ 핀테크 업체가 (A)의 신용평가에 SNS 정보를 활용하는 것은 '신호보내기'에 해당한다.

【해설】

① |X| (A)는 신파일러(Thin Filer)에 해당한다.

② |O| 카드사나 신용평가사는 금융이력이나 소득증빙이 불가능한 사람에 대해 상환능력을 평가하기 어려워 금융서비스 제공을 하지 않고 있다.

③ |X| 금융시장에서의 자금중개자 역할은 금융중개기관(은행·증권사)이 담당한다.

④ |X| 신용정보가 부족하더라도 예금(저축)을 할 때에는 정보비대칭 문제로 거부당하지 않는다.

⑤ |X| 정보가 부족한 쪽에서 상대방의 사적인 정보를 얻어내는 '스크리닝'에 해당한다.

정답 ②

경제
—
4

금융위기와 비전통적 통화정책

은행 위기는 금융시스템 붕괴나 신용경색으로 이어져 실물경제에 큰 지장을 가져올 수 있다. 일부 은행이나 기업이 도산위험에 처하면 나머지 은행들도 극도로 대출을 꺼리게 되며 채권시장에서도 위험프리미엄이 급등하게 된다. 특히 채권시장에서 투자자들이 안전자산을 선호하면서 회사채를 매각하고 국채를 보유하려고 하기 때문에 신용스프레드는 더욱 벌어지게 된다.

〈그림5-5〉 글로벌 금융위기 기간 신용스프레드 확대

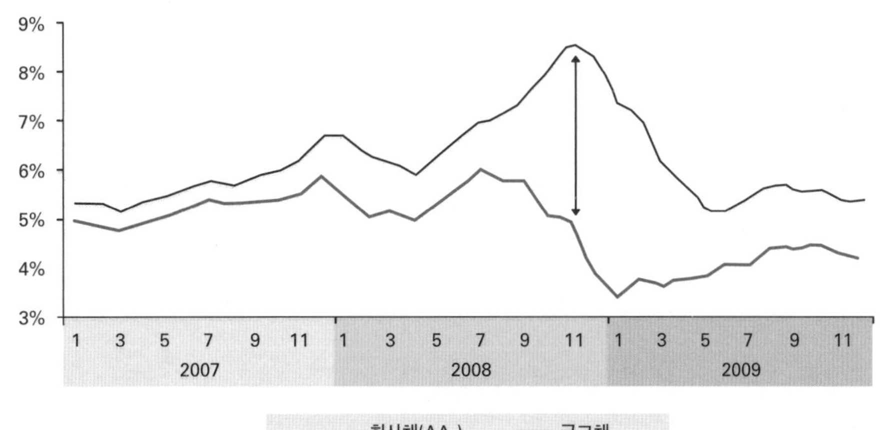

금융위기가 발생할 때 중앙은행은 금융기관들의 연쇄도산을 차단하고 금융시스템 붕괴를 막고자 노력하는 한편 금리를 인하하여 총수요가 위축되는 것을 방지하고자 한다. 그러나 명목금리는 0% 이하로 내려갈 수 없으며 '유동성함정'으로 인해 총수요를 확장하는 데에 한계에 부딪히게 된다.

비전통적 통화정책

2008년 발생한 글로벌 금융위기 시기에 미국 연방준비은행Fed은 유동성함정 혹은 '0의 금리 하한Zero Lower Bound Problem' 상황에서 비전통적 통화정책을 단행하였다.

» **양적완화**Quantitative Easing·QE 국채 이외에도 주택저당증권Mortgage Backed Security·MBS까지 대량으로 매입함으로써 장기 및 회사채시장의 이자율을 직접적으로 하락시키는 정책. 이로 인해 중앙은행의 자산 규모가 대단히 확대되고 보유 채권 종류가 다양해졌다.

» **선제적 지침**Forward Guidance 중앙은행의 미래에 대한 통화정책 기조를 시장참여자들에게 전달하는 것. 미래 예상 금리에 영향을 줘 장기금리 수준에 영향 미치려는 정책의도를 가지고 있다.

예제 5-3

다음 글에 대한 올바른 설명을 |보기|에서 모두 고르면?

> 미국 경제가 회복기로 접어들면서 양적완화의 일환으로 시행되던 채권 매입의 규모를 조금씩 줄여나간다는 (A)를 고려한다고 발표하자, 신흥국 금융시장이 크게 요동치는 (가) '테이퍼 탠트럼'이 발생했다. 양적완화 기조와 제로금리로 인해 아시아 각국에 흘러들어갔던 자금들이 금리인상을 예상하고 본국으로 돌아갔기 때문이다.

| 보기 |

㉠ (A)는 '테이퍼링'에 해당한다.

㉡ (가)는 신흥국시장에서의 주가 등 자산가격 폭등 현상을 말한다.

㉢ (가)는 금융시장 개방 정도가 낮은 국가에서는 두드러지게 나타날 것이다.

㉣ 선진국 경제의 회복 속도가 신흥국보다 빠를수록 (가)와 같은 현상이 두드러지게 나타날 것이다.

① ㉠, ㉡　　② ㉠, ㉣
③ ㉡, ㉢　　④ ㉡, ㉣
⑤ ㉢, ㉣

【해설】

㉠ |O| 양적완화 이후 중앙은행이 채권 매입 규모를 서서히 줄이는 것은 테이퍼링(Tapering), 본격적으로 채권을 매각하여 자산 규모를 줄이는 것(대차대조표 축소)이 양적긴축(Quantitative Tightening·QT)이다.

㉡ |X| 외국자본이 신흥국에서 본국으로 빠져나가기 위해 자본시장에서 자산을 매각하므로 자산가격의 하락이 발생한다.

㉢ |X| 금융시장이 개방된 국가일수록 유입된 외국자본량이 크기 때문에 자본유출 때 충격이 그만큼 크다.

㉣ |O| 선진국 경제가 신흥국보다 빨리 회복기에 들어갈수록 기준금리 인상 시기가 빨라지고 선진국과 신흥국의 자산시장 수익률 괴리가 커진다.

정답 ②

다음 중 아래 사례가 시사하는 금융시장 기능으로 가장 올바른 것은? [매경TEST 67회 기출]

무함마드 유누스

방글라데시의 빈곤층은 적은 금액이라도 자금을 대출받을 수 있다면 손수레나 재봉틀 등을 구매해 작은 사업을 시작함으로써 빈곤을 탈출할 수 있지만 담보가 없어 은행대출을 받지 못하고 빈곤상태에 머물러 있었다. 경제학자 무함마드 유누스(Muhammad Yunus, 1940~)는 이러한 악순환에서 벗어날 수 있도록 빈곤층을 대상으로 소액 장기대출을 해주는 '그라민 뱅크'를 설립하였다. 그 결과 많은 사람이 가난에서 벗어날 수 있었으며 이러한 공로로 노벨평화상을 수상하였다.

① 금융자산의 유동성을 증대시킨다.
② 분산투자를 통해 투자손실 위험을 감소시킨다.
③ 금융거래에 수반되는 비용과 시간을 절감해준다.
④ 자금을 효율적으로 배분하여 경제의 생산력을 향상시킨다.
⑤ 개인이 시간선호에 따라 소비시기를 조절할 수 있게 해준다.

해설

지문은 '미소금융(Micro finance)'에 대한 내용으로 금융시장에서 저축된 자금이 투자 기회를 가진 사업자에게 전달되어 자본재 구매에 이용되고 결과적으로 경제 생산력을 향상시키는 데에 일조한 내용이다. ①은 금융시장의 활성화가 금융자산 투자 회수를 용이하게 함으로써 투자를 촉진함을, ②는 분산투자를 통한 위험 감소를, ③은 간접금융시장에서 금융중개기관(은행)의 거래비용 절감 기능을, ⑤는 금융시장이 존재함으로써 개인의 시점 간 소비 선택, 평탄화가 가능해져 효용이 개선됨을 의미한다.

정답 ④

다음 중 아래의 밑줄 친 (가)에 해당하는 개념으로 가장 올바른 것은?

> 중앙은행은 물가안정 이외에도 금융안정을 추구해야 할 책임이 있다. 특히 (가) 은행 도산이나 예금인출 사태(Bank Run)가 발생하여 금융위기가 발생할 때 은행에 유동성을 공급해 위기 상황을 진정시키는 역할이 중요해진다. 중앙은행은 이러한 역할을 수행함으로써 은행시스템 붕괴를 막고 금융위기 발생으로 경기가 심각하게 후퇴하는 것을 예방할 수 있다. 하지만 이는 은행들의 도덕적 해이를 야기하는 부작용도 있다.

① 예금자보험제도
② 지급준비금제도
③ 최종대부자기능
④ 증권예탁결제기능
⑤ 통화가치안정화기능

해설

① [X] 은행이 파산하더라도 예금의 지급을 보증해주는 제도. 예금인출 사태의 발생 유인을 감소시킨다.
② [X] 은행이 예금 인출에 대비해 예금액의 일정비율까지는 대출하지 않고 보유하도록 강제하는 제도.
④ [X] 실물 유가증권을 중앙예탁기관에 맡겨둠으로써 증권거래 시 실물 증권 이동의 번거로움을 줄여주는 기능.
⑤ [X] 중앙은행 핵심 목표로 화폐가치 급변을 막아 경제활동이 원활히 이뤄지도록 하는 것. 정답 ③

다음의 빈칸 (A), (B)에 대한 올바른 설명을 |보기|에서 모두 고르면?

2008년 글로벌 금융위기 당시 미(美) 연준(Fed) 의장이었던 벤 버냉키는 '비전통적 통화정책'의 일환으로 국채와 모기지를 대량 매입하는 (A) 정책을 폈다. 또한 향후 연준의 통화정책 기조를 공표하는 (B)도 적극적으로 활용하여 금융시장과 시장의 커뮤니케이션을 정책화하였다.

| 보기 |

㉠ (A)는 양적완화에 해당한다.

㉡ (A)는 장기금리를 인하하여 기업 활동을 장려하는 정책의도를 가지고 있다.

㉢ (B)는 초단기금리를 조절하는 것을 목적으로 한다.

㉣ (B)는 금융기관의 일시적인 유동성위기를 해소함으로써 금융시스템 붕괴를 방지한다.

① ㉠, ㉡ ② ㉠, ㉢
③ ㉡, ㉢ ④ ㉡, ㉣
⑤ ㉢, ㉣

해설

㉠ |O| 양적완화는 국채뿐만 아니라 민간 장기 채권, 특히 모기지(주택담보대출채권)를 매입하는 정책이었다.

㉡ |O| 장기 채권시장에 직접 수요자로 개입하여 장기시장금리를 하락시킴으로써 기업의 투자와 생산 위축을 완화하려는 정책이었다.

㉢ |X| (B)는 선제적 지침으로, 미래의 금리에 대한 예상치를 낮춰 장기금리를 낮추는 데에 그 목적이 있다.

㉣ |X| 금융기관에 유동성을 공급하여 금융시스템 안정을 유지하는 것은 최종대부자 기능이다.

정답 ①

경제

6

시장의 수요와 공급

시장이란?

시장은 소비자와 생산자가 어우러져 가격을 흥정하고 돈과 재화나 서비스를 교환하는 유무형의 공간으로 소비자는 '효용 극대화'를, 생산자(기업)는 '이윤 극대화'를 각각 추구한다. 이때 소비자와 생산자의 활동은 각각 수요와 공급으로 나타나며, 각 소비자와 생산자의 수요와 공급의 합은 각각 시장수요와 시장공급이 된다.

경제
—
1

개인수요와 시장수요

각 소비자는 주어진 예산 하에서 효용 극대화Utility Maximization를 추구하며 그 결과 재화나 서비스에 대한 개인수요가 발생한다.

개인수요의 의미

(1) 주어진 시장가격에 대해 한 개인이 구매하길 원하는 재화의 최대 수량 (또는)

(2) 재화를 한 단위 추가 구매할 때 한 개인이 지불할 용의가 있는 최대 가격, 즉 지불용의가격Willingness to Pay·WTP (수요곡선의 높이 = 지불용의가격).

특히 개인수요를 (2)로 해석하는 것은 후에 '소비자잉여'를 다룰 때 대단히 유용하다.

» **가격효과** 재화의 가격 변화가 그 재화의 수요량에 미치는 영향을 가격효과Price Effect라고 하며, 대체효과Substitution Effect와 소득효과Income Effect로 구성된다.

가격효과 = 대체효과 + 소득효과

» **대체효과** 어떤 재화의 가격이 하락(상승)할 때 상대적으로 싸진(비싸진) 그 재화의 수요량을 늘리고(줄이고) 상대적으로 비싸진(싸진) 다른 재화의 수요량을 줄이는(늘

리는) 현상.

» **소득효과** 어떤 재화의 가격이 하락(상승)할 때 소비자의 구매력이 증가(감소)하고 이에 따라 그 재화에 대한 수요량이 변하는 현상 (변화 양상은 재화가 정상재인지 열등재인지에 따라 달라짐).

정상재와 열등재

» **정상재**Normal Good 소득(구매력)이 늘 때 수요량이 증가(소득효과>0)하는 재화.

» **열등재**Inferior Good 소득(구매력)이 늘 때 수요량이 감소(소득효과<0)하는 재화.

수요의 법칙

어떤 재화의 가격이 하락하면 대체효과에 의해 그 재화의 수요량이 증가한다. 이때 구매력이 증가해 소득효과도 함께 발생한다. 정상재의 경우 소득효과는 양(+)이므로 가격이 하락(구매력 증가)할 때 수요량이 증가(대체효과: 수요량↑, 소득효과: 수요량↑)한다. 따라서 정상재의 경우 가격이 하락하면 항상 수요량이 증가하게 되고, 이는 재화의 가격과 해당 재화의 수요량 간 음(-)의 관계(우하향하는 수요곡선)로 나타난다.

하지만 열등재의 소득효과는 음(-)이므로 가격이 하락(구매력 증가)할 때 수요량이 증가할지 감소할지 불분명(대체효과: 수요량↑, 소득효과: 수요량↓)하다. 이 경우 대체효과가 소득효과보다 크면 정상재의 경우와 마찬가지로 수요곡선은 우하향할 것이다. 하지만 소득효과가 대체효과보다 크면 가격이 상승할 때 수요량이 오히려 증가하는 관계(우상향하는 수요곡선)가 나타나게 된다. 기펜재Giffen Good는 소득효과가 대체효과보다 큰 열등재이다.

이처럼 가격이 하락(상승)할 때 수요량이 상승(감소)하는 현상을 '수요의 법칙Law of Demand'이라고 하며 '수요의 법칙'을 따르는 재화를 통상재Ordinary Good라고 한다. 기펜재는 '수요의 법칙'의 대표적인 예외 사례이며 가격이 상승할 때 수요가 증가하는 또 다른 재화로는 과시적 소비의 대상이 되는 재화, 즉 베블런재Veblen Good가 있다. 〈표6-1〉은 재화의 가격이 하락할 때의 가격효과를 요약한 것이다.

〈표6-1〉 가격 하락 시 정상재와 열등재의 가격효과와 수요곡선 형태

<table>
<tr><th colspan="3">재화의 종류</th><th>대체효과</th><th>소득효과</th><th>수요량</th><th>수요곡선</th></tr>
<tr><td colspan="2">정상재</td><td rowspan="2">통상재</td><td>↑</td><td>↑</td><td>↑</td><td rowspan="2">우하향</td></tr>
<tr><td rowspan="2">열등재</td><td>기펜재 아닌 열등재</td><td>↑</td><td>↓</td><td>↑</td></tr>
<tr><td colspan="2">기펜재</td><td>↑</td><td>↓</td><td>↓</td><td>우상향</td></tr>
</table>

개인의 수요곡선

'편의상' 재화를 '0.1개, 0.01개, 0.001개…'처럼 임의로 소분해 소비할 수 있다고 하면, 통상재인 X재에 대한 소비자 A의 수요곡선은 〈그림6-1〉과 같이 매끄럽게 우하향한다.

〈그림6-1〉X재에 대한 소비자 A의 수요

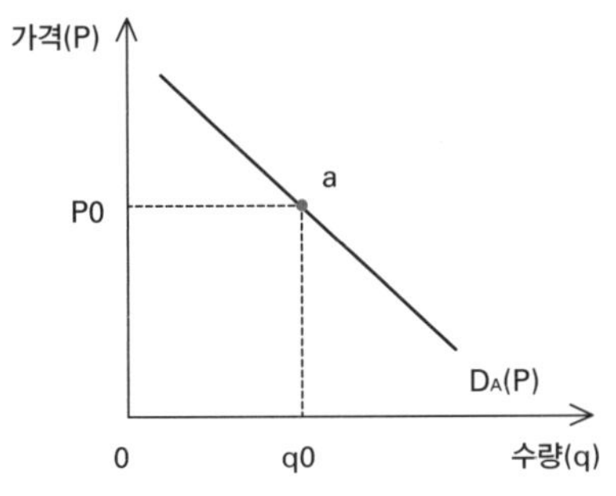

» 〈그림6-1〉에서 X재 수요량이 늘어날수록 지불용의가격(수요곡선의 높이)이 낮아지는데, 이는 소비량이 늘어남에 따라 추가 소비로부터 얻는 편익(한계편익 Marginal Benefit)이 감소하기 때문이다.

» **점 a의 의미** (1) 가격이 P0일 때 A는 재화를 최대 q0만큼 구매할 용의가 있다. (또는)

(2) A가 q0번째 재화를 추가 구매할 때 얻는 편익은 최대 P0이다.

연관재와 독립재

한 재화의 가격 변화가 다른 재화의 수요량에 영향을 미칠 때 두 재화는 연관재라고 한다. 연관재는 쓰임이 비슷해 서로가 서로를 대체할 수 있는 관계인 대체재 Substitute와 두 재화가 함께 쓰이는 관계인 보완재 Complement가 있다.

X재 가격 변화	Y재 수요량 변화	두 재화의 관계
↑(↓)	↑(↓)	대체재
	↓(↑)	보완재
	없음	독립재

» **대체재의 사례** 맥주와 막걸리, 삼겹살과 쇠고기, 햄버거와 피자, 아파트와 빌라, 콜

라와 펩시콜라.

» **보완재의 사례** 맥주와 땅콩, 맥주와 치킨, 삼겹살과 상추, 햄버거와 콜라, 신발의 좌우켤레.

» **독립재의 사례** 맥주와 비누, 볼펜과 신발, 책과 장갑.

⚠ **주의**

X재와 Y재의 관계, 그리고 Y재와 Z재의 관계를 통해 X재와 Z재의 관계를 추론할 수는 없음(경우에 따라 다름, 다음의 사례를 참조).

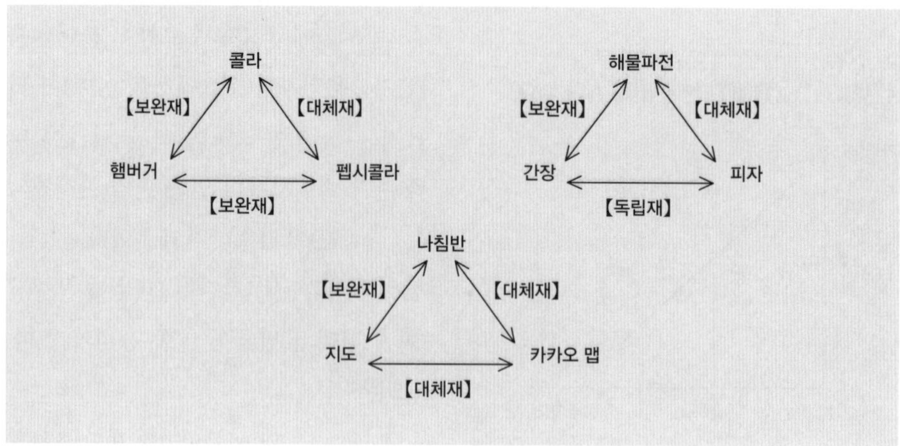

수요량의 변화(수요곡선 위의 이동)와 수요의 변화(수요곡선의 이동)

어떤 가격에 대해 소비하길 원하는 재화의 양을 '수요량'이라고 한다. 따라서 해당 재화의 가격 변화는 수요량을 변화시키고 이는 '수요곡선 위의 이동'으로 나타난다. 한편, 소득·선호와 유행·연관재의 가격 등은 수요곡선 자체를 이동시킨다. 이를 '수요의 변화'라고 하며 '수요곡선의 이동'으로 나타난다(〈그림6-2〉 참조).

〈그림6-2〉 수요량의 변화(수요곡선 위의 이동) vs 수요의 변화(수요곡선의 이동)

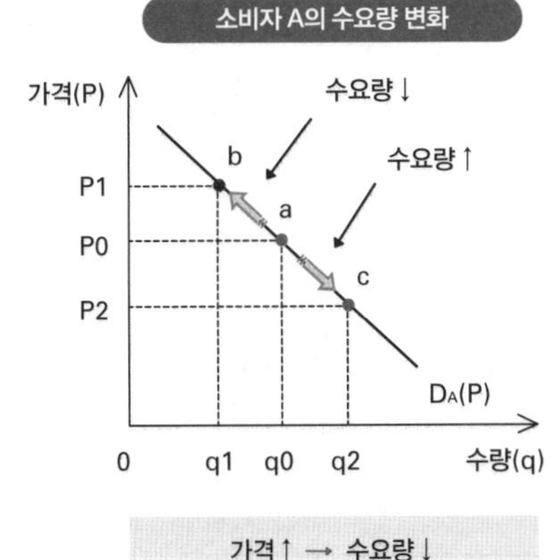

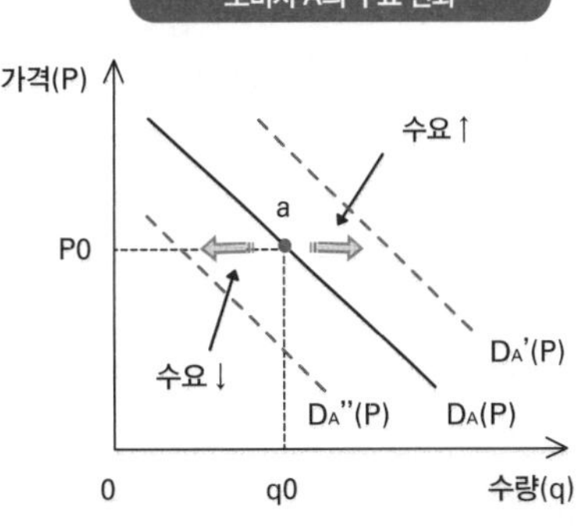

가격↑ → 수요량↓
가격↓ → 수요량↑

대체재 가격↑, 보완재 가격↓ → 수요↑
대체재 가격↓, 보완재 가격↑ → 수요↓

6-1

다음 중 소비자의 맥주 수요를 증가시키는 요인으로 가장 올바른 것은? (단, 맥주는 정상재이며, 막걸리와 대체재 그리고 치킨과 보완재 관계이다.)

① 치킨 가격 상승
② 맥주 가격 하락
③ 막걸리 가격 하락
④ 소비자의 소득 증가
⑤ 음주가 건강에 해롭다는 캠페인 강화

【해설】
① |X| 보완재인 치킨 가격이 상승했으므로 맥주 수요는 감소한다.
② |X| 수요가 아닌 수요량의 증가 요인이다.
③ |X| 대체재인 막걸리 가격이 하락했으므로 맥주 수요는 감소한다.
④ |O| 소비자의 소득 증가는 정상재인 맥주 수요를 증가시킨다.
⑤ |X| 맥주에 대한 선호도가 약화되므로 맥주 수요가 감소한다.

정답 ④

시장수요

시장수요는 각 소비자의 수요를 가격에 대해 더한 것(가로로 더한 것)이다. 〈그림6-3〉은 X재에 대한 소비자 A의 수요곡선(〈그림6-1〉)과 다른 소비자 B의 수요곡선 그리고 이 둘을 가로로 더해 도출한 시장수요Market Demand이다.

〈그림6-3〉 X재의 시장수요

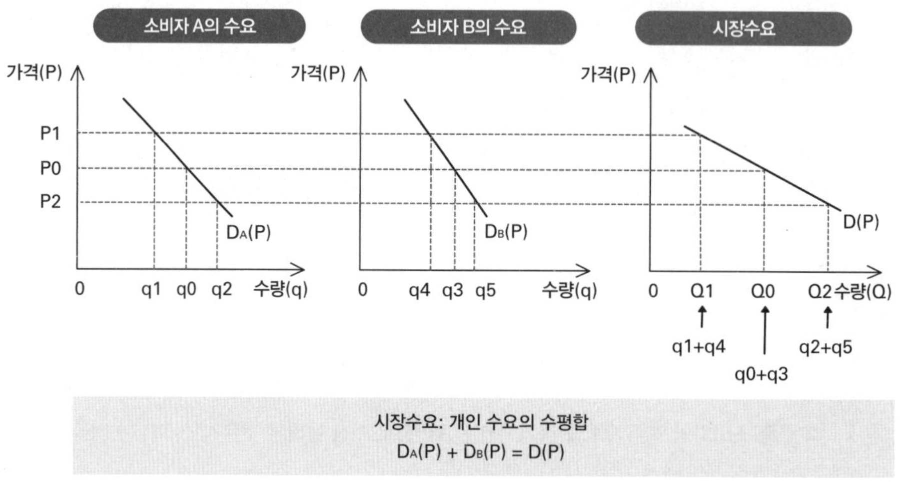

» X재에 대한 소비자 A와 B의 수요가 우하향(수요의 법칙 성립)하므로 이 둘을 더한 시장수요도 우하향한다.

» **시장수요의 의미** (1) 가격이 P0일 때 시장에서 소비되는 재화의 양은 Q0이다. (또는)
(2) Q0번째 재화를 추가 소비할 때 소비자들이 얻는 편익은 P0이다.

수요의 탄력성

수요의 탄력성Elasticity of Demand은 어떤 재화의 수요량이 그 재화의 가격, 연관재의 가격, 소득의 변화에 대해 얼마나 민감하게 반응하는지 측정한다. 수요의 탄력성에는 '가격탄력성' '교차탄력성' '소득탄력성'이 있다.

1 수요의 가격탄력성(e_P) = 수요량 변화율(%) / 가격 변화율(%)

수요의 가격탄력성은 가격 변화가 수요량 변화에 미치는 정도이며, 통상재Ordinary Good의 경우 음(-)의 값을 가진다. 편의상 식의 우변에 절댓값을 씌우거나 마이너스(-) 부호를 추가해 전체 값을 양(+)으로 만들기도 한다.

» e_P = 0 → **완전 비탄력적**Perfectly Inelastic 아무리 가격이 변해도 수요량에 전혀 변화가 없음. 수요곡선이 수직.

» -1 < e_P < 0 → **비탄력적**Inelastic 가격 변화율보다 수요량 변화율이 작은 재화. 수요량이 가격 변화에 둔감. 수요곡선 기울기가 가파름.

» e_P = -1 → **단위탄력적**Unit Elastic 가격이 변한 비율만큼 정확히 수요량이 변화. 수요곡선 기울기가 적당히 완만하거나 가파름.

» e_P < -1 → **탄력적**Elastic 가격 변화율보다 수요량 변화율이 큰 재화. 수요량이 가격 변화에 민감. 수요곡선의 기울기가 완만함.

» e_P = -∞ → **완전 탄력적**Perfectly Elastic 약간의 가격 변화에도 수요량이 너무 민감하게 변화. 수요곡선이 수평.

수요의 가격탄력성에 영향을 미치는 요인

재화의 수요량은 (1) 밀접한 대체재가 많을수록 (2) 재화의 범주(시장의 범위)가 작을수록 (3) 장기일수록 가격 변화에 더 민감해진다.

(1)은 재화가 비싸지면 그 재화의 소비를 줄이는 대신 대체재 소비를 늘리면 되기 때문이며 (3)은 시간이 지날수록 밀접한 대체재를 더 구하기 쉬워지기 때문이다. (2)는 재화를 '자동차'로 분류할 때보다 '세단'이나 '벤츠'로 그 범주를 한정할 때 가격 변화에 더 민감해짐을 뜻한다. 가령, '세단'이 비싸지면 '세단' 구매량은 줄고 대체재인 'SUV' 구매량은 늘어나는데 '세단'과 'SUV'는 모두 '자동차'의 범주에 포함되므로 재화를 '자동차'로 분류하게 되면 자동차가 비싸져도 자동차 수요량에는 변화가 없는 것으로 보일 것이다. 재화를 '세단'으로 분류하면 '세단'이 비싸질 때 '세단' 구매량은 줄고 'SUV' 구매량이 늘어나므로 '자동차'로 분류할 때에 비해 가격 변화에 민감한 것으로 보일 것이다. 이처럼 재화의 범주를 '자동차'로 잡는 것보다 그 세부 분류인 '세단'으로, '세단'보다는 그 세부 분류인 '벤츠'로 잡는 것이 수요의 가격탄력성이 더 크게(가격 변화에 민감하게) 나타난다.

가격탄력성과 수입Revenue(매출Sales)의 관계

수입 = 가격 × 판매량(수요량) → 수입 변화율(%) = 가격 변화율(%) + 수요량 변화율(%)

어떤 재화의 가격이 상승할 때 수입이 증가할지, 감소할지는 수요의 가격탄력성에 따라 달라진다. 가령, 농구화·축구화·등산화·테니스화의 가격탄력성이 각각 0, -0.5, -1,

-1.5일 때 가격이 모두 5%씩 상승했다고 하자. 이때 수요량 변화와 수입 변화는 〈표6-2〉와 같다.

〈표6-2〉 '수요의 가격탄력성'과 '가격 변화에 따른 수입 변화'

품목	가격탄력성	수요량 변화율(%)	판매수입 변화율(%)
농구화	0(완전 비탄력적)	0	5
축구화	-0.5(비탄력적)	-2.5	2.5
등산화	-1(단위 탄력적)	-5	0
테니스화	-1.5(탄력적)	-7.5	-2.5

〈표6-2〉로부터 알 수 있는 사실:

» **완전 비탄력적인 재화** 가격 상승 시 가격 상승 비율만큼 수입 증가.

» **비탄력적인 재화** 가격 상승 시 가격 상승 비율보다 낮은 비율로 수입 증가.

» **단위탄력적인 재화** 가격 상승 시 수입 변화 없음.

» **탄력적인 재화** 가격 상승 시 수입 감소.

〈그림6-4〉는 수요의 가격탄력성과 수입의 관계를 나타낸 것이다.

〈그림6-4〉 수요의 가격탄력성과 수입

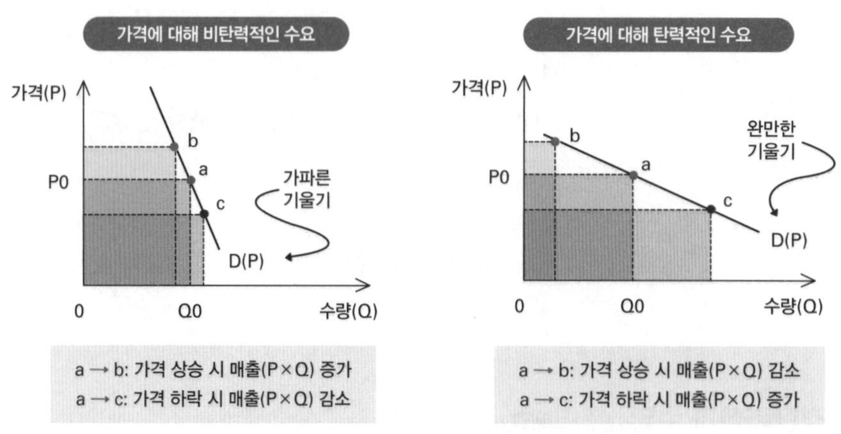

예제 6-2

어떤 재화의 가격이 5% 하락했을 때 수입이 3% 증가했다. 다음 중 이로부터 추론할 수 있는 올바른 사실은? (단, 수요의 가격탄력성은 절댓값 없이 나타낸다.)

① 이 재화의 수요의 가격탄력성은 -1이다.
② 이 재화의 경우 수요의 법칙이 성립하지 않는다.
③ 이 재화의 수요는 가격 변화에 대해 비탄력적이다.
④ 가격 하락으로 인해 이 재화의 수요량이 8% 증가했다.
⑤ 가로축에 수량을, 세로축에 가격을 표시한 평면에서 이 재화의 수요곡선은 수평으로 나타난다.

【해설】
① |X| 가격이 5% 하락했을 때 수요량은 8% 증가했으므로 수요의 가격탄력성은 -1.6(=8%/-5%)이다.
② |X| 가격이 하락했을 때 수요량이 증가했으므로 수요의 법칙이 성립한다.
③ |X| 가격 변화율(-5%)보다 수요량 변화율(8%)이 크므로 가격 변화에 대해 탄력적이다.
④ |O| 가격 하락에 따른 수요량 변화율은 8%임을 알 수 있다.
⑤ |X| 수요곡선은 우하향하는 형태로 그려진다.

정답 ④

2 수요의 소득탄력성(e_I) = 수요량 변화율(%) / 소득 변화율(%)

수요의 소득탄력성은 소득 변화가 수요량에 미치는 영향으로, 정상재의 경우 양(+)의 값을, 열등재의 경우 음(-)의 값을 갖는다. 또한, 정상재는 소득탄력성이 1보다 큰지 여부에 따라 필수재Necessary Good와 사치재Luxury Good로 나뉜다.

» $e_I < 0$ → 열등재: 소득 증가 시 수요량이 감소하는 재화.
» $0 < e_I < 1$ → 필수재: 소득이 증가할 때 수요량이 소득 증가율보다 더 적게 증가하는 재화 (예: 쌀·치약·칫솔 등 생활필수품, 대중교통).
» $e_I > 1$ → 사치재: 소득이 증가할 때 수요량이 소득 증가율보다 더 많이 증가하는 재화 (예: 외제차, 명품 가방·의류, 해외여행).

3 수요의 교차탄력성(e_{XY}) = 수요량 변화율(%) / 다른 재화의 가격 변화율(%)

수요의 교차탄력성은 다른 재화의 가격(Y재 가격) 변화가 수요량(X재 수요량)에 미치는 영향이다.

» **Y재와 X재는 대체재** $e_{XY} > 0$

» **Y재와 X재는 보완재** $e_{XY} < 0$

» **Y재와 X재는 독립재** $e_{XY} = 0$

6-3

다음의 표는 X재와 Y재의 수요의 가격탄력성이다. 이를 바탕으로 올바르게 추론한 것은? (단, 수요의 가격탄력성은 절댓값 없이 나타낸 것이다.)

구분	X재	Y재
가격탄력성	-1.2	-0.4
소득탄력성	0.5	1.2
교차탄력성	0.3	0.2

① Y재는 필수재이다.
② X재와 Y재는 보완재 관계이다.
③ X재 가격이 상승하면 X재의 매출은 증가한다.
④ Y재 가격이 하락하면 Y재의 매출은 감소한다.
⑤ 처분가능소득이 증가할 때 Y재 수요는 증가하는 반면 X재 수요는 감소한다.

【해설】

① |X| Y재의 소득탄력성이 1보다 크므로 사치재이다.
② |X| 교차탄력성이 양(+)이므로 두 재화는 대체재 관계이다.
③ |X| X재의 매출은 X재 가격이 상승(하락)할 때 감소(증가)한다.
④ |O| Y재의 매출은 Y재 가격이 상승(하락)할 때 증가(감소)한다.
⑤ |X| 두 재화 모두 정상재이므로 처분가능소득이 증가할 때 수요가 모두 증가한다.

정답 ④

경제 — 2

개별 기업의 공급과 시장공급

각 생산자(기업)는 가지고 있는 기술을 이용해 노동자와 자본을 투입해 이윤 극대화Profit Maximization를 추구하며, 그 결과 재화나 서비스에 대한 기업의 공급이 발생한다.

» 이윤 = 수입(매출) - (총)비용
» 수입Revenue(매출Sales) = 시장가격(P) × 판매량(Q)
» (총)비용 = 임금 + 이자 + 지대 = 가변비용Variable Cost + 고정비용Fixed Cost

» 자본(공장·설비) → 이자, 토지 → 지대, 노동 → 임금(피용자보수).

» **이자·지대** 고정비용(생산량 증감에 따라 단기에 늘리고 줄이기 어려움).
» **임금** 가변비용(생산량 증감에 따라 단기에 늘리고 줄이기 용이함).

단기에 자본·토지 투입량을 늘리고 줄이기 쉽지 않으므로 기업은 재화를 어느 정도 생산하고 이에 따라 노동자를 몇 명 고용할 것인지 선택해야 한다.

생산량 결정

기업은 '이윤 극대화를 위해 재화를 어느 정도 생산(공급)해야 할지' 선택해야 한다.

생산량을 늘리면 수입이 증가하지만 동시에 생산비용, 즉 총비용도 함께 증가한다. 따라서 생산량을 늘리는 것이 마냥 최적이라고 볼 수 없다. 이때 유용한 개념이 한계수입Marginal Revenue(생산량 한 단위 늘 때 증가하는 수입)과 한계비용Marginal Cost(생산량 한 단위 늘 때 증가하는 비용)이다.

만약 한계수입이 한계비용보다 크면 생산량을 늘릴 때 이윤이 증가한다. 반면, 한계수입보다 한계비용이 더 크면 생산량을 줄일 때 이윤이 증가한다. 따라서 (재화의 생산량이 임의 소분 가능하다면) 기업의 이윤은 한계수입이 한계비용과 같아지는 생산량에서 극대화된다.

한계수입 > 한계비용 → 생산량↑

한계수입 < 한계비용 → 생산량↓

6-4

다음의 표는 한 펄프회사의 생산량(판매량)에 따른 비용을 나타낸 것이다. 다음 중 이 회사의 이윤 극대화를 위한 최적 생산량은? (단, 펄프의 톤당 가격은 100만원으로 일정하다.)

생산량(톤)	1	2	3	4	5
총비용(만원)	50	120	200	290	400

① 1톤 ② 2톤 ③ 3톤 ④ 4톤 ⑤ 5톤

【해설】

이 펄프회사의 총수입, 한계수입, 총비용, 한계비용은 아래와 같다.

생산량(톤)	1	2	3	4	5
총수입(만원)	100	200	300	400	500
한계수입(만원)	100	100	100	100	100
총비용(만원)	50	120	200	290	400
한계비용(만원)	50	70	80	90	110

생산량 4톤까지는 한계수입이 한계비용보다 크며, 5톤의 경우 한계비용이 한계수입보다 크다. 따라

서 4톤까지 생산할 때 이윤이 극대화된다.

정답 ④

개별 기업 공급의 의미

(1) 주어진 시장가격 하에서 기업이 생산(공급)할 수 있는 재화의 최대 수량. (또는)

(2) 재화를 한 단위 추가 생산(공급)하는 데 드는 비용(한계비용), 즉 재화의 추가 생산 시 기업이 받고자 하는 최소 금액(수용용의가격). (공급곡선의 높이 = 한계비용 = 수용용의가격)

특히 기업의 공급을 (2)로 해석하는 것은 후에 '생산자잉여'를 다룰 때 유용하다.

공급의 법칙

재화의 가격이 상승할 때 기업의 공급량이 증가하는 현상을 '공급의 법칙Law of Supply'이라고 한다.

공급량의 변화와 공급의 변화

가격 변화는 기업의 공급량에 영향(공급곡선 위의 이동)을 주며, 가격 이외의 요인(기술, 공급자 수, 원자재 가격과 최저임금)은 기업의 공급에 영향(공급곡선의 이동)을 미친다 (〈그림6-5〉 참조).

〈그림6-5〉 공급량의 변화(공급곡선 위의 이동) vs 공급의 변화(공급곡선의 이동)

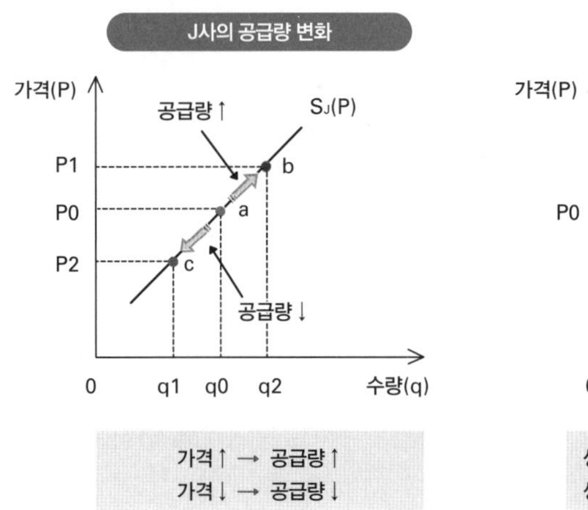

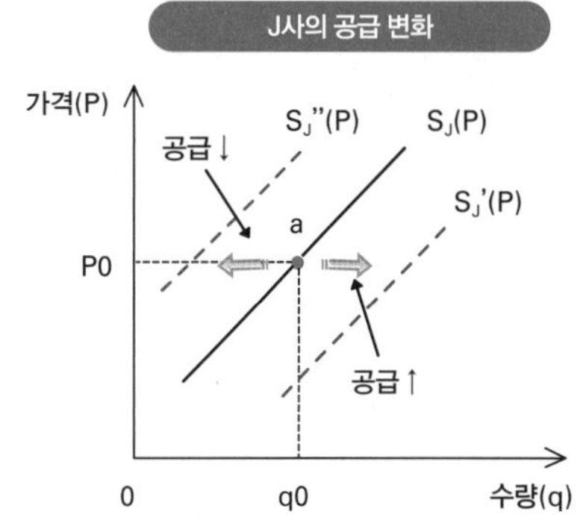

시장공급

시장공급은 각 기업의 공급을 가격에 대해 더한 것(가로로 더한 것)이다. 〈그림6-6〉은 X재에 대한 기업 J사·K사의 공급곡선과 이 둘을 가로로 더해 도출한 시장공급$_{\text{Market Supply}}$이다.

〈그림6-6〉 X재의 시장공급

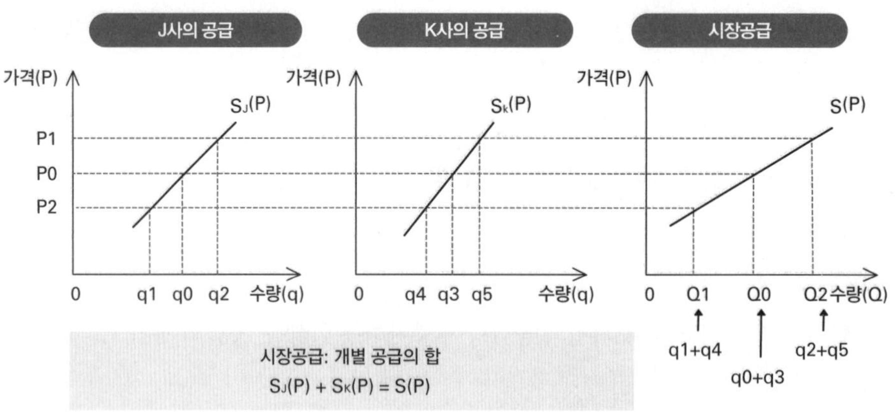

» X재에 대한 기업 J사와 K사의 공급이 우상향(공급의 법칙 성립)하므로 이 둘을 더한 시장공급도 우상향한다.

» **시장공급의 의미** (1) 가격이 P0일 때 시장에 공급되는 재화의 양은 Q0이다. (또는)
(2) Q0번째 재화를 추가 공급할 때 기업들이 받아야 하는 금액은 P0이다.

공급의 가격탄력성

수요의 가격탄력성과 마찬가지로 공급량이 재화의 가격 변화에 얼마나 민감하게 반응하는지 측정하는 것이 공급의 가격탄력성이다.

공급의 가격탄력성(E_p) = 공급량 변화율(%) / 가격 변화율(%)

» $E_p = 0$ → **완전 비탄력적**$_{\text{Perfectly Inelastic}}$ 아무리 가격이 변해도 공급량에 전혀 변화가 없음. 공급곡선이 수직.

» **0 < E_P < 1 → 비탄력적**Inelastic 가격 변화율보다 공급량 변화율이 작은 재화. 공급량이 가격 변화에 둔감. 공급곡선 기울기가 가파름.

» **E_P = 1 → 단위탄력적**Unit Elastic 가격이 변한 비율만큼 정확히 공급량이 변화. 공급곡선 기울기가 적당히 완만하거나 가파름.

» **E_P > 1 → 탄력적**Elastic 가격 변화율보다 공급량 변화율이 큰 재화. 공급량이 가격 변화에 민감. 공급곡선의 기울기가 완만함.

» **E_P = ∞ → 완전 탄력적**Perfectly Elastic 약간의 가격 변화에도 공급량이 너무 민감하게 변화. 공급곡선이 수평.

공급의 가격탄력성에 영향을 미치는 요인

재화의 공급량은 (1) 저장이 용이할수록 (2) 장기일수록 가격 변화에 따른 생산량 조절이 용이하므로 가격 변화에 더 민감해진다.

경제
—
3

시장균형과 시장거래의 이익

시장거래에서 재화나 서비스 가격은 시장의 수요와 공급에 의해 결정된다. 시장균형은 수요량과 공급량을 일치시켜 초과수요나 초과공급이 없도록 하는 가격, 즉 균형가격에서 달성되며 이때 시장이 청산Market Clearing됐다고 표현한다. 따라서 시장균형을 찾는다는 것은 곧 균형가격과 균형거래량을 찾는다는 것과 같다. 〈그림6-7〉은 〈그림6-3〉의 시장수요와 〈그림6-6〉의 시장공급을 조합한 것이다.

〈그림6-7〉X재의 시장수요와 시장공급, 시장의 균형

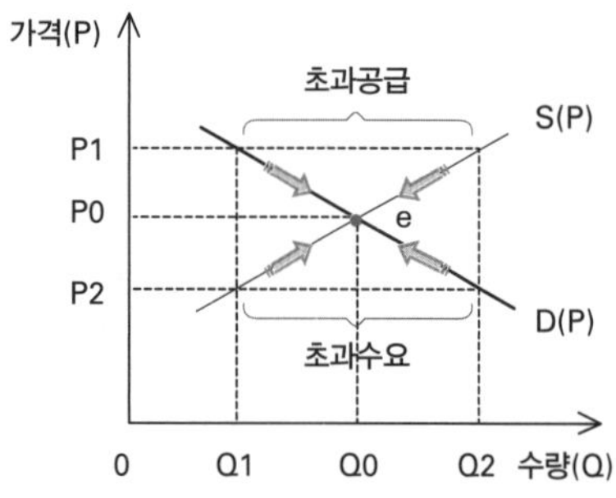

» X재 가격 = P1 → 초과공급 → 가격↓ → 수요량↑, 공급량↓ → 초과공급↓

» X재 가격 = P2 → 초과수요 → 가격↑ → 수요량↓, 공급량↑ → 초과수요↓

» **X재 가격 = P0 → 수요량 = 거래량 → 균형(E)** 균형가격 = P0, 균형거래량 = Q0

시장거래의 이익과 자원배분의 효율성

가격이 P0일 때 X재의 수요량과 공급량은 Q0으로 같다. 따라서 X재는 P0 가격으로 Q0만큼 공급, 소비된다. 이때 시장거래로부터 경제에 발생하는 총이익, 즉 사회적 잉여Social Surplus·SS(사회후생Social Welfare·SW)는 소비자가 거래로부터 얻는 이익인 소비자잉여Consumer Surplus·CS와 생산자가 얻는 이익인 생산자잉여Producer Surplus·PS의 합과 같다.

» **소비자잉여** 수요곡선의 높이(지불용의가격)에서 균형가격 P0을 차감한 값은 재화 한 단위 추가 소비로부터 얻는 이익이므로 수요곡선 D(P)와 P0 사이에 해당하는 영역은 소비자가 거래에서 얻는 총이익, 즉 소비자잉여(〈그림6-8〉의 CS)이다.

» **생산자잉여** 균형가격 P0에서 공급곡선의 높이(수용용의가격)를 차감한 값은 재화 한 단위 추가 공급으로부터 얻는 이익이므로 공급곡선 S(P)와 P0 사이에 해당하는 영역은 생산자가 거래에서 얻는 총이익, 즉 생산자잉여(〈그림6-8〉의 PS)이다.

» **사회적 잉여** 시장거래로부터 발생하는 이익의 총합인 사회적 잉여는 소비자잉여와 생산자잉여의 합(〈그림6-8〉의 CS와 PS의 합)과 같다 (사회적 잉여 = 소비자잉여 + 생산자잉여).

〈그림6-8〉 X재의 시장거래의 이익

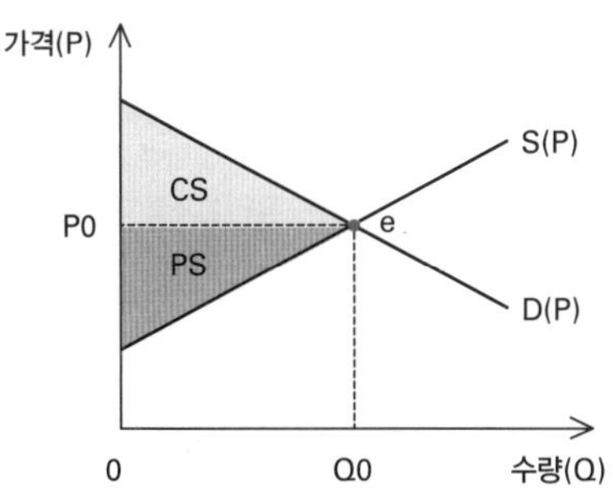

» **시장의 자원배분 효율성** 시장의 균형가격 P0보다 지불용의가격이 낮은 소비자와 P0보다 수용용의가격이 높은 생산자는 거래에 응하지 않음으로써 자연스럽게 시장의 교환에서 배제된다. 즉, 재화를 더 간절히 원하는 소비자(소비로부터 더 높은 편익을 얻는 사람)와 이를 더 낮은 비용으로 생산할 수 있는 생산자(한계비용이 낮은 기업)만 시장거래에 참여하게 된다. 따라서 Q0은 효율적인 생산량이다. 즉, '효용 극대화를 추구하는 소비자와 이윤 극대화를 추구하는 이기적 개인들 간 거래가 사회적으로 효율적인 자원배분으로 귀결(후생경제학의 제1정리)'되는 것이다. 이처럼 자원배분을 강제하는 정부의 개입 없이도 시장은 소비자와 생산자 개개인 모두에게 만족스러울 뿐만 아니라 사회

적으로도 효율적 자원배분을 가능케 한다.

» 시장거래는 항상 효율적 자원배분으로 이어지는가? 그렇지 않다. 가격의 자원배분 기능을 왜곡하는 각종 정부규제는 자원배분 효율성을 저해(정부실패Government Failure)하는 외적 요인이다. 또한, 현실에서 관찰되는 다양한 시장실패Market Failure(7~8장에 걸쳐 소개) 사례는 시장의 자원배분이 항상 효율적인 것은 아니라는 사실을 시사한다. 〈표6-3〉은 시장거래가 효율적 자원배분에 이르지 못하는 경우를 요약한 것이다.

〈표6-3〉 시장의 비효율적 자원배분: 정부규제와 시장실패

비효율적 자원배분의 원인		종류와 사례	비고
정부규제	• 가격규제 • 비가격규제	• 가격규제 - 최저가격규제: 최저임금 - 최고가격규제: 분양가상한제, 임대료상한제, 이자 제한 • 비가격규제: 대형마트 영업시간 제한, 스크린쿼터, 수입할당, 대출총량규제, 면허·정부 허가	• 정부의 각종 규제는 시장의 가격 기능을 왜곡해 비효율적 자원배분을 초래 • 시장의 자원배분 효율성을 일부 희생해서라도 추구해야 할 다른 가치가 충분히 클 때 정당성 가짐
시장실패	불완전경쟁	• 독과점 문제 • 온라인 게임업체의 무리한 과금정책	진입장벽이 있는 시장의 경우 소수의 공급자가 과도한 시장지배력을 행사
	• 무임승차자의 문제 • 소유권의 부재	• 공공재의 문제(필수 공공재의 과소 공급) • 공유지의 비극(공유자원의 남용·고갈)	• 공공재의 문제는 정부가 공공재의 공급과 관리를 담당함으로써 완화 가능 • 공유지의 비극은 소유권의 확정을 통해 완화 가능
	외부효과	미세먼지·매연 등 환경오염	피구세 부과나 코즈적 해법(사적 협상 유도)을 통해 완화 가능
	비대칭정보	• 역선택 • 도덕적 해이	• 역선택은 신호 발송·골라내기를 통해 완화 가능 • 도덕적 해이는 유인설계를 통해 완화 가능

이 장에서는 정부규제가 시장의 자원배분에 미치는 영향에 대해 간략히 살펴본다.

예제 6-5

다음 중 닭의 사료비용과 삼겹살 가격이 상승할 때 닭고기 시장의 (가) 균형가격과 (나) 균형거래량의 변화를 올바르게 추론한 것은? (단, 닭고기 시장의 수요는 우하향하고 공급은 우상향한다. 또한, 삼겹살은 닭고기와 대체재 관계이다.)

	(가)	(나)
①	상승	증가
②	상승	감소
③	상승	불분명
④	하락	불분명
⑤	하락	감소

【해설】

대체재인 삼겹살 가격이 상승했으므로 닭고기 수요는 증가하고, 닭의 사료비용 상승은 닭고기 생산의 한계비용을 상승시키므로 닭고기 공급은 감소한다. 따라서 닭고기의 시장가격은 상승하고 거래량은 알 수 없다. 만약 공급 감소 효과가 수요 증가 효과보다 크면 거래량은 감소하고 그 반대의 경우 거래량은 증가한다.

정답 ③

경제
—
4

시장에 대한 정부의 규제 (최우수를 위한 심화학습)

현실에서 정부는 소비자나 생산자 보호를 내세워 가격이나 공급량을 제한하는 방식으로 시장에 개입한다. 가격규제Price Regulation는 가격의 상한(최고가격)이나 하한(최저가격)을 설정해 가격을 일정 수준 이내로 통제하는 것이고, 수량규제Quantity Regulation는 공급량을 제한하는 것이다.

가격의 상한을 정하는 최고가격규제(임대료상한제, 이자 제한)는 소비자의 이익을, 가격의 하한을 정하는 최저가격규제(최저임금제)나 공급량을 제한하는 수량규제(대형마트 영업시간 제한, 스크린쿼터, 수입할당, 대출총량규제, 면허·정부 허가)는 공급자의 이익을 보호한다는 취지로 시행된다. 하지만 이러한 정부규제는 시장의 효율적 자원배분을 저해하며, 소비자나 생산자의 이익 증진이라는 정책의 원래 취지에 항상 부합하는 것도 아니다. 때때로 정부규제는 효율적 자원배분을 희생하면서까지 보호하고자 했던 소비자나 생산자 이익에 반하는 결과로 이어질 수 있다.

최고가격규제: 이자 제한·임대료상한

이자 제한은 대출이자의 상한을 시장청산 수준보다 낮게 제한함으로써 자금수요자(대출자Borrower)를 보호하기 위한 목적으로 시행된다. 따라서 자금공급자(대부자Lender)는 법정 최고 이자율 이상으로 이자를 받을 수 없다. 이때 자금시장에 초과수요가 발생해 '한정된 자금이 자금수요자에게 어떻게 배분되는가?'라는 할당문제Assignment Problem가 발생하는데 할당 방식(경쟁가격입찰, 임의할당)에 따라 소비자잉여와 사회적 잉여가 영향을 받게 된다. 〈그림6-9〉는 최고 이자율이 r%인 자금시장의 수요와 공급을 나타낸 것이다.

〈그림6-9〉 대출이자율 상한규제 하의 자금시장

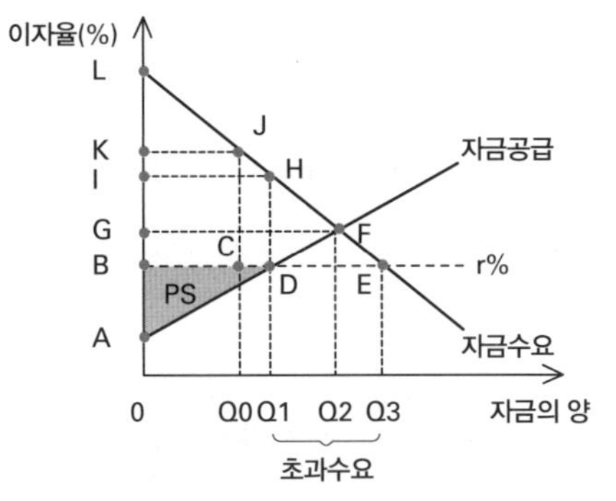

» 자금공급량 = Q1, 자금수요량 = Q3, 자금의 초과수요 = Q3 - Q1

» 생산자잉여 = BAD

» 생산자잉여는 이자율상한 규제 도입 전 GAF, 도입 후 BAD이므로 GBDF만큼 감소

한편, 소비자잉여는 제한된 자금(Q1)을 '누구'에게 할당하는지에 따라 달라진다. 〈그림6-10〉은 자금에 대한 지불용의가격이 가장 높은 사람 순으로 골라낸 뒤 이들에게 할당하는 경우로 소비자잉여가 최대가 되는 상황이며, 〈그림6-11〉은 그 반대의 상황으로 소비자잉여가 최소가 된다.

〈그림6-10〉 최대 소비자잉여

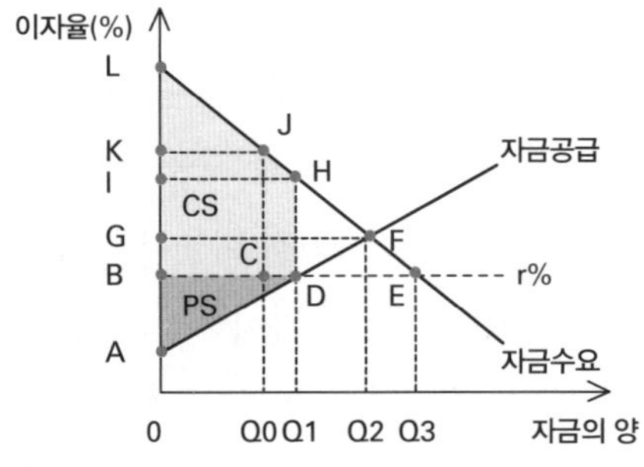

» 자금에 대한 지불용의가격이 높은 사람부터 낮은 사람의 순으로 Q1의 자금이 할당 → 소비자잉여 = LBDH = 소비자잉여의 최댓값

» 최고가격규제로 인한 후생손실Welfare Loss(사중손실Dead Weight Loss) = HDF

〈그림6-11〉 최소 소비자잉여

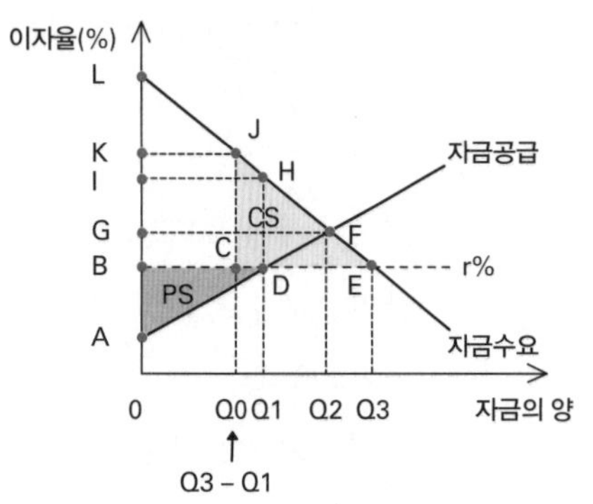

» 자금에 대한 지불용의가격이 낮은 사람부터 높은 사람의 순으로 Q1의 자금이 할당 → 소비자잉여 = JCE = 소비자잉여의 최솟값

» 최고가격규제로 인한 후생손실Welfare Loss = DEF - LBCJ

〈표6-4〉는 최고가격규제가 사회후생에 미치는 영향을 요약한 것이다.

〈표6-4〉 최고가격규제로 인한 후생 변화

구분	시행 전	시행 후	영향
소비자잉여	LGF	JCE≤CS≤LBDH	JCE-LGF≤CS≤LBDH-LGF
생산자잉여	GAF	BAD	PS=BAD-GAF
사회적 잉여	LGF+GAF	JCE+BAD≤SS≤LBDH+BAD	DEF-LBCJ≤SS≤-HDF

» **최고가격규제의 득과 실** 소비자의 이익 증진을 위해 시장청산 가격보다 낮게 최고가격을 규제하는 경우 사회후생 악화(소비자잉여가 최대인 경우에도 사회적 잉여가 HDF만큼 감소하므로)를 감수해야 한다. 만약 최대 소비자잉여 LBDH가 기존 소비자잉여 LGF보다 크다면 소비자 이익을 위한다는 정책의 취지에 부합할 수 있으나 그렇지 못한 경우 그마저도 퇴색된다. 또한, 부족한 재화가 가능한 한 지불용의가격이 높은 사람에게 돌아가도록 골라내는 과정에서 추가적으로 사회적 비용이 발생한다. 따라서 실제 후생손실은 경우에 따라 더 커질 수 있다. 아울러 암시장Black Market을 통해 초과수요(Q3-Q1)가 해소되는 경우 재화(자금)는 최고가격(r%)에 웃돈(GB)을 더한 가격(r%+GB)으로 거래될 것이므로 소비자의 이익 증진이라는 당초의 목적을 달성할 수 없다. 사채시장이나 대출브로커의 존재는 최고가격규제가 적용되는 시장에 암시장을 통한 거래의 유인이 있다는 방증이다.

» 이 사례는 자금시장에서 대출이자율의 법정 상한을 제한하는 상황을 다루고 있지만 임대주택시장에서의 임대료상한규제나 신규 주택시장에서의 분양가상한제도의 경우

에도 동일하게 적용할 수 있으며 정책의 함의도 다르지 않다.

6-6

아래 표는 임대주택에 대한 수요자와 공급자의 유보가격(Reservation Price: 수요자의 경우 지불용의가격, 공급자의 경우 수용용의가격)을 나타낸다. 다음 중 이 임대주택시장에 대한 올바른 분석은? (단, 수요자와 공급자는 각각 최대 하나의 물량만 거래할 수 있으며, 암시장은 없다.)

수요자	(월세) 지불용의가격	공급자	(월세) 수용용의가격
A	100	W	90
B	80	X	70
C	60	Y	60
D	50	Z	40

① 이 임대주택시장은 월세 60만원에서 청산된다.

② 균형에서 거래되는 임대주택 물량은 총 3개이다.

③ 만약 월세 상한을 80만원으로 하는 최고가격규제가 시행되면 임대주택시장에 초과수요가 발생한다.

④ 만약 월세 상한을 50만원으로 하는 최고가격규제가 시행되면 소비자잉여는 이전보다 증가한다.

⑤ 만약 월세 상한을 50만원으로 하는 최고가격규제가 시행되면 거래되는 임대주택물량이 1개로 감소한다.

【해설】

이 임대주택시장의 수요와 공급은 아래 표와 같다.

임대료(P)	수요자	임대료(P)	공급자
P>100	없음	P<40	없음
80<P≤100	A	40≤P<60	Z
60<P≤80	A, B	60≤P<70	Z, Y
50<P≤60	A, B, C	70≤P<90	Z, Y, X
P≤50	A, B, C, D	P≥90	Z, Y, X, W

표의 수요와 공급에 따르면 60<P<70일 때 수요자 A, B와 공급자 Z, Y가 협상에 임할 유인이 있으며 이때 임대료는 60만~70만원에서 결정된다. 만약 공급자가 협상력이 강하다면 70만원에 더 가까운 값으로, 그 반대의 경우 60만원에 더 가까운 값으로 결정될 것이다. 이때 소비자잉여는 40만원(=100만원+80만원-70만원×2)과 60만원(=100만원+80만원-60만원×2) 사이이다.

①, ② |X| 최고가격규제 시행 전 균형임대료는 60만~70만원, 거래량은 2개이다.

③ |X| 월세 상한이 80만원인 경우 균형 임대료보다 높으므로 시장에 아무런 영향을 미치지 않는다.

④ |X| 월세 상한이 50만원인 경우 수요량은 4개, 공급량은 1개이다. 이때 하나의 물량을 D가 차지하면 소비자잉여는 0원(=50만원-50만원)이며 이것을 A가 차지하면 50만원(=100만원-50만원)이다. 따라서 소비자잉여가 이전보다 증가한다고 단정 지을 수 없다.

⑤ |O| 공급량은 1개이므로 임대주택 거래량이 이전보다 감소한다.

정답 ⑤

최저가격규제: 최저임금제

노동시장의 경우 노동시장 청산을 저해하는 제도적·구조적 요인으로 인해 명목임금(구매력이 아닌 화폐 단위로 표시된 임금으로 통상 임금이라고 할 때는 명목임금을 뜻함)이 오랫동안 시장청산 수준보다 높게 유지되는 현상을 쉽게 관찰할 수 있다. 최저임금제는 이러한 노동시장 청산을 저해하는 요인 중 하나로 최저가격규제의 대표적 사례이다.

» **최저임금제도** 비숙련노동자의 생계비 보장을 목적으로 일정 수준 이하로 시급이 내려가지 못하도록 법적으로 강제하는 제도이며 균형임금보다 높게 책정되는 경우 노동시장 청산을 저해해 비자발적 실업의 원인이 된다. 〈그림6-12〉는 균형임금(W0)보다 최저임금이 높게 책정된 경우 노동시장에 발생하는 초과공급과 그때의 소비자잉여(CS)를 보여준다.

〈그림6-12〉 최저임금제와 노동시장의 초과공급

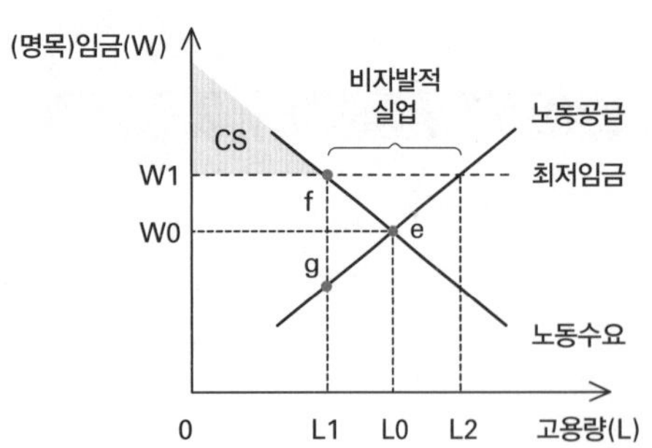

» 노동은 재화(산출물Output)를 생산하는데 필요한 투입물Input(생산요소Factor)로 노동시장에서 거래된다. 노동시장에서 노동자(가계)는 공급자, 기업은 수요자이며 노동의 수요와 공급에 의해 노동의 가격인 균형임금이 결정된다.

» 노동공급곡선의 높이는 노동자가 여가를 포기하고 노동시장에 나가 노동을 공급하는 데 필요한 최소금액(유보임금Reservation Wage)이며, 노동수요곡선의

높이는 기업이 노동자 한 명 더 고용할 때 노동자에게 지급할 수 있는 최대금액(지불용의가격), 즉 노동의 한계생산물가치Value of Marginal Product of Labor·VMPL(=재화의 가격×노동의 한계생산물)이다. 기업은 노동의 한계생산물가치가 명목임금보다 높은 경우에만 고용을 늘리며 그 반대의 경우 고용을 줄인다.

노동의 한계생산물가치 > 명목임금 → 고용↑

노동의 한계생산물가치 < 명목임금 → 고용↓

» 〈그림6-12〉와 같이 최저임금이 균형임금보다 높게 책정(W1>W0)된 경우 노동에 대한 수요량이 감소해 고용량이 줄고(L0→L1) 비자발적 실업(L2-L1)이 발생한다. 이 경우 기업의 이익(CS)은 기존보다 감소한다. 또한, 노동자의 이익(PS)도 반드시 기존에 비해 증가한다고 볼 수 없다. 한편, 사회적 잉여의 경우 기존보다 감소한다. 이것은 생산자잉여가 최대인 경우에도 efg만큼 사회적 잉여가 감소한다는 사실로부터 미루어 짐작할 수 있다.

6-7

다음의 표는 한 가구공장의 고용 인원 수와 그에 따른 월간 생산량 간 관계를 나타낸 것이다. 가구의 단위당 가격이 50만원, 명목임금은 250만원일 때 이 가구공장의 적정 고용 인원은?

노동자 수(명)	1	2	3	4	5
월간 생산량(개)	10	18	24	28	30

① 1명 ② 2명 ③ 3명 ④ 4명 ⑤ 5명

【해설】

노동의 한계생산물가치는 한계생산물(Marginal Product of Labor·MPL, 노동자 한 명 추가 고용 시 늘어나는 재화의 양)에 재화의 가격을 곱한 값으로, 고용 인원이 '1→2'일 때 400만원(=50만원×8개), '2→3'일 때 300만원(=50만원×6개), '3→4'일 때 200만원(=50만원×4개),

'4→5'일 때 100만원(=50만원×2개)이다. 따라서 노동자를 3명까지 고용하는 것이 최적이다.

정답 ③

예제 6-8

다음 중 노동시장에 대한 올바른 설명으로 가장 거리가 먼 것은? (단, 노동시장의 수요곡선은 우하향하며, 공급곡선은 우상향한다. 또한, 노동시장은 완전 경쟁적이다.)

① 노동수요는 노동의 한계생산물가치이다.

② '워라밸' 풍조의 확산은 노동공급곡선을 좌측으로 이동시키는 요인이다.

③ 노동공급곡선의 높이는 노동자가 여가에 대해 느끼는 심리적 가치로 해석된다.

④ 최저임금이 균형임금보다 높게 책정되는 경우 노동에 대한 수요량은 증가하고 공급량은 감소한다.

⑤ 균형임금보다 높은 수준으로 최저임금이 책정되는 경우 기업이 차지하는 잉여가 감소한다.

【해설】

보기 ①~③, ⑤는 노동시장의 수요와 공급 그리고 최저임금제도의 영향에 대한 올바른 설명이다.

④ |X| 최저임금이 균형임금보다 높게 책정되면 노동에 대한 수요량은 감소하고 공급량은 증가해 초과공급(비자발적 실업)이 발생한다.

정답 ④

수량규제: 대출총량규제, 면허, 대형마트 영업시간 제한, 스크린쿼터

〈그림6-13〉 택시 운송여객 시장에서의 수량규제

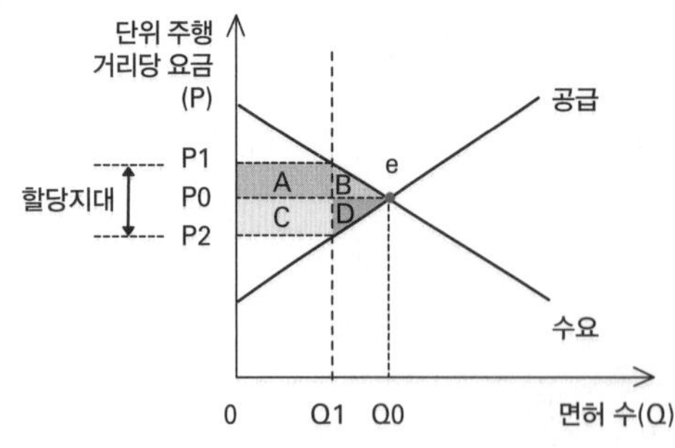

택시면허·스크린쿼터·대형마트 영업시간 제한 등은 공급자의 수나 재화 그리고 서비스 공급량을 제한함으로써 공급자의 이익을 보호하는 수량규제의 사례이다. 〈그림6-13〉은 수량규제의 사례인 택시 운송여객 서비스시장의 사례이다.

〈그림6-13〉과 같이 면허 수를 Q1로 제한하는 경우 공급량이 감소

(Q0→Q1)하고 가격이 상승(P0→P1)한다. 이때 소비자잉여는 A+B만큼 감소하고 생산자잉여는 A−D만큼 증가한다. 소비자잉여와 생산자잉여를 더한 사회적 잉여는 B+D만큼 감소한다.

» 소비자잉여 변화 = -A-B (<0)
» 생산자잉여 변화 = +A-D (A>D일 때만 양의 값을 가짐: 공급자의 이익을 위한다는 정책의 취지에 항상 부합하는 것은 아님)
» 사회적 잉여 변화 = -B-D (<0)

여기서 A는 기존에 소비자가 누리던 이익을 생산자가 차지하게 된 영역(소비자로부터 생산자에게로 이전된 이익)이며, B와 D는 거래량 감소로 인한 후생손실에 해당한다. 따라서 정부의 규제로 인한 후생손실은 거래량 감소에서 기인한다는 것을 알 수 있다. 한편, 시장가격 P1과 P2의 차이(P1-P2)를 할당지대Quota Rent(공급량 제한으로 인해 공급자가 누리는 초과이익)라고 한다.

경제 — 5

소비의 외부효과

한 개인의 소비 행태는 자신의 소득과 선호, 다른 사람의 소비 패턴 등에 영향을 받는다. 따라서 어떤 재화에 대한 시장의 수요는 각 개인의 소비를 단순히 더한 것과 반드시 일치하지는 않는다. 어떤 재화를 소비하는 사람의 수가 많을수록 그 재화의 추가 소비에서 얻는 편익이 증가하는 경우를 소비의 양(+)의 외부효과라고 하며, 소비자의 수가 늘어날수록 추가 소비에서 얻는 편익이 감소하는 경우를 소비의 음(-)의 외부효과라고 한다. 소비에 양의 외부효과가 있는 경우 시장수요는 개별 소비자의 수요를 더한 것보다 크며, 음의 외부효과의 경우 시장수요는 개별 소비자의 수요를 더한 것보다 작다.

밴드왜건효과Bandwagon Effect(시류효과)

밴드왜건효과는 어떤 재화를 소비하는 사람의 수가 늘어날수록 그 재화를 사용할 때 얻는 편익이 증가하는 속성으로 인해 시장수요가 개별 소비자의 수요의 합 이상으로 나타나는 현상이다. 주로 SNS, 모바일 앱, 메신저 등 통신기기에서 흔히 관찰된다.

스놉효과Snob Effect(백로효과)

스놉효과는 어떤 재화를 소비하는 사람의 수가 늘어날수록 그 재화를 사용할 때 얻는 편익이 감소해 시장수요가 개별 소비자의 수요의 합보다 작게 나타나는 현상이다. 명품·사치품의 소비에서 주로 관찰된다.

다음 중 치킨 가격을 상승시키는 요인으로 가장 거리가 먼 것은? (단, 치킨은 정상재이며, 피자와 대체재 그리고 맥주와 보완재 관계이다.)

① 피자 가격 상승
② 처분가능소득 증가
③ 맥주에 대한 주세 인상
④ 전국적인 치맥열풍
⑤ 조류인플루엔자 유행으로 인한 닭의 대량 살처분

해설

① |O| 대체재 가격이 상승했으므로 치킨 수요는 증가한다.
② |O| 치킨은 정상재이므로 처분가능소득이 증가하면 수요가 증가한다.
③ |X| 주세 인상은 보완재인 맥주 가격을 상승시키므로 치킨 수요가 감소한다.
④ |O| 전국적인 치맥열풍은 치킨 수요를 증가시킨다.
⑤ |O| 닭의 대량 살처분은 닭고기 공급을 감소시킨다. 정답 ③

다음과 같은 기사를 읽고 리튬전지 시장의 균형가격과 균형거래량의 변화를 올바르게 추론한 것은?

> 최근 친환경 에너지에 대한 관심이 높아짐에 따라 2차전지시장이 급성장하고 있다. 특히 전기차 수요가 늘어남에 따라 리튬전지 수요도 함께 늘고 있다. 또한, 정부가 친환경 에너지에 대한 대대적인 육성과 지원을 약속함에 따라 리튬전지 생산업체에 대한 보조금도 크게 늘었다.

	균형가격	균형거래량
①	상승	증가
②	상승	알 수 없음
③	알 수 없음	증가
④	알 수 없음	알 수 없음
⑤	하락	증가

해설

정부의 보조금 지급은 생산비용을 낮추므로 공급 증가 요인이 된다. 따라서 리튬전지 수요와 공급이 모두 증가하고 이에 따라 균형거래량도 증가한다. 이때 수요 증가효과가 공급 증가효과보다 크면 균형가격은 상승하고 그 반대의 경우라면 균형가격이 하락한다. 정답 ③

최근 서울 도심지의 한 카페에서 아메리카노와 카페라테의 가격을 모두 5% 인상했고 이에 따라 매출이 각각 5%와 3% 상승했다. 이를 바탕으로 아메리카노와 카페라테 수요의 가격탄력성을 올바르게 추론한 것은?

	아메리카노	카페라테
①	탄력적	비탄력적
②	단위탄력적	탄력적
③	단위탄력적	비탄력적
④	완전 비탄력적	탄력적
⑤	완전 비탄력적	비탄력적

해설

가격을 5% 인상했을 때 아메리카노의 매출이 5% 증가했으므로 판매량 변화율은 0%이며, 카페라테의 경우 매출이 3% 증가했으므로 판매량 변화율은 -2%이다. 따라서 아메리카노는 완전 비탄력적(가격탄력성=0)이며 카페라테는 비탄력적(가격탄력성=-0.4)이다. 정답 ⑤

X재와 Y재의 수요의 탄력성을 조사한 표이다. 다음 중 이를 바탕으로 올바르게 추론한 것은? (단, 가격탄력성은 절댓값 없이 나타낸 것이다.)

구분	품목	
수요의 탄력성	X재	Y재
가격탄력성	-0.4	-1.2
소득탄력성	0.2	1.4
교차탄력성	-0.6	-0.5

① Y재는 필수재이다.
② X재와 Y재는 대체재 관계이다.
③ X재와 Y재는 수요의 법칙을 따르지 않는다.
④ X재는 가격이 상승할 때 판매수입이 증가한다.
⑤ 처분가능소득이 증가하면 X재 수요는 감소하고 Y재 수요는 증가한다.

해설

① |X| Y재는 사치재이다.
② |X| X재와 Y재는 보완재 관계이다.
③ |X| 절댓값 없이 나타낸 X재와 Y재의 수요의 가격탄력성이 모두 음(-)이므로 수요의 법칙을 따른다.
④ |O| X재의 수요의 가격탄력성이 -1과 0 사이 값을 가지므로 가격이 상승할 때 판매수입이 증가한다.
⑤ |X| X재와 Y재는 모두 정상재이므로 처분가능소득이 증가할 때 수요가 증가한다. 정답 ④

닭고기시장의 수요와 공급 변화를 나타낸 그림이다. (가), (나) 상황에 대한 올바른 설명을 |보기|에서 모두 고르면? (단, 닭고기는 정상재이며, 삼겹살과는 대체재 그리고 파슬리와는 보완재이다.)

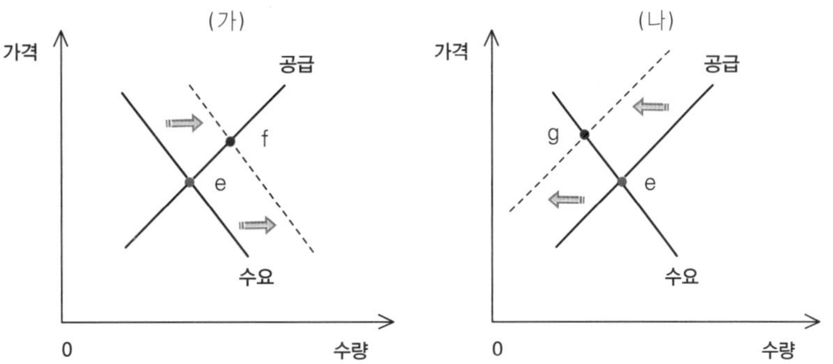

| 보기 |

㉠ 파슬리의 가격 상승은 (나)의 원인이다.
㉡ 삼겹살의 가격 상승은 (가)의 원인이다.
㉢ 경기불황에 따른 가계의 소득 감소는 (가)의 원인이다.
㉣ 조류인플루엔자 유행으로 인한 양계농가의 피해는 (나)의 원인이다.

① ㉠, ㉡　② ㉠, ㉣　③ ㉡, ㉢　④ ㉡, ㉣　⑤ ㉢, ㉣

해설

㉠ |X| 닭고기의 보완재인 파슬리의 가격 상승은 닭고기 수요를 줄이는 요인이다.
㉡ |O| 대체재인 삼겹살의 가격 상승은 닭고기 수요를 늘리므로 (가)의 원인이다.
㉢ |X| 닭고기는 정상재이므로 소득이 감소할 때 수요가 감소하므로 (가)의 원인이 될 수 없다.
㉣ |O| 양계농가 피해는 닭고기 공급을 줄이는 요인이므로 (나)의 원인이다. 정답 ④

기사의 밑줄 친 ㉠~㉤에 대한 올바른 설명으로 가장 거리가 먼 것은?

> 2023년 ㉠ 최저임금이 전년 대비 5% 인상된 시간당 9,620원으로 결정됐다. 노동계는 소비자물가상승률에 미치지 못한다고 반발하고 있고, 경영계에서는 가뜩이나 경기도 좋지 않은데 인건비 부담까지 크게 상승했다고 불만을 표출하고 있다. 최저임금이 더 많이 인상됐어야 한다고 주장하는 측의 주된 논리는 최저임금 인상으로 가계의 실질 처분가능 소득이 많아져야 소비가 촉진되고, 이것이 기업 매출 증가로 이어지면 기업의 이익과 투자도 늘어나 경기가 활성화되어 ㉡ 고용에 긍정적인 영향을 미친다는 것이다. 한편, 이에 반대하는 측에서는 경기가 둔화되고 있는데 ㉢ 최저임금 인상으로 고용이 더욱 위축될 수 있다고 지적하며 최저임금 인상이 근로자 전체의 소득을 감소시킨다는 연구 결과를 인용했다. 2016년의 한 연구에 의하면, ㉣ 최저임금이 1% 인상될 때 일자리가 0.15% 감소하고, ㉤ 최저임금이 10% 이상 인상되는 경우 근로자 임금 총액이 오히려 감소하는 것으로 나타났다.

① ㉠은 비숙련노동자의 생계비 보장이 주요 목적이다.
② ㉡은 노동수요 곡선이 우측으로 이동하는 것을 의미한다.
③ ㉢은 노동시장에 초과공급이 증가할 수 있음을 의미한다.
④ ㉣은 노동수요가 시간당 임금에 대해 비탄력적일수록 더 뚜렷이 나타난다.
⑤ ㉤은 최저임금 상승으로 인해 근로시간이 크게 줄어드는 경우 나타난다.

해설

① |O| 비숙련노동자의 생계비 보장은 최저임금제의 주된 취지 가운데 하나다.
② |O| 문맥상 경기 활성화에 따른 노동수요 증가를 뜻하므로 노동수요곡선의 우측 이동을 의미한다.
③ |O| 비자발적 실업이 증가할 수 있다는 뜻이므로 노동시장의 초과공급 증가로 볼 수 있다.
④ |X| 노동수요가 시간당 임금에 탄력적일수록(노동수요곡선이 완만할수록) 최저임금 인상에 따른 고용 감소가 더 뚜렷이 관찰된다.
⑤ |O| 고용주가 인건비 부담을 줄이기 위해 근로시간을 줄이는 식으로 대응하는 경우 노동자의 임금 총액이 줄어들 수 있다.

정답 ④

다음의 내용을 바탕으로 쌀시장의 수요와 공급의 가격탄력성에 대해 가장 올바르게 추론한 것은?

- 쌀은 가격이 상승하거나 하락하더라도 단기에 공급량을 늘리거나 줄이기 쉽지 않다.
- 쌀농사가 잘돼 풍년이 들면 오히려 농가의 수익이 감소해 농민들의 근심이 커진다.

	쌀 공급	쌀 수요
①	탄력적	탄력적
②	탄력적	비탄력적
③	비탄력적	탄력적
④	비탄력적	비탄력적
⑤	비탄력적	완전 탄력적

해설

가격이 변동하더라도 이에 맞춰 단기에 공급량을 늘리거나 줄이기 쉽지 않다는 것은 공급의 가격탄력성이 작다는 뜻이다. 또한, 쌀농사 작황이 좋을 때 오히려 농가의 수익이 감소(풍년의 역설)하는 것은 수요의 가격탄력성이 작다는 뜻이다. 따라서 쌀의 공급곡선과 수요곡선은 모두 가파른 기울기를 가진 것으로 그려질 것이다.

정답 ④

국가공인
매경 TEST

경제

7

불완전 경쟁과 독과점 문제

재화와 서비스시장(산출물·생산물시장$_{\text{Output Market}}$)은 생산자(기업)의 수, 제품의 차별화 정도, 진입장벽의 유무에 따라 크게 완전경쟁시장$_{\text{Perfect Competition Market}}$, 독점적 경쟁시장$_{\text{Monopolistic Competition Market}}$, 과점시장$_{\text{Oligopoly}}$, 독점시장$_{\text{Monopoly}}$ 네 가지로 구분한다. 앞 장(시장의 수요와 공급)에서 살펴본 시장은 완전경쟁시장에 해당한다. 〈표7-1〉은 재화시장의 유형과 그에 따른 주요 특징을 요약한 것이다.

〈표7-1〉 재화시장의 유형과 주요 특징

구분		재화와 서비스시장			
기준		완전경쟁	독점적 경쟁	과점	독점
1	생산자의 수	다수	다수	소수	하나
2	재화의 품질	동질적	이질적	동질적, 이질적	동질적
3	진입장벽	없음	낮거나 없음	높음	매우 높음
4	시장지배력 (가격결정력)	없음 (가격추종자)	충성고객에 한해 있음 (가격결정자)	경우에 따라 다름	매우 강함 (가격결정자)
5	개별 기업이 직면하는 수요곡선	수평	우하향	수평 또는 우하향	우하향
6	최적 생산량에서 가격 ·한계수입· 한계비용의 관계	가격 =한계수입 =한계비용	가격 >한계수입 =한계비용	가격 ≥한계수입 =한계비용	가격 >한계수입 =한계비용
7	러너지수	0	0~1	0 또는 0~1	0~1
8	초과이윤	0	• 단기: (+) • 장기: 0	0 또는 (+)	(+)
9	사례	• 쌀시장 • 주식시장	• 요식업 • 미용실 • 음원시장 • 인강시장 • 의류·신발시장	• 건설업 • 정유산업 • 석유산업 • 통신산업 • 자동차산업 • 버스·항공여객	• 철도 • 도로 • 담배·인삼
10	기타	• 소비자가 재화와 서비스 품질에 대해 완전한 정보를 가짐 • 소비자잉여, 생산자잉여, 사회적 잉여가 모두 극대화됨(효율적)	• 제품차별화 • 비가격경쟁 (광고, 마케팅)	• 기업 간 상호 의존적 선택이 이뤄짐 • 기업 간 담합의 유인 존재 • 담합 등 각종 시장교란행위 발생	• 가격차별 가능 • 별도의 공급곡선 없음 • 규모의 경제가 나타나는 산업에서 주로 관찰

» 기업의 최적 생산량은 시장 형태와 관계없이 한계수입과 한계비용이 같아질 때 달성.
» 시장 참가자들의 이익과 자원배분 효율성은 시장의 형태에 따라 크게 달라짐.
» 독과점시장의 경우 자원배분의 비효율이 발생 → 불완전경쟁으로 인한 시장실패.

경제

1

완전경쟁시장

다수의 소비자와 공급자가 거래에 참여하며 법적·제도적 진입장벽이 없어 신규 사업자의 진입·퇴거가 자유롭다. 따라서 개별 기업은 시장에 어떠한 지배력도 행사할 수 없으며 이는 각 기업이 직면하는 시장수요가 수평이라는 뜻이다. 이는 시장의 수요와 공급에 의해 결정된 가격을 추종하는 입장에서 시장가격에 제품을 내놓기만 하면 얼마든지 팔린다는 뜻이다. 〈그림7-1〉은 개별 기업의 수요와 공급, 그리고 시장의 수요와 공급 간 관계를 나타낸 것이다.

〈그림7-1〉 완전경쟁시장에서 개별 기업의 수요·공급

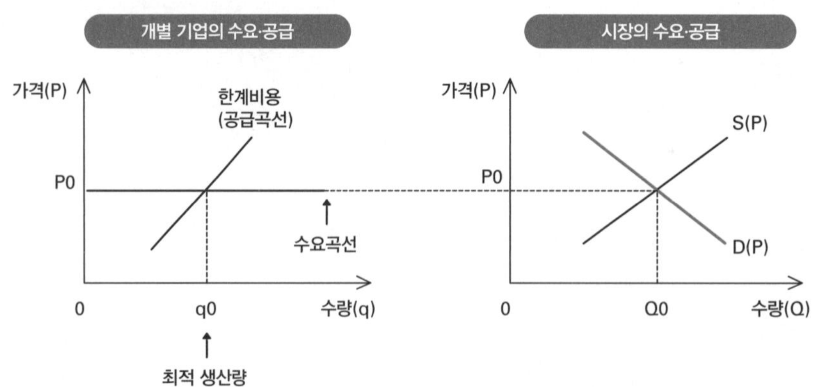

» 개별 기업은 시장의 수요와 공급에 의해 형성된 균형가격 P0로 시장에 재화나 서비스를 얼마든지 판매할 수 있다. 만약 P0보다 가격을 약간이라도 인상한다면 다른 제품과 차별성이 없는 한 단 하나의 제품도 판매할 수 없다. 또한, P0에 얼마든지 제품을 팔 수 있는데 P0보다 가격을 인하해야 할 이유도 없다. 따라서 P0에서 수평인 선이 곧 개별 기업이 직면하는 수요곡선이 되는 것이다.

P0에서 수평인 수요곡선의 의미

(1) 개별 기업은 가격을 결정할 권한이 없으며 시장에서 형성된 균형가격을 받아들일 수밖에 없는 가격추종자Price Taker.

(2) P0의 가격으로 제품을 얼마든지 판매 가능.

» 시장지배력은 곧 가격결정력을 뜻하며 이를 측정하는 가장 간단한 지표가 러너지수Lerner Index로 0에서 1 사이 값을 가지며, 특정 기업의 시장지배력이 클수록(작을수록) 이 값이 1(0)에 가까워짐.

러너지수 = (시장가격 – 한계비용) / 시장가격 = 1 – 한계비용 / 시장가격

시장지배력(독점력·가격결정력)의 측정

시장지배력(Market Power)은 기업이 생산한 제품의 가격을 결정할 수 있는 힘, 즉 가격결정력을 뜻한다. 시장지배력을 측정하는 한 가지 방법은 기업이 '생산비용보다 가격을 얼마나 더 올려서 책정할 수 있는가 하는 정도'를 재는 것이며 이러한 아이디어를 반영한 것이 러너지수(Lerner Index)이다.

러너지수는 '시장가격에서 한계비용을 차감한 값을 다시 가격으로 나눈 비율'로, 완전경쟁시장의 경우 0, 완전경쟁에서 벗어나는 경우 0~1(또는 0~100%)의 값을 가진다. 독과점의 경우 이 값은 수요의 가격탄력성과 역(逆)의 관계(역탄력성 규칙, Inverse Elasticity Rule)를 가지며, 밀접한 대체재가 늘어날수록 0에 가까워진다. 러너지수가 0이라는 것은 개별 기업의 시장지배력이 전혀 없다는 뜻으로 시장이 완전경쟁시장과 같다는 뜻이다.

한편, 시장집중도(Market Concentration Index)란 한 산업에서 몇몇 상위 기업들의 시장점유율을 더한 것으로 허핀달-허시먼 지수(Herfindahl-Hirschman Index·HHI)(각 기업의 시장점유율의 제곱의 합으로 0~10,000의 값을 가짐), CRk지수(k-firm Concentration Ratio)(가장 큰 k개 기업의 시장점유율 합)가 그 사례다.

» **최적생산량** 시장가격 = 한계수입 = 한계비용 → 러너지수 = 0

한편, 완전경쟁시장에서는 소비자들이 재화의 특성에 대해 완전한 정보를 가지게 되는데, 이는 생산자와 소비자 모두 재화의 품질에 대해 정확히 같은 정보를 공유함을 뜻한다. 만약 생산자가 소비자보다 재화의 품질에 대해 더 많은 정보를 가지는 비대칭정보$_{\text{Asymmetric Information}}$ 하에서는 역선택$_{\text{Adverse Selection}}$이 발생한다.

경제
—
2

독점적 경쟁시장

독점적 경쟁시장은 서로 차별화된 제품Differentiated Product을 생산하는 기업들이 품질 경쟁을 통해 충성고객Loyal Consumer(특정 제품에 대해 높은 선호를 보이는 소비자층)을 거느리고 이들에 대해 시장지배력을 행사하는 시장이다. 제품차별화는 자사 브랜드 가치 제고를 통해 가격결정력을 가질 수 있는 원천이 된다.

» 경쟁사와의 가격 경쟁Price War은 기업들 모두가 가장 피하고 싶어 하는 상황.
» 제품차별화(가격 경쟁의 회피수단)를 통해 자사 제품에 높은 충성도를 가진 고객 확보.
» 이렇게 확보한 충성고객에 대해 시장지배력(가격>한계비용)을 행사.

(1) 단기: 시장에 자사 제품을 대체할 대체재가 충분치 않으므로 초과이윤 향유.
(2) 장기: 진입장벽의 부재로 자사 제품과 유사한 제품을 공급하는 신규 사업자가 증가하고 이로 인해 고객의 일부를 뺏김에 따라 초과이윤을 상실(하지만 장기에도 시장지배력이 완전히 희석되지는 않으므로 가격은 여전히 한계비용보다 높은 수준으로 책정).
» **(장·단기) 최적생산량** 시장가격 > 한계수입 = 한계비용
» 자사 제품의 경쟁력을 유지하고 충성고객 이탈 방지를 위해 공격적으로 마케팅 활동

을 펼치는 등 기업들 간 치열한 비가격경쟁 발생.

» 경쟁사에서 생산하는 제품은 자사 제품과 유사하더라도 소비자들에게 자사 제품의 완전대체재가 아닌 불완전대체재로 인식됨.

» 완전경쟁시장에 비해 재화 생산량은 적고, 가격은 높으므로 소비자잉여와 사회적 잉여가 완전경쟁시장에 비해 작음 (후생손실이 발생).

» 하지만 차별화된 제품이 시장에 공급됨에 따라 소비자들의 다양한 선호를 충족시킬 수 있다는 긍정적 측면이 존재 (특히, 단기에 기업들이 얻는 초과이윤은 기업들로 하여금 끊임없이 제품차별화를 시도하게 하는 동력으로 작용).

경제
—
3

과점시장

과점시장은 소수의 기업에 의해 공급이 이뤄지는 시장으로 완전경쟁시장이나 독점적 경쟁시장에 비해 시장 집중도가 높게 나타난다. 과점시장에서 기업은 경쟁사와 차별화된 제품을 공급하기도 하지만 동질적 제품을 공급하는 경우도 많다. 하지만 제품차별화 여부와 관계없이 베르트랑경쟁Bertrand Competition(동질적 재화를 공급하는 두 기업이 펼치는 가격경쟁)의 사례를 제외하면, 기업들은 일정 수준 이상의 가격결정력을 가지며 이를 바탕으로 장기간 초과이윤을 향유한다. 이는 진입장벽으로 인해 신규 공급자의 시장 진입이 제한되기 때문이다. 이는 제품차별화를 통해서만 시장지배력을 행사할 수 있는 독점적 경쟁시장과 비교되는 부분이다.

진입장벽

» 현실에는 신규 공급자의 시장 진입을 방해하는 다양한 형태의 진입장벽Entry Barrier이 존재.

» **법적·제도적 진입장벽** 정부 허가.

» **전략적 진입장벽** 약탈가격Predatory Pricing (신규 사업자가 시장에 진입할 엄두가 나지 않도록 한계비용 이하로 가격을 인하한 뒤 진입 위협이 사라진 후 가격을 인상해 폭리를 취하는 가격전략).

경합가능시장

때때로 지배적 사업자는 당장의 시장 진입 위협이 없더라도 잠재적 경쟁사의 진입 위협이 있는 경우 이를 저지하기 위해 평상시에도 가격을 한계비용에 가까운 수준으로 유지하곤 한다. 이러한 시장을 경합가능시장Contestable Market이라고 하며 완전경쟁시장과 유사한 특징이 나타난다.

의사결정의 상호의존성

과점시장은 소수의 기업들이 서로 경쟁하는 구도이므로 몇 개의 기업이 시장점유율의 대부분을 차지하고 있다. 따라서 한 기업의 선택이 시장수요 전체에 큰 영향을 주며 이는 필연적으로 경쟁사의 이윤에 직접 영향을 미치게 된다. 즉, 기업들은 상호의존적 의사결정을 해야만 하는 전략적 상황에 놓이게 되는 것이다. 이는 기업들이 상대방이 어떤 선택을 할지 예측해 이를 바탕으로 최선의 선택을 강구하고 고민해야 한다는 뜻이다. 따라서 기업들은 이와 같은 불확실하고 소모적인 경쟁에서 벗어나 협력(담합Collusion)하는 길을 택할 유인이 있다.

» 의사결정의 상호의존성 → 전략적 의사결정.

» **게임이론**Game Theory 전략적 의사결정을 분석하는 방법론으로 과점시장에서 기업의 행동을 분석하는 데 유용.

담합

» 경쟁을 회피함으로써 얻는 이익의 크기는 장기일수록 증가하므로 장기에는 담합을 유지할 유인이 증가.

» 담합은 소비자가 누려야 할 이익을 생산자가 부당하게 차지하는 시장질서 교란 행위로 공정거래법상 처벌 대상.

» 명시적인 담합 행위를 적발하고 증거를 수집하는 것이 쉽지 않으므로 리니언시 제도Leniency(담합 행위를 자진 신고한 기업에 과징금을 감면 또는 면제하는 제도)를 운영.

과점시장과 게임이론 (최우수를 위한 심화학습)

과점시장에서 한 기업이 제품 가격을 어떻게 책정하는지에 따라 해당 기업은 물론 경쟁사의 이윤도 직접적으로 영향을 받는다. 따라서 개별 기업이 가격결정력을 가지고

담합의 정의와 형태

통상 담합으로 불리는 공동행위는 공정거래법상 사업자가 계약이나 협정 등의 방법으로 다른 사업자와 짜고 가격을 결정하거나 거래 상대방을 제한함으로써 그 분야의 실질적인 경쟁을 제한하는 행위를 가리킨다. 현행 공정거래법은 이 같은 부당한 공동행위의 유형을 대략 8가지로 구분하고 있다. 가격 제한, 판매 제한, 생산과 출고 제한, 거래 제한, 설비 신·증설 제한, 상품 종류와 가격 제한, 회사 설립 제한, 사업 활동 제한 등이다. 같은 업자들끼리 짜고 값을 올려 받거나 공급 물량을 제한하고 다른 회사의 참여를 막는 행위 등이 모두 이 같은 유형에 포함된다. 이 같은 공동행위는 기업 간 경쟁을 막아 실제로 경쟁이 벌어지는 경우보다 가격을 높은 수준으로 유지하거나 인상시켜 경쟁사업자에 불이익을 줄 뿐 아니라 결과적으로 소비자에게 부담을 전가하게 된다. 공정거래위원회는 이 같은 공동행위가 적발될 경우 시정명령과 과징금 부과는 물론 형사 고발 등의 조치를 취하고 있다.

- 카르텔(Cartel): 같은 종류의 상품을 생산하는 기업이 서로 가격이나 생산량, 출하량 등을 협정해서 경쟁을 피하고 이윤을 확보하려는 행위이다.
- 콘체른(Konzern): 기업결합이라고 하며 법률상으로 독립되어 있으나 경영상 실질적으로 결합되어 있는 기업결합 형태이다. 일반적으로는 거대기업이 여러 산업의 다수 기업을 지배할 목적으로 형성한다.
- 트러스트(Trust): 경쟁회피와 시장지배력 확대를 위해 업종이 동일하거나 유사한 분야의 개별 기업들이 독립성을 버리고 새로운 기업으로 통합하는 기업집중의 형태로, '기업합병'이라고도 한다. 트러스트 하에서는 기업들이 법률적·경제적 독립성을 완전히 버리기 때문에 독립성을 유지한 채 일시적으로 결합하는 카르텔보다 더 강력한 기업 결합의 효과를 가진다.

있더라도 경쟁업체가 어떤 선택을 할지 확신이 없는 상황에서 선불리 가격을 올릴 수 없다. 자사 제품 가격을 인상했을 때 경쟁사 제품 가격이 그대로 유지된다면 소비자들의 외면을 받아 시장점유율이 낮아질 것이기 때문이다. 이러한 현상은 경쟁업체 제품이 자사 제품과 밀접한 대체재일수록 더 두드러지게 나타난다. 이러한 상황에서 각 기업은 어떻게 생산량과 가격을 결정해야 할까? 여기서는 다음의 간단한 〈사례〉를 통해 이에 관해 살펴본다.

사례

- 시장수요를 양분하고 있는 두 경쟁업체 K·J사는 현재 자사 제품 가격을 인상하고 싶으나 상대방의 반응을 알 수 없어 고심 중.
- 이런 상황에서 두 업체가 할 수 있는 최선은 '상대방의 각 행동에 대해 자신에게 가장 높은 보수(Payoff)를 주는 행동을 선택'하는 것.

보수행렬: K사와 J사의 가격 결정 게임

K사 \ J사	가격 인상	가격 유지
가격 인상	70 / 80	30 / 90
가격 유지	80 / 40	50 / 60

- 보수행렬(Payoff Matrix): 게임 참가자(Player, K사·J사), 행동(Action, 가격 인상·가격 유지), 보수(Payoff, 셀 안의 수치)를 행과 열을 이용해 표현.

분석 방법

(1) 상대방의 행동을 주어진 것으로 보고 각 게임 참가자의 최적 대응Best Response 찾기.

(2) 두 참가자 모두에게 최적 행동이 되는 상태가 내시균형Nash Equilibrium.

K사의 최적 대응

» K사는 J사가 '가격 인상'을 선택할 때 '가격 인상'을 선택하면 70을, '가격 유지'를 선택하면 80을 보수로 얻음 → '가격 유지' 선택.

» K사는 J사가 '가격 유지'를 선택할 때 '가격 인상'을 선택하면 30을, '가격 유지'를 선택하면 50을 보수로 얻음 → '가격 유지' 선택.

J사의 최적 대응

» J사는 K사가 '가격 인상'을 선택할 때 '가격 인상'을 선택하면 80을, '가격 유지'를 선택하면 90을 보수로 얻음 → '가격 유지' 선택.

» J사는 K사가 '가격 유지'를 선택할 때 '가격 인상'을 선택하면 40을, '가격 유지'를 선택하면 60을 보수로 얻음 → '가격 유지' 선택.

보수행렬: K사와 J사의 가격 결정 게임

K사 \ J사	가격 인상	가격 유지
가격 인상	70, 80	30, 90
가격 유지	80, 40	50, 60

» K사·J사가 '가격 유지'를 선택할 때 두 업체는 더 이상 이탈할 유인이 없음 → 이 게임은 두 참가자가 모두 '가격 유지'를 선택하는 것으로 끝나게 됨.

이 게임의 균형의 특징

» 유일한 내시균형.

» **상대방의 행동과 관계없이 항상 '가격 유지'를 선택하는 것이 두 참가자 모두에게 최선** 우월전략 내시균형Dominant Strategy Nash Equilibrium.

» 이 게임의 내시균형은 '효율적'인가? 두 업체가 협력(담합)해 함께 '가격 인상'을 선택하면 보수가 20 증가(K사: 50→70, J사: 60→80)하므로 파레토 효율적이라고 할 수 없음.

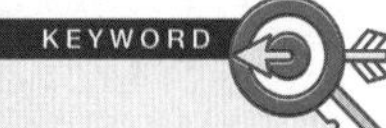

- 우월전략: 상대방의 행동과 관계없이 항상 같은 행동을 하는 것이 최적 대응인 전략
- 파레토 증진: 다른 참가자의 보수를 감소시키지 않으면서 적어도 한 참가자의 보수를 증가시키는 것
- 파레토 효율성: 파레토 증진이 불가능한 상태

이 게임의 균형에 대한 해석

» 두 업체는 다 함께 '가격 인상'을 선택하기로 협력(담합)하기만 하면 누구도 손해를 입지 않고 균형(K사: 50, J사: 60)에서보다 더 높은 보수(K사: 70, J사: 80)를 얻을 수 있는데 왜 그렇게 하지 않는가?

» '가격 인상'이 유지되려면 두 업체 모두 상대방이 배신하지 않을 것이라는 확고한 믿음이 필요 → 두 업체 모두 상대방을 배신하는 것이 유리(J사가 '가격 인상'을 선택할 때 K사는 '가격 유지'를 선택하면 보수가 70에서 80으로 증가, K사가 '가격 인상'을 선택할 때 J사는 '가격 유지'를 선택하면 보수가 80에서 90으로 증가) → '가격 인상'을 선택하자는 협력(담합)은 애초에 유지될 수 없음.

» **죄수의 딜레마**Prisoner's Dilemma 두 업체 모두 '가격 인상'을 선택하고 이를 유지할 수만 있다면 모두에게 이득이지만 상대방이 배신하지 않을 것이라는 확신이 없어 '가격 유지'를 선택할 수밖에 없도록 강요받는 상황에 놓임(담합은 단기에는 유지되기 어려움). 이는 죄수의 딜레마와 같은 상황임.

7-1

시장수요를 양분하고 있는 두 경쟁업체 K사·J사는 제품 가격을 인상하고 싶으나 상대방이 어떻게 나올지 알 수 없어 이를 망설이고 있다. 주어진 보수행렬을 바탕으로 올바르게 추론한 것은?
(단, 두 업체는 상대방의 행동을 관찰할 수 없다.)

보수행렬: K사와 J사의 가격 결정 게임

K사 \ J사	가격 인상	가격 유지
가격 인상	80 70	70 30
가격 유지	40 60	60 50

① 이 게임에는 하나의 내시균형이 존재한다.
② 두 업체 모두 '가격 유지'를 선택하는 것은 파레토 효율적이다.
③ J사가 '가격 인상'을 선택할 때 K사는 '가격 유지'를 선택하는 것이 최선이다.
④ 만약 J사가 먼저 행동을 취할 수 있다면 두 업체 모두 '가격 인상'을 선택하게 될 것이다.
⑤ K사와 J사 모두 상대방이 어떤 행동을 하든지 관계없이 '가격 유지'를 선택하는 것이 최선이다.

【해설】

'두 업체는 상대방의 행동을 관찰할 수 없다'는 단서 조항은 두 참가자가 동시에 행동을 선택한다는 뜻이다.

①, ③, ⑤ |X| 이 게임의 내시균형은 K사·J사가 모두 '가격 인상'을 선택하거나 두 업체 모두 '가격 유지'를 선택하는 것의 두 가지가 있다. 이처럼 두 참가자 모두 상대방과 동일하게 행동하는 것이 각자에게 최선인 게임을 조정게임(Coordination Game)이라고 하며, 통상 복수의 균형(Multiple Equilibria)이 존재한다. 균형이 하나보다 많다는 것은 게임이 어떻게 끝날지 예측할 수 없다는 뜻이다.

② |X| 두 업체 모두 '가격 인상'을 선택함으로써 파레토 증진이 가능하다.

④ |O| J사가 선행자(Leader)로서 먼저 선택을 할 수 있다면 자신의 보수가 최대가 되는 방향으로 게임이 전개되도록 선택할 것이다. J사는 '가격 인상'을 먼저 선택함으로써 K사도 '가격 인상'을 선택할 수밖에 없게끔 선택지를 줄일 수 있다. 이처럼 한 참가자가 먼저 움직이고 다른 참가자가 나중에 움직이는 순차게임(Sequential Move Game)의 경우 선행자가 자신에게 유리하게끔 게임이 진행되도록 할 수 있는 힘(선행자의 이익, First Mover's Advantage)이 있다. 순차게임에서 선행자의 행동은 후발자의 선택지를 줄이는 약속(Promise) 또는 확약·맹약(Commitment)의 기능이 있고, 후발자(Follower)의 행동은 선행자가 후발자의 이익에 반하지 않도록 위협(Threat)하는 기능이 있다.

정답 ④

경제
—
4

독점시장

독점시장은 공급자가 하나인 시장으로 대체로 높은 진입장벽이나 규모의 경제 Economies of Scale(생산량이 늘어날 때 평균 생산비용이 감소하는 현상)로 인해 발생한다. 독점시장에는 시장공급곡선이 존재하지 않으며 독점기업은 가격결정력을 이용해 한계비용보다 높게 가격을 책정한다. 이때 시장가격은 수요의 가격탄력성에 따라 달라진다.

독점생산량과 독점가격

독점시장에는 하나의 기업만 존재하므로 독점기업은 우하향하는 시장수요곡선 자체를 자신의 수요곡선으로 인식하게 된다. 이는 기업이 재화를 한 단위 더 판매하려면 가격을 낮춰야만 한다는 의미이다. 따라서 독점기업의 한계수입Marginal Revenue·MR은 판매량이 증가할수록 감소한다. 독점기업은 한계수입과 한계비용이 일치하도록 생산량을 결정하며 이때 소비자가 지불할 용의가 있는 최대가격(수요곡선의 높이)만큼을 독점가격으로 책정한다. 〈그림7-2〉는 독점기업이 직면하는 시장수요와 한계수입·한계비용, 독점기업의 최적 생산량과 독점가격을 나타낸 것이다.

〈그림7-2〉 독점생산량과 독점가격의 결정

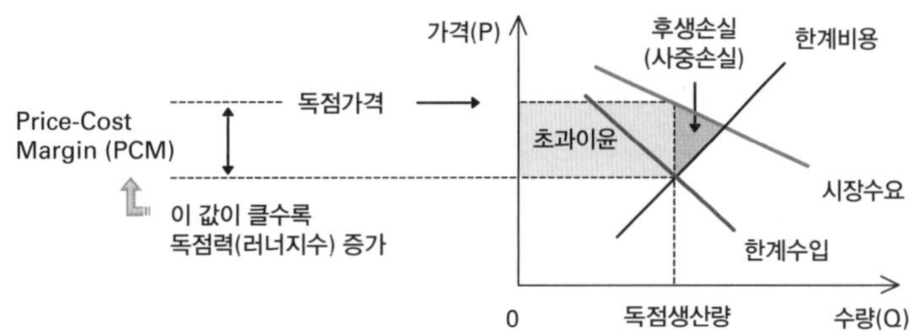

» 독점기업은 독점력을 이용해 공급량은 줄이고 가격을 인상.

- 독점생산량: 독점가격 > 한계수입 = 한계비용
- **한계비용에 비해 가격을 얼마나 더 높게 책정할 수 있는지는 수요의 가격탄력성에 따라 달라짐** 수요가 가격에 민감(둔감)할수록 독점가격↓(↑).

독점가격 = 한계비용 / (1+1/e_p), e_p: 수요의 가격탄력성(<0)

» **독점기업은 수요곡선의 탄력적인 구간에서 생산량을 결정** 수요곡선의 비탄력적인 구간에서 생산하고 있다면 생산량을 줄이고 가격을 인상함으로써 이윤을 늘릴 수 있으므로 최적 생산량이라 할 수 없음. 따라서 이윤 극대화를 위해 독점기업은 반드시 수요곡선의 탄력적인 구간에서 생산함.

» **독점시장에는 시장공급곡선이 존재하지 않음** 독점시장에서 기업은 한계수입이 한계비용과 같아지는 수준에서 생산량을 결정하고 이때 받을 수 있는 최대가격, 즉 수요곡선의 높이만큼을 가격으로 책정한다. 이것은 주어진 가격으로 시장에 공급되는 재화의 양을 보여주는 시장공급곡선이 없다는 뜻이다.

독점의 폐해

» 완전경쟁시장에 비해 재화가 적게 생산 → 사회후생 손실.

» 완전경쟁시장에 비해 높은 가격 → 소비자가 누리던 잉여 일부를 생산자가 차지.

예제 7-2

한 독점기업의 한계비용이 1만원, 수요의 가격탄력성이 –2일 때 이 시장의 독점가격을 구하면?

① 5,000원 ② 1만원 ③ 1만 5,000원 ④ 2만원 ⑤ 2만 5,000원

【해설】

독점가격은 '1만원 / (1-1/2)' 즉 2만원이다.

정답 ④

자연독점Natural Monopoly

제철·철도·전력·통신과 같이 고정비용이 큰 산업의 경우 생산량이 증가할수록 평균비용이 감소하는 규모의 경제가 나타난다. 이 경우 한 업체의 생산 규모가 충분히 커야 낮은 가격에 재화나 서비스 공급이 가능해진다. 따라서 시장에 다수의 업체가 진입해 시장수요를 나눠 갖는 방식의 경쟁이 발생하기 어렵다. 이때 시장에 먼저 진입해 규모의 경제를 실현하고 있는 기업은 자연스럽게 독점력을 가지게 된다. 이처럼 규모의 경제는 시장경쟁을 저해하는 요인이지만 시장의 과당경쟁을 막는 순기능도 있다. 자연독점이 나타나는 산업에서 정부는 기업이 폭리를 취하지 못하도록 가격을 적절히 규제하고 감시한다.

독점가격에 대한 규제

정부는 독점력을 가진 기업이 지나친 폭리를 취하지 못하도록 다양한 수단을 동원해 규제한다. 가격규제는 이러한 규제의 일환으로 평균비용 가격정책과 한계비용 가격정책이 그 사례이다.

» **평균비용 가격정책** 독점기업이 평균 가격을 초과해 가격을 책정할 수 없도록 규제.

- 생산량이 사회적 최적 수준에 미치지 못함.
- 초과이윤(독점이윤)이 상실.
- 자연독점의 경우 필수 공공재(철도·전기·통신)가 사회적으로 필요한 수준에 비해 적

게 공급되는 문제 발생.

» **한계비용 가격정책** 독점기업이 한계비용을 초과해 가격을 책정할 수 없도록 규제.

- 생산량이 사회적 최적 수준과 같음.
- 자연독점의 경우 독점기업에 손실이 발생하며 이때 독점기업의 손실 보전을 위해 보조금을 지급하면 재정 부담(경제적 비효율)이 발생.

가격차별Price Discrimination

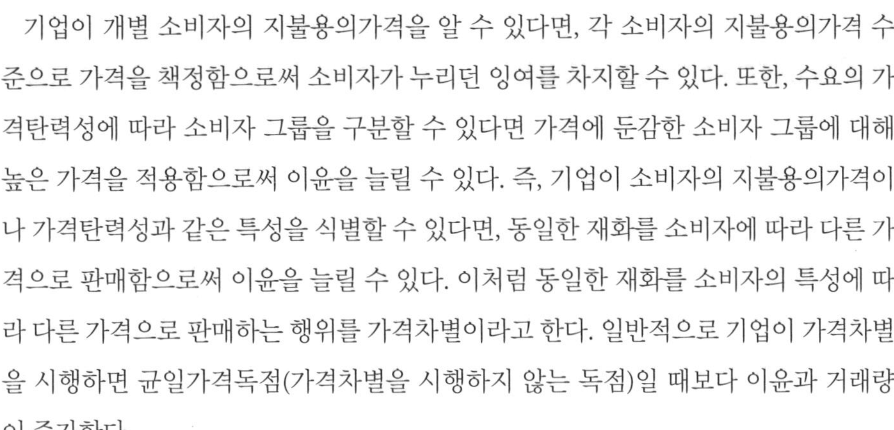

기업이 개별 소비자의 지불용의가격을 알 수 있다면, 각 소비자의 지불용의가격 수준으로 가격을 책정함으로써 소비자가 누리던 잉여를 차지할 수 있다. 또한, 수요의 가격탄력성에 따라 소비자 그룹을 구분할 수 있다면 가격에 둔감한 소비자 그룹에 대해 높은 가격을 적용함으로써 이윤을 늘릴 수 있다. 즉, 기업이 소비자의 지불용의가격이나 가격탄력성과 같은 특성을 식별할 수 있다면, 동일한 재화를 소비자에 따라 다른 가격으로 판매함으로써 이윤을 늘릴 수 있다. 이처럼 동일한 재화를 소비자의 특성에 따라 다른 가격으로 판매하는 행위를 가격차별이라고 한다. 일반적으로 기업이 가격차별을 시행하면 균일가격독점(가격차별을 시행하지 않는 독점)일 때보다 이윤과 거래량이 증가한다.

가격차별을 시행하기 위한 필요조건

(1) 기업은 가격결정력을 가지고 있어야 한다.

(2) 소비자의 특성(지불용의가격, 가격탄력성)을 식별할 수 있어야 한다.

(3) 소비자들 간 재판매를 차단할 수 있어야 한다.

- 조건 (1): 독점시장의 경우 자연스럽게 성립한다.
- 조건 (2): 소비자의 사적정보(지불용의가격)를 파악하기 위한 골라내기 필요. 소비자의 특성을 파악한 후 소비자의 지불용의가격과 수요의 가격탄력성에 따라 가격을 다르게 책정. 소비자의 지불용의가격이 높을수록 그리고 가격에 둔감할수록 더 높은 가격 책정.
- 조건 (3): 소비자들 간 재판매 거래가 가능하다면, 싼 가격에 구입한 소비자가 비싼 가격을 지불할 용의가 있는 다른 소비자에게 재판매할 유인이 존재. 이 경우 재화를 최초로 판매한 기업이 아니라 중개상 역할을 한 소비자가 잉여를 차지.

» 가격차별은 시행 방식에 따라 1급 가격차별(완전가격차별)·2급 가격차별(수량 할인·수량 할증)·3급 가격차별(드러난 외형적 특징에 따른 가격차별)로 구분.

• **1급 가격차별**(완전가격차별)

- 기업이 소비자의 지불용의가격을 완전히 파악할 수 있다면 각 소비자에게 그들의 지불용의가격만큼 가격을 책정 → 가격 = 지불용의가격 (지불용의가격의 종류만큼 다양한 가격이 존재)

〈그림7-3〉 1급 가격차별 하의 독점시장

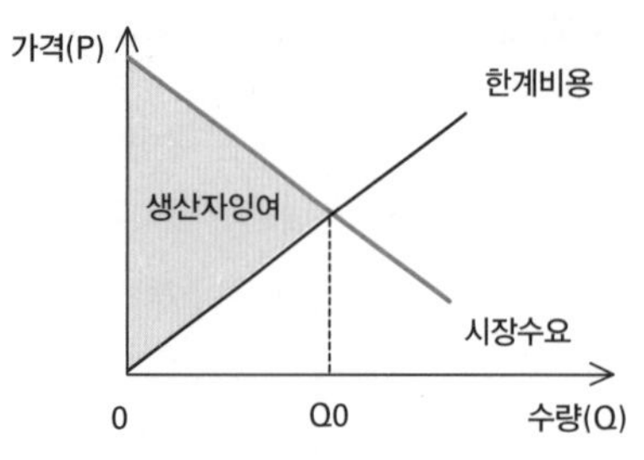

- 소비자잉여 = 0, 사회적 잉여 = 생산자잉여 (소비자잉여를 모두 기업이 차지함. 〈그림7-3〉 참조)
- 거래량은 단일가격 독점일 때에 비해 증가(지불용의가격이 너무 낮아 단일가격 독점일 때 소비할 수 없던 소비자도 낮은 가격에 소비 가능), 후생손실 = 0 (효율적 자원배분)

• **2급 가격차별**(수량 할인·수량 할증)

- 구매량이 많은 소비자에게 가격을 더 낮거나 높게 책정: 수량 할인·수량 할증
- 2부 가격Two-part Tariff과 다부가격: 가입비와 이용료가 별도 책정되는 서비스의 경우 이용량이 많을수록 소비자의 평균 지출↓. 이용량이 많은 사람에 대한 할인 혜택과 같음.
- 사례: 입장료와 놀이기구 탑승료를 별도로 받는 놀이공원, 가입비와 사용료를 별도로 받는 OTT 서비스, 할인마트나 편의점의 2+1 상품, 쿠폰을 10개 모았을 때 제공되는 1회 무료 식사권, 가정용 전기요금(사용량이 많은 가구에 대한 누진요금) 등.
- 다양한 수량과 가격을 조합한 메뉴를 제시하고 소비자들로 하여금 자발적으로 선택하도록 유도하는 마케팅 활동도 2급 가격차별에 해당. 이때 소비자는 메뉴를 선택하는 행동을 통해 자신의 지불용의가격을 드러냄.

• **3급 가격차별**(드러난 외형적 특징에 따른 가격차별)

- 가격에 민감할수록 낮은 가격을, 둔감할수록 높은 가격을 책정(역탄력성 규칙).

- 노인과 학생에 대한 통신요금 할인 혜택: 노인과 학생의 경우 시간은 많고 소득은 적을 것이라는 사실이 외형적으로 쉽게 식별되므로 이러한 특징으로 지불용의가격을 짐작.
- 지역 주민에 대한 박물관·유적지 입장료 할인(지역 주민의 경우 자주 관람이 가능하므로 지불용의가격이 낮음). 수능 수험표를 지참한 학생에 대한 영화티켓 할인.

예제 7-3

다음 그림은 제품차별화와 시장지배력을 기준으로 재화시장을 A~D 영역으로 구분한 것이다. 다음 중 각 영역에 대한 올바른 설명으로 가장 거리가 먼 것은? (단, A~D는 반드시 완전경쟁시장, 독점적 경쟁시장, 과점시장, 독점시장 가운데 하나에 각각 해당한다.)

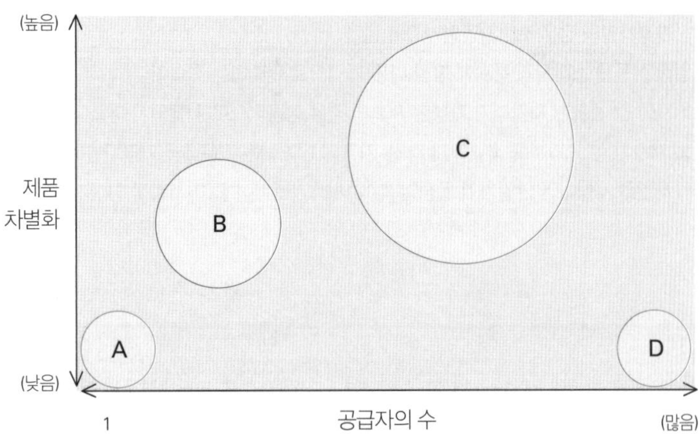

① A시장에서 기업이 인식하는 시장수요곡선은 수평이다.

② 리니언시 제도는 B시장의 비효율성을 개선시키는 효과가 있다.

③ B시장에서 기업들은 의사결정의 상호의존성으로 인해 선택에 있어서 심적 갈등을 겪는다.

④ C시장의 경우 제품차별화를 통해 단기에 초과이윤을 얻을 수 있지만 장기에는 신규 기업의 시장 진입으로 인해 초과이윤이 상실된다.

⑤ D시장에서 기업의 한계수입은 시장가격과 같다.

【해설】

A는 독점시장, B는 과점시장, C는 독점적 경쟁시장, D는 완전경쟁시장이다.

① |X| 독점시장에서 기업은 우하향하는 시장수요곡선에 직면한다.

② |O| 리니언시 제도는 과점시장의 담합 행위를 적발하기 위한 조치이다.

③ |O| 의사결정의 상호의존성은 과점시장의 주요 특징이다.

④ |O| 독점적 경쟁시장의 전형적인 특징에 해당한다.

⑤ |O| 완전경쟁시장에서 기업은 시장의 수요와 공급에 의해 결정된 가격을 받아들이는 입장(가격수용자, Price Taker)이므로 시장가격이 곧 한계수입이 된다.

정답 ①

예제 7-4

다음 중 가격차별에 대한 올바른 설명으로 가장 거리가 먼 것은?

① 완전가격차별의 경우 소비자잉여가 0이 된다.

② 동일한 상품을 소비자의 특성에 따라 다른 가격으로 판매하는 전략이다.

③ 소비자들 간 원활한 재판매가 가능한 재화의 경우 성공적으로 시행되기 어렵다.

④ 해외 저자가 쓴 교과서를 국내에서 더 싼 가격에 판매하는 것은 3급 가격차별이다.

⑤ 가격차별을 시행하면 단일가격 독점일 때에 비해 거래량이 줄고 사회적 잉여가 감소한다.

【해설】

① |O| 완전가격차별의 경우 생산자가 소비자가 누리던 잉여를 모두 차지하므로 소비자잉여는 0이 된다.

② |O| 가격차별의 정의이다.

③ |O| 소비자들 간 재판매가 가능하다면 재화를 싼 가격에 사서 비싼 가격에 판매하는 차익거래에 임하는 소비자가 잉여를 차지한다.

④ |O| 국내에서는 다른 교과서와 경쟁해야 하므로 국내 소비자가 가격에 더 민감하다고 볼 수 있다. 따라서 국내에 더 싸게 파는 International Student Edition의 경우 3급 가격차별에 해당한다.

⑤ |X| 가격차별을 시행하면 단일가격 독점일 때에는 가격이 비싸 소비할 수 없었던 소비자도 거래에 참여할 수 있으므로 거래량이 늘고 사회적 잉여는 증가한다.

정답 ⑤

예제 7-5

다음 중 기업이 아래와 같은 판매전략을 시행하기 위해 필요한 조건을 |보기|에서 모두 고르면?

• 영화관의 심야 할인과 조조 할인　　• 박물관의 지역 주민 할인

| 보기 |

㉠ 소비자들 간 재판매를 금지할 수 있어야 한다.

㉡ 재화가 완전경쟁시장에서 거래되고 있어야 한다.

㉢ 각 소비자의 지불용의가격을 완전히 파악하고 있어야 한다.

㉣ 소비자를 가격탄력성에 따라 서로 다른 그룹으로 구분할 수 있어야 한다.

① ㉠, ㉡　② ㉠, ㉣　③ ㉡, ㉢　④ ㉡, ㉣　⑤ ㉢, ㉣

【해설】

제시된 판매전략은 가격차별이며, 이를 위해서는 기업이 가격결정력(독점력)을 가지고 있어야 하고, 소비자들 간 재판매를 금지할 수 있어야 하고, 소비자들의 특성(가격탄력성, 지불용의가격)을 식별할 수 있어야 한다.

㉢ |X| 개별 소비자의 지불용의가격을 완전히 파악하고 있어야 한다는 것은 완전가격차별(1급 가격차별)의 경우에만 해당한다.

정답 ②

묶어팔기Bundling (최우수를 위한 심화학습)

프린터에 토너를 끼워서 파는 것처럼 많이 팔리는 제품을(에) 적게 팔리는 제품에(을) 끼워서 판매하는 경우를 종종 관찰할 수 있다. 주로 소모품과 함께 사용되는 제품을 이와 같은 방식으로 하나의 제품처럼 판매하는 것을 '끼워팔기Tie-in-sale'라고 한다. 특히 두 품목이 대등한 위치에서 소비되는 경우(컴퓨터와 스피커, 세탁기와 식기세척기)를 '묶어팔기Bundling'라고 하며 기업은 이러한 판매전략을 통해 이윤을 늘릴 수 있다. 다음의 〈표7-2〉, 〈표7-3〉을 통해 이에 관해 구체적으로 살펴보자.

〈표7-2〉 음(-)으로 상관된 소비자 선호

구분	지불용의가격	
	컴퓨터	스피커
소비자 A	90만원	40만원
소비자 B	120만원	20만원
한계비용	50만원	10만원

〈표7-3〉 양(+)으로 상관된 소비자 선호

구분	지불용의가격	
	컴퓨터	스피커
소비자 A	120만원	40만원
소비자 B	90만원	20만원
한계비용	50만원	10만원

» 각 품목을 각각 판매.

- 컴퓨터 가격을 90만원으로 책정할 때 이윤은 '(90만원-50만원)×2=80만원' 그리고 120만원으로 책정할 때 이윤은 '(120만원-50만원)×1=70만원' → 최대이윤 = 80만원.
- 스피커 가격을 40만원으로 책정할 때 이윤은 '(40만원-10만원)×1=30만원' 그리고 20만원으로 책정할 때 이윤은 '(20만원-10만원)×2=20만원' → 최대이윤 = 30만원.
- 두 품목을 각각 판매할 때 최대이윤 = 110만원.

1 〈표7-2〉의 경우 묶어팔기

» **컴퓨터에 대한 지불용의가격은 B가 더 높은 반면 스피커에 대해서는 A가 더 높음** 소비자의 선호가 음(-)으로 상관.

» 최대이윤

- 두 품목을 130만원(=90만원+40만원)으로 묶어팔기 → 이윤 = (130만원-60만원)×2 = 140만원.
- 두 품목을 140만원(=120만원+20만원)으로 묶어팔기 → 이윤 = (140만원-60만원)×1 = 80만원.
- 묶어팔기 할 때 최대이윤 = 140만원.

» **최대이윤 비교** 묶어팔기 할 때 = 140만원 > 110만원 = 각각 판매할 때 → 묶어팔기 하는 것이 유리.

2 〈표7-3〉의 경우 묶어팔기

» **두 품목 모두 A의 지불용의가격이 B보다 더 높음** 소비자의 선호가 양(+)으로 상관.

» 최대이윤

- 두 품목을 160만원(=120만원+40만원)으로 묶어팔기 → 이윤 = (160만원-60만원)×1

= 100만원.

- 두 품목을 110만원(=90만원+20만원)으로 묶어팔기 → 이윤 = (110만원-60만원) × 2 = 100만원.
- 묶어팔기 할 때 최대이윤 = 100만원.

» **최대이윤 비교** 묶어팔기 할 때 = 100만원 < 110만원 = 각각 판매할 때 → 묶어팔기 하는 것이 불리.

» 소비자 선호가 음(-)으로 상관된 경우에만 묶어팔기를 통해 이윤을 늘릴 수 있음.

7-6

최근 K마트는 판매 전략의 일환으로 묶어팔기를 시행하고 있다. 다음 중 묶어팔기를 통해 이윤을 늘릴 수 있는 품목을 올바르게 짝지은 것은? (단, 한계비용은 0이다.)

구분	지불용의가격(원)	
품목	소비자 A	소비자 B
새우깡	900	700
양파링	1,200	1,000
고래밥	1,000	1,200
닭다리	1,200	1,400
감자깡	800	700

① 새우깡, 양파링 ② 새우깡, 감자깡
③ 양파링, 감자깡 ④ 고래밥, 닭다리
⑤ 양파링, 닭다리

【해설】
묶어팔기 할 때 이윤이 증가하기 위해서는 묶어팔기 하는 품목에 대한 소비자의 선호가 음(-)으로 상관돼 있어야 한다. 보기 ⑤를 제외한 나머지는 모두 소비자의 선호가 양(+)으로 상관돼 있다.

정답 ⑤

다음 중 완전경쟁시장에 대한 올바른 설명으로 가장 거리가 먼 것은?

① 기업은 가격수용자로 행동한다.
② 기업의 한계수입은 시장의 균형가격과 같다.
③ 다수의 기업과 다수의 소비자가 거래에 참여한다.
④ 기업이 인식하는 시장수요는 우하향하는 형태이다.
⑤ 사회적으로 효율적인 수준만큼 공급과 소비가 이뤄진다.

해설

①, ②, ③ |O| 완전경쟁시장의 경우 다수의 기업과 소비자가 시장거래에 참여하며 그 누구도 시장지배력을 갖지 못한다. 따라서 시장의 수요와 공급에 의해 결정된 균형가격을 소비자와 생산자는 수용하는 입장에 있으며 기업의 균형가격은 한계수입이 된다(재화 한 단위 추가 판매할 때마다 균형가격만큼 수입이 늘어나므로).

④ |X| 기업은 시장균형가격으로 재화를 얼마든지 시장에 팔 수 있으므로 개별 기업이 인식하는 시장수요곡선은 수평이다.

⑤ |O| 균형가격보다 지불용의가격이 높은 소비자와 수용용의가격이 낮은 생산자만 거래에 참여하므로 소비자잉여와 생산자잉여, 그리고 이 둘을 더한 사회적 잉여가 극대화된다.

정답 ④

다음 중 과점시장에 대한 올바른 설명을 |보기|에서 모두 고르면?

| 보기 |

㉠ 기업들은 시장에서 가격수용자로 행동한다.

㉡ 자동차 산업은 과점시장의 사례에 해당한다.

㉢ 기업들은 상호의존적 선택을 해야 하는 전략적 상황에 놓인다.

㉣ 각 기업은 제품차별화를 통해 단기에는 초과이윤을 얻지만 장기에는 신규 사업자의 시장 진입으로 초과이윤을 상실한다.

① ㉠, ㉡ ② ㉠, ㉢ ③ ㉡, ㉢ ④ ㉡, ㉣ ⑤ ㉢, ㉣

해설

㉠ |X| 완전경쟁시장의 특징이다.

㉡ |O| 자동차 산업은 소수의 공급자가 시장에 이질적인 제품을 공급하는 과점시장이다.

㉢ |O| 한 기업의 선택이 다른 기업의 이윤에 직접 영향을 미칠 만큼 소수의 공급자가 시장수요를 많이 점유하고 있으므로 전략적 사고를 해야만 하는 어려움을 겪는 것이 일반적이다.

㉣ |X| 동질적인 제품을 생산하며 가격 경쟁을 펼치는 경우를 제외하면 과점시장에서 기업 간 경쟁은 진입장벽으로 보호되며 이를 바탕으로 장기에도 초과이윤을 얻을 수 있다.

정답 ③

다음 중 아래 상황에 대한 올바른 추론을 |보기|에서 모두 고르면? [86회 매경TEST 기출]

현재 전기차시장의 두 경쟁업체 A사·B사는 전기차 양산을 위한 생산 공장 확장 여부를 두고 고심 중이다. 현재 두 업체는 상대방의 행동을 관찰할 수 없는 상황에서 각각 '확장'과 '유지' 가운데 하나를 선택할 수 있으며, 이때 이들이 얻는 보수는 아래와 같다.

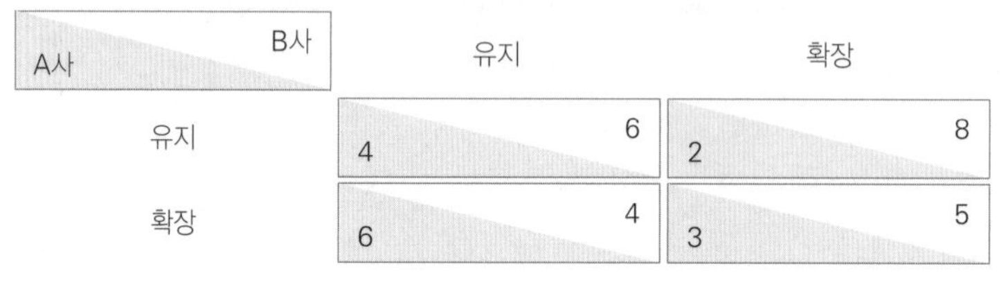

A사 \ B사	유지	확장
유지	4, 6	2, 8
확장	6, 4	3, 5

| 보기 |

㉠ 이 게임의 내시균형은 파레토 효율적이다.

㉡ 이 상황은 항상 두 업체 모두 '확장'을 선택하는 것으로 끝나게 된다.

㉢ 두 업체는 모두 상대방의 선택과 관계없이 '확장'을 선택하는 것이 최선이다.

㉣ 만약 B사가 선행자라면 이 상황은 두 업체 모두 '유지'를 선택하는 것으로 귀결된다.

① ㉠, ㉡ ② ㉠, ㉢ ③ ㉡, ㉢ ④ ㉡, ㉣ ⑤ ㉢, ㉣

해설

'상대방의 행동을 관찰할 수 없다'는 것은 현재 두 업체가 동시에 선택하는 상황임을 뜻한다. 따라서 두 업체는 상대방의 행동을 염두에 두고 동시에 공장 확장과 유지 가운데 하나를 선택해야 하는 상황에 놓여있다.

㉠ |X| 두 업체 모두 '유지'를 선택하는 것이 파레토 효율적이다. 이 게임의 내시균형은 두 업체 모두 '확장'을 선택하는 것으로 두 업체 모두 '유지'를 선택하는 것에 비해 파레토 열등(Pareto Inferior)하다.

㉡ |O| 게임이 전개되면 내시균형으로 결과가 수렴할 것이므로 두 업체 모두 '확장'을 선택하게 될 것이다.

㉢ |O| 두 업체 모두 상대방이 어떤 선택을 하든지 항상 '확장'을 선택하는 것이 최선이다. 따라서 두 업체가 '확장'을 선택하는 것은 이 게임의 유일한 우월전략 내시균형이다.

㉣ |X| B사가 먼저 선택할 수 있더라도 결과가 달라지지 않는다. 이는 이 게임의 내시균형이 하나만 있기 때문이다. 따라서 B사가 선행자라도 이 게임은 두 업체 모두 '확장'을 선택하는 것으로 끝나게 된다.

정답 ③

다음 게임나무Game Tree는 K사가 지배적 사업자로 있는 시장에 J사가 신규 진입하려는 상황을 나타낸다. K사는 J사의 이러한 움직임을 사전에 포착하고 이를 저지하기 위해 고심하고 있다. K사는 '가격 인하'와 '가격 유지' 중 하나를 선택할 수 있고, 이를 관찰한 후 J사는 '진입함'과 '진입 안 함' 중 하나를 선택할 수 있다. 다음 중 이에 대한 올바른 설명을 |보기|에서 모두 고르면?

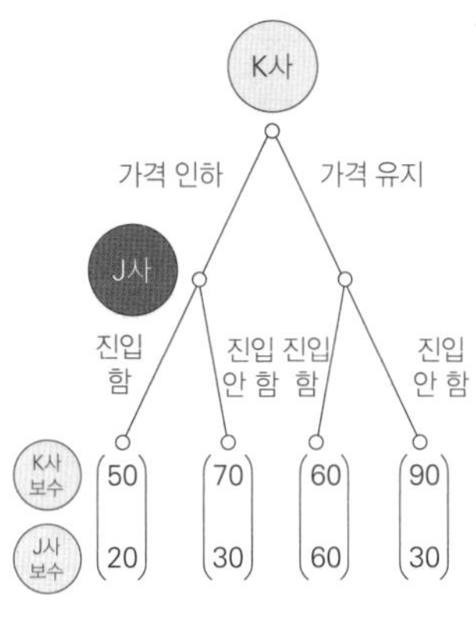

| 보기 |

㉠ K사는 J사의 선택과 관계없이 항상 '가격 유지'를 선택하는 것이 최선이다.

㉡ 이 게임은 K사는 '가격 유지'를, J사는 '진입함'을 선택하는 것으로 끝나게 된다.

㉢ 이 게임에서 J사의 시장 진입 시도는 K사의 대응으로 인해 결국 이뤄지지 못할 것이다.

㉣ K사가 '가격 인하'를 선택하지 못하도록 J사가 무조건 '진입함'을 선택하겠다고 발표하는 것은 공허한 위협(Empty Threat)이다.

① ㉠, ㉡　② ㉠, ㉢　③ ㉡, ㉢　④ ㉡, ㉣　⑤ ㉢, ㉣

해설

K사는 선행자(Leader), J사는 후발자(Follower)로서 각각 가격정책과 시장 진입 시도를 할 수 있다. 이와 같이 한 게임 참가자가 먼저 움직이고 이를 관찰한 후 다른 참가자가 움직이는 구조를 순차게임(Sequential Move Game)이라고 하며 이러한 종류의 게임은 후발자의 최적 대응을 먼저 찾고 이를 바탕으로 선행자의 최적 대응을 찾는 방식(역진귀납, Backward Induction)으로 균형을 찾아야 한다.
J사의 최적 대응을 먼저 찾자. 만약 K사가 '가격 인하'를 선택하면 '진입 안 함'을, K사가 '가격 유지'를 선택하면 '진입함'을 선택하는 것이 최선이다. 이제 이를 예측할 수 있는 K사의 최적 대응을 찾자. K사는 자신이 '가격 인하'를 선택하면 J사는 '진입 안 함'을 선택할 것이고 이때 자신의 보수가 70임을 유추할 수 있다. 또한, 자신이 '가격 유지'를 선택하면 J사는 '진입함'을 선택할 것이고 이때 자신의 보수가 60임을 유추할 수 있다. 따라서 K사는 '가격 인하'를 선택하는 것이 최선이다.
결국 K사는 '가격 인하'를 통해 J사의 시장 진입 시도를 무산시킬 것이다. 즉, K사는 독점력을 가지고 있으면서도 잠재적 위험으로 인해 자발적으로 '가격 인하'를 선택하게 되는 것이다. 이때 ㉣에서처럼 J사가 자신은 무슨 일이 있어도 시장에 진입하겠다고 선언하는 것은 신빙성 없는 위협 또는 공허한 위협(Empty Threat)에 불과하다. 일단 선행자인 K사가 '가격 인하'를 단행하고 난 후에는 시장에 진입하지 않는 것이 최선이기 때문이다.

정답 ⑤

다음 중 독점시장에 대한 올바른 설명은?

① 기업의 한계수입은 시장가격과 같다.
② 이론적으로 러너지수는 0의 값을 가진다.
③ 수요의 탄력적인 구간에서 생산량이 결정된다.
④ 재화가 사회적으로 효율적인 수준에 비해 과다 공급된다.
⑤ 진입장벽의 부재로 인해 장기적으로 초과이윤이 0으로 수렴한다.

해설

①, ② |X| 완전경쟁시장에 대한 설명이다.
③ |O| 수요가 비탄력적이라면 생산량을 줄이고 가격을 인상함으로써 이윤을 늘릴 여지가 있으므로 독점기업의 최적 생산량이 될 수 없다.
④ |X| 재화가 사회적으로 효율적인 수준보다 과소 공급된다.
⑤ |X| 독점시장은 대체로 진입장벽이 존재하며 이로 인해 장기에도 초과이윤을 얻는다. 정답 ③

다음 중 가격차별의 사례로 가장 거리가 먼 것은?

① 노인과 학생에 대한 통신요금 할인
② 일반 고속버스보다 더 비싼 우등고속버스
③ 낱장으로 구매할 때보다 싼 시즌권의 낱장 가격
④ 비수기보다 성수기 때 더 비싼 리조트 요금체계
⑤ 외국보다 한국에서 더 싸게 팔리는 외국 저자의 교과서

해설

① |O| 통상 노인과 학생이 가격에 더 민감하다는 것을 이용한 3급 가격차별의 사례이다.
② |X| 우등 고속버스의 경우 일반 고속버스에 비해 더 편하고 좌석 공간도 더 넓다. 따라서 이 경우 동일한 재화나 서비스를 다른 가격으로 판매하는 것이라고 볼 수 없다.
③ |O| 수량 할인으로 2급 가격차별의 사례이다.
④ |O| 성수기 때 가격에 둔감해진다는 사실을 이용한 3급 가격차별의 사례이다.
⑤ |O| 한국 교과서시장의 수요가 가격에 더 민감하다는 사실을 이용한 3급 가격차별의 사례이다.

정답 ②

다음 중 가격차별에 대한 올바른 설명으로 가장 거리가 먼 것은?

① 완전가격차별의 경우 소비자잉여가 완전경쟁시장에 비해 감소한다.
② 청소년과 노인층에 대한 통신요금 할인 혜택은 3급 가격차별의 사례이다.
③ 3급 가격차별의 경우 가격에 둔감한 소비자일수록 더 비싼 가격이 책정된다.
④ 기업의 가격차별이 효과적이기 위해서는 재판매시장이 형성돼 있어야 한다.
⑤ 입장료와 놀이기구 탑승료를 별도로 책정하는 요금체계는 2급 가격차별에 해당한다.

해설

① |O| 완전가격차별(1급 가격차별)의 경우 소비자잉여는 0이다.
② |O| 대표적인 3급 가격차별의 사례이다.
③ |O| 3급 가격차별의 경우 역탄력성 규칙에 따라 가격이 책정된다.
④ |X| 재판매 거래가 가능하면 기업의 가격차별이 효과를 발휘하기 어렵다.
⑤ |O| 2급 가격차별의 일종인 이부가격(Two-part Tariff)의 사례이다.

정답 ④

K마트는 A, B 두 사람에게 감자칩, 고구마칩, 새우칩을 판매하며 판매 전략의 일환으로 묶어팔기를 한다. 이때 감자칩과 묶어 파는 것이 따로 파는 것보다 더 이익이 되는 (가) 품목과 그때의 (나) 최대이윤은? (단, 한계비용은 0이다.)

구분	지불용의가격		
	감자칩	고구마칩	새우칩
A	1,500원	1,200원	1,000원
B	2,000원	1,400원	800원

	(가)	(나)
①	고구마칩	4,800원
②	고구마칩	5,400원
③	고구마칩	6,800원
④	새우칩	5,000원
⑤	새우칩	5,600원

해설

묶어팔기를 통해 이윤을 늘리려면 소비자의 선호가 음(-)으로 상관돼 있어야 한다. 감자칩의 경우 B의 지불용의가격이 A보다 높으므로 감자칩과 묶어팔기 하여 이윤을 늘리려면 A의 지불용의가격이 B보다 높은 품목을 선정해야 한다. 따라서 감자칩과 묶어팔기 적당한 품목은 새우칩이다. 이때 두 품목의 묶음을 2,500원에 팔면 A, B 두 사람에게 팔 수 있으므로 5,000원의 이윤을 얻고, 2,800원에 팔면 B에게만 팔 수 있으므로 2,800원의 이윤을 얻는다. 따라서 최대이윤은 2,500원에 묶어팔기 할 때의 이윤인 5,000원이다.

정답 ④

국가공인
매경 TEST

8

시장실패와 소득분배

시장실패는 불완전 경쟁에 따른 독과점 외에도 다양한 이유로 발생할 수 있다. 공공재의 과소 공급과 공유자원의 남용, 공해, 역선택과 도덕적 해이는 대표적인 시장실패 사례로 그 원인과 해법도 제각각이다. 〈표8-1〉은 대표적인 시장실패의 유형과 원인을 요약한 것이다.

〈표8-1〉 시장실패의 유형과 원인

시장실패 유형	원인	사례
독과점	진입장벽, 규모의 경제로 인한 진입장벽	가격 담합, 기업의 폭리
공공재·공유자원의 문제	무임승차자의 문제, 명확한 소유권의 부재	필수 공공재의 과소 공급, 공유자원의 남용·고갈
외부효과	외부편익·외부비용 발생	공해, 환경오염,기초연구 부실
역선택, 도덕적 해이	비대칭정보	우량품의 시장퇴장, 근무태만

앞서 살펴본 것처럼 독과점은 진입장벽이나 규모의 경제로 인한 불완전경쟁에서 비롯되며 그 결과 재화가 사회적으로 효율적인 수준에 비해 과소 공급·소비되고 이에 따라 소비자잉여가 감소하고 사회후생 손실이 발생했다. 이처럼 시장실패는 그 원인과 발생 양상이 다양하지만 시장의 자원배분 효율성을 저해하고 사회후생을 줄인다는 공통점이 있다. 독과점에 관해서는 앞서 상세히 살펴봤으므로 이 장에서는 다른 유형의 시장실패 사례와 그에 대한 해법에 관해 알아본다.

경제 — 1

공공재·공유자원의 문제

한 사람의 소비행위가 다른 사람이 소비할 수 있는 재화의 양을 줄이는 성질을 경합성Rivalry이라고 하며, 대가를 지불해야만 재화를 소비할 수 있는 성질을 배제성 또는 배제가능성Excludability이라고 한다. 모든 재화나 서비스는 이 두 가지 기준에 따라 〈표8-2〉와 같이 4가지 유형으로 구분할 수 있다.

〈표8-2〉 경합성과 배제성에 따른 재화와 서비스의 유형

경합성 \ 배제성	강함(있음)	약함(없음)
강함(있음)	(1) 사적재: 옷, 신발, 커피, 안경, 태블릿PC, 핸드폰, 혼잡한 유료도로	(2) 공유재: 농업용수, 깨끗한 자연환경, 공해(公海)상의 어족자원, 탕비실 간식, 혼잡한 무료도로
약함(없음)	(3) 클럽재: 영화관, 골프장, 수영장, 넷플릭스, 디즈니+, 유튜브프리미엄, 유료Wi-Fi, 한산한 유료도로	(4) 공공재: 등대, 태양, 일기예보, 미적분 공식, 위생·치안·국방 서비스, 무료 Wi-Fi, 한산한 무료도로

주요 특징

1 사적재Private Good

» 일상에서 각자 대가를 지불하고 사적으로 쓰는 대부분의 재화.

» 정부의 규제나 독과점, 비대칭 정보만 없다면 시장에서 효율적으로 생산되고 소비.

❷ 공유재Commons(공유자원Common Resources)

» 명확한 소유권(재산권)의 부재로 재화 사용의 대가를 지불하지 않기 때문에 다른 사람의 소비를 제한할 수 없음.

» 적절한 관리가 이뤄지지 않는다면 사회적으로 효율적인 수준보다 과다 사용되는 문제 발생(공유지의 비극Tragedy of Commons).

» 남용과 고갈의 문제는 소유권을 획정(배제성을 부여)함으로써 해결 가능.

❸ 클럽재Club Good

» 멤버십으로 운영되는 각종 클럽(테니스클럽, 수영클럽, 골프클럽).

» 회원들이 비용을 분담하므로 과다 사용의 문제는 잘 발생하지 않으며 적정 사용료(수수료, 요금)가 얼마인지 산출하는 문제로 귀결.

❹ 공공재Public Good

» 누군가에 의해 공급되면 대가를 지불하지 않고 마음껏 쓸 수 있어(무임승차자의 문제Free-rider's Problem) 시장에서 사회적으로 필요한 수준에 비해 과소 공급.

» 경합성과 배제성 가운데 하나의 속성만 두드러지게 나타나는 공유재나 클럽재를 준공공재Quasi-Public Good라고 하며 공공재는 두 속성이 모두 관찰되지 않는 순수공공재를 의미.

» 무료 Wi-Fi는 접속자 수가 적어 혼잡성이 작다면 공공재에, 접속자 수가 많아 혼잡성이 크다면 공유재(혼잡공공재Congestible Public Good)에 해당.

» 교육·의료·보건·위생·임대주택 등의 가치재Merit Good(소득과 무관하게 모든 사람이 일정 수준 이상으로 소비할 필요가 있다고 여겨지는 재화나 서비스)와는 엄연히 다름.

최적 공공재 공급

사회적으로 효율적인 공공재 공급량은 어느 정도일까? 공공재는 경합성이 없어 한 사람의 소비행위가 다른 사람이 소비할 몫을 줄이지 않는다. 따라서 더 많은 사람이 소비에 참여할수록 사회 전체의 편익(후생)은 커진다. 하지만 공공재 공급에 드는 비용은 공급량을 늘리지 않는 한 소비하는 사람이 늘어난다고 해서 증가하지 않는다. 따라서 공공재 소비로부터 사람들이 얻는 '한계편익의 총합'이 공공재 공급의 '한계비용'보다 크다면(작다면) 공공재 공급을 늘리는(줄이는) 것이 효율적이다.

공공재 구매량 결정 기준

» 추가 구매 시 한계편익의 총합 > 추가 구매에 따른 비용(한계비용) → 구매량 ↑

» 추가 구매 시 한계편익의 총합 < 추가 구매에 따른 비용(한계비용) → 구매량 ↓

사례

공용 사무실을 쓰는 A, B, C는 사무실에 비치할 공기정화용 식물 '테이블야자'를 구입하려 한다. 테이블야자의 단가는 25,000원이며 비치된 테이블야자 수에 따른 세 사람의 편익은 다음의 표와 같다.

구분	편익				
소비자	1개	2개	3개	4개	5개
A	10,000원	18,000원	26,000원	32,000원	38,000원
B	15,000원	25,000원	33,000원	39,000원	43,000원
C	12,000원	24,000원	36,000원	46,000원	54,000원

한계편익은 다음과 같다.

구분	한계편익			
소비자	1개→2개	2개→3개	3개→4개	4개→5개
A	8,000원	8,000원	6,000원	6,000원
B	10,000원	8,000원	6,000원	4,000원
C	12,000원	12,000원	10,000원	8,000원
총합	30,000원	28,000원	22,000원	18,000원

- 1개→2개: 한계편익의 총합 = 30,000원 > 25,000원 = 한계비용 → 구매량 늘림.
- 2개→3개: 한계편익의 총합 = 28,000원 > 25,000원 = 한계비용 → 최적 구매량(3개).
- 3개→4개: 한계편익의 총합 = 22,000원 < 25,000원 = 한계비용 → 구매량 줄임.
- 4개→5개: 한계편익의 총합 = 18,000원 < 25,000원 = 한계비용 → 구매량 줄임.

- 최적 공급량: 테이블야자 구매량을 2개에서 3개로 늘릴 때까지만 한계편익의 총합이 한계비용보다 크므로 3개까지 늘리는 것이 최적(파레토 효율적)이다.

무임승차자의 문제와 공공재의 과소 공급

앞서 제시된 사례에서 '테이블야자'는 사무실의 공공재이다. 앞서 살펴본 것처럼 공공재의 최적 공급은 한계편익 총합과 한계비용을 비교함으로써 찾을 수 있다. 그러면 공공재의 문제는 무엇이고 왜 발생할까?

» **무임승차자의 문제** 시장에서 공공재가 사회적 최적 수준(파레토 효율적 수준)에 비해 과소 공급(공공재의 문제).

» 앞선 〈사례〉에서 A, B, C 세 사람이 각자의 한계편익만큼 비용을 분담한다면 사회적으로 효율적인 수준만큼 공공재가 공급될 것이다. 즉 A, B, C가 각각 최적 공급량인 3개째 구매 시 한계편익의 비율 1:1:1.5(=8,000:8,000:12,000)로 비용을 분담하는 것이다. 이 경우 A와 B는 약 21,428원(=75,000 × 8/28), C는 약 32,142원(=75,000 × 12/28)을 부담하면 테이블야자 3개 구매 시 필요한 비용 75,000원을 충당할 수 있다.

» 하지만 이러한 비용 분담을 전제로 한 구매 결정은 세 사람이 테이블야자 3개째 구매 시 주관적으로 느끼는 심리적 만족감을 사실대로 밝히고$_{\text{Truth-telling}}$ 기꺼이 구매에 협력할 경우에만 가능하다. 하지만 이러한 일은 세 사람이 장기간에 걸쳐 이해관계를 공유하는 사이이거나 서로 굳건한 신뢰가 형성된 경우가 아니라면 쉽게 일어나지 않는다. 세 사람 모두 자신의 단기적 이익을 최우선으로 도모하는 통상의 상황이라면 다른 사람이 비용을 부담하고 자신은 무임승차하는 것이 최선이기 때문이다. 이에 관해 다음의 〈사례〉를 통해 구체적으로 살펴보자.

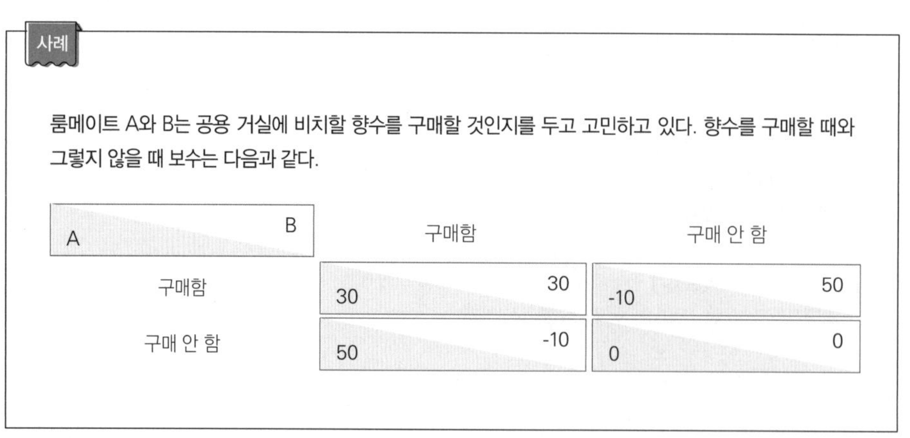

사례

룸메이트 A와 B는 공용 거실에 비치할 향수를 구매할 것인지를 두고 고민하고 있다. 향수를 구매할 때와 그렇지 않을 때 보수는 다음과 같다.

A \ B	구매함	구매 안 함
구매함	30, 30	-10, 50
구매 안 함	50, -10	0, 0

• A와 B의 최적 대응

» **A의 최적 대응** B=구매함 → A=구매 안 함, B=구매 안 함 → A=구매 안 함.

» **B의 최적 대응** A=구매함 → B=구매 안 함, A=구매 안 함 → B=구매 안 함.

• **내시균형**

» A=구매 안 함, B=구매 안 함.

» 우월전략 내시균형.

» **A와 B가 모두 '구매함'을 선택하는 것에 비해 파레토 열등** 두 사람이 협력해 향수를 구매하는 것이 모두에게 이롭지만(파레토 효율적) '구매 안 함'을 선택(무임승차)하는 것이 각자에게 더 이로움.

• **무임승차자의 문제**

» 배제성의 부재로 인해 발생.

» 일단 누군가 한 사람이 먼저 향수를 구매하고 나면 (배제성이 없으므로) 비용을 부담하지 않은 사람도 향수가 비치된 공용 거실에서 (경합성이 없으므로) 향기를 양껏 누리는 데 지장이 없음. 두 사람 모두 무임승차하길 원하며 비용을 강제로 분담시키는 규칙이 없다면 향수가 공용 거실에 비치되는 일은 일어나지 않음.

» 따라서 시장의 자원배분에만 맡겨두었을 시 공공재는 잘 공급되지 않거나 공급되더라도 사회적으로 효율적인 수준보다 과소 공급됨.

• **공유지의 비극**

공유재 또는 공유자원은 사회적 최적 수준에 비해 재화가 과다 사용되는 경향이 있다. 이는 한 사람의 소비가 다른 사람이 소비할 몫을 줄이는 성질(경합성)은 강하지만 소유권의 부재(비배제성)로 대가를 지불하지 않고 누구나 사용할 수 있기 때문이다. 이와 같은 공유재의 남용과 고갈 문제를 두고 생태학자 개릿 하딘(Garrett Hardin, 1915~2003)은 '공유지의 비극'이라고 표현했다. 이러한 문제의 발단은 소유권의 부재로 인한 관리의 실패라고 할 수 있다. 소유권은 재화의 배타적 사용을 통해 재화의 공급과 사용을 적절히 관리하도록 하는 유인을 제공한다. 소유권 획정이나 공영화는 이러한 문제를 극복하기 위한 해법으로 볼 수 있다.

예제 8-1

다음 중 공공재와 공유재에 대한 올바른 설명을 |보기|에서 모두 고르면?

| 보기 |

㉠ 사무실에 비치된 간식은 공유재의 사례이다.

㉡ 공공재의 문제가 발생하는 근본 원인은 경합성의 부재에 있다.

㉢ 공유자원이 남용되는 문제는 소유권을 명확히 함으로써 해결할 수 있다.

㉣ 시장의 교환체제는 사적 재화뿐만 아니라 공공재의 효율적 공급에서도 성공적으로 기능한다.

① ㉠, ㉡ ② ㉠, ㉢ ③ ㉡, ㉢ ④ ㉡, ㉣ ⑤ ㉢, ㉣

【해설】

㉠ |O| 사무실에 비치된 간식을 한 사람이 먹으면 다른 사람이 먹을 수 있는 양이 감소한다. 따라서 이 경우 경합성을 가지고 있다. 하지만 사무실에 있는 사람이면 누구나 가격을 지불하지 않고 먹을 수 있으므로 배제성은 없다. 따라서 사무실에 비치된 간식은 공유재로 볼 수 있다.

㉡ |X| 공공재의 공급 문제에서 발생하는 무임승차자의 문제는 재화·서비스가 배제성을 갖추지 못했기 때문에 발생하는 것으로 보는 것이 옳다.

㉢ |O| 제시된 글에서 언급된 바와 같이 공유재는 불분명한 소유권으로 인해 이를 소비하고자 하는 사람의 소비활동을 제지할 수 없고 이때 재화가 가진 경합성으로 인해 고갈의 문제가 발생한다. 따라서 소유권의 명확한 설정을 통해 배제성을 갖추게 되면 이러한 문제를 해결할 수 있다.

㉣ |X| '소비자와 생산자 간 자발적 교환이 자원분배의 효율성으로 귀결됨'을 의미하는 후생경제학의 기본 정리는 공유재나 공공재처럼 공동 소비가 가능하지만 소유권이 명확지 않은 재화의 경우 성립하지 않는다.

정답 ②

공유지의 비극 vs 공유지의 희극

- 공유지의 비극: 경합성은 강하지만 배제성(소유권)의 부재로 인해 고갈과 남용이 나타나는 현상을 뜻한다. 생태학자 개릿 하딘의 〈공유지의 비극(Tragedy of the Commons, 1968)〉에 의해 소개됐으며, 대표적인 시장실패 사례로 인용된다. 소유권의 설정을 통해 관리의 영역에 포섭함으로써 해결할 수 있다.
- 공유지의 희극: 공유지의 비극이 모든 공유재에 대해 적용되지 않을 수 있다고 지적한 엘리너 오스트롬(Elinor Ostrom, 1933~2012) 교수에 의해 소개된 개념이다. 이러한 주장을 뒷받침할 수 있는 많은 사례가 오스트롬 교수에 의해 소개됐으며, 이 장의 연습문제(No.3)에 수록된 아프리카와 유럽 국가들 촌락의 지하수 사례가 그중 하나다. 오스트롬 교수는 장기적인 유대관계를 기초로 형성된 소규모 공동체에서는 중앙정부의 규제나 개입 없이도 주민자치에 의해 그들의 공동 자산이 효과적으로 관리됨을 확인했다. 이는 주민들이 자원관리의 효익을 함께 공유하기 때문이며 이를 '공유지의 희극'으로 명명했다. 오스트롬 교수는 이러한 연구 성과를 인정받아 2009년 노벨경제학상을 수상했다.

경제
—
2

외부효과와 시장실패 해법

한 사람의 경제활동(생산·소비)이 다른 사람에게 기대하지 않은 편익(한계외부편익Marginal External Benefit·MEB)이나 비용(한계외부비용Marginal External Cost·MEC)을 발생시키는 것을 외부효과External Effect라고 한다.

» **양봉업자와 과수원 주인** 꿀벌은 식물의 수분 작용에 도움을 주므로 양봉업자가 의도치 않게 과수원 주인에게 혜택을 줌 → 생산활동에서의 긍정적 외부효과.
» **택시 운행 시 발생하는 매연** 수입을 목적으로 한 택시 운행으로 매연 발생 → 생산활동에서의 부정적 외부효과.
» **코비드19 백신 접종** 자신의 건강을 위해 백신을 접종하지만 그 결과 사회 전체적으로 감염 위험 감소 (사회적 면역체계 형성) → 소비활동에서의 긍정적 외부효과.
» **길거리 흡연자와 행인** 흡연자로 인해 행인이 불쾌한 냄새를 맡게 됨 → 소비활동에서의 부정적 외부효과.

과수원 인근에 양봉업자가 있다면 이로 인해 식물의 수분 작용에 의도치 않은 도움을 받지만, 과수원 주인이 그 대가를 양봉업자에게 지불하지는 않는다. 이 경우 양봉업자는 과수원 주인도 만족할 만큼 충분히 많은 수의 꿀벌을 키워야 할 이유가 없다. 꿀벌을 그 정도로 많이 키우는 데 드는 비용은 오롯이 자신이 감당하지만, 그 혜택은 과수원

〈표8-3〉 경제활동 유형별 긍정적·부정적 외부효과

구분	외부효과 성격	
경제활동 유형	긍정적	부정적
소비	• 한계외부편익(MEB) 발생 • 사적 한계편익 < 사회적 한계편익 • 사회적 최적 수준보다 과소 소비	• 한계외부비용(MEC) 발생 • 사적 한계편익 > 사회적 한계편익 • 사회적 최적 수준보다 과다 소비
생산	• 한계외부편익(MEB) 발생 • 사적 한계비용 > 사회적 한계비용 • 사회적 최적 수준보다 과소 생산	• 한계외부비용(MEC) 발생 • 사적 한계비용 < 사회적 한계비용 • 사회적 최적 수준보다 과다 생산

주인과 나눠 가지게 되기 때문이다. 이는 꿀벌을 키우는 데 드는 사적 한계비용이 사회적 한계비용보다 크다는 뜻이다.

이처럼 외부효과를 발생시키는 경제 행위는 그 행위의 주체가 인식하는 사적 한계비용이나 사적 한계편익이 사회 전체에 미치는 영향인 사회적 한계비용이나 사회적 한계편익과 일치하지 않는다. 이 경우 사회적으로 이로운 재화나 해로운 재화가 사회적

〈그림8-1〉 생산·소비에서의 긍정적·부정적 외부효과

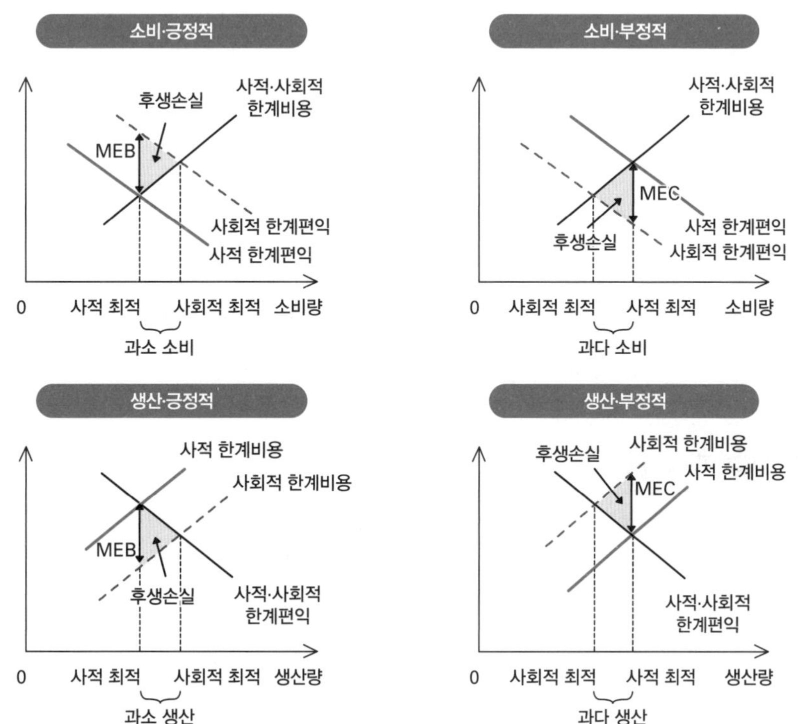

으로 효율적인 수준만큼 적절히 생산되거나 소비되지 않는 현상이 발생한다. 〈표8-3〉, 〈그림8-1〉은 외부효과를 동반하는 경제활동의 종류와 성격에 따라 외부효과를 분류한 것이다.

» **소비의 긍정적 외부효과** 사회적 한계편익 = 사적 한계편익 + 한계외부편익$_{MEB}$ → 사회적 한계편익 > 사적 한계편익.

- 자원배분을 시장에만 맡겨놓을 시 사회적 최적 수준보다 과소 소비.
- 독감 예방접종.

» **소비의 부정적 외부효과** 사회적 한계편익 = 사적 한계편익 – 한계외부비용$_{MEC}$ → 사회적 한계편익 < 사적 한계편익.

- 자원배분을 시장에만 맡겨놓을 시 사회적 최적 수준보다 과다 소비.
- 담배 연기.

» **생산의 긍정적 외부효과** 사회적 한계비용 = 사적 한계비용 – 한계외부편익$_{MEB}$ → 사회적 한계비용 < 사적 한계비용.

- 자원배분을 시장에만 맡겨놓을 시 사회적 최적 수준보다 과소 생산.
- 기초연구, 양봉업자와 과수원 주인, 사회간접자본과 공공재.

» **생산의 부정적 외부효과** 사회적 한계비용 = 사적 한계비용 + 한계외부비용$_{MEC}$ → 사회적 한계비용 > 사적 한계비용.

- 자원배분을 시장에만 맡겨놓을 시 사회적 최적 수준보다 과다 생산.
- 환경오염.

전통적 해법: 피구세Pigouvian Tax

정부는 조세·보조금과 직접 규제 등 다양한 수단을 통해 외부효과로 인한 시장실패를 해결할 수 있다. 가령 행정명령을 통해 공해물질 배출 기업의 영업을 정지시키는 것은 생산에서의 부정적 외부효과를 해결하는 손쉬운 방법 중 하나이다. 하지만 이러한 직접 규제의 경우 부가가치를 창출하는 민간의 소비나 생산활동 자체를 위축시킴으로써 또 다른 비효율을 가져올 수 있다.

외부효과를 발생시키는 측에 조세나 보조금을 부과해 '사적편익과 사회적 편익' 또는 '사적비용과 사회적 비용'을 일치시켜 재화의 적정 소비나 생산을 유도하는 시장 기반 해법은 이러한 부작용을 동반하지 않는다는 장점이 있다. 이를 피구세Pigouvian Tax라고 하며, 시장실패를 교정한다는 측면에서 교정세Corrective Tax라고도 한다. 그렇다면 효율적 자원배분을 위한 적정 세율은 어느 정도일까?

» **소비·생산에서의 긍정적 외부효과** MEB만큼 보조금 지급 → 소비·생산 ↑
» **소비·생산에서의 부정적 외부효과** MEC만큼 세금 부과 → 소비·생산 ↓

요컨대 긍정적 외부효과를 동반하는 활동은 한계외부편익만큼 보조금을 지급해 사회적으로 바람직한 수준만큼 충분히 소비나 생산이 이뤄질 수 있도록 독려하고 부정적 외부효과의 경우 한계외부비용만큼 세금을 부과해 과도한 소비나 생산이 이뤄지지 않도록 억제한다는 것이다.

준시장적 (사적) 해법: 코즈의 정리Coase Theorem (최우수를 위한 심화학습)

시카고 대학의 법학자였던 코즈(R. Coase)는 외부효과로 인한 시장실패에 대한 해법으로 재산권(소유권)의 역할에 주목했다. 협상에 수반되는 거래비용이 무시해도 될 만큼 적다면, 소유권을 명확히 하는 것만으로도 이해 당사자 간 자발적 협상을 유도할 수 있으며 그 결과 당사자들이 모두 만족할 수 있는 효율적인 자원배분에 이를 수 있다는 것이다.

코즈의 정리

거래비용을 무시할 수 있을 정도로 작다면, 소유권 획정을 통해 효율적 자원배분에 이르도록 하는 협상을 유도할 수 있다.

• 코즈적 해법Coasian Solution의 의의

- 자발적 협상을 통해 분쟁의 효율적 해결 가능 (외부효과의 사적 해결).
- 정부의 역할은 재산권(소유권) 설정만으로 충분하며 직접 개입 불필요.

사례

염색업자 K는 염색공장을 운영해 많은 수입을 얻고 있으나, 인근 하천에 오수를 배출해 양식업자 J에게 ㉠ 금전적 손해를 입히고 있다. 만약 오수 정화시설을 설치한다면 이 피해를 완전히 없앨 수 있지만, ㉡ 시설을 구축하고 운영하는 비용이 지출된다. 양식업자 J는 염색업자 K로부터 피해를 받고 있다고 하소연하지만, K는 J가 하천에서 양식업을 시작하기 훨씬 전부터 근처에서 염색공장을 운영하고 있었다고 항변하고 있다. 단, 염색공장 운영으로부터 K가 얻는 수입은 ㉠, ㉡ 보다 크다.

- 분쟁 당사자들 중 누가 재산권(소유권)을 가지는지는 효율성 관점에서 중요치 않음.

» **해석** 외부효과로 인한 사회적 분쟁 상황은 위의 사례처럼 대부분 상호성Reciprocity을 가지고 있다. K가 J보다 먼저 영업을 시작했으므로 K의 영업권이 J의 영업권에 우선한다고 볼 여지도 있고, J가 금전적 피해를 입고 있으므로 K가 J에게 손해배상을 해야 한다고 볼 여지도 있다. 과연 이 경우 강에 대한 소유권을 K와 J 가운데 누구에게 주는 것이 사회적으로 바람직할까? 코즈의 정리에 따르면 소유권을 누구에게 주는지는 사회 전체의 효율성에는 전혀 영향을 미치지 않는다. 왜냐하면 하천에 대한 소유권을 누가 가지든지 일단 소유권이 정해지면, K와 J는 정해진 소유권 내에서 ㉠과 ㉡을 비교한 후 각자 자신에게 가장 이익이 되도록 행동할 것이며, 이에 따라 오수 정화시설이 설치될지 그리고 손해배상은 이뤄질지가 효율적으로 결정될 것이기 때문이다. 이와 같이 이뤄진 결정은 분쟁 당사자들이 모두 수용할 수 있을 뿐만 아니라 사회적 비용이 최소화되는 방향으로 자연스럽게 수렴될 것이다.

8-2

앞의 〈사례〉에서 K와 J 간 협상에 필요한 거래비용이 없을 때, 코즈의 정리를 토대로 양자 간 분쟁 상황에 대해 올바르게 해석한 것은?

① 하천에 대한 소유권을 K에게 주는 것이 J에게 주는 것에 비해 사회 전체적으로 더 효율적이다.
② 하천에 대한 소유권을 J에게 주는 것이 K에게 주는 것에 비해 사회 전체적으로 더 효율적이다.
③ 만약 K가 하천에 대한 소유권을 가진다면 J는 오수 배출로 인한 금전적 손실을 감내하는 선택을 할 것이다.

④ 만약 ㉡이 ㉠보다 작다면 K와 J 가운데 누가 하천에 대한 소유권을 가지든지 항상 오수 정화시설은 설치될 것이다.

⑤ ㉠과 ㉡의 값과 무관하게 K와 J 가운데 누가 하천에 대한 소유권을 가지든지 오수 정화시설이 설치되는 일은 없을 것이다.

【해설】

우선 '㉠≥㉡'인 경우를 상정하자. 이때 만약 K가 하천에 대한 소유권을 가진다면, J는 오수 정화시설을 설치함으로써 피해를 줄일 수 있으므로 오수 정화시설을 설치하는 선택을 할 것이며 이에 따라 사회적 비용은 ㉡이 된다. 만약 J가 하천에 대한 소유권을 가진다면, K는 오수 정화시설을 설치하지 않을 때 J에게 배상해야 하는 금액 ㉠보다 오수 정화시설을 설치하고 운영할 때 드는 비용 ㉡이 더 작으므로 오수 정화시설을 설치하는 선택을 할 것이다. 이 경우에도 앞의 사례에서처럼 사회적 비용은 ㉡이 된다.

이제 '㉠<㉡'인 경우를 살펴보자. 이때 만약 K가 하천에 대한 소유권을 가진다면, J는 오수 정화시설을 설치하고 운영하는 비용이 기존 피해액보다 크므로 오수 정화시설을 설치하지 않고 피해를 그냥 감수하는 선택을 할 것이다. 이 경우 사회적 비용은 ㉠이 된다. 만약 J가 하천에 대한 소유권을 가진다면, K는 오수 정화시설을 설치하지 않을 때 배상해야 하는 금액에 비해 오수 정화시설을 설치하고 운영하는 비용이 더 크므로 오수 정화시설을 설치하지 않고 ㉠의 금액을 J에게 배상하는 선택을 할 것이다. 따라서 이 경우에도 사회적 비용은 ㉠이 된다.

이처럼 ㉠과 ㉡의 대소 관계가 어떻게 되든지 개인은 항상 둘 가운데 값이 작은 것을 선택하게 된다. 즉, '사회적 비용 = min{㉠,㉡}'이다. 이는 소유권의 획정을 통한 사적 협상과 거래가 원활히 이뤄질 수 있다면, 어떤 사회적·기술적 환경 하에서도 항상 사회적 비용이 최소화되는 방향으로 개인의 선택이 수렴됨을 뜻한다. 다음은 이상의 논의를 간략히 요약한 것이다.

구분	소유권을 가진 사람	
사회적·기술적 환경	K	J
㉠≥㉡	사회적 비용 = ㉡ J가 오수 정화시설 설치	사회적 비용 = ㉡ K가 오수 정화시설 설치
㉠<㉡	사회적 비용 = ㉠ J는 피해를 감수	사회적 비용 = ㉠ K는 J에게 피해를 배상

정답 ④

오염(공해)배출권거래제 (최우수를 위한 심화학습)

환경오염은 생산이나 소비 과정에서 발생하는 부정적 외부효과의 대표적 사례이다. 앞서 살펴본 바와 같이 정부의 적절한 규제가 없다면 공해물질은 사회 최적 수준에 비해 과다 배출되기 마련이다. 이에 대한 전통적 해법은 환경세(피구세)를 부과하는 것이다. 환경세의 핵심은 개인이 재화 사용이나 생산에서 얻는 편익·비용을 사회적 편익·비용과 일치시켜 개인으로 하여금 사회적으로 효율적인 수준만큼 소비하거나 생산하도록 유도하는 것이다. 하지만 이처럼 시장가격을 인위적으로 왜곡시켜 사람들의 유인을 변화시키는 방법 외에도 오염물질을 거래할 수 있는 시장을 개설함으로써 사회적 비용을 절감하는 방법도 있다.

• 오염배출권거래제

» 오염물질을 배출할 수 있는 권리를 재화처럼 사고팔 수 있는 시장.

» **탄소배출권** 온실가스를 배출할 수 있는 권리인 탄소배출권을 기업들에 할당하고 기업들은 의무적으로 할당 범위 내에서만 온실가스 배출 가능.

» **탄소배출권거래제** 탄소배출권시장에서 탄소배출권을 자유롭게 거래 가능.

사례

탄소배출권거래제

- 탄소배출권시장의 수요와 공급을 살펴보고, 균형가격과 균형거래량을 찾는다. 또한, 탄소배출권거래제의 경제적 이익이 무엇인지 찾는다.
- 상황
  - 기업 A~D사는 장당 1톤의 CO_2를 배출할 수 있는 탄소배출권을 각각 40장씩 할당받음.
  - 탄소배출권 내에서만 CO_2를 배출할 수 있으며 초과 분량은 반드시 정화처리.
  - 탄소배출권 거래제가 시행됨에 따라 별다른 거래비용을 들이지 않고 기업들은 탄소배출권시장에서 자유롭게 거래 가능. 단, 정화처리 비용과 탄소배출권 가격이 같다면 굳이 탄소배출권을 사거나 팔지 않음.
  - 각 기업의 연간 CO_2 배출량과 정화처리 비용은 다음 표와 같음.

기업	연간 CO_2 배출량 (톤)	CO_2 자체 정화처리 비용 (만원/톤)
A	120	10
B	80	5
C	80	9
D	60	8

- 탄소배출권시장의 공급과 수요

탄소배출권 공급 (단위: 만원/톤, 톤)

가격(P)	공급자	공급량(Q)
0≤P≤5	없음	0
5<P≤8	B	40
8<P≤9	B, D	80
9<P≤10	B, D, C	120
P>10	B, D, C, A	160

탄소배출권 수요 (단위: 만원/톤, 톤)

가격(P)	수요자	수요량(Q)
P≥10	없음	0
9≤P<10	A	80
8≤P<9	A, C	120
5≤P<8	A, C, D	140
P<5	A, C, D, B	180

탄소배출권의 수요와 공급

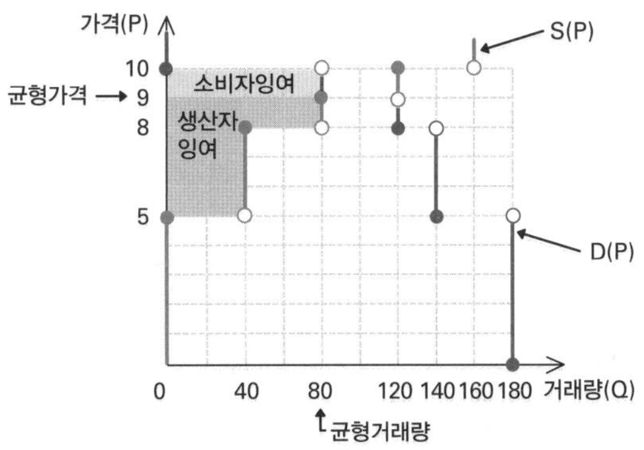

- 탄소배출권시장의 균형
- 균형가격 = 톤당 9만원, 균형거래량 = 80톤
- 구매자 = A (정화처리 비용이 가장 높은 기업)
- 판매자 = B, D (정화처리 비용이 낮은 두 기업)

- 탄소배출권거래제 도입 전과 후

구분	도입 전		도입 후		
기업	CO_2 배출량(톤)	정화처리 비용(만원)	CO_2 배출량(톤)	정화처리 비용(만원)	역할
A	40	80×10=800	120	0×10=0	구매자
B	40	40×5=200	0	80×5=400	판매자
C	40	40×9=360	40	40×9=360	없음
D	40	20×8=160	0	60×8=480	판매자
전체	160	1,520	160	1,240	

- 정화처리 비용: 제도 도입 전 1,520만원에서 제도 도입 후 1,240만원으로 280만원↓
- 후생 변화: 소비자잉여 80만원↑, 생산자잉여 200만원↑, 사회적 잉여 280만원↑
- 사회적 잉여는 정화처리 비용 절감에서 발생: 1,520만원-1,240만원 = 80만원(소비자잉여)+200만원(생산자잉여).
- CO_2 배출량: 제도 도입 전과 후 160톤으로 동일.

• 탄소배출권거래제 도입의 효과

» 정화처리 비용이 낮은 기업으로 하여금 더 많이 정화처리 하도록 유도함으로써 정화처리 비용 절감.

» CO_2 배출량은 최초 할당량만큼만 배출할 수 있으므로 최초 할당량을 늘리지 않는 이상 변화 없음.

예제 8-3

다음 중 탄소배출권거래제에 대한 올바른 설명은?

① 탄소배출권거래제 시행은 기업의 생산비용을 상승시킨다.

② 탄소배출권거래제 도입의 사회적 이득은 탄소배출량 감축에서 비롯된다.

③ 열등한 정화처리 기술을 갖춘 기업은 탄소배출권시장에서 판매자가 된다.

④ 우수한 정화처리 기술을 갖춘 기업은 탄소배출권거래에 참여할 유인이 없다.

⑤ 탄소배출권거래제의 이익은 우수한 정화처리 기술을 갖춘 기업으로 하여금 더 많은 CO_2를 정화처리하도록 유도하는 데서 비롯된다.

【해설】

① |X| 탄소배출권거래제 시행과 기업의 생산비용은 무관하다.

② |X| 탄소배출량은 탄소배출권거래제 도입 여부와 무관하며 정부가 허용한 탄소배출총량에 의해 결정된다.

③ |X| 열등한 정화처리 기술을 갖춘 기업은 탄소배출권시장에서 구매자가 된다.

④ |X| 우수한 정화처리 기술을 갖춘 기업은 탄소배출권시장에서 판매자가 된다.

⑤ |O| 탄소배출권거래제는 우수한 정화처리 기술을 갖춘 기업으로 하여금 CO_2를 더 많이 정화처리하도록 유도해 사회 전체의 정화처리 비용을 절감하는 효과가 있다.

정답 ⑤

경제
—
3

조세와 소득분배

일반적으로 조세는 소비와 생산활동의 유인을 변화시켜 자원배분에 영향을 미친다. 현실에서 소득세·법인세는 생산활동의 유인을, 부가가치세와 소비세는 소비활동의 유인을 변화시키고 이에 따라 자원배분의 왜곡을 초래한다. 정액세Lump-sum Tax와 같은 중립세(경제에 초과부담Excess Burden of Tax·후생손실Welfare Loss을 발생시키지 않는 조세)나 환경세와 같은 교정세(외부효과를 교정하기 위한 조세)가 아닌 이상 모든 세금은 개인과 기업의 유인 체계를 왜곡시켜 자원배분의 비효율(초과부담·후생손실)과 부의 재분배를 동반한다.

» **조세의 법적 귀착**Statutory Incidence 법적으로 납세의무가 있는 사람.
» **조세의 경제적 귀착**Economic Incidence 실제로 조세를 부담하는 사람.
» 조세 부과 → 조세 부담을 다른 사람에게 전가(조세의 전가Tax Shift) → 조세의 법적 귀착 ≠ 조세의 경제적 귀착.

사례

물품세(Commodity Tax, 물품에 부과되는 국세로 간접세의 일종인 소비세) 부과의 영향

• 조세는 최종적으로 누가 실제 부담하게 되는가?
• 조세 부과는 소비자잉여·생산자잉여, 경제적 효율성에 어떤 영향을 미치는가?

맥주 공급자가 물품세 납부 의무를 지는 경우 (법적 귀착 = 생산자)

〈그림8-2〉 **공급자가 납세의무를 지는 경우**

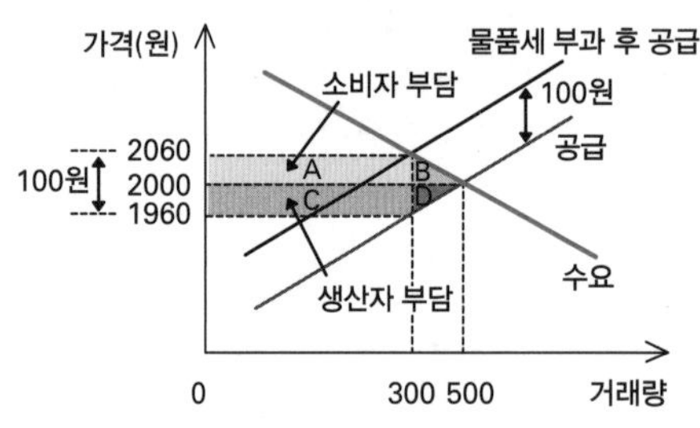

• 1리터당 2,000원의 가격에 500리터씩 거래되고 있는 맥주시장에 정부가 생산자에게 1리터당 100원의 세금 부과.

• 세금 부과 후 잉여의 변화
- 소비자잉여 변화 = −A−B (구매량 감소분 = −B, 가격 상승분 = −A)
- 생산자잉여 변화 = −C−D (판매량 감소분 = −D, 가격 상승분 = +A, 조세 납부액 = − A−C)
- 재정수입 변화 = +A+C
- 사회적 잉여 변화 = 소비자잉여 변화 + 생산자잉여 변화 + 재정수입 변화= −B−D < 0

• 세금 부과의 영향
- 소비자잉여·생산자잉여 ↓, 사회적 잉여 ↓, 재정수입 ↑ (정부만 부유해짐).
- 조세의 전가: 조세 납부액 A+C 중 A는 소비자가, C는 생산자가 부담 → 생산자가 소비자에게 A만큼의 조세 부담 전가.
- 리터당 맥주 가격은 2,000원에서 2,060원으로 60원 상승.
- 소비자가 인식하는 맥주 가격 = 2,060원/리터.
- 생산자가 인식하는 맥주 가격 = 1,960원/리터(리터당 100원을 세금으로 납부해야 하므로).

맥주 소비자가 물품세 납부 의무를 지는 경우 (법적 귀착 = 소비자)

〈그림8-3〉 **소비자가 납세의무를 지는 경우**

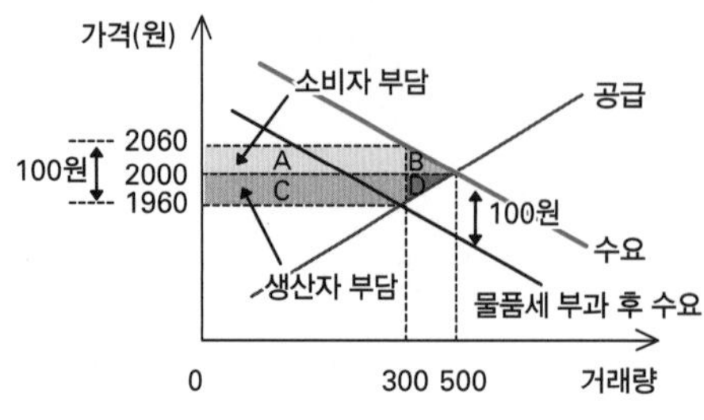

• 1리터당 2,000원의 가격에 500리터씩 거래되고 있는 맥주시장에 정부가 소비자에게 1리터당 100원의 세금 부과.

• 세금 부과 후 잉여의 변화
- 소비자잉여 변화 = −A−B (구매량 감소분 = −B, 가격 하락분 = +C, 조세 납부액 = − A−C)
- 생산자잉여 변화 = −C−D (판매량 감소분 = −D, 가격 하락분 = −C)

- 재정수입 변화 = +A+C
- 사회적 잉여 변화 = 소비자잉여 변화 + 생산자잉여 변화 + 재정수입 변화
  = −B−D < 0

세금 부과의 영향
- 소비자잉여·생산자잉여↓, 사회적 잉여↓, 재정수입↑(정부만 부유해짐).
- 조세의 전가: 조세 납부액 A+C 중 A는 소비자가, C는 생산자가 부담 → 소비자가 생산자에게 C만큼의 조세 부담을 전가.
- 리터당 맥주 가격은 2,000원에서 1,960원으로 40원 하락.
- 소비자가 인식하는 맥주 가격 = 2,060원/리터(리터당 100원을 세금으로 납부해야 하므로).
- 생산자가 인식하는 맥주 가격 = 1,960원/리터.

조세의 경제적 귀착을 결정짓는 요인

앞의 〈사례〉에서 확인할 수 있듯 맥주 소비자와 생산자 중 누구에게 조세 납부 부담이 지워지든지 소비자잉여와 생산자잉여, 사회적 잉여, 재정수입은 동일하다. 이는 조세 전가로 인해 조세 부담을 나눠지게 되기 때문이며 이때 누가 더 많은 조세 부담을 지는지는 가격탄력성과 관계있다.

» 조세는 소비자와 생산자 가운데 가격에 대해 '비탄력적인 측'이 '더 많이 부담'하게 되며, 누구에게 법적으로 납세의 의무가 있는지와 무관.

» 사회적 잉여가 감소하는 이유는 조세 부과로 인한 거래량 감소 때문.
» 특히, 조세 부과로 인한 사회후생 손실을 초과부담Excess Burden이라고 하며, 초과부담의 크기는 자원배분의 비효율성을 정량화한 것으로 볼 수 있음.

예제 8-4

아래 그림은 정부가 휘발유 공급자에게 리터(ℓ)당 170원의 세금을 부과할 때 휘발유 시장의 변화를 나타낸다. 다음 중 이에 대한 올바른 설명은? (단, 세금 부과 이전 휘발유시장의 균형은 점 e이다.) [79회 매경TEST 기출]

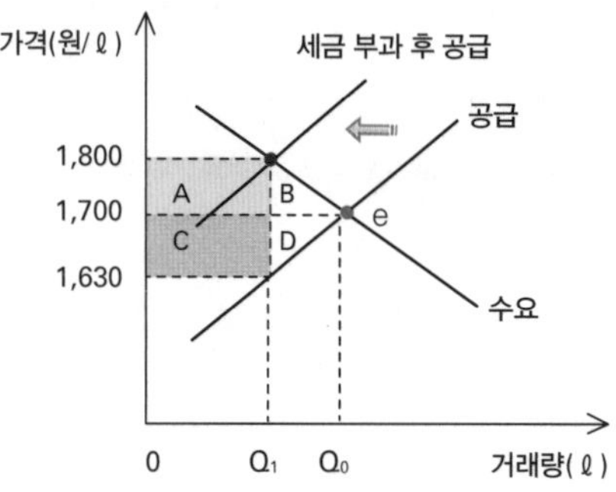

① 생산자잉여가 A-D만큼 증가한다.

② 휘발유의 시장가격이 170원 상승한다.

③ 사회적 잉여가 세금 부과 이전에 비해 증가한다.

④ 생산자에게 돌아가는 실제 조세 부담은 A+C이다.

⑤ A만큼 조세 부담이 생산자로부터 소비자에게로 전가된다.

【해설】

① |X| 생산자잉여는 C+D만큼 감소한다.

② |X| 휘발유의 시장가격은 기존 1,700원에서 1,800원으로 100원 상승한다.

③ |X| 사회적 잉여는 세금 부과로 인해 B+D만큼 감소한다.

④ |X| 생산자에게 귀착되는 조세 부담은 C이다.

⑤ |O| A는 가격 상승으로 인해 소비자에게 전가되는 조세 부담이다.

정답 ⑤

소득분배와 조세: 직접세와 간접세

조세 부과 시 담세자(조세의 경제적 부담을 지는 측)와 납세자(조세 납부 의무가 있는 측)가 일치하는 세금을 직접세라고 하며 그렇지 않은 세금을 간접세라고 한다. 〈표 8-4〉는 직접세와 간접세의 주요 특징을 요약한 것이다.

〈표8-4〉 직접세와 간접세

구분	직접세	간접세
특징	• 조세 전가가 비교적 적음 • 담세 능력에 따른 과세(능력원칙) • 과세표준이 높아질수록 한계세율이 높아지는 누진적 구조 → 높은 조세행정비용 → 고소득층으로부터 저소득층으로의 소득 재분배효과(소득불평등 완화)	• 조세 전가가 비교적 큼 • 상품·서비스의 가격에 대한 추가 요금 형태로 징수 • 편익을 얻는 사람에게 과세(편익원칙) → 낮은 조세행정비용 • 과세표준과 관계없이 거래 단위당 동일한 세금을 납부(소득·자산 대비 납부 세액은 고소득자일수록 적음) → 조세부담의 역진성(소득불평등 심화)
사례	소득세, 법인세, 양도세, 상속세, 증여세, 주민세	부가가치세, 개별소비세, 주세, 인지세

» 〈표8-4〉는 어디까지나 상대적 특징에 가깝다. 가령 법인세는 직접세로 분류되지만 법인세 인상이 제품 가격 인상으로 이어져 소비자에게 조세 부담이 전가(전방전가)되는 현상이 발생한다. 또한, 법인세 인상으로 인한 제품 가격 인상이 판매량을 감소시키고 이것이 고용 감소로 이어진다는 점에서 노동자도 법인세 인상에 따른 조세 부담(후방전가)을 일부 지게 된다.

과세표준과 세액 계산 방법

종합소득세의 과세표준은 다음의 표와 같다.

과세표준	한계세율
1,200만원 이하	6%
1,200만원 초과~4,600만원 이하	15%
4,600만원 초과~8,800만원 이하	24%
8,800만원 초과~1억 5,000만원 이하	35%
1억 5,000만원 초과~3억원 이하	38%
3억원 초과~5억원 이하	40%
5억원 초과~10억원 이하	42%
10억원 초과	45%

» A 연소득 5,000만원 → 소득세 = 1,200만원×0.06+3,400만원×0.15+400만원×0.24 = 678만원 → 세후소득 = 4,322만원.

» **B** 연소득 8,000만원 → 소득세 = 1,200만원×0.06+3,400만원×0.15+3,400만원×0.24 = 1,398만원 → 세후소득 = 6,602만원.
» **A와 B의 소득격차** 3,000만원 → 2,280만원(소득불평등 완화).

참고로 연간 2,000만원을 초과하는 금융소득(이자·배당소득)이 있는 경우 2,000만원까지는 15.4%(지방세 포함)를 원천징수(분리과세)하고 이를 초과하는 금액은 종합과세 대상에 포함돼 누진세율을 적용받는다.

소득분배와 소득불평등의 측정

한 사회의 소득 분포는 그 사회가 생산한 부가가치 총합을 경제 주체들이 어떻게 나눠 가지는지를 보여준다. 한 사회의 소득이 지나치게 불균등하게 분배되면 시장의 교환체계에 대한 불만이 증폭돼 사회의 결속력과 안정이 저해되고 경제적 풍요와 사회의 안녕이 위협받게 된다. 따라서 소득불평등 완화는 경제성장과 더불어 사회가 추구해야 할 핵심 목표 가운데 하나이다.

자원배분기구로서 시장의 장점

» 적은 비용으로 재화를 공급할 수 있는 생산자와 많은 금액을 지불할 용의가 있는 소비자 간 교환을 유도 → 효율적 자원배분(소비자잉여와 생산자잉여 극대화).
» 정부 규제나 시장실패만 없다면 시장은 배분적 효율성Allocative Efficiency 측면에서 대단히 우월한 자원배분 기구.

쿠즈네츠 가설Kuznets Hypothesis

» 러시아 태생 미국의 경제학자인 사이먼 쿠즈네츠Simon Kuznets가 실증 분석을 통해 제시한 가설.
» 경제성장의 초기 단계에는 소득분배가 악화(빈곤에서 탈출하는 가계와 그렇지 못한 가계)되지만 국민소득이 증가하고 경제발전 단계의 성숙기에 진입하면서 소득불평등이 점차 완화(중산층 확대와 소득재분배 요구 확대)된다는 학설.
» 현실에서 예외 사례가 다수 있음.

소득불평등은 시장실패인가?

- 소득불평등은 경제성장의 촉매제로 작용하므로 경제성장에 이롭다는 이론과 경제성장에 해롭다는 이론이 혼재.
- 소득불평등은 경제성장의 원인이 아닌 결과. 국민소득이 증가하면서 소득분배에 대한 사회 구성원들의 관심도가 높아지고 소득재분배 요구도 증가.
- 소득불평등이 반드시 해로운 것은 아니지만 과도한 소득불평등은 장기적으로 경제성장과 사회 안정에 악영향.
- 시장실패는 시장의 자원배분이 비효율성을 초래하는 상황을 뜻하는 것으로 소득분배와는 무관.
- 소득불평등 완화를 위해 정부는 자원배분 효율성을 일부 희생해서라도 규제나 소득재분배 정책을 시행할 필요가 있지만 이것이 과도할 경우 경쟁시장의 역동성과 성장동력에 악영향을 미칠 수 있고 정부실패Government Failure(부정부패·특혜·공공기관과 공기업 방만 운영)라는 또 다른 문제의 원인이 되기도 함.

구성원들 간 소득이 어떻게 분배돼 있는지에 대한 정보는 소득분포Income Distribution에 담겨 있다. 하지만 소득분포 그 자체로는 소득불평등의 정도를 구체적으로 파악하는 데 한계가 있어 이를 객관적으로 측정하기 위한 다양한 지표들이 개발되어 쓰이고 있다. 다음은 주요 소득불평등 지표이다.

1 로렌츠 곡선Lorenz Curve

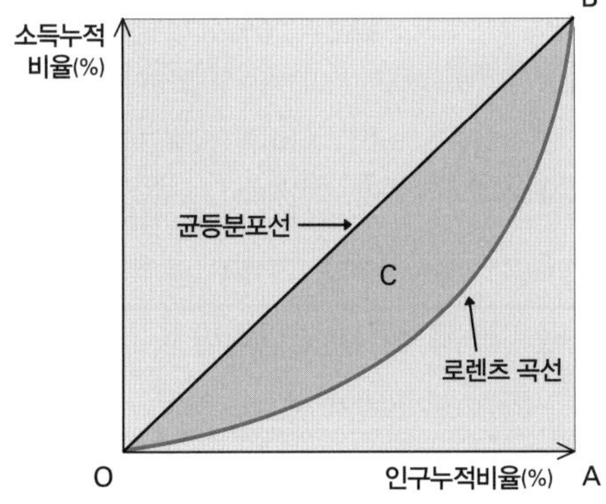

- 한 사회의 구성원을 소득이 낮은 사람부터 높아지는 순으로 배열한 곡선으로 '인구누적비율에 대한 소득누적비율'을 나타낸다.
- 45°선인 OB에 가까울수록 더 소득이 균등하게 분포됐음을 뜻하고, OAB에 가까울수록 더 소득이 불균등하게 분포됐음을 뜻한다.
- 단, 두 사회의 로렌츠 곡선이 교차하는 경우 소득불평등을 비교할 수 없다.

2 지니계수 Gini Coefficient

$$\text{지니계수} = \frac{\text{영역 C의 넓이}}{\text{삼각형 OAB의 넓이}}$$

» 주로 로렌츠 곡선을 이용해 도출하며, 0과 1 사이 값을 가진다.

» 로렌츠 곡선이 45°선일 경우 그 값은 0, 완전불평등한 경우 그 값은 1이며, 그 값이 클수록 소득 불평등이 심화하는 것으로 해석한다.

3 10분위분배율 Deciles Distribution Ratio

$$\text{10분위분배율} = \frac{\text{최하위 40\% 소득}}{\text{최상위 20\% 소득}}$$

» 소득계층 최상위 20%의 소득점유에 대한 소득계층 최하위 40%의 소득점유 비율을 나타낸다.

» 0~2의 값을 가지며, 작을수록(클수록) 소득 불평등이 심화(완화)하는 것으로 본다.

4 10분위배율, 5분위배율

$$\text{10분위배율} = \frac{\text{최상위 10\% 소득}}{\text{최하위 10\% 소득}} \qquad \text{5분위배율} = \frac{\text{최상위 20\% 소득}}{\text{최하위 20\% 소득}}$$

» 소득계층 최하위 10%(20%)의 소득점유에 대한 소득계층 최상위 10%(20%)의 소득점유 비율을 나타낸다.

» 클수록(작을수록) 소득 불평등이 심화(완화)하는 것으로 본다.

경제

4

비대칭정보

판매자Seller와 구매자Buyer 가운데 한쪽이 제품의 하자나 품질에 대해 더 많이 알고 있는 상황을 정보의 비대칭성Information Asymmetry이라고 한다. 이러한 상황에서 거래가 이뤄지면 우량품Peach·Plum은 시장에서 퇴장하고 불량품Lemon만 시장에 남는 역선택Adverse Selection이 발생한다. 가령 매물에 불량품이 섞여 있는 경우 구매자(정보를 갖지 못한 쪽)는 어떤 것이 우량품인지 정확히 가려낼 수 없어 우량품의 가치를 실제보다 저평가하게 되고 판매자(정보를 가진 쪽)가 우량품을 매물로 내놓더라도 실제 가치에 합당한 금액을 지불하지 않으려 할 것이다. 우량품의 실제 가치를 잘 알고 있는 판매자는 우량품을 헐값에 팔기를 원치 않기 때문에 거래가 성사되기 쉽지 않다. 따라서 거래가 진행될수록 우량품은 철수하고 불량품만 시장에 남게 된다. 이처럼 정보의 비대칭성으로 인해 불량품이 넘쳐나는 시장을 레몬(개살구)시장Lemon Market이라고 하며, 제품의 실제 가치를 사전에 정확히 평가하기 어려운 중고품(중고차, 중고 노트북)시장에서 주로 관찰된다.

사례

중고차시장에서의 역선택

• 상황

- 중고차시장에 100명의 중고차 판매자와 100명의 중고차 구매자가 가격 흥정 중.
- 판매자는 각 한 대씩의 중고차를 가지고 있으며, 이 가운데 절반만 우량품(Peach)이고 나머지는 불량품(Lemon).
- 중고차 품질은 판매자만 식별 가능, 구매자는 우량품과 불량품이 절반씩 섞여 있다는 사실만 인지.
- 중고차 구매자는 최대 한 대의 중고차만 구매 가능하고 위험 중립적.
- 판매자와 구매자 각각이 생각하는 중고차의 가치(〈표8-5〉):

〈표8-5〉 중고차 가치 (단위: 만원)

상태	판매자(수용용의가격)	구매자(지불용의가격)
우량(50대)	1,800	2,000
불량(50대)	1,000	1,200

• 거래 패턴

- 구매자는 전체 매물 중 절반만 우량품이라는 사실을 알고 있으므로 어떤 중고차가 매물로 나오든 최대 1,600만원(=2,000만원×0.5+1,200만원×0.5)까지만 지불하고자 함.
- 판매자는 우량품에 대해 최소 1,800만원은 받고자 하므로 우량품이 거래될 수 없음.
- 구매자도 판매자가 우량품을 1,600만원 이하 가격으로는 팔지 않을 것이라고 짐작 → 판매자가 매물을 팔 의향을 내비치는 행위는 곧 매물이 불량품이라는 방증.
- 구매자는 불량품에 대해 최대 1,200만원까지, 판매자는 적어도 1,000만원은 받고자 하므로 1,000만원 이상, 1,200만원 이하 가격으로 거래 가능.
- 우량품 500대는 전혀 거래되지 않고 불량품 50대만 1,000만~1,200만원으로 거래 (실제 거래가격은 협상력에 따라 달라짐) → 전체 매물 중 불량품이 섞여 있다는 사실 때문에 우량품이 구매자로부터 제값을 받지 못해 시장에서 퇴장하고 불량품만 거래(〈그림8-4〉 참고).

〈그림8-4〉 레몬시장의 거래 패턴

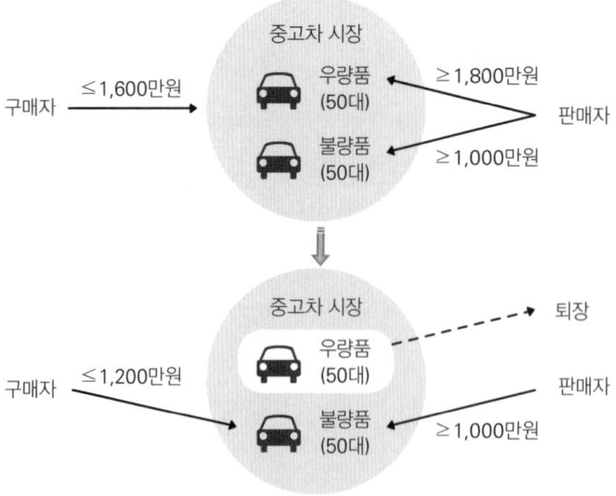

감추어진 특성Hidden Characteristic과 감추어진 행동Hidden Action

앞의 〈사례〉에서처럼 거래자 간 비대칭정보가 있는 상황에서는 우량품이 거래되기 쉽지 않다. 구매자는 판매자가 불량품을 우량품으로 속여서 팔 유인이 있다는 사실을 알고 있기 때문에 매물로 나온 우량품의 가치를 실제보다 저평가하게 되고, 우량품의 실제 가치를 정확히 알고 있는 판매자는 우량품을 헐값에 파는 것을 원치 않기 때문이다. 이 경우 앞의 〈사례〉에서처럼 우량품이 시장에서 자취를 감추고 불량품만 시장에 남아 거래가 이뤄진다.

이러한 시장실패의 원인은 거래 당사자 중 한쪽이 재화의 품질이나 하자와 같은 중요한 정보를 독점(사적 정보)하기 때문이다. 앞의 〈사례〉에서 판매자는 사적 정보를 가지고 있는 쪽이고 이때 중고차의 품질은 감추어진 특성Hidden Characteristic이다.

한편, 정치인들이 유세 과정에서는 지역구민들에게 여러 공약을 내걸고 표를 구하지만 일단 당선되고 나면 공약의 충실한 이행보다 향후 정치 경력에 도움 되는 일에 더 노력을 기울이는 행태를 쉽게 목격할 수 있다. 이러한 행태는 선거 이후 정치인의 행동을 완전히 감시할 수 없기 때문이다. 이때 정치인이 지역구민의 이익에 반하고 자신의 이익만을 좇는 것을 도덕적 해이Moral Hazard라고 한다. 도덕적 해이는 근본적으로 정치인의 행동을 일거수일투족 감시할 수 없다는 점, 즉 감추어진 행동Hidden Action 때문에 발생한다.

비대칭정보 유형(원인)	시장실패 형태(결과)
감추어진 특성	역선택
감추어진 행동	도덕적 해이(도덕적 위해, 주인-대리인 문제)

- 만약 〈표8-5〉에서 우량품이 90대, 불량품이 10대이면 어떨까?
  - 구매자는 자신 앞에 놓인 매물에 대해 최대 1,920만원(=2,000만원×0.9+1,200만원×0.1)을 지불할 용의가 있음.
  - 판매자는 우량품을 1,800만원 이상 가격에 팔 용의가 있음.
  - 우량품과 불량품 100대가 모두 1,800만~1,920만원으로 거래.
  - 우량품의 비율이 높기 때문에 구매자는 중고차의 평균적인 가치를 높게 평가하고 이 덕분에 불량품까지 모두 거래될 수 있음.
- 우량품 비율이 압도적으로 높아 매물의 품질에 대해 확신을 줄 수 있는 시장에서는 역선택이 발생하지 않음.

역선택, 도덕적 해이를 완화시키기 위한 방법: 신호 발송과 골라내기, 유인 설계

현실에는 비대칭정보 하에서의 시장거래가 역선택과 도덕적 해이라는 시장실패로 귀결되는 것을 막기 위한 다양한 장치들이 존재한다. 이러한 장치들은 비대칭정보의 유형(감추어진 특성, 감추어진 행동)에 따라 다른 형태를 가진다.

역선택에 대한 대응: 판매자와 구매자 간 감추어진 특성에 관한 정보 격차 해소

1 신호 발송Signaling

» 정보를 가진 사람이 갖지 못한 사람에게 사적 정보를 보내는 행위·노력.

» 중고차시장의 경우 판매자가 구매자에게 품질보증서Warrant를 제공하는 것이나 평판·명성과 브랜드 관리를 통해 고객 신뢰를 형성하는 것은 신호 발송에 해당.

» 어학 성적, 재정증명서, 기술·금융 관련 자격증, 사업계획서, 경력기술서, 자소서, 실적증명서는 노동시장·자금시장·입찰 과정에서의 신호 발송에 해당.

2 골라내기(선별)Screening

» 정보를 갖지 못한 사람이 자신에게 필요한 정보를 얻기 위한 노력.

» 중고차시장의 경우 구매자는 중고차 시세 앱 활용.

» 부동산 앱(네이버부동산·KB부동산·직방·호갱노노), NCS와 전공필기·면접, 공무원시험, 경찰·소방공무원 체력시험, 대출심사, 가수연습생 오디션은 부동산·노동시장·자금시장에서의 골라내기에 해당.

도덕적 해이에 대한 대응: 감시 강화보다는 적절한 유인을 제공

» 개인의 일거수일투족을 감시하는 것은 윤리적 문제뿐만 아니라 비용 측면에서도 비효율적.

» 유인 설계Incentive Design로 감추어진 행동에 대한 자율 규제.

» 실업보험 수령 조건으로 구직활동 증명, 무사고 운전자에 대한 보험료 인하, 스톡옵션과 성과급, 자유계약선수FA 계약 조건에 삽입된 옵트아웃Opt-out 조항(예: 계약기간 5년에 2년을 채우면 계약기간 중 FA 선언 가능)이나 몸무게 관리 조항.

다음의 〈표8-6〉은 비대칭정보 유형에 따른 시장실패 형태와 그 해법을 요약한 것이다.

〈표8-6〉 비대칭정보와 역선택, 도덕적 해이

시장실패 형태	역선택	도덕적 해이(대리인 문제)
원인	감추어진 특성	감추어진 행동
발생 양상	우량품의 시장 퇴장	근무태만, 과도한 위험 감수
대응	신호 발송, 골라내기, 평판과 명성	유인 설계
사례	• 불량품이 넘쳐나는 중고차시장과 중고노트북 시장 • 건강한 사람일수록 가입할 유인이 큰 종신보험(Life Annuity) • 부실 차주가 넘쳐나는 고금리 신용대출시장	• 실업수당 수령 후 구직활동에 소홀한 실업자 • 당선 후 정치 경력 연장에 유리한 활동만 하는 구의원 • 자동차 보험 가입 후 난폭 운전을 일삼는 운전자 • 장기계약 체결 후 훈련장에 수시로 지각하는 운동선수 • 상해보험 가입 후 익스트림 스포츠에 더 몰두하는 직장인 • 화재보험 가입 후 화재 예방에 소홀한 건물주 • 과도한 위험을 떠안는 펀드매니저

• 대리인 문제(Agency Problem)는 대리인이 일을 맡긴 주인의 이익보다 자신의 이익을 우선시하는 것으로 도덕적 해이의 사례이다. 주인-대리인 문제(Principal-Agent Problem)라고도 한다.

• 도덕적 해이는 불법행위(Tort)와는 다르다. 가령 폭우가 내릴 때 감시가 소홀해진다는 점을 이용해 공장 폐수를 무단 방류하는 행위는 엄연히 불법행위에 해당하며 감추어진 행동으로 인한 도덕적 해이는 아니다. 하지만 관용적으로 윤리적 문제가 결부된 많은 사례에서 혼용되기도 한다.

8-5

다음 중 신호 발송의 사례로 가장 거리가 먼 것은?

① 대출금리 상한을 정한 뒤 시행하는 대출심사
② 대학 입시에 필요한 스펙을 쌓기 위한 과외활동
③ 어학 성적과 금융 자격증을 취득하는 취업준비생
④ 장기간 엄격한 품질 관리를 통한 브랜드 이미지 제고
⑤ 중고차 판매 후 일정 기간 동안 제공되는 무상 수리 서비스

【해설】

① |X| 정보를 갖지 못한 사람이 필요한 정보를 추출하는 행위, 즉 골라내기에 해당한다.

②, ③, ④, ⑤ |O| 보기의 ②, ③, ④, ⑤는 모두 정보를 가진 사람이 정보를 갖지 못한 사람에게 사적 정보를 전달하려는 노력, 즉 신호 발송이다. 특히 ④는 반복적인 정보 전달로 좋은 이미지를 구축하는 명성효과(Reputation Effect)의 사례이다.

정답 ①

8-6

다음 중 아래의 빈칸 (A), (B)에 들어갈 내용을 올바르게 짝지은 것은?

> (A)는(은) 작업이 불완전하게 감독되거나 감시체계의 한계가 명확한 경우 정보를 가진 측에서 나타날 수 있는 행동을 뜻한다. 특히 (B)에서는 노동자의 실질임금이 낮을수록 근무태만으로 해고당하더라도 그 불이익이 작아서 (A)를(을) 충분히 통제할 수 없다고 본다. 따라서 (B)에서는 근로자의 실질임금을 시장청산 수준보다 높게 책정하는 것이 고용주에게도 이익이 된다고 주장한다.

	(A)	(B)
①	역선택	효율성 임금이론
②	역선택	암묵적 계약이론
③	도덕적 해이	암묵적 계약이론
④	도덕적 해이	효율성 임금이론
⑤	대리인 문제	내부자-외부자 이론

【해설】

빈칸 (A)는(은) 노동자의 감추어진 행동으로 인해 발생하는 것이므로 도덕적 해이 또는 대리인 문제이다. 한편, 빈칸 (B)는 효율성 임금이론(Efficiency Wage Theory)에 관한 것이다.

정답 ④

다음 그림은 경합성과 배제성에 따라 재화를 A~D로 구분한 것이다. 다음 중 B 영역에 해당하는 재화의 사례로 가장 올바른 것은? [78회 매경TEST 기출]

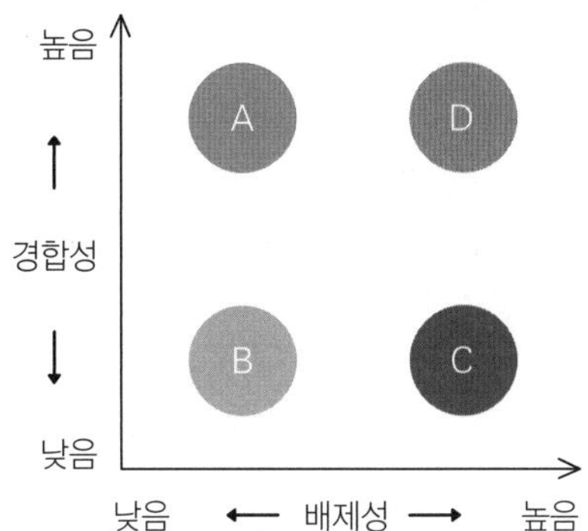

① 지하철
② 일기예보
③ 혼잡한 무료도로
④ OTT 스트리밍 서비스
⑤ 공해(公海)상의 어족자원

해설

A는 공유자원, B는 공공재, C는 클럽재, D는 사적재이다. 지하철과 OTT 스트리밍 서비스는 클럽재, 일기예보는 공공재, 혼잡한 무료도로와 공해(公海)상의 어족자원은 공유자원이다. 정답 ②

다음 중 공공재에 대한 가장 올바른 설명은?

① 경합성은 작고 배제가능성은 큰 재화이다.
② 디즈니+, 유튜브 프리미엄은 공공재의 사례이다.
③ 시장에서 사회적으로 효율적인 수준보다 과다 공급되는 경향이 있다.
④ 재화의 추가 소비에 따른 사회적 비용은 소비자가 많을수록 증가한다.
⑤ 소비자들의 한계편익의 총합이 공공재 공급의 한계비용보다 크다면 공급량을 늘리는 것이 효율적이다.

해설

① |X| 공공재는 경합성과 배제가능성이 작은 재화이다.
② |X| 디즈니+, 유튜브 프리미엄은 클럽재의 사례이다.
③ |X| 시장에서 사회적으로 효율적인 수준보다 과소 공급된다.
④ |X| 공공재의 경우 경합성이 없으므로 재화의 추가 소비에 따른 사회적 비용은 0이다.
⑤ |O| 공공재를 소비하는 사람들의 한계편익의 총합이 공공재 공급에 따른 한계비용보다 크다면 공급량을 늘릴수록 사회적 편익이 증가한다. 따라서 이 경우 공급을 늘리는 것이 효율적이다.

정답 ⑤

다음 중 아래의 글에 대한 가장 올바른 해석은?

> 오랜 기간 아프리카 대륙에서 번성했던 아프리카 코끼리는 밀렵 행위로 인해 현재 세계적으로 멸종 위기에 놓여있다. 이에 반해 닭과 가금류, 소 등의 가축은 유사 이래 그 어느 때보다 개체 수가 많다. 한편, 아프리카 국가들의 많은 촌락에서는 지하수 오염과 저수지 부재로 인해 식수 부족 현상을 겪는 사례가 빈번하게 관찰된다. 하지만 유럽 국가들의 촌락에서는 마을 단위의 소규모 공동체에서 자체적으로 지하수와 목초지 등 마을의 공동 자산을 효과적으로 관리해 이러한 문제가 잘 발생하지 않는다. 야생 시베리아 호랑이와 늑대의 개체 수는 급감했지만 개와 고양이의 개체 수가 늘어난 것도 같은 맥락에서 이해할 수 있다.

① 아프리카 코끼리는 공공재로, 닭과 가금류·소 등은 공유재로 볼 수 있다.
② 지하수는 그 성격상 반드시 남용과 고갈이라는 공유지의 비극으로 귀결된다.
③ 아프리카와 유럽 국가들의 촌락에 있는 지하수의 운명을 가른 것은 소유권 유무이다.
④ 야생 시베리아 호랑이와 늑대의 개체 수가 급감한 근본 원인은 적자생존 법칙에 의한 자연선택의 결과이다.
⑤ 아프리카 코끼리와 야생 시베리아 호랑이의 사례는 배제성이 결여된 재화의 남용 문제를 예방하기 위해서는 중앙정부의 규제가 필수적이라는 방증이다.

해설

① |X| 아프리카 코끼리는 공유재로, 닭과 가금류·소 등은 사적재로 보는 것이 타당하다.
② |X| 지하수는 아프리카 국가들의 촌락 사례처럼 소유권의 부재 시 고갈과 남용이라는 공유지의 비극이 발생하지만 유럽 국가들의 촌락 사례처럼 마을 공동체에 의해 적절히 관리되는 경우 이러한 문제를 예방할 수 있다.
③ |O| 아프리카 국가들 촌락의 지하수가 고갈과 오염에 직면한 반면 유럽 국가들 촌락의 지하수가 이러한 문제로부터 자유로운 가장 큰 이유는 소유권의 유무에 따른 관리의 차이라고 볼 수 있다.
④ |X| 야생 시베리아 호랑이의 개체 수가 급감한 근본 원인은 서식지 축소와 밀렵 행위로 인한 것임을 짐작할 수 있으며, 이러한 일들은 소유권의 부재로 인한 공유지의 비극으로 볼 수 있다.
⑤ |X| 아프리카 코끼리와 야생 시베리아 호랑이의 사례처럼 배제성이 결여된 재화의 남용, 즉 공유지의 비극 문제를 해결하기 위해 반드시 중앙정부의 개입이 필요한 것은 아니다. 유럽 국가들 촌락의 지하수 사례에서처럼 소유권이 잘 정비돼 있는 경우 공동체 내에서 충분히 효율적으로 관리될 수 있기 때문이다. 실제로 이와 같은 많은 사례들이 엘리너 오스트롬 교수에 의해 연구된 바 있다.

정답 ③

코즈의 정리를 바탕으로 아래 상황을 가장 올바르게 해석한 것은? (단, 일체의 거래 비용은 없다.)

> A는 염색공장을 운영해 연 20억원의 순이익을 얻고 있으나 오수를 배출해 인근의 양식업자 B에게 연 4억원 상당의 피해를 주고 있다. 하지만 오수 정화시설을 설치한다면 이 피해 금액을 5,000만원으로 줄일 수 있다. 단, 오수 정화시설의 설치비용은 3억원이며, 사적 협상을 위한 거래비용은 없다.

① 만약 A가 오수배출권을 가진다면 오수 정화시설은 설치되지 않을 것이다.
② 오수 정화시설이 설치되지 않는 것이 설치되는 것보다 사회적으로 더 효율적이다.
③ 만약 B가 깨끗한 물 사용권을 가진다면 사회적으로 비효율적인 결과로 이어질 것이다.
④ A가 오수배출권을 가지는 것보다 B가 깨끗한 물 사용권을 가지는 것이 사회적으로 효율적이다.
⑤ A가 오수배출권을 가지든, B가 깨끗한 물 사용권을 가지든 관계없이 오수 정화시설은 설치될 것이다.

해설

만약 A가 오수배출권을 가진다면, B는 3억원의 비용을 지출하더라도 오수 정화시설을 설치할 것이다. 오수 배출로 인해 4억원의 금전적 손실을 감수하는 것보다 3억원의 비용이 들더라도 오수 정화시설을 설치하는 것이 더 낫기 때문이다. 이 경우 사회 전체 편익은 16억 5,000만원(A: 20억원, B: -3억 5,000만원)이다.

한편, B가 깨끗한 물 사용권을 가진다면, A는 3억원의 비용을 들여 오수 정화시설을 설치할 것이다. 오수 정화시설을 설치하면 B에게 5,000만원만 배상하면 되므로 총 16억 5,000만원(=20억원-3억원-5,000만원)의 편익을 누릴 수 있지만, 오수 정화시설을 설치하지 않을 시 B에게 4억원을 배상해야 하므로 총 16억원(=20억원-4억원)의 편익만 누릴 수 있기 때문이다.

따라서 A와 B 중 누가 권리를 가지느냐와 관계없이 항상 오수 정화시설은 설치되며, 이때 사회 전체 편익은 16억 5,000만원으로 동일하다.

정답 ⑤

다음 중 사례 (가), (나)에 대한 올바른 설명은?

(가) A는 마을버스 승강장에서 매일 흡연하는 B 때문에 자주 불쾌감을 느꼈지만 아무런 항변을 못하고 있다.

(나) 양봉업자 C가 키우는 꿀벌로 인해 인근의 과수원 주인 D는 과일 수확에 도움을 받고 있지만, D는 C에게 어떠한 대가도 지불하지 않고 있다.

① (가)는 긍정적 외부효과의 사례이다.
② (나)는 소비 측면에서 나타나는 외부효과이다.
③ (가)는 시장실패의 사례이며, (나)는 정부실패의 사례이다.
④ (나)에서 꿀벌의 수는 사회적으로 효율적인 수준보다 적다.
⑤ (가)의 경우 B에게 보조금을 지급함으로써 시장실패를 해결할 수 있다.

해설

① |X| (가)는 부정적 외부효과의 사례이다.
② |X| (나)는 생산 과정에서 나타나는 긍정적 외부효과의 사례이다.
③ |X| (가)와 (나)는 모두 외부효과로 인한 시장실패에 해당한다.
④ |O| (나)에서 C는 꿀벌을 키워 D에게 한계외부편익을 주지만 아무런 대가를 받지 못하므로 효율적인 수준보다 꿀벌을 적게 키우게 된다.
⑤ |X| (가)에서 B는 부정적 외부효과를 발생시키고 있으므로 세금을 부과해야 시장실패를 해결할 수 있다.

정답 ④

다음 그림은 A·B국의 로렌츠 곡선을 나타낸 것이다. 이에 대한 올바른 설명은?

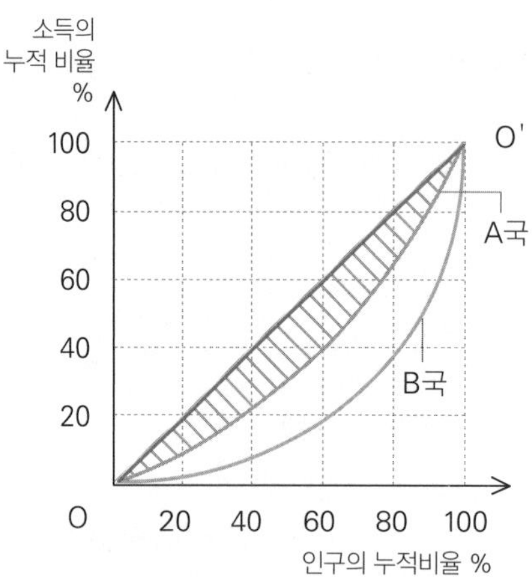

① A국의 지니계수가 B국에 비해 더 크다.
② A국은 B국에 비해 소득계층 간 소득불평등이 더 심하다.
③ A국이 소득세의 누진율을 인상하면 B국과의 간격은 줄어든다.
④ B국의 경우 상위 20%의 소득 점유율이 A국에 비해 더 크다.
⑤ O-O'선은 완전 불평등선으로 고소득층이 사회의 모든 소득을 점유하고 있다.

해설

① |X| 로렌츠 곡선과 45도 선 사이 영역의 넓이는 A국이 B국보다 더 작으므로 A국의 지니계수가 B국보다 더 작다.
② |X| A국의 로렌츠 곡선이 B국보다 45도 선에 더 가까운 데다 지니계수도 A국이 B국보다 더 작으므로 A국의 소득불평등도가 B국보다 작다.
③ |X| 누진세율은 소득 격차를 완화하는 효과가 있다. 따라서 A국에서 소득세 누진율을 인상하면 로렌츠 곡선이 45도 선에 더 가까워지고 이에 따라 B국과의 간격은 더 증가한다.
④ |O| B국의 경우 상위 20%가 전체 소득의 60% 이상을 점유하고 있고 A국은 40%에 미치지 못한다. 따라서 B국의 상위 20%가 점유하고 있는 소득이 A국에 비해 더 크다.
⑤ |X| 45도 선은 누적인구와 누적소득이 같은 비율로 증가한다는 뜻이므로 소득이 완전히 균등하게 분배돼 있음을 뜻한다.

정답 ④

다음 표는 최근 K국이 시행한 소득세제 개편안을 나타낸다. 다음 중 이에 대한 올바른 설명을 |보기|에서 모두 고르면? [75회 매경TEST 기출]

구분	한계세율	
과세표준	변경 전	변경 후
~2,000만원 이하	10%	5%
2,000만원 초과~5,000만원 이하	15%	15%
5,000만원 초과~	20%	25%

| 보기 |

㉠ 소득이 3,000만원인 경우 세율 변경 후 세액은 250만원이다.

㉡ 소득이 7,000만원인 경우 세율 변경 후 처분가능소득이 감소한다.

㉢ 소득이 4,000만원인 경우 세율 변경 후 세액이 100만원 감소한다.

㉣ 세율 변경으로 인해 소득이 3,600만원인 사람이 4,800만원인 사람보다 세액이 더 많이 감소한다.

① ㉠, ㉡ ② ㉠, ㉢ ③ ㉡, ㉢ ④ ㉡, ㉣ ⑤ ㉢, ㉣

해설

㉠ |O| 소득이 3,000만원인 경우 납부세액은 세율 변경 전 350만원(=2,000만원×0.1+1,000만원×0.15)에서 세율 변경 후 250만원(=2,000만원×0.05+1,000만원×0.15)으로 감소한다.

㉡ |X| 소득이 7,000만원인 경우 납부세액은 세율 변경 전 1,050만원(=2,000만원×0.1+3,000만원×0.15+2,000만원×0.20), 세율 변경 후 1,050만원(=2,000만원×0.05+3,000만원×0.15+2,000만원×0.25)으로 동일하다.

㉢ |O| 소득이 4,000만원인 경우 납부세액은 세율 변경 전 500만원(=2,000만원×0.1+2,000만원×0.15)에서 세율 변경 후 400만원(=2,000만원×0.05+2,000만원×0.15)으로 100만원 감소한다.

㉣ |X| 소득이 3,600만원인 사람과 4,800만원인 사람의 경우 세율 변경으로 2,000만원까지는 동일하게 5% 인하된 세율이 적용된다. 따라서 2,000만원에 대한 납부세액은 동일하게 100만원 감소한다. 한편, 2,000만원을 초과하는 소득에 대해서는 세율 변경 이후에도 동일한 세율이 적용되므로 납부세액에 차이가 없다. 따라서 소득이 3,600만원인 사람과 4,800만원인 사람은 동일한 세금 인하 혜택을 받게 되는 셈이다.

정답 ②

밑줄 친 ㉠에 대한 올바른 설명으로 가장 거리가 먼 것은? (단, 탄소배출로 인한 환경 오염과 이에 수반되는 비용은 고려하지 않는다.)

유럽연합(EU)의 여러 국가는 2005년부터 ㉠ 탄소배출권 제도를 출범시켰다. 이 제도 하에서 유럽연합 각국의 기업은 일정 수준의 이산화탄소 배출 한도를 배정받는다. 만약 실제 배출량이 한도에 미치지 못하면 그 차이만큼 이산화탄소를 배출할 수 있는 권리가 부여된다. 기업은 그 권리를 다른 기업에 팔 수 있으며, 실제 배출량이 최초 배정된 한도를 초과한 기업이 이를 사게 된다. 탄소배출권의 가격은 탄소배출권 시장의 수급 조건에 의해 결정된다.

① 부정적 외부효과에 대한 시장 기반 해법에 해당한다.
② 기업의 탄소저감 기술 개발을 촉진하는 효과가 있다.
③ 탄소저감 기술이 상대적으로 뒤떨어진 기업은 탄소배출권 시장에서 수요자가 된다.
④ 탄소배출권제도가 없을 때와 비교해 탄소배출 총량을 획기적으로 줄이는 효과가 있다.
⑤ 뛰어난 탄소저감 기술을 갖춘 기업으로 하여금 탄소를 더 많이 저감하도록 유도해 사회 전체적인 탄소저감 비용을 줄이는 효과가 있다.

해설

① |O| 탄소배출권 시장을 통해 부정적 외부효과로 인한 사회적 비용을 낮추는 시장 기반 해법이다.
② |O| 탄소저감 기술이 뛰어난 기업은 탄소배출권을 팔아 이익을 얻을 수 있으므로 탄소저감 기술 개발을 촉진하는 효과가 있다.
③ |O| 탄소저감 기술이 열악한 기업은 스스로 정화 처리하는 것보다 탄소배출권을 구입해 배출하는 것이 저렴하므로 수요자가 된다.
④ |X| 탄소배출 총량은 탄소배출할당량에 의해 정해진다.
⑤ |O| 탄소저감 비용이 낮은 기업은 탄소배출권을 팔아 이익을 얻고 자체 정화 처리하는 양을 늘린다. 이때 이러한 기업이 더 많이 자체 정화 처리할수록 사회 전체적으로 탄소저감 비용이 절감되는 이익이 발생한다.

정답 ④

밑줄 친 ㉠과 ㉡에 대한 가장 올바른 설명은?

> 민주주의 국가에서 예산 지출에 관한 결정은 유권자에 의해 선출된 대리인이 담당한다. 따라서 유권자들은 자신들의 이익을 가장 잘 대변할 수 있는 사람을 대리인으로 선출하길 원한다. 하지만 이러한 유권자들의 바람에도 불구하고 그들의 의도대로 성실하게 업무 수행에 임하는 대리인을 뽑기란 쉽지 않다. 왜냐하면 ㉠ 대리인이 주인의 이익에 충실할 사람인지, 그 자신의 이익에 더 열의를 보일 사람인지 사전에 정확하게 알 수 없기 때문이다. 또한 ㉡ 대리인의 직분에 충실할 것으로 보이는 사람을 선출하더라도, 그는 향후 자신의 경력을 위해 움직이고 원래의 의무를 게을리할 유인을 여전히 가지고 있다.

① ㉠과 ㉡은 부정적 외부효과로 인해 발생한다.
② ㉠과 ㉡은 주인과 대리인이 같은 정보를 가지고 있어서 발생한다.
③ ㉠은 대리인에 대한 적절한 선별 기준을 도입해 어느 정도 해소할 수 있다.
④ 전문 경영인이 주주의 이익보다 자신의 이익을 우선시하는 행위는 ㉠에 해당한다.
⑤ 보험회사가 보험료가 많이 나갈 것으로 생각되는 가입자를 '위험 부류'로 분류하는 것은 ㉡에 대한 대응책이다.

해설

① |X| ㉠과 ㉡은 각각 감추어진 특성과 감추어진 행동이라는 비대칭정보로 인해 발생한다.
② |X| ㉠과 ㉡의 경우 모두 대리인이 주인보다 더 많은 정보를 가지고 있다.
③ |O| ㉠은 대리인에 관한 정보를 취득할 수 있는 골라내기(선별)를 통해 완화시킬 수 있다.
④ |X| 대리인의 문제에 해당하므로 ㉡에 더 적합한 상황이다.
⑤ |X| 골라내기(선별)이므로 ㉠에 대한 대응책이다.

정답 ③

다음을 읽고 맞선시장에 대해 가장 올바르게 분석한 것은?

> 결혼 적령기에 접어든 남녀가 맞선시장에서 마음에 드는 상대를 찾기란 쉽지 않다. 결혼 상대로서 매력적인 사람은 이미 짝을 찾아서 맞선시장에서 이탈했거나 주변에서 구애하는 사람들이 많아 맞선 자리에 나올 필요성을 못 느껴서 애당초 맞선시장에 진입하지 않기 때문이다. 따라서 맞선시장에서 남녀는 상대를 선택하는 데 있어서 대단히 신중해지기 마련이다. 하지만 최근 들어 IT의 발달로 맞선시장 참가자의 이러한 행태에 변화가 발생하고 있다. 맞선을 나가기 전 상대방의 SNS·블로그 등을 열람하고 휴대폰 사진 전송을 통해 상대방에 대한 구체적인 정보를 얻는 경우가 많다. 이처럼 상대방에 대한 정보가 없는 사람이 상대방을 알기 위해 기울이는 일련의 노력을 '골라내기' 또는 '선별'이라고 한다. 한편, 개인 블로그나 홈페이지를 열심히 관리하는 등 자신을 알리기 위해 적극적으로 노력하는 것을 '신호 발송'이라고 한다.

① 골라내기와 신호 발송으로 인해 맞선 당사자들의 편익이 감소한다.

② IT의 발달로 맞선 당사자들이 상대방을 탐색하는 비용이 증가한다.

③ 맞선 당사자들의 도덕적 해이를 해결하기 위해 골라내기와 신호 발송이 필요하다.

④ SNS와 블로그는 맞선 당사자들의 신호 발송을 돕는 역할에 국한되며 골라내기에 도움이 되지 않는다.

⑤ 다양한 형태의 골라내기와 신호 발송은 맞선시장에 존재하는 비대칭정보를 해소하기 위한 노력에 해당한다.

해설

① |X| 골라내기와 신호 발송은 비대칭정보를 해소하는 기능을 하므로 맞선 당사자들의 편익이 증가한다.

② |X| IT 발달은 탐색비용을 감소시킨다.

③ |X| 도덕적 해이를 완화하는 데 있어서는 유인 설계가 더 적절한 대응이다.

④ |X| SNS와 블로그는 맞선 당사자들의 정보를 상대방에게 부분적으로나마 공개하는 기능을 한다. 이것은 정보를 탐색하는 입장에서는 골라내기가 용이해지는 것으로 볼 수 있다.

⑤ |O| 골라내기와 신호 발송은 그것이 어떤 형태이든 비대칭정보 완화에 기여할 수 있다. 정답 ⑤

9

국제경제

세계 어떤 나라도 다른 나라와의 교역 없이 자급자족만으로 현재와 같은 물질적 풍요를 누릴 수 없다. 현재 세계 각국은 싫든 좋든 국제 분업체계에서 각자 일정한 역할을 수행하고 있으며 과거 그 어느 때보다 더 긴밀하게 연결돼 있다. 한 나라의 경제 상황과 정책이 다른 나라 국민경제 전반에 심대한 영향을 미치는 일도 다반사이다. 우리나라처럼 대외의존도(국내총생산 대비 수출액과 수입액의 합)가 큰 나라는 외국에서 발생하는 사건들에 더 예의주시해야 하는 이유이기도 하다.

국제무역과 국제금융은 국제경제의 원리를 이해하는 두 가지 핵심 주제이다. 국제무역은 국가 간 교역이 발생하는 원리와 무역이 경제에 미치는 영향에 관해 다루며, 국제금융은 외환시장과 환율에 관해 다룬다. 이를 바탕으로 무역과 환율이 국민경제와 개인의 경제활동에 미치는 영향에 대해 이해할 수 있다.

경제
—
1

국제무역

국제무역의 주안점은 국제무역이 발생하는 원인과 무역이 국민경제와 개인의 경제 생활에 미치는 영향 두 가지이다.

» 국제무역은 왜 발생할까?
» 국가 간 교역이 국민경제와 개인의 생활에 미치는 영향은 무엇인가?

비교우위

경제학에서는 국가 간 무역이 발생하는 원인으로 리카도D. Ricardo의 비교우위론Comparative Advantage Theory과 이를 개량한 헥셔-올린Heckscher-Öhlin의 요소비율이론Factor Proportion Theory 그리고 독점적 경쟁에 의한 산업 내 무역이론 세 가지를 든다. 여기서는 국제무역 이론의 가장 기초가 되는 비교우위이론에 대해서만 살펴본다.

» 산업 간 무역(예: 자동차와 커피 원두 교역) → 비교우위론, 요소비율이론.
» 산업 내 무역(예: 자동차 부품과 완성차 교역) → 독점적 경쟁.

» **절대우위** 한 나라에서 어떤 재화를 다른 나라보다 낮은 비용으로 생산할 수 있다면 그 재화 생산에 절대우위가 있다고 한다.

» **비교우위** 한 나라에서 어떤 재화를 생산할 때의 기회비용이 다른 나라에 비해 작을 때 그 재화 생산에 비교우위가 있다고 한다. 리카도의 비교우위론에 따르면 각자 비교우위를 가진 재화를 특화 생산한 뒤 이를 다른 나라와 교환하면 모두가 이익을 보게 된다.

» 국제무역에서 중요한 것은 절대우위가 아닌 비교우위이다.

사례

2개국 간 무역의 경우

- K국·J국은 쌀과 옷 두 재화만 생산하며, 비교우위에 따라 무역에 참여.
- 각 품목 한 단위 생산에 드는 비용(〈표9-1〉).

〈표9-1〉 품목별 단위당 생산비용

구분	재화	
국가	쌀	옷
K국	4달러	2달러
J국	12달러	3달러

- 기회비용과 특화 생산
  - K국: 1달러로 쌀 1/4단위, 옷 1/2단위 생산 → 쌀 1단위 생산의 기회비용 = 옷 2단위 ↔ 옷 1단위 생산의 기회비용 = 쌀 1/2단위.
  - J국: 1달러로 쌀 1/12단위, 옷 1/3단위 생산 → 쌀 1단위 생산의 기회비용 = 옷 4단위 ↔ 옷 1단위 생산의 기회비용 = 쌀 1/4단위.

〈표9-2〉 품목별 1단위 생산의 기회비용

구분	재화 1단위 생산의 기회비용	
국가	쌀	옷
K국	옷 2단위	쌀 1/2단위
J국	옷 4단위	쌀 1/4단위

- 절대우위: K국 → 쌀, 옷.
- 비교우위: K국 → 쌀, J국 → 옷.
- 양국 간 교역에서 한 나라는 적어도 한 품목 생산에 대해서는 비교우위를 가짐.

- 교역조건과 교역의 이익
  - 교역조건(Terms of Trade)은 한 품목이 다른 품목과 교환되는 비율로 상대가격으로 표시.
  - 교역조건은 경우에 따라 '쌀의 단위당 가격 / 옷의 단위당 가격'(옷에 대한 쌀의 상대가격)이나 '옷의 단위당 가격 / 쌀의 단위당 가격'(쌀에 대한 옷의 상대가격) 두 가지 모두로 정의 가능.

- 각국이 어떤 재화를 특화 생산하는지는 교역조건에 의해 결정: 가령 교역조건을 '쌀의 단위당 가격 / 옷의 단위당 가격'으로 정의하면, 각국이 생산하는 재화는 교역조건에 따라 다음(〈표9-3〉)과 같이 결정.

〈표9-3〉 교역조건에 따른 각국의 생산품목

교역조건(T)	K국 생산품	J국 생산품	비고
T<2	옷	옷	쌀 생산 안 됨
2<T<4	쌀	옷	특화 생산
T>4	쌀	쌀	옷 생산 안 됨

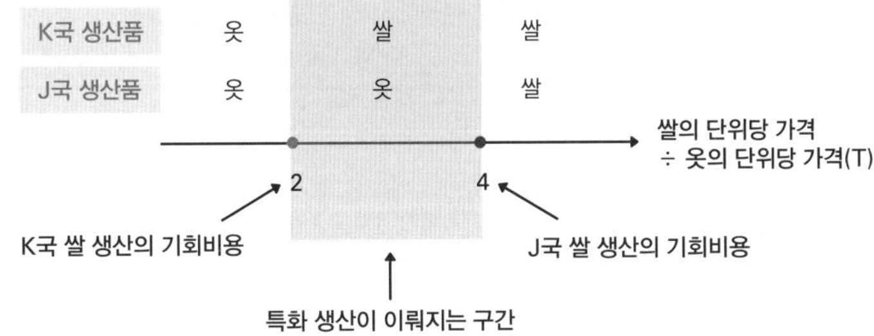

- 교역조건(여기서는 옷에 대한 쌀의 상대가격)이 J국과 K국의 쌀 한 단위 생산 시 기회비용 사이에서 형성되는 경우에 한해서 각국은 비교우위가 있는 재화만 특화 생산할 유인을 가짐.

- 이렇게 특화 생산할 때 전체적인 재화 생산량이 증가 → 추후 이를 교역함으로써 자급자족할 때보다 더 많은 재화를 소비 가능(무역의 이익, Gains from Trade).

비교우위와 교역의 이익

- 어떤 재화를 생산할 때의 기회비용이 다른 나라에 비해 작다면 그 재화 생산에 비교우위가 있는 것이다.
- 양국 간 교역에서 각국은 적어도 한 재화의 생산에 대해서는 비교우위가 있다.
- 교역의 이익은 비교우위가 있는 재화를 특화 생산함으로써 더 많은 재화를 생산하고 이를 교환하는 데서 발생한다.
- 비교우위에 입각한 국가 간 무역은 교역에 임하는 모든 국가를 이롭게 한다.

예제 9-1

다음 중 비교우위론에 대한 올바른 설명으로 가장 거리가 먼 것은?

① 양국 간 무역에서 한 국가는 적어도 한 제품의 생산에서는 비교우위를 가지게 된다.

② 양국이 각각 비교우위를 가진 제품 생산에 특화한다면 양국의 소비가능집합은 증가한다.

③ 만약 어떤 제품 생산의 기회비용이 다른 제품에 비해 작다면 그 제품 생산에 비교우위가 있다.

④ 만약 양국 간 무역에서 한 국가가 모든 제품을 다른 국가에 비해 더 적은 비용으로 생산할 수 있다면 교역에 임할 유인이 없다.

⑤ 비교우위에 입각한 교역의 이익은 해당 제품을 본국에서 생산할 때의 기회비용보다 낮은 가격으로 소비할 수 있다는 것을 뜻한다.

【해설】

① |O| 양국 간 무역에서 한 국가는 모든 제품의 생산에서 절대열위에 있더라도 적어도 한 제품에 대해서는 비교우위가 있다.

② |O| 비교우위가 있는 제품을 특화 생산한다면 양국 모두에서 소비할 수 있는 소비조합이 늘어난다.

③ |O| 비교우위의 정의에 해당한다.

④ |X| 절대우위가 있다고 해도 비교우위를 바탕으로 특화 생산하고 이를 다른 국가와 교환하는 것이 더 이익이 된다.

⑤ |O| 비교우위를 바탕으로 한 교역이 이익을 가져다주는 원리에 대한 설명이다.

정답 ④

9-2

K국·J국이 쌀과 옷 한 단위를 생산할 때 드는 비용을 나타낸 표이다. 다음 중 각국이 비교우위를 바탕으로 교역에 임하게 되는 적절한 교역조건은? (단, 교역조건은 '쌀의 단위당 가격÷옷의 단위당 가격'으로 정의한다.)

국가	쌀	옷
K국	5달러	10달러
J국	9달러	15달러

① 0.35 ② 0.45 ③ 0.55 ④ 0.65 ⑤ 0.75

【해설】

각국의 품목별 기회비용은 아래 표와 같다.

국가	쌀	옷
K국	옷 1/2단위 (0.5)	쌀 2단위
J국	옷 3/5단위 (0.6)	쌀 5/3단위

옷으로 나타낸 쌀의 기회비용은 K국의 경우 0.5, J국의 경우 0.6이다. 따라서 옷에 대한 쌀의 상대가격이 0.5와 0.6 사이에서 형성되면 비교우위에 따라 K국은 쌀을, J국은 옷을 각각 특화 생산할 유인이 있다.

정답 ③

무역의 경제적 효과

무역은 분리됐던 양국의 시장을 통합함으로써 자국에 국한됐던 수요와 공급을 늘리고 소비자와 생산자의 후생에 변화를 가져온다. 여기서는 교역 전 두 국가의 자급자족 경제가 무역 개시 이후 어떻게 변하는지 살펴본다.

〈그림9-1〉 무역 개시 이후 수입국과 수출국 시장의 변화

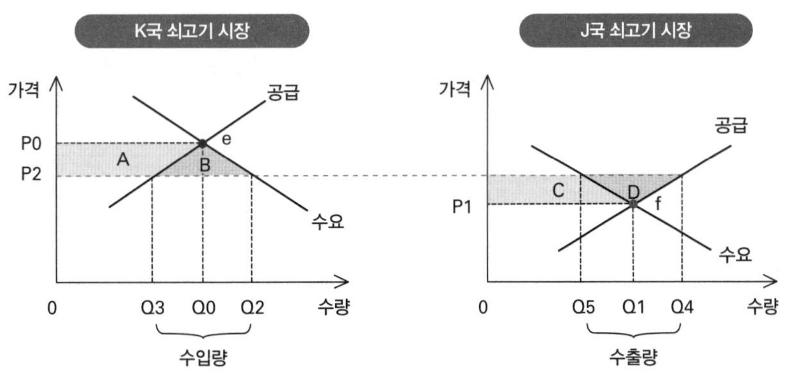

» 교역 개시 전 K국, J국의 국내 쇠고기 시장은 각각 점 e, f에서 균형을 이루고 있음.

- 쇠고기 시장의 균형가격은 K국이 J국에 비해 비쌈(P0>P1).

» 교역 개시 후 나눠져 있던 두 나라의 쇠고기 시장이 하나로 통합.

- 쇠고기 가격은 K국 시장에서 하락(P0→P2)하는 반면 J국에서는 상승(P1→P2).

» K국 쇠고기 시장에서 발생하는 일.

- J국에서 쇠고기를 수입함으로써 기존(P0)보다 싼 가격(P2)에 쇠고기 소비 가능.

- 공급량은 감소(Q0→Q3), 수요량은 증가(Q0→Q2).
- 쇠고기 시장에서 발생한 초과수요(Q2-Q3)만큼 J국에서 수입.
- 소비자잉여는 A+B만큼 증가, 생산자잉여는 A만큼 감소, 사회적 잉여는 B만큼 증가, 생산자 몫이었던 잉여 A를 소비자가 차지(생산자로부터 소비자에게로 부의 이전 발생).

» J국 쇠고기 시장에서 발생하는 일.
- K국에 쇠고기를 수출함으로써 기존(P1)보다 비싼 가격(P2)에 쇠고기 공급 가능.
- 공급량은 증가(Q1→Q4), 수요량은 감소(Q1→Q5).
- 쇠고기 시장에서 발생한 초과공급(Q4-Q5)만큼 K국에 수출.
- 소비자잉여는 C만큼 감소, 생산자잉여는 C+D만큼 증가, 사회적 잉여는 D만큼 증가, 소비자 몫이었던 잉여 C를 생산자가 차지(소비자로부터 생산자에게로 부의 이전 발생).

〈표9-4〉 무역이 양국 경제에 미치는 영향

구분	K국	J국
가격	하락(P0→P2)	상승(P1→P2)
소비자잉여	증가(+A+B)	감소(-C)
생산자잉여	감소(-A)	증가(+C+D)
사회적 잉여	증가(+B)	증가(+D)

- 수입국인 K국의 경우 가격이 하락함에 따라 소비자는 이득을 보는 반면 생산자는 손해를 본다.
- 수출국인 J국의 경우 가격이 상승함에 따라 소비자는 손해를 보는 반면, 생산자는 이득을 본다.
- 하지만 무역으로 인해 K국과 J국 모두 사회 전체적으로는 이득을 본다(무역은 양국 모두에 이롭다).

무역정책: 관세 (최우수를 위한 심화학습)

각국은 자국 기업을 보호하기 위해 다양한 수단을 동원해 수입을 제한하는 무역정책

〈그림9-2〉 관세부과: 대국 개방경제의 경우

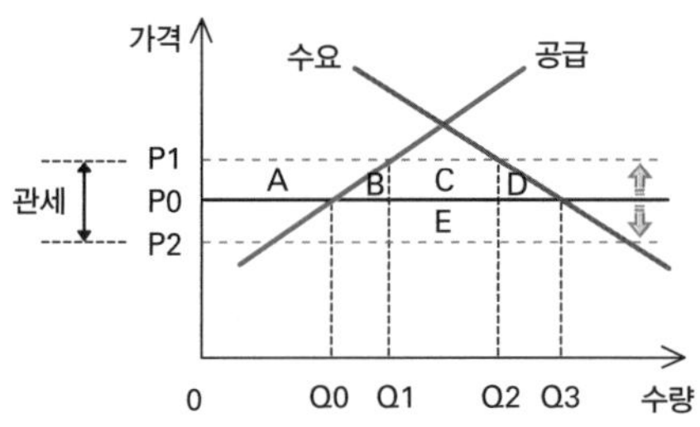

을 펼친다. 관세Tariff나 수입쿼터Import Quota, 관료적 형식주의Red Tape Barrier(복잡하고 불필요한 규칙·규정·절차)는 수입을 제한하는 대표적인 무역정책의 사례이다. 여기서는 현실에서 가장 흔하게 볼 수 있는 무역장벽인 관세의 효과에 대해 살펴본다.

» K국이 수입 쇠고기에 대해 단위당 P1-P2만큼 관세를 부과.

- 수입 쇠고기 가격 상승: 자국 내 쇠고기 가격이 P0→P1로 상승.
- 수입이 줄면서 세계 쇠고기 시장에서 수요가 감소(K국이 세계 쇠고기 시장수요에서 큰 비중을 차지)하고 이에 따라 국제 쇠고기 가격이 P0→P2로 하락.
- 이에 따라 자국 내 쇠고기 생산량이 증가(Q0→Q1), 쇠고기 소비량은 감소(Q3→Q2), 관세수입이 (Q2-Q1)×(P1-P2)만큼 발생.
- 소비자잉여는 A+B+C+D만큼 감소, 생산자잉여는 A만큼 증가, 관세수입은 C+E만큼 증가, 이 셋을 모두 더한 사회적 잉여는 E-B-D만큼 증가 → 소비자잉여 감소, 생산자잉여 증가, 사회적 잉여는 증가 여부 불분명.
- 사회적 잉여의 변화 E-B-D에서 E부분은 '교역조건 개선에 따른 이익'에 해당하며, 이 값이 B+D보다 크면(작으면) 사회적 잉여가 증가(감소).

⚠ 주의

대국 개방경제Large Open Economy에서 시행하는 관세정책은 국제 상품시장의 수요에 영향을 미쳐 국제 상품가격에도 영향을 미침.

〈그림9-3〉 관세부과: 소국 개방경제의 경우

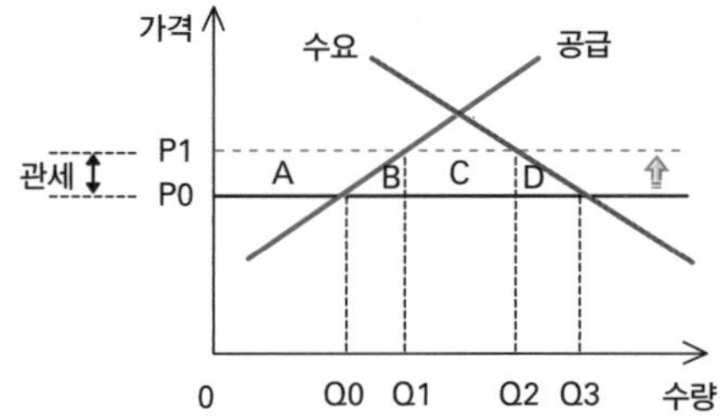

» K국이 수입 쇠고기에 대해 단위당 P1-P0만큼 관세를 부과.

- 수입 쇠고기 가격 상승: 자국 내 쇠고기 가격이 P0→P1로 상승.
- 국제 쇠고기 가격은 P0으로 유지(K국은 세계 쇠고기 시장수요에서 큰 비중 없음).

- 이에 따라 자국 내 쇠고기 생산량이 증가(Q0→Q1), 쇠고기 소비량은 감소(Q3→Q2), 관세수입이 (Q2-Q1)×(P1-P0)만큼 발생.
- 소비자잉여는 A+B+C+D만큼 감소, 생산자잉여는 A만큼 증가, 관세수입은 C만큼 증가, 이 셋을 모두 더한 사회적 잉여는 B+D만큼 감소.
- 대국 개방경제와 달리 '교역조건 개선에 따른 이익'이 없으므로 생산자가 이익을 보는 대가로 소비자는 손해를 보며 사회 전체로도 손해.

경제
—
2

외환시장과 환율

» **환율의 의미** 환율은 외국통화(외환Foreign Exchange)의 가격으로 통상 외환과 교환되는 자국통화 금액으로 표기한다. 통상 환율은 기축통화Key Currency(국제 무역과 금융거래 시 결제통화)인 달러화 한 단위(1달러)에 해당하는 자국 화폐 금액으로 표기한다. 가령 원/달러 환율 1,200원은 1달러와 교환되는 원화 금액이 1,200원이라는 뜻이다. 따라서 환율 상승은 달러화 가치 상승(원화 가치 하락)을 뜻하며, 환율 하락은 달러화 가치 하락(원화 가치 상승)을 뜻한다.

» **환율제도** 우리나라는 1997년 12월 이후 환율이 외환시장의 수요와 공급 조건에 의해 결정되는 변동환율제도Floating Exchange Rate System를 채택하고 있다. 여기서 외환시장이란 외환이 상품처럼 거래되는 시장으로 시중은행과 외국계 은행의 국내 지점, 외환중개업자(서울 외국환중개), 중앙은행 등이 주요 참가자이다.

» **외환시장** 외환은 우리나라가 상품이나 서비스를 수출하거나 외국인이 우리나라 자산을 취득할 때 공급된다. 한편, 우리나라가 상품이나 서비스를 수입하거나 내국인이 해외 자산을 취득할 때 외환에 대한 수요가 발생한다. 원/달러 환율이 상승하면 수출품과 우리나라 자산의 달러화 표시 가격이 하락해 수출이 증가하고 외국 자금이 국내로 유입된다. 따라서 원/달러 환율이 상승하면 달러화 공급이 증가한다. 반면

〈그림9-4〉 외환시장에서의 원/달러 환율 결정

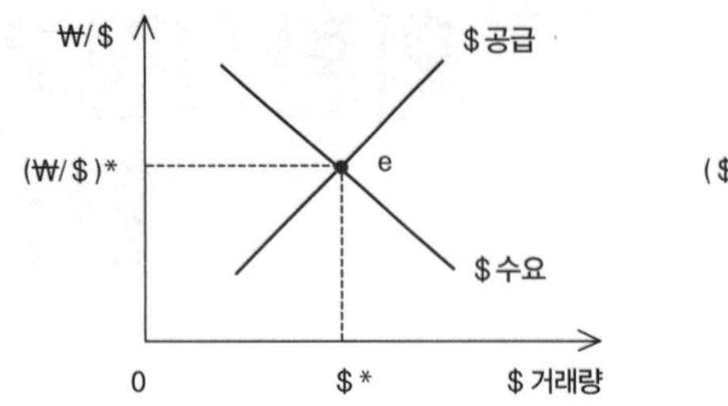

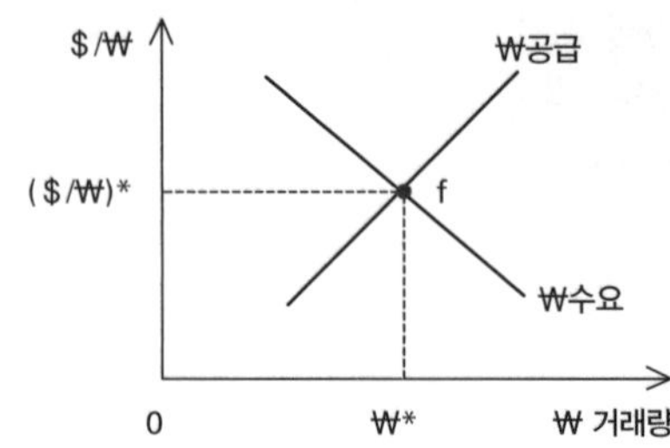

원/달러 환율 상승은 수입품과 해외 자산의 달러화 표시 가격을 상승시켜 수입을 줄이고 내국인의 해외 자산 취득을 줄인다. 따라서 원/달러 환율 상승은 달러화 수요 감소로 이어진다. 이를 바탕으로 외환의 수요와 공급을 나타내면 〈그림9-4〉와 같이 우상향인 달러화 공급곡선과 우하향인 달러화 수요곡선으로 나타나고 이 두 곡선이 교차하는 점에서 시장 환율이 결정된다.

- 외환시장에서 원화를 매입(원화 수요)하기 위해서는 일정량의 달러화를 매도(달러화 공급)해야 한다. 또한, 달러화를 매입(달러화 수요)하기 위해서는 일정량의 원화를 매도(원화 공급)해야 한다. 즉, $공급은 곧 ₩수요이고 $수요는 곧 ₩공급이다.
- 따라서 외환시장에서 달러화 공급 증가(감소)는 원화 수요 증가(감소)를 뜻하고, 달러화 수요 증가(감소)는 원화 공급 증가(감소)를 뜻한다.
- 통상 외환시장을 분석할 때는 〈그림9-4〉의 왼쪽 부분만 이용한다($의 수요와 공급만 분석해도 충분).

달러화		₩/$	$/₩	원화	
수요	↑	↑	↓	↑	공급
	↓	↓	↑	↓	
공급	↑	↓	↑	↑	수요
	↓	↑	↓	↓	

- 달러화 수요(원화 공급) 증가 → 원/달러 환율 ↑
- 달러화 공급(원화 수요) 증가 → 원/달러 환율 ↓

환율에 영향을 미치는 요인

변동환율제 하에서는 외환의 수요와 공급에 영향을 미치는 어떤 요인이든지 환율에 영향을 미친다. 이러한 요인에는 '물가'와 '금리', '국민소득'의 변동 등 경제적 사건에서부터 전쟁과 같은 국제정치적 사건에 이르기까지 무수히 많다.

» **국민소득** 국내 경제가 외국에 비해 빠르게 성장(외국 대비 자국의 구매력 증가)하면 수입품에 대한 수요가 늘고 이에 따라 달러화 수요가 증가한다. 이 경우 원/달러 환율은 상승한다. 한편, 주력 수출품인 반도체 경기 호황과 케이팝·드라마의 성공은 달러화 공급을 늘려 원/달러 환율을 하락시킨다. 요컨대 수출 증가에 해당하는 사건은 달러화 공급을 늘려 원/달러 환율 하락으로, 수입 증가에 해당하는 사건은 달러화 수요를 늘려 원/달러 환율 상승으로 이어진다.

» **물가** 국내물가가 상승하면 수출물가가 상승(수출품의 가격경쟁력 저하)해 수출이 감소하고 수입이 증가한다. 수출 감소는 달러화 공급 감소로, 수입 증가는 달러화 수요 증가로 이어지므로 원/달러 환율이 상승한다.

» **금리** 국내 금리가 해외 금리보다 높으면 국내로 자본 유입이 발생해 달러화 공급이 늘어나고 이에 따라 원/달러 환율이 하락한다. 반면, 국내 금리가 해외보다 낮으면 해외로 자본 유출이 발생해 달러화 수요가 늘어나고 원/달러 환율은 상승한다.

» 자국의 물가 상승은 환율을 상승(자국 통화가치 하락)시키는 요인이며 자국의 금리

국가 간 자본 이동은 정부의 통화정책을 제한하는 역할을 한다. 가령 미국의 급격한 금리 인상은 국내 자본시장에서 미국으로 자본을 이동시켜 국내 주가에 악영향을 미친다. 따라서 미국이 금리를 올리면 각국 중앙은행은 급격한 자본 유출을 막기 위해서라도 금리를 올릴 수밖에 없다. 요즘처럼 글로벌 금융시장의 동조화 정도가 심해진 금융환경에서는 국가 간 자본 이동이 더욱 용이하므로 외국의 금리 변화에 민감하게 대응하지 않을 수 없다. 더욱이 글로벌 경제의 불확실성이 커지면 안전자산으로 여겨지는 달러화 자산에 대한 선호가 커져 달러화 수요가 증가한다. 따라서 미국의 금리 인상과 글로벌 경제의 불확실성 증가는 원/달러 환율을 상승시키는 요인에 해당한다.

〈표9-5〉 외환의 수요와 공급 그리고 원/달러 환율 변동 요인

경로	달러화의 수요와 공급 변화 그리고 원/달러 시장 환율 변화
경상거래 (무역거래 ·소득거래)	• 외국 대비 국내물가 상승 → 수출물가 상승 → 수출 감소, 수입 증가 → 달러화 공급 감소, 달러화 수요 증가 → 원/달러 환율 상승 • 외국 대비 자국 국민소득 증가 → 수입품에 대한 수요 증가 → 달러화 수요 증가 → 원/달러 환율 상승 • K팝 등 한류 열풍 → 수출과 관광수입 증가 → 달러화 공급 증가 → 원/달러 환율 하락
금융거래	• 외국 대비 국내 금리 상승 → 외국인의 국내 금융자산 취득 증가 → 달러화 공급 증가 → 원/달러 환율 하락 • 글로벌 경기 불확실성 증대(향후 원화 약세 예상) → 환차손 우려한 외국인의 국내 금융자산 매도 → 달러화 수요 증가 → 원/달러 환율 상승 • 국내 주식시장 호황 → 외국인의 국내 주식 취득 → 달러화 공급 증가 → 원/달러 환율 하락

상승은 환율을 하락(자국 통화가치 상승)시키는 요인이다.

〈표9-5〉는 외환의 수요와 공급 그리고 원/달러 환율의 변동 요인을 요약한 것이다.

9-3

물가와 금리가 원/달러 환율에 영향을 미치는 과정을 도식화한 것이다. 다음 중 빈칸 (A), (B), (C)에 들어갈 내용을 올바르게 짝지은 것은?

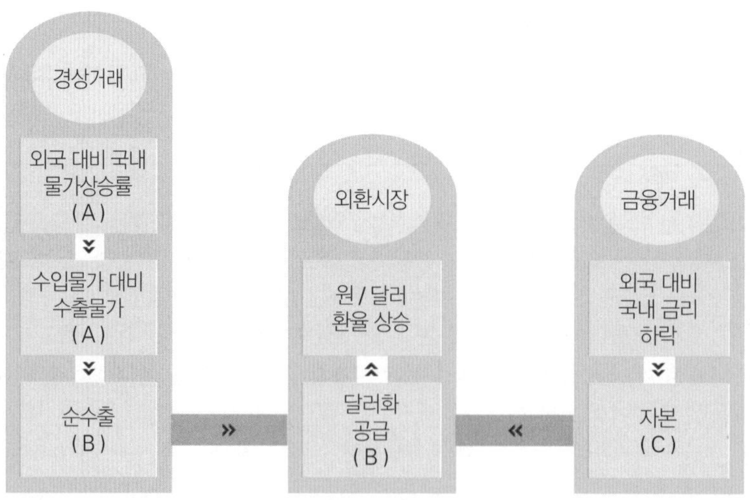

A	B	C
① 상승	감소	유입
② 상승	증가	유출
③ 상승	감소	유출
④ 하락	증가	유출
⑤ 하락	감소	유입

【해설】

외국 대비 국내 물가상승률이 '상승'하면 수입물가 대비 수출물가가 '상승'한다. 이 경우 수출에서 수입을 차감한 순수출(Net Export)이 '감소'하고, 달러화 공급이 '감소'한다. 이에 따라 원/달러 환율이 상승한다. 한편, 외국 대비 국내 시장금리가 하락하면 자본의 '유출'이 발생하고, 이에 따라 달러화 공급이 '감소'한다. 이와 같은 달러화 공급 감소는 원/달러 환율을 상승시킨다.

정답 ③

금융거래에서의 차익거래 역할 (최우수를 위한 심화학습)

금융거래에서 특히 중요한 역할을 하는 것은 '차익거래Arbitrage Trade'에 의한 자본의 이동이다. 만약 국내 금리가 연 1.5%, 미국 금리는 연 1.8%이며 현재 원/달러 환율이 1,000원, 1년 후 예상 환율이 1,050원이라고 하자.

한화 1,000원을 1년 만기 한국 국채에 투자할 때 기대수익은 '1,000원×(1+0.015)=1,015원'이며, 동일 금액을 1년 만기 미국 국채에 투자할 때 기대수익은 '1,000원×(1,050÷1,000)×(1+0.018)=1,068.90원'이다. 따라서 한화 1,000원을 빌려서 미국 국채에 투자하면 53.90원(=1,068.90원-1,015원)의 차익을 남길 수 있다. 이처럼 기대수익의 차이를 이용해 수익을 남기는 거래를 차익거래 또는 재정거래라고 한다. 이 사례의 경우 국내에서 해외로 자본 유출이 발생하며, 이에 따라 외환시장에서 달러화 수요가 증가하므로 원/달러 환율은 상승한다. 이 사례에서 53.90원의 차익은 금리차익과 환차익이 모두 포함된 것으로 이는 미국 국채 금리가 더 높을 뿐만 아니라 달러화 가치가 1년 동안 상승했기 때문이다.

하지만 1년 후 달러당 원화의 환율이 950원으로 하락할 것으로 예상되면, 자본거래 양상은 어떻게 달라질까? 이 경우 미국 국채에 투자할 때 기대수익은 '1,000원×(950÷1,000)×(1+0.018)=967.10원'으로 한국 국채에 투자할 때보다 더 작다. 미국 국채 금리가 더 높음에도 불구하고 기대수익이 더 낮은 이유는 1년 후 달러화의 가치 하락으로 인한 환차손이 금리차익보다 더 크기 때문이다. 이 경우 해외에서 국내로 자본 유입이 발생하며, 이에 따라 외환시장에서 달러화 공급이 증가하므로 원/달러 환율은 하락한다. 요컨대 차익거래로 인한 자본의 유출입은 금리차익과 환차익 또는 환차손의 크기로 결정된다.

예제 9-4

직장인 K는 여유자금 1,000만원을 〈표A〉의 금융상품 중 하나에 투자하고자 한다. 한편, 현재 환율과 1년 후 예상환율은 〈표B〉와 같다. 다음 중 이에 대한 올바른 설명을 |보기|에서 모두 고르면?

〈표A〉 금융상품

정기예금	만기	금리
원화 예금	1년	2%
엔화 예금	1년	2%
달러화 예금	1년	3%

〈표B〉 현재 환율과 예상환율

환율	현재	예상
1달러	1,200원	1,250원
100엔	1,100원	1,000원

| 보기 |

㉠ 달러화 예금의 기대수익이 가장 크다.

㉡ 원화 예금보다 엔화 예금에 투자하는 것이 더 낫다.

㉢ 1년 후 달러당 엔화의 재정환율은 하락하리라 예상된다.

㉣ 엔화 예금에 투자할 때 환차손으로 인해 손해를 입을 것이다.

① ㉠, ㉡　② ㉠, ㉢　③ ㉠, ㉣　④ ㉡, ㉣　⑤ ㉢, ㉣

【해설】

달러화 예금에 투자할 경우 금리차익과 환차익을 모두 얻을 수 있고, 엔화 예금에 투자할 경우 금리차익은 없으나 환차손이 발생한다. 따라서 달러화 예금의 기대수익은 원화 예금보다 크고, 엔화 예금의 기대수익은 원화 예금보다 작다. 즉, 기대수익은 '달러화 예금 > 원화 예금 > 엔화 예금' 순이다. 특히, 엔화 예금의 경우 환차손으로 인해 손실이 발생할 것이다. 한편, 1년 후 원화 대비 달러화의 가치는 상승하는 데 반해 원화 대비 엔화의 가치는 하락하므로 달러화 대비 엔화의 가치는 하락한다. 즉, 달러당 엔화의 재정환율은 상승할 것으로 예상하는 것이 합리적이다.

정답 ③

구매력평가: 물가와 환율의 관계

구매력평가Purchasing Power Parity·PPP는 양국 간 자유로운 상품 교역이 가능하다면 양국 통화의 구매력이 같아져야 한다고 주장하는 이론으로, 물가와 시장 환율 간 관계에 대해 알려준다. 이것은 양국 간 교역에 수반되는 운송비용과 일체의 거래비용 등 장애 요인이 없다면 하나의 상품은 양국에서 하나의 가격을 가져야 한다는 일물일가의 법칙Law of One Price을 모든 상품으로 확장시킨 것이다.

» 만약 동일한 상품이 두 나라에서 서로 다른 가격에 거래되고 있다면 낮은 가격에 사서 비싼 가격으로 팔아 차익을 얻을 수 있으며 이러한 차익거래는 상품이 싸게 거래되고 있는 나라의 상품가격을 상승시키고 비싸게 거래되고 있는 나라의 상품가격은 하락시켜 두 나라의 가격을 하나로 수렴시킬 것이다.

절대적 구매력평가(Absolute Purchasing Power Parity·APPP)

(1) 국내물가 = 외국물가 × 명목환율 (또는)

(2) 명목환율 = 국내물가 / 외국물가 (또는)

(3) 1 = 외국물가 × 명목환율 / 국내물가

→ 명목환율 상승률(%) = 국내물가상승률(%) – 외국물가상승률(%)

» **구매력평가환율** (1)~(3)의 명목환율은 구매력평가 관계에 의해 도출된 이론적 환율인 '구매력평가환율PPP Exchange Rate'임.

- 구매력평가환율은 교역에 장애가 되는 일체 요인이 없는 가상적 상황에서 성립하는 '외환의 이론가격' 즉 '이론적 환율'임.
- 일국의 통화가치가 실제 구매력과 비교해 적정한지 판가름하는 기준으로 활용.
- 빅맥지수Big Mac Index·라테지수Latte Index·아이폰지수i-Phone Index가 이러한 방식으로 구한 지표에 해당.
- 구매력평가환율은 이론적 환율로 실제 환율과 다름: 운송비용과 무역장벽 등으로 인해 현실에는 일물일가의 법칙이 성립하지 않으며, 절대구매력평가도 잘 성립하지 않음.

현실에서 절대적 구매력평가가 성립한다고 보기 어렵기 때문에 '외국물가 × 명목환율 / 국내물가'의 값이 절대적 구매력평가를 나타내는 식 (3)에서처럼 1과 같아지는 대신 일정비율이면 된다고 보는 관점이 있다. 즉, '일정비율 = 외국물가 × 명목환율 / 국내물가' 관계가 성립한다는 것이다. 이를 상대적 구매력평가(Relative Purchasing Power Parity·RPPP)라고 한다. 하지만 현실에 존재하는 무역장벽(관세, 수입할당), 비교역재, 가격의 경직성, 불완전 경쟁 등으로 인해 상대적 구매력평가도 절대적 구매력평가와 마찬가지로 현실에서 잘 성립하지 않는 것으로 알려져 있다.

물가와 환율 간 관계

- 국내물가상승률 ↑ → 명목환율상승률 ↑ (자국 통화가치 하락).
- 외국물가상승률 ↑ → 명목환율상승률 ↓ (자국 통화가치 상승).
- 장기적으로 인플레이션은 통화가치 하락(명목환율 상승) 요인 → 인플레이션이 심한 나라일수록 통화가치가 낮음.

이자율(금리)평가: 금리와 환율의 관계 

자본시장(주식·채권·만기 1년 이상 금융상품)에서 자본의 가격에 해당하는 것이 이자율Interest Rate이다. 이자율평가Interest Rate Parity·IRP는 국가 간 자본 이동을 저해하는 장벽이 일체 없다면 국내 자본시장과 국제 자본시장에서의 기대수익률(이자율)이 같아질 것이라고 주장하는 이론으로, 상품시장에서의 일물일가의 법칙을 금융시장에 적용한 것이다.

» 만약 1원을 국내채권에 투자할 경우 1년 후 기대수익은 '1 + 국내이자율'이다. 한편, 1원으로 '1 ÷ 현물환율'만큼 달러화를 매입할 수 있으므로 이를 미국채권에 투자하면 1년 후 '(1 ÷ 현물환율) × (1 + 미국이자율)'의 확정수익이 발생한다. 이 확정수익을 1년 후 한화로 교환하면 '(1 ÷ 현물환율) × (1 + 미국이자율) × (1년 후 예상환율)'의 기대수익이 발생한다.

투자 상품	기대수익
국내채권	1 + 국내이자율
미국채권	(1 + 미국이자율) × (1년 후 예상환율 / 현물환율)

» 만약 미국채권의 기대수익이 더 높다면 국내채권을 팔고 미국채권을 매입할 것이다. 이것은 달러화 수요 증가로 이어져 현물환율을 상승시키고 미국채권의 기대수익을 낮출 것이다. 만약 국내채권의 기대수익이 더 높다면 미국채권을 팔고 국내채권을 매입할 것이다. 이것은 달러화 공급 증가로 이어져 현물환율을 하락시켜 미국채권의 기대수익을 높일 것이다. 이러한 차익거래는 국내채권과 미국채권의 기대수익이 같아질 때까지 계속될 것이며, 이로 인해 두 채권의 기대수익은 같아진다.

1 + 국내이자율 < (1 + 미국이자율) × (1년 후 예상환율 / 현물환율) → 현물환율↑
1 + 국내이자율 > (1 + 미국이자율) × (1년 후 예상환율 / 현물환율) → 현물환율↓

→ 1 + 국내이자율 = (1 + 미국이자율) × (1년 후 예상환율 / 현물환율) = 예상환율 변화율

유위험 이자율평가(Uncovered Interest Rate Parity·UIRP)

1 + 국내이자율 = (1년 후 예상환율 / 현물환율) × (1 + 미국이자율)

→ 국내이자율(%) – 미국이자율(%) = 예상환율변화율(%)

- 통상 '1년 후 예상환율'이 주어져 있을 때 '국내외 이자율'과 '현물환율' 간 관계에 대해 알려줌.
- 국내이자율↑ → 현물환율↓ (자국 통화가치 상승).
- 미국이자율↑ → 현물환율↑ (자국 통화가치 하락).
- 단기적으로 고금리(저금리)는 통화가치 상승(하락) 요인 → 금리가 낮을수록 통화가치가 낮음.

명목환율은 장기적으로는 물가의 영향을 많이 받고 단기적으로는 금리의 영향을 많이 받는다. 따라서 구매력평가이론은 환율의 장기 움직임을 설명하는 데 유용하고 이자율평가이론은 환율의 단기 움직임을 설명하는 데 유용하다.

선물거래에 적용되는 선물환율(Forward Exchange Rate)을 이용할 수 있다면 환율 변동으로 인한 환차손을 헤지(Hedge)할 수 있다. 무위험 이자율평가는 유위험 이자율평가 관계식에서 '1년 후 예상환율' 대신 '선물환율'을 적용해 환차손 위험을 제거한 것이다.

무위험 이자율평가(Covered Interest Rate Parity·CIRP)

1 + 국내이자율 = (선물환율 / 현재 환율) × (1 + 미국이자율)

→ 국내이자율(%) – 미국이자율(%) = 선물환 프리미엄(%)

9-5

현재 원/달러 현물환율은 ₩1,200/$이며, 국내 금리는 3.5% 그리고 미국 금리는 4.5%이다. 우리나라와 미국 사이에 이자율평가가 성립할 때 1년 후 원/달러 환율에 대한 가장 합리적인 예측은?

① ₩1,080/$ ② ₩1,188/$ ③ ₩1,200/$ ④ ₩1,212/$ ⑤ ₩1,320/$

【해설】

유위험이자율평가에 의해 국내 금리에서 미국 금리를 차감한 값 –1%만큼 향후 원/달러 환율은 변동(1% 하락)할 것으로 예상하는 것이 합리적이다.

정답 ②

9-6

1년 뒤 원/달러 환율 예상치는 ₩1,200/$이고, 국내 금리는 3.5%, 미국 금리는 4.5%일 때 이자율평가를 바탕으로 산출한 현물환율은? (단, 계산 시 소수점 첫째 자리에서 반올림한다.)

① ₩1,080/$ ② ₩1,188/$ ③ ₩1,200/$ ④ ₩1,212/$ ⑤ ₩1,320/$

【해설】

이자율평가관계에 따르면 '3.5% - 4.5% = (₩1,200/$ - 현물환율) / 현물환율'이 성립한다. 이 식을 현물환율에 관해 풀면 ₩1,212/$이 도출된다.

정답 ④

환율과 국민경제

1 환율과 국제무역

수출에서 수입을 뺀 순수출Net Export은 총수요의 구성 요소로 국민소득을 결정짓는 주요 요인이다. 특히 대외의존도(국민소득에서 수출입이 차지하는 비중)가 큰 나라의 경우 수출입 실적에 따라 고용과 경제성장률 등 실물경제 지표가 크게 요동치기도 한다.

국제무역에서 상품 가격은 수출량과 수입량을 결정하는 핵심 요인이다. 수출품의 가격이 수입품에 비해 저렴하다면 수출량이 증가하고 수입량은 감소해 총수요가 늘고 이에 따라 국내 일자리와 국민소득이 증가할 것이다. 한편, 그 반대의 경우라면 고용과 경제 성장이 둔화 내지 악화될 것이다. 환율은 수출입 물가에 영향을 미치는 핵심 요인이라는 점에서 국민경제 전반에 지대한 영향을 미친다.

• 환율 변동이 수출입에 미치는 영향

- 원/달러 환율↑(↓) → 달러화 표시 수출품 가격↓(↑), 원화 표시 수입품 가격↑(↓) → 수출량↑(↓), 수입량↓(↑) → 순수출↑(↓) → 고용↑(↓), 국민소득↑(↓).
- 즉, 자국 통화가치 하락(상승)은 무역수지 개선(악화)과 고용 그리고 국민소득 증가(감소)로 이어짐.
- 하지만 실제로 자국 통화가치 하락이 곧장 무역수지 개선으로 이어지지는 않는데 이는 수출입 물량이 통화가치 하락이 발생한 시점 이전에 체결된 계약에 의해 고정돼 있는 반면 자국 통화가치 하락으로 인한 수출입 물가 변동은 거의 즉각적으로 반영되기 때문.
- 즉, 원/달러 환율 상승 시 수출입 물량은 단기에 고정돼 있으므로 수출 물가는 하락(반도체 가격 하락)하고 수입 물가는 상승(원유, 천연가스 가격 상승)해 무역수지가 일시적으로 악화.
- 장기에는 원/달러 환율 상승은 수출을 늘리고 수입을 줄여 무역수지를 개선시킴.

• **마샬-러너의 조건**Marshall-Lerner Condition

- 자국 통화가치 하락이 무역수지 개선으로 이어지기 위한 조건: 수입수요탄력성 + 수출수요탄력성 > 1 (수입수요와 수출수요탄력성의 합이 탄력적이어야 함).

» J-곡선효과J-Curve Effect

- 자국 통화가치 하락이 일시적으로 무역수지를 악화시켰다가 시간이 흐르면서 서서히 개선시키는 현상.
- J-곡선효과는 마샬-러너의 조건이 단기에는 성립하지 않고 장기에는 성립함을 시사.

〈그림9-5〉 J-곡선효과 : 시간에 따른 무역수지 변화

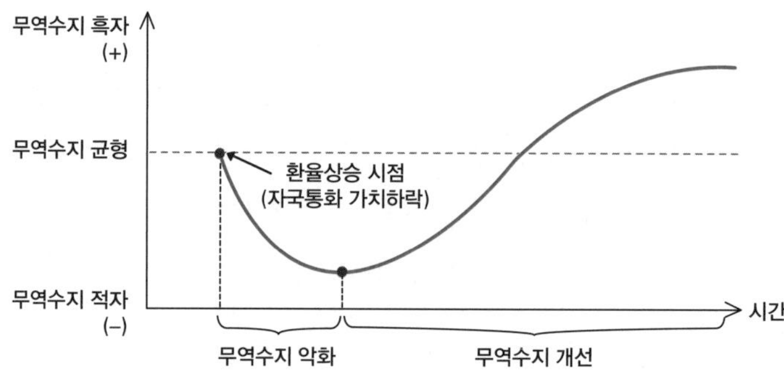

2 환율과 국민소득 그리고 물가

환율 변동은 순수출과 수출입 물가에 영향을 미쳐 국민소득과 물가에 영향을 준다. 특히 환율 변동은 국제 교역조건을 변화시켜 국민들의 실제 생활 수준을 경우에 따라 실질국민소득보다 높이기도 하고 낮추기도 한다.

• **환율 변동이 물가에 미치는 영향**

- 원/달러 환율↑ → 수출품 가격↓, 수입품 가격↑ → 순수출↑ → 총수요↑, 수입물가↑ → 물가 상승.
- 원/달러 환율이 상승하면 수출품 가격이 하락하고 수입품 가격이 상승해 수출량은 증가하고 수입량은 감소한다. 이에 따라 순수출이 증가하고 총수요가 늘어 국민소득 증가와 고용 증가로 이어진다. 이때 총수요 증가에 따른 수요 견인 인플레이션이 발생한다. 한편, 수입품 가격 상승은 수입물가 상승으로 이어져 추가적인 물가 상승 압력으로 작용한다.

핵 심 개 념

- 교역조건 = 수입량 / 수출량 = 수출물가 / 수입물가: 수출품과 수입품의 교환비율로 이 값이 증가(감소)하면 교역조건 개선(악화).
- 실질GNI(실질국민총소득, Real Gross National Income)는 한 나라 국민들이 실제로 누릴 수 있는 경제생활 수준(실질구매력)을 측정: 실질GNI = 실질GDP + 해외 순수취 요소소득 + 교역조건 변화에 따른 실질 무역 손익.
- 해외 순수취 요소소득 = 해외 수취 요소소득 – 해외 지급 요소소득: 우리나라 사람들이 해외에서 벌어들이는 소득(해외 수취 요소소득)은 더하고 외국인이 우리나라에서 받아가는 소득(해외 지급 요소소득)은 차감.
- 교역조건 개선(악화) → 교역조건 변화에 따른 실질 무역 손익↑(↓).

• 환율 변동이 교역조건과 실제 생활 수준에 미치는 영향

- 원/달러 환율↑(↓) → 수출품 가격↓(↑), 수입품 가격↑(↓) → 교역조건 악화(개선) → 교역조건 변화에 따른 실질 무역 손익↓(↑) → 실질GNI↓(↑).
- 원/달러 환율 상승(하락)으로 인한 교역조건 악화(개선)는 수출품 한 단위를 팔아 사올 수 있는 수입품의 양을 줄여(늘려) 국민들의 실질구매력을 저하(향상)시킨다.

환율과 경제생활

환율 변동은 한 개인의 경제생활에 어떤 영향을 미칠까? 원/달러 환율이 상승하는 경우 국내 기업의 해외 지사에서 일하고 달러화로 급여를 받는 사람에게 이득이 된다. 반면, 외국 기업의 한국 지사에서 일하고 원화로 급여를 받는 사람에게는 손해가 된다. 또한, 국내 프로스포츠 리그에서 활동하는 외국인 선수가 달러화로 급여를 받고 있다면 원/달러 환율이 상승할 때 이득을 보고, 원화로 급여를 받고 있다면 손해를 본다.

예제 9-7

최근 K국에 다음과 같은 현상이 동시에 발생했을 때 나타나는 현상을 올바르게 추론한 것으로 가장 거리가 먼 것은? (단, '수입수요탄력성과 수출수요탄력성의 합'은 1보다 작다.)

> • K국의 통화가치가 하락했다.
> • K국의 주요 수출 품목인 반도체의 국제가격은 하락하고, 주요 수입 품목인 원유와 천연가스의 국제가격은 상승했다.

① K국의 교역조건이 악화된다.
② K국의 실질GNI는 증가한다.
③ K국 수출업체의 가격경쟁력이 높아진다.
④ 일시적으로 K국의 무역수지가 악화된다.
⑤ 수입물가 상승으로 인해 K국의 인플레이션 압력이 높아진다.

【해설】

① |O| K국 통화가치 하락, 수출품의 국제가격 하락, 수입품의 국제가격 상승은 모두 교역조건을 악화시키는 요인이다.

② |X| 교역조건 악화로 K국 실질GNI에서 '교역조건 변화에 따른 실질 무역 손익' 부분이 감소한다. 또한, 국제 에너지가격 상승으로 총공급이 감소하고 이에 따라 K국의 실질GDP가 감소한다. 따라서 K국의 실질GNI는 감소한다.

③ |O| 수입품 대비 수출품의 가격이 싸지므로 수출업체의 가격경쟁력은 높아진다.

④ |O| '수입수요탄력성과 수출수요탄력성의 합'이 1보다 작기 때문에 교역조건 악화는 일시적으로 무역수지를 악화시킨다.

⑤ |O| 수입물가 상승은 인플레이션 압력으로 작용한다.

정답 ②

예제 9-8

외환시장에서 원/달러 환율(₩/$)이 그림과 같이 변할 때 Y0기 대비 Y1기에 이득을 보는 경우를 |보기|에서 모두 고르면? [88회 매경TEST 기출]

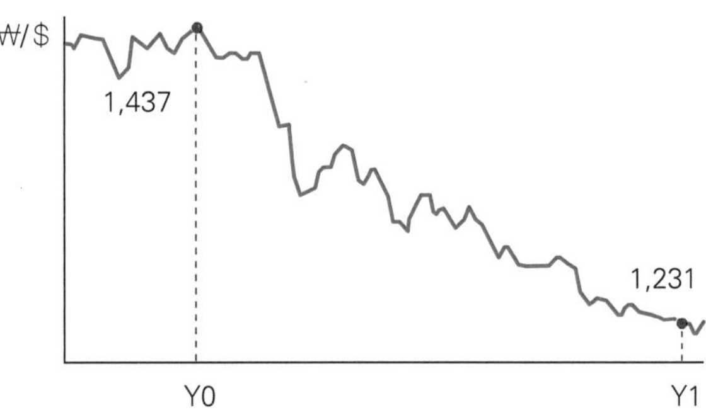

| 보기 |

㉠ 한국 여행을 계획하는 미국인

㉡ Y0기에 달러화로 채권을 발행한 국내 기업

㉢ 미국시장에서 제품을 판매 중인 국내 자동차회사

㉣ 미국 유학 중인 자녀에게 생활비를 송금하는 가계

① ㉠, ㉡　② ㉠, ㉢　③ ㉡, ㉢　④ ㉡, ㉣　⑤ ㉢, ㉣

【해설】

원/달러 환율(₩/$)이 Y0기 대비 Y1기에 하락했으므로 원화 대비 달러화가치가 하락했다.

㉠ |X| Y1기에 한국 여행을 계획하는 미국인의 여행 경비는 Y0기에 비해 더 많다.

㉡ |O| 달러화 채권의 원리금 상환 부담은 원화 대비 달러화 가치가 낮아진 Y1기가 Y0기에 비해 더 적다.

㉢ |X| 미국시장에서 얻은 이익을 원화로 환산하면 Y1기가 Y0기에 비해 더 적다.

㉣ |O| 미국에 송금하는 달러화에 해당하는 원화 금액은 Y1기가 Y0기에 비해 더 적다.

정답 ④

K국·J국의 반도체와 커피 원두 한 단위 생산 시 필요한 노동시간을 나타낸 표이다. 다음 중 각국이 비교우위를 바탕으로 교역에 임한다고 할 때 각국의 수출품과 교역이 이뤄지기 위한 적절한 국제 교역조건을 올바르게 짝지은 것은? (단, 국제 교역조건은 '반도체의 단위당 가격 / 커피 원두의 단위당 가격'으로 정의한다.)

국가	반도체	커피 원두
K국	1시간	2시간
J국	2시간	3시간

	K국 수출품	국제 교역조건	J국 수출품
①	반도체	0.3	커피 원두
②	반도체	0.6	커피 원두
③	반도체	0.9	커피 원두
④	커피 원두	0.3	반도체
⑤	커피 원두	0.6	반도체

해설

각 품목 한 단위 생산 시 국가별 기회비용은 아래 표와 같다.

국가	반도체	커피 원두
K국	커피 원두 1/2단위	반도체 2단위
J국	커피 원두 2/3단위	반도체 3/2단위

K국은 반도체 생산에, J국은 커피 원두 생산에 각각 비교우위가 있다. 따라서 커피 원두에 대한 반도체의 상대가격이 1/2~2/3에서 형성된다면 각국은 각자 비교우위가 있는 품목만 특화 생산한 뒤 이를 교환할 유인이 있다.

정답 ②

Y0~Y2년 중 원/달러 환율 변화를 나타낸 표이다. 다음 중 이에 대한 올바른 설명을 |보기|에서 모두 고르면?

시기	Y0년	Y1년	Y2년
1달러	1,190	1,420	1,280

| 보기 |

㉠Y1년 달러화 대비 원화가치는 전년에 비해 하락했다.
㉡Y2년 국내 자동차 수출업체의 가격경쟁력은 전년보다 높아졌다.
㉢ 미국 유학생 자녀를 둔 한국인 부모의 송금 부담은 Y0년에 가장 크다.
㉣Y2년에는 전년에 비해 수입물가가 안정돼 국내 인플레이션 압력이 낮아질 것이다.

① ㉠, ㉡　② ㉠, ㉣　③ ㉡, ㉢　④ ㉡, ㉣　⑤ ㉢, ㉣

해설

㉠ |O| Y1년의 경우 전년에 비해 원화가치는 하락하고 달러화가치는 상승했다.
㉡ |X| Y2년의 경우 전년에 비해 원화 대비 달러화가치가 하락했으므로 국산 자동차의 달러화 표시 가격은 상승한다. 따라서 자동차 수출업체의 가격경쟁력이 저하된다.
㉢ |X| 달러화 대비 원화가치는 Y0에 가장 높으므로 부모의 송금 부담은 Y0년에 가장 작다.
㉣ |O| Y2년의 경우 전년에 비해 달러화 대비 원화가치가 상승했으므로 수입물가가 안정될 것이고 이는 국내 물가를 안정시키는 요인으로 작용한다. 정답 ②

다음 글을 읽고 K국 경제에 대해 올바르게 진단한 것으로 가장 거리가 먼 것은? [88회 매경TEST 기출]

> 최근 K국은 주력 수출품인 반도체 경기 둔화와 수입 에너지 가격 상승 등 대외경제 여건 악화로 경제에 먹구름이 끼었다. 더욱이 K국 정부가 GDP 대비 국가부채 비율을 향후 5년 이내 코로나19 유행 이전 수준으로 낮추는 것을 골자로 한 재정다이어트 계획을 발표한 데다 통화당국에서 당분간 통화긴축 기조를 이어갈 뜻을 내비쳐 향후에도 상황이 녹록지 않을 것으로 전망된다.

① 최근 K국 무역수지는 악화됐을 것이다.
② 최근 K국의 대외 교역조건은 악화됐을 것이다.
③ 현재 K국 통화당국은 물가 불안보다 경기 둔화를 더 시급한 과제로 보고 있다.
④ 현재 K국 경제는 실질경제성장률 둔화와 고물가의 이중고로 고통받고 있다.
⑤ 향후 K국 가계와 정부는 이자상환 부담이 증가해 지출을 쉽사리 늘리지 못할 것이다.

해설

① |O| 주요 수출품목의 수요가 감소했으므로 무역수지가 악화됐을 것이다.
② |O| 수출품 수요 감소는 수출품의 가격 하락으로 이어지며 이는 대외 교역조건(수입품에 대한 수출품의 상대가격)을 악화시키는 요인이다.
③ |X| 현재 K국 통화당국은 통화긴축 기조를 이어갈 뜻을 내비쳤으므로 물가 안정을 최우선으로 생각하고 있다.
④ |O| K국은 무역수지 악화로 인한 경기둔화와 물가 상승의 이중고에 시달리고 있다.
⑤ |O| 당분간 K국 통화당국은 금리인상과 통화긴축 기조를 이어갈 가능성이 크다. 따라서 향후 가계와 기업 그리고 정부의 이자상환 부담이 늘어나 민간지출과 정부의 지출활동이 위축될 것이다. 정답 ③

다음을 읽고 향후 전개될 상황을 올바르게 예상한 것으로 가장 거리가 먼 것은?

> 연방준비제도(Fed)는 26일(현지시간) 기준금리 0.25%p 인상을 단행했다. 이에 따라 미국 기준금리는 기존 1.75~2.00%에서 2.00~2.25%로 올랐다. 올해 3월과 6월에 이어 세 번째 인상이다. 연준은 오는 12월 추가 금리 인상도 전망했다. 미국의 금리 인상으로 한미 간 기준금리 격차는 상단이 0.75%p로 확대되었다.

① "원/달러 환율이 상승하겠군. 그러면 국내 수출기업에 유리하게 작용하겠어."
② "이미 금리를 수차례 인상했는데 추가 인상이 전망된다니 미국은 상당한 불황 상태에 있는 것이 분명해!"
③ "한국의 기준금리 상승 압력으로 작용하겠는걸! 이에 따라 한국은행이 기준금리를 인상하면 대출자의 부담이 가중되겠군!"
④ "외환시장에서 달러화 가치가 상승하겠군. 그렇게 되면 달러로 자금을 차입한 국가들의 원리금 상환 부담이 늘어나겠군!"
⑤ "신흥국에 투자되었던 자금이 미국으로 유입되겠군. 신흥국에 투자되었던 자금이 급격히 유출되면 신흥국 금융시장에 혼란을 줄 수 있겠군!"

해설

미국 연준의 기준금리 인상은 원/달러 환율 상승(달러화 강세) 요인이다.
① |O| 수출품의 달러화 표시 가격이 하락하므로 국내 수출기업의 가격경쟁력이 높아진다.
② |X| 연준의 기준금리 추가 인상은 물가 안정을 위한 것으로 상대적으로 미국 경제의 고용이 견고하기 때문에 가능한 정책이다.
③ |O| 연준이 기준금리를 인상하면 우리나라 자본시장에서 자금이 이탈하게 되므로 한국은행도 기준금리 인상 압력을 받게 된다. 이는 곧 우리나라 시중금리도 상승하고 이에 따라 대출자의 이자상환 부담이 늘어날 것이라는 뜻이다.
④ |O| 달러화 가치가 상승하므로 달러부채가 있는 국가들의 원리금 상환 부담이 늘어난다.
⑤ |O| 미국 연준의 기준금리 인상은 미국 시중금리를 상승시켜 신흥국 자본시장에서 자금이 이탈하도록 한다.

정답 ②

우리나라의 Y0~Y1년 수출, 수입 그리고 명목환율(₩/$) 변화를 나타낸 표이다. 다음 중 이에 대한 올바른 추론으로 가장 거리가 먼 것은?

구분	Y0	Y1
수출량	100개	105개
수출가격	₩1,000	₩1,000
수입량	100개	90개
수입가격	$1	$1
명목환율	₩1,000/$	₩1,200/$

① Y0년 무역수지는 균형이다.
② Y1년 무역수지는 전년보다 악화했다.
③ Y1년 원화의 가치가 전년과 비교해 하락했다.
④ 수입수요탄력성과 수출수요탄력성의 합이 1보다 크다.
⑤ 전년에 비해 Y1년에는 상대적으로 해외 제품의 가격이 국내 제품과 비교해 비싸졌다.

해설

① |O| Y0년 수출액은 ₩100,000(=100×₩1,000), 수입액은 ₩100,000(=100×$1×₩1,000/$)이다. 따라서 수출액에서 수입액을 차감한 무역수지는 0으로 균형이다.
② |O| Y1년 수출액은 ₩105,000(=₩1,000×105), 수입액은 ₩108,000(=90×$1×₩1,200/$) 그리고 무역수지는 -₩3,000이다. 따라서 전년에 비해 무역수지가 악화됐다.
③ |O| 전년에 비해 Y1년 원/달러 환율이 상승했으므로 달러화 대비 원화가치가 하락했다.
④ |X| 원/달러 환율이 상승(원화가치 하락)함에 따라 무역수지가 악화됐으므로 마셜-러너 조건이 성립하지 않는다고 볼 수 있다. 즉, 수입수요탄력성과 수출수요탄력성의 합이 1보다 작다.
⑤ |O| Y1년의 경우 전년에 비해 원화 대비 달러화의 가치가 상승했으므로 수입품의 원화 표시가격이 상승한다. 이는 해외 제품의 가격이 국내 제품에 비해 상대적으로 비싸졌음을 의미한다. 정답 ④

다음 중 수입산 쇠고기에 대한 관세 인하가 수입국 경제에 미치는 영향으로 가장 올바른 것은? (단, 국내 쇠고기 시장의 수요곡선은 우하향하며, 공급곡선은 우상향한다.) [86회 매경TEST 기출]

① 생산자잉여가 증가한다.
② 관세 수입이 증가한다.
③ 소비자잉여가 증가한다.
④ 국내 쇠고기 수입량이 감소한다.
⑤ 국내 쇠고기 생산량이 증가한다.

해설

수입산 쇠고기에 부과되는 관세를 인하할 경우 쇠고기 가격이 하락하고 쇠고기 수요량은 증가, 공급량은 감소한다. 이때 쇠고기 수입량은 증가하고 소비자잉여는 증가, 생산자잉여는 감소한다. 한편, 관세 수입이 증가할지는 알 수 없다. 만약 낮아진 관세보다 더 큰 비율로 수입량이 늘면 관세 수입은 증가하겠지만 그렇지 않은 경우 오히려 관세 수입이 감소할 수도 있다.

① |X| 국내 쇠고기 가격이 하락하므로 생산자잉여는 감소한다.
② |X| 관세 수입이 증가할지는 알 수 없다.
③ |O| 국내 쇠고기 가격이 하락하므로 소비자잉여는 증가한다.
④ |X| 국내 쇠고기 수입량은 증가한다.
⑤ |X| 국내 쇠고기 생산량은 감소한다.

정답 ③

현재 우리나라 시장금리는 3.50%, 미국의 시장금리는 3.75%이며, 외환시장에서 1달러는 1,200원에 거래되고 있다. 우리나라와 미국 사이에 이자율평가 관계가 성립할 때 1년 후 1달러의 원화 가격에 대한 가장 합리적인 예측치는?

① 1,170원 ② 1,190원 ③ 1,197원 ④ 1,203원 ⑤ 1,230원

해설

1년 후 원/달러 예상 환율을 S^e로 표기하면 이자율평가에 따라 '3.50%-3.75%=(S^e-₩1,200/$)÷₩1,200/$' 관계가 성립한다. 이 식을 S^e에 관해 풀면 ₩1,197/$, 즉 '1달러=1,197원'이다. 정답 ③

다음은 Y0년 한국과 미국의 맥도날드와 스타벅스 매장에서 판매되고 있는 빅맥 단품과 카페라테 톨 사이즈 가격표이다. 현재 외환시장에서 1달러가 1,300원에 거래되고 있을 때, 구매력평가 관점에서 현재 상황을 가장 올바르게 추론한 것은? [84회 매경TEST 기출]

구분	미국	한국
빅맥	5.2달러	5,200원
카페라테	4.0달러	4,800원

① 달러화의 구매력은 한국보다 미국에서 더 크다.
② 빅맥지수 기준으로 달러화는 적정가치보다 저평가되어 있다.
③ 현재 한국과 미국 사이에는 무역에 장애가 되는 요인들이 일체 존재하지 않는다.
④ 카페라테지수 기준으로 장기적으로 원/달러 환율은 하락할 것으로 예측할 수 있다.
⑤ 양국 간 교역에 수반되는 거래비용이 없다면 미국에서 빅맥을 구매한 뒤 한국에 팔아 차익을 얻을 수 있다.

해설

빅맥 가격을 적용해 구한 구매력평가환율은 ₩1,000/$이고, 카페라테 가격을 적용한 구매력평가환율은 ₩1,200/$이다. 현재 외환시장에서 달러화의 수요와 공급에 의해 결정된 시장 환율이 ₩1,300/$이므로 빅맥 가격과 카페라테 가격으로 구한 구매력평가환율에 비해 높다. 따라서 구매력평가 관점에서 달러화의 시장가치는 적정가치보다 고평가 됐다고 볼 수 있다.

① |X| 1달러로 미국에서 빅맥 0.19개(≒1/5.2) 또는 카페라테 0.25(=1/4.0)개를 살 수 있다. 한편, 1달러는 원화 1,300원과 교환되므로 한국에서 빅맥 0.25개(=1,300/5,200) 또는 카페라테 0.27(≒1,300/4,800)개를 살 수 있다. 따라서 1달러의 구매력은 미국보다 한국에서 더 크다.

② |X| 달러화의 시장가치는 고평가되어 있다.

③ |X| 만약 양국 간 교역에 장애가 요인이 없다면 시장 환율은 구매력평가환율과 이론적으로 같아질 것이다. 제시된 상황의 경우 구매력평가환율과 시장 환율이 다르므로 교역을 제한하는 무역장벽이나 거래비용이 있다고 봐야 한다.

④ |O| 구매력평가환율은 장기에 시장 환율의 움직임을 설명하는 데 적합하다. 장기적으로 시장 환율은 구매력평가환율에 수렴하는 방향으로 움직이기 때문이다. 현재 시장 환율이 구매력평가환율에 비해 높으므로 장기적으로는 하락할 것으로 예상할 수 있다.

⑤ |X| 양국 간 교역에 수반되는 거래비용이 없다면 한 나라에서 상품을 사서 다른 나라에 팔아 이익을 얻는 차익거래가 가능하다. 1달러의 구매력은 미국에서 빅맥 0.19개(≒1/5.2), 한국에서 빅맥 0.25개(=1,300/5,200)이다. 따라서 1달러를 빌린 뒤 원화 1,300원으로 교환하면 한국에서 빅맥 0.25개를 살 수 있다. 이것을 미국에 팔면 1.3달러(=0.25개×5.2달러/개)를 얻을 수 있으므로 최초 빌린 1달러를 차감하면 0.3달러의 차익이 남는다. 요컨대 한국에서 빅맥을 구매한 뒤 미국에 팔아 차익을 얻을 수 있다. 이는 통화의 구매력이 높은 나라(한국: 빅맥 0.25개)에서 구입해 구매력이 낮은 나라(미국: 빅맥 0.19개)에서 팔아야 차익을 얻을 수 있다는 뜻이다.

정답 ④

미국과 우리나라 매장에서 판매되는 빅맥과 카페라테의 가격표이다. 다음 중 빅맥지수와 라테지수에 근거해 원화 대비 달러화의 가치를 올바르게 평가한 것은?

구분	미국	한국
외환시장 고시 환율	1달러=1,200원	
빅맥 가격	4.0달러	4,000원
카페라테 가격	3.0달러	4,200원

	빅맥지수 기준	라테지수 기준
①	저평가	저평가
②	고평가	저평가
③	적정평가	고평가
④	고평가	고평가
⑤	저평가	고평가

해설

빅맥 가격으로 구한 구매력평가환율은 '1달러=1,000원'이며 카페라테 가격으로 구한 구매력평가환율은 '1달러=1,400원'이다. 시장 환율이 '1달러=1,200원'이므로 빅맥지수 기준으로 달러화는 원화에 비해 고평가됐고, 라테지수를 기준으로 저평가됐다. 정답 ②

국가공인
매경 TEST

매경 TEST 기출문제

경영·경제

01

다음 중 기업이 고객, 정부, 시민단체 등 여러 집단과 언론 보도의 커뮤니케이션 활동으로 호의적인 관계를 유지하는 촉진 수단은?

① PR　　② 광고
③ 인적 판매　　④ 판매 촉진
⑤ 다이렉트 마케팅

해설

② |X| 광고는 기업이 타깃 소비자에게 정보를 제공 혹은 설득하는 유료 커뮤니케이션이다.
③ |X| 인적 판매는 기업이 훈련된 영업사원을 통해 판매를 촉진하는 것이다.
④ |X| 판매 촉진은 기업이 최종 구매자인 소비자와 중간상인 유통업자에게 자사의 상품을 구매하도록 촉진하는 활동이다.
⑤ |X| 다이렉트 마케팅은 중간상 없이 기업이 소비자와 직접 커뮤니케이션하는 활동으로, 매체를 사용해 정보 제공과 판매를 장려한다.

정답 ①

다음 중 BCG 매트릭스에서 시장성장률은 낮으나 상대적 시장점유율은 높아 지속적으로 이윤을 창출하는 사업 부문은?

① 개(Dog)
② 스타(Star)
③ 캐시카우(Cash Cow)
④ 야생고양이(Wild Cat)
⑤ 물음표(Question Mark)

해설

BCG 매트릭스는 시장성장률과 상대적 시장점유율을 기준으로 사업의 상황을 물음표, 스타, 캐시카우, 개로 분류한다. 물음표는 야생고양이라고도 한다. 캐시카우에 해당하는 사업은 시장성장률은 낮으나 상대적 시장점유율이 높아 지속적인 현금흐름을 기대할 수 있다.

정답 ③

03

다음 중 기업이 고객에게 독특한 가치를 제공하여 높은 가격 프리미엄을 얻는 마이클 포터(Michael E. Porter)의 본원적 전략은?

① 모방 전략
② 수확 전략
③ 유지 전략
④ 차별화 전략
⑤ 원가우위 전략

해설

본원적 전략은 마이클 포터가 제시한 사업부 수준에서의 전략 분류로, 경쟁우위의 원천과 경쟁범위를 고려한 원가 우위 전략, 집중화 전략, 차별화 전략이 있다.
수확 전략은 경영 자원을 더 이상 투입하지 않고 이익을 회수하는 전략이다.
유지 전략은 현상을 유지하면서 두고 보는 전략이다.
모방 전략은 후발 기업이 성공적인 선발 기업을 모방하는 전략이다.

정답 ④

04

다음 중 자원 투입의 위험 정도가 가장 낮으며 통제의 필요성도 가장 낮은 해외시장 진출 방법은?

① 간접 수출
② 라이선싱
③ 합작 투자
④ 직접 투자
⑤ 프랜차이징

해설

간접 수출은 국내에 있는 수출중개인 등의 대리인을 통해 해외시장과 연결하는 것이다. 해외시장 진출 방법들 중 자원 투입의 정도가 가장 낮으며 통제의 필요성도 가장 낮다. 반면 해외에 직접 투자하는 기업은 강한 경영권과 통제력을 갖지만 위험 부담이 크다. 라이선싱은 일정 수준의 유·무형 자산을 사용할 수 있는 권한을 해외 기업에 부여하고, 해외 기업으로부터 수수료 등의 대가를 받는 형태이다. 프랜차이징은 사업 모델이나 운영 시스템을 공유하는 형태이며, 라이선싱보다 통제력이 강하다.

정답 ①

05

다음 중 아래에 해당하는 재무제표는?

> 특정 시점의 기업의 자산과 부채, 자본을 나타낸다. 차변에 있는 자산 금액의 합계는 대변에 있는 부채와 자본 금액의 합계와 항상 일치한다.

① 주석 ② 자본변동표
③ 현금흐름표 ④ 재무상태표
⑤ 손익계산서

해설

① |X| 주석은 재무제표에 부가된 설명으로 기업의 회계 정보, 재무제표 작성 근거 등을 담고 있다.
② |X| 자본변동표는 일정 기간 발생한 자본의 변동 내용을 보여준다.
③ |X| 현금흐름표는 일정 기간 발생한 현금의 유입과 유출을 보여준다.
⑤ |X| 손익계산서는 일정 기간 발생한 수익과 비용을 나타내 기업의 경영성과를 보여준다.

정답 ④

06

다음의 밑줄 친 (가)에 해당하는 개념으로 가장 올바른 것은?

> 브룸의 기대이론은 기대와 보상이라는 개념을 통해 개인의 동기부여 과정을 설명한다. 이 이론에 따르면 조직 구성원의 동기유발을 위해서는 자신의 성과에 대한 보상에 매력을 느끼고, 더 많이 노력하면 성과도 더 높아질 것이라고 믿으며, (가) 성과가 높아지면 보상도 개선될 것이라고 믿는다는 가정을 기반으로 하고 있다.

① 유의성(Valence)
② 타당성(Validity)
③ 공정성(Fairness)
④ 효과성(Effectiveness)
⑤ 수단성(Instrumentality)

해설

브룸의 기대이론에서 기대(Expectancy)는 노력하면 성과를 낼 수 있다는 믿음을 뜻한다. 수단성(Instrumentality)은 성과를 내면 그에 따른 보상을 받을 것으로 믿을 수 있는 정도를 말하며, 유의성(Valence)은 이러한 보상이 자신에게 의미가 있는 정도를 나타낸다.

정답 ⑤

다음 중 유기적 조직에 비해 기계적 조직이 가진 특성으로 가장 거리가 먼 것은?

① 업무의 공식화
② 다단계 보고체계
③ 수평적 소통체계
④ 높은 직무 전문화
⑤ 프로세스의 표준화

해설

기계적 조직은 조직 내 규율과 규칙으로 통제되며 기계처럼 표준화된 작업을 안정적으로 수행하기 위한 조직 구조이다. 업무의 공식화, 직무의 전문화, 수직적 계층 구조, 표준화된 작업 등의 특징이 있다. 유기적 조직은 유기체처럼 상황에 따라 유연하게 적응하는 조직 구조이다. 수평적 조직 구조, 넓은 통제 범위, 의사결정 분권화 등의 특징이 있다.

정답 ③

08

재무상태표는 자산, 부채, 자본으로 구성된다. 다음 중 재무상태표의 자산에 해당하는 항목은?

① 선급금 ② 자본금
③ 매입채무 ④ 미지급금
⑤ 이익잉여금

해설

선급금은 거래의 이행을 확실히 하기 위해 상품의 인도가 이뤄지기 전 대금의 일부를 계약금 명목으로 선지급한 금액으로 자산에 해당한다. 자본금과 이익잉여금은 자본 항목, 미지급금과 매입채무는 부채 항목이다.

정답 ①

다음 중 마이클 포터(Michael Porter)의 산업구조분석 모형(5 Forces Model)에 대한 올바른 설명으로 가장 거리가 먼 것은?

① 산업 내 경쟁의 변화를 동태적으로 분석한다.
② 공급자의 교섭력이 강화되면 기업의 수익성은 감소하게 된다.
③ 경쟁기업 간의 동질성이 높을수록 해당 산업의 평균 수익률은 낮아지게 된다.
④ 제품차별화 정도가 높을수록 기업은 상대적으로 높은 수익률을 얻을 수 있다.
⑤ 특정 산업 분야에 신규로 진출하려는 기업이 해당 산업의 전망을 파악하는 데 활용할 수 있다.

해설

산업구조분석 모형은 산업의 수익률에 영향을 미칠 수 있는 요소로 기존 산업 내 경쟁, 공급자의 교섭력, 구매자의 교섭력, 대체재의 위협, 잠재적 경쟁자의 위협을 제시한다. 산업구조분석 모형은 산업의 정적인 상황은 분석할 수 있지만, 동태적인 경쟁의 변화를 반영하지 못하는 한계가 있다.

정답 ①

10

다음 중 소비자에게 제품의 우수성을 전달하기 위해 높은 가격을 책정하는 것으로 주로 사치품과 고가 제품에 적용되는 가격전략은?

① 단수가격 ② 명성가격
③ 관습가격 ④ 유보가격
⑤ 준거가격

해설

① |X| 단수가격은 990원, 9,900원, 1만 4,900원과 같이 가격의 단위를 홀수로 책정한다.
③ |X| 관습가격은 제품에 대해 소비자가 오랜 기간 관습적으로 인정하는 가격이다.
④ |X| 유보가격은 소비자가 상품을 구매할 때 지불할 용의가 있는 최대 가격이다.
⑤ |X| 준거가격은 소비자가 상품의 가격을 판단하는 기준이 되는 가격이다.

정답 ②

11

기업은 다양한 시장세분화 변수를 사용해 시장을 나눈다. 다음 중 행동적 시장세분화 변수는?

① 소득　② 성별
③ 충성도　④ 인구밀도
⑤ 라이프스타일

해설

시장세분화는 이질적 욕구를 가진 다양한 소비자가 포함된 시장을 특정 상품에 대해 비슷한 욕구, 태도, 의견, 행동을 가지는 소비자 집단으로 묶어서 시장을 나누는 과정을 의미한다. 시장세분화의 기준으로는 지리적 변수(지역·기후), 인구 통계적 변수(성별·연령·소득), 심리적 변수(개성·라이프스타일), 행동적 변수(사용 상황·소비량·충성도) 등이 있다.

정답 ③

12

다음 중 기업의 수익성을 평가하는 데 활용되는 재무비율은?

① 부채비율　② 당좌비율
③ 총자산회전율　④ 재고자산회전율
⑤ 자기자본이익률

해설

재무비율 분석은 안정성·성장성·효율성·수익성 분석으로 구분할 수 있다. 부채비율과 당좌비율은 안정성 지표로 기업의 재무적 안정성을 파악하는 데 활용된다. 총자산회전율과 재고자산회전율은 효율성 지표로 자산의 효율적 활용을 파악하는 데 활용된다. 자기자본이익률은 수익성 지표로 기업의 성과를 파악하는 데 활용된다.

정답 ⑤

13

다음 중 '표적시장 소비자의 인식 속에 자사 제품이 경쟁제품에 비해 유리한 위치를 갖게 하는 과정'을 의미하는 마케팅 용어는?

① 타기팅(Targeting)
② 포지셔닝(Positioning)
③ 시장세분화(Segmentation)
④ 크로스 셀링(Cross Selling)
⑤ 마케팅믹스(Marketing Mix)

해설

① |X| 타기팅은 시장을 세분화한 후에 기업 입장에서 가장 매력적인 시장을 선택하는 과정을 말한다.
③ |X| 시장세분화는 이질적 욕구를 가진 다양한 소비자가 포함된 시장을 특정 상품에 대해 비슷한 욕구, 태도, 의견, 행동을 가지는 소비자 집단으로 묶어서 시장을 나누는 과정을 의미한다.
④ |X| 크로스 셀링은 기업이 동일한 고객에게 관련된 상품을 추가적으로 판매하는 것이다.
⑤ |X| 마케팅믹스는 기업이 목표를 달성하기 위해 수행하는 활동으로 제품, 가격, 유통, 촉진을 의미한다.

정답 ②

14

시간이 지남에 따라 유형자산은 물리적·경제적 가치가 하락하게 된다. 이때 발생하는 유형자산의 가치 하락을 추정해 비용을 배분하는 회계 절차를 감가상각이라 한다. 다음 중 이와 같은 감가상각의 특징과 가장 관계 깊은 회계원칙은?

① 완전공시의 원칙
② 공정가치 원칙
③ 보수주의 원칙
④ 비교가능성 원칙
⑤ 수익·비용 대응의 원칙

해설

발생주의 회계에서는 비용을 수익·비용 대응의 원칙에 따라 인식한다. 수익·비용 대응의 원칙은 비용을 관련 수익이 인식되는 기간에 인식해 수익과 비용이 같은 기간에 서로 대응되게 하는 것이다.
감가상각은 유형자산의 취득 시점에는 자산으로 기록하고 수익·비용 대응의 원칙에 따라 자산으로 기록한 금액을 비용으로 배분하여 인식한다. 한편 현금주의 회계에서는 현금이 유입될 때 수익으로 인식하고 현금이 유출될 때 비용으로 인식한다.

정답 ⑤

15

다음 중 가치사슬 분석에서 보조활동에 해당하는 것은?

① 제품 광고 ② 회계 업무
③ 제품 운송 ④ 제품 생산
⑤ 사후 서비스

해설

가치사슬 분석은 기업 단위의 활동을 주활동과 보조활동으로 나눠 기업 활동 가운데 부가가치를 창출하는 핵심 부문이 무엇인지 밝혀준다. 주활동은 기업의 이윤과 직접적으로 관련된 상품·서비스를 관리하는 활동으로 원자재 투입, 물류, 마케팅, A/S 등이 있다. 보조활동은 상품·서비스를 통한 이윤 창출에 직접적 영향은 주지 않지만, 이를 위해 필요한 활동으로 회계, 인사관리, R&D 등이 있다.

정답 ②

16

아래 기사에서 빈칸 (A)에 들어갈 용어로 가장 적절한 것은?

NEWS

대형 정유사들이 정제마진 부진으로 인해 영업이익이 크게 감소했다. 작년에는 3분기까지 높은 실적을 유지했지만, 4분기에 유가가 급락해 대부분 기업들이 적자를 기록했다. 이후 1분기 유가가 서서히 상승해 흑자로 전환되었지만, 수익이 비용과 같아지는 (A)를 달성하지는 못했다.

① 목표이익 ② 공헌이익률
③ 손익분기점 ④ 영업이익률
⑤ 당기순이익

해설

손익분기점은 수익이 비용과 일치하는 점이다. 수익이 손익분기점 미만인 경우 손실이 발생하며, 수익이 손익분기점을 초과하는 경우 이익이 발생한다. 공헌이익률은 매출액에서 공헌이익(=매출액-변동비)이 차지하는 비중을 뜻한다.

정답 ③

다음 〈표〉는 A사의 손익계산서를 나타낸 것이다. 다음 중 A사의 재무비율에 대한 올바른 분석으로 가장 거리가 먼 것은? (단, A사의 발행주식수는 100주이다.)

〈표〉 A사 손익계산서 (단위: 원)

구분	A사	
	20x1년	20x2년
매출	2,000	1,500
매출총이익	1,500	900
영업이익	1,000	750
이자비용	100	75
당기순이익	400	300

	20x1년	20x2년
① 순이익률	20%	20%
② 주당순이익	4원	3원
③ 영업이익률	50%	50%
④ 이자보상배율	10배	10배
⑤ 매출총이익률	25%	40%

해설

① 순이익률=당기순이익/매출액
20x1년: 400/2,000=0.2
20x2년: 300/1,500=0.2
② 주당순이익=당기순이익/발행주식수
20x1년: 400/100=4
20x2년: 300/100=3
③ 영업이익률=영업이익/매출액
20x1년: 1,000/2,000=0.5
20x2년: 750/1,500=0.5
④ 이자보상배율=영업이익/이자비용
20x1년: 1,000/100=10
20x2년: 750/75=10
⑤ 매출총이익률=매출총이익/매출
20x1년: 1,500/2,000=0.75
20x2년: 900/1,500=0.6

정답 ⑤

다음을 읽고 물음에 답하시오(18-19).

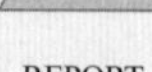

REPORT

2021년 6월 전국 만 13세~59세 남녀 1,000명을 대상으로 '숏폼' 콘텐츠(10분 이내의 짧고 간결한 영상 콘텐츠) 관련 마케팅 조사를 실시한 결과이다.

['숏폼 콘텐츠' 시청 경험 유무]

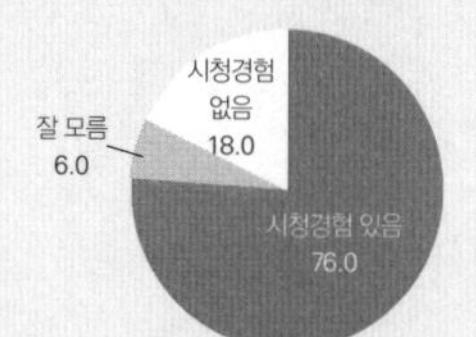

Base: 전체, N=1,000, 단위: %

['숏폼 콘텐츠' 시청 이후 '긴 동영상' 이용 빈도 변화]

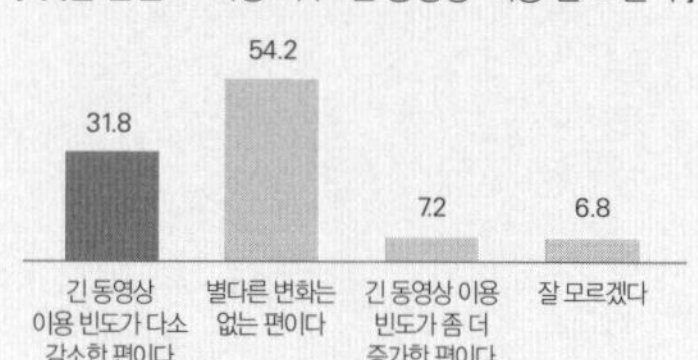

Base: 숏폼 콘텐츠 시청 경험자, N=760, 단위: %

['숏폼 콘텐츠' 관련 전반적인 인식 평가]

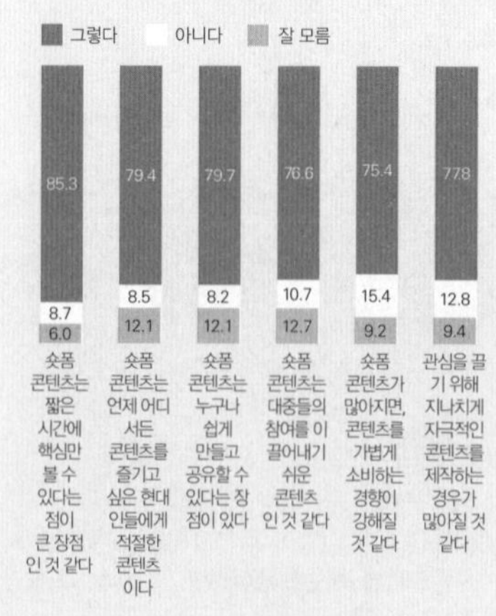

Base: 전체, N=1,000, 단위: %

18

앞의 자료에 근거해 콘텐츠 플랫폼 시장에 대한 올바른 추론으로 가장 거리가 먼 것은?

① 짧은 시간에 자극적인 콘텐츠를 소비하려는 시청자가 증가할 것이다.
② 콘텐츠 속 주인공의 긴 서사(narrative)에 근거한 스토리텔링에 대한 수요가 증가할 것이다.
③ 동영상 시청에 대한 시공간 제약이 줄어들면서 짧은 영상 콘텐츠에 대한 수요가 증가했다.
④ 향후 숏폼 콘텐츠 선호도가 커질수록 긴 동영상 콘텐츠에 대한 몰입도는 낮아질 것으로 예상할 수 있다.
⑤ 콘텐츠 제작 업체들은 핵심 메시지를 짧고 간결하게 전달할 수 있는 콘텐츠 제작에 집중하게 될 것이다.

해설

조사결과를 보면 과거에 비해 짧고 간결한 영상 콘텐츠에 대한 수요가 증가했다. 이는 상대적으로 긴 시간의 영상 콘텐츠에 대한 몰입도가 낮아질 수 있음을 의미한다. 또한 긴 서사의 스토리보다는 짧은 시간에 핵심 메시지를 전달할 수 있는 콘텐츠에 대한 선호도가 커질 것으로 예상할 수 있다.

정답 ②

19

다음 중 숏폼 콘텐츠 흐름에 맞춰 콘텐츠 제작사들이 채택할 수 있는 콘텐츠 전략으로 가장 적절하지 않은 것은?

① 5분 이내에 미션 달성 여부를 파악할 수 있는 보드게임 콘텐츠
② 러닝타임 2시간 이상의 영화를 10분 이내로 축약한 영화 리뷰 동영상 콘텐츠
③ 대중교통을 이용해 출퇴근하는 직장인들을 위한 인문학 도서 요약 오디오북
④ 2분 이내에 지원자 단독 댄스 영상으로 오디션을 치르는 댄스 크루 멤버 오디션 프로그램
⑤ 조선시대 제1대 왕 태조부터 제25대 왕 철종에 이르는 연도별 역사를 25부로 나누어 소개한 조선왕조실록 동영상 콘텐츠

해설

숏폼 콘텐츠에 대한 선호도가 높아짐에 따라 시청자들은 서사가 축약된 요약 형태의 콘텐츠 탐색이 많아질 것으로 예상할 수 있다. ⑤는 콘텐츠의 서사가 다른 선지들에 비해 상대적으로 길기 때문에 시청자들의 구독 수는 상대적으로 높지 않을 것으로 예상할 수 있다.

정답 ⑤

다음 〈표〉는 제조업을 영위하는 A사의 현금흐름과 관련된 내용이다. 다음 중 현금흐름표 상 (가)~(다)에 해당하는 현금흐름을 올바르게 짝지은 것은?

〈표〉 A사 거래 내역

구분	내용
(가)	은행으로부터 차입한 장기차입금을 상환했다.
(나)	공장건설을 위해 토지를 매입했고, 현금으로 대금을 지급했다.
(다)	직원에게 현금으로 급여를 지급했다.

	(가)	(나)	(다)
①	영업활동	재무활동	투자활동
②	영업활동	투자활동	재무활동
③	재무활동	영업활동	투자활동
④	재무활동	투자활동	영업활동
⑤	투자활동	재무활동	영업활동

해설

(가)는 자금을 차입하고 상환하는 활동으로 재무활동이다. (나)는 토지를 매입하고 처분하는 활동으로 투자활동이다. (다)는 종업원의 급여를 지급하는 활동으로 영업활동이다.

정답 ④

다음 〈표〉는 동일 산업 내에 있는 A사와 B사의 회계 정보이다. 이에 대한 올바른 설명으로 가장 거리가 먼 것은?

〈표〉 A사와 B사의 회계 정보 (단위: 백만원)

	A사	B사
당기순이익	3,000	750
매출액	15,000	10,000
평균자산	30,000	10,000
평균자본	20,000	5,000
매출액순이익률	20%	7.50%
총자산회전율	50%	100%
(1+부채비율)	150%	200%
자기자본이익률	15%	15%

① A사와 B사의 자기자본이익률은 같다.
② A사는 B사에 비해 공격적으로 타인자본을 활용하고 있다.
③ A사는 B사에 비해 수익성 측면에서 우수하며 B사는 A사에 비해 자산 효율성 측면에서 우수하다.
④ B사는 A사에 비해 판매마진이 상대적으로 낮다.
⑤ B사는 A사에 비해 보유자산을 효율적으로 운용하고 있다.

해설

A사와 B사의 자기자본이익률은 15%로 같다. A사는 수익성 지표인 매출액순이익률이 높고 B사는 효율성 지표인 총자산회전율과 안정성 지표인 부채비율이 높다. B사의 (1+부채비율)은 200%로 A사의 (1+부채비율)인 150%보다 높다. B사가 A사에 비해 더 적극적으로 타인자본을 사용했다.

정답 ②

다음 기사에 나타난 기업의 전략에 대한 올바른 설명으로 가장 거리가 먼 것은?

NEWS

네이버 웨일, 내년 유럽·동남아시장 진출

네이버가 자체 개발한 토종 웹 브라우저 '웨일'이 해외시장에 진출한다. 웨일 스페이스는 웨일에서 다양한 웹 서비스를 지원하는 교육 테크 플랫폼으로 네이버가 지난해 3월 선보였다. 대표적인 적용 사례로 경남교육청 학습 플랫폼 '아이톡톡'은 웨일 스페이스를 기반으로 만들어져 국내시장에서 성공 가능성을 확인했다. 이런 아이톡톡 모델을 해외시장에 적용 가능하다는 게 네이버 측 생각이다. 김ㅇㅇ 책임리더는 "인터넷 다양성이란 측면에서 특정 해외 빅테크에 종속되는 것을 극복하고 싶어 하는 국가들이 많다"고 말했다.

네이버는 LG전자, 레노버와 함께 웨일 스페이스를 집어넣은 교육용 노트북 컴퓨터 '웨일북'도 개발했다. 또한 네이버는 웹 기반의 문서 작업 서비스 기업 '폴라리스오피스' 등 40여 개 파트너사와 제휴를 맺고 웨일북 서비스를 대폭 늘렸다. 네이버는 이들 파트너사가 서비스 중인 국가 진출을 검토하고 있다. 실제로 폴라리스오피스의 경우 일본·동남아·유럽 등 전 세계에서 1억 1,000만명이 사용하고 있다.

① 전략적 제휴를 통한 수직적 통합 효과 창출
② 국내시장에서의 경쟁력을 해외시장으로 확장
③ 해외시장의 사회적·문화적 특성을 기회 요인으로 해석
④ 보완적 자원과 능력을 가진 네트워크를 해외 진출에 활용
⑤ 창업 초기부터 해외시장 진출을 목적으로 한 '본 글로벌(born global)' 기업의 성장 전략

해설

본 글로벌 기업은 처음부터 혹은 초기 사업 단계부터 국내보다는 해외시장 판매에서 상당한 비중의 소득을 창출하려는 기업이다. 해당 기업의 경우는 국내 성공 경험을 바탕으로 해외 진출을 모색하는 것이다.

정답 ⑤

다음 그림을 보고 물음에 답하시오(23-24).

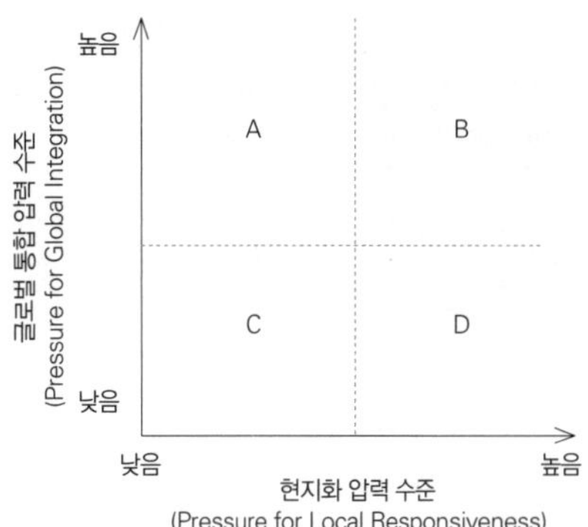

앞의 그림에서 B에 해당하는 전략에 대한 올바른 설명으로 가장 거리가 먼 것은?

① 글로벌 통합과 지역 차별화를 동시에 추구하는 전략이다.
② 해외 경쟁에 있어서 가치활동이 본사의 핵심 역량에 집중화되어 있다.
③ 주요 부품들을 규모의 경제와 지역 선호도에 맞는 전략으로 적절히 조정할 수 있다.
④ 대부분의 다국적 기업들이 활용하고 있는 전략이다.
⑤ 자원의 부분적 집중화와 탈집중화를 동시에 추구하는 전략이다.

해설

그림에서 A는 글로벌 통합전략, B는 초국적 전략, C는 국제화 전략, D는 현지화 전략을 나타낸다. ②는 국제화 전략에 대한 내용이다. 국제화 전략은 해외 경쟁에서 본사의 핵심 역량을 이용하는 전략이다.

정답 ②

24

앞의 그림에 대한 올바른 설명으로 가장 거리가 먼 것은?

① A: 단일 모델, 단일 제품을 생산비용이 가장 저렴한 곳에서 한꺼번에 생산
② A: 사업 전략의 의사결정은 본국 본사에서 이루어짐
③ C: 본사가 의사결정권을 가지며, 해외 자회사는 본사를 지원하는 역할만 수행
④ D: 전략, 업무의 의사결정은 각 국가 사업장에서 이루어짐
⑤ D: 규모의 경제를 강조하는 전략

해설

그림에서 A는 글로벌 통합전략, B는 초국적 전략, C는 국제화 전략, D는 현지화 전략을 나타낸다. ⑤는 글로벌 통합전략에 대한 내용이다.

정답 ⑤

25

다음 기사의 빈칸 (A)에 들어갈 용어로 가장 적절한 것은?

NEWS

한국은행이 사상 처음 '빅스텝'(기준금리를 한 번에 0.5%포인트 인상)을 밟는 등 기준금리 인상 기조가 가팔라지면서 영업 부진으로 이자비용조차 감당하기 힘든 잠재적 한계기업들의 부담이 커지고 있다. 특히 시가총액 상위사 중에도 (A)가 100%를 밑도는 기업이 속출해 시장의 우려가 커지는 모습이다. (A)는 기업이 벌어들인 영업이익이 그해에 갚아야 할 이자비용에 비해 얼마나 많은지를 나타내는 지표다. 통상적으로 (A)가 150% 이상이면 빚을 갚을 능력이 충분한 것으로, 100% 미만이면 잠재적인 부실기업으로 분류한다. 또한 3년 연속 100% 미만이면 한계기업으로 간주한다.

① 당좌비율
② 부채비율
③ 이자보상배율
④ 자기자본증가율
⑤ 영업이익증가율

해설

이자보상배율은 영업이익을 이자비용으로 나눈 것으로 기업이 영업이익으로 이자비용을 몇 번 갚을 수 있는지를 보여준다. 이자보상배율이 100% 미만이면 영업활동으로 벌어들인 이익으로 이자를 갚지 못한다는 것을 의미한다.

정답 ③

다음 중 주식회사에 대한 올바른 설명을 |보기|에서 모두 고르면?

| 보기 |

㉠ 채권을 발행할 수 없다.

㉡ 지분의 양도가 자유롭다.

㉢ 기업의 소유주와 경영자가 일치한다.

㉣ 주주는 투자한 금액에 한하여 책임을 진다.

① ㉠, ㉡　② ㉡, ㉢
③ ㉠, ㉢　④ ㉡, ㉣
⑤ ㉢, ㉣

해설

주식회사는 자금이 필요하면 주식과 채권을 발행해 회사 자금을 마련한다. 주식회사는 지분의 양도가 자유롭다. 주식회사는 기업이 커짐에 따라 기업 소유자(자본제공자)와 경영자(경영전문가)가 일치하지 않아 대리인 문제가 발생한다. 주식회사의 주주는 투자 금액의 한도 내에서 유한책임을 진다.

정답 ④

다음 중 기업 설립 후 처음으로 불특정 다수에게 주식을 매도하는 재무활동은?

① 블록딜　② 공개매수
③ 기업공개　④ 유상증자
⑤ 자사주 매입

해설

기업공개(IPO·Initial Public Offering)는 기업 설립 후 처음으로 외부 투자자에게 주식을 공개하고, 이를 매도하는 업무를 의미한다.

정답 ③

28

다음의 빈칸 (A), (B)에 들어갈 내용을 올바르게 짝지은 것은?

> (A)는 기업의 주가를 주당순자산으로 나눈 것으로, 현재 주가가 장부가치의 몇 배로 형성되어 있는지를 나타낸다. (A)가 시장평균에 비해 낮다는 것은 기업의 장부가치가 기업가치에서 차지하는 비중이 높다는 뜻으로 (B)라고 한다.

	(A)	(B)
①	PBR	가치주
②	PBR	성장주
③	PER	가치주
④	PER	성장주
⑤	EBITDA	가치주

해설

PBR는 주가를 주당순자산(BPS·Book-value Per Share)으로 나눈 것이다. 가치투자자들은 동종산업에 속하는 다른 기업들과 비교했을 때, 기업이 가지고 있는 자산의 장부가치가 기업가치에서 차지하는 비중이 큰 기업을 가치주로 분류한다.

정답 ①

29

다음 중 메이어와 앨런의 조직몰입 분석에서 '조직에 대한 책임감을 바탕으로, 조직구성원 스스로가 구성원으로서 가치관을 가지게 되는 데서 기인한 몰입상태'를 지칭하는 몰입유형은?

① 지속적 몰입 ② 규범적 몰입
③ 정서적 몰입 ④ 재정적 몰입
⑤ 손실적 몰입

해설

조직몰입은 구성원이 조직에 대해 가지는 심리적 애착을 뜻한다. '조직에 대한 책임감을 바탕으로 조직구성원 스스로가 구성원으로서 가치관을 가지게 되는 데서 기인한 몰입상태'는 '규범적 몰입'에 해당된다.

정답 ②

30

바니(Barney) 교수의 'VRIO 모형'은 기업의 특정 자원이 지속적인 경쟁우위 창출에 기여할 수 있는지를 판단하는 분석 도구이다. 다음 중 VRIO 모형의 구성요소가 아닌 것은?

① 자원이 희소한가?
② 자원이 고객에게 주는 가치가 있는가?
③ 자원이 경쟁업체가 모방하기 어려운가?
④ 자원의 가치를 숫자로 측정할 수 있는가?
⑤ 자원을 효과적으로 활용하기 위한 조직이 정비되어 있는가?

해설

VRIO 모형은 '조직 내부의 자원이 핵심 역량이 되어 지속 가능한 경쟁우위에 기여할 수 있는가?'의 판단기준으로 가치(Value), 희소성(Rarity), 모방가능성 정도(Imitability), 조직(Organization)을 제시하였다.

정답 ④

31

다음 중 '인사평가 시 평가자가 피평가자들을 평가 척도의 중간 범위로 측정하는 경향'을 일컫는 인사평가의 오류는?

① 대비오류 ② 상동오류
③ 관대화 경향 ④ 유사성오류
⑤ 중심화 경향

해설

중심화 경향(centeral tendency)은 '피평가자들을 모두 중간 점수로 평가하려는 경향'을 말한다.

정답 ⑤

32

다음 중 기업이 보유한 자산을 얼마나 효율적으로 사용하는지를 파악하는 데 활용되는 재무비율을 |보기|에서 모두 고르면?

| 보기 |

㉠ 유동비율　　㉡ 자본이익률
㉢ 매출채권회전율　　㉣ 재고자산회전율

① ㉠, ㉡　　② ㉠, ㉢
③ ㉡, ㉢　　④ ㉡, ㉣
⑤ ㉢, ㉣

해설

재무비율 분석 중에서 효율성 분석은 영업활동에 투입된 자산의 활용 정도를 측정한다. 총자산회전율, 매출채권회전율, 재고자산회전율 등이 있다.

정답 ⑤

33

맥그리거(McGregor)의 XY이론은 인간을 두 가지 관점에서 바라본다. 다음 중 Y이론에 해당하는 것은?

① 인간은 안정보다 혁신을 추구한다.
② 규범과 통제를 통해 적극적으로 관리해야 한다.
③ 성과에 대해 보상과 처벌이 반드시 있어야 한다.
④ 인간은 본래 게으르고 일에 대한 책임을 회피하는 존재이다.
⑤ 인간은 자아실현 욕구와 같은 고차원 욕구보다는 생리적 욕구와 같은 저차원 욕구에 의해 동기부여가 된다.

해설

맥그리거는 XY이론을 통해 인간의 동기를 바라보는 2가지 관점을 제시한다. X이론은 인간은 본디 게으르고 일에 대한 책임감이나 욕망이 없으며 더 나은 방향성보다는 안정을 택하기 때문에 통제와 관리를 통해 다루어야 한다고 주장한다. 반면, Y이론은 인간들이 자신의 목표를 달성하기 위해 자발적으로 노력한다고 가정한다. 따라서 관리자는 조직의 목표가 개인의 목표와 일치하도록 조직 구조를 설계하고, 자율성과 창의성이 극대화될 수 있는 여건을 제공하는 것에 초점을 맞추어야 한다고 주장한다.

정답 ①

다음에서 설명하는 이것은?

이것은 차입금 등 타인자본을 이용해 자기자본이익률을 높이는 것을 뜻한다. 예를 들어 100억원의 자기자본으로 10억원의 순익을 올리면 자기자본이익률은 10%다. 하지만 자기자본 50억원에 타인자본 50억원을 더해 수익 10억원을 내면 자기자본이익률은 20%로 올라간다.

① 스놉 효과(Snob Effect)
② 빅배스 효과(Big Bath Effect)
③ 레버리지 효과(Leverage Effect)
④ 포트폴리오 효과(Portfolio Effect)
⑤ 밴드왜건 효과(Bandwagon Effect)

해설

레버리지 효과는 타인에게 빌린 자금을 지렛대(lever) 삼아 이익을 창출하는 것을 의미한다.

정답 ③

다음 중 허츠버그(Herzberg)의 2요인 이론에서 위생요인에 해당하는 것은?

① 승진 ② 급여
③ 상사의 인정 ④ 작업의 성공
⑤ 직무를 통한 성장

해설

허츠버그는 자신의 직무에 만족한 사람과 그렇지 않은 사람을 분석하면서, 직무에 만족하지 못한 사람이 꼭 불만족하다고 볼 수 없다는 것을 발견하였다. 즉, '직무에 만족하는가'라는 질문은 '직무에 불만족하는가'라는 질문과는 독립적이라는 것이다. 이에 따라 직무 만족에 영향을 미치는 요인은 '동기요인', 직무 불만족에 영향을 미치는 요인은 '위생요인'으로 명명했다. 위생요인에는 직무 환경의 안전, 설비, 직원들과의 관계, 급여 수준, 회사 정책, 규율 등의 요소가 포함된다.

정답 ②

36

다음의 빈칸 (A)에 들어갈 내용으로 가장 적절한 것은?

> 성신양회가 지난 15일 공시한 정관 변경 안건을 살펴보면 적대적 M&A로부터 경영권을 방어하기 위해 기존 경영진에게 특권을 부여한 내용이 다수 확인된다. 우선 이사가 임기 중 적대적 M&A로 인해 그 의사에 반해 해임될 경우 통상적인 퇴직금 이외에 보상액으로 대표이사에게 200억원을, 이사들에게는 각각 50억원을 해임된 날로부터 7일 이내에 지급한다는 안건이 신설됐다. 대주주 지분율이 낮아 경영권 방어에 취약한 기업들이 M&A 비용을 높여 경영권을 방어하기 위한 대표적인 (A) 조항에 해당한다.

① 포이즌필　　② 그린메일
③ 스톡옵션　　④ 황금낙하산
⑤ 왕관의 보석

해설

황금낙하산은 적대적 방법으로 기업이 매각되더라도 기존 경영진의 신분을 보장할 수 있도록 사전에 필요한 장치를 해놓는 전략이다. 예를 들면, 거액의 퇴직금 조항을 만들어 놓는다거나 퇴직 후에도 일정 기간 급여를 제공하는 등 인수 희망자에게는 불리한 조건을 근로계약서에 명시하는 방법이 있다.

정답 ④

37

다음 중 회사채 가격을 하락시키는 요인으로 가장 거리가 먼 것은? (단, 다른 조건은 일정하다.)

① 기준금리 상승
② 인플레이션율 하락
③ 채권 유동성 하락
④ 채권 표면금리 하락
⑤ 발행기업 신용등급 하락

해설

채권 가격은 투자자가 채권에 투자했을 때 만기시까지 받을 수 있는 미래현금흐름의 현재가치를 모두 합하여 산출할 수 있다. 이때 사용하는 할인율(r_d)은 무위험이자율(r_f), 디폴트 위험프리미엄, 만기 위험프리미엄, 유동성 프리미엄 등을 합한 값이다. 회사채 가격이 하락하려면, 분자인 쿠폰과 원리금이 하락하거나, 분모인 할인율이 증가해야 한다. 무위험이자율은 실질무위험이자율과 인플레이션 위험프리미엄으로 구성된다. 실질무위험이자율은 이론적으로 인플레이션에 대한 기대가 없을 경우를 가정했을 때의 무위험이자율을 의미한다. 만약 인플레이션이 높아지면, 투자자들은 인플레이션에 대한 보상을 요구해 인플레이션 위험프리미엄이 증가하고, 이에 따라 분모인 할인율(r_d)이 커져서 채권가격이 하락하게 되는 메커니즘이다.

정답 ②

38

다음 중 가중평균자본비용(WACC· Weighted Average Cost of Capital)의 의미와 가장 거리가 먼 것은?

① 부채에 대한 이자비용
② 자본에 대한 기회비용
③ 투자자들의 기대수익률
④ 기업 경영의 목표수익률
⑤ 프로젝트 가치평가에 적용되는 할인율

해설

자본비용(cost of capital)은 자본조달에 소요되는 비용을 의미하는데, 프로젝트 가치평가에 적용되는 할인율로도 사용된다. 자본에 대한 기회비용(opportunity cost), 투자자들의 기대수익률(expected return), 투자자들의 요구수익률(required rate), 기업 경영의 목표수익률(hurdle rate) 등의 의미를 지닌다. WACC는 부채에 대한 이자비용과 자본에 대한 이자비용을 가중평균해서 산출된 값이다.

정답 ①

39

다음 중 옵션에 대한 가장 올바른 설명은?

① 콜옵션 매도로 현물가격 상승 위험을 회피할 수 있다.
② 풋옵션 매입으로 현물가격 상승 위험을 회피할 수 있다.
③ 콜옵션 매수자의 경우 현물가격 하락 시 손실이 발생할 수 있다.
④ 풋옵션 매도자의 경우 현물가격 상승 시 손실이 발생할 수 있다.
⑤ 만기일에 현물가격이 행사가격보다 더 높게 형성되면, 풋옵션 매수자는 프리미엄보다 더 크게 손실을 볼 수 있다.

해설

① |X| 콜옵션 매도자는 매수자와 대칭적인 손익구조를 갖게 되며 시장가격이 하락할 경우 프리미엄만큼의 이익이 확보되지만 상승할 경우는 손실이 무한대가 된다.
② |X| 풋옵션 매입자는 현물가격 하락위험을 회피할 수 있다.
③ |O| 콜옵션의 경우 기본자산의 시장가격이 행사가격보다 낮을 때 콜옵션 매수자는 권리를 포기하게 되고 옵션거래 시 매도자에게 지불한 프리미엄만큼만 손해를 보게 된다.
④ |X| 풋옵션을 매도한 입장에서는 권리 행사 시 행사가격으로 현물을 매수해야 할 의무가 있으므로 현물가격이 하락하면 하락할수록 손실이 커지게 된다.
⑤ |X| 풋옵션 매수자는 권리를 포기하는 대신 프리미엄만큼 손실을 본다.

정답 ③

다음 표는 A사의 주가 전망치를 미래 경제 상황에 따라 시나리오별로 나타낸 것이다. 이를 바탕으로 A사의 기대수익률을 계산하면?

시나리오	확률	수익률
호황	25%	12%
현상 유지	50%	6%
불황	25%	-8%

① 4%
② 6%
③ 8%
④ 10%
⑤ 12%

해설

시나리오별 확률을 수익률에 곱해서 더하면 기대수익률을 계산할 수 있다. 0.25×0.12 + 0.5×0.06 + 0.25×(-0.08) = 0.04

정답 ①

아래 표는 A사의 자본조달 관련 정보이다. 이를 바탕으로 A사의 가중평균자본비용(Weighted Average Cost of Capital·WACC)을 계산하면?

보통주의 주당 가격	2,000원
보통주 발행 주식수	100만주
보통주의 자본비용	연 12%
차입금	60억원
차입금리	연 5%
법인세율	20%

① 연 2%
② 연 4%
③ 연 6%
④ 연 8%
⑤ 연 10%

해설

WACC 공식에 대입하면 {20억/(20억+60억)}(0.12) + {60억/(20억+60억)}(0.05)(1-0.2) = 6%

정답 ③

다음과 같은 조직의 특성에 대한 올바른 설명으로 가장 거리가 먼 것은?

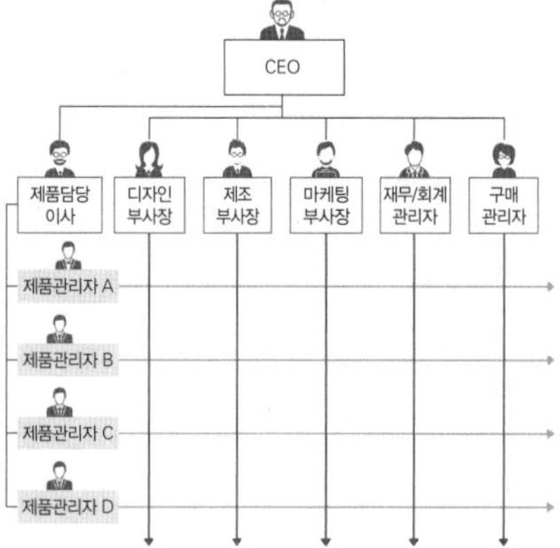

① 명령일원화 방식을 적용하기 어려운 형태이다.
② 신제품 시장 진입과 철수 시 조직의 부담이 적다.
③ 제품별 필요 기능을 맞춤화하여 제공할 때 유리하다.
④ 동일 기능부서 신설을 방지하여 조직 효율성을 향상시킨다.
⑤ 제품관리자와 기능관리자의 의견이 상충될 경우 갈등이 발생하는 구조이다.

해설

그림은 매트릭스 조직 구조에 해당한다. 전체 조직의 기능을 공유하기 때문에 제품별 맞춤화된 기능 제공은 어려운 형태이다.

정답 ③

아래 자료에서 밑줄 친 (가), (나)의 특성을 가진 직원에게 적용할 '허쉬-블랜차드 모형(Hersey-Blanchard Model)'의 리더십 유형은?

> 코로나19 사태 장기화로 어려움을 겪고 있는 기업들이 많은 가운데 10곳 중 6곳은 업무를 적당히 때우면서도 월급을 받는 이른바 '월급 루팡' 직원 때문에 골머리를 앓고 있는 것으로 나타났다. 월급 루팡 직원의 특징은 (가) '업무 시간 중 딴짓을 많이 함(73.4%, 복수응답)'이 1위였다. 이어 (나) '시간이 지나도 발전이 없음(63.3%)', '업무상 실수가 잦고 완성도가 떨어짐(43%)', '변명이나 핑계를 일삼음(41.1%)', '동료에게 업무를 미룸(33.9%)', '쉬운 일 등 업무를 골라서 함(32.9%)', '다들 바빠 초과 근무할 때 정시 퇴근함(26.6%)' 등의 순이었다.

① 지시형　② 위임형
③ 지도형　④ 지원형
⑤ 협업형

해설

부하 직원이 능력이나 의욕이 모두 낮으면 자발적인 성과 달성을 기대하기 힘들기 때문에 리더가 과업 상황에 대해 명확하게 명시하고 이를 지속적으로 감독하는 지시형(Telling) 리더십이 필요하다.

정답 ①

44

다음 기사에 나타난 재무활동이 기업의 재무 지표에 미치는 영향으로 가장 올바른 것은?

NEWS

NHN이 보통주 1주당 1.0주를 배정하는 무상증자를 결정했다고 공시했다. 신주 발행 주식은 보통주 17,948,854주이며, 신주 배정 기준일은 2022년 1월 1일, 신주의 상장 예정일은 2022년 1월 24일이다. 무상증자의 재원은 주식발행초과금이다.

① 부채가 증가한다.
② 자본금이 감소한다.
③ 자산은 변화가 없다.
④ 주당순이익이 증가한다.
⑤ 자기자본이익률이 감소한다.

해설

① |X| 무상증자는 부채와는 상관이 없는 재무활동이므로 부채는 변동이 없다.
② |X| 자본잉여금을 자본금 계정으로 회계처리하므로 자본금은 증가한다.
③ |O| 자본계정 안에서의 조정이므로 자산은 변화가 없다.
④ |X| 발행 주식 수가 늘어나 시중에 유통되는 주식 수가 증가하고, 주당순이익(당기순이익/유통주식 수)이 작아지게 된다.
⑤ |X| 자본총계는 변동이 없으므로, 자기자본이익률은 변동이 없다.

정답 ③

※

기사를 읽고 물음에 답하시오(45-46).

NEWS

최근 국내 대기업이 핵심 사업 또는 성장성 있는 사업을 분리해 별도 회사로 만들고 이를 상장하는 사례가 잇따르고 있다. (A)는 모회사가 사업부 일부를 떼어 내 새 회사를 만들고, 신설회사의 지분을 100% 소유하는 기업 분할 형태를 말한다. 하지만 모회사 개인투자자들은 (A)를 반대하고 있다. 지주회사와 분할회사를 동시에 상장하는 일명 (B)가 이루어지면, 주가 하락이 발생할 수 있기 때문이다.

45

앞 기사의 빈칸 (A), (B)에 들어갈 내용을 올바르게 짝지은 것은?

	(A)	(B)
①	인적분할	기업공개
②	물적분할	우회상장
③	인적분할	우회상장
④	물적분할	쪼개기 상장
⑤	인적분할	쪼개기 상장

해설

기업을 분할하는 방식은 '분할 후 신설되는 회사의 주식을 누가 가지는지'에 따라 인적분할과 물적분할로 구분된다. 인적분할은 기업이 '수평적'으로 분할되는 것으로 '분할 후 신설되는 자회사'의 주식을 '분할 전 회사' 주주들의 지분율대로 배정하는 것이다. 주주 입장에서 보면 '분할 전'과 '분할 후' 주식의 지분율 차이가 없다. 반면 물적분할은 '분할 전 회사'가 '분할 신설 회사'의 주식을 100% 보유하는 게 특징이다. '분할 신설 회사'를 '분할 존속 회사'가 법인 형태로 보유하는 것이다. 인적분할과 다른 점은 물적분할의 경우 '분할 신설회사'가 비상장회사라는 점이다. 물적분할 이후 '분할 신설회사'를 상장하는 것을 '쪼개기 상장'이라고 한다.

정답 ④

46

앞 기사에 대한 올바른 설명으로 가장 거리가 먼 것은?

① 기업이 수직적으로 분할되는 방식이다.
② 기업분할 후 신설회사는 비상장회사이다.
③ 신설회사의 실적은 분할 존속회사의 연결재무제표에 반영된다.
④ 분할 존속회사 주주는 신설회사에 대한 주식매수청구권이 인정되지 않는다.
⑤ 분할 존속회사 개인투자자들은 신설회사의 가치 상승에 따른 배당수익을 직접적으로 얻는다.

해설

① |X| 물적분할은 '분할 전 회사'가 '분할 신설회사'의 주식을 100% 보유하기 때문에, 기업이 수직적으로 분할되는 방식이다.
② |X| 인적분할의 경우 '분할 존속회사'는 변경상장, '분할 신설회사'는 재상장을 하게 되어 두 회사 모두 인적분할 후에도 상장회사 지위는 그대로 유지된다. 반면, 물적분할의 경우 '분할 신설회사'가 비상장회사이기 때문에 상장을 하려면 기업공개(IPO·Initial Public Offering) 과정을 거쳐야 한다.
③ |X| 존속회사와 신설회사가 수직적인 관계로 신설회사가 존속회사의 100% 자회사가 되는 형태이기 때문에, 신설회사의 실적은 존속회사의 연결재무제표에 그대로 반영된다.
④ |X| 자본시장법에 따르면 '물적분할은 종전의 회사 재산과 영업이 물리적·기능적으로 나누어질 뿐 주주의 실질적 권리에 큰 변화가 생기지 않는다'고 판단하기 때문에 물적분할은 법적으로 주식매수청구권을 인정하지 않는다.
⑤ |O| 분할 존속회사 개인투자자들은 물적분할 이후 신설회사의 지분이 없기 때문에 신설회사의 배당수익을 직접적으로 얻을 수 없다.

정답 ⑤

다음 그림과 같은 조직관리 이론의 실현 목표는?

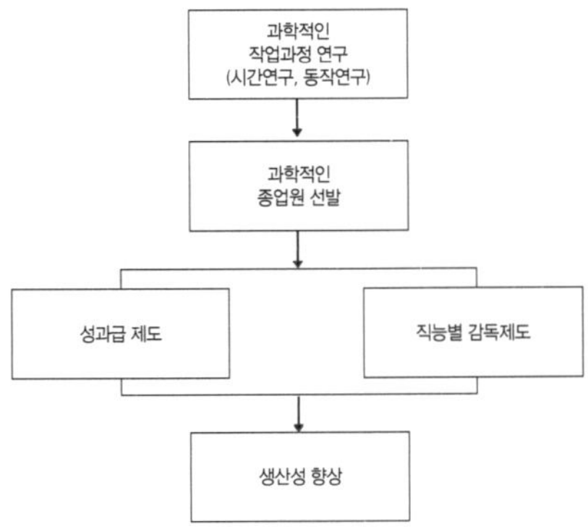

① 고임금 대비 저가격
② 저임금 대비 고가격
③ 고임금 대비 저노무비
④ 저임금 대비 고노무비
⑤ 저임금 대비 저노무비

해설

테일러의 과학적 관리법에 따르면 최적의 작업 표준을 따랐을 때 직원은 작업효율이 높아져 생산성 향상에 따른 성과급을 더 받을 수 있고, 조직은 노무비 투입 대비 생산성을 올릴 수 있으므로 고임금·저노무비를 실현할 수 있다고 보았다.

정답 ③

48

다음 표는 A사의 재무 지표를 나타낸 것이다. 이를 바탕으로 A사의 주당 가치를 계산하면?

이자, 세금 미지급, 감가상각 차감 전 영업이익(EBITDA)	500억원
순차입금	1,200억원
총 발행주식 수	300만주
동종 산업군 기업들의기업가치/EBITDA 비율의 중앙값	6

① 24,000원
② 48,000원
③ 50,000원
④ 60,000원
⑤ 72,000원

해설

배수평가법은 PER, PBR, EV/EBITDA 등의 주가배수를 주당이익, 주당순자산 등에 곱하여 주식가치를 평가하는 것이다. 배수평가법 공식에 적용하면, (동종 산업군 기업가치/EBITDA의 중앙값)(A사의 EBITDA) = A사의 가치 = 6×500 = 3,000억원. 시가총액 = 주식의 총 시장가치 = 기업가치 − 순차입금 = 3,000 − 1,200 = 1,800억원. A사 주식의 주당 가치 = 1,800억/300만 = 60,000원

정답 ④

다음 기사에 나타난 조직의 특징으로 가장 적절한 것은?

> **NEWS**
>
> 롯데온을 운영하는 롯데이커머스 사업부는 직급을 없애고 수평적 조직문화를 강조한 새로운 인사제도를 도입한다고 11일 밝혔다. 이번에 도입되는 '커리어 레벨제'에서는 기존의 담당-대리-책임-수석 등으로 이어지는 직급이 없어지고 팀장과 팀원 직책만 남아 수평적인 체계로 운영된다.

① 직무의 표준화 정도가 높다.
② 의사결정 권한이 분권화되어 있다.
③ 하향적 의사결정 방법이 활용된다.
④ 조직구성원의 업무 통제 범위가 좁다.
⑤ 조직 환경이 안정적이고 단순할 때 효과적인 조직구조이다.

해설

수평적 조직구조는 직무표준화 정도가 낮다. 의사결정이 분권화되면서 조직원들도 개인의 다양성이 존중되고 외부로부터의 새로운 자극이나 변화에 빠르게 대응하는 유연성을 가질 수 있다.

정답 ②

50

다음 표는 투자안별 기대 현금흐름을 나타낸 것이다. 다음 중 투자안을 순현재가치(Net Present Value)가 큰 순서대로 올바르게 나열한 것은? (단, 각 투자안에 적용되는 할인율은 10%이다.)

(단위: 백만원)

	A투자안	B투자안	C투자안
현재	−1,000	+2,000	+500
1년 뒤	+2,000	−1,000	+500

① A > B > C ② A > C > B
③ B > A > C ④ B > C > A
⑤ C > B > A

해설

시간가치를 고려하지 않는다면 세 투자안의 총 현금흐름의 크기는 동일하다. 따라서 현재시점의 현금 유입이 클수록, 1년 뒤 시점에 유입되는 현금의 크기가 작을수록 투자안의 순현재가치가 커진다. A투자안의 순현재가치는 1,000보다 작다. B투자안의 순현재가치는 1,000보다 크다. C투자안의 순현재가치는 1,000보다 작으나 A투자안보다 크다.

정답 ④

다음 중 GDP 산정 시 포함되지 않는 사례는?

① 가사돌보미의 가사노동 서비스
② 정부 자금으로 건설된 고속도로
③ 주식 투자를 통해 얻은 자본소득
④ 판매되지 않아 창고에 보관된 생산품
⑤ 국내에서 근무 중인 외국인 노동자의 소득

해설

② |O| 정부구매에 해당.
③ |X| 단순한 부의 이전이며 생산 활동이 수반되지 않음.
④ |O| 재고투자에 해당.

정답 ③

다음에서 설명하는 경제 개념은?

이것은 '물가상승률과 실업률 간 경험적 상충관계'를 나타낸 것으로, 1970년대 이전에는 영국이나 미국 등 주요국 경제에서 뚜렷하게 관찰됐다. 하지만 1970년대 두 차례에 걸친 석유파동 이후 물가상승률과 실업률 간 음(-)의 상관관계가 희석돼 이전만큼 잘 관찰되지 않게 되었다.

① 래퍼곡선　② J곡선 효과
③ 필립스곡선　④ 세이의 법칙
⑤ 트리핀의 딜레마

해설

① |X| 세율과 조세수입 간의 역U자 관계를 나타낸 곡선.
② |X| 환율 상승이 단기적으로는 오히려 경상수지를 악화시키고, 시간이 흐름에 따라 개선되는 현상.
④ |X| 공급은 스스로 수요를 창출한다는 것으로, 유효수요 부족으로 공급과잉 상태가 발생하지 않는다는 의미이며 고전학파 경제이론의 주요 견해이다.
⑤ |X| 브레턴우즈체제(금환본위제) 하에서 기축통화(달러)가 국제교역에 원활히 유통되기 위해서는 기축통화국의 경상수지 적자가 불가피하지만, 이는 기축통화의 신뢰도 저하로 이어져 고정환율제가 붕괴할 것이라는 비판.

정답 ③

03

다음 중 시중 통화량을 감소시키는 요인으로 가장 거리가 먼 것은?

① 재할인율 인상
② LTV 하향 조정
③ 법정지급준비율 인상
④ 중앙은행의 국공채 매입
⑤ 중앙은행의 대정부 대출 축소

해설

① |O| 중앙은행의 시중은행에 대한 재할인 대출 감소로 인한 통화량 감소.
② |O| 대출규제 강화로 인한 통화량 감소.
③ |O| 지급준비율 상승으로 인한 통화량 감소.
④ |X| 공개시장운영을 통한 통화량 증가.
⑤ |O| 중앙은행의 자산(정부에 대한 대출채권)이 감소하고 대출금 회수로 인해 본원통화 공급이 줄어 통화량의 감소 요인이 됨.

정답 ④

04

다음 중 '동일한 상품을 소비자의 가격탄력성에 따라 다른 가격으로 판매하는 가격전략'을 일컫는 경제 개념은?

① 단수가격 ② 약탈가격
③ 가격차별 ④ 침투가격
⑤ 마크업가격

해설

① |X| 상품 가격을 $9.99처럼 단수(홀수)로 끝나도록 하여 수요를 촉진하는 가격책정전략을 말한다.
② |X| 기업이 시장에서 경쟁자를 몰아내기 위해 손실을 감수하고 매우 낮은 가격으로 제품을 판매하는 전략으로, 독점적 지위 확보 후 다시 가격을 인상해 폭리를 취하기 위한 목적으로 시행한다.
④ |X| 경쟁사 대비 차별성이 없을 때나 시장점유율 확보를 위해 낮은 가격을 책정하는 전략.
⑤ |X| 시장지배력을 이용해 초과이윤이 극대화되도록 한계비용보다 높게 책정된 가격.

정답 ③

05

다음 중 경제안정화 정책에 대한 올바른 설명으로 가장 거리가 먼 것은?

① 한계소비성향이 클수록 재정지출을 통한 경기 부양 효과가 감소한다.
② 화폐를 발행해 재정지출 재원을 조달하는 경우 자국의 화폐가치가 하락하게 된다.
③ 국공채를 발행해 정부구매를 늘리는 경우 이자율이 상승해 민간 수요를 위축시킬 수 있다.
④ 시중통화량을 늘려 경기 부양을 꾀하는 경우 투자의 이자율탄력도가 클수록 더 효과적이다.
⑤ 화폐수요가 이자율 변화에 대단히 민감한 경우 확장적 통화정책보다 확장적 재정정책이 경기 부양에 더 효과적이다.

해설

① |X| 한계소비성향이 클수록 승수효과가 크게 나타나 동일한 수준의 재정지출 증가에 대해서도 총지출 증가 폭이 커진다.
② |O| 부채의 화폐화에 해당하며, 화폐가치 하락으로 인해 적자재정을 감당하기 위해 필요한 화폐량이 더욱 증가하므로 최종적으로 하이퍼인플레이션으로 이어질 가능성이 높다.
③ |O| 구축효과(밀어내기효과)에 해당한다.
④ |O| 이자율이 하락함에 따라 투자량이 크게 증가하므로 통화정책의 효과가 커진다.
⑤ |O| 확장적 통화정책으로 통화량을 증가시켜도 대부분 화폐수요로 흡수되고 이자율이 거의 하락하지 않아 총지출을 증가시키기 어렵다.

정답 ①

06

다음 중 고용지표에 대한 올바른 설명은?

① 실망노동자가 늘어나면 실업률이 상승한다.
② 무급 가족종사자는 비경제활동인구에 포함된다.
③ 고용률은 경제활동인구에 대한 취업자의 비율을 나타낸다.
④ 경제활동참가율은 경제활동인구에서 취업자가 차지하는 비중을 나타낸다.
⑤ 잠재경제활동인구는 통계청에서 발표하는 실업률과 체감실업률 간 괴리가 나타나는 주요 요인이다.

해설

① |X| 실망노동자(구직단념자)의 증가는 실업인구의 비경제활동인구로의 전환을 의미하므로 실업률은 하락한다.
② |X| 무급 가족종사자(가족이 운영하는 사업체에서 주 18시간 이상 근로한 사람)도 취업자에 포함된다.
③ |X| 고용률은 생산가능인구에 대한 취업자의 비율로 계산한다.
④ |X| 경제활동참가율은 생산가능인구 중에서 경제활동에 참가하는 사람(취업자+실업자)의 비율을 뜻한다.
⑤ |O| 잠재경제활동인구에는 실망노동자 등이 포함되며, 이를 이용해 체감실업률에 보다 가까운 고용 보조지표를 계산할 수 있다.

정답 ⑤

다음 중 완전경쟁시장에 대한 올바른 설명으로 가장 거리가 먼 것은?

① 기업들은 시장에서 가격수용자가 된다.
② 다수의 소비자와 공급자가 거래에 참여한다.
③ 공급자들은 차별화된 제품을 시장에 공급한다.
④ 모든 소비자와 공급자는 동일한 정보를 공유한다.
⑤ 사회적으로 효율적인 수준만큼 재화가 생산되고 소비된다.

해설

① |O| 완전경쟁시장에서 기업들은 가격결정능력이 없으며 시장의 수요와 공급에 의해 결정된 가격을 받아들이는 입장에 있다.
③ |X| 완전경쟁시장에서는 동질적인 재화가 거래된다.
④ |O| 완전경쟁시장에서는 모든 참여자가 가격과 품질에 대한 정보를 동일하게 알고 있다고 가정한다.

정답 ③

08

다음 중 경제의 총공급을 증가시키는 요인으로 가장 거리가 먼 것은?

① 물품세 인상
② 생산 공정 개선
③ 원자재 가격 하락
④ 노동자 직업교육 강화
⑤ 생산가능연령대 이민자 유입

해설

① |X| 물품세는 특정 재화에 부과되는 소비세로, 생산비용을 인상시키므로 총공급의 감소 요인이다.
②, ④ |O| 생산성의 증가로 총공급의 증가 요인에 해당한다.
③ |O| 제품 생산 비용을 하락시켜 총공급을 증가시키는 요인이다.
⑤ |O| 노동 공급의 증가로 총공급의 증가 요인이다.

정답 ①

09

다음 중 '지출 측면의 국민소득을 구성하는 요소로 미래의 생산 능력 증대를 위한 재화 구매'를 뜻하는 것은?

① 소비 ② 투자
③ 순수출 ④ 이전지출
⑤ 정부구매

해설

기업이 미래의 생산 능력을 확충하기 위해 자본재를 구매하는 것은 '투자'에 해당한다.

정답 ②

10

다음 중 인플레이션이 발생할 때 나타나는 현상으로 가장 거리가 먼 것은?

① 채권자로부터 채무자에게로 부가 재분배된다.
② 실질임금 저하로 근로자의 생계비 부담이 늘어난다.
③ 부동산과 금 등 실물자산에 대한 투자선호도가 높아진다.
④ 메뉴비용과 구두창비용 등 각종 사회적 비용이 발생한다.
⑤ 고수익-고위험 자산보다 수익률이 낮아도 위험이 적은 정기예금과 적금에 자금이 몰리게 된다.

해설

① [O] 물가 상승 시 화폐가치가 하락하여 채무자의 실질적 채무 상환부담이 감소한다.
② [O] 명목임금이 일정한 상태에서 물가가 상승하면 실질구매력이 감소한다.
③ [O] 금융자산의 가치 하락을 회피하기 위해 금 등 실물자산 매입을 선호하게 된다.
⑤ [X] 금융자산의 가치 하락을 회피하기 위해 고수익-고위험 자산의 수요가 증가하는 경향이 있다. 정기예금과 정기적금은 인플레이션으로 인해 실질이자율이 0보다 낮아질 수 있어 선호도가 줄어든다.

정답 ⑤

다음 중 '기업이 제품 가격을 인상할 때 발생하는 비용으로 가격표 교체 비용에서부터 새 가격을 고객에게 전달하는 과정에서 수반되는 사회적 비용 일체'를 뜻하는 경제 개념은?

① 고정비용 ② 매몰비용
③ 메뉴비용 ④ 구두창비용
⑤ 암묵적비용

해설

기업이 제품 가격을 변경하면서 발생하는 가격표 교체 비용과 변경 가격을 공지하는 데 발생하는 일체의 비용을 메뉴비용이라고 부른다.

정답 ③

다음 중 '예상물가상승률의 변화가 동일한 크기의 명목이자율 변화를 가져오는 현상'을 뜻하는 경제 개념은?

① 피구효과 ② 피셔효과
③ 화폐환상 ④ 유동성효과
⑤ 화폐중립성

해설

피셔방정식에 따르면 명목이자율은 실질이자율과 기대물가상승률의 합으로 나타나며, 장기적으로 실질이자율은 물가에 영향 받지 않기 때문에 기대물가상승률의 변화는 같은 크기의 명목이자율 변화로 이어진다.

정답 ②

13

다음 중 '국가 간 자본이동을 제약하는 요인이 없을 때, 양국에서 채권 투자 시 기대수익이 같아질 것'이라고 보는 경제이론은?

① 오버슈팅
② 구매력평가
③ 이자율평가
④ 리카도등가
⑤ 마셜-러너의 조건

해설

이자율평가는 국내 채권 투자수익률은 해외 채권에 투자했을 때 얻어지는 수익률과 같아야 한다는 무차익거래 원리를 이용한 단기적 환율 결정 메커니즘이다. 해외 채권 투자수익률은 '해외 채권수익률과 환율의 예상절하율·정상률 합(금리수익과 환차익·환차손의 합)'으로 구성된다.

정답 ③

14

다음 기사의 내용과 가장 관련 깊은 실업은?

NEWS

인터넷 전문은행이 도입된 가운데, 은행권의 채용시장에도 변화가 일어나고 있다. 과거에는 은행 영업점의 영업직 위주로 채용이 진행된 것과 달리 현재는 디지털, IT직군의 채용 규모가 대폭 증가하였다. 모바일 뱅킹시대로 접어들면서 기존 은행들도 대면영업보다 디지털 역량 확보에 더 중점을 두고 있는 것이다.

① 마찰적 실업
② 구조적 실업
③ 계절적 실업
④ 경기적 실업
⑤ 잠재적 실업

해설

자료는 은행업에서 디지털금융이 보편화되면서 대면영업의 필요가 감소함에 따라 영업 인력을 줄이고 IT 인력 고용을 확대한다는 내용이다. 이는 기술과 산업의 구조적 변화에 따른 영업인력 구직난의 원인이 되므로 구조적 실업을 유발한다고 볼 수 있다.

정답 ②

15

다음 중 '사람들이 겪는 경제적인 어려움을 수치화한 것으로, 실업률과 물가상승률의 합'으로 산출되는 경제지표는?

① 러너지수 ② 지니계수
③ 샤프지수 ④ 확장실업률
⑤ 경제고통지수

해설

경제고통지수는 가계를 경제적으로 어렵게 하는 두 요인(실업·인플레이션)을 합하여 산출한 지표이다. 러너지수는 기업의 시장지배력(가격결정력)의 정도를 측정하는 지표이며, 지니계수는 소득 분배의 불평등 정도를 나타낸다. 샤프지수는 투자 포트폴리오의 위험(변동성) 대비 초과수익률의 비율을 나타낸다.

정답 ⑤

16

다음 중 치즈피자 가격을 상승시키는 요인으로 가장 거리가 먼 것은? (단, 피자는 정상재이며, 햄버거와 대체재 그리고 콜라와 보완재 관계이다.)

① 치즈 가격 상승
② 콜라 가격 하락
③ 햄버거 가격 상승
④ 처분가능소득 감소
⑤ 치즈피자에 대한 판촉활동 강화

해설

① |O| 치즈피자 공급을 감소시키는 요인이다.
② |O| 보완재 가격 하락으로 치즈피자 수요가 증가한다.
③ |O| 대체재 가격 상승으로 치즈피자 수요가 증가한다.
④ |X| 소득 감소로 정상재인 치즈피자 수요는 감소한다.
⑤ |O| 생산비용 증가(광고비 지출 증가)에 따른 공급 감소 또는 치즈 피자에 대한 선호도 증가로 인한 수요 증가.

정답 ④

17

다음 중 '과점시장'에 대한 가장 올바른 설명은?

① 기업들은 시장지배력을 행사하지 못한 다.
② 요식업과 음반시장은 과점시장의 사례이다.
③ 다수의 기업이 시장에 재화나 서비스를 공급한다.
④ 기업들은 상호의존적 의사결정을 해야 하는 전략적 상황에 놓인다.
⑤ 산업 내 진입장벽이 존재하지 않는다.

해설

① |X| 과점시장에서 기업들은 제한적이지만 가격결정력을 갖는다.
② |X| 요식업, 음반시장 등은 진입장벽이나 시장 참여자 수 측면에서 독점적 경쟁시장에 가까운 특징을 보인다.
③ |X| 소수의 기업이 시장에 참여한다.
④ |O| 과점시장에서는 나의 보수가 상대방의 행동에 의해 영향받는 것까지 고려해야 하는 전략적 의사결정이 필요하다.
⑤ |X| 진입장벽이 존재하여 신규 사업자의 시장 참여가 제한되기 때문에 소수의 공급자만이 참여한다.

정답 ④

18

다음 중 '실질GDP와 실업률 간 경험적 상충관계'로 필립스곡선의 이론적 도출에 이용되는 경제 개념은?

① 피셔방정식 ② 왈라스 법칙
③ 세이의 법칙 ④ 오쿤의 법칙
⑤ 틴버겐의 법칙

해설

실질GDP증가율과 실업률 간 음(-)의 상관관계를 오쿤의 법칙(Okun's law)이라 부른다.
① |X| 명목이자율이 실질이자율과 기대인플레이션율의 합과 같아진다는 공식.
② |X| 일부 재화시장에서 초과공급이 발생하더라도 다른 재화시장에서의 초과수요와 상쇄되어 전체 경제에서는 초과수요의 합이 0이 된다는 주장.
③ |X| 공급은 그 스스로의 수요를 창출하기 때문에 유효수요 부족에 따른 공급과잉(경기 침체 혹은 공황)은 발생하지 않는다는 이론.
⑤ |X| n개의 정책 목표를 달성하고자 한다면 적어도 n개의 독립적인 정책 수단을 가져야 한다는 이론.

정답 ④

19

다음의 밑줄 친 (가)에 해당하는 경제 개념으로 가장 올바른 것은?

> 기업이 소비자의 지불의사가격(willingness to pay)을 직접 관찰할 수 없다는 사실은 시장거래를 통해 소비자가 양(+)의 소비자잉여를 얻을 수 있는 원천이 된다. 만약 기업이 이러한 소비자의 사적 정보를 알아낼 수 있다면 (가)동일한 상품이나 서비스를 소비자에 따라 다른 가격으로 판매함으로써 소비자잉여를 차지할 수 있다.

① 단수가격(Odd Pricing)
② 제한가격(Limit Pricing)
③ 약탈가격(Predatory Pricing)
④ 침투가격(Penetration Pricing)
⑤ 가격차별(Price Discrimination)

해설

소비자의 가격탄력성에 따라 서로 다른 가격으로 판매하는 것은 가격차별에 해당 한다.
② |X| 잠재적인 경쟁자가 시장에 진입하는 것을 막기 위해 가격을 낮게 유지하는 전략.

정답 ⑤

20

다음 중 국내총생산(GDP)에 대한 올바르지 않은 설명은?

① 자국 노동자가 해외에서 벌어들이는 소득은 GDP에 포함되지 않는다.
② 주가 변동으로 인한 시세 차익은 GDP에 포함되지 않는다.
③ 올해 판매됐더라도 지난해 생산된 상품은 올해 GDP에 포함되지 않는다.
④ 생산 측면의 GDP를 측정할 때는 최종재와 중간재의 시장가치를 모두 포함한다.
⑤ 지하경제를 통한 거래와 환경오염, 공공재의 가치 등이 GDP에 온전히 반영되지 못한다.

해설

① |O| 국내총생산은 국적이 아닌 국경을 기준으로 집계한다.
② |O| 자산의 시세 차익은 생산 활동에 해당되지 않는다.
③ |O| 재고품은 생산된 시점의 GDP에 재고투자 항목으로 포함된다.
④ |X| 중간재의 가치를 제외하고 최종재의 시장가치만 더해 구한다.
⑤ |O| 시장에서 거래되지 않지만 국민 생활에 영향을 주는 요인들이 GDP에 반영되지 않아 GDP로 실제 복지 수준을 측정하는 것에는 한계가 있다.

정답 ④

21

다음 중 노동시장에 대한 올바른 설명으로 가장 거리가 먼 것은? (단, 노동시장의 가로축은 노동시간을, 세로축은 명목임금을 나타내며, 모든 시장은 '완전 경쟁적'이다.)

① 물가 상승은 노동수요를 감소시킨다.
② '워라밸' 풍조의 확산은 노동공급을 감소시킨다.
③ 노동수요곡선의 높이는 노동의 한계생산물가치를 나타낸다.
④ 균형임금보다 높게 설정된 최저임금은 비자발적 실업을 발생시킨다.
⑤ 노동공급곡선의 높이는 여가와 가사노동에 대한 노동자의 유보가격을 나타낸다.

해설

① |X| 제품 가격 상승은 노동의 한계생산물가치를 증가시키므로 노동수요를 증가시킨다.
② |O| 여가(Leisure)의 효용이 더 높아지므로 노동공급이 감소한다.
③ |O| 기업은 '근로자 한 사람을 추가 고용했을 때 그가 만들어낸 생산물의 가치(한계생산물가치)'가 임금과 같아질 때까지 고용하고자 하며 이러한 관계를 이용해 노동수요곡선을 도출한다.
④ |O| 균형 임금보다 높게 설정된 최저임금은 노동시장에 초과공급을 발생시키므로 비자발적 실업이 발생한다.
⑤ |O| 유보가격(유보임금)은 근로자가 여가와 가사노동을 한 단위 줄이고 노동시간을 한 단위 늘릴 때 받고자 하는 최소한의 급여 수준을 말하며, 유보임금이 낮은 사람부터 높은 사람 순으로 정렬한 것이 우상향하는 노동공급곡선이다.

정답 ①

22

다음 중 경기 변동 현상에 대한 가장 올바른 설명은?

① 자연실업률의 변화를 동반한다.
② 국민경제의 점진적인 생활 수준 개선을 가져온다.
③ 국민경제가 가진 잠재적인 생산능력의 변동을 뜻한다.
④ 주로 투자재와 내구재 소비지출의 변화로 인해 발생한다.
⑤ 경제가 회복기에 접어드는 경우 물가와 실업률이 동반 상승한다.

해설

① |X| 자연실업률은 실업급여, 노령연금, 최저임금과 같은 노동시장의 구조적 요인에 의해 결정되는 실업률이다.
②, ③ |X| 점진적인 생활 수준과 잠재적 생산능력의 개선은 장기적인 경제성장을 의미한다.
④ |O| 경기 침체기에는 투자와 내구재 소비가 급감하면서 총수요가 위축되는 현상이 나타난다.
⑤ |X| 경기 회복기에 실업률은 하락하는 현상이 나타난다.

정답 ④

23

다음 중 '소득이 감소하였음에도 기존의 소비 습관으로 인해 한동안 기존 소비 수준을 유지하게 되는 현상'은?

① 톱니효과 ② 경험효과
③ 풍선효과 ④ 디드로효과
⑤ 파노플리효과

해설

② [X] 기업의 규모나 누적 생산량, 즉 경험이 증가함에 따라 평균비용이 하락하는 현상으로 경험곡선효과라고도 한다.
③ [X] 한 쪽의 문제를 해결하면 다른 쪽으로 문제가 옮아가는 현상이다.
④ [X] 하나의 제품을 구매하고 난 뒤 그에 어울릴 만한 다른 제품을 계속 구매하는 현상이다.
⑤ [X] 특정 제품을 소비함으로써 그 제품이 연상시키는 집단과 자신을 동일시하는 현상이다.

정답 ①

24

다음 중 '일정 기간 동안 경제 주체들 간 재화와 서비스거래, 소득거래에 평균적으로 화폐가 몇 번 쓰이는지'를 나타내는 경제 개념은?

① 유동성(Liquidity)
② 토빈의 q(Tobin's q)
③ 신용승수(Credit Multiplier)
④ 통화승수(Money Multiplier)
⑤ 화폐유통속도(Velocity of Money)

해설

① [X] 환금성이나 현금화 정도를 뜻한다.
② [X] 경제학자 제임스 토빈(James Tobin)이 제시한 개념으로 주식시장에서 평가된 기업의 시장가치(시가총액)를 기업 실물자본의 대체비용(순자산가치)으로 나눈 값이다. 이론적으로 투자를 늘릴지 줄일지 결정하는 가늠자 역할을 한다.
③ [X] 은행이 대출을 통해 최초 예금의 몇 배에 해당하는 예금통화를 창출했는지 나타내는 지표이다.
④ [X] 중앙은행이 발행한 현금통화인 본원통화 한 단위가 몇 배에 해당하는 시중통화를 창출했는지 나타내는 지표이다.

정답 ⑤

25

다음 중 원/달러 환율 상승의 영향에 대해 올바르게 설명한 것을 |보기|에서 모두 고르면? (단, 다른 조건은 일정하다.)

| 보기 |
㉠ 한국의 대외 교역조건이 악화된다.
㉡ 한국 경제의 인플레이션 압력이 감소한다.
㉢ 한국 수출업체의 가격경쟁력이 높아진다.
㉣ 한국을 찾는 미국 관광객의 경비 부담이 증가한다.

① ㉠, ㉡
② ㉠, ㉢
③ ㉡, ㉢
④ ㉡, ㉣
⑤ ㉢, ㉣

해설

원/달러 환율 상승은 원화 대비 달러화 가치가 높아졌다는 뜻이다.
㉠ |O| 원/달러 환율이 상승하면 원화로 표시한 수입품의 가격이 비싸지므로 교역조건(수출품 한 단위와 교환할 수 있는 수입품의 양 또는 수입품에 대한 수출품의 가격)이 악화된다.
㉡ |X| 원/달러 환율이 상승하면 수입물가가가 높아지므로 경제의 인플레이션 압력이 고조된다.
㉢ |O| 원/달러 환율 상승 시 달러화로 표시한 수출품의 가격이 싸지므로 가격경쟁력이 높아진다.
㉣ |X| 원/달러 환율 상승 시 원화에 대한 달러화의 가치가 높아지므로 방한하는 미국 관광객의 경비 부담이 감소한다.

정답 ②

26

다음 중 시장실패 사례로 가장 올바른 것은?

① 환율 급변으로 수출기업의 환차손이 증가하였다.
② 원자재 가격 상승으로 물가가 상승하고 실질GDP가 감소하였다.
③ 생활필수품에 대한 가격상한제가 시행되자 암시장이 형성되었다.
④ 인수합병으로 소수 기업의 시장지배력이 확대되어 제품 가격이 상승하였다.
⑤ 정책 시차로 인해 경기 부양을 위한 정부구매 확대가 경기 변동 폭을 오히려 확대시켰다.

해설

시장실패는 시장의 자원배분이 비효율성을 야기하는 경우로 불완전경쟁으로 인한 독과점, 외부효과, 공공재의 문제, 비대칭정보가 여기에 해당한다. 보기의 ④는 불완전 경쟁으로 인한 독과점에 해당하며 나머지는 시장실패와 무관하다.

정답 ④

다음 중 외환시장에서 원/달러 환율(₩/$)을 상승시키는 요인으로 가장 올바른 것은?

① 한국의 대외 수출 실적 개선
② 한국을 찾는 관광객 수의 증가
③ 외국인의 국내 기업 주식 매입
④ 미(美) 연준(Fed)의 기준금리 인상
⑤ 세계 경제의 불확실성 해소에 따른 달러화 선호현상 약화

해설

원/달러 환율은 달러화 수요가 증가하거나 공급이 감소할 때 상승하고, 달러화 수요가 감소하거나 공급이 증가할 때 하락한다. 보기 ①, ②, ③은 달러화 공급의 증가 요인이고 ⑤는 달러화 수요의 감소 요인이다. 보기 ④는 달러화 수요의 증가 요인이다.

정답 ④

다음 〈표〉는 Y0년 뉴욕과 상하이 매장에서 판매된 빅맥 단품 가격과 명목환율을 나타낸다. 다음 중 이에 대한 올바른 분석으로 가장 거리가 먼 것은?

〈표〉 Y0년 빅맥 가격과 명목환율

매장	빅맥 가격	명목환율
뉴욕	5달러	1달러=7위안
상하이	30위안	

① Y0년 달러화는 구매력에 비해 고평가 되어 있다.
② 뉴욕 매장에서 판매하는 빅맥을 위안화로 표시하면 35위안이다.
③ 구매력평가 이론에 따르면 장기적으로 위안/달러 환율은 상승할 것이다.
④ 구매력평가 이론에 따르면 뉴욕과 상하이 사이에는 교역 장애 요인이 존재할 것이다.
⑤ 만약 거래비용이 없다면 상하이 매장에서 빅맥을 구매한 뒤 뉴욕 매장에서 팔아 차익을 얻을 수 있다.

해설

① |O| 운송비용 등 교역에 장애가 되는 요인이 없다면 일물일가의 법칙에 의해 '30위안=환율×5달러'의 관계가 성립해야 한다. 따라서 구매력평가환율은 '1달러=6위안'이다. 하지만 외환시장에서 1달러는 7위안에 거래되고 있으므로 구매력에 비해 고평가 되어 있는 셈이다.
② |O| 명목환율을 적용하면 뉴욕 매장의 빅맥은 35위안(=5달러×7위안/달러)이다.
③ |X| 구매력평가환율은 '1달러=6위안'으로 명목환율보다 낮다. 따라서 장기적으로 위안/달러 환율은 하락할 것으로 보는 것이 합리적이다.
④ |O| 미국과 중국 사이에 교역에 장애가 되는 요인이 일체 없다면 시장에서 형성된 명목환율은 구매력평가환율과 같을 것이다. 하지만 이 경우 양자가 서로 다르므로 교역에 장애가 되는 요인이 있다고 볼 수 있다.
⑤ |O| 달러화로 환산한 빅맥 가격은 상하이 매장에서 약 4.29달러이므로 상하이 매장에서 빅맥을 구매해 뉴욕 매장에 팔면 빅맥 하나당 약 0.71달러의 차익을 얻을 수 있다.

정답 ③

다음 기사에 대한 올바른 반응으로 가장 거리가 먼 것은?

NEWS

12월 FOMC 정례회의를 마친 후 미(美) 연준(Fed)은 "미국의 고용지표와 물가지표를 면밀히 검토한 결과 늦어도 3월까지는 자산매입 축소를 완료하고 연내 세 차례 이상 기준금리를 인상하는 것이 바람직하다는 결론에 도달했다"고 발표했다.

① 한국도 곧 추가 금리 인상이 있겠군!
② 현재 미국은 고용 상황이 나쁘지 않은가 봐!
③ 앞으로 달러화 자산에 투자하는 것은 더 이상 바람직하지 않겠어!
④ 현재 미국의 소비자물가지수는 빠르게 상승하고 있는 것으로 보여!
⑤ 한국은 가계부채 문제가 심각한데 향후 이자상환 부담이 더 크게 늘겠어!

해설

① |O| 미(美) 연준(Fed)이 기준금리를 연거푸 인상하면 자본 유출을 막고 환율을 안정시키기 위해서 한국은행도 기준금리를 올리지 않을 수 없다.
② |O| 미(美) 연준(Fed)의 조속한 자산매입 축소(테이퍼링), 기준금리 인상 계획은 고용지표를 근거로 하고 있으므로 현재 미국의 고용 상황은 충분히 회복했거나 견고한 것으로 볼 수 있다.
③ |X| 미(美) 연준(Fed)의 기준금리 인상은 달러화 강세로 이어지므로 달러화 자산에 투자할 시 환차익을 기대할 수 있다.
④ |O| 미(美) 연준(Fed)이 연내 적어도 세 차례 기준금리를 인상하는 것이 필요하다는 것은 현재 미국의 소비자물가지수가 빠르게 상승하고 있는 등 물가 불안이 가속화되고 있기 때문으로 해석할 수 있다.
⑤ |O| 미(美) 연준(Fed)의 급격한 기준금리 인상은 한국은행의 기준금리 인상으로 이어질 가능성이 크다. 따라서 향후 가계의 이자상환 부담이 크게 늘 수 있다.

정답 ③

현재 한국과 미국 채권시장의 명목이자율은 각각 2.3%와 1.8%이며, 외환시장에서 1달러는 1,200원에 거래되고 있다. 양국 사이에 이자율평가가 성립할 때, 1년 후 원/달러 환율(₩/$)에 대한 가장 합리적인 예측치는?

① ₩1,194/$ ② ₩1,196/$
③ ₩1,204/$ ④ ₩1,206/$
⑤ ₩1,210/$

해설

1년 후 원/달러 예상 환율을 S^e라고 하면 이자율평가에 의해 '2.3%-1.8%=(S^e-₩1,200/$)÷₩1,200/$'의 관계가 성립한다. 이 식을 S^e에 관해 풀면 'S^e=₩1,206/$'이다.

정답 ④

다음 중 아래의 사례에 대한 올바른 설명은?

사업가 A는 푸드 트럭을 한 대 빌려 주택가에서 햄버거를 만들어 판매하려고 한다. 푸드 트럭 임대료는 5만원이며, 직원 한 명당 인건비는 1만원이다. 햄버거의 개당 재료비는 1천원이며 가격은 5천원이고, 만들어진 것은 모두 판매된다. 한편, 고용한 직원 수에 따른 햄버거 생산량은 아래 표와 같다.

직원 수(명)	1	2	3	4	5
생산량(개)	10	18	24	27	28

① 노동의 한계생산물은 일정하다.
② 규모의 수확 불변이 나타나고 있다.
③ 푸드 트럭 임대료는 가변비용에 해당한다.
④ 직원을 4명 고용할 때 이윤이 극대화 된다.
⑤ 직원을 1명 고용할 때 평균비용은 2천원이다.

해설

① |X| 노동의 한계생산물은 '1명→2명'일 때 8개, '2명→3명'일 때 6개, '3명→4명'일 때 3개, '4명→5명'일 때 1개이다. 따라서 노동의 한계생산물은 체감한다.
② |X| 규모의 수확 체증·체감·불변은 생산요소가 2개 이상일 때 적용되는 개념으로 모든 생산요소를 동일한 비율로 늘렸을 때 생산물이 생산요소를 늘린 것보다 더 많이 증가한 경우를 규모의 수확 체증이라고 하며, 더 적게 증가한 경우를 규모의 수확 체감이라고 한다. 또한, 생산요소를 늘린 만큼 생산물이 늘면 규모의 수확 불변이라고 한다.
③ |X| 푸드 트럭 임대료 5만원은 생산물의 양과 관계없이 일정하므로 고정비용에 해당한다.
④ |O| 한계이윤은 '1명→2명'일 때 2.2만원(=4만원-1.8만원), '2명→3명'일 때 1.4만원(=3만원-1.6만원), '3명→4명'일 때 0.2만원(=1.5만원-1.3만원), '4명→5명'일 때 –0.6만원(=0.5만원-1.1만원)이다. 따라서 4명까지 고용할 때 이윤이 극대화된다.
⑤ |X| 직원을 1명 고용할 때 총비용은 인건비 1만원, 재료비 1만원, 그리고 푸드 트럭 임대료 5만원을 모두 더한 7만원이다. 따라서 총비용을 생산물의 양으로 나눈 평균비용은 7천원이다.

정답 ④

다음 표는 Y0~Y4년 K국의 명목GDP 증가율과 전년 대비 GDP디플레이터 증가율을 나타낸 것이다. 다음 중 이에 대한 올바른 분석은?

(단위: %)

연도	Y0	Y1	Y2	Y3	Y4
명목GDP 증가율	1	5	5	2	-3
GDP디플레이터 증가율	1	3	4	2	-1

① Y1년과 Y2년 명목GDP는 일정하다.
② Y2년부터 경기 상승기에 들어서고 있다.
③ Y3년 실질GDP는 전년과 같다.
④ Y3년에 경기는 저점에 도달하였다.
⑤ Y4년에 화폐가치 하락이 가장 심했다.

해설

명목GDP 증가율은 실질GDP 증가율과 GDP 디플레이터 증가율의 합과 같다. 따라서 Y0~Y4년의 실질GDP 증가율은 아래 표와 같이 계산된다.

(단위: %)

연도	Y0	Y1	Y2	Y3	Y4
실질GDP 증가율	0	2	1	0	-2

① |X| Y1년, Y2년의 명목GDP는 전년에 비해 5% 증가했다.
② |X| Y2년부터 실질GDP 증가율이 하락하면서 경기가 둔화되고 있다.
③ |O| Y3년 실질GDP 증가율은 0%이므로 전년과 같다.
④ |X| K국의 실질GDP는 Y0~Y3년까지 꾸준히 증가했다.
⑤ |X| Y4년의 GDP디플레이터 증가율은 음(-)의 값을 가지므로 화폐가치가 상승했다고 볼 수 있다.

정답 ③

33

다음 표는 Y0~Y2년 K국의 주요 고용통계이다. 다음 중 이에 대한 올바른 해석을 |보기|에서 모두 고르면?

(단위: 만명, %)

연도	Y0	Y1	Y2
생산가능인구	100	100	90
비경제활동인구	10	15	15
고용률	75	75	80

|보기|

㉠ Y2년의 실업률은 4%이다.
㉡ 취업자 수는 Y2년에 가장 적다.
㉢ 실업자 수는 Y0년에 가장 적다.
㉣ 경제활동인구는 Y1년에 가장 많다.

① ㉠, ㉡　② ㉠, ㉢
③ ㉡, ㉢　④ ㉡, ㉣
⑤ ㉢, ㉣

해설

주요 고용통계의 산식은 아래와 같다.
· 생산가능인구=경제활동인구+비경제활동인구
· 경제활동인구=취업자+실업자
· 실업률=(실업자/경제활동인구)×100
· 고용률=(취업자/생산가능인구)×100

㉠ |O| Y2년의 취업자는 72만명, 실업자는 3만명, 경제활동인구는 75만명이다. 따라서 실업률은 4%이다.
㉡ |O| 취업자 수는 Y0년과 Y1년 75만명, Y2년 72만명으로 Y2년에 가장 적다.
㉢ |X| 실업자 수는 Y0년 15만명, Y1년 10만명, Y2년 3만명으로 Y2년에 가장 적다.
㉣ |X| 경제활동인구는 Y0년 90만명, Y1년 85만명, Y2년 75만명으로 Y0년에 가장 많다.

정답 ①

다음의 밑줄 친 ㉠, ㉡을 통해 예방하고자 하는 시장실패 사례를 올바르게 짝지은 것은?

- 기업 이사회는 새 CEO를 선임하면서 그가 성실하게 경영활동을 수행하도록 ㉠ 파격적인 성과급을 제시하였다.
- 신규 직원 채용 과정에서 입사 지원자의 능력을 파악하기 위해 ㉡ 보유 자격증 제출을 요구하고 입사 시험을 실시하였다.

	㉠	㉡
①	역선택	도덕적 해이
②	역선택	무임승차자의 문제
③	무임승차자의 문제	도덕적 해이
④	도덕적 해이	역선택
⑤	도덕적 해이	무임승차자의 문제

해설

밑줄 친 ㉠은 도덕적 해이를 방지하기 위한 유인설계에 해당하고 ㉡은 비대칭정보로 인한 역선택을 해소하기 위한 골라내기(선별)에 해당한다.

정답 ④

35

다음의 밑줄 친 (가)에 대한 가장 올바른 해석은?

'오일쇼크'로 휘발유 가격이 급등했을 당시 소비자들은 휘발유 소비를 당장 줄이기 어려웠기 때문에 심한 경제적 고통을 겪었다. (가) 하지만 시간이 흐르면서 소비자들은 연비(km/ℓ)가 높은 자동차를 구매하는 등 휘발유를 절약하는 방안을 찾았고, 이에 따라 자연히 휘발유 소비도 크게 감소하였다.

① 휘발유는 사치재에 해당한다.
② 휘발유는 완전경쟁시장에서 거래된다.
③ 휘발유 수요는 단기보다 장기에 가격 변화에 대해 더 탄력적이다.
④ 휘발유는 대체재를 찾기 어려운 필수재로 수요의 가격탄력도가 장단기에 걸쳐 일정하게 유지된다.
⑤ 휘발유 공급은 시장지배력을 가진 소수 기업에 의해 이뤄지므로 공급의 가격탄력도는 장기에도 대단히 작다.

해설

밑줄 친 (가)는 어떤 재화의 가격이 상승할 때 해당 재화의 수요를 줄이고 상대적으로 싸진 대체재의 수요를 늘리는 현상인 대체효과에 해당한다.

① |X| 사치재는 수요의 소득탄력성이 1보다 큰 재화로 (가)와는 무관하다.
② |X| 제시된 글만으로 휘발유가 완전경쟁시장에서 거래된다고 단정할 수 없다. 현실에서 휘발유는 소수의 공급자에 의해 생산·공급되므로 과점시장에서 거래된다고 보는 것이 적절하다.
③ |O| 휘발유 가격이 상승했을 때 일시적으로 대체재를 찾기 어려워 고통을 받았지만 시간이 지난 뒤 휘발유를 절약하는 방법을 찾았다는 점에서 단기보다 장기에 가격 변화에 더 탄력적이라고 볼 수 있다.
④ |X| 휘발유를 절약하는 방법을 장기적으로 찾아냈기 때문에 단기보다 장기에 가격 변화에 더 탄력적이다.
⑤ |X| 문장의 내용 자체로는 옳지만 (가)의 함의와는 무관하다.

정답 ③

36

다음 기사는 지난해 9월 시행된 '코로나 상생 국민지원금' 지급 정책에 관한 기사이다. 이 기사의 밑줄 친 (가)~(다)에 대한 올바른 설명을 |보기|에서 모두 고르면?

NEWS

국민 1인당 25만원씩 받는 (가) '코로나 상생 국민지원금' 지급이 9월부터 시행된다. 지원 대상은 (나) 중위소득(상위 50% 가구의 소득)의 180%를 기준으로 그보다 소득 수준이 낮은 가구이며, 가구원 수와 맞벌이 여부가 종합적으로 고려된다. 정부는 국민의 약 88%가 지원금을 받을 수 있을 것으로 전망하고 있다. 이번 국민지원금은 (다) 전통시장, 동네 마트, 식당 등으로 사용처가 정해져 있으며, 사용 기간은 2021년 12월 31일까지이다.

|보기|

㉠ (가)는 이전지출에 포함된다.
㉡ (가)는 경제의 총공급을 증가시켜 물가안정과 실질경제성장률 제고에 기여할 것이다.
㉢ (나)와 같이 지원 대상을 한정함으로써 제한된 예산으로 경기 회복 효과를 제고할 수 있다.
㉣ (다)와 같이 사용처를 한정하는 것은 소비자 주권을 강화해 가계의 효용 극대화를 돕기 위함이다.

① ㉠, ㉡　② ㉠, ㉢
③ ㉡, ㉢　④ ㉡, ㉣
⑤ ㉢, ㉣

해설

㉠ |O| (가)는 정부에서 민간으로 소득이 이전되는 이전지출에 해당한다.
㉡ |X| (가)는 이전지출로 가계의 처분가능소득을 늘려 소비지출을 늘리는 요인이 된다. 소비지출은 총수요의 구성 요소이므로 이전지출 증가는 총수요를 증가시킨다.
㉢ |O| 소득이 적을수록 한계소비성향(소득이 한 단위 늘었을 때 소비지출이 증가하는 정도)이 높다. 따라서 (나)와 같이 지원 대상을 소득이 적은 그룹에 한정함으로써 총수요 견인을 통한 경기 부양 효과를 극대화할 수 있다.
㉣ |X| 사용처를 한정하는 것은 정책의 취지를 강제하는 효과가 있지만 소비자 주권을 침해하는 면도 있다.

정답 ②

37

다음 그림은 '국민소득 3면 등가의 법칙'을 도식화한 것이다. 다음 중 이에 대한 올바른 설명을 |보기|에서 모두 고르면?

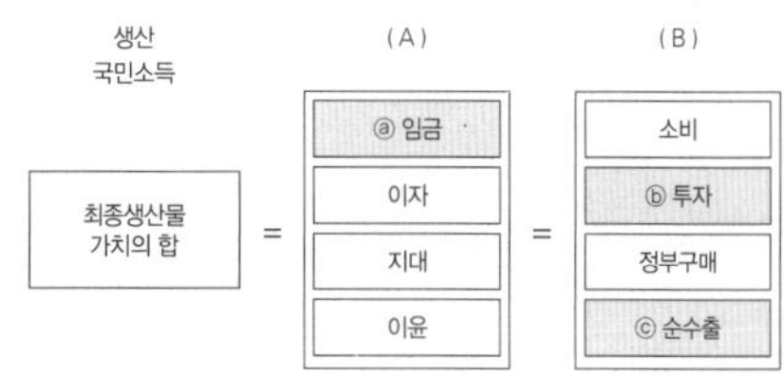

|보기|

㉠ (A)는 '분배 국민소득'에 해당한다.
㉡ ⓐ는 재화 구매에 쓰인 금액을 뜻한다.
㉢ 기업의 공장 증축은 ⓑ에 해당한다.
㉣ 만약 ⓒ가 양(+)의 값을 가진다면, 순자본유입이 발생했음을 뜻한다.

① ㉠, ㉡　② ㉠, ㉢
③ ㉡, ㉢　④ ㉡, ㉣
⑤ ㉢, ㉣

해설

㉠ |O| (A)는 요소소득으로 분배 국민소득에 해당한다.
㉡ |X| ⓐ는 노동력을 제공한 대가로 받는 요소소득이다.
㉢ |O| 공장 증축은 기업의 투자 지출인 ⓑ에 해당한다.
㉣ |X| 경상수지와 자본수지의 합에 금융계정을 차감한 국제수지는 사후적으로 항상 0이다. 즉 오차와 누락이 없다면 '경상수지+자본수지-금융계정=0'이 성립한다. 순수출(=수출-수입)이 양(+)이면 경상수지가 양(+)이므로 '경상수지+자본수지>금융계정'으로 국민소득이 지출을 초과하여 여유 외화자금이 생겼다는 뜻이다. 이 경우 여유 외화자금이 해외 금융자산 취득으로 이어지므로 순자본유출이 발생한다. 이 경우 대외 순자산은 증가한다.

정답 ②

38

다음 기사를 바탕으로 미국의 경제 상황에 대해 올바르게 분석한 것으로 가장 거리가 먼 것은?

> NEWS
>
> 최근 물가상승률과 고용지표가 발표되면서 미(美) 연준(Fed) 내부에서 테이퍼링 가속화를 시사하는 발언이 이어지고 있다. 이미 시장에서는 테이퍼링 가속화를 기정사실로 받아들이고 있는 분위기며, 제롬 파월 연준 의장 역시 이를 부정하지 않고 있다. 현재 연준은 국채와 MBS 등 자산 매입량을 축소해 시중 유동성이 증가하는 속도를 줄이고 있으며, 다음 주 회의에서는 긴축의 강도를 높이겠다는 선언이 나올 것으로 관측된다. 이 경우 테이퍼링 종료 시점은 오는 3월 정도로 앞당겨지며 기준금리 인상 시기 역시 빨라질 수 있다.

① 물가상승률이 당초 예상치를 상회하고 있을 것이다.

② 연준은 오는 3월까지는 기존의 통화정책 기조를 유지할 가능성이 크다.

③ 오는 3월 이후부터는 본격적으로 시중 유동성을 축소하는 방향으로 통화정책 운용 기조가 전환될 가능성이 크다.

④ 연준은 현재 경제 동향에 대한 본인들의 시각을 시장과 공유하고 있으며 향후 통화정책 기조에 대한 정보를 넌지시 보내고 있다.

⑤ 현재 연준은 고용지표가 개선되는 속도가 충분치 않다고 판단해 경기부양 차원의 추가 유동성 공급 확대가 있을 것을 시사하고 있다.

해설

① |O| 통화긴축의 강도를 높이겠다는 선언으로 미루어 보아 물가상승률이 연준(Fed)의 당초 예상치를 상회하고 있음을 추론할 수 있다.

② |O| 테이퍼링(자산매입 축소)은 통화 공급량을 증가시키되 그 속도를 줄이는 것이다. 테이퍼링을 3월에 종료할 계획이므로 3월까지는 시중 통화량을 늘리는 정책이 지속될 가능성이 크다.

③ |O| 현재 연준의 발언으로 미루어 보면 3월 이후부터는 기준금리 인상 등 본격적으로 시중 통화량을 회수하는 정책으로 선회할 것이다.

④ |O| 연준은 현재 자신들이 미국 경제 상황에 대해 진단한 내용과 향후 통화정책 방향에 대해 알리는 등 투명한 의사소통을 꾀하고 있다. 이처럼 통화긴축으로 인한 부작용을 줄이기 위해 사전에 향후 통화긴축 스케줄이나 방향성에 대한 정보를 고지하는 것을 사전지침(포워드가이던스)이라고 한다.

⑤ |X| 현재 연준은 통화긴축 정책 시행 시점을 앞당기고 있다. 따라서 현재 고용지표나 경기보다 물가 상승 위험이 더 크다고 판단하고 있다.

정답 ⑤

39

최근 K국에서는 가계 소비 위축으로 인해 다음 그림과 같이 총수요가 감소했다. 이때 경기 부양을 위해 K국에서 취해야 할 올바른 정책을 |보기|에서 모두 고르면?

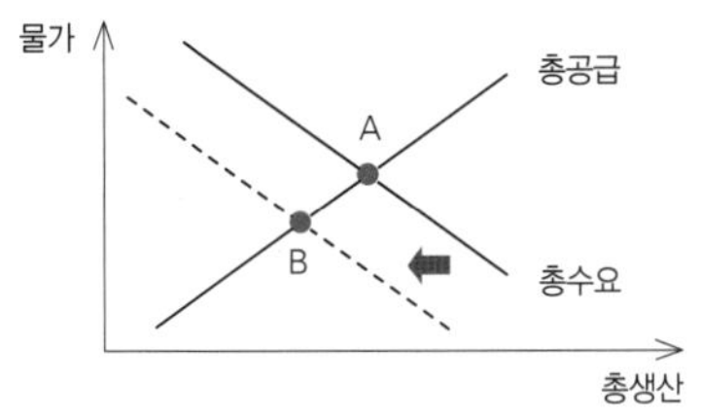

|보기|
㉠ 소득세율 인상
㉡ 기준금리 인상
㉢ 실업급여 지급액 인상
㉣ 사회간접자본 투자 증대

① ㉠, ㉡　② ㉠, ㉢
③ ㉡, ㉢　④ ㉡, ㉣
⑤ ㉢, ㉣

해설

경기 부양을 위해서는 총수요나 총공급을 늘리는 정책을 시행해야 한다.

㉠ |X| 소득세율 인상은 처분가능소득을 줄여 가계 소비를 더 위축시키고 이는 총수요 감소로 이어진다.

㉡ |X| 기준금리 인상은 시중금리 상승으로 이어져 가계 소비와 기업 투자 등 민간지출을 위축시킨다. 따라서 이 경우 총수요가 감소한다.

㉢ |O| 실업급여 지급 확대는 가계의 처분가능소득을 늘려 가계 소비를 증가시킨다. 따라서 이 경우 총수요가 증가한다.

㉣ |O| 사회간접자본 투자 증대는 공공투자 확대로 정부구매를 늘려 총수요 증가로 이어진다.

정답 ⑤

40

다음 그림은 경합성과 배제성의 정도에 따라 재화를 A~D로 구분한 것이다. 각 재화에 대한 가장 올바른 설명은? (단, A~D는 각각 사적재, 클럽재, 공유재, 공공재 중 하나에 해당한다.)

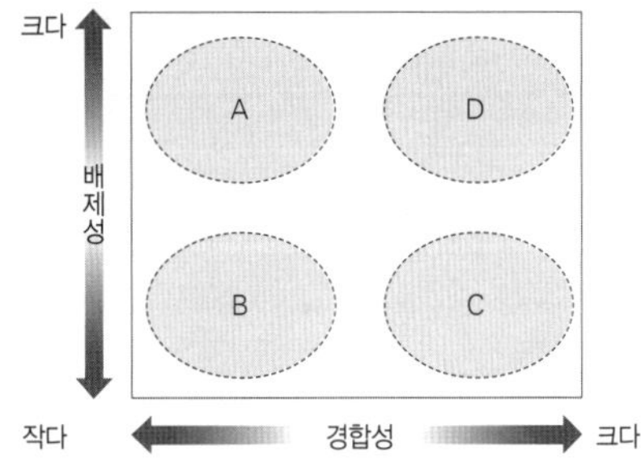

① A는 소유권의 부재로 인해 남용되는 문제가 발생한다.
② 한산한 공공도서관의 개방형 Wi-Fi는 B의 사례이다.
③ B는 재화의 추가 소비를 위한 사회적 비용이 체증한다.
④ 넷플릭스 콘텐츠는 C의 사례이다.
⑤ D가 완전 경쟁적인 시장에서 거래되는 경우 사회적으로 효율적인 수준보다 과소 공급되는 경향이 있다.

해설

A는 클럽재, B는 공공재, C는 공유재, D는 사적재이다.

① |X| 클럽재는 배제성이 크기 때문에 소유권이 명확하다.
② |O| '한산한'은 경합성의 부재를, '개방형'은 배제성의 부재를 뜻하므로 공공도서관의 개방형 Wi-Fi는 공공재인 B에 해당한다.
③ |X| 공공재는 경합성이 작기 때문에 재화의 추가 소비에 따른 사회적 비용이 거의 없다.
④ |X| 넷플릭스 콘텐츠는 클럽재로 A에 해당한다.
⑤ |X| D는 사적재로 완전 경쟁적인 시장에서 사회적으로 효율적인 수준만큼 공급된다.

정답 ②

다음 그림과 같이 '달러화 대비 원화의 환율'을 변동시키는 요인을 |보기|에서 모두 고르면? (단, 다른 조건은 일정하다.)

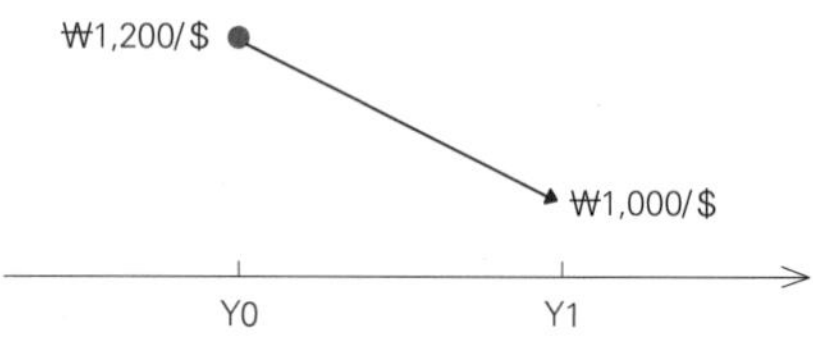

|보기|

㉠ 한국 기업의 실적 부진
㉡ 한국의 국가신용도 상향 조정
㉢ 한국의 무역수지 흑자 규모 확대
㉣ 미(美) 연준(Fed)의 기준금리 인상

① ㉠, ㉡
② ㉠, ㉢
③ ㉡, ㉢
④ ㉡, ㉣
⑤ ㉢, ㉣

해설

Y0~Y1 기간 중 원/달러 환율이 하락했고 이에 따라 원화에 대한 달러화의 가치가 하락했다.

㉠ |X| 한국 기업의 실적 부진은 자본시장에서 자금이 이탈하게 하는 유인으로 달러화 수요를 늘려 원/달러 환율을 상승시킨다.
㉡ |O| 한국의 국가신용도 상향 조정은 한국 자본시장 투자 시 국가 위험을 낮춰 자금을 유입하게 하는 요인이다. 이 경우 달러화 공급이 늘어 원/달러 환율이 하락한다.
㉢ |O| 한국의 무역수지 흑자 규모 확대는 달러화 공급을 늘려 원/달러 환율을 하락시킨다.
㉣ |X| 미(美) 연준(Fed)의 기준금리 인상은 미국 국채에 대한 투자자들의 선호도를 높여 자본시장에서 자금이 이탈하게 한다. 이 경우 달러화 수요가 늘어 원/달러 환율이 상승한다.

정답 ③

다음 표는 A~D재 가격을 모두 5% 인상했을 때 판매수입의 변화율을 나타낸 것이다. 다음 중 이에 대한 올바른 설명을 |보기|에서 모두 고르면?

구분	A재	B재	C재	D재
판매수입 변화율	5%	0%	-5%	10%

|보기|

㉠ A재 수요는 완전 탄력적이다.

㉡ B재 수요는 단위 탄력적이다.

㉢ C재 수요는 비탄력적이다.

㉣ D재는 수요의 법칙이 성립하지 않는다.

① ㉠, ㉡ ② ㉠, ㉢
③ ㉡, ㉢ ④ ㉡, ㉣
⑤ ㉢, ㉣

해설

'판매수입=가격×판매량'이므로 '판매수입변화율(%)=가격변화율(%)+판매량변화율(%)'의 관계가 성립한다.

㉠ |X| A재의 판매량변화율은 0%로 수요가 가격에 대해 완전 비탄력적이다.

㉡ |O| B재의 판매량변화율은 −5%로 수요가 가격에 대해 단위 탄력적이다.

㉢ |X| C재의 판매량변화율은 −10%로 수요가 가격에 대해 탄력적이다.

㉣ |O| D재의 판매량변화율은 5%로 가격이 상승했을 때 수요량이 증가했다. 따라서 수요의 법칙이 성립하지 않는다.

정답 ④

43

다음 기사의 밑줄 친 (가)와 같은 사건으로 발생하는 유형의 실업을 감소시키기 위한 정책으로 가장 적절한 것은?

NEWS

미국 은행업계가 앞으로 (가) 10년 동안 10% 정도의 인력을 감축하게 될 것이라고 16일 〈파이낸셜 타임스〉가 웰스파고 은행 분석보고서를 인용해 보도했다. 보고서는 금융 소비자의 행태가 변하고 있고, 테크 기업과 비은행 기업들이 지불, 대출업무와 같은 전통적 은행 업무에 뛰어드는 상황에서 은행이 업무 적절성과 생산성을 높이기 위해서는 사람보다 컴퓨터에 더 포커스를 맞추게 된다고 보았다.

① 취업정보 제공 ② 정부구매 증가
③ 직업훈련 실시 ④ 최저임금 인상
⑤ 실업수당 확대

해설

밑줄 친 (가)는 산업구조 변화에 따른 구조적 실업을 뜻한다. 이러한 유형의 실업은 이직과 구직이 용이하지 않아 장기화·만성화되는 경향이 있다. 이러한 종류의 실업을 줄이기 위한 가장 효과적인 대책은 직업훈련 실시이다.
①은 마찰적 실업(탐색적 실업)에, ②는 경기적 실업에 효과적인 대책이며, ④와 ⑤는 실업을 줄이기 위한 대책으로 볼 수 없다.

정답 ③

다음 기사에 나타난 통화정책에 대한 올바른 설명을 |보기|에서 모두 고르면?

NEWS

한국은행의 기준금리 인상은 주택담보대출과 신용대출 기준이 되는 은행채 금리 상승으로 이어지고 이는 결국 대출 금리 인상으로 이어질 가능성이 높다. 금융시장 전문가들은 올해 두 차례 기준금리 인상은 이미 시장에 반영된 만큼 대출금리는 미국 테이퍼링 속도와 인플레이션에 달려 있다고 전망했다. 미국 금리 인상이 가시화되면 한국에서도 한은의 기준금리 추가 인상 가능성이 커지고, 이 경우 시장금리와 대출금리가 오르는 현상이 뚜렷해질 것이라는 지적이다. 현재 연 5%대인 주택담보대출 금리가 6% 선까지 오를 가능성도 제기된다.

| 보기 |

㉠ 물가를 상승시키는 요인이 된다.

㉡ 통화 공급 감소를 통해 이뤄질 수 있다.

㉢ 경기침체를 회복시킬 목적으로 시행된다.

㉣ 주식, 부동산 등 자산 가격 상승을 억제하는 효과가 있다.

① ㉠, ㉡　② ㉠, ㉢
③ ㉡, ㉢　④ ㉡, ㉣
⑤ ㉢, ㉣

해설

기사에 따르면 기준금리 추가 인상에 따른 대출금리 상승이 뒤따를 가능성이 크다.

㉠ |X| 물가를 하락시키는 요인이다.

㉡ |O| 긴축 통화 정책은 통화 공급 감소로 이어질 것이다.

㉢ |X| 경기 부양이 아닌 물가 안정을 위한 정책이다.

㉣ |O| 시중 유동성이 회수되면서 자산 가격이 하락 내지 안정될 가능성이 크다.

정답 ④

아래 그림의 A~D는 상품시장을 공급자의 수와 제품차별화 정도에 따라 완전경쟁시장, 독점적 경쟁시장, 과점시장, 독점시장으로 구분한 것이다. 다음 중 각 영역에 대한 올바른 설명으로 가장 거리가 먼 것은? (단, A~D는 각각 완전경쟁시장, 독점적 경쟁시장, 과점시장, 독점시장 가운데 하나에 반드시 해당한다.)

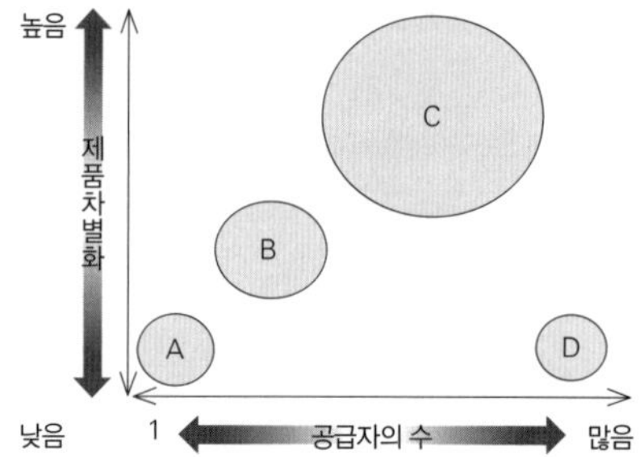

① A의 경우 기업은 우하향하는 수요곡선에 직면하게 된다.

② B의 경우 기업들은 상호의존적 의사결정을 해야 하는 상황에 처한다.

③ C의 경우 각 기업은 장기에도 초과이윤을 얻는다.

④ C의 경우 각 기업은 충성고객층에 대해 시장지배력을 행사한다.

⑤ D의 경우 개별 기업은 가격수용자(price taker)로 행동한다.

해설

A는 독점시장, B는 과점시장, C는 독점적 경쟁시장, D는 완전경쟁시장이다.

① |O| 독점기업은 시장수요를 직접 직면하므로 수요곡선이 우하향 하는 것으로 인식한다.

② |O| 과점시장의 공급은 소수의 기업에 의해 이뤄지므로 한 기업의 선택이 다른 기업의 이윤에 직접적인 영향을 미친다. 따라서 기업들은 상대방의 행동을 염두에 두고 선택을 해야 하는 전략적 상황에 놓인다.

③ |X| 독점적 경쟁시장의 경우 기업들은 제품차별화를 통해 단기에는 충성고객을 거느리고 이들에게 평균비용을 상회하는 가격을 받음으로써 초과이윤을 얻을 수 있다. 하지만 진입장벽의 부재로 장기적으로는 비슷한 제품을 공급하는 경쟁사가 시장에 진입해 수요를 일부 빼앗기고 이에 따라 가격은 평균비용으로 수렴한다. 따라서 장기에는 초과이윤이 0이 된다.

④ |O| 독점적 경쟁시장에서 기업이 시장지배력을 행사할 수 있는 힘은 제품차별화를 통한 충성고객층 확보에서 비롯된다.

⑤ |O| 완전경쟁시장에서 기업은 시장의 수요와 공급에 의해 결정된 가격을 받아들이는 가격수용자이다.

정답 ③

46

어떤 재화의 한계비용과 한계편익이 다음의 [그림]과 같을 때 이에 대한 올바른 해석을 |보기|에서 모두 고르면?

〈그림〉 재화의 한계비용과 한계편익

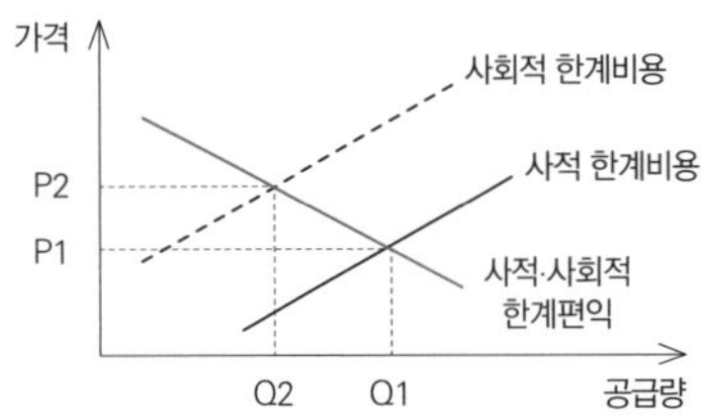

| 보기 |

㉠ 재화의 생산 과정에서 규모의 수확체감 현상이 나타나고 있다.

㉡ 재화의 생산 과정에서 부정적 외부효과가 발생하고 있다.

㉢ 석탄 화력발전소에서 오염물질을 배출하는 것은 위와 같은 사례에 해당한다.

㉣ P2-P1만큼 세금을 부과하면 생산량을 사회적으로 효율적인 수준으로 유지할 수 있다.

① ㉠, ㉡ ② ㉠, ㉢
③ ㉡, ㉢ ④ ㉡, ㉣
⑤ ㉢, ㉣

해설

사적 한계비용보다 사회적 한계비용이 높다는 것은 생산 과정에서 부정적 외부효과가 발생한다는 뜻이다. 이 경우 시장에서 재화는 사회적 최적 수준(Q2)에 비해 더 많이 생산·공급(Q1)된다.

㉠ [X] 규모의 수확체감 현상은 노동과 자본을 같은 비율로 늘렸을 때 요소투입이 늘어난 것보다 생산물이 적게 증가하는 현상이다.

㉡ [O] 사회적 한계비용이 사적 한계비용보다 크므로 한계외부비용이 발생하고 있다.

㉢ [O] 석탄 화력발전소의 오염 물질은 생산 과정에서의 부정적 외부효과의 사례이다.

㉣ [X] 부정적 외부효과를 교정하기 위한 적정 피구세의 크기는 사회적 한계비용과 사적 한계비용의 차이, 즉 한계외부비용이다. 이는 Q2에서 사회적 한계비용 곡선과 사적 한계비용 곡선의 높이 차와 같으며 P2-P1보다 크다.

정답 ③

다음을 읽고 답하시오(47-48).

(A)는 생산기술 변화로 인해 새롭게 등장하는 산업에서 요구하는 기술을 갖추지 못한 근로자의 수요가 감소하면서 발생하는 장기적인 실업을 말한다. 직장을 잃은 근로자들의 구직 기간이 길어지고 만성화되기 쉬운 것이 특징이다. 한편, 제도적 요인에 의해서도 실업이 장기화되곤 한다. 가령 (B)는 직장을 잃은 노동자들에게 새 직장을 얻을 때까지 생계를 보장할 목적으로 만들어진 제도이지만, 구직자들이 실업 상황을 빨리 종료시킬 유인을 약화시켜 구직 기간이 장기화되는 부작용도 존재한다.

위 빈칸 (A), (B)에 들어갈 내용을 올바르게 짝지은 것은?

	A	B
①	마찰적 실업	고용보험
②	마찰적 실업	산재보험
③	구조적 실업	고용보험
④	구조적 실업	산재보험
⑤	계절적 실업	고용보험

해설

빈칸 (A)는 구조적 실업이며 (B)는 고용보험이다.

정답 ③

다음 중 앞의 빈칸 (A)에 대한 올바른 설명을 |보기|에서 모두 고르면?

| 보기 |

㉠ 경기 호황기에는 (A)가 나타나지 않는다.

㉡ (A)는 장기적으로 총공급을 감소시킨다.

㉢ 직업 재교육 프로그램은 (A)를 감소시키는 효과가 있다.

㉣ 근로자가 자신에게 더 적합한 직장을 찾기 위해 사직하는 것은 (A)에 해당한다.

① ㉠, ㉡ ② ㉠, ㉢
③ ㉡, ㉢ ④ ㉡, ㉣
⑤ ㉢, ㉣

해설

㉠ |X| 경기순환에 따라 변동하는 실업은 경기적 실업이며 구조적 실업의 경우 구조적 요인이 사라지지 않는 한 쉽게 없어지지 않는다.
㉡ |O| 장기적으로 노동 공급을 감소시켜 경제의 총공급을 감소시킨다.
㉢ |O| 직업 재교육을 통해 새로운 직종으로의 전환이 가능하므로 구조적 실업을 줄이는 효과가 있다.
㉣ |X| 마찰적 실업 또는 탐색적 실업에 해당한다.

정답 ③

49

다음 표는 A국·B국의 각 재화 한 단위 생산에 필요한 노동시간을 나타낸다. 다음 중 이에 대한 올바른 설명은? (단, 재화 생산에 투입되는 생산요소는 노동이 유일하다.)

국가	자동차	쇠고기
A국	1시간	3시간
B국	2시간	4시간

① A국은 쇠고기 생산에, B국은 자동차 생산에 각각 비교우위가 있다.
② B국의 자동차 한 단위 생산 시 기회비용은 쇠고기 2단위이다.
③ B국은 자동차와 쇠고기 두 가지 품목 모두에서 비교우위가 있다.
④ A국은 B국에 비해 두 품목 모두를 더 적은 노동시간을 투입해 생산할 수 있으므로 교역을 통해 이익을 얻을 수 없다.
⑤ 만약 양국 간 교역조건인 '자동차에 대한 쇠고기의 상대가격'이 2.5라면, A국은 자동차를, B국은 쇠고기를 생산한 후 교역에 임하게 될 것이다.

해설

재화 생산에 따른 각국의 기회비용은 아래 표와 같다.

국가	자동차	쇠고기
A국	쇠고기 1/3	자동차 3
B국	쇠고기 1/2	자동차 2

자동차 생산의 기회비용은 A국이, 쇠고기 생산의 기회비용은 B국이 작으므로 A국은 자동차 생산에, B국은 쇠고기 생산에 각각 비교우위가 있다.

①, ③ |X| A국은 자동차 생산에, B국은 쇠고기 생산에 비교우위를 가진다.

② |X| B국의 자동차 한 단위 생산 시 기회비용은 쇠고기 1/2단위이다.

④ |X| 비교우위를 바탕으로 교역에 임하면 교역에 참여한 모든 국가가 이득을 얻을 수 있다.

⑤ |O| '자동차에 대한 쇠고기의 상대가격'이 2.5라면, A국의 '쇠고기 한 단위 생산 시 기회비용'인 3보다 작고 B국의 '쇠고기 한 단위 생산 시 기회비용'인 2보다 크므로 A국은 자신이 비교우위에 있는 자동차를, B국은 자신이 비교우위에 있는 쇠고기를 특화 생산하게 된다. 추후 양국이 이를 교환하면 교역의 이익을 얻을 수 있다.

정답 ⑤

다음 기사를 읽고 의류시장과 배달서비스시장의 균형이 이동하는 방향을 그림에서 찾아 올바르게 짝지은 것은?

NEWS

위드코로나로 인해 식당이나 카페에서의 집합시간과 인원 제한이 완화되면서 소비가 늘고 있다. 방역 정책 완화 이후 롯데아울렛의 의류 매출은 전년보다 35% 증가하였다. 위드코로나 기대감에 외출 활동이 잦아질 것을 대비해 의류를 구매하는 소비자들이 많아진 셈이다. 하지만 되레 한숨짓는 자영업자들도 적지 않다. 배송서비스를 담당하던 '라이더' A는 이전보다 일감이 20% 정도 줄었다고 말한다. 배달 전문 도시락 판매점도 올해 들어 최저 매출을 기록했다.

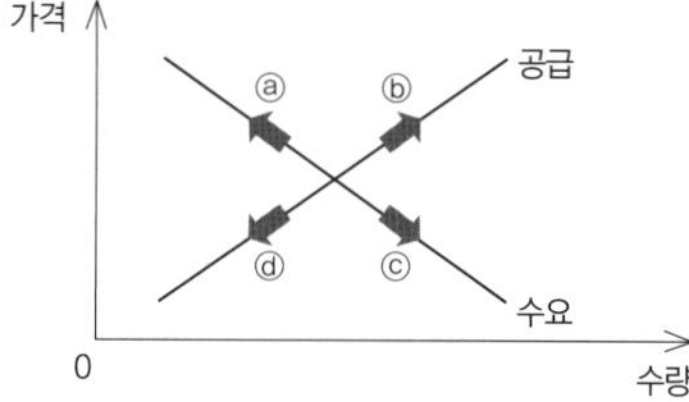

	의류 시장	배달서비스 시장
①	ⓑ	ⓑ
②	ⓑ	ⓓ
③	ⓓ	ⓓ
④	ⓓ	ⓑ
⑤	ⓓ	ⓒ

해설

위드코로나로 인해 의류시장의 수요는 증가한 반면 배달 서비스 수요는 감소했다. 따라서 의류 시장의 균형은 ⓑ로, 배달 서비스시장의 균형은 ⓓ로 이동한다.

정답 ②

최신 개정판

매경 TEST 공식 가이드

초판 1쇄 2018년 1월 15일
개정1판 1쇄 2020년 5월 15일
개정2판 5쇄 2024년 9월 30일

지은이 매일경제 경제경영연구소
펴낸이 허연
편집장 유승현 **편집2팀장** 정혜재

책임편집 정혜재
마케팅 김성현 한동우 구민지
경영지원 김민화 오나리
디자인 김보현 김신아

펴낸곳 매경출판㈜
등록 2003년 4월 24일(No. 2-3759)
주소 (04557) 서울시 중구 충무로 2(필동1가) 매일경제 별관 2층 매경출판㈜
홈페이지 www.mkpublish.com **스마트스토어** smartstore.naver.com/mkpublish
페이스북 @maekyungpublishing **인스타그램** @mkpublishing
전화 02)2000-2641(기획편집) 02)2000-2646(마케팅) 02)2000-2606(구입 문의)
팩스 02)2000-2609 **이메일** publish@mkpublish.co.kr
인쇄 · 제본 ㈜M-print 031)8071-0961
ISBN 979-11-6484-557-6(13320)